KB217102

든든한 일상을 위한 성서 읽기

집밥 바이블

구약 편

송봉운

집밥 바이블 – 구약 편

지은이	송 봉 운
초판 발행	2022년 3월 1일

펴낸이	배용하
책임 편집	배용하

등록	제364-2008-000013호
펴낸 곳	도서출판 대장간
	www.daejanggan.org
등록한 곳	충남 논산시 매죽헌로 1176번길 8-54, 101호
대표 전화	전화 041-742-1424 전송 0303-0959-1424

분류	기독교	성서	신앙
ISBN	978-89-7071-579-7 03230

 값 27,000원

Interpretation
of the Scriptures
for Everyone's Daily Life

Old Testament

Paul Song, Ph.D.

우리가 성서에서
얻을 수 있는
유일한 것은
일상을 바르게 살아가는 데
필요한 지혜다.

구원과 영생이라는 것도
따지고 보면
일상의 연장이며
일상 자체다.

성서를 읽으면서
종교적 열심이나
교회 일에만
집착한 나머지
일상을 등지는 사람이 있다면

그는 성서를 조금도
모르는 것이다.

부끄럽습니다.

너무 오랫동안 일상(日常)의 소중함을 잊고 살았습니다.

때로는 가족을 등지고 심지어 아빠를 찾는 아이를

아내에게 맡기고 교회 일을 한다고 돌아다녔고

동분서주하며 광신자(狂信者)로 살아왔습니다.

목사라는 이름으로 선교라는 미명(美名)하에

성서를 전한다면서 일상을 등지고

너무 긴 시간을 허비하고 말았습니다.

자기만족과 기만(欺滿)에 범벅이 된 채

남을 가르치려는 오만(傲慢)을 부리며

어느새

성서의 가르침과 너무나 동떨어진 길을 걸어왔음을

깨달았습니다.

얕은 마음으로 믿는다고 떠벌리면서

소망과 사랑의 열매도 없이

막연하게 뭔가 된 줄 알았던 어리석음을 내려놓고

일상을 낱낱이 교훈하시고 이끄시는 말씀의 가치를

살피기 시작한 것,

바로 그것 자체가 저의 구원입니다.

이 책에 적은 것은
제가 차분한 마음과 새로운 눈으로 성서를 읽으면서
한 자 한 자 쓴 것입니다.

여기에는 저의 회한이 담겨있고 상흔(傷痕)도 남아있습니다.
이 글을 읽는 분 중에 과거의 저처럼
가장 소중한 것을 망각하고
방황하는 분이 계신다면
더 늦기 전에
자극적인 종교의 허망한 것을 좇아
세월을 허송하지 마시고

성서의 가르침을 따라
일상에 돌아와
가족과 함께 이웃과 함께
같은 시대를 살아가고
같은 문화를 호흡하며

모든 사람 가운데 한 사람으로
살아가기를 바랍니다.

하나님이 주신 인생을 소중히 여기십시오.
주께서 허락하신 사람들을
사랑하십시오.
예수님은 일상과 사람들 가운데 계십니다!

아빠를 힘차게 응원해 준 딸 아인이,
든든한 아들 조인이, 귀여운 리인이, 그리고
세상에서 제일 예쁜 사랑하는 아내에게

몇 년 동안이나 졸고를 기다려 준 신앙의 친구들과
이 책을 기꺼이 출판해 주신 도서출판 대장간
배용하 대표님,
특별히 과거 싱가포르에서 생면부지의 우리 가족을
각별히 따뜻하게 대해 주셨던
故 유창순 권사님께

일상에서 신앙의 참가치를 찾기보다는
종교 자체를 위해
황금 같은 청춘을 바치고
쓰라린 가슴을 쓰다듬으며
못내 아쉬워하는
모든 친구에게

부족하지만 제 마음을 드립니다.
졸고를 바칩니다.

2022년 글쓴이

성서 / 성경

구약과 신약으로 된 성경(聖經)이라는 단어 대신 이 책에서는 성서(聖書)라는 단어를 씁니다. 분석과 고찰 대상으로서의 문서(文書)라는 뜻을 부각합니다.

근본주의 (Fundamentalism)

근본주의는 성서를 문자 그대로 이해합니다. 교리를 중시합니다. 성서의 글자까지도 하나님의 영감으로 기록되었기 때문에 한 글자도 오류가 없다는 성경관을 근본주의 성경관이라고 합니다. 혹은 축자영감설(逐字靈感說)이라고 부릅니다. 하지만 성서의 원본은 존재하지 않습니다. 사본이나 번역본을 두고 전혀 오류가 없다고 주장하는 것은 큰 의미가 없습니다. 근본주의 성서 이해의 근본적인 문제가 이것입니다.

자유주의 신학 (Liberal Theology)

독일의 슐라이에르마허가 시작하였으며 성서를 이성과 자연의 원리, 과학, 심리학 등을 통해 이해하려고 합니다. 자유주의 신학은 근본주의를 맹비난합니다. 하지만 과학과 심리학 등의 학문에도 한계가 있습니다. 성서의 모든 내용을 과학적으로 해명할 수 없습니다. 결국 성서는 일정 부분 이상을 신앙적 내러티브로 이해해야 합니다. 근본주의도 자유주의를 맹비난합니다. 그러나 이성적인 이해를 원천적으로 포기할 수는 없습니다. 성서를 최대한 이성적으로 이해하기 위해 연구해야 합니다.

성서 비평 (Biblical Criticism)

성서의 역사적 배경과 진실을 고찰하기 위해서 성서 본문의 문학적 요소, 편집 구조 등을 살피는 학문적인 연구 방법입니다.

성서 사본들을 비교하거나 편집 과정에서 드러난 난점을 해설하는 것이 연구 목적 중 하나입니다. 일반적으로 근본주의적 성서 이해가 신앙적 이해이며 비평적 성서 해설이 이성적이며 논리적인 해설이라고 합니다. 그러나 본서는 비평적 이해를 통해 규명한 성서의 가치를 실천하는 신앙의 삶을 추구합니다. 성서를 비평하는 것 자체에 목적을 두지 않습니다.

간단한 연대표

태고사	족장 시대	왕정 시대	국가 패망	포로기	포로 후기	헬레니즘 시대	로마시대
창조 B.C.20C	B.C20-17C	B.C. 10-6C	B.C.722 (북이스라엘) B.C.587 (남 유다)	B.C. 587-538	B.C. 538 - 333	B.C. 333-63	B.C. 63 -
				포로기 전환기 B.C. 550-500			

목차

"
꼭
성서를 펼쳐 놓고
구절을 찾으면서
읽으세요.
"

태초에 하나님이 천지를 창조하시니라

성서의 창조는 일상을 위한 재창조를 말합니다.

창세기를 편집하고 최종적으로 마무리한 사람은 어떤 마음에서 창세기 1장 1절을 맨 앞에 놓았을까요?

글의 첫 문장은 온 세계가 다른 이가 아닌 하나님(엘로힘)[1]에 의해 생겼다고 주장합니다. 어떤 분은 하나님이 온 세상의 창조자라는 것을 선언하는 것이라고 합니다. 글쓴이는 고대 근동 신화의 신들보다 하나님이 월등하다고 말하고 싶은 것 같습니다. 하지만 성서의 창조 이야기는 부정할 수 없이 메소포타미아의 설화 같은 것의 영향을 받은 것입니다. 무슨 말을 하고 싶은데 아는 것에 한계가 있으면 다른 자료를 인용하기도 합니다. 결국 비슷하면서도 독특한 이야기가 탄생합니다.

성서는 그렇습니다. 하늘에서 뚝 떨어진 게 아닙니다. 여러 문헌의 영향을 받으면서 점진적으로 형성한 것입니다. 우리가 인정하지 않는다고 해서 역사적 진실이 변하지 않습니다. 그리고 역사적 진실을 인정하는 것은 불경스러운 게 아닙니다. 성서의 권위가 떨어지지도 않습니다. 오히려 신뢰가 커집니다. 성서의 외형이 아닌 내부의 가치를 탐색하는 한 그렇습니다. **하나님의 뜻은 문자가 아닌 성서 내부에 살아있기 때문입니다.**

나라가 패망하고 제국 바벨론의 포로 신분이 된 이래로 이스라엘 백성은 필사적으로 모든 상황의 원인자(原因者)로서의 하나님을 성찰하기 시작했습니다.

---

1 אֱלֹהִים '신들' 복수 명사, 유일신 사상을 고착하기 전의 신 개념을 나타내는 것으로 보임. 유대인들의 사상에 삼위일체(三位一體) 사상이 없다는 것을 볼 때, 구약성서의 엘로힘(신들)이 개신교의 성부, 성자, 성령을 뜻하는 것으로 보는 것은 성서 본문의 형성 과정을 살피기 보다는 특정 교리를 존중하는 태도임.

각 나라와 위정자들 배후에서 그 뜻대로 좌지우지하는 하나님 말입니다. 그들의 노예살이는 종교적인 의미에서 장족의 발전을 가져왔습니다. 하나님의 의미가 명확해질수록 하나님 외의 신 존재와 그 신을 추앙하는 사람들을 배척하는 마음이 생기기도 하였습니다. 이런 현상은 국가 패망 이전에는 볼 수 없던 것입니다. 옛날에 그들은 민족 신 하나님과 이웃 나라의 신을 함께 섬겼습니다. 평화로운 시절이었습니다. 그들에게 있어 신(神)인식은 아주 오래된 것이지만 독특한 모습의 창조신의 이미지로 발전하기까지는 상당히 많은 시간이 필요했습니다.

시편 102편 25-27을 보면 창조주 하나님에 대하여 다음과 같이 설명하고 있습니다.

> 주께서 옛적에 땅의 기초를 놓으셨사오며 하늘도 주의 손으로 지으신 바니이다 천지는 없어지려니와 주는 영존하시겠고 그것들은 다 옷 같이 낡으리니 의복 같이 바꾸시면 바뀌려니와 주는 한결같으시고 주의 연대는 무궁하리이다(시 102:25-27; 히 1:10-12)

하나님을 우주의 창조자이며 유일무이한 하나님으로 인식하는 것은 바벨론 땅에서 돌아온 후에 이루어진 일입니다. 시편에서 말하는 것과 같이 하나님은 불변의 신입니다. 하지만 **하나님에 대한 인간의 인식은 역사적 흐름과 시대에 따라 다르게 나타납니다.** 과거에 민족신으로 여겼던 하나님은 나중에 우주의 창조자로 나타났습니다.

하나님은 불변하지만 하나님에 대한 인식은 역사와 시대에 따라 달라진다는 점을 꼭 기억하십시오.

신약성서 요한복음 1장 1절을 보면 하나님을 로고스(말씀 λόγος)로 소개합니다. 이 단어는 유대인들이 만든 것이 아닙니다. 이것은 그리스어이며 '말', '원리', '진리'를 뜻합니다. 요한복음의 글쓴이가 하나님을 '원리', '진리'라고 표현한 것이 불경합니까? 그렇게 볼 수 없습니다. 요한복음 1장 1절의 저자는 그리스어 단어를 차용하여 자신이 사는 시대의 가장 적절한 언어로 하나님을 소개했습니다.

> 태초에 말씀이 계시니라 이 말씀이 하나님과 함께 계셨으니 이 말씀은 곧 하나님이시니라(요 1:1)

이는 그리스 철학의 개념을 빌어 하나님을 다시 적어낸 것입니다. 그냥 빌어 오기만 한 것이 아니라 로고스(말씀)와 데오스(하나님)라는 두 단어를 신앙적 차원에서 하나의 문장 안에서 연결하는 창의성을 발휘했습니다. 창세기 1장 1절의 화자(話者)가 타 문화의 창조 이야기를 빌어 그들의 고유한 하나님을 표현한 것처럼, 요한복음 1장 1절의 저자도 특정 시대에 맞는 표현 방식을 사용했습니다. 그들만 그런 것이 아닙니다. **우리도 각자가 생각하는 하나님의 이미지를 나름의 방식으로 표현하고 있습니다.**

하나님에 관한 이해는 사람마다 차이가 있습니다. 그것은 우리가 처한 상황, 우리의 바람, 우리의 시대, 우리가 속한 사회와 국가의 상황으로부터 지대한 영향을 받습니다. 어떤 이에게 하나님은 재화의 창출을 통해 절박한 경제 문제를 해결해 주는 물주(物主)의 모습이며 또 다른 이에게 하나님은 죽어가는 생명을 살리는 의사입니다. 어떤 이에게 하나님은 교육자나 학자(學者)이며 또 다른 이에게 하나님은 정치적 절망 가운데 새 소망을 빚어내는 지도자입니다. 하나님을 '무에서 유를 창조하신 창조자'라고 함께 말할 때도 우리 각자는 하나님에 관하여 서로 다른 이미지를 그립니다.

다시 창세기 1장 1절의 이야기를 해봅시다. **글쓴이는 하나님이 세상을 창조할 때 옆에서 그 과정을 보고 이 글을 적은 것이 아닙니다.** 그는 과연 무슨 마음으로 창조자 하나님을 서둘러 언급했을까요?

제 생각으로 그는 엄청난 절망을 겪은 사람인 것 같습니다. 특히 인구가 급격히 줄어든 집단의 일원일 것입니다. 그가 세상과 인간을 창조하신 하나님의 이야기를 서둘러 한 이유는 그에게 있어 최대의 관심사가 (재)창조이기 때문입니다. 국가 패망으로 많은 사람이 죽었습니다. 살아남은 자들은 바벨론으로 끌려갔고 바벨론 사람과 섞여 살면서 민족이 소멸할 지경에 봉착했습니다. 페르시아에 의해 바벨론이 멸망하면서 극적으로 귀환한 이스라엘 백성은 폭발적인 인구 증대를 소망했습니다. "하늘의 별과 같고 바닷가의 모래와 같"은 인구의 폭증으로 다른 나라 인구를 압도하길 바랐습니다.(창 22:17 "그 대적의 성문을 차지하리라") 그런 그들이 그리는 **하나님의 모습은 생산의 신, 창조의 신이어야 했던 것입니다.**

하나님에 관한 인간의 인식은 상황 제한적입니다. 우리는 제한적인 인식과 언어로 하나님을 다 담아내지 못합니다. 하나님에 대하여 누구나 부분적이고 단편적인 서술을 할 뿐입니다. 하지만 그렇다고 우리의 부족함이 하나님을 없는 존재로 만드는 것은 아닙니다. 부족하면 부족한대로 우리가 인식하고 표현하는 하나님에 대한 말들이 모여 일정한 담론(談論)이 됩니다. 그것을 우리는 신론(神論)이라고 하고 신에 대한 이해라고 풀어 말합니다. 이것이 불변의 진리는 아닙니다. 역시 시대 제한적인 생각일 뿐입니다. 하지만 이것이 특정한 시대를 사는 사람들에게 큰 도움을 줄 수 있습니다. 신에 관한 인식과 이해는 우리의 삶을 반영하고 있고 신을 말한다는 것은 바로 우리 자신을 말하는 것이기 때문입니다.

시편 102편 24-25절을 쓴 사람은 자신의 장수와 가족의 번영을 위해 창조주 하나님의 개념을 끌어들입니다.

> 나의 말이 나의 하나님이여 나의 중년에 나를 데려가지 마옵소서 주의 연대는 대대에 무궁하니이다 주께서 옛적에 땅의 기초를 놓으셨사오며 하늘도 주의 손으로 지으신 바니이다(시 102:24-25)

저에게 창조주 하나님에 관해서 말하라고 한다면 저는 제 주변의 실패하고 낙심한 사람들에게 하나님 이야기를 들려주고 싶습니다. 교회에 사람을 끌고 오자는 이야기가 아닙니다. 저는 성서를 쓴 사람들처럼 절망 속에 있는 사람에게 놀라운 (재)창조의 역사가 일어날 수 있다고 말하고 싶을 뿐입니다.

🐝 여러분에게 하나님은 어떤 분입니까? 여러분은 하나님이 무엇을 해주길 바랍니까? 진학, 취업, 결혼, 승진, 재테크가 어려울 때 하나님이 어떻게 도와주기를 바랍니까?

창세기 1장 1절을 읽으면 우리는 일상의 문제를 떠올리고 창조의 하나님이 그 문제를 해결해 주기를 바라게 됩니다. 그냥 "하나님이 세상을 창조했지!"라고 넘어가는 것은 아무 의미가 없습니다. 하나님이 세상과 인간을 창조하셨다면 우리의 문제를 해결할 능력도 있습니다! 그는 우리 일상을 위해 창조의 능력을 발휘하십니다! 무너지고 실패한 모든 것을 새롭게 일으킵니다! 우리 일상의 하나님, 재창조의 하나님입니다.

어떤 분은 하나님을 이용하지 말라고 합니다. 자신의 목적을 위해서 하나님을 부리지 말라고 합니다. 하지만 **누구나 하나님을 요청하고 있습니다. 하나님의 도움이 필요합니다.** 성서의 저자도 하나님의 능력을 바라고 있습니다. 인간은 누구나 약하고 도움이 필요한 존재입니다. 그렇지 않다고 하는 사람도 내심 뭔가 믿는 구석이 있습니다. 차라리 솔직하게 "하나님 도와주세요!"라고 해 보세요.

우리 주변에는 창조주의 손길이 필요한 사람들이 많습니다. 절박하고 아무것도 바랄 수 없는 상황에서 하늘만 바라보며 좋은 일이 생기기를 고대합니다. 정말 창조가 사실이라면 세계와 동떨어진 창조는 없습니다. 우리의 삶과 무관한 창조는 무가치합니다. 창조가 일상과 분리되는 순간 그것은 하나의 딱딱한 교리가 됩니다. 하나님 자신이 우리 일상의 창조자가 되기 원하는데 일상과 무관한 창조론만 논해서는 안 됩니다. "태초"부터 현재 우리의 일상에 있어서도 하나님은 언제나 창조의 하나님입니다! 家

여호와 하나님이 땅의 흙으로 사람을 지으시고 생기를 그 코에 불어넣으시니 사람이
생령이 되니라

남자와 여자는 동시에 창조되었습니다.

어떤 분은 창 1:27을 보고 하나님께서 남자를 먼저 창조하고 그다음에 여자
를 만드셨다고 합니다.

> 하나님이 자기 형상 곧 하나님의 형상대로 사람을 창조하시되 남자와 여자를 창
> 조하시고(창 1:27)

하지만 **"남자와 여자"라고 적은 것을 꼭 '남자 그다음에 여자'로 이해해야 하
는 것은 아닙니다.** 그냥 남자와 여자, 여자와 남자를 함께 창조하신 것으로도
볼 수 있습니다.

물론 창세기 1장과는 달리 창세기 2장의 인간 창조 이야기를 읽으면 정말로
"남자"를 "여자"보다 먼저 창조하셨다는 생각이 듭니다. 2장의 창조 순서에서
남성의 위상은 여성의 그것보다 확실히 높습니다.

> 아담이 모든 가축과 공중의 새와 들의 모든 짐승에게 이름을 주니라 아담이 돕
> 는 배필이 없으므로 여호와 하나님이 아담을 깊이 잠들게 하시니 잠들매 그가
> 그 갈빗대 하나를 취하고 살로 대신 채우시고 여호와 하나님이 아담에게서 취하
> 신 그 갈빗대로 여자를 만드시고 그를 아담에게로 이끌어 오시니 아담이 이르되
> 이는 내 뼈 중의 뼈요 살 중의 살이라 이것을 남자에게서 취하였은즉 여자라 부
> 르리라 하니라 이러므로 남자가 부모를 떠나 그의 아내와 합하여 둘이 한 몸을
> 이룰지로다 아담과 그의 아내 두 사람이 벌거벗었으나 부끄러워하지 아니하니

라(창 2:20-25)

이런 창조 순서는 분명히 서열(序列)과 위계(位階)를 뜻하는 것입니다. "하나님이 아담에게서 취하신 그 갈빗대로 여자를 만"들었기 때문에(창 2:22a) "여자"는 태생부터 뭔가 부족하고 의존적인 존재로 나타납니다. 머리뼈도 아니고 갈비뼈라니! 이 구절을 읽으면 여자라는 존재는 그저 남자의 가슴에 머리를 파묻고 의존하며 살아야 하는 존재 같습니다. 이것은 분명히 **성차별(性差別)적 본문입니다. 성서에도 적지 않게 성차별적인 내용이 나옵니다.** 구시대적 이념과 가치관을 반영하는 것이죠. 제가 쓰인 문자 그대로 성서를 받아들여서는 안 된다고 말하는 이유가 여기에 있습니다. 신약성서에는 심지어 아래와 같은 내용도 나옵니다.

여자는 교회에서 잠잠하라 그들에게는 말하는 것을 허락함이 없나니 율법에 이른 것 같이 오직 복종할 것이요(고전 14:34)

이것 역시 한심하기 짝이 없는 시대착오적 내용이 아닐 수 없습니다! 한국 개신교 교회에서 여성의 역할이 얼마나 큰지 아는 사람은 함부로 이런 발언을 하지 못할 것입니다. 여자만 조용히 해라? 이런 쓸데없는 말을 하다니! 이런 내용은 해당 글이 쓰인 시대가 남성 우월주의의 시대였음을 알게 합니다. 이와 같이 구약성서와 신약성서가 쓰인 시대는 모두 우리나라 조선시대와 같이 여성에 대한 왜곡된 시각이 있었습니다. 여성을 독립적인 하나의 인격체이며 개인으로 보는 것이 아니라 남성을 보조하는 보조자, 심지어는 노동력을 생산하는 도구나 재산으로 여겼습니다.

창세기 2장 7절은 "하나님이 … 사람을 지으시고"라고 합니다. 이 구절의 "사람"(하 아담)을 "아담"이나 "남자"로 보는 것도 역시 성차별적인 해석입니다. 창세기 2장의 인간 창조보다는 "남자와 여자를 (동시에) 창조"하셨다고 말하는 창세기 1장 27절이 훨씬 받아들이기 좋은 것 같습니다.

어떤 이는 창세기가 인간 창조 이야기를 반복한 것(창 1:27; 2:7)에 대하여 창 1:27이 "남자와 여자", 즉, 모든 인간을 창조하셨다는 큰 표제(標題)이며 그다음 창세기 2장이 세부적인 과정을 소개하는 것이라고 주장합니다. 즉, "남자"를 먼저 만든 후(창 2:7ff) 필요에 따라("사람이 혼자 사는 것이 좋지 아니하니… " 창 2:18) "여자"를 창조했다"(창 2:22-23)는 것이죠. **하지만 저는 창 1:27과 창 2:7 이하의 내용이 서로 이어져 있다고 생각하지 않습니다. 전자와 후자가 완전히 다른 가치를 지향하기에 그렇습니다.** 아래 제가 정리한 개요를 봅시다.

창 1:27	하나님이 남자와 여자를 (혹은 여자와 남자를 동시에) 창조하셨다
창 1:31	창조 "여섯째 날"의 종결
창 2:1	모든 창조 사역의 완결 선언-"천지와 만물이 다 이루어지니라"
창 2:2-3	하나님의 안식

창 2:4	새로운 도입부
	"여호와 하나님이 땅과 하늘을 만드시던 날에"
창 2:7	남자를 창조
창 2:8-17	에덴동산의 조성과 선악과 설치
창 2:18-25	여자의 창조
	마치 남자가 하나님과 공조하는 듯한 느낌을 주고 있음

실질적으로 (인간) 창조 이야기는 창 2:2-3 에서 끝났습니다. 창 2:2-3 이전의 인간 창조 서술에서는 남녀의 창조 순서를 굳이 구분하지 않습니다.

새로운 도입부인 창 2:4의 "땅과 하늘을 만드시던 날"에 "초목이 아직 없었고"(창 2:5) "채소"도 없었다(창 2:5)는 것을 보면 아직 산과 바다와 식물을 만드신 "셋째 날"(창 1:13)에도 이르지 못한 것입니다. 따라서 "하나님이 땅과 하늘을 만드시던 날"은 "첫째 날"(창 1:5)이거나 "둘째 날"(창 1:8)이 됩니다. 인간을 "첫째 날" 혹은 "둘째 날"에 창조하셨다는 것입니다. 어떤 이의 말에 따르면 육지("뭍" 창 1:9)가 드러나기 전에 인간을 만들었다는 것이죠. 다시 말하지만, 육지가 나타난 것은 "채소"와 "나무"가 등장한 "셋째 날"(창 1:9-12)입니다. 창 2:5은 분명히 "초목(나무)"과 "채소"가 아직 없던 때에 인간 창조(창 2:7)가 이루어졌다고 말합니다. **시간과 상황이 서로 맞지 않습니다.** 이렇게 보면 7일 창조 이야기도 점진적으로 구성한 것 같습니다. 원래부터 일정한 짜임새를 갖고 있던 게 아닙니다.

창세기 1장에 따르면 인간은 창조 "첫째 날", "둘째 날", "셋째 날"도 아닌 "여섯째 날"(창 1: 26,31)에 창조되었습니다. 따라서 **창 2:4-25의 내용은 창 1:27-2:3을 보완하는 내용이 아닙니다.** 같은 인간 창조 이야기처럼 보이지만 **서로 다릅니다.**

창세기 2:4 이하를 쓴 저자는 남자가 여자보다 월등하다는 편견을 갖고 있습니다. 창조 첫째 날에 인간을 창조했다는 -최종적으로 보면- 틀린 정보를 제공합니다.

성서 본문에 왜 이런 일이 일어납니까? **앞 내용과 뒤 내용을 적은 사람이 같은 사람이 아니며 그 둘의 관심이 각각 달라서 이런 일이 일어납니다.**

앞 내용(창 1:1-창 2:3)을 적은 사람은 창조가 차근차근 이루어졌다고 말합니다. 인간 역시 창조된 만물의 일부입니다. **만물을 창조하는 과정 중에 "남자와 여자"를 함께 만들었습니다.**(창 1:27)

그에 비하여 뒤 내용(창 2:4-25)의 집필자는 만물의 창조와 그 순서에는 별로 관심이 없고 '창조에 있어서 남자가 여자보다 앞선다'는 것을 주장하는 데만 신경을 씁니다. 하늘과 땅을 만들고 바로 인간을 창조했다고 서둘러 말합니다. 남성 우월주의자로 보이는 이 사람은 하나님이 혼자 여자를 창조한 것이 아니라 남성도 일정 부분 참여했다고 주장합니다. 그에 따르면 여성을 만든 재료를 제공한 것이 남성이요(창 2:21-22) "여자"라는 이름을 지어준 것도 바로 - 하나님이 아닌 - 남자입니다.(창 2:23 "여자라 부르리라") 우리가 차별주의자의 말을 곧이곧대로 받아들일 필요는 없습니다. 그는 그가 살던 시대의 왜곡되고 편협한 사고의 영향 아래 있습니다. 그것을 현대를 사는 우리가 그대로 따라할 이유가 없습니다.

🐝 우리 사회에는 여자를 우습게 보는 성차별이 존재합니다. 이는 아주 슬픈 일입니다. 어떤 장로교 교단과 신학대학교에서는 아직도 여성에게 목사 자격을 주지 않습니다. 여자는 조용하라는 것이죠. 이것 역시 매우 부끄러운 일입니다. **성서 본문의 심층적 의미를 잘 살피지 않고 구시대적 가치관을 노골적으로 드러내는 문장을 그대로 지키려고 노력하는 사람들은 부끄러운 일을 행하면서도 부끄러워 하기는 커녕 자기가 하나님의 말씀대로 사는 사람이라고 으쓱댑니다.** 이들은 시대의 변화와 발전을 긍정하지 않고 스스로 도태되기를 기다리는 불쌍한 사람들입니다. 과거의 것이 다 무조건 나쁜 것은 아니지만 시대착오적인 것까지 따를 필요는 없습니다. 성서 본문에 성차별적이고 불평등한 주장이 있다면 그것을 비평적으로 해석하고 반대해야 할텐데 문자대로 학습하니 엉뚱한 행동을 하게 됩니다. 그러지 말고 성서 안에 담긴 심층적인 가치를 파악하고 학습하고 실천해야 합니다. 그것이 성서를 하나님의 말씀으로 대우하는 올바른 자세입니다. 🏠

여자가 그 나무를 본즉 먹음직도 하고 보암직도 하고 지혜롭게 할 만큼 탐스럽기도 한 나무인지라 여자가 그 열매를 따먹고 자기와 함께 있는 남편에게도 주매 그도 먹은지라

아담과 하와가 선악과를 따먹었다고
모든 인류가 벌을 받는 것은 부당합니다.

창 3:5–6은 최초의 인간이 '선악을 알게 하는 나무를 보고 그 열매를 따먹었다'라고 말합니다. '선악을 알게 하는' 선악과를 '먹었다'는 것을 전통적으로 가치판단의 권한을 하나님에게 맡기지 않고 전적으로 자기 스스로 하겠다는 뜻으로 해석하기도 합니다.

창 6:2에서는 자신의 판단에 따라 마음에 드는(좋아하는) 여자를 아내로 삼는 남자들에 대해서 언급합니다. 이 남자들을 신에 버금가는 지위를 가진 남자들("하나님의 아들들")로 칭합니다. **스스로 판단하고 스스로 선택하는 행위는 절대적인 신정(神政) 개념 아래에서는 매우 부정적인 것입니다.** 저는 자율(自律)을 아주 좋아합니다만 성서의 어떤 저자는 아주 나쁘게 봅니다. 자기가 하나님입네 하는 교만으로 봅니다. 야웨가 선하게 여기시는(민 24:1) 것을 그냥 수용하라는 것입니다.(삿 10:15 "주께서 보시기에 좋은 대로")

이스라엘 역사에 있어서 특정한 시점에 인간의 지적 판단은 무가치하며 하나님의 의지(뜻)만 유의미하므로 그것에 의존할 때 소망이 있다는 생각이 나타났습니다.(창 1:4,10,12,18,21,25,31 '하나님이 보시기에 좋다')

이는 기본적으로 **국가 패망을 경험한 이스라엘에게 일어난 신앙적 성찰입니다.** 그들은 갖은 노력에도 불구하고 국가의 패망을 막을 수 없었다는 자괴감을 느끼며 야웨의 판단 기준을 수용해야만 무너진 국가를 재건하고 민족중흥을 이룰 수 있다고 생각했습니다. 더 시간이 흘러 유배 생활이 끝나고 귀환한 후에

(재)창조에 관한 이야기가 나타났는데 이것도 새 시대에 하나님의 새로운 도우심을 바라는 마음에서 형성한 것입니다. 인간은 어리석어서 마음대로 판단하고 결정하면 재앙이 닥친다는 것입니다. 이런 생각은 국가 패망~포로기의 긴 시간을 지나면서 굳어진 것입니다. 알량한 인간의 모략을 내세운다면 하나님이 도와주시기는커녕 또다시 큰 재앙이 닥칠 것입니다.

선악과는 여자가 먼저 따먹었습니다. 그리고 그녀의 남편에게 주어 먹게 했습니다.(창 3:6) 하나님을 의존해야 하는데 제힘과 제 능력으로 살겠다고 결정한 것입니다. 자신이 하나님 행세를 하겠다는 것입니다.(참고:창 3:5 "하나님과 같이 되어") 이스라엘 사람들이 볼 때, 이것은 큰일이 아닐 수 없습니다. 하나님이 그렇게 하지 말라고 미리 경고했기 때문에(창 2:16-17; 3:3) 상응하는 벌을 받는 것이 마땅합니다. 무섭지요? 그런데 신약성서는 최초의 인간인 이들의 잘못 때문에 인류 전체가 벌을 받게 되었다고 말합니다. **이해하기 어렵습니다. 이런 연좌제(連坐制 collective punishment)가 또 어디 있습니까?**

> 그러므로 한 사람으로 말미암아 죄가 세상에 들어오고 죄로 말미암아 사망이 들어왔나니 이와 같이 모든 사람이 죄를 지었으므로 사망이 모든 사람에게 이르렀느니라(롬 5:12)

옛날 몇몇 국가들에는 한 사람이 죄를 지으면 일가친척까지 다 벌을 받는 연좌제가 있었습니다. 하지만 그것은 어디까지나 옛날이야기입니다. 현대처럼 개인주의 시대에 연좌제를 말한다면 그 누구도 쉽게 받아들일 수 없을 것입니다. 과거에는 아담과 하와가 선악과를 따먹은 잘못 때문에 모든 인류가 죽게 되었다는 것을 사람들이 별다른 반론없이 받아들였습니다. 하지만 지금은 그렇지 않습니다. 개인주의가 발달한 나라일수록 연좌제를 이해할 수 없습니다. **개인이 잘못했으면 그 개인만 벌을 받는 것이 합리적입니다.**

집단 단위의 범죄와 처벌 개념은 성서에서 민족 국가 이스라엘의 (예상치 못한) 패망을 배경으로 합니다. 왕정 국가에서는 왕이 권력을 쥐고 있습니다. 민주 국가와 달리 국민에게는 참정(參政)의 권한이 없습니다. 따라서 국가 위정자의 실정(失政) 때문에 이스라엘이라는 집단 전체가 재앙을 당하게 되었다고 보는 것이 맞습니다. 왕이 잘못해서 국민이 재앙을 당한 것입니다.

놀랍게도 성서의 몇몇 본문에서 이런 **연좌제에 대한 반론**을 제기하고 있습니다. 왕 하나가 잘못했는데 왜 모두 재앙을 당해야 하느냐는 질문입니다.

> 너희가 이스라엘 땅에 관한 속담에 이르기를 아버지가 신 포도를 먹었으므로 그의 아들의 이가 시다고 함은 어찌 됨이냐 주 여호와의 말씀이니라 내가 나의 삶을 두고 맹세하노니 너희가 이스라엘 가운데에서 다시는 이 속담을 쓰지 못하게 되리라 모든 영혼이 다 내게 속한지라 아버지의 영혼이 내게 속함 같이 그의 아들의 영혼도 내게 속하였나니 범죄하는 그 영혼은 죽으리라(에스겔 18:2-4)

이 본문은 한 사람만 범죄하면 모두 죄인이 된다는 주장을 정면으로 반박합니다. "아버지가 신 포도를 먹었"는데 어떻게 포도를 먹지도 않은 "아들의 이가 시다고" 할 수 있느냐는 것입니다. 가당치 않은 말을 하지 말고("다시는 이 속담을 쓰지 못 하게 되리라") 범죄하는 그 사람에게만 벌을 내리라는 것입니다.("죽으리라") 대단히 합리적인 반론이 아닐 수 없습니다. 비슷한 구절이 예레미야서에도 있습니다.

> 그 때에 그들이 말하기를 다시는 아버지가 신 포도를 먹었으므로 아들들의 이가 시다 하지 아니하겠고 신 포도를 먹는 자마다 그의 이가 신 것 같이 누구나 자기의 죄악으로 말미암아 죽으리라(예레미야 31:29-30)

집단 단위 처벌에 대한 반론을 제기한 시기는 국가가 패망한 이후의 시기입니다. 민족 공동체가 와해하면서 비로소 성서 본문에 개인주의적 사고에 입각한 합리적 주장이 나타났습니다. "한 사람으로 말미암아 죄가 세상에 들어"왔고 "사망이 모든 사람에게 이르렀"다고 주장하는 것(로마서 5:12)은 전통적이고 집단주의적 사고에 근거한 하나의 주장입니다. 무고한 각 개인으로부터의 반론의 여지를 미리 제거하고자 하는 목적에서 이런 주장을 활용할 수 있습니다. 한 사람도 예외 없이 모든 이에게 예수님의 구원이 필요하다는 주장을 할 때 쓰입니다. 하지만 요즘 실제로 전도해 보면 '모든 사람이 죄인이고 너도 죄인이야'라는 말은 별로 도움이 되지 않습니다. 현대인 중에는 그 말을 듣고 눈물을 흘리면서 '맞습니다. 저도 죄인입니다'라고 인정하는 사람은 별로 없습니다. 오히려 '모든 사람이 죄인이라면서 너는 왜 얼굴을 꼿꼿이 쳐들고 나보고 죄인이라고 하니?' 혹은 '정말 기분 나쁘네! 개신교인들이 더 못됐던데?'라고 하는 사람이 많습니다. 사실이 그렇습니다. **모두 죄인이라면 누가 누구에게 손가락질하면서 '너 죄인이야! 회개해!'라고 하기는 좀 그렇지 않습니까?** 현대는 합리적이며 개인주의적 사고를 하는 사람이 대부분이기 때문에 명확한 개연성도 없이 대뜸 '너 죄인이야!'라고 하는 것을 누구도 쉽게 이해할 수 없습니다. 무엇보다 성서의 죄 개념이 국가 패망에 따른 집단주의적 개념에서 왔다는 것을 기억한다면 개인에게 그런 개념을 바로 들이대는 것은 옳지 않습니다.

우리는 성서가 말하는 개인적 죄 개념이 사실 사회적 죄의식의 전형(典型)으로부터 발전한 것이라는 것을 기억해야 합니다. 개인화한 인식이 국가와 위정자를 중심으로 한 집단주의적 인식에서 나온 것이라고 할 수 있는 것은 그 발생이 순차적이며 형태론적으로 유사한 양상을 답습하기 때문입니다. **개인의 죄의식은 근본적으로 집단을 전제하고 의식합니다.**

창세기 18장에 의로운 사람(무고한 사람)과 악인들이 함께 벌을 받는 것이 부당하다는 취지의 이야기가 나옵니다.

아브라함이 또 이르되 주는 노하지 마옵소서 내가 이번만 더 아뢰리이다 거기서 십 명을 찾으시면 어찌하려 하시나이까 이르시되 내가 십 명으로 말미암아 멸하지 아니하리라(창 18:32)

아브라함은 하나님에게 "의인을 악인과 함께 멸하려 하시나이까?"(창 18:23)라고 묻습니다. 이에 대해 하나님은 "성"에 의인이 50명 밖에 없어도(창 18:24), 45명만 있어도(창 18:28) 혹은 40명뿐이라고 해도(창 18:29) 30명이라도(창 18:30) 20명뿐이라도(창 18:31) 10명 밖에 없어도(창 18:32) 성을 멸망시키지는 않을 것이라고 말합니다. 이 이야기 역시 집단적 처벌에 휘말려 무고(無辜)한 개인이 벌을 받는 것이 부당하다는 이야기입니다.

🐝 잘못도 없는데 집단에 속했다고 무조건 벌을 받는 것은 옳지 않습니다! 어떤 이는 인간의 DNA에 원죄(原罪)가 들어있다는 바보같은 소리를 합니다. 아담과 하와는 그들 자신의 잘못 때문에 벌을 받았습니다. 우리도 우리 자신의 삶에 대한 책임을 져야 할 뿐입니다. 전도의 일환(一環)으로 다른 사람에게 함부로 "당신은 죄인이야!"와 같은 어리석은 말을 하지 마세요! '모든 사람이 죄인이다'라는 말 가운데 당신도 들어 있다면 그럴 수는 없습니다. 물론 사회에 해악을 끼친 범죄자는 헌법이 죄인으로 단죄합니다. 하지만 그 외 사람에게는 **함부로 죄인이라고 하지 마세요!** 그냥 조용히 자신의 삶을 돌아봅시다. 미처 생각지 못했던 부족한 점은 없는지, 남은 모르지만 반성할 점은 없는지 따져 봅시다. 엉뚱한 사람의 잘못을 파헤칠 시간에 자기 자신의 부족함이나 살펴봅시다. 家

에녹은 육십오 세에 므두셀라를 낳았고 / 므두셀라를 낳은 후 삼백 년을 하나님과 동
행하며 자녀들을 낳았으며 / 그는 삼백육십오 세를 살았더라 /에녹이 하나님과 동행
하더니 하나님이 그를 데려가시므로 세상에 있지 아니하였더라

평범한 일상을 살던 사람이 영생을 얻었습니다.

창세기 5장 18절부터의 내용을 보면 "에녹"이라는 사람이 나옵니다. 이 사람
이 했던 일은 오직 자녀를 낳는 일입니다. "므두셀라를 낳았고"(창 5:21) 그 이
후로도 계속 "자녀들을 낳았"습니다.(창 5:22) 그런데 다른 사람들과는 달리 "하
나님이 그를 데려가"셨습니다.(창 5:24) 죽지 않고 산채로 좋은 곳으로 갔다는
것입니다.(히 11:5) 사람은 누구나 죽음을 두려워합니다. 그런데 에녹은 죽음을
경험하지 않았답니다.[2] 도대체 에녹이 어떤 삶을 살았길래 그런 놀라운 일이 일
어났을까요?

일단 그가 "하나님과 동행"했다(창 5:22)는 표현을 봅시다. 이와 비슷한 표현
은 아주 드뭅니다. 창 6:9; 왕상 18:21; 미 6:6-8 등에만 비슷한 어구(語句)가
있습니다. 우선 창세기 6장 9절을 봅시다.

> 이것이 노아의 족보니라 노아는 의인이요 당대에 완전한 자라 그는 하나님과 동
> 행하였으며(창 6:9)

노아는 큰 홍수가 있을 것을 미리 알고 방주(方舟)를 만든 사람으로 유명하니

---

2 창 5:23을 보면 분명히 "그(에녹)는 삼백육십오 세를 살았더라"라고 적혀있다. 이 구절은 "하나님이 그들
데려가시므로 세상이 있지 아니하였더라"(창 5:24)와 서로 부조화를 이룬다. 그가 특정한 나이까지 살다
죽었다고 말하는 동시에, 다른 구절은 그가 세상에서 사라졌다 말한다. 이는 에녹에 대하여 각기 다른
관점에서 본문을 편집한 편집자들 때문에 나타나는 현상이다.

다. 실제 역사에 전 세계적인 홍수는 없었지만, 고대인들이 볼 때 엄청난 위력의 쓰나미가 있었을 것입니다. 어쨌든 홍수라는 재앙을 예견하고 노아는 대단히 큰 방주를 만들었습니다.(창 6:15 "그 길이는 300 규빗, 너비는 500 규빗, 높이는 30 규빗", 1규빗은 약 45cm) 거대한 방주를 만들었다는 이야기는 방주에 모든 생물을 암수 한 쌍씩(창 6:19-20) 들였다는 이야기처럼 사실로 받아들이기 힘들지만 어쨌든 노아는 뭔가 대단한 일을 한 것 같습니다. 그에 비해서 에녹이 한 일은 달리 찾아볼 수가 없습니다. 특별한 일을 한 게 없어요. 따라서 에녹이 하나님과 동행했다는 표현이 노아의 그것과 어떻게 같은지 알기 힘듭니다.

열왕기상 18장 21에도 '하나님을 따르다(따라 걷다)'라는 비슷한 어구가 있습니다.

> 엘리야가 모든 백성에게 가까이 나아가 이르되 너희가 어느 때까지 둘 사이에서 머뭇머뭇하려느냐 여호와가 만일 하나님이면 그를 따르고 바알이 만일 하나님이면 그를 따를지니라 하니 백성이 말 한마디도 대답하지 아니하는지라(왕상 18:21)

왕상 18:21에는 유일신 사상이 명확하게 나타나고 있어서 이곳의 하나님과의 동행(하나님을 추종하는 것) 역시 에녹의 표현과 같지 않습니다. 참고로 왕상 18:21을 완성한 시기는 상고시대, 족장 시대도 아니고 심지어 왕정시대보다 훨씬 후대인 것 같습니다.

에녹이 과연 어떤 삶을 살았길래 죽음을 보지 않고 옮겼는지 알기 힘듭니다. **유일한 단서는 그가 "자녀들을 낳"았다는 것뿐입니다.**(창 5:21-22) 물론 창세기 5장에서 자손을 낳았다는 표현을 에녹에게만 사용한 것은 아닙니다. "아담"부터 "노아"까지 모든 이가 자녀를 낳았다고 합니다. 그렇다면 에녹의 특별함은 무엇입니까?

에녹은 "65세에 므두셀라를 낳았고" 그후 "300년을 하나님과 동행"했다고 합니다.(창 5:21-22) 합하면 모두 "365세"(창 5:23)인데 이것을 365일과 같은 것으로 볼 수는 없습니다. 1년을 365일로 계산하는 것은 고대 이집트 시대에 시작한 것으로 알려졌지만 그게 에녹의 "365세"와 어떤 연관이 있는지 명확하지 않습니다. 신약성서 히브리서의 화자(話者)도 에녹이 "죽음을 보지 않고 옮겨"진 것(히 11:5a)에 관해서 명확한 근거를 찾지 못하고 단지 "(에녹의) 믿음으로" 그와 같은 일이 일어났다고 추정하면서 그가 "하나님을 기쁘시게 하는 자라 하는 증거를 받았다"(히 11:5b)고 애매모호하게 평가할 뿐입니다.

저는 에녹이 365년이라는 믿기 어려운 긴 시간 동안 살며 "므두셀라" 외에 더 많은 자녀를 낳았을 것으로 추정합니다. 자녀 수를 볼 때 에녹은 창세기 5장에 나온 사람 중 단연 최고입니다. 또한 그는 자녀를 낳은 것뿐만 아니라 건강하게 잘 키운 것 같습니다. 그의 자녀 "므두셀라"는 인류 역사에 있어 최고로 장수한 사람으로 969살(창 5:27)을 살았습니다. 자녀의 건강과 장수를 단순히 부모의 유전 덕으로 볼 수도 있겠지만 잘 키웠기 때문이기도 합니다. **어쩌면 에녹이 죽음을 보지 않고 하나님 곁에 갈 정도로 사랑을 받은 것은 그가 평생 여러 자녀를 낳고 잘 키우는 데만 신경 썼기 때문은 아닐까요? 특별한 업적을 세우는 것보다 충실한 일상을 사는 것을 하나님이 기뻐하시지 않을까요?**
아래 미가서 본문은 하나님이 가장 기뻐하는 것이 무엇인지 알려 줍니다.

내가 무엇을 가지고 여호와 앞에 나아가며 높으신 하나님께 경배할까 내가 번제물로 일 년 된 송아지를 가지고 그 앞에 나아갈까 여호와께서 천천의 숫양이나 만만의 강물 같은 기름을 기뻐하실까 내 허물을 위하여 내 맏아들을, 내 영혼의 죄로 말미암아 내 몸의 열매를 드릴까 사람아 주께서 선한 것이 무엇임을 네게 보이셨나니 여호와께서 네게 구하시는 것은 오직 정의를 행하며 인자를 사랑하며 겸손하게 네 하나님과 함께 행하는 것이 아니냐(미가서 6:6-8)

얼핏 생각하면 열정적으로 교회에서 봉사하는 것, 많은 헌금을 바치는 것, 자식을 하나님에게 드린다며 신학교에 보내는 것 등을 기뻐하실 것 같지만 사실은 그렇지 않습니다. **하나님이 바라시는 것은 악을 행하지 않고 사랑하면서 겸손하게 일상을 사는 것입니다.** 미가서는 이런 삶을 "하나님과 함께 행하는 것"이라고 말합니다. 에녹도 비록 평범하지만 하루하루 주어진 삶을 열심히 살았을 것입니다. 그가 죽음을 보지 않고 옮기어질 그날까지 말입니다.

천국은 그런 것입니다. 우리 일상의 연장선입니다. 평범하지만 하루하루 주와 동행하다가 자연스럽게 옮겨가는 그런 개념입니다. 그런 의미에서 우리는 이 천국에 살다가 저 천국에 가는 것이고 날마다 하나님과 동행하다가 하나님을 만나러 가는 것입니다.

저는 교인들이 교회에 너무 자주 나오는 것을 걱정합니다. 어떤 교회에서는 신자들의 신앙심을 강화하려고 많은 예배와 모임을 만듭니다. 매일 새벽 예배, 주마다 수요기도회, 금요기도회, 주일에는 주일 찬양 예배, 주일 오후 예배와 영아부, 유년부, 초등부, 중등부, 고등부, 대학부, 청년부 예배를 드립니다. 그 밖에도 전도 집회, 헌신 예배, 맞춤 예배, 선교 동원 예배 등이 있습니다. **바른 신앙인은 예배 못지 않게 일상에 충실합니다. 일상을 등진 신앙인은 광적인 종교인일 뿐입니다. 단언컨대 하나님은 종교에 집착하는 사람을 기뻐하지 않습니다.** 에녹을 기억하십시오! 일상을 살다가 자연스럽게 영생에 진입한 그의 삶을 기억하십시오. 우리 모두 일상으로 돌아가 가족을 잘 돌보며 이웃과 더불어 살아갑시다. **일상을 살던 사람에게 영생이 주어졌습니다! 온종일 교회에서 사는 사람에게는 아닙니다.**

여호와께서 아브람에게 이르시되 너는 너의 고향과 친척과 아버지의 집을 떠나 내가 네게 보여 줄 땅으로 가라 / 내가 너로 큰 민족을 이루고 네게 복을 주어 네 이름을 창대하게 하리니 너는 복이 될 지라 / 너를 축복하는 자에게는 내가 복을 내리고 너를 저주하는 자에게는 내가 저주하리니 땅의 모든 족속이 너로 말미암아 복을 얻을 것이라 하신지라

수메르 사람 아브라함의 평범한 모습을 찾아서

창세기에서 우주와 세계의 시작을 말하는 창조 이야기가 끝나면 족장들의 이야기가 이어집니다. 온 인류의 조상으로 아담이 있는 것처럼 아브라함은 이스라엘 민족의 시조입니다.

창세기 11장은 족보(族譜)인데, 누가복음 3장에도 족보가 나옵니다. 창세기 11장이 한 민족의 족보라면(창 11:10) 누가복음의 경우는 예수님부터 거슬러 올라가서 아브라함(눅 3:34)과 아담(눅 3:38)을 거쳐 하나님까지 이릅니다. 창세기의 족보는 이스라엘 민족의 시작에 대해서 말하면서 민족의 시조가 누구인지 알립니다. 누가복음의 족보는 민족의 범위를 넘어서 확장하고 있으며 처음과 맨 뒤에 예수님과 하나님을 둠으로 마치 온 인류를 하나님과 구세주 예수님이 구조적으로 감싸 안고 있는 듯 보이게 합니다.

아무래도 **유대인들이 글을 쓰다 보니까 족보를 볼 때 이스라엘이 온 인류를 대표한다는 착각이 듭니다.** 하나님 – 아담 – 아브라함 – 이스라엘 민족, 그리고 예수님이 얽혀있어서 우리와 같은 한국인은 열외(列外)인 것 같습니다. 하지만 우리가 유대인이 아니라고 해도 의기소침할 필요는 없습니다. 하나님은 이스라엘 사람만 창조한 것이 아니라 인류를 창조하셨으며, 민족은 나중에 생겨난 개념입니다.

이스라엘 민족의 시조 아브라함도 원래 동쪽 메소포타미아의 수메르 출신입

니다. 고향을 떠나 서쪽 팔레스타인 지역으로 먼 거리를 이동했던 외부인이었습니다. 상당히 발전한 도시 국가를 세운 수메르 사람들은 유일신교가 아닌 다신교를 믿고 있었습니다. 그런 환경에서 자란 아브람(아브라함의 원래 이름)이 고향을 떠나 얼마 안 되어 갑자기 유일신 야웨와 조우(遭遇)합니다. 심지어 하나님은 그에게 "땅의 모든 족속이 너로 말미암아 복을 얻을 것이다"라는 비전을 부여합니다. 하지만 실제로 **이 모든 일이 일사천리로 순식간에 일어났을 가능성은 지극히 낮습니다.**

아브라함에 관한 글을 구성한 사람은 상당히 조급했습니다. 아브람의 원래 출신지가 어떤 곳이며 그가 신봉했을 종교가 무엇이었는지 자세하게 설명하지 않고 단도직입적으로 주인공이 하나님과 1:1로 만나 대화하는 장면을 제시합니다. 거기에 집중한 나머지 자신의 관심 밖에 있는 내용은 자세히 적지 않았습니다.

생각해 봅시다. 첨단 도시 국가 수메르의 한 남자가 고향을 떠나 (왜 떠났는지는 모르지만) 상대적으로 척박한 땅으로 이주했습니다. 오랜 세월이 흘러 자손이 자손을 낳고 하나의 민족과 왕국을 이루었습니다. 안타깝게 왕국은 패망했고 사람들이 제국에 포로로 끌려갔다가 그 제국이 다른 제국에게 멸망하고 나서야 귀환합니다. 이 긴 역사의 과정 중에 어느 시대 사람이 시조 아브라함의 이야기를 적을 수 있었을까요?

아브라함이 살던 시대인 족장 시대는 물론이고 왕국이 건재했던 시대도 다소 어렵습니다. 왜냐하면 창 12:1-3은 "큰 민족"을 말할 뿐 아니라 "땅의 모든 족속"을 언급하고 있기 때문입니다. 제가 볼 때 이 글을 적은 사람은 일개 "족속"의 개념을 넘어서 "모든 족속"을 아우르는 넓은 시야(視野)를 가지고 있습니다. **그것은 제국적 시각이며 제국이 발흥한 시기 이후에 그 통치를 경험한 사람이라야 이같은 표현을 적을 수 있습니다.** 화자(話者)는 아브라함을 시조로 하는 자신의 족속이 장래에는 모든 나라와 민족에게 절대적인 영향을 미치는 집단이 되기를 바랐던 것 같습니다. 그 기대와 소망을 민족의 시발점, 즉, 시조 이야기에 담았습니다. **그들이 세계적인 민족이 되는 것은 애초부터 하나님의 뜻이었다고 이야기하고 싶었던 것입니다.**

성서에 등장하는 신앙적 인물들의 원래 모습이 저는 아주 궁금합니다. 족장, 왕, 제사장과 예언자들 … 우리가 생각하는 것과는 상당한 거리(距離)가 있을 것입니다. **집필자의 의도, 시대적인 요구 등에 따라 몇몇은 대단히 훌륭한 신앙인으로 각색된 것 같습니다.** 저는 아브라함뿐 아니라 심지어 다윗이나 솔로몬의 이미지도 상당히 부풀려졌을 가능성이 있다고 생각합니다. 사람들이 다신교에서 벗어나 오로지 하나님 한 분만 섬기기 시작한 것이 언제부터일까 생각해 봅니다. 최소한 **솔로몬은 다신 숭배자였던 것 같고 죽을 때까지 그랬던 것 같습니다.**(왕상 11:4a,6-8, 9-10) 여호수아 24장 2절을 보면 **아브라함의 집안도 대대로 "우상"을 섬기는 집안이었습니다.**

> 여호수아가 모든 백성에게 이르되 이스라엘의 하나님 여호와께서 이같이 말씀하시기를 옛적에 너희의 조상들 곧 아브라함의 아버지, 나홀의 아버지 데라가 강 저쪽에 거주하여 다른 신들을 섬겼으나(수 24:2)

아브라함은 조상이 믿던 종교의 영향을 받았을 것입니다. 만약 그가 야웨를 믿게 되었다면 **특별한 계기 못지않게 충분한 과정이 필요합니다. 일반적으로는 그렇습니다.** 하지만 아브라함의 이야기는 그 과정을 생략하고 있습니다. 아브라함의 이야기를 적은 사람은 **아브라함이 마치 처음부터 하나님과 대화를 나눌 정도의 신앙인이며 위대한 민족의 시조로 예정된 사람인 양 적고 있습니다.** 이것은 상당한 편향적 안목에서 적은 위인전입니다.

최소한 아브라함에게 주어진 세계 비전을 언급할 정도의 저자라면 그는 우리가 생각하는 것보다 아주 후대 사람일 것입니다. 족장 단위나 민족 단위의 좁은 시야에서는 세계를 아우르는 서술이 나오기 힘듭니다. 그래서 저는 그가 바벨론이나 페르시아 시대의 유대인일 것이라고 생각합니다.

　우리가 성서의 관련 내용을 통해 접하는 아브라함의 이미지라는 것은 이미 큰 세력을 이루고 있는 민족이 그들의 위대한 시조(始祖)를 소개하는 상황에서 빚어낸 것입니다. 하지만 자세히 보면, 이스라엘이 대국을 이루었다기보다는 그들의 소망을 투영하고 있다는 편이 정확합니다. 그들은 국권마저 잃어버린 그들이 (바벨론이나 페르시아 제국에 비견할만한) 세계 초일류 국가를 건설하기를 염원했습니다. 아브라함의 이야기 속에서 하나님은 그들에게 세계를 선도하는 민족의 청사진을 부여합니다.

　어떤 이유인지 확실히 알 수는 없지만 한 수메르인 남자와 그의 일행이 당시 최고로 잘 나가던 조국을 등지고 1,600 킬로미터가 넘는 긴 거리를 이동했습니다. 어떤 분은 아브라함 일행이 서쪽 가나안 땅까지 가던 도중 "하란"이라는 곳에 멈추어 있을 때(창 11:31) 창세기 12장 1–3절의 신의 현현(顯現)이 있었다고 생각할 것입니다. 하지만 아브라함이 메소포타미아 고향에 있을 때 이미 하나님의 현현이 있었다는 것이 맞습니다. 이것은 사도행전 7장 2–4도 언급하고 있습니다.

> 스데반이 이르되 여러분 부형들이여 들으소서 우리 조상 아브라함이 하란에 있기 전 메소보다미아에 있을 때에 영광의 하나님이 그에게 보여 이르시되 네 고향과 친척을 떠나 내가 네게 보일 땅으로 가라 하시니 아브라함이 갈대아 사람의 땅을 떠나 하란에 거하다가 그의 아버지가 죽으매 하나님이 그를 거기서 너희 지금 사는 이 땅으로 옮기셨느니라(행 7:2–4)

　이런 내용은 아주 단순했을 이주를 신앙적인 여정으로 만드는 효과가 있습니다. 먼저, 어떤 이유로 고향을 떠난 이주자들이 있었고 그들의 이동에 신앙적 의미를 추가한 것입니다. 성서의 화자에 따르면 아브라함은 하나님을 신뢰하고 삶의 터전을 아낌없이 떠나 긴 여정의 이주를 결심했던 신앙 위인입니다. 그러나 실제 그의 모습은 조금 달랐을 것입니다. 어떤 분은 아브라함이 지금 개신교인이 따르는 교리까지 알고 있으리라 생각합니다. 하지만 아쉽게도 그것은 착각에 불과합니다. 그에게 지금 우리가 가진 것과 똑같은 종교적 인식이 있었을 리는 없습니다.

아브라함에 대한 진실 캐기가 신앙에 부정적인 영향을 미칩니까? 우리 생각보다 더 **인간적인 아브라함을 만나는 것이 해로운 것일까요?** 저는 그렇지 않다고 생각합니다.

아브라함은 새로운 영토를 개척하려고 나선 일족(一族)의 일원이었을 것입니다. 긴 여정 중에 사랑하는 사람을 잃었지만 낙심하지 않고 담담히 개척의 길을 걸어갔습니다. 저는 **평범하지만 일상에 충실한 사람이야말로 성서의 주인공이 될 자격이 있다**고 생각합니다. 성서는 평생 자녀들을 낳은 것밖에 한 일이 없는 에녹이라는 사람(창 5:19)을 하나님과 동행한(창 5:22) 사람으로 평가합니다. 신앙적인 수식(修飾)을 모두 제거하고 난 뒤에 남은 아브라함의 모습이 오히려 평범한 우리의 마음에 와닿는 모습일 수 있습니다.

아브라함은 긴 여정 끝에 가나안 땅에 정착했습니다. 그 새로운 땅에서 그는 때로는 원주민들과 연합하며, 때로는 수메르에서 가져온 첨단 무기와 기술로 입지를 넓히며, 이주민의 신분에서 하나의 어엿한 민족 시조로서의 위상을 높여 갔습니다. 저는 그가 원래부터 하나님만을 믿었을까 싶습니다. 그 시절이 그랬고 주변의 모든 사람이 그랬듯이 그도 여러 신을 함께 숭배했을 것입니다. 변화는 아브라함으로부터 시작한 이스라엘 민족에게서 나타났습니다. **이스라엘 종교가 체계를 갖추고 발전함에 따라 그들의 시조 아브라함 역시 오직 야웨만 섬기는 사람으로 각색되었을 것입니다.** 유일신을 명확하게 인식하고 그 뜻에 따라 순종하는 신앙인의 이미지가 나타나는 데는 아주 긴 시간이 필요했습니다.

🐝 일상 속에서 우리는 그렇게 대단한 신앙인이 아닐지도 모릅니다. 착각이나 망상이 아닌 이상 사람은 하나님의 음성을 직접 들을 수 없습니다. 또한 어디를 가고 무엇을 하는 것이 하나님의 뜻인지 알지 못합니다. 그냥 우리는 아브라함의 원래 모습처럼 나름의 목적을 세우고 인생길을 걷다가 힘들면 쉬고 다시 힘이 나면 일어나 걷는 사람들입니다. 그 여정 가운데 엄습해 오는 위험을 생각하면 만나는 사람들이 적의가 아닌 호의로 다가왔으면 하는 바람이 있습니다. 저는 창세기 12장 3a절("너를 축복하는 자에게는 내가 복을 내리고 너를 저주하는 자에게는 내가 저주하리니")을 읽을 때마다 인간이 가지고 있는 만남에 대한 불안감을 떠올립니다. 사실 미래의 삶이 어떻게 전개될지는 누구도 모릅니다. 도중에 사랑하는 사람을 잃을 수도 있고 생각지 못한 난관을 만날 수도 있습니다. 그러나 **성서의 주인공은 포기하지 않고 묵묵히 자신이 정한 지향점을 향해 나아갔습니다.**

저는 여러분이 아브라함의 이야기를 읽으면서 하나님의 음성을 들으려고 할까 봐 걱정입니다. 일상을 열심히 살지 않고 두 손을 놓은 채 아무것도 하지 않을까 염려합니다. 힘들다고 일상을 벗어나 어디론가 떠나겠다고 할까 봐 조마조마합니다. 과거에 한모라는 자칭 탐험가는 일상을 떠나서 세계를 돌아다니며 민폐를 끼치라고 조장했습니다. 그런 사람의 말을 듣지 마세요! 그러다가 테러범에게 붙잡혀 죽은 사람도 있습니다. 하나님이 함께하시는 순간은 우리가 낙심하지 않고 꿋꿋이 일상을 살아갈 때입니다. 우리가 우리의 생각만큼 큰 영향력의 사람이 되지 못하고 우리 한 사람 한 사람을 통하여 세상 모든 민족이 복을 받는 식의 거창한 일이 일어나지 않을지도 모릅니다. 하지만 수메르인 아브라함의 원래 모습처럼 누군가의 어머니, 아버지, 누군가의 이웃으로서, 보듬어주고 이끌어주는, 작고 소박하지만 결코 덜 중요하다고는 할 수 없는 일들은 평생 잘 해낼 수 있을 것입니다.

　　일상의 소임에 충실하면서 나름대로 옳다고 생각한 지향점을 따라 성실하게 살아가는 것이 중요합니다. 하나님의 목소리가 들리지도 않고 미래에 대한 약속이 주어지지 않을지 모르지만 결국 평범한 일상에 하나님의 뜻이 있으며 하나님이 가장 기뻐하시는 삶의 모습도 거기 있다고 저는 굳게 믿습니다.

창세기 15:6-11

아브람이 여호와를 믿으니 여호와께서 이를 그의 의로 여기시고 / 또 그에게 이르시되 나는 이 땅을 네게 주어 소유를 삼게 하려고 너를 갈대아인의 우르에서 이끌어 낸 여호와니라 / 그가 이르되 주 여호와여 내가 이 땅을 소유로 받을 것을 무엇으로 알리이까 / 여호와께서 그에게 이르시되 나를 위하여 삼 년 된 암소와 삼 년 된 암염소와 삼 년 된 숫양과 산비둘기와 집비둘기 새끼를 가져올지니라 / 아브람이 그 모든 것을 가져다가 그 중간을 쪼개고 그 쪼갠 것을 마주 대하여 놓고 그 새는 쪼개지 아니하였으며 / 솔개가 그 사체 위에 내릴 때에는 아브람이 쫓았더라

의심의 조상 아브라함

창 15장 6절은 아브람을 완벽한 믿음의 표상으로 소개합니다. 아브람의 믿음이 대단히 좋았기 때문에 여호와 하나님이 그 믿음을 보시고 아브람을 의롭게 여기셨다고 합니다.

고대 지혜 전통에 있어서 "의인"이라는 것은 사회적인 인정을 받는 사람을 의미합니다. 그러다가 하나님을 전적으로 의존하는 사람을 의인이라고 부르기 시작했고 나중에는 속죄한 사람을 "의인"으로 부르게 되었습니다. 이러한 변화의 배후에는 패망한 나라 이스라엘의 집단적 죄의식이 존재하고 있습니다. 그들은 하나님에 대한 믿음을 배신한 대가로 국권을 상실했다고 생각했습니다. 그들에게 국가 패망은 하나님을 향한 불충(不忠)에 대한 벌이었습니다. 세월이 흘러 페르시아가 바벨론을 누르고 새로운 지배자가 되었습니다. 이스라엘 사람들은 여전히 지배받는 신세였지만 페르시아는 바벨론과 달리 그들에게 충분한 자유를 주었습니다. 해방감을 느끼며 이스라엘 백성은 하나님 앞에 지은 죄를 완전히 용서받았고 의롭게 되었다고 생각했습니다. 하나님이 어떤 신앙인을 의롭게 여긴다는 개인적 차원의 서술은 이러한 집단적 범주의 성찰로부터 나온 것입니다.

창 15장 6절은 7절과 함께 아브람이 고향을 떠나 타지로 이주한 원인을 하나님의 강하고 일방적인 인도(引導)에서 찾고 있습니다. 동시에 아브람이 하나님의 인도하심을 전적으로 신뢰하며 따라나섰기 때문에 그가 올바른 사람, 즉, 의로운 사람이 되었다고 평가합니다. 하나님의 전적인 인도하심이냐 아니면 인간의 순종이냐를 구분하는 것에 있어서 성서 본문에 각기 다른 시대와 다양한 입장에서 쓴 글들이 섞여 있으므로 금방 이해하기는 어렵습니다. 그래서 어떤 이들은 '100% 하나님의 인도 + 100% 인간의 의지'와 같이 해괴한 말을 합니다. 그러나 이런 말을 이해할 사람은 없습니다. 이해가 안 되니까 믿는다고 하면서 넘어갈 뿐입니다.

만약 창세기 15장의 이 단락의 최종 완성 시기가 바벨론이 망한 시점, 즉, 이스라엘이 페르시아에 의해 일정한 자유를 얻은 시점이라면, 같은 시기에 각 개인도 자기가 "죄인"의 신분에서 "의인"의 신분이 되었다고 생각했을 것입니다. 이런 집단적/개인적 성찰은 아브라함 이야기를 풍성하게 만드는 데 중요한 기초가 되었습니다.

창 15:6에서 대단한 믿음의 소유자라고 평가받은 아브람은 어찌 된 일인지 창 15:8에서는 하나님께 의구심을 표하면서 확실한 증거를 요구합니다. '내가 새로 땅을 얻을 수 있을지 없을지 어떻게 알아요?'라고 합니다. 이런 아브람이 믿음 좋은 사람입니까? 아니면 의심이 많은 사람입니까? 창 15:6과 8절은 서로 다른 두 사람을 이야기하는 것 같습니다.

여호와를 무조건 믿는 아브람과 반문하는 아브람 중에 더 현실적인 것은 후자입니다. 시간적 차이를 따진다면 여호와를 믿어 의롭다는 인정을 받은 아브람의 이야기가 현실적인 아브람 이야기보다 더 후대에 나타났을 것입니다. 신실한 아브람은 사회에서 인정받는 괜찮은 사람의 의미 이상의 의미가 있습니다. 그것은 죄에 대한 구원이나 용서의 신학적 개념을 거의 완성한 후에 신앙적 표상으로 제시된 아브라함(아브람)의 모습입니다. 이와 같은 표상으로서의 아브람은 신약 히브리서 11장 8-10 에도 나옵니다.

> 믿음으로 아브라함은 부르심을 받았을 때에 순종하여 장래의 유업으로 받을 땅
> 에 나아갈새 갈 바를 알지 못하고 나아갔으며 믿음으로 그가 이방의 땅에 있는
> 것 같이 약속의 땅에 거류하여 동일한 약속을 유업으로 함께 받은 이삭 및 야곱
> 과 더불어 장막에 거하였으니 이는 그가 하나님이 계획하시고 지으실 터가 있는
> 성을 바랐음이라(히 11:8-10)

이런 모습의 아브라함은 하나님에게 의구심을 표하거나 증거를 구하지 않습
니다. 하나님의 말씀이라면 무조건 순종하는 신앙의 모범이며 모든 믿는 사람이
따를 만한 신앙의 아버지일 뿐입니다.

아브람을 둘러싼 두 가지 상이한 설명에 이어서 창 15:9-12에서는 뜬금없이
제사 이야기가 등장합니다. '어떻게 알아요?'라고 묻는 아브람에게 하나님이 제
사를 지내라고 명령하는 꼴입니다.
모든 문제를 제사로 해결하려고 하는 것은 제사장 문헌의 특징입니다. 이 이
야기에서 하나님은 튼실한 암소와 암염소, 숫양과 산비둘기 및 집비둘기를 제물
로 요구하고 있습니다. 가축의 암컷은 원래 종교적 제의에서 사용하는 것이라기
보다는 친교나 축제에 쓰던 것입니다. 완숙한 제사 개념 안에서는 주로 수컷을
제단에 올립니다. **제사장들이 아브람 이야기에다가 제사 장면을 붙여놓은 것입
니다.**

예레미야 34:18-21은 제물을 둘로 쪼개고 계약을 맺을 때 쌍방이 그 쪼개진
제물 사이로 지나가는, 매우 오래된 계약적 제사를 소개하고 있습니다. 이것은
이스라엘의 패망 후에 만든 문헌으로 보이는데 (렘 34:21 "바벨론 왕의 군대의
손에 넘기리라") 국가를 패망하게 만든 위정자들을 비판하는 데 이 이야기를 사

용했습니다.

> 송아지를 둘로 쪼개고 그 두 조각 사이로 지나매 내 앞에 언약을 맺었으나 그 말
> 을 실행하지 아니하여 내 계약을 어긴 그들을 곧 송아지 두 조각 사이로 지난 유
> 다 고관들과 예루살렘 고관들과 내시들과 제사장들과 이 땅 모든 백성을 내가
> 그들의 원수의 손과 그들의 생명을 찾는 자의 손에 넘기리니 그들의 시체가 공
> 중의 새와 땅의 짐승의 먹이가 될 것이며 또 내가 유다의 시드기야 왕과 그의 고
> 관들을 그의 원수의 손과 그의 생명을 찾는 자의 손과 너희에게서 떠나간 바벨
> 론 왕의 군대의 손에 넘기리라(렘 34:18-21)

아브람의 제사 이야기도 기본적으로 고대의 계약적 제사 제도의 전승을 그
대로 활용하고 있습니다. 다만 제물의 활용, 종류나 제사 방식이 후대의 것과는
약간 차이가 있습니다. 아브람에게 제사를 요구한 것은 아브람의 의구심, 즉,
불신앙에 대한 하나님의 징벌적 요구로 보입니다. 이 제사 행위에는 속죄의 의
미가 들어있습니다.

완벽한 신앙 표상으로서의 아브라함을 언급하는 창 15:6-7을 가장 후대에
추가한 것이라고 볼 때, 인간적 의구심을 제기하는 창 15:8의 아브람 이야기는
그 이전에 쓰였을 것입니다. 이 창 15:8에 나오는 아브람의 행동을 불신앙이며
죄라고 여긴 제사장들이 이야기에 제사 이야기를 덧붙였습니다. 불신앙의 죄는
제사로 용서받아야 한다는 것입니다. 글쓴이에게 주인공을 존중하는 마음이 없
었다면 아브라함이 죄 때문에 큰 벌을 받는 이야기를 썼을지도 모릅니다. 하지
만 아브라함은 결코 경시할 수 없는 민족 시조(始祖)였고 불신앙적 행동을 했다
고 해도 적당한 제사 절차를 통해 사면(赦免)받는 편이 좋았을 것입니다.

🐝 저는 인간의 의심을 자연스러운 것으로 생각합니다. 어떤 목사들은 신자들이 최대한 빨리 완벽한 믿음을 가져야 한다고 압박합니다. 그리고 기대치에 이르지 못하면 절차가 까다롭고 비용도 많이 드는 제사와 비슷한 방식을 따르라고 종용합니다. 현대 개신교 교회 중에서도 심심치 않게 헌금을 복채 삼아 작정하고 액땜을 하라고 시키는 곳이 있습니다. 마치 이야기 속에서 하나님이(제사장들이?) 아브라함에게 튼실한 암소와 암염소, 숫양과 심지어 비둘기 새끼를 요구하면서 확실한 반성을 요구하는 것처럼 말입니다.

그런데도 **모든 믿음의 시작은 단연 질문입니다.** 대개 교회 목사들에게 어떤 질문을 하면 무조건 기도하고 예배드리라고 하는데 이것은 결코 질문한 사람을 발전하게 이끌지 못합니다. 간절한 마음으로 질문한 사람에게 예배드리고 헌금 내면 알게 된다고 하는 것은 너무 무책임합니다! 답을 찾는데 게으른 사람들은 목사라고 할지라도 하나도 제대로 알지 못합니다. **의심하십시오! 성서를 읽을 때 늘 질문하십시오! 이 말씀이 정말로 범 시대적 가치를 담은 하나님의 말씀인지 아니면 특정한 시대에 욕망을 가진 인간이 하나님의 입을 빌어 어떤 요구를 하는 것인지 구분하십시오.** 제가 성서의 어떤 내용이 하나님의 뜻과 반대라고 하면 펄쩍 뛰는 분들이 있습니다. 그런 분들이 교회에서 설교할 때는 오로지 자기 말만 합니다. 그러면서 하나님의 계시나 응답인 양 떠벌립니다. 하나님이 큰 교회 건물을 지으라고 했다거나 솔로몬처럼 일천 번제를 바쳐야 복을 받는다고 합니다. 모두 제 욕심을 채우려는 헛소리입니다.

여러분은 끊임없이 의심하셔야 합니다! **의심은 진실의 문을 여는 열쇠입니다. 의심 없는 맹신이 가장 위험합니다.** 오늘도 우리 귓전에 들려오는 소리를 다 믿기 보다는 그것이 정말로 그러한가 따져보는 여러분들이 되십시오! 저는 아브람이 의심을 가진 사람이었기 때문에 결국 모범적인 신앙인이 되었다고 생각합니다. 🏠

창세기 22:9-14

하나님이 그에게 일러 주신 곳에 이른지라 이에 아브라함이 그곳에 제단을 쌓고 나무를 벌여 놓고 / 그의 아들 이삭을 결박하여 제단 나무 위에 놓고 손을 내밀어 칼을 잡고 그 아들을 잡으려 하니 / 여호와의 사자가 하늘에서부터 그를 불러 이르시되 아브라함아 아브라함아 하시는지라 아브라함이 이르되 내가 여기 있나이다 하매 / 사자가 이르시되 그 아이에게 네 손을 대지 말라 그에게 아무 일도 하지 말라 네가 네 아들 네 독자까지도 내게 아끼지 아니하였으니 내가 이제야 네가 하나님을 경외하는 줄을 아노라 / 아브라함이 눈을 들어 살펴본즉 한 숫양이 뒤에 있는데 뿔이 수풀에 걸려 있는지라 아브라함이 가서 그 숫양을 가져다가 아들을 대신하여 번제로 드렸더라 / 아브라함이 그 땅 이름을 여호와 이레라 하였으므로 오늘날까지 사람들이 이르기를 여호와의 산에서 준비되리라 하더라

하나님은 무고한 사람을 해치지 않습니다.

창세기 22장에서 하나님은 아브라함에게 늦둥이 아들 이삭을 불에 태워 제물로 바치라고 명령합니다. 기이하게도 아브라함은 그 잔인한 명령을 따르려고 합니다. 일반적인 사람이 이 이야기를 읽으면 하나님이 아브라함의 믿음을 시험하는 것까지는 좋은데(창 22:1) 왜 하필 사람을 죽이라고 하는지 도통 이해할 수 없을 것입니다. 늦은 나이에 어렵게 낳은 외아들을 왜 죽입니까? 게다가 그 외아들은 하나님께서 특별히 주신 아들 아닙니까? 줬다가 뺏기입니까? 성경의 내용을 그대로 따르자면 아브라함이 75세에 약속을 받은 다음 25년이나 지난 100세 때 얻은 옥동자입니다. 그런데 그런 아들을 주신 하나님이 돌변하여 죽이라고 시키다니! **줄 때는 언제고 죽이라고요?** 그 하나님이 이 하나님 맞습니까?

어떤 해석자와 설교자는 하나님이 일찍이 하늘의 별과 바다의 모래 같이 많은 자손을 주겠다는 약속을 하신 뒤에 아브라함이 그 약속을 믿나 안 믿나 보려고 테스트를 하신 것이라고 말합니다. 하지만 **사람의 생명을 두고 신앙 테스트를 하는 존재는 정상이 아닙니다.** 그런 말은 하나님을 비정상으로 보이게 합니다. 이유를 막론하고 **사람을 죽여 공양하라는 신은 미친 신입니다!**

팔레스타인 땅과 맞닿은 지중해 지역에는 아주 오래전부터 아기를 불에 태워 신에게 바치는 풍습이 있었습니다. 따라서 창세기 22장에서 아브라함이 아들을 태워 바치는 이야기도 **고대 지중해 문명에서 유래**했을 것입니다. 특히 해양 민족 페니키아인은 몰렉이라는 신을 섬겼습니다. 몰렉의 제단에는 소의 머리와 인간의 몸을 한 신상이 있었는데 그 가슴 쪽에 제물을 넣는 아궁이가 있었습니다. 페니키아인들은 그곳에 아기를 집어넣고 불태워서 신의 분노를 잠재우고 복을 빌었습니다. 이러한 풍습의 기원은 기원전 40세기까지 거슬러 올라갑니다. **과거 이스라엘 민족이 상당한 기간 동안 몰렉 숭배와 인신공양을 했다**는 것은 구약성서의 몇몇 본문에서 엿볼 수 있습니다.

> 아하스가 왕이 될 때에 나이가 이십 세라 예루살렘에서 십육 년간 다스렸으나 그의 조상 다윗과 같지 아니하여 그의 하나님 여호와께서 보시기에 정직히 행하지 아니하고 이스라엘의 여러 왕의 길로 행하며 또 여호와께서 이스라엘 자손 앞에서 쫓아내신 이방 사람의 가증한 일을 따라 자기 아들을 불 가운데로 지나가게 하며 또 자기 자녀를 불 가운데로 지나가게 하며 복술과 사술을 행하고 스스로 팔려 여호와 보시기에 악을 행하여 그를 격노하게 하였으므로(왕하 16:2-3; 17:17)

> (므낫세 왕이) 또 그 아들을 불 가운데로 지나게 하며 점치며 사술을 행하며 신접한 자와 박수를 신임하여 여호와 보시기에 악을 많이 행하여 그 진노를 일으켰으며 또 힌놈의 아들 골짜기에서 그의 아들들을 불 가운데로 지나가게 하며 또 점치며 사술과 요술을 행하며 신접한 자와 박수를 신임하여 여호와 보시기에 악을 많이 행하여 여호와를 진노하게 하였으며(왕하 21:6; 대하 33:6)

이러한 고대의 악습은 사람들의 비판을 받았고 이스라엘 사회로부터 배척받게 되었을 것입니다. 역사는 로마 제국도 이런 인신공양의 악습을 금지했음을 알려줍니다. 굉장히 오랫동안 이런 악습이 이어져 내려왔다는 것은 **자식을 죽이면서까지 복을 받고 번영하기를 바라는 인간의 끈질긴 탐욕을** 방증합니다.

아브라함이 아들을 불태워 공양하는 이야기는 이처럼 오래된 역사를 가진 페니키아적 문화를 반영하고 있습니다. 그러나 결론적으로 말해서 아브라함은 아들을 죽이지 않습니다. 본문은 아브라함이 아들을 죽일 찰나에 하나님이 그것을 급히 멈추게 했다고 말합니다. 처음 이야기는 흔한 몰렉 숭배 이야기의 복사판이었지만 **후대 편집자들은 하나님이라면 이런 장면에서 결코 아들을 죽이도록 방임하지 않았을 것이라 생각하고 이야기를 확장했습니다.** 특히, 하나님이 다급하게 살인의 손길을 멈추시는 극적인 장면은 귀환 이후 편집자가 추가한 것 같습니다.

유아 살해는 사람이 가진 보편적인 도덕 정서에 전혀 맞지 않습니다. 아래의 관련 본문들을 자세히 보면 사회 공동체의 차원에서 유아 살해를 금지하는 경우와 하나님을 거론하면서 금지하는 경우를 구분할 수 있습니다.

> 그 아들이나 딸을 불 가운데로 지나게 하는 자나 복술자나 길흉을 말하는 자나 요술하는 자나 무당이나 진언자나 신접자나 박수나 초혼자를 너희 가운데에 용납하지 말라(신 18:10-11)

> 너는 결단코 자녀를 몰렉에게 주어 불로 통과하게 함으로 네 하나님의 이름을 욕되게 하지 말라 나는 여호와이니라(레 18:21)

인간을 공양하는 대신 하나님은 숫양을 주셔서 제사를 마치게 합니다. 이는 귀환하여 성전을 재건하고 국법으로서의 **제사법을 확립한 사람들(제사장들)이 시조 아브라함 이야기를 각색하여 제사 이야기로 만들어 놓은 것입니다.** 페니키아적 전통을 사용하는 데 멈추지 않고 반전을 추가하여 하나의 전설적인 신앙적 내러티브를 완성하였습니다. "오늘날까지 사람들이 이르기를 여호와의 산에서 준비되리라"라는 끝 문장을 읽으면 '그러면 그렇지! 하나님이 그렇게 잔인하실 리가 없어'라고 안도하게 됩니다. 또한 하나님이 모든 것을 알아서 해준다는 믿음이 생겨납니다. 실제로 숫양을 주신 것은 대단히 신기한 일입니다. 저는 여러분이 이 이야기를 읽고 뭔가 저절로 생기기를 기도할까 염려합니다. 하나님은 우리에게 이성과 상식을 벗어나는 명령을 하실 리가 없으며 동시에 무엇인가를 툭 하고 기적적으로 선사하실 리도 없다고 생각합니다. 그런 것을 바라는 것이 과욕입니다. **기적을 요구하는 것은 하나님이 제정하신 자연 질서를 교란하겠다는 태도입니다.** 따라서 우리는 이 본문에서 하나님이 잔인한 것을 요구하실 리가 없고 무고한 생명을 해하라고 명령하실 리도 없다는 확인하는 것에서 만족합시다! '어! 바치니까 기적이 일어나네!'라고 하지 말고요. 하나님을 자동판매기를 대하는 것처럼 대하지 마세요.

🐝 신에게 아기를 태워 바치는 것이 고대 사회의 풍습이었을지는 몰라도 그런 명령을 하는 신을 현대를 사는 우리는 결코 받아들일 수 없습니다. 동일한 차원에서, 하나님을 향해 희생을 보이면 기적적이며 초자연적으로 우리를 도와주실 것이라는 생각도 바르지 않습니다. **사랑의 신은 잔인한 대가를 바라지 않습니다!** 만약 그런 신이 있다면 그것은 악마일 것입니다. **사랑의 신을 제대로 믿는 사람도 그 신에게 기적을 달라고 보채지 않습니다.** 하나님은 사람의 마음과 손길을 통하여 사람에게 좋은 것을 선사하십니다. 우리가 간절히 바라는 도움은 하늘에서 내려오지 않고 사람의 손길을 타고 전해지는 법입니다. 신에게 무엇을 바치면 그 대가로 기적을 주는 것은 없습니다!!

어떤 이는 하나님이 초자연적인 기적을 즐긴다면서 기적을 보려면 과감하게 헌신해야 한다고 합니다. 전 재산을 바치면 하나님이 열 배로 갚아주신다는 사람도 있습니다. 그런데 그것은 대개 사기입니다. 저는 명문대에 합격한 자식의 부모에게 이삭을 바친 아브라함의 믿음처럼 자식을 신학교에 보내야 저주받지 않는다고 협박하는 목사도 보았습니다. 헛소리입니다.

　물론 우리가 하나님에게 무엇을 바랄 때가 있습니다. 그럴 때도 생명이 오락가락하는 위급한 상황이 아닌 이상 **기적을 바라기보다는 차분하게 문제에 대응하면서 일상을 통해 나타나는 하나님의 인도를 기도합시다.**

　한국인 중에는 무슨 일을 하든지 극단적으로 하려는 사람이 있습니다. 신기하고 짜릿한 것을 좋아합니다. 어떤 이는 버거운 일을 무책임하게 저질러 놓고는 초자연적인 기적을 바랍니다. 그러나 **우주를 질서 있게 창조하신 하나님께 툭 하면 초자연적인 요구를 하는 것은 대단히 무례한 행동입니다.** 모든 개개인이 바라는 대로 "여호와 이레(여호와가 준비한다)"가 다 이루어진다면 아마 지구는 폭발하고 말 것입니다. 손발이 멀쩡한데 일은 하지 않으면서 하나님이 주시겠지라고 생각하는 게으름뱅이는 그리스도인이라고 말할 자격이 없습니다. 우리는 나의 비이성적이고 몰상식한 행위가 사회 구성원에게 말할 수 없는 고통을 준다는 것을 알아야 합니다. 우리 모두 노력한 것만큼의 결과를 얻을 수 있는 사회를 만듭시다! 초자연적인 "여호와 이레"가 없어도 함께 공정한 사회를 만들면 상상하는 것 이상으로 모두 행복하고 편안한 생활을 영위할 수 있습니다. 어떤 이는 당첨될 확률이 지극히 낮은 복권을 사면서 하나님께 당첨 시켜 달라고 기도합니다. 수학적으로 생각하면 아무리 많은 로또를 사도 1등에 당첨될 확률은 거의 없습니다. 게다가 1등을 한다고 해도 그 돈은 낙첨한 수많은 사람의 돈을 모은 것 아닙니까? 누구나 일한 만큼 응분의 대가를 받지 못하는 사회일수록 하늘에서 돈이 뚝 떨어지기를 고대하는 사람이 많은 법입니다. 그리스도를 믿는 사람들부터 사회가 좀 더 합리적이고 상식적인 곳이 되는 데 일조하는 밀알이 됩시다. 선교가 금지된 지역에 가서 찬송 부르며 돌아다니는 대신 그 힘을 선용하여 공정의 실현과 사회의 발전을 위해 노력하십시오. 그것이야말로 하나님이 진정 바라시는 것입니다. 하나님이 우리를 통해 이루시는 진정한 기적입니다. 무고한 사람의 생명을 결코 해치지 않는 하나님을 믿으며 무고한 사람이 피해를 보지 않는 사회를 만들어야 합니다! 신앙의 이름으로 요행을 바라기보다는 땀을 흘려 씨를 뿌리고 노력한 만큼의 열매를 얻도록 합시다! 부모가 이익을 위해 자식을 팔고 자식이 부모를 파는 사회를 하나님의 사랑으로 서로 신뢰하면서 돕고 사는 사회로 만듭시다. 🏠

이에 아비멜렉이 이삭을 불러 이르되 그가 분명히 네 아내거늘 어찌 네 누이라 하였느냐 이삭이 그에게 대답하되 내 생각에 그로 말미암아 내가 죽게 될까 두려워하였음이로라 / 아비멜렉이 이르되 네가 어찌 우리에게 이렇게 행하였느냐 백성 중 하나가 네 아내와 동침할 뻔하였도다 네가 죄를 우리에게 입혔으리라

여성은 판매하는 물건이 아닙니다.

창세기 26장에서 이삭은 자신의 아내 리브가를 누나라고 속입니다. 그런데 이것과 아주 비슷한 이야기가 다른 곳에 두 번 더 나옵니다. 그중 하나는 창세기 12장에서 아브람이 아내 사라를 누이라고 속인 이야기이며 다른 하나는 창세기 20장입니다. 여기서도 아브라함(=아브람)이 다시 한번 아내를 누이라고 속입니다.

이 세 이야기 중 제일 앞에 나오는 창 12:10-20을 보면 기근 때문에 아내를 데리고 이집트에 갔던(창 12:10) 아브라함이 살해 당할까 두려워서 아내에게 누나라고 하자고 제안합니다.(창 12:11-13) 아내 사라가 정말로 아름다웠는지(창 12:14) 이집트 고관이 한눈에 알아보고 그녀를 파라오의 궁으로 모십니다.(창 12:15) 파라오가 후궁을 얻은 대가로 아브라함에게 많은 가축과 노비를 준 것을 보면(창 12:16) 사라에게 큰 매력을 느꼈던 것 같습니다. 매매 계약(?)은 끝났고 파라오와 사라는 잠자리를 했을 것입니다. 그런데 무슨 재앙이 내렸는지 화들짝 놀란 파라오가 아브라함에게 사라를 다시 데리고 가라고 합니다. 그는 "네가 어찌 그를 누이라 하여 … 그(녀)를 데려다가 아내를 삼게 하였느냐 …"(창 12:19)라고 합니다. **아내를 삼았다는 것은 공식 과정이 이미 끝났음을 의미합니다.** 그런데 이상하게도 파라오는 한차례 화를 냈을 뿐이고 순순히 아브라함 일행을 놓아줍니다. 파라오에게서 받은 재산을 고스란히 챙긴 아브라함은 큰 부자가 되었

습니다.

아브라함은 기원전 21세기쯤의 사람으로 추정됩니다. 그것이 맞다면 그의 시대는 이집트 역사에 있어서 제1중간기와 중왕국 시대에 걸쳐있습니다. 제1중간기는 번영한 고왕국과는 달리 6~10 왕조에 걸쳐 큰 혼란에 휩싸여 있던 시기였습니다. 146년간 27명의 파라오가 출현했다가 소멸했습니다. 중왕국 시대에 접어들어서야 어떤 사람이 나타나 혼란을 잠재우고 재통일을 이룩합니다. 그가 바로 11왕조 멘투호테프 2세입니다. 이 시기에는 또 세계적인 기상이변이 있었다고 합니다. 아브라함이 기근 때문에 이집트에 갔다면 그것은 제1중간기나 중왕국 시대였을 것이고 아브라함이 만났다는 파라오는 정통성을 가진 파라오가 아니라 반란 세력 가운데 파라오라고 자칭하는 사람이었을 가능성이 있습니다. 왜냐하면 제1중간기는 중앙 집권이 와해한 시기였기 때문입니다. 멘투호테프 2세는 자칭 파라오라고 하는 자들을 제거하는 것에 상당히 애를 먹었습니다. 창세기 12장에 나오는 파라오는 위엄도 없어 보이고 그냥 작은 지역의 족장처럼 보입니다. 여자가 너무 예뻐서 정당한 값(지참금?)을 치르고 아내로 삼았는데 알고 보니 유부녀라 당황한 것 같습니다. 재물을 돌려받고 싶었을 텐데 돌려달라는 소리를 하지 않습니다. 먹고 떨어지라는 뜻일까요? 의도한 것은 아니겠지만 아브라함은 아내를 이용해서 돈벌이한 셈이 되었습니다.

아브라함은 창세기 20장에서 똑같은 짓을 또 한 번 합니다. 이번에 속인 대상은 파라오가 아니라 남쪽 그랄이라는 땅에 사는 아비멜렉이라는 남자였습니다. 또한 이번에는 앞의 이야기보다 아내를 누이라고 속여 팔아먹는 이야기가 더 간략하고 신속하게 진행됩니다.(창 20:1-2) 마치 창 12장의 이야기를 압축하고 있는 것 같습니다. 압축(壓縮)은 기존에 있었던 이야기를 앞에 짧게 언급하면서 내용을 덧붙일 때 사용하는 수법입니다.

창세기 20장의 저자는 아브라함의 잘못에 대하여 많은 설명과 해석을 붙였습니다. 아비멜렉이라는 남자는 상대 여자가 유부녀라는 것을 꿈을 통해서 알게 됩니다.(창 20:3) 그런데 **창 12장보다 하나님이 더 적극적으로 개입하십니다.** 하나님은 꿈에서 유부녀를 건드리면 죽이겠다고 엄포를 놓습니다.(창 20:3) **아비멜렉은 아주 경건한 신앙인 같습니다. 자기는 올바른 사람이라 손가락도 까딱하지 않았고 몰라서 그랬다고 장황하게 변명합니다.**(창 20:4-6)

하나님이 꿈을 통해서 메시지를 전달하는 양식은 특정한 시대에 나타났습니다. 귀환 이후 시기에는 율법의 문서화가 이루어졌고 오로지 고정된 종교법이자 국법으로서의 율법을 통해서만 하나님의 뜻을 알 수 있게 되었습니다. 그러니까 창세기 20장은 귀환기 이후에 정리한 글은 아닙니다.

창세기 20장에서 아내를 팔아먹은 아브라함은 뜬금없이 선지자 행세를 합니다.(창 20:7 "선지자") 어떤 측면에서 보면 제사장 같기도 합니다. 아브라함은 아비멜렉의 집안을 위해 기도하는데 **한 사람의 죄가 공동체 전체를 망하게 한다는 국가 패망 후에 풍미했던 신학적 설명**이 따라옵니다.(창 20:9) 이어지는 아비멜렉과 아브라함의 대화를 잘 보면 창세기 20장의 저자가 **국가 민족 단위의 범죄와 그 결과인 패망에 대하여 큰 관심이 있었다**는 것을 알 수 있습니다. 아래 내용을 보면, 아비멜렉이 유부녀를 아내로 맞은 잘못을 **"나라"**의 차원에서 설명합니다.

> 아비멜렉이 아브라함을 불러서 그에게 이르되 네가 어찌하여 우리에게 이렇게 하느냐 내가 무슨 죄를 네게 범하였기에 네가 나와 내 나라가 큰 죄에 빠질 뻔하게 하였느냐 네가 합당하지 아니한 일을 내게 행하였도다 하고 아비멜렉이 또 아브라함에게 이르되 네가 무슨 뜻으로 이렇게 하였느냐 아브라함이 이르되 이곳에서는 하나님을 두려워함이 없으니 내 아내로 말미암아 사람들이 나를 죽일까 생각하였음이요(창 20:9-11)

모든 나라가 하나님을 경외하고 범죄하지 말아야 한다는 교훈이 담긴 이 글은 이스라엘 민족이 패망을 통해 얻은 성찰을 반영하고 있습니다. 그들은 나라가 패망한 것이 왕의 무능과 불신앙 때문이라고 생각했습니다. **창세기 20장의**

이런 성찰은 창세기 12장에는 존재하지 않습니다.

아비멜렉도 파라오처럼 아브라함에게 물질적 보상을 합니다.(창 20:14) 그러나 이전에 파라오가 아브라함 일행을 떠나보낸 것과는 달리 이번에는 땅을 떼어주며 가까운 곳에 정착하도록 배려합니다.(창 20:15) 이어지는 장면은 마치 아브라함과 아비멜렉이 토지매매를 하는데 계약금, 중도금과 잔금을 치르는 상황 같습니다. 아비멜렉은 줄 것을 다 주고 나서 기뻐하면서 이렇게 말합니다. "… 일이 다 해결되었느니라"(창 20:16) 창세기 20장의 저자는 꿈을 통해 경고하신 하나님을 두려워하여 **유부녀에게 손을 대지 않았기 때문에** 자식들을 얻는 복을 받았다고 주장합니다.(창 20:17-18) 이는 **하나님을 경외하는 민족과 나라에 인구가 늘고 번영한다**는 주장입니다.

전체적으로 볼 때, 창세기 20장의 이야기에서 아브라함은 사기꾼도 아니고 사건의 가해자도 아니라 아비멜렉의 이웃이요 예언자이며 아비벨렉을 위해 기도하는 제사장처럼 보입니다. 아비멜렉의 자녀 출산을 위해서 기도한 것이 바로 아브라함입니다.(창 20:17)

아브라함의 지속적인 잘못을 언급하는 위의 두 이야기는 그 뿌리가 원래 하나였을 것입니다. 시간이 흐르면서 먼저 있었던 이야기에 미흡한 내용을 보완하면서 **비슷하지만 독립적인 또 하나의 이야기가 생겨났습니다.** 창세기 20장의 편집자는 13절에 아내의 입을 빌어 '아브라함은 가는 곳마다 똑같은 거짓말을 한다'라고 써놓았습니다. 남편이 아내를 판 이야기는 비슷한 형태로 각각 두 가지 버전이 존재했을 것이고 어느 것도 삭제하지 않고 한데 묶어 아브라함이 두 번 같은 잘못을 저지르는 내용이 되었을 것입니다. 어떤 편집자는 아브라함이 상습적인 거짓말쟁이가 되는 것이 못마땅했던 것 같습니다. 바로 위 창 20:12에서 **사라가 아내이면서 이복누이이기도 하니까 거짓말한 것은 아니라는 말로 아브라함을 변호합니다.** 하지만 거짓말쟁이 아브라함의 이미지는 상당히 많이 남아있습니다. 여러 편집자는 각 내용을 추가하면서 아브라함이 긍정적인 사람으로 보이도록 노력했습니다.

결론적으로 창세기 20장은 창세기 12장보다 더 종교적이 되었습니다. 앞에서는 아내가 다른 남자와 동침한 것에 대해서 아무 언급도 하지 않지만 이제는 유부녀에게 손만 대도 저주받는다는 경고의 메시지가 나타납니다. 그런데도 이 시점까지 율법은 고정되지 않았습니다. 하나님은 여전히 꿈을 통해 말씀하고 있습니다.

창 26:1-11은 아브라함의 아들 이삭이 과거 아버지와 똑같은 잘못을 저지르는 이야기입니다. 이야기의 전반적인 내용은 앞의 것들과 비슷하지만 구성상 다른 점이 있습니다.

그가 아내를 건네준 자의 이름까지 아비멜렉으로 아버지 때와 똑같습니다. "그랄" 지역 "블레셋 왕"이라는 아비멜렉의 신분도 같으며 일행이 머물러 살았다는 설명까지 똑같습니다.(창 26:6) 다만 하나님이 흉년임에도 한 장소를 가리키면서 머물라고 명령을 하는 장면(창 26:2-4)을 추가합니다. 명령의 요지는 그 땅에 머물러 있어야 번영하며 후손들이 세계를 선도하는 위대한 국가를 이룰 수 있다는 것입니다.(창 26:3-4) 이 이야기에 (문서화된?) 율법이 매우 중요한 위치를 차지하고 있습니다.(창 26:5 "이는 아브라함이 내 말을 순종하고 내 명령과 내 계명과 내 율례와 내 법도를 지켰음이라 하시니라")

본문에서 하나님은 이삭 일족이 유목민처럼 이동하는 것을 그만두고 한 지역에 정착해서 큰 무리를 이루라고 하시는 것 같습니다. 여러 가지 요소가 어우러져 있는 창세기 26장은 상당히 긴 시간에 걸쳐 형성되었을 것이고 우리가 생각하는 것보다 훨씬 후대에 완성되었을 것입니다. **창세기 26장에서 아비멜렉은 여자를 불러들이지도 않았습니다. 그냥 창가에서 한 번 쓱 봅니다.(창 26:8)** 그녀가 남의 아내라는 것을 알자마자 소스라치게 놀라 이삭을 맹비난합니다.(창 26:9-10) 이삭은 죽을까 봐 그랬다고 변명하고(창 26:9b) 아비멜렉은 '하마터면 간음죄를 지을 뻔했다'고 가슴을 쓸어내립니다.(창 26:10) 이 본문은 철통같은 **계명이 고정되어 범죄 미수(未遂)조차 강력한 처벌을 받는 엄격한 종교 사회를** 떠올리게 합니다. 나름 자유롭게 여러 가지 해석을 붙여 놓은 창세기 20장의 분위기와는 달리 여기에서는 율법을 일점일획도 틀림없이 지켰느냐가 최대의 관심사입니다. **이것은 아브라함이나 이삭이 살았던 족장 시대에는 적을 수 없는 내용입니다.**

페르시아 시대에 고향에 돌아온 이스라엘 사람들은 성전을 재건하고 신앙 공동체의 건설을 기대하면서 이삭과 착실한 이방인을 신앙적 모범으로 설정했습니다. 이미 긴 시간 동안 외국에서 살면서 국제 감각을 소유한 이들은 하나님의 율법 준수에 있어서 이스라엘 사람이나 외국인이나 예외가 없다고 생각했던 것 같습니다. 국제적이며 심지어 현대적인 법-인식입니다. 이처럼 비슷한 본문들도 형성한 시대가 다르면 간과할 수 없이 명확한 차이점들이 나타납니다.

🐝 요즘 어떤 사람이 자신의 아내를 누나나 여동생이라고 속여서 다른 남자와 성관계를 하게 했다면 대단한 지탄을 받을 것입니다. 아브라함 시대는 일부다처제 사회였고 아내를 재산처럼 취급했습니다. 자신의 안전을 위해 부인을 누나라고 속이는 것은 아브라함 당시 사회에서는 어느 정도 이해할 만한 일이었습니다. 하지만 세월이 흐르고 시대가 바뀌었습니다. 바벨론이 패망하고 페르시아가 새로운 주인이 되었습니다. 비로소 숨통을 튼 이스라엘 민족에게 오직 하나님만 숭배하는 유일신 사상이 자리를 잡았습니다. 그리고 신앙적 정절(貞潔)과 더불어 한 남편에 오직 한 아내라는 일부일처제 개념도 명확하게 드러났습니다. **십계명은 바로 이 시대의 정신을 반영합니다.(출 20장) 하나님 외에는 다른 신을 섬기지 말라는 명령(출 20:3)은 한 하나님 + 한 백성과 같이 한 남편 + 한 아내가 옳다는 말과 일맥상통합니다.** 바로 이때 자기 아내 이외의 여성을 탐내거나 그런 낌새만 보여도 엄벌을 내리는 법을 제정했을 법도 합니다. 자유

로운 개인주의 사회에 사는 우리가 볼 때 이런 법은 좀 과하다 싶기는 하지만 어떻게 보면 꼭 그렇게 나쁘게 보이지도 않습니다.

현재 여성 인권이 역대 가장 큰 소리를 내며 수직으로 상승하는 것은 남녀의 완전한 평등을 위한 긍정적인 변화입니다. 저로서는 대단히 환영하는 바입니다. 그런데 괜한 오해를 받지 않으려고 여성과 악수도 하지 않는 등 과하게 거리를 두는 남자들이 있습니다. 자칫 잘못하다가 미투 운동에 휘말려 사회적 생명이 끝날 수 있다는 것이지요. 창세기 26장에 나오는 여성에 대한 남성의 결벽증이 조금 우스꽝스럽게 보일 수도 있습니다. 우리는 사회 공동체의 일원으로서 다른 사람을 (그 신체와 권리를) 조금은 엄격하게 존중할 필요가 있습니다. 하지만 여성을 무슨 벌레나 병균처럼 여겨 멀리하며 말로만 존중한다고 해서는 안 될 것입니다. 이것은 또 다른 형태의 차별입니다. 긴 시간 동안 인격체가 아닌 재산이나 소모품처럼 차별을 받아온 여성이라면 이런 사회적 기세를 몰아 남녀가 완전히 평등한 사회를 만드는 데 주도적인 역할을 하면 좋겠습니다! 아브라함이나 이삭처럼 제 살길 찾으려고 아내를 누나라고 속이는 찌질한 사람들은 비난을 받아야 합니다. 부당한 대우를 받으면서 항의 한마디 못했던 사라나 리브가와 같은 여성들은 이제 제대로 자기 소리를 낼 수 있어야 합니다. 宋

요셉의 형제들이 그들의 아버지가 죽었음을 보고 말하되 요셉이 혹시 우리를 미워하여 우리가 그에게 행한 모든 악을 다 갚지나 아니할까 하고 / 요셉에게 말을 전하여 이르되 당신의 아버지가 돌아가시기 전에 명령하여 이르시기를 / 너희는 이같이 요셉에게 이르라 네 형들이 네게 악을 행하였을지라도 이제 바라건대 그들의 허물과 죄를 용서하라 하셨나니 당신 아버지의 하나님의 종들인 우리 죄를 이제 용서하소서 하매 요셉이 그들이 그에게 하는 말을 들을 때에 울었더라 / 그의 형들이 또 친히 와서 요셉의 앞에 엎드려 이르되 우리는 당신의 종들이니이다 / 요셉이 그들에게 이르되 두려워하지 마소서 내가 하나님을 대신하리이까 / 당신들은 나를 해하려 하였으나 하나님은 그것을 선으로 바꾸사 오늘과 같이 많은 백성의 생명을 구원하게 하시려 하셨나니 / 당신들은 두려워하지 마소서 내가 당신들과 당신들의 자녀를 기르리이다 하고 그들을 간곡한 말로 위로하였더라

개인의 성공에서 사회적인 감동으로 발전하십시오.

요셉의 이야기는 매우 감동적입니다. 형제들에게 따돌림을 당해서 버려진 소년이 국무총리가 되었습니다. 하지만 형제들에게 복수하지 않고 그들을 용서했습니다. 주인공은 자신이 팔린 일, 역경을 이기고 국무총리가 된 일, 기근으로 가족이 어려움에 봉착한 일, 국무총리의 지위를 통해 가족을 구원한 것까지, **모든 일을 하나님이 미리 계획하셨다고 신앙적으로 해석합니다.** 그런데 창세기 50장 20절은 좁은 의미에서 한 가족의 구원만 언급하는 것이 아니라 "많은 백성의 생명을 구원"하는 일을 언급합니다. 요셉이 한 나라를 책임지는 총리라서 이런 말을 했을까요?

창세기 50장 20절의 "많은"+"백성"이라는 어구가 구약성서에 많을 것 같지만 실제로는 매우 적어서 겨우 6 구절 밖에 안 됩니다.(수 11:4; 삼상 13:5; 왕상 3:8; 겔 27:33; 잠 14:38; 대하 30:13)

이 6 구절 가운데, 시기적으로 가장 먼저 쓰인 구절은 잠 14:28인데 여기서

"많은 백성"은 왕의 정치 능력을 뜻합니다. 이 구절은 왕정 시대에 쓰인 것 같습니다. 수 11:4의 '하솔 왕 야빈이 동원한 군대'와 삼상 13:5의 사울 군대와 싸우는 블레셋의 막강한 군대를 보면 "군대"를 "많은 백성"으로 해설하는 것을 볼 수 있습니다. 이처럼 "많은 백성"은 원래 강력한 군사력을 의미했습니다. 나중에 왕들이 정치적 역량을 최대한 발휘했음에도 무기력하게 국가가 패망하자 "많은 백성"이나 "큰 군사력"은 아주 부정적인 개념으로 쓰이게 됩니다.

신 17:16을 보면 군사력("병마")을 많이 얻으려고 하지 말고 주변 강국에 도움을 요청하지 말라는 새로운 성찰이 나타납니다. 정치적이며 군사적인 모략에도 불구하고 나라가 멸망했으므로 모두 부질없는 일이라는 것입니다.

그 밖에, 종교 절기를 복원하여 새롭게 지키는 집단으로서의 이스라엘 민족을 "많은 백성"으로 지칭하는 경우가 있습니다. 이것은 국가 패망 후에 포로로 끌려가면서 원래의 방식으로 명절을 지내기 어렵게 된 이스라엘 백성의 처지를 전제합니다. 인구수가 현격히 줄어든 그들은 많은 백성의 나라, 세계에서 인구가 가장 많고 영향력 있는 나라를 건설하고 싶었습니다. 과거와 같이 인간 왕의 정치적 역량에 의존하는 것이 아니라 하나님의 이끄심과 도우심으로 그렇게 되기를 바랐습니다. 동시에 절기나 제사를 준수할 것을 강조합니다.

왕상 3:8의 솔로몬의 기도에서 언급하는 "많은 백성"은 심히 과장된 것입니다. 솔로몬 당시 예루살렘 인구는 고작 5,000명 내외였을 것입니다. 그런데도 그는 이렇게 기도합니다.

> 주께서 택하신 백성 가운데 있나이다 그들은 큰 백성이라 수효가 많아서 셀 수도 없고 기록할 수도 없사오니 누가 주의 이 많은 백성을 재판할 수 있사오리이까 듣는 마음을 종에게 주사 주의 백성을 재판하여 선악을 분별하게 하옵소서
> (왕상 3:8-9)

따라서 이 구절은 솔로몬 당시에 적은 것이라고 보기 어렵습니다. **솔로몬 시대를 황금시대로 기억하기 원하고 그런 나라를 재건하고 싶었던 후대 사람이 적은 것입니다.** 하늘의 별과 같고 땅의 모래와도 같이 셀 수 없는 인구는 사실 이스라엘 역사의 어느 시대에도 존재하지 않았습니다. 하지만 귀환자들은 그것을 간절히 소망했습니다. 대하 30:13의 히스기야 왕 이야기를 보면 "많은 백성"이 모여 종교적 절기를 지키면서 그것을 "오랫동안 지키지 못했다"(대하 30:5)라고 회고합니다. 이 구절 역시 표면적으로는 히스기야 시대의 이야기이지만 **귀환 시대 사람들이 새로운 시대정신을 반영한 이야기**입니다. 일찍이 바벨론으로 끌려갔던 사람들은 이방 땅에 살면서 이방인과의 결혼 등의 이유로 순수 혈통이 줄어든 것에 대해서 안타까워했습니다. 거대한 민족 공동체를 만들고 모두 모여 명절을 지키고 싶었습니다.

요셉 이야기에서 요셉이 자신이 겪은 역경을 말하면서 **많은 백성의 생명 구원**을 언급한 것은 글쓴이의 의도를 나타냅니다. **이 이야기는 단순히 하나의 가족사가 아닙니다. 죄의 용서**(창 50:15,17)**와 하나님의 구원 계획**(창 50:20)**을 언급하는 신학적 서술입니다.** 이러한 내용은 포로지로부터 귀환한 당시 사람들 사이에 뜨거운 화제였습니다. 이러한 본문을 편집한 사람들의 목적은 **'왜 이스라엘 백성이 이방 땅에 가서 살게 되었는가?'** 또 **'멸망하지 않을 것 같았던 바벨론이 어떻게 멸망했는가?"**와 같은 질문의 답을 찾는 것이었습니다. 동시에 편집자들은 바벨론 포로지에서 태어난 2세들, 즉 자신이 원래 어떤 민족이며 결국 어디로 돌아가야 한다는 것을 모르는 자녀들을 의식하며 이야기를 구성했습니다. 요셉과 그의 가족은 이집트에서 잘 먹고 잘살지만 고향으로 돌아가야 합니다.(창 50:25) 죽고 남은 유골이라도 꼭 가야 한다는 것입니다.(출 13:19)

요셉이 총리가 된 것은 한 가족만을 위한 것이 아니라 장래 하늘의 별과 같이 땅의 모래와 같이 클 민족, 큰 나라를 이룰 이스라엘의 구원을 위한 하나님의 계획이었습니다. 이 이야기를 맨 마지막에 마무리한 사람은 감동적인 개인사와 가족사를 어떻게 집단의 비전과 연결할지 고민했을 것입니다. 난리 통에 헤어진 아들이 금의환향하여 굶주려 죽어가는 가족을 구원한다는 감동적인 스토리가 민족적인 스토리로 발전했습니다. 동시에 민족의 대 이동 이야기인 출애굽기와 얽혔습니다. 글에 나타난 문학적 기교는 상당히 뛰어납니다. 작은 이야기로 시작해서 대단원까지 일사천리로 치닫는 요셉 이야기는 대형 뮤지컬이나 블록버스터 영화로 만들어도 손색이 없을 정도로 재미있습니다. 그 안에는 감동과 성공, 역경의 열매, 반전, 용서, 해피엔딩 등 각종 요소가 잘 어우러져 있습니다. **여러분이 기억해야 할 것은 제가 요셉이라는 사람의 존재를 근본적으로 부정하는 것이 아니라는 것입니다. 다만 요셉의 이야기는 탁월한 문학가들에 의해서 아름답게 각색되었습니다.**

🐝 현대 사회에는 개인사와 공동체의 관심사가 동떨어져 있는 경우가 많습니다. 어떤 개인들은 자기 삶을 영위하는 것에 집중하면서 사회적 이슈나 정치적인 흐름에 대해서는 무감각합니다. **저는 기본적으로 이러한 개인주의적인 경향성을 긍정적으로 보는 편입니다. 하지만 모든 개인은 원하든지 원하지 않든지 사회적이며 정치적인 존재입니다.** 사회에 속한 모든 구성원은 필연적으로 사회가 직면한 문제나 정치적인 변화의 영향을 받을 수밖에 없습니다. 따라서 자기에게 이익이 있고 흥미를 끄는 문제만 신경을 쓰고 우리가 함께 행복한 생활을 영위하는 데 중요한 사항을 간과하는 것은 좋지 않습니다. 어떤 정치인은 대중의 관심과 표를 얻기 위해서 연예인처럼 행동합니다. 그러면서 배후로는 제 욕심만 차립니다. 이런 사람들을 잘 살피고 배제하지 않는다면 결국 그 대가를 치르게 될 것입니다. 제 배만 채우는 정치인이 늘고 나라의 상황이 악화하면 모두가 함께 피해를 봅니다.

성서는 우리 개인의 삶에 일어나는 모든 일이 공동체와 밀접한 연관성을 가지고 있다고 말합니다. 나쁜 일만 그런 것이 아니라 좋은 일도 그렇습니다. 일반적으로 개인의 역사라는 나무에 열린 역경의 열매와 감동적인 스토리는 단지 그 개인과 가족의 범주에만 머물러있고 사회적으로는 더 확장하지 않습니다. 많은 이가 말하는 성공담은 다른 시대의 다른 상황에 놓여 있는 사람들에게 감동을 주지 못합니다. 혼자 큰 부자가 되었을 뿐 빈손의 사람들에게는 어떤 긍정적인 영향도 끼치지 않습니다. 소수의 수입과 재산은 늘어나는데 사회 전체의 경제 환경은 개선될 기미가 보이지 않습니다. 대형교회 담임목사는 호의호식하는데 부교역자들의 생활은 궁핍합니다. 한국에는 재정 자립을 못한 교회가 엄청나게 많습니다. 이런 상황에서 **하나님이 자신에게만 특별히 많은 돈을 주시고 학벌과 명예도 주셨다고 간증 아닌 자랑을 하는 사람이 있습니다. 솔직히 듣기 거북합니다.** 당신이 성공하고 잘사는데 우리보고 뭘 어쩌라구요!

　요셉 이야기는 우리에게 개인의 성공에서 사회적 감동으로 발전하라고 교훈하고 있습니다. 혼자 많은 돈을 벌어 외제 차를 굴리고 호화로운 아파트에 사는 것에만 머문다면 사회는 무슨 이익이냐고 묻습니다. 우리는 이러한 성서의 교훈을 받아들여 자신에게 물어야 합니다. '**나의 성공은 사회적으로 어떤 감동을 창출하고 있는가?'**

　그리스도인은 혼자만 잘 먹고 잘살면서 대중에게 손가락질받는 사람이어서는 안 됩니다. 요셉이 자신의 성공을 언급하면서 그 모든 것이 많은 백성의 생명을 구원하기 위한 것이라고 말한 것을 기억하십시오. 혼자만 잘 먹고 잘사는 것에 만족할 수 없습니다. 혼자만 잘 살면 무슨 재미입니까? **역경을 이기고 성공한 당신이라면 그 성공이 사회 전체의 성공이 될 수 있는 방법을 찾아 봅시다.**

모세가 그의 장인 미디안 제사장 이드로의 양 떼를 치더니 그 떼를 광야 서쪽으로 인도하여 하나님의 산 호렙에 이르매 / 여호와의 사자가 떨기나무 가운데로부터 나오는 불꽃 안에서 그에게 나타나시니라 그가 보니 떨기나무에 불이 붙었으나 그 떨기나무가 사라지지 아니하는지라 / 이에 모세가 이르되 내가 돌이켜 가서 이 큰 광경을 보리라 떨기나무가 어찌하여 타지 아니하는고 하니 그 때에 / 여호와께서 그가 보려고 돌이켜 오는 것을 보신지라 하나님이 떨기나무 가운데서 그를 불러 이르시되 모세야 모세야 하시매 그가 이르되 내가 여기 있나이다 / 하나님이 이르시되 이리로 가까이 오지 말라 네가 선 곳은 거룩한 땅이니 네 발에서 신을 벗으라 / 또 이르시되 나는 네 조상의 하나님이니 아브라함의 하나님, 이삭의 하나님, 야곱의 하나님이니라 모세가 하나님 뵈옵기를 두려워하여 얼굴을 가리매 / 여호와께서 이르시되 내가 애굽에 있는 내 백성의 고통을 분명히 보고 그들이 그들의 감독자로 말미암아 부르짖음을 듣고 그 근심을 알고 / 내가 내려가서 그들을 애굽인의 손에서 건져내고 그들을 그 땅에서 인도하여 아름답고 광대한 땅, 젖과 꿀이 흐르는 땅 곧 가나안 족속, 헷 족속, 아모리 족속, 브리스 족속, 히위 족속, 여부스 족속의 지방에 데려가려 하노라 이제 가라 이스라엘 자손의 부르짖음이 내게 달하고 애굽 사람이 그들을 괴롭히는 학대도 내가 보았으니 / 이제 내가 너를 바로에게 보내어 너에게 내 백성 이스라엘 자손을 애굽에서 인도하여 내게 하리라

일상을 살아갈 때 만나는 불꽃 같은 성찰

출 3:2에서 언급한 "떨기나무(스네)"는 팔레스타인이나 이집트 지역에서 흔히 볼 수 있습니다. 이것은 키가 작은 나무인데 사람 한 명이 겨우 볕을 피해 쭈그려 앉아 있을 정도의 작은 공간을 만들어 줍니다. 가시가 있어 웬만하면 사람이 찾지 않는 식물입니다. 더위를 피할 그늘이 없는 절박한 사람만 떨기나무 그늘을 찾을 것입니다. 이 나무가 바싹 마르면 땔감으로 쓰는데 불을 붙이면 금방 꺼지는 것처럼 보이지만 그 안에 불씨가 살아있는 것을 볼 수 있습니다.

출애굽기 3장의 모세는 양 떼를 치는 목자로 등장합니다.(출 3:1) 그가 호렙이라는 산에 이르렀을 때 여호와의 사자가 떨기나무에 붙은 불꽃으로 그에게 나

타났습니다.(출 3:2) 불이 붙어있는데 나무가 타 없어지지 않는 것을 보고 모세는 호기심을 느꼈습니다.(출 3:3) 이번에는 여호와의 사자가 아니라 여호와가 직접 모세를 부릅니다.(출 3:4) 사자(使者)의 등장과 여호와가 부르시는 장면을 비교해 봅시다. 여호와의 사자는 가시적으로 나타났지만 여호와는 나타나지 않고 부르는 소리만 들렸습니다. 여기서 하나님은 볼 수 없는 분이라는 인식을 드러냅니다. 불가시적인 존재로서 여호와는 나타나지 않습니다.

여호와의 사자라고 하면 대단해 보이는데 소박하다못해 초라한 가시덤불은 왜 필요했을까요? 조금 멋지고 거대한 나무를 선택하면 안 됩니까?

이 나무는 이스라엘 백성의 초라한 처지와 딱 들어맞는 것 같습니다. 출애굽기에 있어서 하나님 최초의 현현은 이처럼 매우 초라하고 작으며 흔한 나무를 통해 이루어졌습니다. 그런데도 불꽃은 가느다란 가시나무에 붙어 있으면서 꺼지지 않습니다. 이는 절망적인 상황에 부닥친 이스라엘 백성이 역경을 극복하게 될 이야기의 서막입니다.

모세를 부르시던 하나님은 이번에는 모세가 더 가까이 접근하는 것을 저지합니다.(출 3:5) 그리고 즉각적으로 "거룩한 구별", 성스러운 것과 속된 것을 명확하게 구별하는 것이 중요하다는 메시지를 전달합니다.(출 3:5)

> 하나님이 이르시되 이리로 가까이 오지 말라 네가 선 곳은 거룩한 땅이니 네 발에서 신을 벗으라(출 3:5)

모세는 지금 거친 산길에 있습니다. 신발을 신고 있어야 합니다. 그런데도 그 길에 특별한 의미를 부여하면서 순식간에 거기가 성소나 성전과 같은 거룩한 장소가 되었습니다. 일상적 공간에 특별한 의미를 부여한 것입니다.

성전 안에 들어가려고 하는 자는 그가 제사장이라고 해도 결코 경거망동해서는 안 됩니다. 옷깃을 여미고 신중하게 율법의 지침대로 행동해야 합니다. 제사장이 아닌 이상 일반인이 성소에 함부로 들어가서는 안 됩니다. 성소는 오직 제사장들만을 위해 지극히 거룩한 장소로 규정한 곳입니다.

이 본문의 모세와 제사장들 사이에는 큰 차이가 있습니다. **모세는 일상 속에서 거룩을 경험했지만 제사장은 특정한 장소로 거룩을 제한합니다.** 제가 볼 때 전자가 진짜고 후자는 모조품 같습니다. 인위적입니다.

제가 어렸을 때 다니던 한 교회의 강단에 붉은 융단이 깔려 있었습니다. 목사님이 설교하시는 강대상 주변은 더욱 진한 붉은색 천이 깔려 있었습니다. 어느 날 예배시간 중에 어린아이가 신발을 벗지 않은 채로 강단 위로 뛰어 올라갔습니다. 순식간에 교회에 난리가 났지요. 설교하시던 목사님은 마이크에 대고 큰 목소리로 불호령을 내렸습니다. '거룩한 강단에 애가 올라오게 하면 어떻게 해?'라고 말했습니다. 그 아이의 어머니는 연신 굽신대며 서둘러 아이를 데리고 예배당 밖으로 나갔습니다. 30분 정도 지난 후에 그 어머니만 다시 예배당으로 돌아왔습니다. 하지만, 그 아이는 그때 이후로 다시는 예배당에 돌아오지 않았습니다. 그 아이에게 그 목사의 호통이 트라우마가 된 것 같습니다. 제가 소식을 전해 듣기에 어떤 대학의 교수가 되었다고 합니다.

어떤 특정한 장소만 거룩한 것은 없습니다. 모두 사람들이 종교적 목적에 따라 설정해 놓은 것입니다. '거룩한 땅에서 신발을 벗으라'는 이야기는 제사장들이 '어떤 장소를 구별한다'라는 가르침을 주려고 한 것일 뿐입니다.

출 3:2에서 나타나지 않으시고 '여호와의 사자'가 대신 출현하게 한 하나님은 출 3:6절에서는 직접 나타나셨습니다. 그런데 원래 이야기에서는 하나님이 "떨기나무" 사이에 계셨던 것 같습니다.(출 3:4a "… 하나님이 떨기나무 가운데서 …") 그러다가 여호와의 사자를 추가한 것입니다.(출 3:2) "하나님 뵈옵기를 두려워하여 얼굴을 가렸다"(출 3:6b)고 하는 데 신이 직접 나타나는 이야기가 여호와의 사자가 나타나는 이야기로 바뀐 것 같습니다. 그렇지 않다면 여호와의 사자가 여호와와 같은 존재가 됩니다. 하지만 더는 그럴 수 없습니다. 또한 "떨기나무"를 하나님과 동일시할 수도 없습니다. 물론 처음에는 나무 자체가 신을 대변하는 이야기였을 것입니다. 어떤 사람이 일상 가운데 나무 형상을 한 신을 직접 만나는 이야기였을 것입니다. 하지만 제사장들은 전래된 이야기를 특정 이념에 따라 각색합니다. 하나님은 자연물을 창조하신 창조주이지 그 자연물 자체일 수는 없습니다. 또한 사람이 하나님을 직접 볼 수 없으므로 불가피하게 수정을 가했을 것입니다. 연거푸 편집하는 과정 중에 점점 복잡한 본문이 되었습니다. 그래서 어떤 때는 하나님이 나타나고 어떤 때는 안 보입니다. 나무가 이야기하는 것인지 누가 나무 사이에 숨어서 말하는 것인지 나무는 그대로 두고 하늘에서 소리가 들리는 것인지 헷갈립니다. 하나님이 사람을 직접 만나는 것인지 대신 다른 존재를 통하는 것인지 명확하지 않습니다. 하나님이 안 보이면 안 보일수록, 사람에게서 멀면 멀수록 편집자인 제사장들의 의도가 드러납니다. 저는 개인적으로 사람과 하나님이 조우하는 장면이 더 정겹게 느껴집니다. 특정 교리 이념 체계 안에서는 있을 수 없는 일이지만.

이제 본문의 구성을 보겠습니다. 출 3:1에서 출 3:2-6을 건너뛰고 7절과 바로 연결해도 크게 어색하지 않습니다. 역시 삽입한 것으로 보이는 8-9a절을 제외하고 출 3:10절까지를 정리하면 아래와 같이 됩니다.

모세가 그의 장인 미디안 제사장 이드로의 양 떼를 치더니 그 떼를 광야 서쪽으로 인도하여 하나님의 산 호렙에 이르매(출 3:1)

여호와께서 이르시되 내가 애굽에 있는 내 백성의 고통을 분명히 보고 그들이 그들의 감독자로 말미암아 부르짖음을 듣고 그 근심을 알고(출 3:7)

> … 애굽 사람이 그들을 괴롭히는 학대도 내가 보았으니(출 3:9b)

> 이제 내가 너를 바로에게 보내어 너에게 내 백성 이스라엘 자손을 애굽에서 인도하여 내게 하리라(출 3:10)

본문에서 '부르짖음을 들었다'는 두 번 쓰였는데(출 3:7b, 9a) 이 표현은 신적 구원의 서곡과 같은 역할을 합니다. 출 3:7b는 "(악한) 감독자"가 구원의 단초가 되었다고 하는데 출 3:9a는 "이스라엘 자손의 부르짖음"이 구원의 동기가 되었다고 조금 다른 이야기를 합니다.

아마도 제가 위에서 재구성한 내용이 편집자들이 손을 많이 대기 이전의 내용일 것입니다.

하나님은 아무도 거치지 않고 직접 일상을 사는 모세를 만났습니다. 그리고 노예와 같이 불쌍한 사람들을 위해 과제를 부여하셨습니다. 이 전체 내용에 (제사장 집단의 관심사인) 꺼지지 않는 불 이야기가 추가된 것은 훨씬 나중의 일입니다. 꺼지지 않는 불 이야기는 제사장 문서인 레위기에도 적혀있습니다.

> 제단 위의 불은 항상 피워 꺼지지 않게 할지니 제사장은 아침마다 나무를 그 위에서 태우고 번제물을 그 위에 벌여 놓고 화목제의 기름을 그 위에서 불사를지며 불은 끊임이 없이 제단 위에 피워 꺼지지 않게 할지니라(레 6:12-13)

제사장의 글에 꺼지지 않는 불(출 3:2-3)과 거룩한 것과 속된 것을 구분하는 내용(출 3:5)이 함께 나타나는 것은 자연스럽습니다.

"떨기나무" 이야기를 조금 더 해 봅시다. 이 '스네'라는 히브리 단어는 구약성서에서 비슷한 뜻으로 4번 사용하였습니다. 그중 3번이 바로 출애굽기 3:2, 3, 4에 쓰였고, 나머지 한 구절은 신명기에 쓰였는데 내용은 아래와 같습니다.

땅의 선물과 거기 충만한 것과 가시떨기나무 가운데에 계시던 이의 은혜로 말미암아 복이 요셉의 머리에 그의 형제 중 구별한 자의 정수리에 임할지로다(신 33:16)

이 구절은 모세의 축복 기도문에 나오는 한 구절입니다. 여기서 주목할 것은 바로 하나님을 '가시떨기나무 가운데 계시던' 분이라고 묘사하는 것입니다. 그러면서 '구별'을 말합니다. 그것은 '거룩'의 의미와 통합니다. 이 구절은 복(福)에 대해서도 말하는데 여기에 사용한 모든 어휘의 의미를 잘 새겨 다시 적어보면 다음과 같이 됩니다.

하나님은 초라한 가시나무와 같은 너희들 앞에 꺼지지 않는 불로 나타나셨다. 소망이 없는 너희가 기사회생하여 복된 자들이 되게 하시려고 말이다. 그런데 그것이 실현되기 위해서는 먼저 너희가 거룩하게 구별된 자여야 한다.

이것은 출애굽기 3장의 주장과 거의 일치합니다. 이 글은 육체적으로(혹은 의식적으로) 지배를 받는 처지에 있으며 국가 주권의 회복을 불가능한 것으로 여기는 백성을 격려하려고 쓴 것입니다.

모세는 바로 이렇게 초라한 가시나무 같은 사람들, 소망이 없는 사람들로 기사회생하여 복된 사람이 되게 하라는 소명을 받았습니다. 그리고 모세가 이 소명을 받은 것은 구별된 성전이 아니라 일상적인 장소였습니다. 다시 말해, **모세가 불쌍한 사람들을 위해 할 일을 깨달은 일상의 공간 바로 그곳이 특별한 장소라는 것입니다.**

🐝 혹시 우리 주변에 일말의 소망도 없이 저주받은 것 같은 삶을 사는 이가 있습니까? 그런 상황에서 벗어나는 데 필요한 것은 무엇입니까? 우리는 절망적인 상황을 개선하기 위해 어떤 일을 해야 합니까? 기도입니까? 착실히 예배

드리는 것입니까? 아니면 그밖에 다른 어떤 무엇입니까? 너무나 초라한 우리의 삶에 꺼질 듯 꺼지지 않고 타버린 줄 알았는데 여전히 불타고 있는 일말의 소망이 있다면 그것은 무엇입니까?

출애굽기 3장과 신명기 33장 16절은 특정한 시대에 국한한 제한적 가치를 포함하고 있습니다. 그것은 종교 지도자들이 감동적인 이야기에 손을 대면서 추가한 것입니다. 현대를 사는 우리가 이 글을 과거 제사장들과 동일한 관점에서 오로지 종교의식만을 강조하는 본문으로 이해할 수는 없습니다.

일상적인 장소가 특별한 의미가 있는 장소로 바뀌는 것은 종교적인 의식을 통해서가 아니라 각자 열등한 가치에서 **더 나은 가치로 한 걸음 나아가는 때입**니다. 이제 소수의 종교주의자를 제외하고는 아무도 제사나 예배만 잘 드리면 삶이 개선될 것으로 생각하지 않습니다. 어려움에 부닥친 사람을 무시하고 성공만을 추구하는 저급한 생각과 욕망을 버리고 영원히 소멸하지 않을 영속적인 가치의 부름에 응답할 때 비로소 삶은 새로운 국면을 맞게 됩니다. 이것은 거창한 탈일상적 사명이 아닙니다. 오히려 그동안 우리가 중시했던 거창한 사명을 버릴 때 깨닫게 되는 일상적 사명입니다. **영속적인 가치는 아이러니하게도 우리가 특별한 무엇을 추구하지 않고 일상에 충실할 때 깨닫게 됩니다.** 나의 일상과 함께, 주변에 도움이 필요한 사람들의 일상에 주의를 기울일 때 더 그렇습니다. 모세가 마주친 흔한 떨기나무에 불꽃이 이는 것 같은 성찰이 일어납니다. 모세는 양떼를 치며 일상을 살아갔습니다. 그러다가 **일상의 영역 자체가 구별된 영역이라는 것을 깨닫습니다.** 일상에서 하나님이 그와 대면했고 소명이 주어졌습니다. 그 소명은 얽매이고 불쌍하고 도움이 필요한 사람들을 돕는 것입니다. 꼭 모세처럼 민족을 구원하지 않아도 괜찮습니다. 모세가 깨달은 그 깨달음이 중요합니다. 사람, 오직 사람을 돕자는 것 말입니다.

사람이 아닌 그 어떤 다른 것을 추구하는 것은 저급한 것입니다. 이제 허황한 것을 추구하는 마음을 버리고 사람을 존중하고 사랑하며 일상을 살아갑시다. 그리고 도움이 필요한 사람들을 위해 내가 할 수 있는 작은 일이 무엇인지 생각합시다. 저는 그 작은 일이 바로 하나님이 우리의 삶에 부여한 소명이라고 생각합니다. **사람들을 위한 소명을 일상 속에서 발견하는 순간, 바로 그 순간이 하나님이 함께하시는 기적의 순간입니다.** 우리는 일상을 열심히 살면서 꺼져가는 불꽃 같은 주위 사람을 도와야 합니다. 꺼질 듯 꺼지지 않고 연약한 듯 연약하지 않은 하나님의 함께하심과 성서가 교훈하는 상부상조의 가치가 바로 일상 안에 있습니다.

출애굽기 3:13-15

모세가 하나님께 아뢰되 내가 이스라엘 자손에게 가서 이르기를 너희의 조상의 하나님이 나를 너희에게 보내셨다 하면 그들이 내게 묻기를 그의 이름이 무엇이냐 하리니 내가 무엇이라고 그들에게 말하리이까 / 하나님이 모세에게 이르시되 나는 스스로 있는 자이니라 또 이르시되 너는 이스라엘 자손에게 이같이 이르기를 스스로 있는 자가 나를 너희에게 보내셨다 하라 / 하나님이 또 모세에게 이르시되 너는 이스라엘 자손에게 이같이 이르기를 너희 조상의 하나님 여호와 곧 아브라함의 하나님, 이삭의 하나님, 야곱의 하나님께서 나를 너희에게 보내셨다 하라 이는 나의 영원한 이름이요 대대로 기억할 나의 칭호니라

우리 모두가 공유하는 하나님

이스라엘 민족은 원래 이웃 민족들과 신의 이름(신명, 神名)을 함께 썼던 것 같습니다. 대표적인 것이 "엘"이나 그것의 복수형인 "엘로힘"인데 주변 민족의 언어에서도 발견할 수 있습니다. 이 단어들은 '능력의 신'을 의미합니다. 이스라엘은 주변 나라들과 신의 이름을 공유하다가 고유한 종교 이념을 설정하면서 특별한 신명을 창안하려고 했습니다.

신명에 복수형이 있는 것을 볼 때 고대 이스라엘 사람들은 유일신교가 아닌 다신교를 신봉했을 것입니다. 민족 신을 섬기면서 필요에 따라 다른 민족의 신에게도 제사를 지냈을 것입니다. 국가의 패망 이전에는 왕과 백성 모두 그랬기 때문에 이런 상황을 우상숭배라고 손가락질하는 사람은 없었을 것입니다.

이스라엘만의 고유한 하나님 개념을 완전히 고정한 것은 국가 체계가 와해한 이후의 일입니다. 그것은 하나님을 다른 신과 명확하게 구분함으로써 집단의 정체성을 공고히 할 필요성이 대두된 시기의 일입니다. 그리고 신앙적 정체성 확립은 정치적 독립을 소망하는 것과 별개의 것이 아닙니다.

출 3:13 이하는 하나님의 이름을 소개합니다. 원래부터 모두가 알고 있었다

면 소개할 필요가 없었을 것입니다. 출 3:14은 하나님을 "스스로 있는 자(야웨, 야훼, 여호와)"로 소개합니다. 이것은 아무 인지적 의존 대상이 없어도 하나님은 그 자체로 하나님이다라는 뜻입니다. 여기에서 차별화의 의도를 감지할 수 있습니다. 위에서 언급한 것처럼, 이것은 원래 이스라엘이 주변 다른 민족들과 공유하던 신명은 아니었습니다. 다음 구절인 출 3:15에서도 다시 한번 '야웨'라는 이름을 언급합니다. 출 3:13과 15절에서는 "너희의 조상의 하나님"이라는 어구를 반복하는데 하나님을 이스라엘 민족만을 위한 하나님으로 국한하는 느낌을 줍니다. 신명을 (재)설정하는 것과 민족의 문제 사이에 밀접한 연관성이 있습니다.

출 3:13-15은 '하나님이 모세를 이스라엘 백성(의 구원을 위해) 보내셨다'와 '(그럼 그) 하나님이 누구신가'라는 질문이 골자입니다. 질문자에게 원래 '신이 단 한 분이다'라는 명확한 인식은 없었던 것 같습니다. 만약 이미 명확한 유일신 사상이 있었다면 '어떤 신인가?' 혹은 '(그) 신이 누구인가?'라는 질문은 할 수 없었을 것입니다. 그러므로 이런 질문은 이제 막 신 개념을 새로 규정하면서 하나의 신만을 유일한 신, 우리의 신으로 삼으려고 하는 이스라엘 민족의 결의를 드러냅니다.

비록 출 3:15에서 "너희 조상의 하나님 여호와 곧 아브라함의 하나님, 이삭의 하나님, 야곱의 하나님"이라고 말하지만 야곱조차 하나님의 이름을 몰랐습니다. 야곱이 하나님과 씨름(!)하는 이야기와 함께 쓰인 아래의 내용을 보면 원래 이스라엘(야곱의 별칭) 민족에게 고유한 하나님 개념이 없었으며 고유한 그들만의 신명(神名)도 존재하지 않았다는 것을 알게 됩니다.

야곱이 청하여 이르되 당신의 이름을 알려주소서 그 사람이 이르되 어찌하여 내 이름을 묻느냐 하고 거기서 야곱에게 축복한지라(창 32:29)

야곱은 신에 관해서 명확한 인식을 갖지 못했습니다. 그래서 자신과 씨름을 한 신이 어떤 신인지 묻고 있습니다. 그에게 유일신 사상이 있었다면 '신은 오직 한 분이지 또 무슨 신이 있을까?'라고 생각했을 것입니다.

다른 한편으로 이 내용을 볼 때 이스라엘이 원래 가지고 있던 신의 이미지는 인간과 마주 보고 씨름까지 할 정도로 소박하고 친근한 것이었습니다. 두렵고 현격히 월등한 능력의 유일신으로서의 하나님은 훨씬 나중에 나타난 신 개념입니다. 야곱의 씨름 이야기 끝에 후대의 편집자는 이런 문장을 덧붙입니다.

> 그러므로 야곱이 … 이르기를 내가 하나님과 대면하여 보았으나 내 생명이 보전되었다 함이더라(창 32:30)

본문의 편집을 고려하지 않고 야곱의 이 이야기를 읽으면 굉장히 혼란스러울 것입니다. 조금 전까지는 마주 보고 씨름하던 사이였는데 금방 돌변하여 '대면하면 죽는다'고 하니 말입니다. 야곱이 씨름할 때 분명히 하나님을 보았을 텐데 그때는 왜 안 죽었나요?

이런 질문이 불필요한 것은 야곱이 씨름할 때와 씨름을 마치고 난 후를 설명하는 문장들, 그리고 그 안에 나타나는 하나님에 관한 각각의 인식, 시대 배경, 저자가 모두 다르기 때문입니다.

하나님을 엘, 혹은 엘로힘으로 부르던 시대, 그리고 야웨라는 이름이 등장한 시대는 기본적으로 다른 시대입니다. 재차 말하지만, 이스라엘은 국가 패망을 경험하기 전까지 다른 민족들도 사용하는 신명을 함께 사용했습니다.

각 본문의 형성과 편집 시기를 고려하며 출애굽기 3장을 읽으면 재미있는 사실을 발견하게 됩니다. 출 3:13에서 모세가 하나님에게 '사람들이 물으면 하나님의 이름을 뭐라고 할까요?' 묻자, 출 3:15에서 하나님은 '나는 너희 민족 대대로 함께하는 하나님이다' 다시 말해 '나는 너희 민족의 하나님이다'라고 대답합니다. 그런데 출 3:13, 15의 '대대로 민족과 함께해 온 하나님'과는 달리, 출 3:14의 "하나님"은 마치 "이스라엘 자손"을 처음 만나는 듯합니다!

> 하나님이 모세에게 이르시되 나는 스스로 있는 자이니라 또 이르시되 너는 이스라엘 자손에게 이같이 이르기를 스스로 있는 자가 나를 너희에게 보내셨다 하라
> (출 3:14)

이 구절에서 하나님의 이름은 더는 아브라함-이삭-야곱과 같은 족속의 계보와 얽히지 않습니다. 하나님은 더는 민족 개념에 제한을 받는 신이 아닙니다. 하나님(야웨)은 인지-의존적인 대상으로서의 인간이 없어도 혼자 존재해왔고 또 앞으로도 영원히 그러할 독립적인 존재입니다.

이런 변화는 민족 국가로서의 이스라엘이 와해하여 더는 존재하지 않게 된 상황을 전제합니다. 만일 그들에게 국가의 패망이 없었다면 하나님을 홀로 존재하는 유일신으로 인식하는 성찰은 일어나지 않았을지도 모릅니다. 이사야서 52장은 '값없이 팔렸고'(사 52:3) '이유 없이 잡혀간'(사 52:5) "백성"에게 비로소 '하나님의 이름'을 '알리신다'(사 52:6)고 말합니다. 그들에게 "내가 여기 있다"(사 52:6)고 자신을 드러낸다는 것입니다. 고통의 경험을 통해 원래 공유적인 다신(多神) 개념이 독점적 유일신 개념으로 바뀌게 되었습니다. 불명확했던 신관이 명확해졌습니다. 오래전 족장 아브람에게와(창 17:1) 야곱에게(창 35:11) "엘" 혹은 "엘로힘(능력의 신들)"로 나타났던 하나님은 이제 아무런 인지적 대상을 필요로 하지 않는 독립적인 신존재, '스스로 있는 자', '야웨'라는 이름으로 나타납니다.(출 3:14,15) 공유적이고 불명확한 신관이 독점적이고 명확한 신관으로 바뀐 것은 교리적으로 볼 때 상당한 발전입니다. 전자(前者)인 다신론은 현대 개신교 교리 체계에 맞지 않습니다. 그리고 전자에서 후자로 바뀌면서 꼭 모든 면에서 좋아진 것만은 아닙니다. 다양한 신 개념을 포용하던 포용력이 급격하게 좁아졌습니다. 협소한 포용력은 대개 타인에 대한 배척(排斥)으로 나타납니다. 타

인이 명확한 신관을 받아들이지 않으면 그를 배척합니다.

　현대 개신교는 정말로 명확한 신관을 가지고 있습니까? 그렇지도 않은 것 같습니다. 하나님이 한 분이라고 하면서 이해하기 어려운 삼위일체 교리를 함께 가르칩니다. 성부 하나님, 성자 예수님, 성령 하나님이 각각 세 위(位, 위치)면서 함께 한 분이라고 합니다. 그러나 이를 제대로 이해하는 이는 거의 없습니다. 이해가 안 되는 영역이라고 하면서 믿으라고 하는데 대단히 맹목적입니다. 제가 삼위일체 교리를 부정한다고 생각하지 마십시오. 그것은 믿음의 영역이지 이해할 개념이 아니라는 것입니다. 삼위일체는 신조차 독단적이지 않고 협의적이라는 교훈을 줍니다. 그런데 자꾸 성경 공부를 통해서 삼위일체를 논리적으로 설명하는데 설명할수록 미궁에 빠집니다. 오류가 드러납니다. 그뿐 아닙니다. 하나님이 사랑의 하나님이라고 하면서 또한 그 사랑의 하나님이 자신을 믿지 않는 사람들을 모두 심판하신다고 합니다. 우리는 사랑하면서 동시에 심판하는 하나님을 이해하기 어렵습니다. 이는 마치 사랑한다고 하면서 사람을 괴롭히는 자를 신뢰할 수 없는 것과 마찬가지입니다. 그래서 대개 사람들은 하나님의 사랑이나 하나님의 심판, 둘 중의 하나를 선택합니다. 여기서 각자가 인식하는 하나님의 이미지가 달라지는데 적지 않은 사람들이 하나님을 두려운 존재로 여깁니다. 하나님이 무서워서 근접할 수 없는 존재가 되는 것은 반길 일이 아닙니다. 하나님에 대한 커다란 편견이 조성된 꼴입니다. 내부적으로는 두려운 하나님을 섬기고 외부적으로는 그들 이외의 타자를 모두 배척합니다. 암울한 상황입니다.

　예수님은 하나님에 대한 잘못된 이해를 바꾸시려고 노력하셨습니다.(참고: 막 12:27; 마 22:29) 현대를 사는 우리에게는 하나님의 이미지가 친근하면 친근할수록 좋습니다. 야곱과 하나님이 씨름을 할 정도로 말입니다. 그렇다고 현대 개신교가 유일신을 하나님을 버리고 다신교적 포용력을 회복할 수 있을 것 같지는 않습니다. 다만 하나의 고정된 신개념이 언제, 어떤 배경에서 조성되었는지 알아둘 필요가 있습니다. 그것만으로도 옹졸하고 편협한 마음을 좀 넓힐 수 있습니다. 하나님에 대한 공포의 이미지는 특정한 위기와 박해의 시기를 배경으로 조성된 것입니다. 악인들이 득세하여 무고한 사람들을 살해할 때 착한 사람들이 신의 심판을 요청하면서 그런 하나님의 이미지가 나타난 것입니다. 하지만 현대 개신교인 중 대다수는 역사적 배경에는 큰 관심이 없고 그냥 단순한 교리의 틀(과거 사람들의 관점에서 만든 좁은 틀)로 성경을 이해하고 세계를 바라봅니다. 각 본문을 조성한 역사 배경을 무시하고 문자적으로만 성서를 읽다 보니까 내용상 서로 충돌하고 모순되는 구절들을 억지로 꿰맞춥니다. 우격다짐으로 해석한 결과에 따라 생각하고 행동하는 악순환을 반복합니다.

우리는 이스라엘 민족이 신 개념을 확정하면서 그들만 하나님의 선택을 받았다는 선민의식이 고착화되었음을 알아야 합니다. 이러한 고립적(孤立的) 경향에 대해서 모든 성서 편집자들이 좋게 본 것은 아닙니다. 특히 페르시아 시대 이래로 개방적이고 포용적인 사상의 영향을 받은 사람들은 하나님의 사랑이 이스라엘 민족뿐 아니라 이방인들도 대상으로 한다고 주장했습니다.(사 56:3-7) 우리는 배타적이고 무서운 하나님의 개념만을 수용하고 말할 것이 아니라 사랑의 하나님에 대해서 주로 말해야 합니다. 이왕이면 긍정적인 이미지를 소개하고 선택하게 해야 한다는 것입니다. 단, 상대가 관심이 있을 때만.

🐝 우리는 우리가 믿는 하나님이 오직 교회 안에만 계시고 교회 밖의 사람들에게 무관심하다고 생각해서는 안 됩니다. 하나님은 우리가 독점한다고 독점할 수 있는 존재가 아닙니다. 성서가 말하는 올바른 하나님의 이미지는 자신을 전혀 모르는 사람과 민족을 위해서도 애쓰는 그런 하나님입니다. 교회를 다니지 않는 분들도 공유할 만한 하나님의 이미지가 있음을 알아야 합니다. 그러한 공유적인 이미지가 무조건 틀렸다고 하기 어려운 것은 우리가 가지고 있는

신 개념 역시 우리가 상상하는 것만큼 완벽하지 않기 때문입니다.

    어쨌든 저는 보기만 하면 사람이 바로 죽어버리는 그런 하나님보다는 인간과 씨름하듯 밀고 당기는 하나님이 더 친근합니다. 고매하게 위에서 아래를 내려다 보는 신보다는 우리 곁에 늘 계셔서 공감하는 하나님이 좋습니다.

    예수님은 하나님에 대한 이해의 변화에 지대한 영향을 끼치셨습니다. 그 스스로 하나님의 아들이자 강생하신 주님으로 높은 심판의 자리와 홀로 거룩한 자리에서 내려와 동참과 희생을 보이셨습니다. 인간은 하나님을 결코 볼 수도 없고 보아서도 안 된다는 굳어진 생각을 바꾸어 주셨습니다. 예수님은 사람들 가까이 계시며 함께 생활하며 상처를 만져주시고 함께 눈물을 흘리는 하나님의 따뜻한 모습을 보여 주셨습니다. 이는 과거에 족장들을 만나주시고 함께 삶을 나누신 하나님 모습의 재현과 복원, 그 이상입니다. 예수님의 삶을 통해 드러난 하나님의 모습은 멀리 동떨어져 있는 것이 아니라 우리 곁에 바짝 다가온 친구의 모습입니다. 이제 우리는 누구도 이스라엘 민족만 하나님을 독점하고 있다고 생각하지 않습니다. 예수님이 몸소 보여 주신 하나님의 모습이 이스라엘 사람들만 독점하는 하나님이 모습이 아니었기 때문입니다. 이스라엘 사람들이 쳐놓은 인식의 벽을 넘어 그들이 격멸하는 사람들을 따뜻한 마음으로 받아주셨던 예수님을 보십시오(참고: 눅 17:16-19)! 하나님과 그의 사랑을 온 세상과 공유하는 것은 하나님이 기뻐하시는 뜻입니다.

    여러분에게 하나님은 독점적 개념입니까? 아니면 공유적인 개념입니까? 나만의 하나님, 내가 믿는 교리로만 확실히 알 수 있는 하나님, 우리 교단과 교파 안에만 계신 하나님은 좋지 않습니다. 누구에게나 공평하게 내리는 빗물 같이, 은총을 모두에게 내리시는 하나님, 개신교뿐 아니라 종교가 없는 사람 심지어 타종교인도 동일하게 사랑하는 하나님, 교회 안에 있는 사람들뿐 아니라 교회 밖의 사람들도 동일하게 존중하는 하나님이 성서 전체를 관통하는 진정한 하나님의 모습입니다. 우리의 하나님과 하나님 이름에 대한 인식이 올바르고 건강하다면 하나님이 사랑하는 모든 사람에 대한 우리의 태도 역시 올바르고 건강할 것입니다. 과거 이스라엘은 차별성과 민족적 응집력 강화라는 목적을 위해 유일신 사상을 도출했습니다. 그들의 민족적 목적까지 답습할 필요는 없습니다. 그들처럼 타인을 배척해서는 안 됩니다. 오히려 인간 가운데 오신 사랑의 하나님이신 예수 그리스도의 이름으로 민족적 한계와 인종적 편견을 뛰어넘어야 합니다. 그렇게 할 때 비로소 세상 모든 이에게 하나님의 온기가 퍼질 것입니다. 그 온기를 느끼면 하나님의 이름을 독점하고 욕심을 채우려는 사람들조차 부끄러워 뉘우치게 될 것입니다.

출애굽기 14:13-14

모세가 백성에게 이르되 너희는 두려워하지 말고 가만히 서서 여호와께서 오늘 너희
를 위하여 행하시는 구원을 보라 너희가 오늘 본 애굽 사람을 영원히 다시 보지 아니
하리라 / 여호와께서 너희를 위하여 싸우시리니 너희는 가만히 있을지니라

가만히 있는 듯 조용하지만 제대로 돌아가는 사회

모세는 이집트에서 노예 생활을 하고 있던 이스라엘 백성을 데리고 탈출합
니다. 그 뒤에 파라오(출 14:6)가 이끄는 엄청난 수의 군대가 추격합니다.(출
14:7,9) 추격당하는 입장에서 사람들이 두려움에 떠는 것은 당연한 일입니다.(출
14:10) 그들은 모세를 원망하면서 이런 말을 했습니다.

> 그들이 또 모세에게 이르되 애굽에 매장지가 없어서 당신이 우리를 이끌어 내어
> 이 광야에서 죽게 하느냐 어찌하여 당신이 우리를 애굽에서 이끌어 내어 우리에
> 게 이같이 하느냐 우리가 애굽에서 당신에게 이른 말이 이것이 아니냐 이르기를
> 우리를 내버려 두라 우리가 애굽 사람을 섬길 것이라 하지 아니하더냐 애굽 사
> 람을 섬기는 것이 광야에서 죽는 것보다 낫겠노라(출 14:11-12)

이 말은 모세가 이집트에서 잘살고 있던 사람들을 충동질해서 허허벌판에 나
오게 했으며 죽게 했다는 원망입니다. 불안한 자유인이 되기보다는 편안한 노
예로 사는 것이 낫다는 이야기입니다. 모세는 그들에게 "시끄러운 소리 하지 말
고 얼른 도망이나 치세요"라고 하지 않았습니다. 오히려 '두려워 말라 가만히 서
서 하나님이 하시는 구원을 보아라 추격하는 이집트 사람들이 몰살당할 것이다'
라는 뜻의 말을 합니다.(출 14:13) 그러면서 "여호와께서 너희를 위하여 싸우시
니 너희는 가만히 있을지니라"(출 14:14)라고 합니다. 이는 정말로 '아무것도 하
지 말고 가만히 있어라'라는 뜻입니다. 그래서 그런지 성서를 문자 그대로 믿는

사람은 아무 것도 실천하지 않고 가만히 있습니다.

이 단락에서 가장 중요한 것은 '가만히 있는' 것입니다. 뒤에 추격자들이 맹렬하게 쫓아오고 있는데 '가만히 있으세요'라는 말을 하다니 쉽게 이해가 안 됩니다. 혹시 뒤에 따라오는 기마병들이 엄청난 속도로 추격하는 것을 보고 자포자기(自暴自棄)해서 '아무리 빨리 도망쳐도 따라 잡힐 터이니 그냥 서서 기도나 합시다'라는 뜻에서 이 말을 했을까요? 애초에 대책도 없이 왜 도망쳤나요? 파라오가 순순히 그들을 보내줄 줄 알았나요? 하나님을 믿고 도망쳤다면 왜 지금은 안 믿나요? 믿음이 갑자기 떨어졌나요?

위기 상황에 가만히 있으라는 것에는 특별한 의미가 있습니다. 이 표현은 정치적이며 군사적인 수단을 총동원했는데도 국가 패망을 막지 못한 경험을 전제합니다. 국가 패망 후 형성한 성서의 문장들은 정치적 모략, 힘의 응집, 힘으로 힘에 대응하는 것 등에 대하여 극히 부정적입니다. 전쟁의 승패는 하나님의 의지에 달린 것이며 왕을 비롯한 그 어떤 정치가나 모략가도 승패를 뒤집을 수 없다는 신앙적 성찰은 인간적 수단으로 어떤 일을 해보려는 모든 시도를 비판하는 경향으로 발전합니다.

사무엘상 12장은 왕에 대하여 극단적으로 부정적인 입장입니다. 아무것도 하지 말고 가만히 있어 하나님이 하는 일을 보라는 출 14:13-14과 비슷한 내용입니다.

> 너희가 만일 여호와를 경외하여 그를 섬기며 그의 목소리를 듣고 여호와의 명령을 거역하지 아니하며 또 너희와 너희를 다스리는 왕이 너희의 하나님 여호와를 따르면 좋겠지마는 너희가 만일 여호와의 목소리를 듣지 아니하고 여호와의 명령을 거역하면 여호와의 손이 너희의 조상들을 치신 것 같이 너희를 치실 것이라 너희는 이제 가만히 서서 여호와께서 너희 목전에서 행하시는 이 큰 일을 보라 오늘은 밀 베는 때가 아니냐 내가 여호와께 아뢰리니 여호와께서 우레와 비

를 보내사 너희가 왕을 구한 일 곧 여호와의 목전에서 범한 죄악이 큼을 너희에게 밝히 알게 하시리라(삼상 12:14-17)

왕과 모든 백성의 심판을 언급하는 것은 왕이 살아있을 때는 감히 할 수 없는 행동입니다.

만일 너희가 여전히 악을 행하면 너희와 너희 왕이 다 멸망하리라(삼상 12:25)

이것을 앞으로 일어날 일에 대한 예언으로 보기 힘듭니다. 오히려 왕이 국권 수호에 아무런 기능을 하지 못했다는 과거 경험을 반영한 표현입니다. 정치와 군사의 핵심 존재로서 왕을 무시하고 가만히 서서 야웨가 하는 일이나 보라고 할 수 있으려면 최소한 왕정 시대를 지나야 합니다. 왕이 살아있는 상황이라면 누가 감히 목숨을 내놓고 이런 말을 하겠습니까? 따라서 이런 문장들은 모두 왕이 사라진 후에 작성한 것이 확실합니다. 즉, 포로기적 표현입니다.

시편 46편 10절에도 비슷한 표현이 나옵니다.

그가 땅 끝까지 전쟁을 쉬게 하심이여 활을 꺾고 창을 끊으며 수레를 불사르시는도다 이르시기를 너희는 가만히 있어 내가 하나님 됨을 알지어다 내가 뭇 나라 중에서 높임을 받으리라 내가 세계 중에서 높임을 받으리라 하시도다(시 46:9-10)

어떤 평화 헌장처럼 보이는 이 글에도 '가만히 있어라'라는 표현이 나옵니다. 하지만 이 글은 위에서 언급한 사무엘상이나 출애굽기의 유사 본문보다 그 형성 시기가 조금 더 후대인 것 같습니다. 왜냐하면 글에 소망이 깃들어있기 때문입니다. 이스라엘의 하나님이 모든 나라 가운데 높임을 받는다는 것은 이스라엘이 초일류 국가가 된다는 이야기입니다. 왕과 같은 정치 세력과 이방 국가의 협력까지 근본적으로 부정하는 것은 국가 패망 이후에 나타난 경향이지만 힘의 논리를 포기하고 신앙 가치만으로 초일류 국가가 될 수 있다고 생각은 페르시아 제국 치하의 귀환 시기 이후에야 나타날 수 있는 것입니다.

🐝 어떤 이들은 성서가 가만히 있으라고 명령했다면서 정말로 맹목적으로 아무것도 하지 않고 가만히 있습니다. 어떤 인간적인 계획보다도 계획이 없는 것이 더 영적(?)이라고 말합니다. 자신이 나서 무엇인가를 하는 사람은 하나님 앞에 교만한 것이라고 합니다. 머리를 회전하여 꾀를 내는 것 자체가 하나님께 불경한 죄라고 생각하는 사람도 있습니다. 그러나 그대로 안 되더라도 계획을 세우는 것이 나쁜 것이 아닙니다. 만약 정말로 문자 그대로 지키시려거든 밥도 먹지 말고 움직이지도 말고 가만히 있어 하나님이 어떻게 하시는지 보십시오. 화장실도 가면 안 됩니다. 하나님이 일하시기 전에 움직이는 것은 하나님의 계획을 막는 것이니까요! 하지만 우리는 자연스럽게 배가 고프면 밥을 찾아 먹고, 땀이 많이 나면 샤워를 합니다. 일상을 살아갑니다. 이처럼 사람이 이런저런 일을 예상하면서 내일을 계획하는 것은 자연스러운 것입니다. 성서 몇몇 구절에서 가만히 있으라고 한 것은 특정한 역사와 시대적 배경을 가지고 있습니다. 지금 우리가 그 배경을 무시하고 문자적으로만 따르려 한다면 그것은 게으른 사람의 성경적인 변명(!)에 불과합니다. 돈과 명예에 혈안이 되어 밤낮없이 뛰어다니는 것도 좋지 않지만 아무것도 안 하면서 하나님께서 해주시겠지라고 생각하는 것도 멍청한 짓입니다.

우리는 가만히 있으라는 말씀을 현재 상황에 제대로 적용해야 합니다. 불안해하지 말고 실망도 하지 말고 너무 나서지도 않으면서 할 소임을 차근차근 감당하는 것입니다. 이것이 손끝 하나 까딱하지 않으면서 하나님을 찾는 것보다 성서적입니다.

가만히 있으라는 말은 힘의 논리를 의존하지 말라는 교훈입니다. 살기등등하여 무고한 사람들을 잡아 죽이려고 달려드는 힘 앞에서 어떤 일이 있어도 힘으로 힘에 대응하지 말고 평화적이며 비폭력적인 태도를 취하라는 뜻입니다. 반대쪽에서 힘으로 누르려고 한다고 이쪽에서 똑같이 대응한다면 둘 다 야만인이 됩니다. 물론 죽이려고 달려드는데 가만히 있는 것은 불가능한 일입니다. 피신이라도 해야죠. 사람에 따라서 회피하는 것이 비굴하고 나약하게 보일지라도 가장 안전한 대처입니다. 성서는 평화적으로 대응하는 사람들을 비굴하고 나약한 자들이라고 평가하지 않고 오히려 하나님을 의존한다고 평가합니다. 이는 그들에 대한 최대한 높은 평가이며 성서적 평화주의자들을 향한 응원입니다.

여러분은 감나무에서 감이 떨어지기만을 기다리는 사람이어서는 안 됩니다. 오늘도 열심히 일하십시오! 주어진 일을 완수하고 칭찬받도록 노력합시다! 그리고 강압하는 세력에 대해서 최대한 평화적인 태도로 대응합시다. 우리마저 힘의 논리에 편승하여 더 큰 힘으로 힘을 누르려고 한다면 평화가 상식이 되는 게 아니라 힘이 상식이 됩니다. 더 많은 강자가 일어나 약자를 해치게 됩니다. 사회가 변화할 소망을 잃습니다. 우리가 바라는 미래는 누구도 이유 없는 고통을 받지 않고 누군가에게 맞아 울지 않고 폭도를 피해 도망치지 않는 평화로운 미래입니다. 모두 편안하게 자기에게 주어진 일상을 살아가는, 조용하지만 잘 돌아가는 사회입니다. 누구에게나 노력한 만큼의 대가가 주어지기 때문에 원망하는 사람이 없는 공정한 사회입니다. 저는 바로 그런 사회야말로 하나님이 살아서 이끄는 사회라고 생각합니다. 家

세계가 다 내게 속하였나니 너희가 내 말을 잘 듣고 내 언약을 지키면 너희는 모든 민족 중에서 내 소유가 되겠고 / 너희가 내게 대하여 제사장 나라가 되며 거룩한 백성이 되리라 너는 이 말을 이스라엘 자손에게 전할지니라

모두가 자신의 색깔을 가지고 조화롭게 공존하는 사회

제국의 지배를 받으면서 이스라엘 민족은 언젠가 그들도 거대하고 화려한 나라를 건설(재건)하고 싶었습니다. 그런데 출 19:6은 이상적인 나라에 대하여 "제사장 나라"라는 말로 표현합니다. 이 구절에의 '제사장 나라가 될 것이'라는 말은 왕국 시대 이전에 적힌 것이라고는 볼 수 없습니다. 이 어구와 어구가 쓰인 본문은 왕국이 패망하고 한참 뒤에 제국의 지배를 경험하고 난 후 일정한 자유를 누리던 시대를 전제합니다. 모든 민족 중에 가장 뛰어난 민족을 꿈꾸게 된 것은 페르시아라는 매력적인 모델을 본 후의 일입니다. 이사야서에도 비슷한 내용이 나옵니다.

> 외인은 서서 너희 양 떼를 칠 것이요 이방 사람은 너희 농부와 포도원지기가 될 것이나 오직 너희는 여호와의 제사장이라 일컬음을 받을 것이라 사람들이 너희를 우리 하나님의 봉사자라 할 것이며 너희가 이방 나라들의 재물을 먹으며 그들의 영광을 얻어 자랑할 것이니라(사 61:5-6)

놀랍게도 이 본문은 "외인" 혹은 "이방"으로 표현한 이방인들과 이스라엘이 평화로운 관계를 맺고 있음을 말하고 있습니다. 일반적으로 이스라엘은 이방인을 배척합니다. 하지만 이 본문은 높은 가치와 원대한 이상 안에서 모든 국가와 민족이 일정한 기능을 나누어 감당하는 평화로운 미래를 지향합니다. 그렇다고 각 민족의 개념이 소멸한 것은 아닙니다. 각 민족은 그 민족의 이름으로 세계 무

대 안에서 각자 중요한 역할을 분담합니다. 조화(調和)롭습니다. 각 개체가 고유의 색을 잃지 않고 함께 어우러지는 것 말입니다. 꽃밭 전체에 오로지 한 종류의 꽃이 피어있는 것도 좋지만 여러 가지 다양한 꽃이 어우러지는 것이 더 좋습니다. 믹서기에 과일과 채소를 넣고 갈아 녹황색 주스를 만들어 먹는 것보다는 샐러드 그릇에 과일과 채소를 가진 모양 그대로 담는 것이 더 좋습니다.

어떤 이는 종교 통일을 주장합니다. 기독교, 불교, 이슬람교 … 이런 구분이 없이 하나의 종교로 만들자고 합니다. 이상적인 말씀입니다만 실제로는 기독교는 기독교로서, 불교는 불교로서, 이슬람교는 이슬람교로서의 색깔을 유지하면서도 다른 이에게 해를 끼치지 않고 평화롭게 공존하는 세상이 좋을 것 같습니다. 평화롭게 공존하면서 전체 사회를 위해 각자 일정한 기능을 분담하는 세상 말입니다.

위에서 살펴본 이사야서 61장은 이스라엘이 신앙적인 리더 역할(제사장)을 맡고 이방인은 "농부와 포도원지기"가 될 것이라고 합니다. 이스라엘을 "하나님의 봉사자"라고 언급하면서 "너희가 이방(나라들)의 재물을 먹으며 그들의 영광을 얻"는다고 표현하고 있으므로 누가 누구를 지배하는 것이 아니라 공존과 평화의 세계를 지향하고 있음을 알 수 있습니다.

이 글은 아마도 바벨론 시대와는 달리 이스라엘 민족에게 상당한 자유를 제공한 페르시아 시대에 쓰인 것 같습니다. 이스라엘은 페르시아처럼 큰 나라를 세워서 그들 못지않게 주변 나라에 관용을 베풀며 살고 싶었던 것 같습니다.

사 42:1-4; 49:1-6; 50:4-9; 52:13-53:12에 나오는 종이 부르는 노래는 바로 이런 평화주의적 이상향을 가진 사람들이 작성한 것 같습니다.

내가 붙드는 나의 종, 내 마음에 기뻐하는 자 곧 내가 택한 사람을 보라 내가 나의 영을 그에게 주었은즉 그가 이방에 정의를 베풀리라 그는 외치지 아니하며 목소리를 높이지 아니하며 그 소리를 거리에 들리게 하지 아니하며 상한 갈대를 꺾지 아니하며 꺼져가는 등불을 끄지 아니하고 진실로 정의를 시행할 것이며 그는 쇠하지 아니하며 낙담하지 아니하고 세상에 정의를 세우기에 이르리니 섬들이 그 교훈을 앙망하리라(사 42:1-4)

이 본문은 신약성서에서 예수님을 묘사하는 데 쓰였습니다.(마 12:17-21) 평화의 사자로서 예수님은 서로 적대하고 있는 사람들이 화해하고 남을 존중하기를 바라셨습니다. 또한 평온한 가운데 각자 일정한 소임을 감당하는 세상을 지향하셨습니다. 평화의 바탕에는 공정과 공의가 자리 잡고 있습니다. 평화롭고 공의로운 세상이 하나님 나라입니다. 천국이 이 땅에 이루어진 것입니다.

그런데도 어떤 개신교인들은 타 종교인을 멸시하며 적대하고 없애버리려고 서슴지않고 폭력을 씁니다. 이것은 성서의 진정한 뜻을 전혀 모르는 무지의 결과입니다. 성서의 어떤 내용은 이방인에 대한 민족주의자들의 적개심을 노골적으로 드러냅니다. 그런 글을 문자 그대로 적용하면 폭력적인 종교인이 됩니다. 보십시오! 성서가 나타내는 하나님의 뜻은 공정과 평화인데 거꾸로 가는 것 아닙니까? 성서를 알고 따른다고 하면서 반대로 가는 사람들이 적지 않습니다.

🐝 바른 해석에 귀를 기울이는 사람이 적습니다. 툭하면 이단이라고 하거나 정통 교리를 따르지 않는다며 자유주의라고 합니다. 그런데도 제가 계속해서 성서의 참된 뜻을 전하려고 하는 것은 - 위에서 살펴본 구절들이 가르치는 것과 같이 - 배척과 적개심을 없애고 화해와 평화의 사회를 만드는 데 기여하고 싶은 마음 때문입니다. 지금의 개신교인들 중 어떤 이들, 특히 문자주의적이며 근본주의적 신앙을 가지고 있는 사람들은 성경의 뜻이라고 하면서 같은 교리를 가진 사람 이외의 사람들을 미워합니다. 남을 이해하려고 하는 태도는 전혀 보이지 않습니다. 자신도 잘 알지 못하는 성경 구절들을 짜깁기하여 만든 이념을 신봉하면서 상대방에게 그것을 받아들이라고 강요합니다. 저는 성서의 진의를 곡해

하는 것을 반대하며 잘못된 열정이 평화롭고 선한 사회의 건설을 훼방하는 것도 반대합니다. 엉뚱한 열심에 사로잡힌 사람들을 일깨우는 것, 그것이 우리가 할 일입니다. 이를 위해서 저도 바쁜 시간을 쪼개고 쪼개어 성서를 해석하고 글을 써 봅니다. 제가 다른 목사들처럼 목회만 한다면 시간이 더 많겠지만 저는 다른 직업을 가지고 저 먹을 것 스스로 벌면서 최선을 다해 살고 있습니다. 일상을 떠난 목회는 이미 생명력이 없습니다. 산사에서 내려와야 중생이 어떻게 살고 있는지 볼 수 있는 것처럼 신자들에 둘러싸여 있으면 아무것도 모릅니다. 저는 일상에서 교회를 떠난 사람들과 만나 대화하며 중요한 말씀을 듣습니다. 개신교의 문제를 깨닫습니다. 교회 안에서는 잘못된 성서 이해로 평화를 허무는 신자들을 일깨우려고 노력합니다. 성서를 문자적으로 보지 않고 비평하는 것은 성서의 원래 뜻을 밝히는 데 유용합니다. 아직 대부분의 신자는 성서를 비평적으로 살피는 것을 생소하게 느끼고 있지만 저의 글을 읽는 분들이 조금이라도 굳은 생각을 바꿀 수 있다면 그보다 기쁜 일이 없을 것입니다. 근본주의자였던 제가 마음을 고쳐먹은 것과 같이 누구나 새로워질 수 있습니다! 편협한 마음이 넓어지고 미움이 애정으로 바뀔 수 있습니다! 많은 이가 알아주는 길은 아닙니다만 저는 일상을 살아가면서 저에게 주어진 작은 소임을 감당합니다.

주 여호와께서 학자들의 혀를 내게 주사 나로 곤고한 자를 말로 어떻게 도와 줄 줄을 알게 하시고 아침마다 깨우치시되 나의 귀를 깨우치사 학자들 같이 알아듣게 하시도다 주 여호와께서 나의 귀를 여셨으므로 내가 거역하지도 아니하며 뒤로 물러가지도 아니하며(사 50:4-5) 宗

너는 이방 나그네를 압제하지 말며 그들을 학대하지 말라 너희도 애굽 땅에서 나그네였음이라

이유 없는 이방인 배척은 성서의 가르침을 반대하는 것

출애굽기에는 사회 법규 같은 것이 들어있습니다. 가나안 땅에 들어가기 전에 그 땅에 들어가서 지킬 것을 미리 알려 준 것입니다. 하지만, 광야라는 척박한 환경을 통과하는 상황에서 정교하고 치밀한 사회 법규를 제정하고 정비할 수 있었을까 다소 의심스럽습니다.

출애굽기 22장에는 도둑질에 대한 장황한 배상 규정(출 22:1-15), 처녀가 성폭행을 당했을 때의 규정(출 22:16-17), 무당을 죽일 것(출 22:18), 동물과 성행위를 한 자를 사형에 처하는 법(출 22:19)같이 상대적으로 짧은 규정이 많이 들어있습니다. 이어서 여호와를 섬기지 않는 자를 사형에 처하는 규정, 즉, 유일신 사상을 근거로 한 법이 나오는데(출 22:20) 그 출현이 아주 돌발적입니다. 어수룩하지만 일반 사회규범을 둘러싸고 신앙 규범을 배치하여 사회규범조차 신앙법의 일부로 보이게 하고 있습니다. 출 22:21절부터는 다시 형성 시점이 다른 이질적인 내용이 나오는데 그것은 바로 "이방 나그네"에 대한 포용 규정입니다.

> 너는 이방 나그네를 압제하지 말며 그들을 학대하지 말라 너희도 애굽 땅에서 나그네였음이라(출 22:21)

사실 이스라엘은 전 역사에 걸쳐 상당히 긴 시간 동안 이방인과 어깨를 나란히 하며 살아왔습니다. 그러다가 숙적 앗시리아가 북국(北國)을 패망시켰고 바벨론이 남국(南國)을 패망시켜 근거지를 잃은 사람들을 포로로 끌고 가자 상황이 달라졌습니다. 예루살렘까지 함락되리라고는 아무도 예상하지 못했기 때문

에 이스라엘 백성은 엄청난 충격과 혼란에 휩싸였습니다. 이런 제국들이 등장하기 전까지 그 어떤 이방 민족도 이스라엘 민족의 뿌리까지 뽑아버리려고 한 적은 없었습니다. 제국주의자들이 영토를 확장하려는 것은 일반적인 성향입니다. 하지만 국토를 잃은 사람들은 제국주의에 대해 강한 분노와 저항을 나타냅니다. 이스라엘 민족도 제국의 침략을 당하면서 비로소 자신과 남을 구분하고 배척하는 사고를 강화했을 것입니다.

이스라엘에게 있어서 강대국 바벨론은 원수 나라가 되었습니다. 이스라엘 사람들은 이 제국에 대해 큰 적의(敵意)를 느꼈습니다. 제국의 억압 아래 있는 사람들은 출애굽기의 모세와 같은 슈퍼 영웅이 나타나 그들을 구원하기를 강렬히 소망했습니다. 이집트에서의 노예 생활 이야기는 바벨론에서 이스라엘 민족이 겪은 억압과 비참한 삶을 투영한 것입니다.

놀랍게도 어느 날 기적이 일어났습니다. 무너지지 않을 것 같던 바벨론이 무너지고 페르시아가 이스라엘 백성의 새로운 주인이 되었습니다. 그런데 이 새 주인은 바벨론과는 상당히 다른 태도를 취했습니다. 호의를 베풀어 고향 땅으로 돌아갈 수 있는 길을 열어주었으며 재정 후원도 했습니다. 사실, 이런 정책은 상당히 고차원적인 전략입니다. 피지배자의 자발적인 동화(同化)를 끌어냅니다. '모든 것을 다 해도 된다. 그러나 누가 너희에게 어느 나라 사람이냐고 물으면 페르시아 사람이라고 대답해라'라는 식입니다. 혹자는 지금 중국 정부가 신장 웨이우얼이나 내몽골의 자치구에 실시하는 정책이 페르시아의 정책과 유사하다고 평가합니다.

이스라엘 민족은 바벨론 때와는 달리 페르시아를 통해 제국의 새로운 면모를 보았습니다. 제국의 용인 아래 서로 다른 민족들이 하나로 융합하는 것을 목도하였습니다. 강한 압력보다 적당한 포용이 좋은 결과를 낳는다는 것을 배웠습니다.

출 22:21은 바로 위와 같은 배경에서 작성한 글입니다. 이방인에 대한 배척을 지양하고 "나그네"에 대한 포용을 극대화합니다. 이야기꾼은 '이집트 땅에서 너희가 겪었던 어려움을 떠올려 보아라'라고 말합니다. 그것은 '너희가 바벨론인의 억압 가운데 얼마나 고통을 받았는지 벌써 잊었느냐?'라는 말과 같은 말입니다. 노예들에게 자유를 주었는데 그들이 다른 사람을 억압한다면 자유를 준 쪽에서는 이런 말을 할 것입니다. '올챙이 적 생각을 못 하는군!" 바벨론 때 어땠습니까? 고통스러웠던 과거를 홀라당 잊고 자유를 조금 얻었다고 다른 이를 억누르면 안 되겠죠.

이스라엘 백성은 페르시아의 관용 정책과 찬란한 문화에 매료되었을 것입니다. 성서에 나타난 이방인 포용은 페르시아의 정책을 모방한 것으로 보입니다. 출 22:21과 비슷한 구절들이 3 구절이나 더 있습니다 : 출 18:3; 23:9; 대상 29:15. 이 구절들을 아래에서 차례대로 살펴봅시다.

> 그의 두 아들을 데리고 왔으니 그 하나의 이름은 게르솜이라 이는 모세가 이르기를 내가 이방에서 나그네가 되었다 함이요(출 18:3)

이 구절은 모세의 아들 중에 "게르솜"이라는 이름의 아들이 있었다고 소개하면서 그 이름을 "이방에서 나그네가 되었다"는 뜻으로 해설합니다. "게르솜" 자체가 '쫓아내다', '쫓겨났다'는 뜻인데 이는 구약성서에서 200회 이상 사용한 흔한 단어로 아래 창세기의 구절들에서도 볼 수 있습니다.

> 이같이 하나님이 그 사람을 쫓아내시고 에덴동산 동쪽에 그룹들과 두루 도는 불칼을 두어 생명 나무의 길을 지키게 하시니라(창 3:24)

> 주께서 오늘 이 지면에서 나를 쫓아내시온즉 내가 주의 낯을 뵈옵지 못하리니

내가 땅에서 피하며 유리하는 자가 될 지라 무릇 나를 만나는 자마다 나를 죽이 겠나이다(창 4:14)

이스라엘 사람들이 이 단어를 이처럼 널리 썼는데 무슨 뜻인지 설명해야 할 까요? 네! 설명할 필요가 있습니다! 이미 수십 년을 이방 나라에서 살았거든요. 바벨론의 마리 문서는 이 '쫓아내다'라는 뜻의 단어를 원래의 발음 그대로 소개 하면서 이것이 외래어라고 설명하는데(Archives Royales de Mari, Textes cunéiformes, Paris, II, 28.9, 19) 출 18:3과 비슷한 느낌을 줍니다. 결론적으로 출 18:3은 외국에서 오래 살면서 모국어를 점차 잊어가는 상황, 그러면서도 외국 문화에 완전히 동화되지는 못한 상황을 전제합니다. 이방 땅의 나그네(נֵפֶשׁ)가 된 것입니다.

너는 이방 나그네를 압제하지 말라 너희가 애굽 땅에서 나그네 되었었은즉 나그 네의 사정을 아느니라(출 23:9)

이 구절 역시 출 18:3과 거의 같은 내용입니다. "나그네의 사정을 안다"는 표 현은 '나그네의 마음(네페쉬)이 어떤지 잘 알고 있다' 혹은 '그 영혼의 고통을 이 해하고 있다'로 고쳐 읽을 수 있습니다. 이는 출 18:3과 거의 같은 시기, 제국 땅 에서의 삶을 배경으로 한 것으로서 (예레미야 애가 같이) 시 형식으로 전래하다 가 나중에 여력이 생기면서 문헌화가 된 것 같습니다.

우리는 우리 조상들과 같이 주님 앞에서 이방 나그네와 거류민들이라 세상에 있 는 날이 그림자 같아서 희망이 없나이다(대상 29:15)

마지막으로 대상 29:15은 다윗이 성전 건축에 필요한 준비를 다 마치고 드린 감사 기도 중의 한 구절입니다. 그런데 다윗이 이 말을 했다고는 볼 수 없습니다. 당시 다윗은 "이방 나그네"신세가 아니고 정착민이었기 때문입니다. 또한, 전반적으로 감사와 기쁨의 찬미가 이어지고 있는 역대상 29장에 갑자기 가라앉은 분위기로 "희망이 없나이다"와 같은 표현을 삽입해야 할 이유가 없습니다. 훗날 포로민 신세가 된 이스라엘 백성들이 이 문장의 화자(話者)라면 이해가 됩니다.

맨 앞에 "우리 조상들과 같이 주님 앞에서"라는 표현 때문에 이 구절이 문학적인 표현에 불과하며 "이방 나그네"의 경험이 없었지만 미리 내다 보고 말한 것이라고 주장할 수는 없습니다. 이 구절에서의 이방 나그네는 위에서 설명한 출애굽기의 관련 본문과 의미뿐 아니라 형성 시점까지 비슷합니다. 아무리 그것이 문학적인 표현에 불과하다고 할지라도 그것은 분명히 집단적 포로 경험을 반영하고 있습니다.

제한적인 해방이었지만, 페르시아 왕 고레스(키루스 2세)가 이스라엘 백성에게 베푼 배려와 용인 덕분에 이스라엘은 미래의 청사진을 그려 볼 수 있었습니다.

바벨론에 대한 적개심과 더불어 이방인에 대하여 배척하는 마음을 강화해 온 이스라엘은 한편으로는 과거의 뼈아픈 경험이 야웨를 배신한 결과임을 성찰하며 유일신 신앙을 정립했고, 다른 한편으로는 페르시아의 영향을 받으며 이방인과 공존하면서 살아가는 것도 나쁘지 않겠다고 생각하기에 이르렀습니다. 이처럼 어떻게 보면 서로 모순처럼 보이는 생각들이 격변기를 살던 당시 이스라엘 사람들의 사고였습니다. 흩어진 민족 정기를 모으는 동시에 이방의 모든 민족을 아우르는 신앙 제국을 세우고 싶었던 것이 당시 그들의 소망이었습니다.

힘으로 피지배자들을 굴종시키려고 했던 바벨론은 먼 훗날까지 심지어 요한 계시록에 이르기까지(요계 14:8; 16:19; 17:5; 18:2,10,14,15,21) 악의 상징이 되었습니다. 이와는 달리, 훗날 안티오쿠스 4세의 유대교 박해(기원전 167년)와 같은 시기가 있었음에도 페르시아는 이스라엘 민족에게 여러 측면에서 긍정적인 이미지로 남았습니다. 그래서 유대인이 악한 나라를 떠올리면 페르시아가 아닌 바벨론이 떠오르는 것입니다. 페르시아의 포용 정책을 고도의 정치 전략으로 볼 수도 있지만 바벨론과 같은 강압 정치보다는 훨씬 낫다고 하겠습니다.

🐝 우리는 어떻게 우리의 마음을 넓힐 수 있을까요? 어떻게 이웃에게 푸근한 사람이 될 수 있을까요? 페르시아가 이스라엘에게 한 것처럼 포용력을 넓히는 정도에 따라 삶이 풍요롭고 살아갈 미래의 터전이 넓어집니다. 반대로, 자신과 다른 입장을 가진 사람들을 계속 적대시한다면 암담한 미래가 우리를 기다릴 뿐입니다.

이방인을 포용하라는 것은 성서의 중요한 규범이자 명령입니다! 우리 사회에 늘어나는, 그리고 늘어날 수밖에 없는 외국인 노동자, 다문화 가족에 대하여 우리는 무시하고 억압하거나 속이려는 태도를 버려야 합니다. 우리에게도 수십 년 동안 일본 제국의 모진 지배를 받았던 쓰라린 경험이 있습니다. 그런 우리가 이방인들을 얕보거나 속이고 못살게 한다면 지난 역사를 통해 아무것도 배우지 못한 것입니다. 우리는 역사의 배신자가 되고 어리석은 과거가 다시 반복될지도 모릅니다. 분쟁과 분란의 역사, 전쟁과 파괴의 역사가 다시 있어서는 안 됩니다. 성서의 가르침을 따라 우리의 마음을 넓힙시다. 🕉

너는 이스라엘 자손의 온 회중에게 말하여 이르라 너희는 거룩하라 이는 나 여호와 너희 하나님이 거룩함이니라

거룩은 혼자가 아니라 함께 이루는 것입니다.

사람들은 '거룩'을 '잘라 구별함' 정도의 의미로 이해합니다. 그러나 성서의 문맥에서 그것이 실제로 어떤 의미로 사용되었는지는 모릅니다. 구체적으로 그것이 '무엇으로부터의 구별함'입니까? 혹시 '잘라 구별함'보다는 '잘라낸 것을 다시 무엇과 연결함'이 거룩에 대한 올바른 이해는 아닙니까? '잘라 구별함'은 분리의 의미이지만 '다시 무엇과 연결함'은 연합의 개념입니다. 건전한 교리는 세속, 욕망, 죄와 분리하여 하나님과 연합하는 것을 거룩이라고 소개합니다. 성서는 거룩을 분리적이고 개인적인 의미보다는 연합적이고 공적인 개념으로 소개합니다.

레위기 19장 2절은 "온 회중"에게 "거룩"을 요구하고 있습니다. 이 내용을 통하여 우리는 거룩이라는 것이 집단에게 요구된 것이며 집단 개념이 전제되지 않는 거룩은 그 실재가 무색해진다는 것을 직감하게 됩니다. 이 구절을 건성으로 읽으면 "온 회중"에게 '잘못된 것으로부터 떨어져라'라고 소극적인 명령을 내린 것으로 이해하겠지만 레위기 19장 전체를 잘 읽으면 이 명령이 오히려 '사회 구성원으로서 잘 살아가라'라는 뜻에 가깝다는 것을 알게 됩니다. 만약 레위기 19장의 거룩이 단절(斷絶)의 뜻만 가진다면 이런저런 이야기를 할 필요가 없습니다. 거룩한 (혹은 거룩하다고 자칭하는) 사람만 멀리 떠나 살면 됩니다. 거룩하지 않은 존재들과 계속 같이 있으면 거룩함을 유지할 수 없기 때문입니다. 자기가 떠나지 않고 거룩하지 않은 사람을 제거하기는 어려울 것입니다. 필연적으로 거룩한 사람보다는 거룩하지 않은 사람이 대다수이기 때문입니다. 적은 수의 사

람이 떠나야지요. 물론 이렇게 거룩하다고 자칭하는 사람들이 실제로 집단생활을 하기도 합니다. 거룩은 이렇게 필사적으로 집단적인 개념입니다.

성서가 거룩하라고 하는 것은 깨끗한 관계, 깨끗한 사회를 이루라고 말하는 것입니다. 집단 상호적인 개념이 전제되지 않은 거룩을 소유할 수 있는 존재는 하나님 외에는 없습니다. 그런데 하나님도 혼자 계신 것이 싫으신 모양입니다. 삼위일체(三位一體) 교리를 보면 하나님 역시 성부, 성자, 성령의 협의체(協議體)를 구성하고 있습니다. 상황이 이런데, 사회 개념을 전제하지 않는 거룩의 의미가 성서적일 리가 없습니다.

레위기 19장은 크게 농사법, 사회 규범, 헌법적 대의, 종교적 규율 등 많은 내용을 담고 있습니다. 그런데 그것들이 정돈되지 않고 뒤죽박죽 섞여 있습니다. 농사법을 한 구절 소개하다가 사회법을, 그다음 구절에서 제사 절차를 언급합니다. 이는 레위기 19장이 원래 오랜 시간에 걸쳐 쓰여진 여러 내용을 수집한 문건이라는 것을 알게 합니다. 제가 볼 때, 레 19:3-4, 11-12, 30, 32절 등의 내용은 출애굽기 20장과 신명기 5장에 나오는 십계명과 밀접한 관련이 있는 것 같습니다. 어쩌면 레위기 19장, 출애굽기 20장, 신명기 5장의 십계명을 적은 사람들이 함께 참고한 어떤 문헌이 있었을 것 같습니다. 하지만 그 문헌 자료가 존재하지 않는 한, 비슷한 본문들을 서로 비교할 수밖에 없습니다. 어떤 성서는 고대로부터의 전승을 그대로 반영했고 어떤 성서는 나름의 이념과 가치에 따라 그것을 가공하고 새롭게 나열했습니다.

> 너희 각 사람은 부모를 경외하고 나의 안식일을 지키라 나는 너희의 하나님 여호와이니라 너희는 헛된 것들에게로 향하지 말며 너희를 위하여 신상들을 부어 만들지 말라 나는 너희의 하나님 여호와이니라(레 19:3-4)

이 내용은 레위기 19장의 십계명 중 제일 앞선 것으로서 부모 공경과 안식일 준수 조항을 합쳐 놓았으며 그와 함께 신상 제작 금지를 명령하는 특이한 구조입니다.

출애굽기 20장과 신명기 5장의 십계명에서는 부모 공경이 5계명으로 내려갔고(출 20:12; 신 5:16) 안식일 준수가 4계명으로 올라갔으며(출 20:8; 신 5:12) 신상 제작 금지는 2번째 위치입니다.(출 20:4-5; 신 5:8-9) 이것들과 비교해 볼 때 레 19:3-4은 부모 공경, 안식일, 신상 제작 금지가 한데 엉켜있어 정돈하지 않은 모습을 보이고 있습니다. 출애굽기나 신명기의 유사 부분과는 달리 레위기는 그냥 수집 구절들을 아무렇게나 한데 모아 놓은 것 같습니다.

고대 지혜 교훈을 차례대로 수집한 것이라면 레위기의 많은 아이디어가 시기적으로 오래전에 나타난 것으로 볼 수 있습니다. 하지만 귀환기 이후 토라가 문서화 되고 율법을 체계적으로 교육하게 되면서 글을 다듬고 훨씬 체계적이며 뚜렷하게 분류하게 됩니다.

전반적인 내용을 보면 성서 본문이 일반 윤리보다는 종교적 계명을 중시하는 사회를 지향하는 듯 보이지만 아래 구절처럼 사회 윤리적 교훈과 종교적 계명을 잘 결합한 경우도 있습니다.

> 너희는 도둑질하지 말며 속이지 말며 서로 거짓말하지 말며 너희는 내 이름으로 거짓 맹세함으로 네 하나님의 이름을 욕되게 하지 말라 나는 여호와이니라(레 19:11-12)

레위기 19장 11-12은 절도(竊盜)와 사기죄, 거짓 증거에 관해서 말하고 있습니다. 이런 범죄가 하나님의 이름을 욕되게 하는 것이라면서 신앙적인 시각으로 재조명하고 있습니다.

출애굽기 20장과 신명기 5장에서 8계명(출 20:15; 신 5:19), 9계명(출 20:16; 신 5:20 "거짓 증거하지 말라") 그리고 3계명(출 20:7; 신 5:11 "네 하나님 여호와의 이름을 망령되이 일컫지 말라")이 레위기 19장과 같은 자료를 사용했거나 직접적인 영향을 주고받은 것 같습니다.

어떤 이는 귀환 이후 토라의 문서화가 끝난 후에 사회를 정비하고 백성을 교육하는 차원에서 비로소 사회법을 완비했다고 생각하지만 사실 일반적인 법은 훨씬 긴 역사를 가집니다. 다만 그것에 종교적인 수식이 추가되는 등, 가공한 시기는 후대일 것입니다. 고대로부터 전래한 사회 통념 중에서 문서 안으로 들어온 것이 많았는데 어떤 통념들은 국법이 되었을 뿐 아니라 하나님이 친히 명령하신 것으로 탈바꿈하였습니다. 이러한 형성과 발전 과정을 무시하고 사회법이 후대에 출현한 것으로 이해하는 것은 옳지 않습니다. 사회의 구성원으로서 사람이 지켜야 할 것들을 논하는 지혜 문헌이 구전되었고, 그것이 계승, 발전, 문서화하면서 종교적인 차원의 의미 부여와 각색이 일어났습니다.

예를 들어 고대인이 부모를 공경하는 것을 마땅한 일로 여겼다고 합시다. 불문율이었던 부모 공경이 나중에 하나님의 율법 계명 중 하나가 되어 문서화한 것입니다. 또한 이런 과정에 있어서, 민족 국가의 재건을 위한 이념을 추가하거나 열렬한 유일신 숭배자인 편집자의 의사를 반영하기도 한 것입니다. 이스라엘 민족은 국가 패망 이전만 해도 철두철미한 안식일 법규를 가지고 있지 않았습니다. 초기의 안식일은 단순한 휴식의 날이거나 함께 모여 축제를 벌이며 민족 신(혹은 신들)에게 제사를 지내는 개념 이상의 의미를 갖지 못했을 것입니다. 그러나 훗날 고향 땅으로 돌아온 이스라엘 백성들은 폐허를 딛고 세계 일류의 나라를 세우기 위해 강력한 법적 토대를 마련하려고 했습니다. 엄격한 신앙 지침이자 윤리 지침을 제정하고자 했습니다. 고정된 지침으로서의 법을 중심으로 뭉쳐야 꿈을 실현할 수 있다고 생각했던 것 같습니다.

이런 관점에서 레위기 19장에 모은 내용 중에서 농사법(레 19:9-10, 23-25 곡식과 과수)과 사회법(레 19:11-12 사기 금지; 13 삯꾼 임금 체불 금지; 14 장애인 배려; 20 성폭력 금지; 29 인신매매 금지)을 보면 어떤 것은 고대 사회의 통상적인 내용이지만 어떤 것은 가공한 것입니다. 특히 레 19:16-18, 33-34절의 경우는 통상적인 개념에 이웃의 피, 형제와 이웃 사랑, 이방인 차별 금지법 등을 덧붙인 것입니다. 최종적으로 이 본문에 헌법적 대의(레 19:15 공의; 35-36 공평)를 추가하였으며 완숙한 종교적 계명으로 마무리했습니다.(레 19:3-4, 26-18, 30-32)

산만하게 수집한 내용이 모여 점진적으로 하나의 문헌으로 발전한 것은 성서의 여러 본문에서 볼 수 있는 현상입니다. 하지만 본문을 비교하면 그 발전 정도에서 차이가 나는데요. 레위기 19장보다는 출애굽기 20장과 신명기 5장의 구조가 더 간략하고 명확해 보입니다. 대개 비슷하면서도 더 긴 문헌을 후대의 문헌으로 보지만 모두 다 그런 것은 또 아닙니다. 세심한 비교가 필요하지요. 이 레위기, 출애굽기, 신명기 본문 사이의 비교를 통해 사회 교류 목적의 축제였던 제사 개념이 점진적으로 사제 중심의 종교의식이 되는 변화를 파악할 수 있습니다. 특히 '화목제사' 관련 문헌에서 두드러진 양상을 볼 수 있습니다.

레 19:5-8은 화목제사와 제물에 대하여 언급하는데 전체적으로 나누어 먹는 행위에 집중하고 있습니다. 이틀 동안 다 먹어야 하고 남겨서는 안 된다고 합니다. 비축(備蓄)이 안 된다는 것은 욕심을 제어하고 나눔을 권장하는 것입니다.

같은 레위기라도 더 후대에 발전한 본문에서는 불사르는 행위를 강조합니다.(레 4:10 화목제 희생의 소에게서 취함 같이 할 것이요 제사장은 그것을 번제단 위에 불사를 것이며)

어떤 본문에서는 은근슬쩍 제사장의 역할을 확대하고 고기를 태워 없애는 것이 아니라 남겨 제사장이 먹습니다.(레 7: 31-34)

화목제사는 원래 아무나 참여할 수 있는 것(레 3:1 "사람")이었는데 점진적으로 제사장을 통해서 드리는 제사로 바뀌었습니다.(레 17:5 "이스라엘 자손이 …. 제사장에게 주어 화목제로 … 드려야 할 것이요.")

한편, 신약성서 로마서는 "화목제물"을 예수님과 연결합니다.

그리스도 예수 안에 있는 속량으로 말미암아 하나님의 은혜로 값없이 의롭다 하
심을 얻은 자 되었느니라 이 예수를 하나님이 그의 피로써 믿음으로 말미암는
화목제물로 세우셨으니 이는 하나님께서 길이 참으시는 중에 전에 지은 죄를 간
과하심으로 자기의 의로우심을 나타내려 하심이니(롬 3:24-25)

이 해석은 화목제물과 신-인간 사이의 관계를 전제하고 있다는 점에서 제사
에 관한 전통적인 해석이며 건전한 해석입니다. 화목의 개념으로부터 죄용서와
의로움까지 나아가고 있다는 점에서 예수님을 중심으로 구약과 신약을 잘 연결
하고 있습니다. 해석적 연계성이 잘 드러납니다. 다만 여기서는 화목제물이 백
성이 준수해야 할 법규였다는 것에 관해서는 큰 관심이 없습니다. 그런 의미에
서 롬 3:24의 "값없이"라는 표현은 오해를 일으킵니다. "화목제물"은 분명히 백
성이 준수해야 할 참여의 법으로 주어진 바 있습니다. 법은 의무(義務)이며 일정
한 대가와 관련이 있습니다. 그런데 화목제물로서 예수님의 기능을 확대하면서
제사에 참여하는 자들의 의무적 측면이 상대적으로 모호하게 되어버렸습니다.
예수님을 부각하면서 상대적으로 참여의 의미를 축소하였습니다. 로마서의 화
자는 의도적으로 제사에 있어서의 예수님의 기능을 강조하려고 했습니다. 하지
만 그것의 발전 과정에 분명히 부여한 바 있는 집단적 참여 개념을 무시하게 되
면 결과적으로 화목제를 둘러싼 사람들의 존재감이 사라지고 오직 예수님 혼자
제사나 축제의 처음부터 끝까지를 완성하시는 것이 됩니다. 교리적으로 구원은
오로지 예수님이 이루시는 것이므로 이 관점에서 예수님의 기능을 강조하는 것
은 전혀 문제가 아닙니다. 하지만 전통적인 제사에 관한 매우 중요한 부분, 제사
를 주관하는 사람이나 제사의 핵심적인 제물 못지않게 그 참여자들의 참여가 갖
는 의미 역시 간과할 수 없습니다. 로마서 화자가 이것을 의도한 것이라고 해도
위에서 살펴본 것과 같이 화목축제(제사)는 원래 한 사람만의 헌신이나 희생으
로 이루어지는 것이 아닙니다. 예수님만 수고하시고 나머지 존재들은 멍하니 있
어도 된다는 말은 은혜롭게 들리기도 하지만 화목제사의 원 개념과는 괴리가 있

습니다. 전적 은혜 교리나 구원론을 반박하자는 것이 아니라, 화목제사에 있어서 특별한 주체가 선도적 역할을 할 수 있지만 화목이라는 것이 원래 상호적인 것이며 모두의 참여를 통해 비로소 완전하게 된다는 것을 잊지 말아야 합니다. 예수님이 아무리 구원하시고자 해도 우리가 그 구원의 잔치에 참여하지 않는다면 아무 일도 일어나지 않을 것입니다. 사람들은 참여하지 않는데 예수님 혼자 억지로 무엇인가를 이루시는 일 같은 것은 없습니다!

> 내가 그리스도와 그 부활의 권능과 그 고난에 참여함을 알고자 하여 그의 죽으심을 본받아 어떻게 해서든지 죽은 자 가운데서 부활에 이르려 하노니 내가 이미 얻었다 함도 아니요 온전히 이루었다 함도 아니라 오직 내가 그리스도 예수께 잡힌 바 된 그것을 잡으려고 달려가노라(빌 3:10-12)

🐝 어떤 사람이 거룩하고 싶다고 혼자 거룩해지는 것은 성서에 없습니다. 거룩은 관계입니다. 성서는 모두 모여 축제(제사)를 열고 그 축제를 통해 화목을 이룰 때 공동체를 대상으로 거룩이 부여된다고 말합니다. 따라서 당신이 거룩해지고 싶다면 일단 축제를 열어야 하고 그 축제에 참여할 누군가가 필요할 것입니다. 그리고 당신은 그 사람들과 이룬 집단의 일원이어야 합니다. 그렇게 집단이 거룩한 집단이 될 때 당신도 그 거룩한 집단의 일원으로서 거룩한 사람이 되는 것입니다. 이처럼 거룩은 상호적이며 공동체적입니다. 개인적인 거룩은 어쩌면 대단한 착각일지 모릅니다. 사회 전체가 거룩하지 않은데 한 사람만 거룩한 경우는 존재하지 않습니다. 개인은 사회에 속해있고 사회의 영향에서 자유롭지 않습니다. 다시 말하지만 그것이 화목의 성질입니다. 한쪽만 평화를 추구한다고 뭐가 되는 것이 아닙니다. 양자의 참여로 이루는 것입니다.

성서적으로 바른 거룩과 화목의 개념을 정립하고 사적 개념보다 공적 개념을 부각한다고 화목 제물인 예수님의 권위가 추락하는 것이 아닙니다. 오히려 예수님의 희생을 바라보며 우리 모두가 화목을 위해서 그분처럼 참여하고 분담할 필요를 느끼게 됩니다. 함께 참여와 실천에 이를 때 우리가 바라는 이상을 실현합니다.(빌 3:10-12)

구원을 얻는 것이 예수님의 전적 은혜라고 말하는 것은 아름다운 신앙고백으로서의 가치를 갖습니다. 하지만 하나님과 인간, 인간과 인간 사이의 화목을 위해서 나와 당신이 아무것도 하지 않고 가만히 있다면 그것은 화목의 의미를 전혀 알지 못하는 것입니다. 참여의 법을 잘 알고 실천으로 따르는 자만이 화목 제물이신 예수님의 가치를 수호하고 표방하는 자입니다. 하나님의 아들로서 예수님도 하나님과 인간들 사이에 선의(善意)로 개입하고 참여하셨습니다.

성서에 따르면, 세상을 향한 참여는 해도 되고 안 해도 되는 것이 아니라 법이고 의무입니다. 인간은 참여를 통해 거룩하게 되고 화목을 성취합니다. 참여와 나눔은 성서가 교훈하는 거룩과 화목의 유일한 방식입니다. 예수님이 값없이 화목 제물이 되었다고 가만히 있을 것이 아니라 너도나도 사회 공동체의 화목을 위해 투신(投身)해야 합니다. 그런 사람들이 모여 비로소 화목의 축제를 엽니다. 예수님으로부터 시작한 화목이 이어지고 이어져 화목의 퍼레이드를 이루고 이 세상은 기쁨의 세상이 됩니다.

레위기 25:2-5

이스라엘 자손에게 말하여 이르라 너희는 내가 너희에게 주는 땅에 들어간 후에 그 땅으로 여호와 앞에 안식하게 하라 / 너는 육 년 동안 그 밭에 파종하며 육 년 동안 그 포도원을 가꾸어 그 소출을 거둘 것이나 / 일곱째 해에는 그 땅이 쉬어 안식하게 할지니 여호와께 대한 안식이라 너는 그 밭에 파종하거나 포도원을 가꾸지 말며 / 네가 거둔 후에 자란 것을 거두지 말고 가꾸지 아니한 포도나무가 맺은 열매를 거두지 말라 이는 땅의 안식년임이니라

충분히 쉬면서 일하고 있습니까?

레위기 25장은 '땅을 쉬게 하라'는 하나님의 명령으로 시작합니다. 농사를 지을 때, 땅의 힘, 즉, 지력(地力)을 확보하고 유지하기 위해서는 농사를 쉬는 휴경(休耕)을 해야 합니다. 특히 지금처럼 농사 기술이 발달하지 못했던 고대에는 휴경하는 것이 상식이었습니다. 물론 우리나라처럼 물을 대어 농사를 짓는 땅에는 휴경이 필수적인 것은 아닙니다.

티그리스 유프라테스 강에서부터 이집트 나일강 유역까지를 아우르는 비옥한 초승달 지역에는 영양소가 풍부한 퇴적토가 쌓여 있어서 땅을 쉬게 하지 않아도 순조로운 농사가 가능합니다. 팔레스타인 땅도 이 지역에 듭니다. 물론 충분히 비가 오지 않으면 여기도 마찬가지로 농사가 힘들겠지만 말입니다.

위와 같은 상황을 고려할 때, 레위기 25장의 조건 없는 안식 명령은 여러모로 생각할 거리를 던져줍니다.

우선, 땅을 쉬게 하라는 명령은 경작이 어려운 열악한 상황을 배경으로 합니다. 물론 농사가 잘되고 있음에도 정기적으로 땅을 쉬는 것이 좋다는 농사법에 근거한 명령일 수도 있습니다.

다른 한편으로, 이 명령은 땅보다는 땅에서 일하는 노동자를 위한 법일 수 있습니다. 땅을 쉬게 한다는 것은 사실 사람을 쉬게 한다는 뜻입니다. 휴경이 필요

없는 지역에 대한 명령이라면 더욱 땅 이야기가 아닌 사람 이야기일 가능성이 큽니다.

레 25:1-5의 땅에 대한 안식 명령은 처음에는 단순히 노동 후 휴식 개념이었을 것입니다. 기초적인 개념에 점차로 두터운 의미를 탑재하였습니다.

> 너는 일곱 안식년을 계수할지니 이는 칠 년이 일곱 번인즉 안식년 일곱 번 동안 곧 사십구 년이라 일곱째 달 열흘날은 속죄일이니 너는 뿔나팔 소리를 내되 전국에서 뿔나팔을 크게 불지며 너희는 오십 년째 해를 거룩하게 하여 그 땅에 있는 모든 주민을 위하여 자유를 공포하라 이 해는 너희에게 희년이니 너희는 각각 자기의 소유지로 돌아가며 각각 자기의 가족에게로 돌아갈지며 그 오십 년째 해는 너희의 희년이니 너희는 파종하지 말며 스스로 난 것을 거두지 말며 가꾸지 아니한 포도를 거두지 말라 이는 희년이니 너희에게 거룩함이니라 너희는 밭의 소출을 먹으리라 이 희년에는 너희가 각기 자기의 소유지로 돌아갈지라(레 25:8-13)

이는 단순히 땅을 쉬게 하고, 땅을 경작하는 노동자들에게 휴식 시간을 주라는 개념을 한참 떠나서 자유와 해방의 개념을 제시합니다. 종의 신분을 가진 사람도 7년씩 7번, 49년이 지나면 50년째는 해방되어 자유인이 됩니다. 이것은 대단히 이상적인 규범입니다. 종을 부리던 주인도 50년이 되면 종을 해방해야 합니다.(레 25:39-41; 신 15:12-15) 그가 점유하고 있던 땅의 소유권도 해제됩니다. 주목할 점은 이 해방 대상에 외국인도 들어 있다는 것입니다.(레 25:47-54 "거류민" 나그네 신세가 된 외국 사람) 이는 이 규범이 상당히 늦은 시기에 최종적으로 매듭지어졌을 것으로 추측하게 합니다. 어떤 이는 이 법을 레위기부터 사사기까지 잘 지켜 오다가 왕조시대에 명맥이 끊겼고 그때부터 490년 동안 이 법을 지키지 않았기 때문에 국가 패망과 포로 유배가 일어나서 땅을 쉬게 하는 안식이 강제로 일어났다고 생각합니다. 그러나 왕조시대까지 땅과 사람을 해방하는 법은 존재하지 않았거나 법제화하지 않았을 가능성이 큽니다.

> 내가 너희를 열방 중에 흩을 것이요 내가 칼을 빼어 너희를 따르게 하리니 너희의 땅이 황무하며 너희의 성읍이 황폐하리라. 너희가 대적의 땅에 거할 동안에 너희 본토가 황무할 것이므로 땅이 안식을 누릴 것이라 그 때에 땅이 쉬어 안식을 누리리니 너희가 그 땅에 거한 동안 너희 안식 시에 쉼을 얻지 못하던 땅이 그 황무할 동안에는 쉬리라(레위기 26:33~35)

따라서 레위기 26장의 이런 논리는 국가 패망과 포로 유배라는 사건이 발생한 후에 나타난 것이라고 보는 것이 옳습니다. 성서 이야기 중에는 과거의 일을 현재 시점에 맞추어 적은 경우가 적지 않습니다. 예레미야서에는 이런 구절이 있습니다.

> 나 여호와가 이같이 말하노라 바벨론에서 칠십년이 차면 내가 너희를 권고하고 나의 선한 말을 너희에게 실행하여 너희를 이곳으로 돌아오게 하리라(렘 29:10)

이 구절은 땅의 안식법과 인간 해방법이 아주 옛날부터 있었다는 것을 **증명하지 못합니다.** 바벨론에 의한 포로 유배는 기원전 605, 597, 586년에 걸쳐 일어났으며, 제1차 귀환은 기원전 537년에 이루어진 것으로 알려져 있습니다. 그러면 남 유다가 멸망한 시점으로부터 귀환한 시기까지는 49년 차이가 나고 최초 유배 시점으로부터라야 겨우 68년 차이가 나서 70년과 거의 비슷한 시간 차이가 됩니다. "칠십 년"이라는 시간을 과거에 미리 알고 예언한 것이라고 보기보다는 그 정도의 시간이 흐른 뒤에 예레미야의 70년을 언급하는 문장을 작성했다고 보는 것이 합리적입니다.(단 9:2 "선지자 예레미야에게 알려주신 그 연수를 깨달았나니 곧 예루살렘의 황폐함이 70년만에 그치리라") 따라서 안식년과 50년법(희년법)은 귀환기 이후, 즉, 페르시아 시대에 완성한 것입니다.

놀랍게도 이 안식의 법이 시행되면 빚진 돈도 전혀 없는 것이 됩니다.(신 15:1-3) 이 제도의 취지는 이른바 부동산과 자금력, 노동력을 대대로 휘두르는 일이 없도록 하자는 것입니다. 그런데 만약 어떤 사회가 이런 법을 실제로 제정하고 실행한다면 그 사회는 일정한 기간마다 큰 혼란에 빠지거나 무기력한 사회가 될 수 있습니다. 누가 자기 재산을 반납하고 싶겠으며 남에게 빌려준 것 모두를 없던 일로 하고 싶겠습니까? 그런데도 이 안식의 법이 가치가 있는 것은 주기적인 힘의 해체 그리고 경제력의 해체를 인간 해방과 존중의 열쇠로 간주한다는 점입니다.

자본주의 사회는 소수가 부의 대부분을 독점하는 양상을 보입니다. 그 지배 아래 살아가는 대다수 사람은 좀 더 많은 여유와 쉼을 바라며 노동합니다. 지배자의 욕망이 커지면 커질수록 노동자의 쉼은 축소되고 짧은 여유를 획득하기 위해 삶을 불태워 노동에 매진할 수밖에 없습니다. 가치 있고 보람 있는 일을 하면서 적절히 쉬어야 하는데 억지로 일하는 경우가 많습니다. 모든 노동자의 노동에 충분한 휴식이 따라야 하는 것은 이런 이유 때문입니다. 인간의 삶은 노예의 삶이 아닙니다. 여유 없이 억지로 일만 하는 상황에서는 가치 있고 보람 있는 삶이 무엇인지 생각조차 하기 힘듭니다. 이른바 창의성이라는 것도 제한된 시간에서 억지로 짜내는 것이 아니라 충분한 여유를 누리는 사람들에게서 생기는 것입니다. 하루에 18시간씩 중노동에 시달리는 사람이 삶을 찬미하는 아름다운 노래를 지어내는 것은 불가능합니다. 인류의 발전사는 인간이 여유로운 시간을 더 확보하기 위해 싸워온 전투의 역사라고 해도 무방합니다. 세탁기가 발명되기 전에 주부들은 긴 시간 동안 엄청나게 많은 빨래를 하느라 대부분의 시간을 소비했습니다. 세탁기가 있는 만큼 여유로운 시간이 주어집니다. 자동차도 마찬가지입니다. 도보로 몇 주일씩 걸리는 거리도 자동차로는 몇 시간이면 갈 수 있습니다. 그만큼의 여유로운 시간을 확보한 것입니다.

성서는 우리에게 여유로움을 명령합니다. 우리는 성서의 가치를 배울 여유가 필요하고 그 가치를 따라 실천하는 데 필요한 노동 시간 외의 시간이 필요합니다. 성서는 평생 죽도록 일만 하다가 사망하는 사람의 삶에 어떤 가치가 있는지 반문합니다.(전도서 2:22-24) 혹시 우리 사회는 사람들로 정신없이 바쁘게 하고 일에 치이어 쓰러지게 하는 사회는 아닙니까? 우리 사회는 고상한 삶의 가치에 대해서 생각하는 것을 사치라고 느끼게 하지 않습니까? 바쁜 사회는 나쁜 사회입니다. 탐욕적이며 인간을 나사 부속쯤으로 여깁니다. 나쁜 사회에는 악인들이 존재하며 힘과 재력을 휘둘러 사람들을 지배합니다. 그런데 악인의 전횡은 사회의 용인이나 방임 없이는 불가능한 일입니다. 불행한 상황을 저지하기 위해서 우리 모두의 참여와 합의가 필요합니다. 악인들의 전횡을 막는 엄격한 법 제도를 세워야 합니다. 욕심부리는 사람은 끝을 모르고 달려가는 폭주 기관차와 같아서 누가 나서 제동을 걸려고 하면 그 사람을 치어 넘어지게 합니다. 하지만 쉬어가지 않으면 그 자신에게도 그 기관차에 탄 사람들에게도 좋은 것이 없습니다.

저는 여러분에게 묻습니다. 충분히 쉬면서 일하고 있습니까? 당신은 당신의 일꾼에게 충분히 쉬면서 일할 권리를 제공합니까? 성서의 가치와 명령을 따라 실천하는 것은 때로 참 어렵습니다. 그러나 치열한 경쟁 속에 지쳐 시들어가는 가엾은 인생이 늘어나지 않도록 우리는 성서가 교훈하는 노동과 쉼의 가치를 어제보다 좀 더 폭넓게 실현해야 합니다. 🏠

모세가 구스 여자를 취하였더니 그 구스 여자를 취하였으므로 미리암과 아론이 모세를 비방하니라 / 그들이 이르되 여호와께서 모세와만 말씀하셨느냐 우리와도 말씀하지 아니하셨느냐 하매 여호와께서 이 말을 들으셨더라 / 이 사람 모세는 온유함이 지면의 모든 사람보다 더하더라 / 구름이 장막 위에서 떠나갔고 미리암은 나병에 걸려 눈과 같더라 아론이 미리암을 본즉 나병에 걸렸는지라 / 모세가 여호와께 부르짖어 이르되 하나님이여 원하건대 그를 고쳐 주옵소서 … 여호와께서 모세에게 이르시되 그의 아버지가 그의 얼굴에 침을 뱉었을지라도 그가 이레 동안 부끄러워하지 않겠느냐 그런즉 그를 진영 밖에 이레 동안 가두고 그 후에 들어오게 할지니라 하시니

'대단한 영적 지도자' 같은 것은 없습니다!

민수기 12장은 처음부터 모세의 리더십이 위기에 봉착했음을 말합니다. 모세는 외국인 여자를 첩으로 받아들였는데 그것에 대해서 미리암과 아론이 모세를 비방했습니다.(민 12:1) 이는 모세가 원래부터 지고(至高)한 리더십을 가졌던 것이 아니라 그의 권력과 지위가 점진적으로 강화되고 제고(提高)되었을 가능성을 열어줍니다. 모세의 지위도 다른 이들과 비슷한 수준이었는데 어떤 기회로 상승한 것 같습니다. 그리고 최종적으로 모세만이 제일 온유한 사람이라는 신적 평가를 받습니다.(민 12:3) '온유하다'로 번역된 야나우(עָנָו)는 '겸손하다'라는 뜻으로 번역할 수도 있고 '가난하다'나 '불쌍하다'라는 뜻으로도 쓰입니다. 그런데 글에서 이야기꾼이 모세를 너무 띄워주려고 하는 속내를 드러내 재미가 반감합니다. 하나님이 사람을 편애(偏愛)할 리는 없는데 말이죠. 모세가 무슨 대단한 잘못을 저지른 것 같은데 그것을 무마하려고 띄워주는 것 같습니다.

대형 교회 목사들이 부끄러운 일을 저질러도 그 목사를 추종하는 맹신자들은 목사를 '가장 뛰어난 설교자', '겸손한 목사님'과 같이 칭찬하는 것을 멈추지 않습니다. 이런 꼴(!)을 보면 모세를 과하게 평가한 것을 이해할 것 같습니다. 모세는 외국인 여자를 첩으로 받아들였습니다. 그런데 모세를 비판하자 즉각적으로

그것을 리더십에 대한 도전으로 받아들입니다. 그래서 정당하게 비판했다고 생각하는 사람은 투덜댑니다.

> 그들이 이르되 여호와께서 모세와만 말씀하셨느냐 우리와도 말씀하지 아니하셨느냐 …(민 12:2)

결국 모세의 리더십을 향한 도전에 대하여 하나님이 직접 개입하십니다. 하나님은 오로지 모세만 지지합니다. 하나님은 모세를 예언자보다 낫다고 추켜세웁니다. 다른 예언자들과는 "환상"과 "꿈"을 통하여 커뮤니케이션하셨지만(민 12:6) 월등한 모세와는 "명백하고 숨김없이" 그리고 "대면"하여 교류했다며 강한 지지를 보냅니다.(민 12:8) 그런데 모세를 예언자("선지자")라고 하다가 하나님의 임재를 뜻하는 "장막 위의 구름"(민 12:10)을 언급하면서 영락없는 제사장의 이미지로 바꿉니다. 모세는 일반 예언자보다 나은 예언자에서 공적 제사장의 이미지로 나아갑니다. 모세의 리더십에 도전했던 여성 지도자 미리암에게는 "나병"이 생겼습니다.(민 12:10, (보조적) 제사장 역할인 아론은 제외) 그런데 병의 치료를 위해서 "부르짖어 기도하는" 사람도 다름 아닌 모세입니다.(민 12:13) 그 아래 민 12:14-15에는 "나병"에 대한 간략한 조치 방법을 첨부했습니다.(민 5:2-3) 이상하게도 기도한 뒤 금방 치료를 받은 것이 아니라(민 21:9 모세가 놋뱀을 만들어 장대 위에 다니 뱀에게 물린 자가 놋뱀을 쳐다본즉 모두 살더라) 7일("이레")이라는 격리 시간이 흐릅니다. 아마 리더십을 향한 도전에 대하여 일종의 괘씸죄가 적용된 것 같은데 그렇다고 해도 일주일이면 기간이 좀 짧습니다. 도전자 역시 상당한 지위의 사람이어서 적지 않은 백성의 지지를 받고 있던 것 같습니다. 그래서 징벌의 양보다는 그것이 담고 있는 의미를 표명하는 것에 중점을 두고 있습니다.

모세가 이방 여인과 혼인한 것에 대하여 비판하는 상황은 귀환 이후 모든 국제결혼자들에게 이혼을 강요했던 상황(에스라 10:10-11)을 떠올리게 합니다. 외국에서 오래 생활했던 이스라엘 사람 중에는 국제결혼을 한 사람들이 많이 있었을 것입니다. 그러나 민족적 응집과 순혈주의를 중시하면서 국제결혼을 한 남녀는 다 이혼해야 한다는 과격한 주장을 하게 되었습니다.

만약 모세의 이런 이야기가 귀환기 이후를 배경으로 한다면 많은 이에게 이혼을 강요하는 험악한 상황에서, 고위 리더십과 심지어 제사장들 가운데 외국인 아내를 둔 남성들에게 이목이 쏠렸을 것입니다. 당시 정서상 지도자급 사람들이 제일 먼저 주목을 받았을 것입니다. 당황한 지도자들은 자신을 변호했고 그들이 다른 이들보다 하나님의 뜻을 "명백히"(민 12:8) 안다는 점을 어필했을 것입니다. 이는 어쩌면 귀환 이후 이루어진 말씀의 기록 및 보존과 어떤 관련이 있을지도 모릅니다.(하박국 2:2 여호와께서 내게 대답하여 이르시되 너는 이 묵시를 기록하여 판에 명백히 새기되 달려가면서도 읽을 수 있게 하라) 민족 국가 재건에 있어서 법적 기준과 가치 척도로서 문서화한 율법은 그 무엇보다 중요한 것이었습니다. 리더십 분쟁이 한동안 시끄럽게 일어난 후 결국 모세와 같은 지도자가 분쟁에서 승리했을 것이고 '너만 지도자냐'라며 반기를 들었던 자들은 모두 응분의 처벌을 받았을 것입니다.

🐝 **권위는 스스로 세우는 것이 아닙니다.** 비겁하게 하나님이 나만 리더로 세우셨다고 헛소리해서는 안 됩니다. 권위는 사회 구성원들의 협의로 주어지는 것입니다. 스스로 권위를 세우고 그것을 보호하기 위해서 사람들에게 못된 짓을 하는 자칭 리더들이 있었음을 우리는 정치 역사 가운데 확인할 수 있습니다. 지탄받을 행동을 하고도 뻔뻔히 자신을 비판하는 사람을 숙청하는 자들이 있습니다. 무엇보다 교회 안에서 그런 자들을 만나는 것은 큰 불행입니다. 그런 담임목사들은 주저 없이 자신만이 말씀을 맡은 자이며 중임(重任)을 맡고 있어서 아무도 자신의 지위와 권한에 도전할 수 없다고 거짓말을 합니다. 옳은 소리를 하면서 자신을 반대하는 사람들을 무조건 교회 공동체 밖으로 몰아내거나 오래 근신

하게 합니다. 민수기 12장을 기록한 시점으로부터 21세기인 지금까지 적어도 수천 년 이상 흘렀습니다. 하지만 그렇게 긴 시간이 흘렀어도 권력을 장악하고 유지하기 위해서 약자 앞에 으르렁거리는 악한 지도자들의 모습은 조금도 변하지 않았습니다.

하나님은 어떤 한 사람에게만 중대한 임무를 맡기지 않습니다. 그것이 그렇게 중요한 일이라면 한 사람에게만 맡기실 리가 없습니다. 어떤 임무라도 대단히 중요한 임무라면 대개 그것을 실현하기 위해서는 집단의 참여와 수고가 필요합니다. 따라서 하나님이 특정 지도자만 신임하신다는 말은 시대착오적인 말입니다. 요즘은 어떤 일을 하든 인적 네트워크 안에서 이루어집니다.

하나님은 위대한 한 명을 부르지 않습니다. 우리 가족과 사회 공동체 전체를 한꺼번에 부르십니다. 그가 거룩을 요구하면 우리 사회 전체의 거룩을 바라시는 것이고 그가 의로움을 요구하면 역시 우리 사회 전체의 공의를 바라시는 것입니다. 따라서 우리는 서로 격려하며 위로하고 공동체적 가치와 사회적 정서에 해가 되는 상황을 개선하면서 살아가야 합니다. 그것이 바로 하나님이 우리에게 주신 소명입니다.

이제 누군가 스스로 과하게 선전하면서 왕 노릇을 하면 반드시 반론을 제기하십시오. 공동체에 부여된 하나님의 소명을 실천하는데 방해가 되는 리더십이 얼마나 많은지요! 선한 일을 해야 할 많은 이를 자신의 추종자로 만들어서 시간과 돈을 허비하게 만드는 것이 그들입니다! 유명한 사람들, 인기 목사들을 떠올려 보십시오! 그들로 인하여 우리 사회와 교회의 덕망이 올라갔습니까? 아니면 원래 그들이 당해야 할 멸시와 비난을 우리가 대신 받았습니까? 겉으로는 희생하는 주의 종 행세를 하는 사람들의 한심한 작태 때문에 개독교라는 오명이 나온 것 아닙니까? 극히 온유하고 겸손하여 혼자만 하나님과 대면하는 영적인 지도자와 같은 것은 존재하지 않습니다. 그냥 자신의 치부를 가리려고 권력과 사람들을 끌어모으는 불쌍한 인간이 있을 뿐입니다. 家

민수기 31:16

보라 이들이 발람의 꾀를 따라 이스라엘 자손을 브올의 사건에서 여호와 앞에 범죄하
게 하여 여호와의 회중 가운데에 염병이 일어나게 하였느니라

일상을 떠났기 때문에 현실 감각이 떨어지는 신앙인에게

민 31:16은 "발람"을 극히 부정적으로 묘사하고 있지만, 다른 본문에서는 그
렇지 않습니다. 민수기 23장 등에서 언급하는 발람의 이미지를 다 모아 보면 세
가지 정도 됩니다.

발람은 유프라테스 강 유역에 살았는데 이스라엘 사람이 아닌데도 하나님을
알고 있었습니다.(민 22:5, 18) 이는 그가 이스라엘 민족의 하나님을 안 것이 아
니라 당시의 보편적인 신 인식을 소유하고 있었다고 이해할 수도 있습니다. 하
지만 성서의 몇몇 본문에서는 그를 대단한 하나님 숭배자로 묘사합니다. 그의
발언 내용이 그렇고 하나님께 인정받은 것도 그렇습니다.(민 23:3-5, 12, 16,
19-20, 27)

그는 모압 왕 발락의 제의(민 22:7)를 거절했는데, 발락은 그가 복을 빌어주
기를 바랐지만, 발람은 "야웨의 허락이 없다"(민 22:5-14)라며 거절합니다.

> 발람이 발락의 신하들에게 대답하여 이르되 발락이 그 집에 가득한 은금을 내게
> 줄지라도 내가 능히 여호와 내 하나님의 말씀을 어겨 덜하거나 더하지 못하겠노
> 라(민 22:18)

> 발람이 발락에게 이르되 내가 오기는 하였으나 무엇을 말할 능력이 있으리이까
> 하나님이 내 입에 주시는 말씀 그것을 말할 뿐이니이다(민 22:38)

이 구절들을 보면 이방인 발람이 이스라엘 백성 중 누구보다 출중한 신앙을 가진 사람으로 보입니다.

민수기 23장에서 발람은 제사장이 되어 모압을 위해 제물을 바쳤습니다.(민 23:1, 4, 15, 17, 29-30) 발락 왕은 발람을 통해 이스라엘을 대적할 불길한 징조를 찾아내려고 했습니다. 하지만 결국 발람은 이스라엘을 축복합니다.(민 23:8, 11) 세 번이나 의식을 행했지만 이스라엘을 저주하는 말을 들을 수는 없었습니다. 모압 왕 발락은 화를 냈고(민 24:10) 발람은 마지막으로 "한 별이 야곱에서 나오고 한 규가 이스라엘에게서 일어나서 모압을 쳐서 무찌를 것이다"(민 24:17)라는 축복의 노래를 부른 후에 돌아갔습니다.(민 24:25)

이렇게 발람에 대한 긍정적인 묘사 말고 그에 대한 부정적인 이야기도 있습니다. 하나님은 발람에게 발락을 만나라고 명령합니다.(민 22:20 "함께 가라") 이는 민 22:12에서 '가지 말라'고 했던 이야기와 모순입니다. 하나님이 분명히 가라고 허락했는데 발람이 이동하는 길에 천사가 나타나 세 차례나 막아서셨습니다. 천사(天使 = 사자 使者) 이야기는 앞선 "가지 말라"(민 22:12)라는 명령과 잘 연결됩니다. 원래 버전은 하나님이 말리는데 극구 가려던 발람을 천사가 막는 내용이었을 것입니다. 그렇게 보면 발람은 원래부터 이익에 따라 움직이는 악인이었습니다. 다만 이방인을 등장인물로 삼는데 거부감이 없는 편집자에 의해 미화된 것 같습니다. 어쨌든 발람의 나귀가 천사를 보고 두려워서 밭에 들어가려고 했고 발람의 발을 벽에 밀어붙였으며 마침내 주저앉아 버렸습니다. 천사를 볼 수 없는 발람이 길을 재촉하며 채찍질하자 나귀는 '내가 무슨 잘못을 했는데 때립니까?'라며 사람의 언어를 구사합니다.(민 22:27-30) 이 장면에서는 사람의 눈이 나귀보다 더 어둡습니다. 이윽고 발람도 여호와의 사자를 보게 되었고 사자는 멈칫거린 나귀 때문에 오히려 발람의 생명을 보전했다고 평가합니다.(민 22:33)

발람에 관한 또 다른 양상은 민수기 25장과 31절을 중심으로 펼쳐집니다. 위의 단락들만 보면 미화한 내용이 많아서 발람을 걸출한 이방인 신자, 예언자 겸 제사장이며 이스라엘을 축복했던 사람으로 이해하게 됩니다. 하지만 그런 그가 결국 이스라엘 자손으로 우상 숭배하게 유혹하는 전형적인 악인이며 재앙을 가져온 원흉이었음이 드러납니다.(민 25:1-3; 31:16; 벧후 2:15-16; 유 11; 요계 2:14)

성서의 한 인물에 두 가지 이상의 상이한 양상, 상반된 이미지가 존재할 때, 그 상반된 이미지들 배후에 서로 다른 의도와 주장이 숨어있음을 포착해야 합니다. 그렇지 않고는 등장인물이 대단히 모순적으로 비칠 뿐 숨은 의미를 포착하기가 어렵습니다.

발람 이야기의 초기 내용은 아래와 같거나 그와 유사한 형태였을 것입니다.
1. 초기(원형): 원래의 아브람처럼 이방적 토속신앙을 가진 사람
　　　　　　　혹은 그 신앙을 가진 영험한 무당
2. 이스라엘을 저주하기 위해 청탁을 받고 제의 행위를 했으나 실패함.
3. 마침내 이스라엘 백성을 교란하며 막대한 피해를 줌.

이 이야기를 중심으로 이방인을 등장인물로 유입하는 것에 거부감을 느끼지 않는 페르시아 시대의 어떤 편집자는 발람을 야웨 신앙을 가진 사람으로 각색합니다. 간교한 발람이 이스라엘 백성에게 막대한 피해를 준 원인 제공자이며 이스라엘도 그 때문에 음란에 빠졌다는 해석은 여전히 본문에 남아 있습니다.
상대적으로 복잡한 층차(layers)를 가지고 있는 이야기 덩어리들을 통해 우리는 발람에 관하여 아래와 같이 서로 다른 세 가지 이미지를 보게 됩니다.

첫째, 하나님을 경외하고 하나님의 뜻을 잘 아는 이방인 선견자.
둘째, 어떤 이유에서 의뢰한 대로 복을 빌어줄 수 없는 나귀보다 못한 선무

당.

셋째, 결국 이스라엘에게 음란한 죄를 저지르도록 유혹하여 재앙을 당하게 만든 적군의 모략가.

이 세 가지 다른 이미지들은 각각 아래와 같은 교훈을 줍니다.

첫째, 누구도 이스라엘을 저주할 수 없으며 이방인들까지 하나님이 이스라엘 편이라는 것을 안다.

둘째, 무당은 동물보다 못한, 비전을 제시하기에는 눈이 너무 어두운 우스꽝스러운 존재들이다.

셋째, 음란은 하나님이 벌하시는 죄이므로 간교한 유혹에 넘어가서는 안 된다.

각기 다른 관점에서 제기한 세 가지 주장이 발람이라는 이름과 함께 엮어 있어서 내용이 복잡하고 모순처럼 보이지만 위에서 고찰한 발전 과정을 중심으로 각 시대 상황에 따라 대략적인 내용을 추정하고 정리할 수 있습니다.

첫째, 국가 패망 이전까지 이스라엘은 자만심에 사로잡혀 있었습니다.

앗시리아의 강력한 침공에도 예루살렘은 함락되지 않았기 때문에(왕하 19:35) 그 어떤 "저주"에도 끄떡없을 것이라는 믿음이 그들에게 있었습니다. 그러나 국가는 마침내 패망했습니다.(렘 25:18 "저주를 당함") 근거 없는 자만은 패망을 불러옵니다.

둘째, 거짓 선지자 논쟁이 열기를 띠게 된 것은 국가 패망 전후입니다. 짐승조차 직시하고 있는 위기 상황을 눈을 뜬 채 보지 못하고 있는 어리석은 예언자들은 안일한 태도로 결코 나라가 망하지 않는다고 떠벌렸습니다.(렘 5:31; 14:14; 23:25; 27:14 "바벨론의 왕을 섬기게 되지 아니하리라"; 27:16 "바벨론에서 속히 돌아오리라고 너희에게 예언하는 선지자들의 말을 듣지 말라";

28:15) 거짓말을 하는 사람의 말을 믿을 필요는 없습니다.

셋째, 민족적 음란에 대한 경각심이 한껏 고취된 것은 이스라엘 민족이 유배지에서 돌아온 뒤입니다. 그들은 과거를 회고하면서 신앙적 음란이 국가 패망의 원인이었다고 성찰했습니다. 그리고 백성의 마음을 교란한 주동자 중에 상술한 거짓말쟁이들이 있었음에 주목하고 간교한 말에 속기보다는 (때마침) 문서화한 율법을 따라 살아야 한다고 주장하기 시작했습니다.

결론적으로 발람 이야기에는 각각 "우리는 어떤 경우에도 저주받지 않고 망하지 않는다", "망하지 않는다는 헛소리를 한 선지자들의 말과는 달리 나라가 망했다", "망한 것은 한 번으로 족하다 앞으로 똑같은 불행이 발생하지 않도록 유혹에 넘어가지 말고 하나님 앞에 죄짓지 말자"와 같이 서로 다른 신학적 주장들이 묶여있는 것입니다.

이렇게 다양한 주장들이 얽히고설켜 있는 가운데 민 23:19의 하나님에 관한 설명이 우리의 눈길을 잡아끕니다.

> 하나님은 사람이 아니시니 거짓말을 하지 않으시고 인생이 아니시니 후회가 없으시도다 어찌 그 말씀하신바를 행하지 않으시며 하신 말씀을 실행하지 않으시랴(민 23:19)

이 구절은 민수기 23장의 최종 편집자가 추가한 것 같습니다. 그는 발람에 관한 각 내용이 서로 충돌하며 모순을 일으키는 것을 알면서도 원 문헌 보존 차원에서 그대로 두어 인간이 얼마나 변덕스럽고 거짓되며 후회를 밥 먹듯이 하고 약속을 어기는지 고스란히 노출합니다. 거짓말을 하지 않고 후회하지 않으며 말씀하신 것을 반드시 성취하는 분이라는 하나님의 이미지는 인간의 다중적 이미지와 극한 대비를 이룹니다.

🐝 미래에 닥칠 재앙에 대하여 입으로 아무리 예언을 하고 점을 치거나 설교해도, 정작 일이 벌어지면, 모든 행위는 무기력하기 짝이 없고 근본적으로 어떤 것도 막아내지 못합니다. 역사의 수레바퀴는 누가 무슨 말을 한다고 해서 치성으로 제사를 지낸다고 해서 멈출 수 있는 것이 아닙니다. 숙명론을 말하는 것이 아닙니다. 우리가 신경 쓸 것은 미래가 아니라 현재라는 말을 하는 것입니다. 어떤 때는 우리의 결정을 하나님이 막으시는 것처럼 느끼지만 돌아서서 생각해보면 사실 모든 것은 원래 그렇게 되어야 했던 것입니다. 따라서 우리 인간으로서는 미래를 미리 알려고 발버둥을 치고 그것을 바꾸려고 안달하기보다는 담담하게 일상을 살아가는 편이 최선입니다. 알려고 한다고 알 수 있는 것도 아니고 어느 것 하나라도 바꿀 수 있는 것도 아닙니다. 오히려 매일 주어진 일상에 충실하다면 그것을 기반으로 예상보다 좋은 미래가 펼쳐질 것입니다.

발람은 이방인입니다. 그런데 본문은 그 이방인을 최고로 영험한 예언자로 묘사합니다. 그런데 문헌의 초기층에 나타나는 그는 나귀보다도 눈이 어둡습니다. 때로는 교회에서 설교하는 목사들이 설교 강단에서 고래고래 외치는 소리보다 예배에 처음 참석한 분의 몇 마디 말씀이 큰 깨달음을 줍니다. 교회를 다니지 않는 사람들의 말이 명쾌하고 바른 신앙의 길을 제시하기도 합니다. 대부분의 신자는 '이방인들'이 그들보다 무엇인가를 더 잘 알고 있다는 것을 인정하지 않으려고 합니다. 하지만 하나님은 교회 안에 앉아 있는 사람들에게만 빛을 비춰주시는 분이 아닙니다. 어쩌면 교회 밖 사람들이 하나님과 더 가깝고 하나님에 대하여 훨씬 정확한 지식을 소유하고 있을 수 있습니다. 그러니까 교회를 안 다니는 분들을 무슨 '가축'처럼 여기지 마세요! 오히려 최신 복음성가의 선율에 맞춰 무한 반복되는 가사를 음미하면서 최면이 든 것처럼 몽롱한 가운데 성령의 음성을 들었다고 울고불고해도 교회 다니는 사람들 중에는 아무것도 모르는 바보들이 많습니다. 분명한 하나님의 뜻이라고 떠벌리며 선교하러 가자고 성실하게 일상을 사는 이웃을 충동질하지만, 오히려, 하찮은 나귀 같은 존재도 아는 명확한 현실을 바라보지 못하고 외면합니다.

이제 계시나 예언과 같이 불투명하고 허망한 것을 좋아하지 말고 하나님이 우리에게 주신 이성을 따라 합리적인 판단으로 살아갑시다! 동물조차 뚜렷이 바라보고 있는 현실을 직시합시다! 미래를 예지하고 임의로 바꾸려는데 시간을 헛되게 낭비하지 맙시다! 신앙이라는 이름으로 근거 없는 안일함에 빠져서 누구나 다 알만한 상식과 개념이 결여된 채로 일상과 현실을 멀리해서는 안 됩니다! 家

너희가 이스라엘 자손의 소유에서 레위인에게 너희가 성읍을 줄 때에 많이 받은 자에게서는 많이 떼어서 주고 적게 받은 자에게서는 적게 떼어 줄 것이라 각기 받은 기업을 따라서 그 성읍들을 레위인에게 줄지니

자칭 청빈한 목사님의 많은 부동산

민수기 35장 8절은 레위인에게 성읍, 즉, 부동산을 나눠주라는 명령입니다. 그런데 아래 성서의 다른 구절들에서는 **레위인에게 주어진 기업이 없다**고 하므로 모순처럼 보입니다.

그러므로 레위는 그의 형제 중에 분깃이 없으며 기업이 없고 네 하나님 여호와께서 그에게 말씀하심 같이 여호와가 그의 기업이시니라 그러므로 레위는 그의 형제 중에 분깃이 없으며 기업이 없고 네 하나님 여호와께서 그에게 말씀하심 같이 여호와가 그의 기업이시니(신 10:8-9)

오직 레위 지파에게는 모세가 기업을 주지 아니하였으니 이는 그들에게 말씀하신 것과 같이 이스라엘의 하나님 여호와께서 그들의 기업이 되심이었더라(수 13:33)

심지어 같은 민수기 본문 중에도 **레위인의 몫이 없다**고 말하는 구절이 있습니다.

여호와께서 또 아론에게 이르시되 너는 이스라엘 자손의 땅에 기업도 없겠고 그들 중에 아무 분깃도 없을 것이나 내가 이스라엘 자손 중에 네 분깃이요 네 기업이니(민 18:20)

민수기 18장 21절 이하의 내용을 보면 레위인에게 소득의 십분의 일을 준 것 같습니다.(민 18:21, 24 "십일조") 그리고 레위인은 받은 것 중에서 다시 10의 1을 제물로 바쳤습니다.(민 18:26)

상반된 내용들은 서로 다른 상황을 전제하는 것입니다. 민수기 36장 7-9절을 보면 이런 변화가 "옮겨 다니는 것", 즉, 이동과 연관이 있는 것 같습니다. 민 36:9은 레위 지파를 포함하는 모든 지파가 이동하지 않고 정착하여 부동산을 보유하는 상황을 암시합니다.

> 그리하면 이스라엘 자손의 기업이 이 지파에서 저 지파로 옮기지 않고 이스라엘 자손이 다 각기 조상 지파의 기업을 지킬 것이니라 하셨나니 … 그 기업이 이 지파에서 저 지파로 옮기게 하지 아니하고 이스라엘 자손 지파가 각각 자기 기업을 지키리라(민 36:7-9)

에스겔 47:13-14을 보면 레위인을 포함하는 모든 지파(12지파)에게 토지 배분을 했으며 각 지파가 그것을 소유했다는 것을 알 수 있습니다.

> 주 여호와께서 이같이 말씀하셨느니라 너희는 이 경계선대로 이스라엘 열두 지파에게 이 땅을 나누어 기업이 되게 하되 요셉에게는 두 몫이니라 내가 옛적에 내 손을 들어 맹세하여 이 땅을 너희 조상들에게 주겠다고 하였나니 너희는 공평하게 나누어 기업을 삼으라 이 땅이 너희의 기업이 되리라(겔 47:13-14)

타국인까지 토지 배분의 수혜 대상에 포함한다는 겔 47:22-23을 보면 에스겔 47장 본문은 전반적으로 귀환기에 완성한 것으로 보입니다. 이 말대로라면 특정 시기에 모든 부류의 사람에게 땅이 분배되었을 것입니다. 이렇게 전 범위적인 토지 분배 이야기는 귀환기 이후의 상황을 투영한 것 같습니다. 국가가 패망하면서 시작한 유배 생활이 끝나고 고향으로 돌아온 시점에서야 이렇게 꼼꼼한 토지 분배를을 이루려고 했을 것입니다.

물론 전통적으로, 토지분배를 왕정 시대 전후 시기에 이루어진 것으로 보기도 합니다. 예루살렘 중앙 성전이 아직 존재했던 시기, 기원전 7세기 신명기 개혁 운동으로 지방 성전(산당)의 레위인들(무당들)이 수도로 몰려왔습니다. 다른 지역에서의 제사를 금지한 상황에서 예루살렘에 모인 모든 레위인의 생계를 책임져야 하는 상황이 생겼습니다. 원래 각 레위인들은 지방 각지에 흩어져 살면서 지역민들의 요구를 따라 제사를 지내 주고 사례를 받거나 평상시에는 먹을 것을 스스로 경작해 먹던 사람들(산당의 무당들)이었습니다. 개혁 운동으로 중앙 정부는 수도에 모인 레위인들을 먹여 살려야 했는데 세월이 흘러 나라가 망하고 중앙 성전도 붕괴하자 레위인을 위한 복지 제도(?)를 거론할 여지 자체가 소멸해 버렸습니다. 레위인이 기업 없이 하나님 만으로 만족한다는 것은 중앙에서 그들의 생계를 책임져 줄 때나 가당한 말입니다. 각자도생(各自圖生)하는 상황으로 돌아간 사람들에게 일정한 삶의 터전이 필요했습니다. 민 35:7은 그들에게 48개나 되는 엄청나게 많은 성읍이 주어졌다고 합니다. 이 성읍의 용도에 대해서 민 35:11-12, 15, 26-27 등의 본문은 실수로 살인한 사람이 피하는 장소라고 말합니다. 하지만 그런 사람이 항상 많을 리가 없습니다. 가끔 한두 명 피신해오는 사람을 위해 48개나 되는 성읍을 전용한다는 것은 쉽게 이해할 수 없습니다. 실제 필요에 따른 것이 아니라 제사장 집단이 욕심을 부린 것 같습니다.

🐝 종교 지도자들뿐 아니라 모든 사람은 충분한 지원을 받아야 말과 행동에 여유가 생깁니다. '하나님 말고 우리에게 아무것도 필요 없습니다'라는 고백이 어떤 상황에서 한 고백인지 되짚어 볼 필요가 있습니다. 이미 모든 것이 채워진 상황인지 아니면 정말 절체절명의 상황에서 고귀한 고백을 한 것인지 말입니다. 어쨌든 충분한 지원을 받으며 종교 업무에 힘썼던 사람들이 지원이 불투명해지고 경제적 입지가 불안해지자 어쩔 수 없이 살 곳과 먹을 것을 챙기게 됩

니다. 고기를 안 먹다가 고기 맛을 한 번 본 사람은 고기에 환장을 한다는 이야기가 있습니다. 전에는 소탈한 목사였는데 어떤 계기로 엄청난 탐욕을 부리는 사람이 된 예도 있습니다.

속으로는 생계를 걱정하면서 하나님이 책임지실 것이니 믿고 기다리자고 말하지 마십시오! 하나님이 책임진다는 말은 누군가 당신의 생계를 보장해줄 때의 이야기입니다. 배가 고프면 차라리 나가서 돈벌이를 하는 것이 솔직합니다. 먹을 것을 물어다 줄 '까마귀'만 기다리다가는 굶어 죽는 수가 있습니다. 대형 교회가 나서서 국가에 세금이라도 낸다면 영세한 개척 교회의 목사가 정부의 복지 혜택이라도 받을 수 있을 텐데 안타까운 상황입니다. 큰 교회 목사들은 하나님의 돈과 세상의 돈을 구분하면서 '세금은 무슨 세금이냐?'라고 합니다. 헌금을 남김없이 혼자 다 쓰겠다는 것입니다. 가난한 목사는 은행에서 신용카드도 만들지 못합니다. 복지의 사각지대에서 대다수 가난한 목사가 고통받는 안타까운 현실을 누가 해결해 주겠습니까? 선거철이 되면 정치인은 대형 교회 목사만 찾아갑니다. 가난은 신앙의 세계에서도 사람을 외롭게 합니다.

당신이 가난한 목회자라면 누구를 바라고 가만히 있지 말고 작은 일자리라도 알아보세요! 이미 목회자의 이중직은 보편적인 것이 되었습니다. '목사가 세상일을 하다니'라면서 슬퍼할 필요가 없습니다. 세속적인 노동 현장에 있는 목사라면 세상 돌아가는 사정을 더 잘 알 수 있습니다. 설교에 생동감이 넘치지 않겠어요? 노동과 목회를 병행하는 것은 힘들지만 주를 위해 그 정도 고생이야 감수하기로 결심한 사람들 아닙니까?

'오직 주님만이 나의 부동산(기업)입니다'라고 떠벌이다가 결국 보장 체계가 허물어지니까 48개나 되는 지역을 확보하는 종교 지도자들을 보십시오! 굶주린 사람이 밥을 보면 미친 듯이 달려드는 법입니다. 청렴한 체하는 목사들이 사실은 가장 탐욕스럽습니다. 나중에야 부랴부랴 살길 찾아 뛰어다니며 체면 구기기

전에 저 먹을 것은 제가 버는 사람들이 됩시다! 그럴듯한 자리만 골라서 그렇지 일할 곳은 많습니다. 과욕을 부리지도 말고 딱 필요한 만큼 벌면서 주의 일도 감당합시다. 이중직은 믿음의 문제가 아닙니다. 생존의 문제입니다. 교회에서 주는 돈만 바라며 게으름을 피우는 목사들보다 일도 하고 목회도 하는 이중직 목사들의 영성(!)이 훨씬 낫습니다! 다른 일을 하면 목회에 전념하지 못한다고 하는데 도대체 목회가 무엇입니까? 삶 자체 아닙니까? 신앙으로 일상을 살아가며 모든 신자가 그렇게 살게 이끄는 것 아닌가요? 목회를 빌미로 맨날 골프 하러 다니고 놀면서 교회 돈이 제 돈인 것처럼 쓰는 대형 교회 목사들이 얼마나 많습니까! 그들이 제 교인들 얼굴이나 제대로 알겠습느니까? 길에서 만나면 알아보지도 못 합니다. 욕심을 탈탈 털어버리고 일용할 양식을 스스로 버는 목사가 가족이 볼 때나 사회가 볼 때 떳떳합니다. '배에 기름이 찬 돼지'보다는 땀 흘려 일상을 살아가고 일상을 통해 깨달은 성서의 가치를 설교하는 사람이 됩시다! 🏠

신명기 6:4-9

이스라엘아 들으라 우리 하나님 여호와는 오직 유일한 여호와이시니 / 너는 마음을 다하고 뜻을 다하고 힘을 다하여 네 하나님 여호와를 사랑하라 / 오늘 내가 네게 명하는 이 말씀을 너는 마음에 새기고 / 네 자녀에게 부지런히 가르치며 집에 앉았을 때에든지 길을 갈 때에든지 누워 있을 때에든지 일어날 때에든지 이 말씀을 강론할 것이며 / 너는 또 그것을 네 손목에 매어 기호를 삼으며 네 미간에 붙여 표로 삼고 / 또 네 집 문설주와 바깥 문에 기록할지니라

하나님을 사랑하는 당신을 사회가 지탄한다면?

신 6:4-5은 유일신 하나님을 전심으로 사랑하라는 메시지를 담고 있습니다. 그런데 바로 아래 구절인 신 6장 6절부터 9절에 따르면 하나님을 사랑하는 자에게 요구하는 구체적인 행동은 하나님의 말씀을 수시로 자녀에게 가르치고(신 6:7) 기록하는(신 6:8) 것입니다. 따라서 이를 '하나님을 사랑한다면 배우고 가르쳐라'라는 뜻으로 이해할 수 있습니다. 그래서 많은 개신교인이 그렇게 성경 공부만 하는 모양입니다. 좀 더 구체적인 실천 요구가 있었으면 좋겠는데 교육에 치중하는 모습입니다.

이는 포로후기적 사회 정서를 반영합니다. 이 안에는 포로기 이래 점진적으로 발전하여 완숙기에 접어든 유일신 개념과 신정론 개념이 들어있습니다. 또한, 이는 예언자가 구전(口傳)하는 하나님의 말씀, 즉, 비문자적인 말씀이 아닌, 문서로 존재하는 하나님의 메시지를 전제합니다. 하나님의 말씀을 문서화 한 것은 유배지로부터의 귀환 이후에도 더 많은 시간이 더 흐른 후에 이루어진 일입니다.

우리가 제기할 수 있는 질문은 이렇습니다. 하나님 사랑에 대한 구체적인 요구 조건이 정말로 말씀을 배우는 것뿐 입니까? 만약 신명기의 이 본문을 단지 매일 성경 묵상(큐티 Quiet Time)을 하거나 성경공부반을 열어 가르치고 배우는 것으로 이해하는 것은 충분합니까?

제가 볼 때 이 본문에서 '말씀을 기록하고 가르치라'라는 것은 최소한 말씀 속에 들어 있는 심층적인 가치를 배우고 전수하라는 뜻입니다. 성경 구절을 읽고 외우는 것도 중요하지만 온종일 성경만 보고 있어서는 안 될 것입니다. **어떤 사상이든지 그것을 교육하고 학습하는 것은 일정한 가치를 습득하고 그것을 따라 실천하는 것을 포함합니다.** 만약 신 6:4-9이 우리에게 요구하는 것이 성경 공부만 하라는 것이라고 해도 성서를 제대로 배운다면 얼마 지나지 않아 배운 것을 따라 실천하고 싶은 열망에 사로잡히게 될 것입니다. 만약 무엇인가 알았다는 지적 만족은 있는데 행동으로 나아가는 어떤 것이 없다면 그런 성경 학습, 교육은 대단히 잘못된 것입니다.

신 6:3은 "듣고 그것을 행하라"라고 말합니다. 신 6:13부터는 십계명과 비슷한, 구체적인 행동 강령을 말합니다. 다른 신의 이름으로 맹세하지 말고 하나님의 이름으로 맹세하며(신 6:13-14) 하나님을 시험하지 말고(신 6:16) 말씀을 지키라(준수하라, 신 6:17)고 요구합니다. 하나님이 규범을 지키라고 명령했다(신 6:24), 명령을 지켜라(신 6:25)라고 말합니다. 무엇보다 신 6:18은 이렇게 말합니다.

> 여호와께서 보시기에 정직하고 선량한 일을 행하라 그리하면 네가 복을 받고 그 땅에 들어가서 여호와께서 모든 대적을 네 앞에서 쫓아내시겠다고 네 조상들에게 맹세하신 아름다운 땅을 차지하리니 여호와의 말씀과 같으니라(신 6:18)

여기에 쓰인 "정직하고(바르고) 선량한(좋은)"과 같은 어구는 구약성서에서 14번 찾아볼 수 있습니다.(신 6:18; 12:28; 수 9:25; 삼상 29:6; 왕하 10:3; 렘 26:14; 40:4; 미 7:4; 시 25:8; 125:4; 잠 28:10; 느 9:13; 대하 14:2; 31:20) 이 표현은 고대 지혜 전통에서 줄곧, 사람됨, 즉, 사람의 어질고 정직함(삼상 29:6; 왕하 10:3; 미 7:4; 잠 28:10)을 의미하는 데 쓰였습니다. 족장 시대 ~ 왕정 시대에 이 표현은 정치 지도자나 정치 세력의 "의향"과 "옳다고 생각하는" 기준(수 9:25; 렘 26:14)을 의미했습니다. 그러다가 배경 시점이 점진적으로 바벨론 유배 시점으로 나아갑니다.(렘 40:4) 포로기를 지나면 이 표현을 하나님의 성품(선하시고 정직하심)을 의미할 때 사용합니다.(시 25:8) 고향으로 돌아온 후에는 하나님의 율법을 가치 기준으로 과거 왕들을 평가하는 문장에 사용했고(대하 14:2; 31:20 (왕이) 여호와 보시기에 선과 정의와 진실함으로 행했다) 최종적으로는 독자(讀者)를 향하여 (기록한) 말씀을 준행하라고 요구할 때 썼습니다.(느 9:13; 신 6:18; 12:28 정직한 규례와 진정한 율법과 선한 율례와 계명)

이 어구의 쓰임 중에서 "행함"이나 '실천'과 연계한 경우만 추려내어 크게 둘로 나누면, **인간(들)의 임의적인 행동**(수 9:25; 삼상 29:6; 렘 26:14; 40:4)을 서술하는 경우와 **하나님의 말씀에 입각한 행동**을 요구하는 경우로 나눌 수 있습니다.(신 6:18; 12:28; 대하 14:2; 31:20)

위에서 자세히 살펴본 것과 같이 '정직하고 선량하게 행한다'는 것은 처음에는 인간의 바른 행동을, 나중에는 하나님의 가치 기준에 따른 바른 행동을 의미하게 되었습니다. 따라서 이 어구를 결코 가만히 모여 앉아서 성경 공부만 하라는 뜻으로 이해할 수 없습니다. 무엇보다 우리는 고대의 초기 지혜 전승에 있어서 '정직하고 선량하다'는 말이 사회 가운데 인정받는 한 사람에 대한 긍정적인 평가였다는 것을 기억해야 합니다.

그리스도인은 사회의 긍정적인 평가에 목말라야 합니다. 왜냐하면 그것이 하나님의 말씀을 제대로 알고 따르느냐의 척도가 될 수 있기 때문입니다. 그런데 실상은 적지 않은 개신교인이 시대에 맞지 않는 종말론적 신앙에 몰입하여 마치 이 세상과 사회에서의 삶을 무가치한 것으로 여기고 있습니다. 그들은 내세와 영생을 말하면서 사회에 큰 부담을 주고 무리가 되는 행위를 서슴지 않습니다. 이것은 성경 말씀의 가치 기준을 따르는 선하고 의로운 삶이 아닙니다. 교회 밖 사람의 눈으로 볼 때 지금의 개신교인은 결코 정직하고 선량하게 보이지 않습니다. 많은 사람이 성추행과 성폭력, 논문 표절, 설교문 도용, 공금 유용, 목사 직위의 세습 등등 셀 수 없는 악행을 저지르고도 뻔뻔하게 하나님을 사랑한다고 말합니다. 이는 신명기 6장의 가르침, 즉 기록된 말씀을 배우고 그것을 실천하라는 것이 무슨 뜻인지 전혀 알지 못하고 있는 것입니다. 그냥 모여서 수 세기 전 사회를 반영하는 낡아빠진 교리 공부만 할 뿐 성경의 진정한 가치는 가르치지도 배우지도 않습니다. 신명기 6장의 하나님 사랑이 우리가 사회에서 선행으로 인정받는 것과 밀접하게 연결되어 있다는 것을 안다면 선행을 하려고 노력할 뿐 차마 부끄러운 악행을 저지르지는 못할 것입니다.

예수님은 일찍이 마가복음에서 신명기 6장의 말씀을 인용하신 바 있습니다.

> 서기관 중 한 사람이 그들이 변론하는 것을 듣고 예수께서 잘 대답하신 줄을 알고 나아와 묻되 모든 계명 중에 첫째가 무엇이니이까 예수께서 대답하시되 첫째는 이것이니 이스라엘아 들으라 주 곧 우리 하나님은 유일한 주시라 네 마음을 다하고 목숨을 다하고 뜻을 다하고 힘을 다하여 주 너의 하나님을 사랑하라 하신 것이요 둘째는 이것이니 네 이웃을 네 자신과 같이 사랑하라 하신 것이라 이보다 더 큰 계명이 없느니라(막 12:28-31)

신명기 6장을 제대로 파악한 사람이라면 비슷한 관점에서 마가복음이 하나님 사랑만 중시하고 이웃 사랑에는 관심이 없다고 오해하지 않을 것입니다. 이 구절들은 하나님을 전심으로 사랑한다면 네가 싫어하는 일을 남(이웃, 사회)에게 행하지 않을 것이라는 뜻입니다. 재차 말하지만 사회의 평가는 개신교가 성서 가치에 부합한 실천을 하고 있는지를 알 수 있는 중요한 가늠자입니다. 하지만, 지금 우리가 목도하는 개신교의 현실은 매우 암울합니다. 개신교를 긍정적인 집단으로 보는 사람이 드물 지경입니다.

🐝 여러분! 하나님을 죽기까지 사랑한다면 남에게 해를 끼치지 마십시오. 비싼 머신으로 로스팅한 커피 냄새가 가득한 교회 카페 안을 울리는 복음성가 선율에 취해 앉아 거들먹거리며(!) 일대일 성경 공부나 교리 공부를 반복하는 것으로만 만족하지 마십시오! 어떻게 하면 당신의 교회 공동체가 사회로부터 욕을 먹지 않고 칭찬을 받을 수 있을지 연구하십시오. 악한 영향만 끼치면서 하나님 말씀을 들으라고 하면 사람들은 '너나 들어라!' 하지 않겠습니까? 문제는 우리가 '너나 들어라!'라는 말에 마땅히 대응할 수가 없다는 것입니다. 그저 맨날 '사람을 보지 말고 하나님만 보세요!'라는 말만 되풀이할 수는 없지 않습니까! 믿는 사람도 인지할 수 없는 하나님을 교회 밖 분들이 어떻게 인지합니까? 신명기 6장의 심층적인 가치를 우리 각자의 일상에서 실현하지 않고는 말씀의 가치에 매력을 느낄 사람은 없습니다. 충분히 가치 있는 삶을 나타내야 사람들이 비로소 하나님의 말씀에 숨은 가치에 관해서 관심을 갖게 될 것입니다. 대단히 비싼 성서라도 기꺼이 사 읽을 것입니다. 🏠

너를 낮추시며 너를 주리게 하시며 또 너도 알지 못하며 네 조상들도 알지 못하던 만나를 네게 먹이신 것은 사람이 떡으로만 사는 것이 아니요 여호와의 입에서 나오는 모든 말씀으로 사는 줄을 네가 알게 하려 하심이니라

부자들은 들어라! 그러다가 한 방에 훅 간다!

신명기 8장은 번영(繁榮)과 신앙 사이에 필연적으로 존재하는 긴장관계를 살펴볼 수 있는 귀중한 본문입니다.

신 8:1은 "명령을 지키면 번성하고 땅을 차지하리라"고 말하고 있습니다. 여기서 명령은 "여호와의 명령"(신 8:2,6)이며 "법도와 규례"(신 8:11)인데, 긴 시간("40년", 신 8:2) 동안의 낮추심과 굶주림(신 8:3) 그리고 징계하심(신 8:5)이 끝난 후에 이 글을 작성하여 고정한 것 같습니다. 이와 함께 (이스라엘) 조상들에게 맹세하신 언약(신 8:18)에 대한 언급이 있으며, 유일신 사상(신 8:19, "다른 신들을 따라…. 섬기며 절하면…. 너희가 반드시 멸망하리라")도 명확히 드러납니다.

이러한 구성을 볼 때, 신명기 8장 대부분은 바벨론 제국에 의한 포로 유배가 끝난 시기의 본문입니다. 말씀에 대한 강조(신 8:1-3, 6, 11)와 더불어 부유함과 안일함에 대한 경고(신 8:12-14, 17, 19-20)를 반복하고 있는 것을 볼 때 귀환 후 고향의 재건(再建)을 둘러싸고 아마도 손을 놓고 적극적으로 참여하지 않았을 부자들을 비난하고 있는 것 같습니다. "명령"과 "법도와 규례" 역시 민족 국가 재건에 필요한 국법을 언급한 것 같습니다. 다만 반복적으로 우려를 표명하고 있음을 볼 때 아직은 법을 완전히 문서 형태로 고정한 것 같지는 않습니다. 파편적으로 존재하는 십계명(출 20, 신 5)의 초기 형태(신 8:19)도 그것을 증거합니다. 그런데도 명확한 유일신 사상과 언약의 성취를 언급하고 있다는 점에서

이스라엘 민족은 이미 족장 시대에 주어졌다고 생각하는 언약이 바벨론 제국의 패망으로 실현되었다고 믿고 있으며 이방 신과 하나님을 함께 섬겼기 때문에 패망한 역사를 교훈 삼아 새로운 도약을 도모하는 것 같습니다. 종국적으로, 글쓴이는 국권의 완전한 회복과 민족 중흥과 번영으로 나아가기를 강렬히 소망하고 있습니다.

이러한 새 비전에 있어서 가장 크게 우려하는 것은 상대적으로 편안하고 부유한 생활을 영위할 때 따라오는 안일과 교만(신 8:12-14, 17)입니다. 구체적으로 보자면 "먹을 것에 모자람이 없고" "아무 부족함이 없"으며(신 8:9) "먹어서 배부르고" 부동산을 소유하는 것이 걱정이라는 것입니다.(신 8:10) 먹을 것 걱정이 사라질 뿐 아니라 아름다운 집의 소유자가 되고(신 8:12) "소와 양, 은과 금이 넘쳐나고"(신 8:13) "(넘치는) 재물"(신 8:17)을 소유하게 되면 "하나님을 잊고"(신 8:14) 자신의 수완으로 부자가 되었다고(신 8:17) 교만을 떨 수 있다는 것입니다. 이는 최소한 주변 사람들(일부 귀환자)에게 이런 정서적 공감대가 조성되어야 적을 수 있는 내용입니다. 신명기 8장은 사람들에게 경각심을 주기 위해서 출애굽 이야기를 도입합니다. 신명기 8장에는 출애굽 이야기의 축소판이 들어있습니다 (신 8:2 "40년 동안에 광야 길을 걷게 하신 것을 기억하라"; 신 8:3 "만나를 먹이신 것은"; 신 8:4 "이 사십 년 동안에 네 의복이 해어지지 아니하였고 발이 부르트지 아니하였느니라"; 신 8:14 "너를 애굽 땅 종 되었던 집에서 이끌어 내시고"; 신 8:15 "광대하고 위험한 광야 곧 불뱀과 전갈이 있고 물이 없는 건조한 땅을 지나게 하셨으며 … 단단한 반석에서 물을 내셨으며"; 신 8:16 "만나를 광야에서 먹이셨나니")

이 출애굽 이야기의 축소판은 "만나", 즉, 기적적인 먹거리 해결에 대한 언급을 두 번이나 반복합니다. 이를 볼 때 귀환자들이 식량 부족 문제를 심각하게 걱정한 것 같습니다. 그들 눈 앞에 펼쳐진 것은 개간하지 않은 척박한 땅이었습니다. 그런데도 그들은 미래를 밝게 보고 있습니다.(신 8:7 "밀과 보리의 소산지요 포도와 무화과와 석류와 감람나무와 꿀의 소산지"; 신 8:9 "먹을 것에 모자람이 없고 아무 부족함이 없는 땅"; 신 8:12-13 "먹어서 배부르게… 될 때")

먹고살 것을 걱정하면서 다른 한편으로는 물질적 풍요와 환경적 안락함이 신앙에 끼칠 수 있는 위해(危害)를 의식하는 상황은 아주 독특합니다. 앞으로 잘 살 줄 확신하고 미리 경고하는 것 같기도 합니다. 제국 치하에서 어떤 이는 이미 부유하게 살고 있어서 없는 이야기를 지어 말하는 것은 아닐 것입니다. 최소한 현실을 고려하면서 신앙적으로 주의할 점을 말한 것입니다.

신명기 8장의 화자(話者)가 궁극적으로 우려한 것은 **패망의 저주를 떨쳐버리지 못하는 것**입니다.

> 여호와께서 너희 앞에서 멸망시킨 민족들 같이 너희도 멸망하리니 이는 너희가 너희의 하나님 여호와의 소리를 청종하지 아니함이니라(신 8:20)

어떤 이는 이것을 이스라엘이 패망하기 전의 우려로 보지만 이미 국가 패망을 경험한 후의 성찰이 확실합니다. 과거에 쓰라린 경험을 했던 사람들은 같은 잘못을 저지르지 않도록 매우 경계합니다.

대부분의 현대 교회, 특히 한국 교회들은 물질적 부유와 풍족함을 환영합니다. 교인들이 부자일수록 십일조와 각종 헌금을 많이 내고 교회와 목사에게 큰 이익을 주기 때문입니다. 그러나 우리는 신명기 8장의 최종 구성자가 왜 장황한 출애굽 이야기를 추가하면서까지 부유함과 풍족함에 대해서 경고하는지 생각해 볼 필요가 있습니다. 특히 귀환한 사람들이 이 본문을 완성했다면 그들에게는 무조건 많은 은금이 필요했을 텐데 말입니다. 다다익선인 상황에서 절제를 위한 경고의 칼날을 들이대다니! 교회 건축을 하고 은행에서 빌린 대출금을 갚으려면 모든 교인이 거부가 되어 헌금을 많이 내도 모자랄 텐데 부유와 안정을 조심하라는 부정적인 메시지를 전하다니 쉽게 이해할 수 없는 일입니다. 그러나 이스라엘 민족은 국가 패망이라는 엄청난 충격을 겪었고 그를 통해 귀한 신앙적 성찰을 일궈냈습니다. 그들이 경험한 고난은 그들의 신앙 성장에 확실히 이익이었습니다.(시 119:71 "고난 당한 것이 내게 유익이라 이로 말미암아 내가 주의 율례들을 배우게 되었나이다")

> 너를 낮추시며 너를 주리게 하시며… 사람이 떡으로만 사는 것이 아니요 여호와의 입에서 나오는 모든 말씀으로 사는 줄을 네가 알게 하려 하심이니라(신 8: 3)

예수님께서 광야에서 시험을 당하는 이야기에 이 구절을 인용하였습니다. 마 4:4과 눅 4:4을 보면, 마가복음 1장 12-13절의 골자에 구약 전승인 신 8:3을 추가했음을 알 수 있습니다. 물질적 공급만으로 사는 것이 아니라 야웨의 말씀, 신앙적 가치를 기준으로 삶을 영위한다는 개념은 예수님 시대에는 이미 널리 알려져 있었을 것입니다. 물론 번영과 신앙 가치를 놓고 보았을 때 신앙 가치만 중시하고 번영은 무시하는 것은 상대적인 박탈감을 가진 사람들에게서 나타나는 현상이기도 합니다.

우리는 우리의 주머니 사정이 여의찮을 때 그런데도 재화를 벌어들일 길이 보이지 않을 때 돈의 긍정적인 측면보다는 부정적인 측면에 대해서 더 많이 말하게 될 것입니다. 사람은 물질적 공급과 재화가 없으면 살 수 없지만 풍요로움과 안일함은 쉽게 인간에게 자만심과 방심을 가져다줍니다. 신약성서의 저자들은 국가 패망을 경험한 선조의 교훈을 기억하면서, 아직 독립을 쟁취하지 못한 상황에서, 같은 잘못을 연거푸 저지를 것을 우려하면서 교만을 경계하는 구약의 전승을 수용했습니다. 그리고 그것을 예수님 이야기에 덧붙여 놓았습니다. 그 과정에서 집단을 대상으로 한 교훈이 개인적 차원의 교훈이 되었습니다. 예수님을 따르는 사람은 역시 번영과 가치 중에서 가치 중심의 사고를 하는 것이 옳습니다.

생활에 있어서 돈은 꼭 필요합니다만 모든 사람이 돈을 가치 판단의 기준으로 삼는다면 큰 문제가 아닐 수 없습니다. 누군가 돈보다 더 나은 가치가 있다고 말해야 합니다. 사람이 돈으로만 사는 것이 아니라고 가르칠 수 있어야 합니다. 물론 말만 그렇게 하면서 돈돈돈 한다면 아예 그런 말을 하지 않는 것이 낫고요. 예수님께서 본격적인 사역을 시작하시기 전에 광야로 가서 물질적 가치(사탄의 유혹)와 싸우셨던 것을 기억하십시오. 우리는 돈의 기능 자체를 부정해서는 안 됩니다. 하지만 돈이 우리의 가치관을 지배하는 것은 막아야 합니다. 돈을 들고 있으면서 돈 냄새가 몸에 배지 않게 하는 것은 아예 돈을 멀리하는 것보다 어렵습니다. 필요에 따라 재화를 활용하면서 그 재화가 우리 정신을 잠식하는 것을 막아야 하는 긴장 상황입니다. 이러한 긴장을 가지고 살아가면서 잘 해내기는 참으로 어렵습니다. 부유하게 되고 살만하면 금세 교만하고 잘났다고 꼴값을 떠는 것이 인간입니다. 그래서는 신앙인으로서의 멋이 드러나지 않습니다. 돈의 꽁무니만 따라다니다가 평생을 허비하는 사람들과는 달리, 고상한 가치를 따른다는 것을 우리 삶으로 나타내야 합니다. 그래서 어떤 신앙인은 평생 모은 돈을 사회에 환원합니다. 어떤 사람은 마치 무거운 짐을 내려놓는 것처럼 필요한 사람에게 자신의 재화를 떨쳐버립니다. 사실 이런 물질과 신앙 사이에 존재하는 긴장 자체가 진정 고상한 가치를 추구하는 사람에게는 무거운 짐입니다. 좋은 신앙인으로 살아보려고 하는데 쌓인 재물이 고민거리가 됩니다.(막 10:21-22 "재물이 많은 고로 이 말씀으로 인하여 슬픈 기색을 띠고 근심하며 가니라") 이런 긴장감과 고민이 전혀 없다면 신앙인이라는 이름만 붙은 일반 사람이라고 할 수 있습니다.

🐝 여러분에게 돈이 많다면 도움이 필요한 사람들과 나누지 않거나 적게 나누는 것을 **부끄럽게 생각하십시오!** 당신의 인색함을 통해서는 아무도 돈보다 더 귀중한 가치가 있다는 것을 알 수 없습니다. 신명기 8장의 저자는 물질적인 가치만 집중하고 그것만 추구하는 사람들의 사회가 붕괴할 것을 염려하고 있

습니다. 칼 막스는 자본주의가 그 자체의 모순으로 붕괴할 것이라고 보고 공산주의 이론을 세웠습니다. 그리고 블라디미르 레닌을 통해 공산주의 국가(Marxist Leninist state)가 출현했습니다. 개인의 소유를 원천적으로 부정하는 것이 잘못이라는 것을 역사는 증거하고 있습니다. 하지만 동시에, 번영-지상주의도 좋은 것이 아닙니다. 자본주의가 수정자본주의의 형태로 발전하지 않았다면 자본주의 사회가 자멸할 것이라는 막스의 예상이 적중했을 것입니다. 우리 개인의 경제 관념은 계속 발전해야 합니다. 돈을 어떻게 하면 잘 벌 수 있을지를 고민하면서 동시에 어떻게 하면 그것을 가치 있게 사용할 수 있을지도 고민합시다. 저는 무조건 교회에 헌금만 많이 하는 것이 신앙적으로 가치 있는 활용이라고 말씀드리는 것이 아닙니다. 오히려 맹목적인 헌금은 내면 낼수록 목사와 교회를 망칩니다. 저는 여러분이 물질 사용을 통해서 어떻게든 하나님과 사람들보다 돈을 더 사랑하지는 않는다는 것을 표현하기 바랍니다. 그러기 위해서는 아무리 생각해도 헐벗은 사람들과 나누는 방법밖에는 달리 뾰족한 방법이 없습니다. 선교사에게 많은 헌금을 주면 선교사는 제일 먼저 집을 사고 차를 사고 제 자녀를 유학 보내는 데 그것을 쓸 것입니다. 저도 오래 선교사라는 이름을 달고 있었지만 선교비를 제대로 쓰는 사람을 거의 보지 못했습니다. 그러니 무조건 헌금하면 복 받는다고 생각하지 말고 창의적으로 돈 쓸 곳을 개발하십시오! 만약 누군가를 후원한다면 그 후원금의 수혜자를 면밀히 살피십시오. 돈을 어디에 쓰는지 확인해야 합니다. 물론 10명에게 후원할 때 9명이 저 먹고 저 쓰는 데만 써도 1명이라도 바른 용처에 쓴다면 당신의 나눔은 가치가 있습니다. 거짓으로 후원금을 타내는 사람들 99명 때문에 사이에 가려 잘 구분할 수 없는, 진짜로 도움이 필요한 1명이 제외되는 것은 안타까운 일입니다. 그러므로 주의에 주의를 더하십시오. 눈먼 돈은 모두를 망칩니다. 관계를 파괴합니다.

연거푸 말하지만 가진 것이 많은 사람은 대부분 교만합니다. 나누면서 제 이름을 나타내려고 하다가 욕을 먹기도 합니다. 받는 사람이 주는 사람의 고상한 가치에 감동받게 해야 합니다. 억지로 뭘 하라는 게 아니라 순수한 마음이 상대방에게 흘러가게 하라는 것입니다. 해 본 사람은 알겠지만 이렇게 많이 신경 쓰고 조심해야 하는 것이 나눔입니다. 만약 그런데도 당신 자신만을 위해 쓸 것도 부족해서 하나도 나누지 못하겠다면 최소한 물질과 신앙에 대한 긴장감만은 유지해야 합니다. 저는 당신에게 나눔이 없거나 적은 것 못지않게 그런 긴장감 자체가 없거나 적은 것이 두렵습니다. 그래서 저 역시 성서의 화자가 그랬던 것처럼 당신을 협박하고 싶을 정도입니다. 그러다 한 방에 훅 갑니다! 당신이 언제까지 부자일까요? 🏠

신명기 10:17-19

너희의 하나님 여호와는 신 가운데 신이시며 주 가운데 주시요 크고 능하시며 두려우신 하나님이시라 사람을 외모로 보지 아니하시며 뇌물을 받지 아니하시고 / 고아와 과부를 위하여 정의를 행하시며 나그네를 사랑하여 그에게 떡과 옷을 주시나니 / 너희는 나그네를 사랑하라 전에 너희도 애굽 땅에서 나그네 되었음이라

사람 위에 사람 없고 사람 밑에 사람 없다.

신명기 10장은 "처음과 같은 돌판을 (모세가) 다듬어서 산에 올라(가) … 나무 궤(짝) 하나를 만들"었다고 합니다.(신 10:1) 원래 돌판이 있었는데 이스라엘 백성이 우상을 만들어 섬기는 것을 보고 화가 난 모세가 던져서 깨뜨렸습니다.(신 9:17) 백성이 섬기던 송아지 우상은 불태워 가루로 만든 후에 시냇물에 뿌렸습니다.(신 9:21)

돌판 자체가 중요한 것이 아니라 거기에 기록한 내용이 중요합니다. 그리고 그것을 보존해야 하니까 궤짝이 필요합니다.(신 10:2 "그것을 그 궤에 넣으라") 말씀을 담은 궤짝은 나중에 법궤가 됩니다. 그런데 출 37:1-9을 보면 신명기 10장처럼 궤짝을 모세 혼자 대충 만든 것 같지 않습니다. 법궤의 모양과 만드는 방법이 시대에 따라 발전한 것입니다.

신 10:4을 보면 야웨가 총회(카할) 날에 산 위 불 가운데에서 "너희에게" 십계명을 이르셨다고 합니다. "총회"라는 어휘는 이스라엘 백성, 무리를 의미합니다. "너"가 아니라 "너희"에게라고 했기 때문에 하나님이 모세와 같은 사람을 통하지 않고 이스라엘 백성에게 직접 십계명을 알려 주신 것입니다. 이는 출애굽기 3장에서 모세가 호렙산에서 혼자 떨기나무에 붙은 불을 통해 하나님과 만났다는 이야기와는 다른 이야기입니다. "호렙 산에서" 모세가 혼자 "여호와 앞에 섰"다라고 말하는 신 4:10의 내용과도 다릅니다. 그리고 출 20:1-17에서 십계

명을 수여할 때 멀리 서서 떨고 있었던 백성의 모습(출 20:18)과도 다른 양상입니다. 이런 내용상의 충돌을 어떻게 이해해야 할까요?

모세가 메시지를 받아 이스라엘 백성에게 전달했으니 결과적으로 이스라엘 백성이 야웨에게 직접 계명을 받은 것과 같다고 주장하는 것은 문제가 있습니다. 너무 건성입니다. 문헌적으로 차이가 나타나는데도 대충 넘어가려는 태도는 게으른 것입니다.

신 10:4에 나타나는 백성의 위상은 상당히 높습니다. 직접 하나님에게 계명을 받을 정도로 말입니다. 신 10:4의 편집자와 출애굽기 3장, 20장이나 신 4:10과 같은 본문의 편집자는 각각 다른 사람인 것 같습니다. 전자는 인간 지도자의 역할을 별로 부각하지 않고, 후자는 지도자가 백성과 하나님 사이에서 절대적인 역할을 합니다. 대략 유배 시절 이후에 이 본문들을 형성한 것으로 볼 때, 소수(혹은 일개) 지도자의 역할을 확대하지 않는 경향은 국가 패망 이후에 성찰했을 지도자의 무용성(無用性)에 관한 성찰입니다. 그러나 귀환기를 거치면서 다시 지도자의 역할이 부각되었을 것이며 이내 "모세"라는 특정 인물이 대표자가 되어 대중을 위해 중요한 일을 처리하는 내용이 나타난 것입니다. 따라서 신 10:4 상반 절과 신 10:12-22에 걸쳐 나타난 공동체에 대한 당부 사항 대부분은 포로기~귀환기에 쓰인 것이며 이후(포로 후기)에 인간 지도자의 역할을 강조한 신 10:1-3, 4b, 5-11을 추가하면서 초기층 내용에 변동이 생겼을 것입니다.

신명기 10:4 상반 절과 12절 이하에서 하나님의 눈빛은 종교 지도자를 거치지 않고 직접 공동체를 향하고 있습니다. 신 10:12-22은 모세와 대화하는 것이 아닙니다. 하나님은 공동체를 "너(희)"라고 호칭하면서 친근하게 대하십니다. 그 단락 가운데 특별히 "사람을 외모로 보지 아니하"신다(신 10:17b)는 표현이 들어 있습니다. 이 표현은 개인에게 주신 말씀이 아니라 사회 공동체에게 주신 판단 기준입니다. '사람을 외모로 보지 않는다'와 비교할 만한 표현은 구약성서에서 5

회 정도 나옵니다.(레 19:15; 신 10:17; 욥 32:21; 34:19; 잠 18:5)

'사람을 외모로 본다'는 표현은 고대 사회에서 재판할 때 한쪽을 편파적으로 변호한다는 의미였습니다. '누구를 두둔한다', '누구의 얼굴을 세워준다' 정도의 의미로 쓰였습니다.(잠 18:5 '재판할 때 올바른 사람을 억울하게 하고 악인을 두둔한다') '사람을 외모로 보지 않는다'는 개념은 신정론적 개념과 함께 '사람의 얼굴을 살피지 않고 오직 하나님을 의식한다'(욥 32:21)는 표현이 되었습니다. 그리고 나중에 '창조주 하나님'이 '높은 지위에 있는 사람과 돈이 많은 자들을 편애하지 않으신다'(욥 34:19)는 신앙적 진술에 쓰였습니다. 한편, 레위기 19장 15절 전후의 내용과 신명기 10장 17절 전후의 내용은 거의 같은 구성을 보이고 있는데 "여호와"의 이름을 제기하면서(레 19:14, 16 "나는 여호와니라"; 신 10:17 "너희의 하나님 여호와는 … 하나님이시라") 공정한 "재판"(레 19:15; 신 10:17 "뇌물")에 관하여 언급하고 있습니다. 다만, 신 10:17에서 '재판장'(판단자)은 "신 중 신이신 하나님"이신데 반하여 레 19:15의 '재판자'는 인간입니다. 따라서 고대에서 전해 내려온 문헌들의 수집으로 보이는 레위기 19장 보다는 신명기의 이 구절이 전승에 신정론적 개념을 덧붙인 상대적으로 더 후대의 문헌일 것입니다.

신 10:17과 비교해 볼 때 동일하게 '사람을 외모로 보지 않는 하나님'을 언급하는 욥 34:19은 고도로 발전한 창조주 사상을 추가하고 있어서(욥 34:13 "누가 땅을 그에게 … 온 세상을 … 맡겼느냐"; 욥 34:19 "그들이 다 그의 손으로 지으신 바가 됨이라") 유일신 사상(신 10:17 "신 가운데 신")을 나타내는 신명기 본문보다 더 나중에, 어쩌면 가장 늦은 시기에 완성된 본문일 것입니다.

이 모든 내용을 종합해보았을 때 신 10:17은 고대적 표현인 '사람을 외모로 보지 않는다'는 말의 어의(語意)적 전통을 잘 유지하면서 그것을 신정론(神政論)적으로 재편(再編)한 것이라고 정리할 수 있습니다. 포로기를 거치면서 와해한 정치 지도자 집단이 다시 제자리를 찾을 때까지 하나님께서 인간을 거치지 않고 직접 공동체와 만나시고 그들이 준수할 법률적 가치 기준을 제시하셨다는 점에서 신 10:17은 큰 의의를 갖습니다. 더 시간이 흐르면, 하나님이 법률의 원인자라는 점은 변하지 않고 유지하지만 그것을 전달하는 전달자로서 모세와 같은 인간 리더의 역할을 다시 부각합니다.

'외모를 보지 않으신다'라는 것은 좌로나 우로나 치우치지 않는(잠 4:27; 신 2:27; 5:32; 28:14; 수 23:6) 공평한 법률적 가치 기준과 그것의 실천을 의미하는 것입니다. 그러므로 이를 단순히 신앙적 영역에 국한하여 '하나님은 공평하시다'라고 말만 하고 넘어갈 것이 아니라 이 개념을 잘 계승하여 '하나님이 공평하시니 우리도 그래야 한다'는 단계로 진전해야 할 것입니다.(신 10:17이 단순히 하나님의 속성을 설명한 것이 아닌 것은 17절이 19절의 공동체를 향한 실제적 명령과 연결되고 있는 것을 보면 쉽게 알 수 있습니다. "사랑하라") 이스라엘은 무너진 국권을 회복하고자 하는 열망이 대단히 컸기 때문에 자연스럽게 인간 왕을 다시 옹립하자는 분위기가 형성되었습니다. 주변 모든 나라에 왕이 있는 상황에서 왕이 존재하지 않는 나라라면 뭔가 부족한 느낌을 주기 때문입니다.

물론 21세기를 사는 우리는 욕망에 사로잡히기 쉬운 소수 인간 리더십을 통해서만 하나님의 공의와 정의가 실현된다는 구시대적 발상에 머물러서는 안 됩니다. 정말로 리더가 필요하다면 우리가 모두 리더여야 합니다. 우리 각자가 하나님의 가치를 실천하는 개체가 되어야 합니다. 리더 의존적 사고가 아니라 개체지향적 사고를 해야 한다는 말입니다. 하나님은 특별한 담임목사나 장로나 권사에게만 중요한 소명을 주신 것이 아니라 우리가 모두 참된 가치를 따르라고 당부하신 것입니다. 리더라는 이름을 빌미로 사람의 계급을 나누고 서로 차별하지 말라는 것입니다. 특별한 사람 한두 사람의 노력으로 잘 되는 사회는 건강하지 않습니다. 슈퍼맨이 나타나기만을 기대하는 사회는 제 기능을 못 하는 사회입니다. 리더는 오직 하나님이십니다! 인간의 노력이 불필요하다는 것이 아니라 그런 신앙 고백을 하면서 내가 잘나서 높은 자리에 앉았다는 생각을 버리고 우리 모두가 각자 맡은 자리에서 사회 전체를 위해 주어진 제 기능을 다 하자는 것입니다. 누구라고 할 것 없이, 한 사람도 빠짐없이 더 나은 사회를 건설하는 데 참여해야 합니다. 그것이 말씀을 배울 뿐 아니라 실천하는 사람의 참된 모습입니다.

신 10:17-18은 "고아"와 "과부" 그리고 "나그네"를 공평하게 대하는 것은 물론 진실하게 사랑하시는 하나님을 소개합니다. 신 10:19은 "나그네를 사랑하라"고 강하게 명령합니다. 하나님의 속성인 공평과 사랑에 관해 설명할 때 단순히 그것만 설명하는 것이 아니라 우리 인간을 향한 하나님의 명령을 함께 제시합니다. 따라서 피상적으로 이 본문을 읽고 넘기려고 하지 말고 오늘 바로 "고아"와 "과부"가 대표하는 소외된 자들을 찾아 나서야 합니다. 그리고 그들의 입에서 "그래도 우리 사회는 소망이 있어! 하나님은 부자뿐 아니라 가난한 우리도 돌보아주시는 공평하신 분이야!"라는 말이 나오게 해야 합니다!

우리 한국 사회에는 전례 없이 많은 "나그네"가 머물고 있습니다. 미국에서 온 돈 많은 손님만 대접하고 좀 못사는 나라에서 왔고 피부색이 조금 짙은 나그네는 무시하는 사람이 있습니다. 하지만 누구에게나 똑같이 평등한 가치 기준을 적용하고 모든 나그네가 존중과 사랑을 받아야 합니다. 그것이 성서의 가르침입니다. 출산율이 떨어지면서 한국인 인구가 점점 줄어들고 있습니다. 계속 이런 식이라면 얼마 못 가 한국은 미국과 같은 다인종 다문화 국가가 될 것입니다. 우리는 이미 나그네들과 함께 살고 있습니다. 불과 몇십 년 전만 해도 우리 아버지들이 외국에 나가서 힘들게 돈을 벌어왔습니다. 1960-70년대에는 수천 명, 수만 명의 아버지, 어머니, 삼촌, 누나가 광부와 간호사로 외국에 가서 외로움과 차별을 당하며 일했습니다. 1970-80년대에는 수많은 분이 중동의 땡볕 아래 땀을 뻘뻘 흘리며 고되게 일하며 돈을 벌었습니다. 그런데 다른 나라 사람도 아닌 우리가 한국에 찾아온 이방인들을 모질게 대할 수 있습니까? 정을 가진 사람이 라면 그렇게 못할 것입니다!

> 너희는 나그네를 사랑하라 전에 너희도 애굽 땅에서 나그네 되었음이니라(신 10:19)

🐝 **사람 위에 사람 없고 사람 아래 사람 없습니다.** 사회의 리더십이라고 굉장히 잘난 것이 아니고 일반 국민이라고 못나지 않았습니다. 한국 사람이라고 대단히 훌륭하고 외국인에서 온 사람이라고 덜 훌륭한 것이 아닙니다. 인간에 대한 차별을 없애고 모든 이가 평등하게 대접받는 사회를 만들어야 모두 오래오 래 편안하게 살아갈 수 있습니다. 성서는 온갖 사회적 불안이 인간을 계급과 지 위에 따라 나누고 피부색에 따라 차별하는 것 때문에 야기된다고 말합니다. 사 람이 사람이기에 사람으로 대우받는 세상을 만듭시다! 🏠

이룬 것이 아무것도 없다는 분에게

여호수아는 모세의 후계자입니다.(수 1:1 "모세가 죽은 후에 여호와께서 … 여호수아에게 말씀하여 이르시되") 하나님과 모세가 맺은 가나안 땅의 약속은 어떤 이유에서 성취되지 못했고 여호수아 세대로 이어졌습니다. 일찍이 출애굽기 33장 1절에서 야웨는 모세에게 "그 땅으로 올라가라"라고 말씀하신바 있었습니다만 이제는 그의 후계자인 여호수아에게 "그 땅으로 가라"(수 1:2)고 합니다.

왜 여호수아라는 인물이 등장해야만 했습니까? 그것은 모세가 완전한 성취를 이루지 못하고 부족했기 때문입니다. 사실 모세는 완전히 실패했고 대중은 새로운 인물의 등장을 기대할 수밖에 없었습니다. 지도자 모세의 실패는 그가 이끌었던 출애굽 1세대 전체의 실패를 의미합니다. 민수기 14장 26-30절을 보면 "… 20세 이상으로서 계수된 자 곧 나를 원망한 자 전부가 … 너희에게 살게 하리라 한 땅에 결단코 들어가지 못하리라"라고 하면서 모세와 그를 따랐던 백성 전부가 약속의 땅에 진입하지 못한 역사적 이유를 말하고 있습니다. 백성은 '애굽으로 돌아가지 않으면 차라리 죽는 게 낫다'(민 14:1-4)는 심정이었던 것 같은데 이것이 하나님의 심기를 매우 불편하게 만들었습니다.(민 14:11 "이 백성이 어느 때까지 나를 멸시하겠느냐") 이는 출애굽 한 백성이 자신을 전적으로 신뢰하지 않는 것에 대한 신의 분노입니다.

하나님에 대한 전적인 신뢰는 포로 유배 시기로부터 귀환기에 걸쳐 이스라엘 민족에게 가장 중요한 화제이며 과제였습니다. 그들은 국가 패망 자체가 하나님을 전적으로 신뢰하지 않고 이방의 정치력과 군사력(이방 신의 도움)에 의존하는 불신앙적 작태에 기인한 것이라고 성찰했습니다. 급작스럽게 바벨론 제국이 멸망하자 그들 중에 끝까지 민족적 정체성을 지키고 있던 자들(하나님을 신뢰하며 귀환을 바라는 자들)과 이미 제국에 동화되어 귀환을 바라지 않는 자들이 나뉘었습니다. 따라나서기는 했지만 열악한 환경 때문에 계속해서 투덜대는 자들도 있었을 것입니다. 민수기 14장을 보면, 하나님이 약속한 꿈의 나라로 백성이 들어가지 못한 이유는 그들이 하나님을 신뢰하지 않고 자꾸 뒤를 돌아보았기 때문입니다. 고향에 가야 한다는 일념을 가진 리더들은 대중에게 교훈을 줄 어떤 이야기가 필요했을 것입니다.

출애굽 1세대와는 달리 여호수아 1장이 묘사하는 출애굽 2세대는 리더인 여호수아에게 순종하며 이동합니다.(수 1:16 "당신이 우리를 보내시는 곳에는 우리가 가리이다")

> 우리는 범사에 모세에게 순종한 것 같이 당신에게 순종하려니와 오직 당신의 하나님 여호와께서 모세와 함께 계시던 것 같이 당신과 함께 계시기를 원하나이다 (수 1:17)

1세대는 그들 모두가 광야에서 죽을 정도로 고집을 부리고 불순종했습니다.(민 14:26-30) 그러나 여호수아가 인솔한 무리는 달랐습니다. 적어도 여호수아서 1장에서 만큼은 완벽하게 순종적입니다.("아간의 죄" 수 7장) 얼핏 보면 여호수아와 백성이 가나안 점령(수 1-12장)과 영토의 분할(수 13-24장)을 온전히 성취한 것처럼 보입니다. 하지만 그가 늙은 나이가 되었을 때(수 23:1) 야웨가 이스라엘 민족을 위해서 싸우셨다.(수 23:3)고 하면서 "너희의 하나님 여호와 그가 너희 앞에서 그들을 쫓아내사 너희 목전에서 그들을 떠나게 하시리니 너희의 하나님 여호와께서 너희에게 말씀하신 대로 너희가 그 땅을 차지할 것이라"(수 23:5)라고 한 것을 보면 영토 점령이 끝나지 않았음을 알 수 있습니다.

여호수아와 2세대에게도 완전한 성취는 없었습니다. 똑똑한 사람은 이 이야기를 읽으며 이것이 땅 점령이라는 **목적 지향적인 이야기가 아니라** 여러 가지 역경에도 불구하고 하나님을 신뢰하며 살아가는 **과정 중심의 이야기**라는 것을 깨닫습니다. 그렇지 않다면 임무를 완수하지 못한 모세와 여호수아의 노력은 헛된 것입니다. 기나긴 그들의 이야기는 아무 의미가 없습니다. 하지만 가나안이라는 꿈의 땅을 설정한 것 자체가 백성으로 하나님의 약속을 신뢰하고 따르게 하려는 교육의 장(場)으로 기능했습니다. 일반적으로 신자들은 죽어서 가게 될 천국이라는 목적지를 바라보지만 하나님의 뜻은 오히려 천국을 향하는 과정, 우리의 일상에 있습니다. 과정을 통해 충분히 배우지 못한다면 목적지에 다다르는 것도 의미가 없습니다. 모세가 이런 말을 했습니다.

> 모세가 여호와께로 다시 나아가 여짜오되 슬프도소이다 이 백성이 자기들을 위하여 금 신을 만들었사오니 큰 죄를 범하였나이다 그러나 이제 그들의 죄를 사하시옵소서 그렇지 아니하시오면 원하건대 주께서 기록하신 책에서 내 이름을 지워 버려 주옵소서(출 32:31-32)

여호수아는 백성들이 목적지를 향하는 과정 중에 무엇인가를 열심히 배우라고 말합니다.

> 오직 강하고 극히 담대하여 나의 종 모세가 네게 명령한 그 율법을 다 지켜 행하고 우로나 좌로나 치우치지 말라 그리하면 어디로 가든지 형통하리니 이 율법책을 네 입에서 떠나지 말게 하며 주야로 그것을 묵상하여 그 안에 기록된 대로 다 지켜 행하라 그리하면 네 길이 평탄하게 될 것이며 네가 형통하리라(수 1:7-8)

어느 순간 땅 정복이라는 화제는 화자의 관심에서 멀어지고 우로나 좌로나 치우치지 말라는 교훈만 드러납니다.

너희의 하나님 여호와 그가 너희 앞에서 그들을 쫓아내사 너희 목전에서 그들을 떠나게 하시리니 너희의 하나님 여호와께서 너희에게 말씀하신 대로 너희가 그 땅을 차지할 것이라 그러므로 너희는 크게 힘써 모세의 율법 책에 기록된 것을 다 지켜 행하라 그것을 떠나 우로나 좌로나 치우치지 말라(수 23:5-6)

이로 볼 때, 여호수아서는 땅을 정복하고 분배하는 것만 서술한 책이 아니라 백성들에게 하나님만을 의존해야 한다는 교훈을 가르치는 교육의 책입니다. 물론 하나님만을 의존했을 때 성공할 수 있다는 가능성을 열어두고 말입니다. 하지만 누구도 완전한 성공에 이르지는 못했습니다.

문서("책")를 중심으로 한 명확한 교훈은 어떻게 보아도 모세나 여호수아가 활동했던 시기에는 나타나기 어려운 것입니다. 본문은 귀환 이후 율법이 비로소 완전한 문서가 되고 사람들이 그 기준을 따라 살며 자녀들을 가르치려고 했던 포로 후기의 경향을 나타냅니다. 여호수아서의 독자인 이스라엘의 후손들은 총 24장에 걸친 땅 정복과 분배의 서사시를 읽으며 조상들이 실패했음에도 어떤 신앙적 성찰을 이루었는지 배울 수 있었을 것입니다. 여전히 국권을 회복하지 못한 상황에 있었지만 심지어 그것은 이후로도 이루어지지 않지만 적어도 이야기 안에서만큼은 모든 것이 꼭 이루어진다는 확신을 발견할 수 있습니다. 여호수아 이야기는 교육적인 동시에 진취적이며 성공 지향적입니다. 하지만 현실을 되짚어보면 땅의 정복은 미완성이고 주변 세력의 방어는 여전히 강력합니다.

수 1:7-8과 수 23:5-6에서 거듭 언급하고 있는 어구인 "좌로나 우로나 치우치지 말라"는 표현은 구약성서에서 모두 11구절을 찾아볼 수 있는데 이는 '왼쪽이나 오른쪽으로 쏠리지 말아라'라는 단순한 의미에서 출발한 것입니다.(신 2:27 지역 통과; 삼상 6:12 똑바로 이동함) 그리고 초기 지혜 문헌에서 '사회적으로 인정을 받을 수 있는 바른 삶을 사는 사람이 돼라'는 뜻으로 쓰이기 시작했습니다.(잠 4:27 좌로나 우로나 치우치지 말고 네 발을 악에서 떠나게 하라) 그리고 사회적 원칙과 재판장의 판결을 따르라는 뜻을 가진 문장에도 쓰였습니다.(신 17:11 "그들이 네게 보이는 판결을 어겨 좌로나 우로나 치우치지 말 것이니라") 그러다가 점진적으로 왕을 위한 교훈에 쓰이게 되었습니다. 왕일지라도 하나님의 명령에 순종해야 한다는 취지에서 말입니다.(신 17:20) 어떻게 하면 왕위를 존속할 수 있는지에 대한 하나의 답변이었던 이 명령은 종국적으로는 신앙 개인들이 요동함 없이 온전해야 한다는 권고문에 쓰였습니다.(신 5:32) 이는 유일신 사상을 확립한 후에도 애용되었으며(신 28:14) 특히, 율법을 문서화한 시점에서 그 율법 문서를 따라 행해야 한다는 교육적인 메시지가 되었습니다.(왕하 22:2 "율법책", 8 "좌우로 치우치지 아니하였더라"; 대하 34:2 "좌우로 치우치지 아니하고"; 14 "율법책") 여호수아 1:7과 23:6도 마찬가지로 문서화한 신앙 가치를 기준으로 살아야 한다는 교육적 메시지입니다.

여호수아의 이야기는 표면적으로는 땅 정복과 분배의 이야기처럼 보이지만 내면적으로는 삶에 대해 교훈하는 이야기라고 말씀드릴 수 있겠습니다. 저자(편집자)는 제1세대와는 달리 2세대가 더 나아 보이게 하려고 많은 수식을 덧붙였지만 사실 그의 더 큰 관심은 이 이야기를 통해서 차후 세대가 자발적으로 신앙 가치를 수용하는 것입니다.(수 24:15 "만일 여호와를 섬기는 것이 너희에게 좋지 않게 보이거든 너희 조상들이 강 저쪽에서 섬기던 신들이든지 또는 너희가 거주하는 땅에 있는 아모리 족속의 신들이든지 너희가 섬길 자를 오늘 택하라 오직 나와 내 집은 여호와를 섬기겠노라 하니") 그래서 몇몇 맥락에서 땅 정복과 배분이 마무리되지 않은 채로 방치된 것과 같은 느낌을 줍니다. 이것은 기술적 실책이라기보다는 관심의 문제입니다. 관심이 있는 내용은 확대하고 그렇지 않은 내용은 적당히 적어놓습니다.

🐝 우리 삶에는 많은 역경이 있습니다. 대부분 여호수아처럼 모든 역경을 하나님의 능력에 힘입어 무너뜨리고 정복하기를 원합니다. 하지만 그게 그렇게 쉽게 되는 일이 아닙니다. 역경을 이겨냈다고 하는 신앙인들의 말을 들어 보면 말로는 하나님께서 완벽하고 부족함 없이 인도하셨다고 간증합니다. 하지만 사실 그들에게는 많은 상처와 아픔이 남아있습니다. 우리의 삶이 뭔가 대단한 것을 이룬 것 같아도 조금만 곰곰이 생각해 보면 꼭 그렇지만도 않습니다. 지나온 발걸음에 대하여 많은 회한이 밀려옵니다. 그런데 어떻게 생각하면 결과가 아닌 과정이 우리에게 더 중요한 무엇을 선사한 것은 아닐까요? 우리가 정복해야 할 그 무엇을, 우리가 꼭 성취하고 싶었던 어떤 것을 여전히 정복하지도 성취하지도 못한 상태지만, 좌절하고 실패하면서도 신앙의 힘으로 다시 일어나는 과정을 통해 무엇인가 아주 중요한 것을 배운 것은 아닙니까? 하나님이 우리의 삶에 기대하시는 것은 성공이 아니라 역경에 굴하지 않는 모습, 넘어졌다가도 일어나고 또 넘어졌다가 일어나는 오뚜기 같은 모습이 아닐까요? 저는 천국이라는 목적지에 다다르는 것보다 그 천국에 가기까지의 과정이 더 중요하다고 생각합니다. 힘든 오늘이지만 꿋꿋이 앞으로 한 걸음 내디딜 수 있는 여전한 작은 여유, 마음 속에 하나님을 믿는 믿음이 있다면서 나태하게 주저앉아 있는 것이 아니라 오히려 불굴의 믿음으로 다시 한번 일어나 일상을 살아가는 것, 저는 그것이 우리가 신앙을 가져야 하는 가장 중요한 이유라고 믿습니다. 솔직히 아무 부족함도 없는 마음에 신앙이 뭐가 필요하겠습니까? 늘 성공하는 사람에게 하나님의 도우심이 필요하겠습니까?

'좌로나 우로나 치우치지 말자! 그러면 다 잘 될 거야!'라는 말을 자신에게 해 봅시다. 처음에는 '잘 될 거야'라는 부분에 소망이 묻어납니다. 그러다가 나중에는 '좌로나 우로나 치우치지 말자!'라는 말에 마음이 끌립니다. 그렇습니다! 저는 잘 되는 것 보다는 똑바로 살고 싶습니다. 사람답게 살고 싶습니다. 이쪽저쪽 기웃거리지 않고 똑바로 살고 싶습니다. 좁지만 바른길을 걸어가고 싶습니다.

여러분은 어떻습니까? 늘 성공하는 당신이라면 이런저런 고민할 필요가 없겠지만 그런 사람은 별로 없습니다. 당신이나 저나 끝내 목표를 이룰 수 없을지도 모릅니다. 하지만 그게 무슨 문제입니까? 오늘 행복하게 살아가면 되지요. 지금까지 남에게 해코지하지 않고 떳떳하게 살아온 것처럼 말입니다! 家

그 때에 이스라엘 사람들이 기드온에게 이르되 당신이 우리를 미디안의 손에서 구원
하셨으니 당신과 당신의 아들과 당신의 손자가 우리를 다스리소서 하는지라 / 기드
온이 그들에게 이르되 내가 너희를 다스리지 아니하겠고 나의 아들도 너희를 다스리
지 아니할 것이요 여호와께서 너희를 다스리시리라 하니라

사람을 지배하지 말고 섬기세요.

기드온은 므낫세 지파 출신으로서(삿 6:11) 농사를 짓던 사람이었습니다. 당
시 그의 민족을 가장 심하게 괴롭히던 세력은 미디안이었는데 어느 날 그는 그
들을 무찌르라는 신적 소명을 받았습니다. 하지만 그와 그의 가족이 실제로 섬
겼던 것은 **바알신** 같습니다. 아버지 집의 우상을 파괴하는(삿 6:25-32) 아들의
이야기를 넣은 것은 편집자들의 작업입니다.(기드온의 죽음 뒤에 다른 신을 섬
기는 이스라엘(삿 8:33))

그는 300명의 군사만 데리고 재치 있게 항아리 전술을 사용하여 싸움에서 승
리합니다.(삿 7-8장) 기드온이 7년 동안 이스라엘을 압박했던 적 미디안을 멸절
했기 때문에(삿 6:1; 7:25; 8:21-28) 그에 대한 백성의 신망은 하늘을 찌를 듯했
습니다. 마침내 백성들은 기드온에게 왕이 되어달라고 합니다.

> 그 때에 이스라엘 사람들이 기드온에게 이르되 당신이 우리를 미디안의 손에서
> 구원하셨으니 당신과 당신의 아들과 당신의 손자가 우리를 다스리소서 하는지
> 라(삿 8:22)

하지만 기드온은 단호하게 거절합니다. 자신뿐 아니라 아들도 왕이 되지 않
겠다고 말합니다.

기드온이 그들에게 이르되 내가 너희를 다스리지 아니하겠고 나의 아들도 너희를 다스리지 아니할 것이요 여호와께서 너희를 다스리시리라 하니라(삿 8:22-23)

왕위에 대한 거절은 왕권에 대한 부정(否定)과 관계가 있습니다. 아래 우화 역시 왕이 필요 없다는 이야기입니다.

하루는 나무들이 나가서 기름을 부어 자신들 위에 왕으로 삼으려 하여 감람나무에게 이르되 너는 우리 위에 왕이 되라 하매 감람나무가 그들에게 이르되 내게 있는 나의 기름은 하나님과 사람을 영화롭게 하나니 내가 어찌 그것을 버리고 가서 나무들 위에 우쭐대리요 한지라 나무들이 또 무화과나무에게 이르되 너는 와서 우리 위에 왕이 되라 하매 무화과나무가 그들에게 이르되 나의 단 것과 나의 아름다운 열매를 내가 어찌 버리고 가서 나무들 위에 우쭐대리요 한지라 나무들이 또 포도나무에게 이르되 너는 와서 우리 위에 왕이 되라 하매 포도나무가 그들에게 이르되 하나님과 사람을 기쁘게 하는 내 포도주를 내가 어찌 버리고 가서 나무들 위에 우쭐대리요 한지라 이에 모든 나무가 가시나무에게 이르되 너는 와서 우리 위에 왕이 되라 하매 가시나무가 나무들에게 이르되 만일 너희가 참으로 내게 기름을 부어 너희 위에 왕으로 삼겠거든 와서 내 그늘에 피하라 그리하지 아니하면 불이 가시나무에서 나와서 레바논의 백향목을 사를 것이니라 하였느니라(삿 9:8-15)

'왕이 되려는 가시나무' 우화는 왕에 대한 부정적 입장을 나타냅니다. 감람나무, 무화과나무, 포도나무 모두 기름과 열매와 포도주를 사람에게 제공하는 것을 본분으로 여기고 있습니다. 왕이 되어 우쭐대는 것보다 그 본분을 지키는 것이 더 중요하다고 합니다. 감람나무와 포도나무의 경우 노골적으로 "하나님"을 거론합니다. 그들의 본분이 하나님을 영화롭게 하고 기쁘게 하는 것이라고 합니다. 이것은 신앙적 진술입니다. 그에 비해서 왕이 된 가시나무는 자신에게 복종하지 않으면 "불"로 사르겠다고 으름장을 놓습니다. 이런 폭력적인 이미지는 창조주 하나님이 부여한 본분을 망각하고 무시하는 자에게서 나타납니다.

이 우화는 국가 패망 이후에 이루어진 성찰, 즉, **인간 왕이 국가와 민족의 안녕을 보장할 수 없다**는 성찰을 전제합니다. 기드온이 '여호와께서 너희를 다스릴 것이다'라고 한 말도 동일한 역사적 성찰을 배경으로 합니다.

기드온이 미디안인을 물리친 활약은 이스라엘 민족사에 있어서 전설이 되었습니다.(시 83:9; 사 9:4; 10:26) 기드온은 신약성서의 대표적인 위인 목록에 들어있기도 합니다.(히 11:32) 그는 정치사나 종교사의 영역 모두에서 영웅입니다. 하지만 가장 강한 인상을 준 것은 그가 왕의 자리를 거절하는 장면입니다. 그는 원래 아주 겸손하고(삿 6:15 "가장 작은 자니이다") 두려움이 많은(삿 6:17 "표증을 내게 보이소서"; 삿 6:27 "두려워하므로 이 일을 감히 낮에 행하지 못하고 밤에 행하니라") 보통 사람이었습니다. 전능하신 하나님의 이미지, 하나님이 역사를 주관하신다는 신정론, 포로기를 거치며 나타난 인간 왕권의 부정과 같은 개념들이 기드온 이야기와 연결되었습니다. 하나님의 능력에 힘입은 그가 미디안 족속을 물리침으로 하나님이 족장신 이상의 능력을 갖춘 신이라는 것을 증명하였습니다. 또한, 적을 물리치기 위해 배후에서 세부 전략을 짜고 실행하는 실질적인 주관자가 누구라는 것이 드러났습니다. 그리고 누구든지 하나님만 의존하면 하나님이 보호하신다는 구원의 원리가 나타났습니다. 화자가 볼 때, 국가 패망의 경험을 겪고 나서도 여전히 하나님을 신뢰하지 않고 인간 왕과 그의 능력을 의존한다면 비판받아 마땅합니다. 사무엘 이야기를 통해 왕을 세우는 것의 부당함(삼상 8:7)을 설명한 것처럼 기드온 이야기 역시 하나님 외에 모든 인간 권력은 유한하며 한계가 있다는 성찰을 표명합니다. 이는 이스라엘이 국가 패망을 통해 얻은 중요한 교훈입니다.

🐝 모든 사람이 왕이 되기를 거절하는 국가를 상상할 수 있습니까? 그런 나라가 있다면 아마도 그 나라는 말할 수 없이 평화로운 나라일 것입니다. 이른바 정치를 빌미로 나라 것을 도적질하는 사람도 없고, 집 문을 열어 놓아도 아무도 물건을 훔칠 생각을 하지 않고, 치안을 책임지는 사람도 쓸데없고, 전쟁도 없고 군인도 없고 그들을 지휘하는 대장도 필요없는 나라말입니다. 하지만 그런 나라는 존재하기 어렵습니다! 우리 중에 누군가는 공동체의 우두머리가 되어야 합니다. 모든 국민이 정치 행정에 참여할 수 없기 때문에 대표가 필요합니다. 학교에도 교장이나 총장이 필요합니다. 어떤 이는 경찰관이 되어 선량한 사람들에게 해를 끼치지 못하도록 범죄자들을 제어합니다. 어떤 이는 대장이 되어 부하 군인들에게 명령을 하달하고 작전을 수행하여 국가 안보를 유지합니다.

기드온의 이야기, 왕이 되기를 거절한 영웅의 이야기는 우리에게 어떤 교훈을 줍니까? 이야기의 교훈을 섬김과 양심이라는 화두로 풀어낼 수 있을 것입니다. 어떤 사람이 나라, 학교, 가족의 리더가 된다고 해서 힘을 마음대로 휘두를 수는 없습니다. 모든 권력자 위에는 진정한 권력자인 하나님이 계시기 때문입니다. 이것을 신앙하는 사람은 휘두를 힘이 있어도 절제하고 오직 사람들을 이익을 위해서 그 힘을 겸손히 사용합니다.

어릴 때는 그렇지 않지만 나이를 먹고 경력과 연륜이 쌓이면 사람들을 이끄는 자리에 앉게 됩니다. 그럴 때 왕이 되기를 거절했던 기드온의 이야기를 떠올릴 필요가 있습니다. 공동체를 위해서 어쩔 수 없이 높은 자리에 앉아 있어야 할지라도 섬기는 자세로 일할 수 있을 것입니다. 자신에게 주어진 힘을 이기적으로 남용하는 것이 아니라 사회 전체를 위해서 선용할 수 있을 것입니다. 충분한 자격이 있음에도 오히려 겸손하게 처신하는 당신을 보고 모두가 감동하고 안심할 것입니다.

사실 큰 힘을 가진 사람 중에 양심적인 사람은 많지 않습니다. 같은 사람인데 어떤 이는 지배자가 되고 어떤 사람은 그 지배를 받는다는 것은 부당합니다. 오직 하나님만 왕이시고 우리는 모두 높고 낮음이 없는 평등한 존재라는 것을 잊지 맙시다. 지도자가 되고 싶다면 이 점을 늘 기억하세요! 우리 모두 똑같은 인간이라는 것을! 힘을 가진 사람이 이 사실을 망각하면 남들에게 피해를 끼치는 가공할 괴물이 됩니다.

여인들이 나오미에게 이르되 찬송할지로다 여호와께서 오늘 네게 기업 무를 자가 없게 하지 아니하셨도다 이 아이의 이름이 이스라엘 중에 유명하게 되기를 원하노라 / 이는 네 생명의 회복자이며 네 노년의 봉양자라 곧 너를 사랑하며 일곱 아들보다 귀한 네 며느리가 낳은 자로다 하니라 / 나오미가 아기를 받아 품에 품고 그의 양육자가 되니 / 그의 이웃 여인들이 그에게 이름을 지어 주되 나오미에게 아들이 태어났다 하여 그의 이름을 오벳이라 하였는데 그는 다윗의 아버지인 이새의 아버지였더라

만만치 않은 인생이지만 포기하지 않고 살아갑니다.

나오미는 두 이방인 며느리를 거느린 비운의 여인이었습니다. 그녀의 남편은 죽었고, 외국 땅에 살면서 외국 여자들과 살았던 두 아들도 죽어 버렸습니다.(룻 1:3,5) 그런데 선민의식이 있는 이스라엘 남자들이 왜 이방 여자와 결혼했을까요?(룻 1:4) 룻 1:1에서 언급한 것처럼 유일신 여호와를 중심으로 한 민족적 정절(貞節)을 중시하기 전인 사사 시대가 이야기의 배경이라면 두 아들 모두 외국 여자와 결혼한 것을 이해할 수 있습니다. 이스라엘 민족이 처음부터 타민족에 대하여 배타적인 입장이었던 것은 아닙니다. 그들은 원래 이웃 나라 사람들과 잘 지내며 도움을 주고받으며 살았습니다. 그들은 친화력과 포용력이 있는 사람들이었습니다. 그들이 외지에서 팔레스타인 땅으로 이주해 왔을 때 원주민의 도움으로 정착했음을 기억한다면 누가 누구를 배척할 수 있겠습니까!

나오미는 모압 땅에 살다가 고향에 풍년이 들었다는 소식을 듣고 귀향을 결정합니다.(룻 1:6a) 귀향길에 오른 그녀는(룻 1:6b; 1:7) 길을 조금 걷다가(룻 1:7 "길을 가다가") 두 며느리에게 친정으로 돌아가라고 하였습니다. 남편도 없는 시댁에 머물 이유가 없다는 것이지요. 처음에 두 며느리는 울면서 "어머니의 백성에게로 돌아가겠나이다"(룻 1:10)라고 했지만 둘 중 하나(오르바)가 떠났고 룻 하나만 남았습니다.(룻 1:14) 룻은 이런 말을 합니다. "어머니의 백성이 나의 백

성이 되고 어머니의 하나님이 나의 하나님이 되시리니"(룻 1:16) 족장 시대나 사사 시대처럼 이스라엘 백성의 민족 신과 다른 이방 신의 명확한 구분 없이 개념을 공유하고 있는 시대에서는 '어머니의 하나님이 나의 하나님이 될 것입니다'라는 표현이 나오기 어렵습니다. 따라서 원래 이 이야기는 사람과 사람 사이의 의리나 정에 관해서 이야기하는 평범한 스토리였을 것입니다. 그러나 이 이야기에 점진적으로 명확한 유일신 사상이 녹아들어 갔습니다. 이스라엘 "백성"과 같은 운명을 선택하는 외국인에 한하여 '하나님이 그들의 하나님이 될 것이다'라고 인정한 것 같습니다. '나의 하나님'이라는 고백을 꼭 개인화한 신앙 고백으로 볼 필요는 없습니다. 궁극적으로 전체 분문은 우리("백성")의 하나님을 지향하기 때문입니다. 공동체 개념은 아직 사라지지 않고 고스란히 유지되고 있습니다.

베들레헴 사람들은 나오미와 룻을 안쓰러운 눈으로 보았습니다.(룻 1:19-21 "이이가 나오미냐?") 이 이야기는 고향 땅을 떠난 사람이 고생만 하다가 고향으로 돌아왔다는 이야기이며 어떤 땅보다 고향 땅이 제일이라는 생각을 담고 있습니다. 그런 상황 가운데 나오미가 한 말은 아주 독특합니다.

> … 나를 마라라 부르라 이는 전능자가 나를 심히 괴롭게 하였음이니라(룻 1:20)

룻 1:20에서 나오미는 하나님을 "전능자"(샤다이)라고 칭했는데 이는 창세기의 6구절(창 17:1; 28:3; 35:11; 43:14; 48:3; 49:25)과 출 6:3; 민 24:2, 16; 사 13:6; 겔 1:24; 10:5; 욜 1:15; 시 68:14; 91:1, 그리고 욥기의 총 29 구절(욥 5:17; 6:4, 14; 8:3, 5; 11:7; 13:3; 15:25; 21:15, 20; 22:3, 17, 23, 25; 23:16; 24:1; 27:2, 10, 13; 29:5; 31:2, 35; 32:8; 33:4; 34:10, 12; 35:13; 37:23; 40:2)에 쓰인 어휘입니다. 이는 일찍이 족장 시대에 알려진 하나님의 이름이었고 '스스로 있는 자'보다 더 먼저 쓰인 하나님의 이름입니다.(출 6:3) 그런데 룻기의 이 구절에는 "샤다이" 앞에 "엘"이 붙어있지 않습니다.(창 17:1; 28:3; 35:11; 43:14; 48:3; 출 6:3; 겔 10:5; 욥 8:5; 13:3; 15:25 "엘-샤다이", 총 10회) 잘

알려진 대로 "엘"은 '바알'의 아버지인 우가릿의 최고 신(神)의 이름과 같은 것이기 때문에 이스라엘 고유의 신명인 '야웨'로 신명의 주도권이 바뀌는 과정 중에 "엘-샤다이"에서 "엘"을 제거하여 모호하게 "전능자"라는 뜻으로 "샤다이"만 남긴 것 같습니다. 그러다가 마지막에는 모두 '야웨'로 대치한 것입니다. 어쨌든 "샤다이"는 구약성서에서 집단적인 영역이든 개인적인 영역이든 하나님의 심판을 언급할 때 씁니다.(사 13:6; 욜 1:15; 시 68:14; 욥 5:17; 6:4; 21:20; 룻 1:20)

룻 1:20은 "전능자"와 그의 심판에 대하여 '큰 능력을 가진 신이 나를 괴롭히고 내가 감히 그에게 대항할 수 없지만 정말 너무 한다!'라고 말하고 있습니다. 이는 감히 "전능자"에게 설명을 요구했던 욥 31:35("전능자가 내게 대답하시기를 바라노라")과 유사한 느낌을 줍니다. 불가항력적인 불행에 대해서 '하나님! 도대체 왜 이렇게 하셨어요?'; '어디 입이 있으시면 말 좀 해보세요!'라고 투정하는 식입니다.

사람이 이렇게 하나님께 반문할 수 있다니! 이런 하나님은 인생이 감히 범접할 수도 없는 엄위로우신 하나님의 이미지와는 다른, 친숙한 이미지의 하나님입니다. 때로 그 대상이 인간인지 하나님인지도 분명치 않은 그런 하나님의 이미지입니다. 그렇다고 해서 신적인 능력이 있다는 것까지 부정하지는 않습니다. 뚜렷하지는 않지만 하나님이 인생의 길흉화복에 직접적이고 절대적인 영향을 미치고 있다는 것을 초보적으로나마 인식하고 있습니다.

🌸 오래전에 쓴 본문에 부분적으로 후대의 편집자가 손을 댄 흔적이 남아있는 룻기, 주인공 나오미는 '신이 나를 괴롭게 했다'라면서 꿋꿋하게 생존을 위해 이동합니다. 신에 대한 과도한 원망은 찾아볼 수 없고 마치 신과 티격태격 대화를 주고받으면서 꾸역꾸역 일상을 살아가는 것 같습니다. 이러한 양상은 족장사의 족장들에게서도 찾아볼 수 있는 원초적인 신앙의 모습입니다. 제가 생각할 때 이는 아주 매력적입니다. 신을 극히 무서운 신으로 여기지 않으면서

인간에게 축복을 대령하는 심부름꾼으로 생각하지도 않습니다. '신이지만 여러 사람의 바람대로 다 이루어주는 게 힘들겠지…'라는 듯합니다. 때로는 고통 때문에 너무 힘들지만 금새 삶의 자리로 돌아와 최선을 다해 살아갑니다.

어떤 사람은 하나님이 당장 자기에게 복과 성공을 줘야 한다면서 만일 그렇지 않으면 하나님을 저주하고 교회도 안 다닐 거라고 협박조의 말을 합니다. 하지만, 참 신앙이란 복된 삶이든 힘든 삶이든 최선을 다해 꿋꿋하게 살아가는 것입니다. 하나님조차 이해하는 넓은 마음으로 말입니다. 신의 사정까지 이해하려는 태도, 얼마나 인간적입니까! 누군가는 신앙을 갖는 것이 무슨 소용이냐고 반박하지만 일상을 살아가며 느끼는 **신앙의 힘이라는 것은 요리에 넣는 소중한 양념 같아서 별것 아닌 것 같다가도 자주 대단히 중요한 역할을 합니다.** 일상을 담담히 살아가는 나오미의 신앙도 그런 것입니다. 확 드러나지 않을지 모르지만 신앙이 그녀의 마음속에 있습니다. 그래서 그런지 그녀의 마음은 넓습니다. 그런 넓은 마음으로 살아가다가 의리 있는 외국인 며느리를 만났습니다. 아들이 죽었는데 이 며느리는 외로운 시어머니 곁에 남았습니다. 며느리가 좋은 남자와 재혼하면서(룻 4:10) 귀여운 아기를 낳았습니다. '그게 무슨 내 손자냐?'라고 할 법한데 그렇게 하지 않습니다. 넓은 마음으로 이해합니다. 이웃 사람들도 그 아기가 '나오미의 아들이다'라고 했습니다.(룻 4:17) 그 손자는 나중에 다윗의 할아버지가 되었습니다. 이 정도면 썩 괜찮은 인생 아닙니까? 저는 신앙의 저력이라는 것이 다른 것이 아니라고 생각합니다. 어려움에도 요동하지 않고 넓은 마음으로 모든 것을 이해하며 담담히 일상을 살아가는 것이라고 생각합니다. 나오미처럼 말입니다. 여러분은 동의하지 않으실지요? 家

다윗이 이같이 물매와 돌로 블레셋 사람(골리앗)을 이기고 그를 쳐죽였으나 자기 손에는 칼이 없었더라 / 다윗이 달려가서 블레셋 사람을 밟고 그의 칼을 그 칼 집에서 빼내어 그 칼로 그를 죽이고 그의 머리를 베니 블레셋 사람들이 자기 용사의 죽음을 보고 도망하는지라

잊혀진 진짜 영웅들을 생각합니다.

사무엘상 17장은 "소년"(?) 다윗이 철제 무기도 없이 블레셋의 거대한(삼상 17:4 키가 여섯 규빗 한 뼘(약 3미터)) 용장(勇將) 골리앗을 죽였다고 말합니다. 물맷돌을 날려 골리앗의 이마를 맞춰 쓰러뜨린 후 골리앗의 "칼로" 그의 "머리를 베"었습니다.(삼상 17:51) 그런데 이 내용을 적은 구절의 바로 앞 구절은 "자기 손에는 칼이 없었"다라고 적고 있습니다. 원래는 없었는데 적장의 무기를 빼어서 베었다는 뜻인 것 같습니다. 다윗이 무기도 없이 승리했다는 것을 세심하게 어필합니다. 하지만 다윗에게는 물맷돌이 있었지 않습니까? 물맷돌은 무기가 아닙니까? 그걸로 사람을 죽였다는데?

다소 허점이 보이기는 하지만, 이 이야기의 저자는 어떻게든 다윗이 무기를 의존하지 않고 승리를 거두었다고 말하고 싶은 모양입니다. 다윗이 연약하게 보일수록 하나님의 능력이 돋보이리라고 생각하는 것 같습니다. 그런 의미에서 두 사람이 칼싸움하다가 한쪽이 다른 쪽을 죽였다는 이야기에 물맷돌 이야기를 추가한 것 같습니다.

다윗이 '무기를 쓰지 않았다'는 말은 이스라엘이 패망한 후 **힘(정치력, 군사력)에 의존하는 것은 하나님을 의존하지 않는 것**이라는 성찰에 따른 것입니다. 이른바 힘의 논리를 의존하는 자는 신정 국가 재건에 방해가 되며 그런 사람이

왕이 되어서는 안 된다는 것입니다. 귀환 이후 이스라엘 민족은 주변국의 정치
역량에 의존했음에도 국가 패망을 막지 못했던 선왕들과는 달리 하나님을 절실
히 신앙하는 왕을 세우고자 했습니다. 그러면서 다윗, 요시야, 히스기야 왕(왕
하 18:5)과 같은 위인들을 모델로 제시합니다. 그 가운데 최종적으로 다윗을 선
정했고 그에 따라 다윗의 후손 중 한 사람을 왕으로 삼으려고 합니다.(슥 4:7)
새 왕의 표상이 될 위인을 선정하는 과정에서 각 위인에 대한 부정적인 주장들
도 제기되었는데 성서 본문에 부분적으로 남았습니다. 원래 가장 강력한 후보는
요시야였던 것 같은데(왕하 23:25) 귀환자 가운데 유력한 리더가 마침 다윗의 후
손이었기 때문에(대상 3:1-19) 결론적으로 다윗과 그의 후손을 낙점한 것 같습
니다. 최종 후보에 대해서도 역시 힘의 논리 배제를 요구합니다.(슥 4:6 "힘으로
되지 아니하며 능력으로 되지 아니하고 오직 나의 영으로 되느니라") 이와같은
배경에서 전설적인 다윗의 승전사에 "칼이 없었"다는 문장이 추가된 것입니다.

충격적이지만, 원래 골리앗을 죽인 것은 다윗이 아닙니다. 삼하 21:19과 대
상 20:5은 "엘하난"이라는 인물을 언급합니다.

> 또 다시 블레셋 사람과 곱에서 전쟁할 때에 베들레헴 사람 야레오르김의 아들
> 엘하난이 가드 골리앗(의 아우 라흐미)을(를) 죽였는데 그 자의 창 자루는 베틀
> 채 같았더라(삼하 21:19 = 대상 20:5)

한글 성경과 킹제임스성경은 엘하난이 "골리앗"이 아닌 "골리앗의 아우"를
죽였다고 하지만 이는 마음대로 바꾸어 놓은 것입니다. 히브리어 성경(BHS)과
라틴어 불가타 성경에는 정직하게 "엘하난이 골리앗을 죽였다"고 쓰여 있고 영
어 성경 ESV와 중국어 성경도 이를 따라 "엘하난이 골리앗을 죽였다"고 바르게
번역했습니다.

원래 엘하난이 골리앗을 죽인 영웅이었을 것입니다. 대상 20:5이 처음으로

엘하난이 골리앗이 아닌 골리앗의 아우를 죽였다고 왜곡했으며, 같은 입장을 가진 편집자가 사무엘서를 필사하며 엘하난의 영웅담을 삽입할 때 주인공을 다윗으로 고친 것 같습니다. 주인공이 다윗으로 바뀐 골리앗 이야기에서는 사울과 다윗이 처음 보는 사이 같습니다.(삼상 16:19-22과 삼상 17:58을 비교할 것) 이 것은 원래 엘하난이라는 낯선(?) 사람과 사울 왕이 만나는 장면이었을 것입니다. 거대한 적장을 죽인 진짜 영웅은 누군가를 띄워주려는 분위기 때문에 역사의 뒤안길로 사라졌습니다. 엘하난 이전에 이스라엘 민족은 이처럼 블레셋의 기세를 강하게 꺾어 본 적이 없었습니다. 훗날 블레셋 때문에 사울 왕조가 패망했다는 것을 볼 때 엘하난의 승리는 기념비적 사건으로 기억할 만합니다. 하지만 영웅은 잊혔고 엉뚱한 사람의 이름만 남았습니다.

우리는 텔레비전에 매일같이 나오는 사람들, 잘 만들어진 광고에 등장하는 사람들만 대단하다고 생각합니다. 종일 텔레비전만 보고 있어서 텔레비전이 과장한 것조차 진실로 믿습니다. 사회를 지탱하고 가치를 유지하는 데 있어서 큰 공헌을 한 사람들은 사실 역사의 그늘 가운데 가려져 있는 경우가 많습니다. 저는 고령에, 심지어 몸도 성하지 않으면서 힘들게 번 돈으로 소외계층 학생에게 무명으로 장학금을 지급한 분들을 알고 있습니다. 저 자신도 부모님의 도움을 받지 못하고 자랐는데 삶에 있어 제가 영웅으로 존경하는 분들이 있습니다. 삶을 비관하며 낙망하고 있던 저를 불러서 따뜻한 밥과 간식을 주시고 용돈도 쥐여주셨던 고교 시절 매점 주인아주머니를 기억합니다. 어떤 중화요릿집 사장님은 20년이 넘는 시간 동안 소년·소녀 가장들에게 정기적으로 짜장면과 탕수육을 먹이고 계십니다. 대개 이렇게 훌륭한 분들은 자신의 이름 내기를 꺼리고 미담이 알려져도 얼굴을 보이지 않습니다. 사실 유명한 사람들보다 이런 분들이 사회를 지탱하는 기둥과 같은 분들입니다. 넉넉하지 않은 상황에서 이웃에게 따뜻한 나눔을 실천하는 것은 쉬운 일이 아닙니다. 진짜 영웅들만 할 수 있는 일입니다!

저는 다윗의 그늘에 가려 잊힌 영웅 엘하난을 떠올립니다. 그리고 잊힌 영웅인 그가 다윗보다 백만 배는 더 멋있고 훌륭하다는 생각이 듭니다. 적장을 죽인 것에 감동한 것이 아닙니다. 약한 편을 위해 싸우고 이기고 사라진 사람이기 때문입니다. 내가 행한 가치 있는 일에 대하여 사람들이 찬사를 보낼 때 손뼉 소리가 크면 클수록 왠지 내가 행한 일의 가치가 떨어지는 것만 같습니다. 누군가가 나를 향해 손뼉을 쳐준다면 감사한 일이지만 그렇다고 내가 행한 가치 있는 일이 잊힌다는 것이 꼭 슬픈 일인 것만은 아닙니다. 남의 선행은 꼭 기억해야 하지만 선행을 하는 사람으로서 나는 잊히는 것이 더 좋습니다. 정말로 아무런 대가를 바라지 않고 사회를 위해서 기여할 때, 보이지는 않지만 영원히 손상되지도 않을 하나님의 훈장을 받은 셈입니다. 🏠

사무엘하 7:5-7

> 가서 내 종 다윗에게 말하기를 여호와께서 이와 같이 말씀하시되 네가 나를 위하여 내가 살 집을 건축하겠느냐 / 내가 이스라엘 자손을 애굽에서 인도하여 내던 날부터 오늘까지 집에 살지 아니하고 장막과 성막 안에서 다녔나니 / 이스라엘 자손과 더불어 다니는 모든 곳에서 내가 내 백성 이스라엘을 먹이라고 명령한 이스라엘 어느 지파들 가운데 하나에게 내가 말하기를 너희가 어찌하여 나를 위하여 백향목 집을 건축하지 아니하였느냐고 말하였느냐

하나님은 무엇을 지으라고 한 적이 없어요. 욕심입니다.

사무엘하 7장은 다윗이 하나님의 충성스러운 종이며, 자신의 안락은 제쳐두고 하나님을 생각하는 사람이라고 소개합니다.

> 왕이 선지자 나단에게 이르되 볼지어다 나는 백향목 궁에 살거늘 하나님의 궤는 휘장 가운데에 있도다(삼하 7:2)

다윗은 말 그대로 최고 권력자인 왕이기 때문에(삼하 7:3 "마음에 있는 모든 것을 행하소서") 성소가 있는데 굳이 성전이라는 거대한 종교 건축물을 지으려는 마음을 먹거나 명령을 내리지 않아도 됩니다. 그러나 적어도 삼하 7:2을 보면 그는 하나님의 율법 돌판이 들어 있는 법궤가 천막 안에 놓여있는 것에 대해서 안타까웠고 번듯한 성전을 짓고 싶었던 것 같습니다. 이것이 신앙적 동기에서인지 정치적 이유 때문인지는 따져보아야 합니다만.

다윗이 이런 마음을 먹자 바로(!) "선지자 나단"이 야웨의 말씀을 받습니다.(삼하 7:4) 하지만 삼하 7:5-7의 내용은 놀랍게도 하나님이 성전 건축을 기뻐하신다는 내용이 아닙니다.

> 여호와께서 이와 같이 말씀하시되(아마르) 네가 나를 위하여 내가 살 집을 건축

하겠느냐 내가 이스라엘 자손을 애굽에서 인도하여 내던 날부터 오늘까지 집에 살지 아니하고 장막과 성막 안에서 다녔나니 이스라엘 자손과 더불어 다니는 모든 곳에서 내가 내 백성 이스라엘을 먹이라고 명령한 이스라엘 어느 지파들 가운데 하나에게 내가 말하기를 너희가 어찌하여 나를 위하여 백향목 집을 건축하지 아니하였느냐고 말하였느냐(삼하 7:5-7)

이 구절들에서 하나님은 성전 건축에 대해서 부정적입니다. 이를 두고 어떤 이는 하나님이 속으로는 좋으면서 그런 마음을 숨긴 것이라고 말합니다. 기쁨을 표현하면 경망스러울까 봐 사양했다는 것입니다. 기쁨은 표현해야 합니다. 좋으면서 안 그런 척하는 것은 별로입니다. 비싸고 좋은 선물을 받을 때 마음속으로는 좋지만 겉으로는 '뭐 이런 걸 다…'라고 말하는 사람이 있는데 예의를 차리는 것 같기도 하지만 좀 옛날 사람 같습니다. 뇌물이 아니라면 그냥 "고맙습니다!" 하면 어떨까요? 심지어 어떤 사람은 화를 내면서 사양하다가 나중에는 슬쩍 받습니다. 하나님이 그와 비슷한 이유에서 "나는 성전이 필요 없어! 내가 언제 비싸고 향기 좋은 백향목으로 성전 지어달라고 한 적 있어? 나는 집이라는 걸 몰라. 지금까지 텐트 안에서 살았어!"라고 말씀하신 것일까요? 삼하 7:5을 보면 "여호와께서 말씀하셨다"라는 문장이 있는데 다음 단락인 삼하 7:8에 똑같은 말이 다시 나옵니다. 게다가 삼하 7:8-9을 보면 삼하 7:5-7의 부정적인 언급은 전혀 나오지 않을 뿐 아니라 문맥이 자연스럽게 연결되지도 않습니다.

그러므로 이제 내 종 다윗에게 이와 같이 말하라 만군의 여호와께서 이와 같이 말씀하시기를(아마르) 내가 너를 목장 곧 양을 따르는 데에서 데려다가 내 백성 이스라엘의 주권자로 삼고 네가 가는 모든 곳에서 내가 너와 함께 있어 네 모든 원수를 네 앞에서 멸하였은즉 땅에서 위대한 자들의 이름 같이 네 이름을 위대하게 만들어 주리라(삼하 7:8-9)

이는 하나님이 다윗을 백전백승의 승리자와 위대한 왕으로 만들어주겠다는 약속입니다. 이것을 성전 건축(삼하 7:2)에 대한 하나님의 긍정적 평가와 보상이라고 볼 때 삼하 7:5-7과 삼하 7:8-9의 분위기가 판이하여서 도무지 같은 존재가 연이어 말한 것이라고는 보기 힘듭니다. 하나님이 처음에는 싫은 척 하다가 갑자기 좋아하는 것으로 보는 것은 너무 대충입니다. 그리고 다윗이 성전을 짓고자 하는 것은 순수한 신심에서 출발한 것 같지 않습니다. 성전 건축이 궁극적으로 왕을 더 위대한 왕으로 나타내려는 목적을 향하고 있기 때문입니다.

성전 건축은 성전을 정치적인 구심점(삼하 7:10 "한 곳을 정하여 … 다시 옮기지 못하게 하며")으로 삼으려는 마음에서 이루어진 것 같습니다. 글쓴이는 중앙 성전만 건축되면 모든 백성의 마음이 모일 것이며 모든 원수의 세력을 방어할 수 있다고 믿었던 것 같습니다.(삼하 7:11 "모든 원수에게서 벗어나 편히 쉬게 하리라") 국가 패망 이전까지 중앙 성전은 외부인들의 침략으로부터 이스라엘 백성을 보호하는 신적 임재 자체였습니다. 앗시리아가 예루살렘 성을 포위했을 때 하나님의 기적으로 일순간에 18만 5천 명의 앗시리아 군사가 사망한 사건은 하나의 전설이 되었습니다.(왕하 19:35) 이른바 "성전이 있는 예루살렘 성은 절대 함락되지 않는다"는 믿음을 형성한 것입니다. 이 믿음은 나중에 바벨론에 의해서 도시가 함락되고 성전이 파괴되는 순간까지 이어집니다.

성전 건축은 확실히 모종의 목적에서 인간이 명령한 것입니다. 삼하 7:2을 보면 다윗 왕의 소망이 부각됩니다. 삼하 7:3의 신하(나단)의 반응을 보면 그것이 강력한 왕명(王命)이었다는 것을 알 수 있습니다.("마음에 있는 모든 것을 행하소서") 이처럼 성전 건축은 권력자의 명령으로 시작한 것입니다. 삼하 7:4-7과 삼하 7:8-12까지를 보면 하나님이 성전 건축을 바라는 인간의 소망에 대해 몇몇 반응을 보이셨을 뿐 성전을 지으라고 명령하신 적은 없습니다. 삼하 7:11b의 "여호와가 너를 위하여 집을 짓고"라는 내용도 '하나님이 다윗의 왕가를 세우신다'(삼하 7:27) 정도로 이해할 수 있을 뿐 뭘 건축하라는 것은 아닙니다. 만일 이 내용이 보상으로 '다윗에게 왕궁을 지어준다'는 뜻이라면 문제가 발생합니다. 다윗의 왕궁은 이미 지어진 상태이기 때문입니다.(삼하 7:1 "왕으로 궁에 평안히 살게 하신 때에")

실질적으로 왕명(삼하 7:2-3)에 따라 성전 건축 실행을 언급하는 것은 삼하 7:13에 와서입니다.

> 그는 내 이름을 위하여 집을 건축할 것이요 나는 그의 나라 왕위를 영원히 견고하게 하리라(삼하 7:13)

여기서 "그"는 '다윗'이 아닙니다. 왜냐하면 바로 앞 절에 "네 몸에서 날 네 씨"(삼하 7:12b)라는 언급이 있어서 다윗의 아들을 말하는 것입니다. 실제로 성전 건축을 실행한 사람은 다윗의 아들 솔로몬입니다. 따라서 이 글을 적은 사람은 최소한 솔로몬이 성전을 지었다는 것을 알고 있습니다. 물론 더 나중에 쓰인 글들과는 달리 여기서는 왜 다윗이 건축을 못 하고 그의 아들이 건축하는지에 대한 설명은 없습니다.(비교: 대상 22:8 "여호와의 말씀이 … 네가 내 앞에서 땅에 피를 많이 흘렸은즉 내 이름을 위하여 성전을 건축하지 못하리라") 다시 말하지만 삼하 7:13은 최소한 솔로몬을 성전 건축을 실행할 자로 정한 다음에 작성한 것이 틀림없습니다. 삼하 7:16의 "네 집과 네 나라가 영원히 보전되고 네 왕위도 영원히 견고할 것이다"라는 왕위 보전 약속은 다윗을 위대하게 만들겠다는 약속(삼하 7:8-9)과 잘 연결됩니다. 원래 삼하 7:8-9은 삼하 7:12-16과 붙어있었을 것입니다. 이 글들의 내용은 다윗과 차세대에 대한 약속과 더불어 동시에 성전 건축을 통해 왕이 얻으려고 하는 궁극적인 목적이 무엇인지 알게 합니다. 그런 내용들 외에도 구심점 개념(삼하 7:10-11)과 전쟁에서의 승리 보장 내용이 삽입되었습니다. 삽입 부분들은 성전을 지은 이유를 보충 설명하며 이 보충 설명을 둘러싸고 다윗과 그 후손 왕에 대한 축문(祝文)이 붙어 있습니다. 그리고 성전의 본격적인 건축에 관한 내용은 다윗이 아니라 다윗의 후손에 대한 축복 단락 안에 들어있습니다.

이 모든 상황은 독자로 사무엘하 7장의 본문을 최종 완성한 시기를 추정하게 합니다. 원래 이 본문은 왕정 시대 초기에 그 골자를 만든 것일 텐데 삼하 7:2-3 에서 절대 권력자는 성전 건축 명령을 내리고 삼하 7:8-9은 다윗에 대한 복을 언급합니다. 이어서 삼하 7:12-16은 후대 왕에 대한 복을 언급합니다. 시간이 더 흐른 뒤 다윗이 건축을 하지 못하고 솔로몬이 한 것에 대한 이유를 설명하는 삼하 7:10-11을 추가하였고 맨 마지막에 성전 건축에 대한 부정적인 입장을 반영한 삼하 7:5-7을 덧붙인 것 같습니다.

종합적으로 볼 때, 다윗이 성전을 지을 필요를 느낀 것은 그것을 어떤 구심점으로 삼고 싶었기 때문입니다. 백성들의 마음을 하나로 모아 협의적 평화를 조성하든, 성전에 임재하시는 하나님이 그들의 성을 공격하는 외적을 물리쳐주시든, 다윗은 성전을 통해 나라가 안전하기를 원했습니다. 안전을 유지한다는 것은 바로 왕조가 몰락하지 않는다는 뜻입니다.

그렇다면 누가 성전에 대한 부정적인 견해를 본문에 추가한 것일까요? 독특한 삽입구(삼하 7:5-7)는 분홍빛 기대에도 성전을 보존하지 못했던 역사적인 사실을 배경으로 합니다. 성전이 무너진 후 사람들은 하나님이 진짜로 원하시는 것은 눈에 보이는 고정 성전이 아니라는 것을 깨닫게 되었습니다. 역대상 17장 본문은 사무엘하 7장과 유사하지만 더 발전한 양상을 보입니다.

> 다윗이 그의 궁전에 거주할 때에 다윗이 선지자 나단에게 이르되 나는 백향목 궁에 거주하거늘 여호와의 언약궤는 휘장 아래에 있도다 나단이 다윗에게 아뢰되 하나님이 왕과 함께 계시니 마음에 있는 바를 모두 행하소서 그 밤에 하나님의 말씀이 나단에게 임하여 이르시되 가서 내 종 다윗에게 말하기를 여호와의 말씀이 너는 내가 거할 집을 건축하지 말라(대상 17:1-4)

사무엘하 본문과 아주 비슷하게 보이는 역대상 본문에서 하나님은 성전 건축에 대하여 부정적인 입장을 피력하는 것에서 더 나아가 아예 "건축하지 말라"라고 명령합니다. 성전 건축을 금지합니다. 사무엘하 7장의 삽입구인 삼하 7:5-7을 편집한 사람의 생각은 대상 17:1-4을 적은 사람의 사고와 유사합니다. 훗날 역대기 편집자 중 일부는 명확하게 성전 건축 무용론을 주장하게 됩니다. 물론 성전의 재건축을 시작하기 이전의 일입니다. 이는 성전 건축에 대한 가장 현대적인 생각과 주장입니다.

내가 살 집을 건축하겠느냐?(삼하 7:5)

너는 내가 거할 집을 건축하지 말라(대상 17:1-4)

우리는 이제 성전이든 교회든 사람에 의해서 그리고 사람을 위해서 세운다는 것을 솔직하게 말해야 합니다. 건축물은 누군가 자신의 목적을 위해서 짓는 것입니다. 그런데도 우리는 너무 쉽게 성전(교회) 건축이 무조건 하나님의 뜻이라고 단정 짓습니다. 그러면서 건축에 따르는 부정적인 측면, 예를 들어, 건축하면서 엄청나게 많은 빚을 지게 된다는 것은 말하지 않습니다. 제가 아는 어떤 교회는 무리한 예배당 건축 때문에 교인들 사이에 분쟁이 일어나 결국 교회 문을 닫았습니다. 또 다른 어떤 교회는 허름하고 비가 새던 옛 건물에 모일 때는 늘 나누어 먹고 헐벗은 이웃들에게 도움도 주었지만 거대한 건물을 지은 다음부터는 돈을 아끼느라 아주 인색한 교회로 바뀌었습니다.

하나님은 성전 건축에 대하여 회의적입니다. "건축은 왜 하려고?" 물으시거나 심지어 "건축 그런 거 하지 말아라!"라고 하십니다. 빚을 내 휑하니 커다란 건물만 지으면 뭘 합니까? 꼭 시멘트 냄새가 나는 큰 건물이 있어야 사람들이 그 안에서 행복을 느끼는 게 아닙니다. 그런 행복과 자부심은 아주 세속적입니다. 건축은 건축으로 돈 버는 사람들이 좋아하는 일입니다. 어떤 이는 그거 하나 번듯하게 지어놓으면 자손만대 축복을 받을 줄 착각합니다만 흙으로 만들어 놓은 모든 것은 언젠가 다 허물어집니다. 예루살렘 성전을 보십시오. 다 허물어 졌습니다. 그러니까 쓸데없이 무리하게 건축할 생각을 하지 마십시오. 건축업자만 돈 번다니까요. 물론 담임목사 주머니에도 얼마 들어가겠지만. 그래서 그런지 설교할 때마다 건축하자고 목에 핏대를 세웁니다. 그러니까 더욱더 하지 마세요. 그냥 빈 장소를 빌려서 예배드리세요. 이미 세운 교회가 있다면 무너질 위험이 없는 이상 그냥 거기서 예배드리세요. 중요한 것은 우리가 어떤 생각과 어떤 가치를 가지고 살아가느냐는 것입니다. 모여서 어떤 생각과 가치를 공유하고 흩어져서 어떤 실천을 하며 사느냐가 더 중요합니다. 성전 건축? 힘들기만 합니다. 절대 하지 마세요! 家

그러한데 어찌하여 네가 여호와의 말씀을 업신여기고 나 보기에 악을 행하였느냐 네가 칼로 헷 사람 우리아를 치되 암몬 자손의 칼로 죽이고 그의 아내를 빼앗아 네 아내로 삼았도다 / 이제 네가 나를 업신여기고 헷 사람 우리아의 아내를 빼앗아 네 아내로 삼았은즉 칼이 네 집에서 영원토록 떠나지 아니하리라 하셨고 / 여호와께서 또 이와 같이 이르시기를 보라 내가 너와 네 집에 재앙을 일으키고 내가 네 눈앞에서 네 아내를 빼앗아 네 이웃들에게 주리니 그 사람들이 네 아내들과 더불어 백주에 동침하리라 / 너는 은밀히 행하였으나 나는 온 이스라엘 앞에서 백주에 이 일을 행하리라 하셨나이다 하니 / 다윗이 나단에게 이르되 내가 여호와께 죄를 범하였노라 하매 나단이 다윗에게 말하되 여호와께서도 당신의 죄를 사하셨나니 당신이 죽지 아니하려니와 / 이 일로 말미암아 여호와의 원수가 크게 비방할 거리를 얻게 하였으니 당신이 낳은 아이가 반드시 죽으리이다 하고

회개 기도 하기 전에 피해자에게 사죄하세요!

다윗은 구약성서 전반에 있어 미화된 인물 중 하나입니다. 아래 성서 본문들을 통해 다윗의 원래 어떤 인물이었는지 살펴봅시다. 사무엘하를 보기 전에 참고로 시편 6편을 봅시다. 시 6편은 여러 의심스러운 상황에도 불구하고 제목 때문에 '다윗의 시'라고 알려져 있습니다.

내가 탄식함으로 피곤하여 밤마다 눈물로 내 침상을 띄우며 내 요를 적시나이다 (시 6:6)

"눈물"로 "침상"을 적시며(혹은 "띄우며") "탄식"한다는 표현은 시 6:6을 제외하고는 다른 곳에서 찾아볼 수 없습니다. 그만큼 드문 표현입니다. 적지 않은 사람은 이 표현이 다윗이 밧세바를 강간한 사건(삼하 11:1-12:15) 후에 쓴 참회 기도문(시 51:1-12,14)의 일부라고 생각합니다.

다윗은 범죄를 저지른 후 나단 선지자에게 강한 질타를 받는데(삼하 12:5

"이 일을 행한 그 사람은 마땅히 죽을 자라.") 이에 대하여 다윗은 깊이 반성한 것 같습니다.(삼하 12:13 "내가 여호와께 죄를 범하였노라.") 또 다른 '다윗의 시'인 시 51:0(히브리어 성서로는 2절)을 보면 "다윗이 밧세바와 동침한 후 선지자 나단이 그에게 왔을 때"라는 설명이 붙어있습니다.

이 상황들을 종합해 볼 때, 시편 51편은 삼하 11-12장의 사건을 배경으로 쓴 다윗의 참회문이고 시 6:6 역시 '다윗의 시'라는 제목이 붙어있는 시편의 한 구절이므로 다윗이 밧세바 사건 이후 눈물바다에 침대를 띄울 정도로 참회했으며 그 상황을 시편에 기록했다고 생각할 수 있습니다. 하지만 **그것은 우리의 상상일 뿐이며 그렇게 해석하기에는 미심쩍은 부분이 한둘이 아닙니다.**

우선, 삼하 12장에서 다윗이 제대로 하나님 앞에 참회했는지 의심스럽습니다. 삼하 12:16-17에서 나단의 저주대로 아들이 앓아눕자 다윗은 "… 하나님께 간구하되 … 금식하고 안에 들어가서 밤새도록 땅에 엎드렸으니 그 집의 늙은 자들이 그 곁에 서서 … 땅에서 일으키려 하되 왕이 듣지 아니하고 그들과 더불어 먹지도 아니"했습니다. 그러다가 아들이 죽자 태연하게 "몸을 씻고 … 의복을 갈아입고 여호와의 전에 들어가 경배하고 왕궁으로 돌아와 … 음식을 … 먹었습니다.(삼하 12:20-21) 본문의 편집 배경을 고려하지 않고 읽으면 좀 기이한 상황입니다. 이에 대해서 "신하들"도 대단히 의아하게 생각했던 것 같습니다.(삼하 12:21 "어찌 됨이니이까?") 그리고 아들이 죽은 뒤에 다윗은 무감각하게 재차 "밧세바"와 "동침"하여 또 자식을 낳았고 그가 바로 솔로몬입니다.(삼하 12:24) 독자 여러분이 잘 아는 것과 같이 솔로몬의 어머니가 "밧세바"입니다. 이 유부녀에게서 낳은 아들을 하나님이 "사랑"한다는 전언(傳言)이 붙는데(삼하 12:24-25) 말을 전한 것은 다른 이가 아니라 다윗의 그른 행동을 강하게 비난했던 나단입니다.

여기서 우리는 질문해야 합니다. 다윗은 자신이 성폭행한 유부녀에게 잘못을 용서해달라며 참회한 적이 있습니까? 그가 죽게 한 그녀의 남편에 대하여 어떤 미안함을 표시하거나 보상을 했습니까? 다윗은 말 한마디를 했을 뿐입니다.(삼하 12:13a "내가 여호와께 죄를 범하였노라.") 놀랍게도 그 말 한마디를 하자 즉각 하나님의 용서가 주어집니다.(삼하 12:13b "여호와께서도 당신의 죄를 사하셨나니 …") 잊지 말아야 할 것은 다윗이 "금식하며 … 엎드"린 것은 (순식간에 용서받은) 자기의 잘못 때문이 아니라 "아이"의 병 때문이라는 것입니다.(삼하 12:15-16) 그 아이가 죽은 후에 똑같은 여인과의 사이에서 또 한 명의 아들이 태어납니다.

각기 다른 입장에 서 있는 편집자들에 의해서 여러 차례 편집이 된 것으로 보이는 삼하 11-12장에서 우리는 다윗이 자신의 죄(성폭행) 때문에 침대를 눈물로 적시며 회개 기도했다는 내용을 찾을 수 없습니다. 삼하 11-12장을 시편 51편이나 시편 6편과 연결할 근거는 시편 머리에 붙어있는 제목 외에는 그 어디에도 존재하지 않습니다.

수집한 시편 문집(文集)에서 다윗이 썼을 것으로 추정되는 시들을 골랐을 것이며 그 과정에서 시편 51편을 다윗의 밧세바 사건과 결부했을 것이며 시편 6편에도 시의 언어와 유형을 파악한 결과로써 '다윗의 시'라는 제목을 붙였을 가능성이 큽니다. 자신의 죄에 대해서 겨우 한마디 하는 다윗의 이미지보다는 간절하게 침상을 눈물로 적시며 절실하게 기도하는 다윗의 모습이 훨씬 감동적입니다. 다윗의 신앙적 미담(美談)에 목말라 있었을 편집자는 주저 없이 시편 51편을 다윗의 밧세바 사건과 연결했을 것입니다. **그러나, 시편 51편은 삼하 11-12장의 내용과는 달리 위독한 아들을 놓고 안타까워하는 기도도 아니고 피부병에 걸린 어떤 사람이 자신의 잘못에 대해서 참회하는 기도문입니다.**("우슬초로 … 정결하게 하소서 … 정하리이다 … 눈보다 희리이다") 과거 이스라엘 사람들은 질병을 죄에 대한 징벌로 여겼습니다. 51편 전체가 그렇다는 것이 아니지만 적어도 시 51:1-12 까지는 대략 동일 저자에 의해 쓰인 일관적인 내용의 참회문입니다. 다윗의 시라는 선입견을 버리고 잘 읽어 보십시오.

> 하나님이여 주의 인자를 따라 내게 은혜를 베푸시며 주의 많은 긍휼을 따라 내
> 죄악을 지워 주소서 나의 죄악을 말갛게 씻으시며 나의 죄를 깨끗이 제하소서
> 무릇 나는 내 죄과를 아오니 내 죄가 항상 내 앞에 있나이다 내가 주께만 범죄하
> 여 주의 목전에 악을 행하였사오니 주께서 말씀하실 때에 의로우시다 하고 주께
> 서 심판하실 때에 순전하시다 하리이다 내가 죄악 중에서 출생하였음이여 어머
> 니가 죄 중에서 나를 잉태하였나이다 보소서 주께서는 중심이 진실함을 원하시
> 오니 내게 지혜를 은밀히 가르치시리이다 우슬초로 나를 정결하게 하소서 내가
> 정하리이다 나의 죄를 씻어 주소서 내가 눈보다 희리이다 내게 즐겁고 기쁜 소
> 리를 들려 주시사 주께서 꺾으신 뼈들도 즐거워하게 하소서 주의 얼굴을 내 죄
> 에서 돌이키시고 내 모든 죄악을 지워 주소서 하나님이여 내 속에 정한 마음을
> 창조하시고 내 안에 정직한 영을 새롭게 하소서 나를 주 앞에서 쫓아내지 마시
> 며 주의 성령을 내게서 거두지 마소서 주의 구원의 즐거움을 내게 회복시켜 주
> 시고 자원하는 심령을 주사 나를 붙드소서(시 51:1-12)

당신이 판단력을 가진 독자라면 이 참회문을 여러 번 읽어보면서 이것이 정말
로 밧세바 사건 후에 다윗이 한 기도문인지 생각해 봐야 합니다.
어떤 이는 시편 32편을 언급하며 다윗이 성폭행한 일 때문에 평생 울며 회개
했다고 주장합니다.

> 허물의 사함을 받고 자신의 죄가 가려진 자는 복이 있도다 마음에 간사함이 없
> 고 여호와께 정죄를 당하지 아니하는 자는 복이 있도다 내가 입을 열지 아니할
> 때에 종일 신음하므로 내 뼈가 쇠하였도다 주의 손이 주야로 나를 누르시오니
> 내 진액이 빠져서 여름 가뭄에 마름 같이 되었나이다 내가 이르기를 내 허물을
> 여호와께 자복하리라 하고 주께 내 죄를 아뢰고 내 죄악을 숨기지 아니하였더니

곧 주께서 내 죄악을 사하셨나이다(시 32:1-5)

시 32편 역시 밧세바 사건과 연결할 근거가 분명하지 않습니다. 다윗은 밧세바 사건 때문에 "종일 신음…"하고 "뼈가 쇠"한 것처럼 보인 적이 **없습니다!** 삼하 12장에서 다윗은 나단의 지적을 받고 간단하게 잘못을 시인했을 뿐이며 아들 때문에 간절히 기도하기는 했지만 아들이 죽자 얼른 푸짐한 식사를 했습니다. 게다가 그는 바로 군대를 이끌고 암몬의 수도 랍바를 함락하고 노략질을 합니다.(삼하 12:26-31) 놀랍게도 바로 그곳이 다름 아닌 다윗이 밧세바의 남편 우리아를 "죽게" 한 곳입니다.(삼하 11:15)

시편 51편과 시 6:6의 이야기를 조금 더 해 봅시다. 시편 51편은 후대에 작성한 공공 기도문으로서 제의에 참여한 각 개인의 참회를 위해 쓰인 시편일 가능성이 있습니다. 그리고 공공 기도문이 되기 전에 그것은 어떤 선천적 피부병에 걸린 무명씨가 병을 낫고자 자신을 돌아보며 죄를 회개하는 참회시였을 것입니다. 그 개인 참회시를 공적 지위를 가진 편집자가 제의에 맞게 수정한 것입니다. 시 51:7a의 "우슬초"는 나병 환자의 정결 의식에 사용하는 것인데(레 14:52) 본문 초기층의 화자는 (피부병이) "말갛게 씻"기고 "깨끗이 제"해지기를 기도했습니다.(시 51:2) 그 (피부)병이 선천적인 것은 그가 시 51:5에서 "어머니가 죄 중에서 나를 잉태하였나이다"라고 말하고 있는 것을 볼 때 알 수 있습니다. 다윗은 시편 51편의 화자처럼 (신의 저주로 생각되곤 했던 나병같은) 악성 피부병을 깨끗하게 해달라고 기도한 적이 없습니다. 시 51:16이 제의(祭儀)를 부정하고 있어서 시편 51편의 저자가 최소한 두 명 이상일 수 있습니다. 한편, 시 51:11은 "주의 성령"을 언급하고 있어서 고정된 예루살렘 성전이 붕괴한 이후에 이동하는 하나님(의 영)을 논하는 것 같습니다.(겔 11:24 "주의 영이 나를 들어 하나님의 영의 환상 중에 데리고 갈대아에 있는 사로잡힌 자 중에 이르시더니"; 겔 36:26-27; 사 63:11) 만약 추정이 맞는다면 본문은 포로기 이후의 상황에서 쓰인 것입니다. 이처럼 포로기 이래 몇 단계에 걸쳐 편집되고 수정된 시편 51편을 단순히 "다윗의 시"라고 하는 것은 부정확합니다.

　시편 6편은 1~7a절까지 대체로 동일 화자의 일관적인 이야기입니다. 시 6:7a 에서부터 개인의 문제(질병?) 때문에 간절히 기도하던 화자는 7b절부터는 "대 적"과 "악을 행하는" 자들(시 6:8), "원수들"(시 6:10) 이야기를 합니다. 따라서 시 6:1~7a에 포함된 시 6:6도 역시 동일인의 기도일 것입니다. 시 6:6의 화자는 자신이 앓고 있는 질병이 죄의 결과라고 생각하고 있는 것 같습니다.(시 38:4) 민족의 죄가 아닌(레 29:39b "그 열조의 죄로 인하여 그 열조 같이 쇠잔하리라") 자기 죄 때문에 자기가 벌을 받는다는 생각이 나타난 것은 포로기 이후의 현상 입니다.(왕하 14:6 "사람마다 자기의 죄로 인하여 죽을 것이니라"; 대하 25:4) 난치병에 걸린 사람이 자기 죄 때문에 "눈물로 … 침상을" 흠뻑 적시며 "(담)요 를 적"신다는 것은 인간의 실존적인 연약함을 나타냅니다. 생각이 안 나는 죄도 토해내고 싶은 심정, 모든 죄를 토해내면 질병이 나을 수도 있을 것이라는 간절 함은 순전한 인간성을 기반으로 한 것입니다. 그는 하나님께 '살려만 주시면 주 를 기억하고 감사하겠습니다'(시 6:5)라고 흥정하다가 이내 펑펑 울면서 살려달 라고 합니다.(시 6:6) 너무 울어서 눈이 침침해졌습니다.(시 6:7a) 후대의 편집자 는 이런 안타까운 제1 화자의 모습을 떠올리며 시 6:9에 이런 문장을 덧붙여 놓 았습니다: " 여호와께서 … 간구를 들으셨음이여 여호와께서 … 기도를 받으시 리로다." 큰 죄를 짓고도 배부르게 식사하는 정력적이며 탐욕적인 왕이 이렇게 간절한 기도를 드렸을 것 같지 않습니다. 여자를 자기 것으로 만들고자 충신을 죽였습니다. 그녀와의 사이에 태어난 아기가 중병에 걸리자 잠시 간절하게 기도 했으나 자신의 소유물이 줄어드는 것을 안타까워하는 마음과 큰 차이가 없습니 다. 아기가 죽자 아무 일도 없었다는 듯이 맛있게 식사를 하고 자신이 죽인 충신 의 피와 땀이 어려있는 땅에 들어가 약탈을 하는 인간이 다윗입니다. 철없이 전 쟁놀이하는 왕을 보십시오! 양심도 없이 똑같은 여자와 다시 잠자리에 들어 죽 은 아들을 대신할 아들을 낳는 자입니다. 위대하기는커녕 이기적이고 탐욕스러 운 왕의 모습이 다윗의 원래 모습입니다. 이것을 누구도 쉽게 받아들이고 싶

않을 것입니다. 그것이 사실이라고 해도 말이죠.

🐝 **사람에게 잘못을 저질렀다면 그 피해자에게 사죄하는 것이 먼저입니다.** 교회에 와서 하나님께 참회한다고 해도 하나님은 기뻐하지도 용서하지도 않으실 것입니다.(마 5:23-24)

무슨 교리를 어떻게 배웠는지는 몰라도 사람에게 피해를 줘 놓고 미안한 기색이 전혀 없습니다. 그냥 뻔뻔하게 "나는 하나님께 모든 죄를 용서받았습니다"라는 말을 합니다. 이런 자들은 삐뚤어진 종교가 낳은 괴물입니다. 다윗이 올바른 사람이었다면 성폭력과 살인 교사죄에 대하여 피해자와 관계자에게 철저히 사죄했을 것입니다. 자신이 가진 권세를 믿고 사람 하나 죽이거나 아내를 빼앗는 것은 아무것도 아닌 것으로 생각하니 저런 행동을 하는 것입니다. 겉으로는 경건한 신앙인처럼 굴면서 실제로는 아주 무서운 악인의 모습이 우리의 모습이 아니었으면 합니다! 자신이 저지른 잘못에 대하여 피해자에게 철저히 용서를 비는 행동이 먼저 있어야 합니다. 하나님께 하는 회개 기도는 그다음에 해도 늦지 않습니다. 🏠

엘리야는 두려워 떨며 목숨을 구하여 급히 도망쳤다. 그는 유다 브엘세바에 이르러 그곳에 시종을 남겨두고 / 자기는 하룻길을 더 여행하여 거친 들로 나갔다. 싸리나무 덤불이 있는 곳에 이르러 그 아래 앉은 그는 죽여달라고 기도하였다. "오, 야웨여, 이제 다 끝났습니다. 저의 목숨을 거두어주십시오. 선조들보다 나을 것 없는 못난 놈입니다" / 그리고 나서 엘리야는 싸리나무 덤불 아래 그대로 누워 잠들었다. 그 때 하늘의 천사가 나타나 흔들어 깨우면서 "일어나서 먹어라" 하고 말하였다. / 엘리야가 깨어보니 머리맡에, 불에 달군 돌에 구워낸 과자와 물 한 병이 놓여 있었다. 그는 음식을 먹고 또 물도 마셨다. 그리고는 다시 누워 잠이 들었다 (공동번역)

힘이 다 빠진 영웅이지만 그렇게도 멋있습니다.

어떤 등장인물의 모습과 역할이 너무 다양해서 그 사람이 과연 어떤 사람인지 잘 알 수 없다면? 서술 시점으로 볼 때 같은 사람이 같은 시점에 행한 일로 볼 수 없는 일이 벌어진다면? 그것은 그 등장인물에 관한 서술이 오랜 시간에 걸쳐 점진적으로 다양하게 확장한 것으로 보아야 합니다.

엘리야는 기적의 예언자로 알려져 있습니다. 열왕기상 18장은 이방 민족의 신인 (그러나 상당히 긴 시간 동안 이스라엘 백성 역시 섬겨 온) 바알과 아세라를 숭배하는 "선지자"들 850명(왕상 18:19)과 엘리야가 대결하는 장면입니다. 1대 850 이라는 수적 차이는 엘리야의 역량이 얼마나 대단한지 나타냅니다. 당시 왕후 이세벨은 야웨를 섬기는 예언자들을 다 살해했는데 겨우 100명이 피신한 것 같습니다.(왕상 18:4, 13) 이세벨은 광적인 바알 숭배자였습니다. 엘리야와 바알 선지자들의 대결 이야기는 잔혹한 신앙적 박해를 배경으로 쓰인 것 같습니다. 신앙인의 수적 열세는 하나님의 능력을 더 잘 나타냅니다. 바알 선지자들이 자해(自害)까지 하면서 요란을 떨었음에도(왕상 18:28) 그들의 신은 아무 응답도 하지 않았습니다.(왕상 18:26,29) 엘리야는 쌓은 제단에 물을 부었는데도(왕상

18:32-35) "여호와의 불이 내려서 제단의 제물과 나무와 돌과 흙을 태우고" 심지어 도랑에 고인 물까지 말렸습니다.(왕상 18:38) 오직 야웨만 영험한 신이라는 것이 밝게 드러납니다. 그런데 제사를 준비할 때 엘리야는 마치 제사장처럼 자세한 절차를 따릅니다.

> 엘리야가 모든 백성을 향하여 이르되 내게로 가까이 오라 백성이 다 그에게 가까이 가매 그가 무너진 여호와의 제단을 수축하되 야곱의 아들들의 지파의 수효를 따라 엘리야가 돌 열두 개를 취하니 이 야곱은 옛적에 여호와의 말씀이 임하여 이르시기를 네 이름을 이스라엘이라 하리라 하신 자더라 그가 여호와의 이름을 의지하여 그 돌로 제단을 쌓고 제단을 돌아가며 곡식 종자 두 세아를 둘 만한 도랑을 만들고 또 나무를 벌이고 송아지의 각을 떠서 나무 위에 놓고 이르되 통 넷에 물을 채워다가 번제물과 나무 위에 부으라 하고 또 이르되 다시 그리하라 하여 다시 그리하니 또 이르되 세 번째로 그리하라 하여 세 번째로 그리하니(왕상 18:30-34)

엘리야는 이스라엘 12지파를 의미하는 12개의 돌로 제단을 쌓았습니다. 개인적으로 경쟁하는 것이 아니라 민족을 대표하고 있습니다. 그런데 지금은 많은 예언자를 살해한 아합과 이세벨에 대하여 복수해야 하는 상황입니다. 게다가 북 이스라엘과 남 유다에는 각각 왕이 있고(북쪽: 아합, 남쪽: 여호사밧) 그들이 실질적인 대표성을 갖고 있습니다. 그런데도 본문의 작성자는 정치지도자인 왕이 안중에 없습니다. 오히려 엘리야에게 민족 리더 같은 이미지를 붙여 놓았습니다. 전체적으로 볼 때, 이것은 제사로 경쟁하는 고대 이야기에 의미를 추가한 편집물입니다. 이 본문은 은연중에 민족적 제의(祭儀)의 주체는 왕이 아닌 제사장 계급이라고 주장합니다.(삼상 13:8-14 사울 왕이 사무엘의 제사 집행 권리를 침해) **이 글은 왕이 존재할 때 쓸 수 없는 글입니다.** 국가가 패망하고 왕이 눈앞에서 사라진 후에 쓴 글입니다. 민족 절기가 정치적인 행사로 그리고 다시 제사장을 중심으로 한 종교적인 행위로 변화합니다. 이로 보아 이야기가 포로기전 환기~포로후기를 거치면서 점진적으로 발전한 것 같습니다. 이야기 안에는 하나님 외의 신들이나 왕은 무가치한 존재며 제사가 민족 절기나 정치 행위가 아닌 하나님만을 위한 신앙 행위라는 사상이 들어있습니다. 또한, 하나님은 과거와 같이 제한적 능력을 갖춘 민족 신이 아니라 다른 신들과 비교할 수 없는 세상의 지배자, 유일신이라는 인식이 고착화하고 있음을 감지할 수 있습니다.(왕상 18:37,39 "주 여호와는 하나님")

왕상 18:40에 이르면 지금까지 예언자(선지자)와 제사장의 모습을 하고 있던 엘리야가 순식간에 군대 장관과 같은 모습으로 변신합니다.

> 엘리야가 그들에게 이르되 바알의 선지자를 잡되 그들 중 하나도 도망하지 못하게 하라 하매 곧 잡은지라 엘리야가 그들을 기손 시내로 내려다가 거기서 죽이니라(왕상 18:40)

이 글에서는 엘리야가 바알 선지자들을 죽이라고 시킨 "그들"이 누구인지 금방 파악하기 어렵습니다. 지금까지 엘리야는 혼자서 450명(왕상 18:22), 850명(왕상 18:19)과 제사로 경쟁하고 있었기 때문에 주변에서 구경하고 있었던 사람들에 명령을 내렸을 것이라고 볼 수는 없습니다. 또한 골프장의 갤러리처럼 둘러싸고 구경하는 일반인이 많았을 것 같지도 않습니다. 자칫 벼락이라도 맞으면 어떻게 합니까? "그들"이 왕상 18:4과 왕상 18:13에서 박해를 피해 숨어있었던 100명의 선한 선지자였을까요? 많은 동료가 살육당한 상황에서 숨어있다가 두려움도 없이 굴에서 기어 나왔을까요? 엘리야가 패배하게 되면 즉각적으로 위험에 빠지게 되는데도요? 이세벨은 그 자리에 없었지만 최소한 아합 왕만은 광경을 지켜보고 있었습니다.(왕상 18:41-46)

군대 장관의 임무를 감당하는 엘리야가 바알 선지자들을 죽이라고 명령한 대상은 무명의 병사들 같습니다. **서로 다른 상황에서 형성된 본문들을 이어 붙이면 주체와 대상이 바뀌는 예도 있고, 심하면 주체나 대상이 갑자기 사라지는 경우도 있습니다.** 왕상 18:40은 원래 어떤 군대 지휘관이 병사들에게 누군가를 죽이라는 명령을 내리는 이야기였을 것입니다. 엘리야와 바알 선지자들의 경쟁 결과로 이 이야기가 걸맞겠다고 생각한 편집자가 열왕기상 18장에 삽입했을 것입니다. 완숙한 형태의 유일신 사상을 가진 편집자에게 있어서 바알 숭배는 중죄였기 때문에(출 20:4-5) 바알 선지자들이 도륙당한 것에 대해서 편집자는 당연하게 생각합니다. 이 도륙 이야기를 제외해야만 제사 경쟁에서 이긴 엘리야가 왕상 18:41-42에서 아합 왕에게 '식사하세요'라고 말한 것을 가까스로 이해할 수 있습니다. 아합과 이세벨 쪽의 선지자들을 몰살시킨 엘리야가 아합과 식사 이야기를 한다는 것은 말이 되지 않기 때문입니다. 또한 왕상 19장이 묘사한 나약한 엘리야의 이미지와 왕상 18:40의 승리한 군대 지휘관의 이미지를 가진 엘리야는 완전히 다른 두 사람입니다. 군대의 맹장같이 적을 도륙하는 엘리야(왕상 18:40)와 소식을 들은 아합이(왕상 19:1) 추격할 때 두려워 죽고 싶다는 엘리야(왕상 19:3-4)를 보면 확실히 그렇습니다. 그렇다면 엘리야의 명령을 받아 적을 소탕했던 "그들"은 갑자기 어디로 사라졌을까요?

엘리야처럼 인기가 높은 인물을 주인공으로 한 이야기는 긴 시간에 걸쳐 여러 번 편집과 각색이 일어납니다. 각 시대 편집자들은 그 인물에게 자기 시대의 이상적 인물의 이미지를 덧씌웁니다. 그 결과, 엘리야는 어떻게 보면 위엄있는 군대 지휘관으로, 어떻게 보면 예언자(선지자)로, 달리 보면 제사장의 모습으로 보이는 것입니다.

저는 엘리야와 바알 선지자들의 이야기가 원래는 성서에 적혀있는 것과 같은 내용이 아니었을 것으로 생각합니다. 엘리야는 바알 선지자들에 의해 동굴에 피신한 다른 예언자들과 같이 궁지에 몰렸을 것이고 먼 거리를 도망 다니다가 로뎀 나무 아래에서 죽기를 간청하면서 기도했을 것입니다.(왕상 19:4) 이야기를 이렇게 썼다면 엘리야가 성취한 것은 별로 없고 처음부터 끝까지 초라한 모습이 되었을 것입니다. 하지만 저는 오히려 그런 실패자 이미지를 가진 엘리야가 더 친근합니다.

> 엘리야는 두려워 떨며 목숨을 구하여 급히 도망쳤다. 그는 유다 브엘세바에 이르러 그곳에 시종을 남겨두고 자기는 하룻길을 더 여행하여 거친 들로 나갔다. 싸리나무 덤불이 있는 곳에 이르러 그 아래 앉은 그는 죽여달라고 기도하였다. "오, 야웨여, 이제 다 끝났습니다. 저의 목숨을 거두어주십시오. 선조들보다 나을 것 없는 못난 놈입니다." 그리고 나서 엘리야는 싸리나무 덤불 아래 그대로 누워 잠들었다. 그때 하늘의 천사가 나타나 흔들어 깨우면서 "일어나서 먹어라." 하고 말하였다. 엘리야가 깨어보니 머리맡에, 불에 달군 돌에 구워낸 과자와 물 한 병이 놓여 있었다. 그는 음식을 먹고 또 물도 마셨다. 그리고는 다시 누워 잠이 들었다(왕상 19:3-6, 공동번역)

무대에서 내려갈 때가 이르자 엘리야의 후계자로 엘리사가 등장합니다 (왕상 19:16) 실제로, 엘리야가 나무 그늘에서 잠든 이야기 이후에 그에 관한 다른 업적은 언급되지 않습니다. 제가 볼 때 나무 그늘 밑까지가 원래 엘리야의 삶의 자리인 것 같습니다. 물론 공식적인 후계자의 언급이 나온 이후에도 엘리야의 기적적인 이야기들이 추가되지만(왕하 1:10,12) 엘리야가 잠든 시점 이후에 아합왕이 전쟁에서 죽자(왕상 22:34-40) 이야기는 바로 다음 세대로 넘어갑니다. 열왕기의 서술은 왕을 중심으로 이어지기 때문입니다. 그런데도 엘리야 사후에 그의 지지자들 - 그를 기적의 예언자로 기억하고자 했던 사람들 - 은 엘리야가 산 채로 회오리바람 속에 휩싸여 하늘로 올라갔다(왕하 2:1-3,11-12)는 전설적 이야기를 추가했습니다.

엘리야를 둘러싼 편집 부분을 모두 제거하고 엘리야의 실체를 재구성한다고 하더라도 부정할 수 없는 사실 한 가지는 그가 악한 왕의 폭정에 대항한 사람이었다는 것입니다. 원래는 쓸쓸히 최후를 맞이했을 그에 대하여 연민과 애정을 느낀 후대 사람들은 멋지고 위대한 이야기를 추가했습니다. 이는 두려움이 많았지만 최선을 다해 불의에 항거한 그에게 주어진 일종의 보답입니다. 그가 실제로 많은 공적을 세웠든 아니든, 불이 하늘에서 떨어지는 기적을 행했든 아니든 상관없이, 사람들은 그를 다수의 불의한 자들과 맞서 싸운 위대하고 용감한 사람으로 기억하기를 원했습니다. 어떤 이는 그에게 정치가의 모습을 덧붙였고, 어떤 이는 그에게 종교 지도자의 이미지를 추가했습니다. 예언자들 가운데 그처럼 많은 사랑을 받은 예언자가 또 있을까요? 신약성서도 그를 대표적 예언자로 소개합니다.(막 8:28; 9:5; 마 16:14; 17:4; 눅 9:33)

🐝 엘리야와 같은 사람이라면 정말 행복할 것 같습니다. 최선을 다했기에, 지쳐 쓰러졌지만 그 치열한 삶을 기억하는 사람들이 있기에, 영원히 살아있고 살아있을 뿐 아니라 언제라도 나타나서 악당들에게 불을 떨어뜨릴 것 같이 살아 꿈틀대는 느낌의 사람이 바로 엘리야입니다. 저는 엘리야라고 하면 그의 인생에서 실제로는 마지막 장면이었을 나무 그늘이 떠오릅니다. 그리고 이런 질문을 자신에게 던집니다.

'내가 마지막 작은 기력마저 남기지 않고 기울여 힘쓸 일은 무엇인가?'
'나도 엘리야처럼 연약하고 두려움이 많지만 모든 힘을 다해 불의에 맞서 싸울 수 있을까?'

옳다고 생각하는 것을 위해 온 힘을 쏟는 것은 참 매력적입니다. 특히 사회에 존재하는 불의에 맞서 싸우는 삶이라면 더 그렇습니다. 우리는 이길 것이 확실한 싸움만 하는 것이 아닙니다. 때로는 이길 수 없는 싸움을 해야 합니다. 그것이 옳다면, 옳은 일을 위해 투신하는 것은 멋진 일입니다. **평범한 일상을 살아가는 것이 불의에 대하여 비겁하게 숨는 것을 의미해서는 안 됩니다.** 평온한 일상을 사는 환경을 저해하는 불의라면 그것을 제거하는 것도 모두를 위해 가치 있는 일입니다. 우리가 지쳐 쓰러지고 난 후에 우리를 위해 엘리야의 이야기와 비슷한 이야기가 남을지는 모르지만 소심하고 연약할지라도 기력이 다할 때까지 옳은 일을 하며 살고 싶습니다.

너희는 가서 나와 백성과 온 유다를 위하여 이 발견한 책의 말씀에 대하여 여호와께 물으라 우리 열조가 이 책의 말씀을 듣지 아니하며 이 책에 우리를 위하여 기록된 모든 것을 준행치 아니하였으므로 여호와께서 우리에게 발하신 진노가 크도다

책은 나라를 살리기도 하고 망하게도 합니다.

여러분은 이스라엘이 왜 패망했다고 생각하십니까? 일차적으로 왕의 정치적 오판과 실패가 국가 패망의 결정적인 원인일 것입니다. 그러나 성서는 국가 패망에 대하여 정치적인 원인 이외에도 다양한 이유를 제시하고 있습니다.

왕하 22:13은 이스라엘이 대대로("열조") 책의 말씀을 존중하지 않고 책에 기록한 대로 행하지 않았기 때문에 하나님이 크게 분노하셨다고 말하고 있습니다. 표면적으로 이는 유다 제16대 왕인 요시야 왕 시기(기원전 640~609년)를 배경으로 합니다. 이 시기는 북 이스라엘이 이미 멸망했고(기원전 712년) 유다만 남은 시기(기원전 587년 이전)이기 때문에 이 글이 북 이스라엘의 멸망을 말한 것이어야 하는데 그렇지 않습니다. 유다의 멸망을 말한 것도 아닌 것은 말씀을 문서화한 것이 훨씬 후대이기 때문입니다. 이 글은 아마도 북쪽과 남쪽 모두 패망하고 꽤 오랜 시간이 흐른 후, 토라를 문서화한 뒤에 쓴 것 같습니다. 책이 없는데 어떻게 책을 따라 행동하겠습니까?

"책"의 내용대로 따르지 않아서 하나님의 "진노"의 대상이 되었다는데 "책"을 언제 만들었습니까? 모세 시대입니까? 모세 시대의 십계명은 "책"이 아니라 "돌판"의 형태 아니었습니까? 이 "책"은 언제의 "책"입니까? 물론 신명기 31장 24-26절은 모세가 율법의 말씀을 다 책에 쓴 후에 레위 사람을 시켜서 그 책을 언약궤 옆에 두라고 명령했다고 합니다. 그렇다면 그 책의 분량은 어땠을까요?

그것은 파피루스나 양피지에 적어서 엮은 것이었습니까? 아니면 여전히 돌입니까? 어쨌든 모세가 쓴 책을 법궤 옆에 놓는 것이 가능합니까? 그것은 법궤보다 많은 자리를 차지하지는 않습니까? 법궤를 지성소에 두었다면 그 "책"도 함께 옮겨서 지성소 안에 놓았습니까? 그렇다면 "책"을 볼 때마다 지성소에, 그것도 대제사장만 들어가서 볼 수 있었을 것입니다.

신 31:24-26의 법궤 옆에 "책"을 놓으라는 말은 "책"의 권위를 높이려는 목적에서 한 말입니다. 또 모세 혼자 "책"을 썼다고 한 것은 특정 인물(계층)에게 권위를 부여하려는 목적에서 한 것입니다. 다른 본문에서는 "책"을 복사(필사)하여 '왕의 옆에 두고 읽어라'(신 17:18)라고 하는데 이런 경우는 "책"의 권위가 아닌 "책"의 기능과 활용 방법에 대해 언급한 것입니다. 이처럼, 성서 저자의 의도와 목적에 따라 "책"의 성격이 바뀌고 그것의 기록자, 위치, 활용 등에 차이가 발생합니다.

> 요시야와 같이 마음을 다하며 뜻을 다하며 힘을 다하여 모세의 모든 율법을 따라 여호와께로 돌이킨 왕은 요시야 전에도 없었고 후에도 그와 같은 자가 없었더라(왕하 23:25)

요시야 왕이 극찬을 받은 이유는 성전에서 발견한 "책"의 내용대로 종교 개혁을 실행했기 때문입니다.(왕하 22:8-11) 그는 혼합주의(Syncretism)를 반대하고 야웨만을 섬기는 유일신 사상을 기치로 세웠습니다. 남국뿐 아니라 북국까지 종횡무진 활약하며 우상 숭배에 쓰는 기구를 불태웠습니다.(왕하 23:4) 지금으로 말하자면, 북한에 쳐들어가 김일성 동상을 파괴했다는 것입니다. 그는 바알 선지자들을 추방하였으며(왕하 23:5) 성전에 있던 남창(男娼)의 집을 비웠고(왕하 23:7) 지방 산당 제단에서 민족 신(하나님)에게 제사 지내던 레위인들(무당들)을 예루살렘으로(혹은 근처로) 모아들인 뒤에(왕하 23:8) 먹을 것을 제공하였습니다.(왕하 23:9) 그는 신상을 부수고(왕하 23:11-12,14) 우상숭배 장소를 허물었

으며(왕하 23:13,15) 유월절을 지켰습니다.(왕하 23:23)

> 왕이 뭇 백성에게 명령하여 이르되 이 언약 책에 기록된 대로 너희의 하나님 여
> 호와를 위하여 유월절을 지키라 하매 사사가 이스라엘을 다스리던 시대부터 이
> 스라엘 여러 왕의 시대와 유다 여러 왕의 시대에 이렇게 유월절을 지킨 일이 없
> 었더니 요시야 왕 열여덟째 해에 예루살렘에서 여호와 앞에 이 유월절을 지켰더
> 라(왕하 23:21-23)

　이 본문은 요시야 때 비로소 유월절을 지켰다고 말합니다. 출애굽기 12장의
이야기로부터 시작된 유월절은 여호수아 때까지는 지켜진 것 같은데(수 5:10) 사
사기에는 그것을 지켰다는 말이 없습니다. 사사기는 혼란스러운 시대이기 때문
에 그렇다고 치고, 왕정 시대, 다윗과 솔로몬 시대에는 왜 유월절을 지키지 않았
을까요? "책"이 없어서? 아니면, 유월절이라는 제도 자체가 후대에 만들어진 것
이라서? 아니면 고대에도 있었지만 그것이 종교적이며 민족적인 유월절로 발전
하는데 시간이 많이 필요해서? 유월절을 중시하는 사람들은 이 절기가 사실은
아주 오랜 역사를 가지고 있다고 말하고 싶었습니다. 그래서 모세의 이야기를
통하여 그것을 명확하게 부각합니다. 역대 왕 중에서 최고로 선한 왕의 이야기
와 절기 시행 이야기를 이어 붙인 것도 그들입니다.
　제가 볼 때 다윗과 솔로몬이 유월절을 지키지 않은 것은 "책" 때문이 아니라
그들의 시대에는 완숙한 형식의 유월절이라는 절기가 존재하지 않았기 때문입니
다. 민속 절기로서 유월절이 아주 오래전부터 존재했을 가능성은 있습니다. 하
지만, 거기에 완숙한 종교적 의미가 추가된 것은 후대의 일입니다. 특히, 포로후
기에 이스라엘 사람들은 전래한 모든 율법을 집대성하면서 그전에는 문서가 없
어서 율법을 따라 준수할 수 없었던 사람들의 이야기에도 율법 책 이야기를 삽
입하기 시작했습니다. 왜냐하면 과거와는 달리, 사회 및 종교 생활에 있어서 절
대적인 권위를 가진 하나님의 "책"이 생겼기 때문입니다.

바벨론이 패망하고 포로 후기에 진입하자 사람들은 국가 재건과 민족중흥에 대하여 큰 기대를 하게 되었습니다. 그들은 과거 국가 패망을 야기한 무능한 왕들과는 달리 신앙이 출중한(완벽한) 왕을 세우고 싶었습니다. 그러나 여전히 페르시아의 지배 아래에 있으면서 완전한 독립을 이루지 못한 그들이 그런 꿈을 꾼다는 것은 아주 위험한 일이었습니다. 마침내 왕으로 세우려고 했던 사람이 페르시아에게 적발되어 숙청됩니다. 꿈이 짓밟히기 전까지 그들은 다윗과 다윗의 후손 가운데 히스기야나 요시야와 같은 후보를 놓고 어떤 왕을 새 왕의 모델로 삼을 것인지 경쟁적으로 논의했습니다. 각자가 지지하는 왕 모델에 대한 긍정적인 평가는 아래 본문들에 남아있습니다.

> 지금은 왕(사울)의 나라가 길지 못할 것이라 여호와께서 왕에게 명령하신 바를 왕이 지키지 아니하였으므로 여호와께서 그의 마음에 맞는 사람(다윗)을 구하여 여호와께서 그를 그의 백성의 지도자로 삼으셨느니라 하고(삼상 13:14)

> 히스기야가 이스라엘 하나님 여호와를 의지하였는데 그의 전후 유다 여러 왕 중에 그러한 자가 없었으니(왕하 18:5)

> 요시야와 같이 마음을 다하며 뜻을 다하며 힘을 다하여 모세의 모든 율법을 따라 여호와께로 돌이킨 왕은 요시야 전에도 없었고 후에도 그와 같은 자가 없었더라(왕하 23:25)

왕하 18:5과 23:25은 히스기야와 요시야의 경선(競選)과정이 아주 치열했음을 알게 합니다. 둘에 대한 평가는 모두 '그와 같은 사람은 없습니다', '그와 같은 사람은 전무후무합니다' 입니다.

히스기야도 요시야처럼 일찍이 우상숭배를 금지하고 산당(지방 성전)을 파괴하고 신상을 부수었다고 전합니다. 특히 모세가 만든 구리 뱀까지 조각냈습니다.(왕하 18:4) 이는 모든 종류의 민간 신앙을 철폐하고 유일신 신앙으로 나가 겠다는 의지입니다. 사실 **민간 신앙의 철폐는 왕정 시대에는 일어나기 어려운 일입니다.** 다윗 왕은 다민족 포용정책을 썼기 때문에 유일신을 강조했을 리 없 고 솔로몬이야 다원주의적 종교인이었기 때문에 말할 필요도 없습니다. 유일신 사상은 포로 유배기를 지나 귀환기에 접어들 때까지 점진적으로 나타난 것입니 다. 히스기야가 앗수르의 침공에 대해서 비굴한 자세를 취했다는 이야기는(왕하 18:14-16) 히스기야의 원래 모습이거나 왕의 모델 경선에서 히스기야가 다른 후 보에게 밀리면서 추가한 부정적인 이야기일 것입니다. 저는 전자라고 생각합니 다. 글쓴이는 예루살렘 성이 함락되지 않은 것은 히스기야의 역량 때문이 아니 라 하나님의 기적 때문이라고 말합니다.(왕하 19:35) 무능한 왕이 국사에 아무런 기여를 할 수 없고 결국 전능한 하나님이 역사하셔야 한다는 성찰은 왕이 존재 하고 있는 시기에는 글로 쓰기 어렵습니다. 왕이 시퍼렇게 눈을 뜨고 살아있는 데 하나님만 왕이라고 말하는 것은 목숨을 내놓지 않고야 할 수 없는 일입니다. 히스기야 이야기 말미에 바벨론 유배 예언(왕하 20:17-18)이 붙어있는 것도 히 스기야 이야기 자체가 바벨론 유배를 경험한 사람들에 의해서 최종 편집되었을 가능성을 시사합니다.

히스기야와 요시야 왕의 중요한 차이점이 있는데 그것은 바로 "책"입니다. 하 지만 요시야만 책을 발견했고 그것을 읽었으며 그대로 개혁을 시행했다기보다 는 다윗 계열의 왕을 세우고자 열망했던 사람들이 왕의 모델로서 요시야를 선택 한 뒤에 그에게 "책"을 기준으로 개혁을 한 최고의 왕이라는 칭호를 부여한 것입 니다. 이들이 바로 하나님의 말씀을 문서화("책")한 사람들입니다. 요시야 왕을 추천하고 지지한 사람들이 "책"의 개념을 왕과 그의 종교 개혁 이야기와 결합했 기 때문에 요시야 왕만 "책"을 따라 행한 사람이 되었습니다. 이는 심지어 다윗 에게서도 찾아볼 수 없는 일입니다. 그런데 놀랍게도 대하 34장을 보시면 요시 야는 "책"에 따라 개혁을 한 것이 아닙니다.(대하 34:3-7) 어쩌면 이것이 요시야의 원래 모습일 것입니다. 하지만 요시아는 열왕기의 글쓴이에 의해서 "책"을 따라 개혁을 시행한 왕이 되었습니다.

🐝 기독교는 성서를 경전으로 삼는 종교입니다. 문서로 고정한 말씀은 쉽게 그 내용을 바꿀 수 없다는 점에서 가치 기준으로 삼기 좋습니다. 성서가 지금과 같이 형성되는 긴 시간 동안 많은 편집자가 각자의 입장대로 고쳐 쓰고, 일정한 본문을 추가하고, 각색하기도 했지만, 다행스럽게도 그들은 원래 있던 본문은 그대로 놔두고 그 앞이나 뒤에, 어떤 때는 그사이에 새로운 이야기와 해석을 덧붙였기 때문에 잘 살피기만 하면 원래 내용이 어떤 것이었고 어느 부분들이 추가되었는지 대략 파악할 수 있습니다.

논리적이고 비평적인 성서 학습이 무조건 신앙을 파괴하는 것이라는 생각을 버리십시오! 성서를 논리적이고 이성적인 자세로 접근하면 내용끼리 서로 충돌하고 모순되는 것을 보게 됩니다. 그러나 겸손히 배우려는 마음이 있다면 그런 충돌 본문과 모순된 내용 사이로 실낱같이 비추는 진실의 빛을 찾아낼 수 있을 것입니다. 그 빛 가운데 하나님께서 우리 인류에게 전달하시고자 하시는 진리가 담겨있다고 저는 믿습니다. 처음부터 덮어놓고 믿으려는 태도로는 성서를 제대로 읽을 수 없습니다. 이성으로 시작하지만 신앙을 지향합니다!

제가 볼 때 요시야 왕이 히스기야 왕보다 심하게 미화된 것 같습니다. 히스기야의 경우에만 부정적인 일화가 많이 남아서 그렇지 두 왕의 차이는 극히 미미하다고 생각합니다. 다만, "책", 문서화한 하나님의 말씀을 읽고 실천했다는 서술이 등장하면서 문서로서의 가치를 고려할 때 요시야가 더 훌륭한 사람이 되었습니다. 종교가 다양하고 기독교 교파도 많고 이단과 사교(邪敎)도 창궐하는 세상에서 합리적인 시각으로 성서 가운데 숨은 가치만을 캐내고 신앙의 토양을 일구어 그 토양에 소망의 씨앗을 심는 것, 저는 그것만이 값지고 의미 있는 일이라고 생각합니다. 그러기 위해서는 아무래도 우리에게 표준 문서가 꼭 필요합니다. 산에 올라가거나 기도원에 가서 울부짖으며 기도하는 것, 저도 해보았는데요. 조용한 시간을 정해 하나님의 말씀을 이 구절 저 구절 비교하면서 읽고 깊이 이해하는 것과는 비교할 수 없을 정도로 값어치 **없는** 행동입니다. 성경을 읽으십시오! 그냥 읽지 말고 어느 부분이 이상한지 찾아보십시오! 그리고 여기서는 이렇게 저기서는 저렇게 쓰인 그 배경이 무엇인지 고민해 보십시오. 그냥 무감각하게 10독, 100독 하는 것도 아예 읽지 않는 것보다는 낫지만 정직하고 진솔한 마음으로 읽다면 단 몇 구절의 성서만으로도 인생을 위한 중요한 가치와 교훈을 발견할 수 있을 것입니다. 성서의 가치는 당신의 생각을 바르고 선한 것으로 바꾸어주고 우리 모두를 위한 밝은 미래를 만드는데 긴요한 나침반이 됩니다. 책이 나라를 살리기도 하고 또 책이 한 나라를 망하게도 합니다.(왕하 22:13) 바른 책을 통해 올바른 가치 기준을 세우고 그것에 맞춰 살아갈 때 비로소 우리에게 소망이 있습니다. 家

온 이스라엘이 헤브론에 모여 다윗을 보고 이르되 우리는 왕의 가까운 혈족이니이다 / 전에 곧 사울이 왕이 되었을 때에도 이스라엘을 거느리고 출입하게 한 자가 왕이시었고 왕의 하나님 여호와께서도 왕에게 말씀하시기를 네가 내 백성 이스라엘의 목자가 되며 내 백성 이스라엘의 주권자가 되리라 하셨나이다 하니라 / 이에 이스라엘의 모든 장로가 헤브론에 있는 왕에게로 나아가니 헤브론에서 다윗이 그들과 여호와 앞에 언약을 맺으매 그들이 다윗에게 기름을 부어 이스라엘의 왕으로 삼으니 여호와께서 사무엘을 통하여 전하신 말씀대로 되었더라

다윗을 왕으로 세운 것은 민중입니다.

역대상 11:1-3은 다윗의 즉위식(기름 부음) 광경을 소개합니다. 성서를 읽다 보면 선왕(先王)인 사울 왕이 재위하고 있을 때조차 실질적인 왕은 다윗인 것처럼 느끼게 됩니다. 글쓴이는 오직 다윗만 하나님이 인정한 "이스라엘의 목자", "이스라엘의 주권자"라고 주장합니다. 심지어 다윗에게 기름을 부어 왕으로 삼는 예식을 아직 시작하지도 않았는데 사람들은 그를 "왕"이라고 부르고 있습니다. 본문의 이러한 시간 초월적 묘사는 글쓴이가 사울 왕의 집권 자체를 무시하고 있음을 알게 합니다. 과거, 현재, 미래를 무론 하고 하나님께 인정받은 왕은 오직 다윗뿐이라고 생각하는 것입니다.

한편, 다윗을 왕으로 삼은 사람들은 "이스라엘의 모든 장로"입니다. 장로는 백성을 대표하는 자입니다. 그들은 "헤브론"에서 다윗에게 기름을 부었습니다. "헤브론"은 예루살렘에서 남서쪽으로 30km 정도 떨어져 있는 지역이며 다윗이 집권한 후 수도로 삼았던 곳입니다.(삼하 2:11) 그런데 사무엘상 16장을 보면 즉위 장소와 기름을 부은 사람이 역대기서의 내용과 다릅니다.

여호와께서 사무엘에게 이르시되 내가 이미 사울을 버려 이스라엘 왕이 되지 못하게 하였거늘 네가 그를 위하여 언제까지 슬퍼하겠느냐 너는 뿔에 기름을 채워

가지고 가라 내가 너를 베들레헴 사람 이새에게로 보내리니 이는 내가 그의 아들 중에서 한 왕을 보았느니라 하시는지라… … 사무엘이 기름 뿔병을 가져다가 그의 형제 중에서 그에게 부었더니 이 날 이후로 다윗이 여호와의 영에게 크게 감동되니라 사무엘이 떠나서 라마로 가니라(삼상 16:1,13)

사무엘은 "베들레헴"으로 이동했고 거기서 다윗에게 기름을 부었습니다. "베들레헴"은 예루살렘에서 10km 정도 떨어진 장소입니다. "헤브론"은 "베들레헴"보다 더 남쪽에 있으며 둘은 다른 곳입니다. 역대기에서는 백성의 대표자들이 "헤브론"에서 이미 왕 노릇을 하고 있는 다윗에게 기름을 부었다고 하고 사무엘서에서는 사무엘 혼자 "베들레헴"에서 다윗에게 기름을 부었다고 합니다. 과연 어떤 내용이 맞을까요?

다윗이 "헤브론"으로 간 것은 삼하 2:1에도 나오는데 삼하 2:4은 거기서 "유다 사람들이 다윗에게 기름을 부어 유다 족속의 왕으로 삼았"다고 서술합니다. 그렇다면 사무엘이 다윗에게 기름을 부은 것은 예비적 행위이고 장로들 혹은 "유다 사람들"이 다윗에게 기름을 부은 것이 공식적 행위였을까요? 예식(즉위식)을 여러 번 할 필요가 있을까요?

사무엘 혼자 다윗에게 기름을 부었다고 설명하는 사무엘상 16장은 기름 부음을 받은 뒤에 다윗이 하나님의 영에 크게 감동했다(삼상 16:13)고 말합니다. 이는 즉위식 이후의 상황을 적은 짧은 부연(敷衍)입니다. 그리고 바로 삼상 16:14 이하에서 사울을 위해 수금을 연주하는 다윗의 이야기가 이어집니다. 그다음 삼상 17장에는 다윗과 골리앗의 결투 이야기가 나옵니다. 사무엘이 "베들레헴"에 가서 "이새"의 아들 중 막내인 다윗을 왕으로 선택하고 소수만 참관하는 가운데 즉위식을 거행했다는 이야기는 재미는 있지만 전체적인 내용에서 동떨어진 일설(一說)로 보입니다. 다윗이 백성, 즉, 대중이 그를 신임하는 가운데 왕으로 즉위했다는 이야기가 더 합리적입니다. 하나님의 신비한 선택을 받아 왕이 된 이야기는 다윗에게 신적 권위를 부여하기 위해 추가한 것입니다. 대상 11:1-3도 하나님이 다윗을 선택하신 상황을 축약합니다.('여호와께서 다윗이 이스라엘의 목자와 주권자가 되라고 하셨다.') 그러나 역대기의 편집자들은 신비하고 전설적인 이야기보다는 현실적인 이야기를 선호합니다. 그것은 다윗이 대중, 즉, 집단의 호응 가운데 왕으로 즉위하는 것입니다.(대상 11:1-3 = 삼하 5:1-5)

> 이스라엘 모든 지파가 헤브론에 이르러 다윗에게 나아와 이르되 보소서 우리는 왕의 한 골육이니이다 전에 곧 사울이 우리의 왕이 되었을 때에도 이스라엘을 거느려 출입하게 하신 분은 왕이시었고 여호와께서도 왕에게 말씀하시기를 네가 내 백성 이스라엘의 목자가 되며 네가 이스라엘의 주권자가 되리라 하셨나이다 하니라 이에 이스라엘 모든 장로가 헤브론에 이르러 왕에게 나아오매 다윗 왕이 헤브론에서 여호와 앞에 그들과 언약을 맺으매 그들이 다윗에게 기름을 부어 이스라엘 왕으로 삼으니라 다윗이 나이가 삼십 세에 왕위에 올라 사십 년 동안 다스렸으되 헤브론에서 칠 년 육 개월 동안 유다를 다스렸고 예루살렘에서 삼십삼 년 동안 온 이스라엘과 유다를 다스렸더라(삼하 5:1-5)

삼하 5장에도 대상 11장과 마찬가지로 "모든 장로"가 기름을 붓는 다윗의 이야기가 나옵니다. 그다음에 바로 다윗 세력이 "예루살렘"을 점령하는 이야기가 이어집니다.(삼하 5:6-12) 왕권을 획득한 사람이 수도를 찬탈하는 것은 아주 자연스러운 것입니다.(대상 11:4-7)

종합적으로 평가할 때, 다윗은 특별하고 신비로운 방식으로 왕이 된 것이 아니라 통솔력과 지도력에 있어서 백성들의 인정을 받아(삼상 18:30) 왕으로 추대된 것입니다. 고대로부터 전래한 신의 선택을 받은 왕 이야기가 다윗의 이야기로 각색되어 삼상 16장에 들어간 것 같습니다. 어떤 나라도 어리고 경험이 일천한 사람을 왕으로 세우지는 않습니다. 사무엘이 다윗을 왕으로 선택하는 신앙적이며 극적인 이야기를 추가한 것은 다윗이 진정으로 하나님이 선택한 왕이라는 것을 드러내려고 그렇게 한 것입니다. 실제 상황에서는 일반적으로 대중의 인정과 지지를 받은 사람만 지도자가 됩니다.

🐝 사회든 교회든 우리는 우리의 지도자를 민주적인 절차를 통해 선출해야 합니다. 교회의 지도자도 예외가 아니라는 점을 기억하십시오! '영성이 뛰어난 사람' 같은 말은 대단히 신앙적인 것으로 들리지만 사실은 엄청나게 모호한 말입니다. 그런 기준을 따라 지도자를 선택할 수는 없습니다. 누가 지도자가 되느냐에 따라 사회와 교회 공동체의 운명이 결정됩니다. 제비뽑기 같은 방식으로 지도자를 선출할 수는 없습니다! 그런 방식은 누가 선출되어도 무관하거나 후보자들의 수준이 거의 비슷비슷할 때 해 볼 수 있습니다. 누가 봐도 선출되면 안 될 사람이 후보 중에 있다면 제비뽑기는 아주 위험합니다.(삼상 10: 21 제비뽑기로 사울이 뽑힘) 그런데도 제비를 뽑는다면 그것은 될 대로 되라는 것입니다.

사울 왕이 친족 중심의 정치를 했다면(삼상 9:21 "베냐민 지파") 다윗 왕은 신분에 상관없이 외국인(대상 11:41 "헷 사람 우리야")과 소외된 사람들까지 능력 중심으로 등용(삼상 22:2)했기 때문에 금방 큰 세력을 만들 수 있었습니다.

대중의 협의에 의해서 지도자를 선출하는 것도 완벽하지 않지만 마땅한 대안이 없습니다. 우리는 지도자를 뽑을 때 후보의 역량, 포용력, 장래성 등을 최대한 종합적으로 판단해야 합니다. 한 사람의 잘못된 지도자가 전체 공동체의 운명을 나락으로 빠뜨릴 수도 있고 한 명의 바른 지도자가 사회와 국가에 새로운 긍정적 전환점을 가져다줄 수도 있습니다. 사울이 소극적이고 편협한 정치로 자멸의 발판을 만든 반면 다윗은 출신 배경이 아니라 능력으로 사람을 등용했습니다. 처음에는 다윗의 지지층이 사울의 세력에 비해서 미약했지만 금방 사람이 몰렸습니다. 절대다수가 그를 지지한 것은 다윗의 역량이라고 하지 않을 수 없습니다.

물론 우리는 지도자를 위해서 기도해야 합니다. 그러나 면밀하게 살펴야 하고 때로는 날카로운 눈빛으로 검증하고 감시해야 합니다. 지도자의 전횡을 미연에 막지 못한 것은 궁극적으로 우리 모두의 잘못입니다. 이제는 같은 개신교인이라고 정치인을 무조건 지지하는 일은 없어야 합니다. 다윗을 생각하십시오. 아무리 누가 하나님께서 세우신 사람이라고 말해도 백성들의 지지를 얻어야 왕이 됩니다. 저는 특별한 경우가 아니라면 대중의 지지 여부를 통해 하나님의 뜻을 알 수 있다고 생각합니다. 어떤 이는 모든 사람이 지지하면 오히려 하나님의 뜻이 아니라고 하지만 아무도 지지하지 않는 자를 지도자로 세울 수는 없습니다. 하나님의 뜻은 사회 공동체를 통해 나타납니다. 집단적 협의를 무조건 반 신앙적인 것으로 무시하면 안 됩니다! 민주주의가 완전히 성서의 가치 지향에 부합하는 것이 아닐 수도 있습니다. 하지만 지금까지의 사상을 돌아볼 때 민주주의만큼 성서적인 사상은 없습니다. 家

다윗의 아들 솔로몬의 왕위가 견고하여 가며 그의 하나님 여호와께서 그와 함께 하사 심히 창대하게 하시니라 / 솔로몬이 온 이스라엘의 천부장들과 백부장들과 재판관들과 온 이스라엘의 방백들과 족장들에게 명령하여 / 솔로몬이 온 회중과 함께 기브온 산당으로 갔으니 하나님의 회막 곧 여호와의 종 모세가 광야에서 지은 것이 거기에 있음이라 / 다윗이 전에 예루살렘에서 하나님의 궤를 위하여 장막을 쳐 두었으므로 그 궤는 다윗이 이미 기럇여아림에서부터 그것을 위하여 준비한 곳으로 메어 올렸고 / 옛적에 훌의 손자 우리의 아들 브살렐이 지은 놋제단은 여호와의 장막 앞에 있더라 솔로몬이 회중과 더불어 나아가서 / 여호와 앞 곧 회막 앞에 있는 놋 제단에 솔로몬이 이르러 그 위에 천 마리 희생으로 번제를 드렸더라

아이가 솔로몬처럼 똑똑하기를 바랍니까?

역대기서가 제시하는 솔로몬의 이미지와는 달리 왕상 11장이 언급하는 솔로몬에 대한 평가는 대단히 부정적입니다. '솔로몬의 마음이 선한 왕의 표준인 다윗과 다르다'라는 말이 그것을 대변합니다.

여호와께서 일찍이 이 여러 백성에 대하여 이스라엘 자손에게 말씀하시기를 너희는 그들과 서로 통혼하지 말며 그들도 너희와 서로 통혼하게 하지 말라 그들이 반드시 너희의 마음을 돌려 그들의 신들을 따르게 하리라 하셨으나 솔로몬이 그들을 사랑하였더라 왕은 후궁이 칠백 명이요 첩이 삼백 명이라 그의 여인들이 왕의 마음을 돌아서게 하였더라 솔로몬의 나이가 많을 때에 그의 여인들이 그의 마음을 돌려 다른 신들을 따르게 하였으므로 왕의 마음이 그의 아버지 다윗의 마음과 같지 아니하여 그의 하나님 여호와 앞에 온전하지 못하였으니 이는 시돈 사람의 여신 아스다롯을 따르고 암몬 사람의 가증한 밀곰을 따름이라(왕상 11:2-5)

위 본문에서 솔로몬이 저지른 주요 잘못은 700명의 후궁과 300명의 첩을 둔

것이고 또 그녀들의 유혹에 넘어가(?) 다른 신들을 숭배한 것입니다. 왕이 많은 왕비와 후궁을 둔다는 것에 대하여 본문은 부정적인 평가를 합니다. 하지만 고대의 어떤 왕들은 전략적인 차원에서 주변 나라의 공주를 아내로 맞이했습니다. 아내가 많다는 것은 그만큼 대외적으로 폭넓고 빈번한 교류를 했다는 뜻입니다. 기본적으로 고대 사람들은 한 남자가 여러 여자를 아내로 두는 것을 이상하게 생각하지 않았습니다. 부인이 많으면 많을수록 그 남자는 능력 있는 부자입니다. 우리는 고대에 큰 나라의 왕이 오직 한 명의 왕비, 한두 명의 후궁만을 거느리는 것을 상상하기 어렵습니다. 왕 한 명에 왕비 한 명만 둔 것으로 묘사하는 것은 대개 후대에 일부일처제의 관점에서 개작한 경우입니다. 고대 중동뿐 아니라 아시아도 마찬가지였습니다. 우리나라 조선 시대는 중국의 제후국으로서 왕이 부인 10여 명과 후궁 2-30명만 거느릴 수 있었습니다. 따라서 좀 과장한 것으로 보이지만 솔로몬이 많은 후궁과 첩을 아내로 두었다는 이야기는 그가 대단한 왕이라는 것을 과시하려는 의도를 갖습니다. 그러나 시간이 흐르고, 국가가 패망하고 난 뒤 비로소 왕에 대한 부정적이고 비판적인 평가가 본문에 나타나게 되고 여자를 많이 거느린 왕의 이미지도 부정적인 것으로 바뀝니다.(신 17:17 "… 아내를 많이 두어 그의 마음이 미혹되게 하지 말 것이며…")

일부일처제는 유일신 사상의 발전과 그 맥을 같이 하는 것으로 보입니다. 오직 한 아내만을 사랑하여 그녀의 반복된 외도를 용서하는 호세아의 이야기(호 3:1)는 일부일처제(호 3:3 "다른 남자를 따르지 말라 나도 네게 그리하리라")를 배경으로 쓴 것입니다. 동시에 호세아서는 '오직 남편이신 하나님 한 분만 섬겨야 한다'(호 2:16)는 신앙 사상(사 54:5 "너를 지으신 이가 네 남편이시라 그의 이름은 만군의 여호와이시며")을 담고 있습니다. 이런 후대의 기준으로 보면 솔로몬이 많은 여인과 "통혼"한 것은 **나쁜** 일입니다. 그는 여호와 앞에서의 정절을 지키지 않았습니다.("온전하지 못하였으니")

솔로몬은 외국인들과 "통혼"했습니다.(왕상 11:1 "이방의 많은 여인들을 사랑하였으니") 외국인과의 통혼 금지는 포로 후기적인 주장(스 9:1–15)인데 본문은 하나님이 그것을 아주 오래전에 명령하셨다면서 신 7:3–4을 제시합니다. 그러나 신명기의 글도 고대의 글처럼 보이지 않습니다. 그것을 문서로 만든 시점은 에스라 9장과 거의 같은 때일 것입니다.

실제 모습의 솔로몬은 주변 나라 왕들이 그랬듯이 정치적인 목적을 위해서 주변 나라와 정략적 혼인 관계를 맺었습니다. 그는 민족 신으로서의 야웨를 중심으로 한 절기(節期)를 지켰지만 필요에 따라 이방 출신 왕후들의 신앙을 존중해주는 차원에서 우상숭배를 용인하거나 숭배 의식에 동참했을 것입니다. 솔로몬 당대에는 이것에 대한 문제의식이 전혀 없었을 것입니다. 다만 후대에 유일신 사상이 정립된 후에 비판 대상이 된 것입니다.

솔로몬의 일반적인 행위에 대한 긍정적인 평가는 여러 본문에 남아있습니다. 이것들은 부정적인 평가를 덧붙이기 이전의 글입니다. 역대하 9장의 저자는 솔로몬 왕국이 세상에서 가장 번영하고 막강한 왕국이었다고 추억하고 있습니다.(대하 9:22 "솔로몬의 재산과 지혜가 천하의 모든 왕들보다 큰지라") 주변 나라 여왕이 명성을 듣고 예물을 들고 찾아올 정도였고(대하 9:1–12) 솔로몬의 재산도 엄청났습니다.(대하 9:13–28) 물론 솔로몬 시대가 정말로 그렇게 대단한 시대였는지는 아무도 모릅니다. 아마도 후대의 편집자가 그렇게 부강한 국가를 소망하는 마음에서 과장한 것 같습니다.

바로 앞 내용인 역대하 8장은 솔로몬이 "다윗의 규례를 따라" 행했다고 말합니다. 특히 그가 성전을 완벽하게 건축했다는 평가가 돋보입니다. 신앙적인 측면에서 성전 건축은 솔로몬의 가장 중요한 업적입니다.

솔로몬이 또 그의 아버지 다윗의 규례를 따라 제사장들의 반열을 정하여 섬기게 하고 레위 사람들에게도 그 직분을 맡겨 매일의 일과대로 찬송하며 제사장들 앞에서 수종들게 하며 또 문지기들에게 그 반열을 따라 각 문을 지키게 하였으니

이는 하나님의 사람 다윗이 전에 이렇게 명령하였음이라 제사장들과 레위 사람들이 국고 일에든지 무슨 일에든지 왕이 명령한 바를 전혀 어기지 아니하였더라 솔로몬이 여호와의 전의 기초를 쌓던 날부터 준공하기까지 모든 것을 완비하였으므로 여호와의 전 공사가 결점 없이 끝나니라(대하 8:14-15)

역대하 1장의 주장에 따르면 솔로몬의 왕위가 견고해지고 하나님이 그와 함께했으며 부강한 왕국을 건설했습니다.(대하 1:1) 이에 따르면 솔로몬은 신앙인이며 하나님의 성전을 건축할 자격이 있습니다. 역대기하 1장 초두에 솔로몬에 관한 간단한 소개가 나오고 이어서 그가 하나님의 회막이 있는 "기브온 산당"으로 이동하는 이야기가 나옵니다.

다윗의 아들 솔로몬의 왕위가 견고하여 가며 그의 하나님 여호와께서 그와 함께 하사 심히 창대하게 하시니라 솔로몬이 온 이스라엘의 천부장들과 백부장들과 재판관들과 온 이스라엘의 방백들과 족장들에게 명령하여 솔로몬이 온 회중과 함께 기브온 산당으로 갔으니 하나님의 회막 곧 여호와의 종 모세가 광야에서 지은 것이 거기에 있음이라 다윗이 전에 예루살렘에서 하나님의 궤를 위하여 장막을 쳐 두었으므로 그 궤는 다윗이 이미 기럇여아림에서부터 그것을 위하여 준비한 곳으로 메어 올렸고 옛적에 훌의 손자 우리의 아들 브살렐이 지은 놋제단은 여호와의 장막 앞에 있더라 솔로몬이 회중과 더불어 나아가서 여호와 앞 곧 회막 앞에 있는 놋 제단에 솔로몬이 이르러 그 위에 천 마리 희생으로 번제를 드렸더라(대하 1:1-6)

성전을 건축하기 전에 하나님의 법궤는 "회막" 안에 있었습니다. "회막"으로의 이동은 성전 건축의 첫 삽 뜨기와 같은 것입니다. 그런데 대하 1:3은 "회막"이 "기브온 산당"에 있었다고 합니다. 일반적으로 이방신 숭배의 장소라는 이미지를 가지고 있는 것이 "산당"이지만 대하 1:3에서는 이에 대한 부정적인 느낌이 없습니다. 글쓴이는 오히려 산당에서의 제사를 미화(美化)하기 위해서 그곳에 모세가 광야에서 만들었던 회막이 있다고 합니다.(대하 1:3) 산당에서의 제사에 대하여 열왕기의 저자는 중앙 성전이 지어지기 전이기 때문에 어쩔 수 없었다고 변명합니다.(왕상 3:2) 그런데도 약간 꺼림칙했는지 "천 마리 희생으로 번제를 드"린(대하 1:6) 곳이 "기브온 산당"(대하 1:3)인데도 화자는 '여호와 앞 곧 회막 앞에 있는 놋 제단에서'라는 설명을 덧붙입니다.(대하 1:6) 이는 의식적으로 솔로몬이 후대의 기준으로 볼 때 올바른 제사를 지낸 것처럼 꾸민 것입니다.

긴 세월에 걸쳐 남았던 지방 제단, 즉, "산당"이 처음부터 부정적인 장소는 아니었습니다. 하지만 중앙 성전을 지은 후 모든 제사를 오직 거기서만 드려야 한다는 규범을 확정한 후에 모든 산당은 우상숭배 장소가 되었습니다. "산당"에서 일하던 사람들 중 제사의 중앙통일화에 동조하여 예루살렘으로 이주한 사람만 레위인의 칭호를 받았고 산당에 남아 전통적인 방식으로 야웨와 바알을 함께 섬기는 자들은 비판과 축출의 대상이 되었습니다.

대하 1:1-6과 비슷한 내용이 아래 왕상 3:1-5에도 나오는데 표현이 조금 다릅니다.

솔로몬이 애굽의 왕 바로와 더불어 혼인 관계를 맺어 그의 딸을 맞이하고 다윗 성에 데려다가 두고 자기의 왕궁과 여호와의 성전과 예루살렘 주위의 성의 공사가 끝나기를 기다리니라 그 때까지 여호와의 이름을 위하여 성전을 아직 건축하지 아니하였으므로 백성들이 산당에서 제사하며 솔로몬이 여호와를 사랑하고 그의 아버지 다윗의 법도를 행하였으나 산당에서 제사하며 분향하더라 이에 왕이 제사하러 기브온으로 가니 거기는 산당이 큼이라 솔로몬이 그 제단에 일천 번제를 드렸더니 기브온에서 밤에 여호와께서 솔로몬의 꿈에 나타나시니라 하나님이 이르시되 내가 네게 무엇을 줄꼬 너는 구하라(왕상 3:1-5)

왕상 3:1은 솔로몬이 이집트 가문과 통혼했음을 알리면서 그 외에 다른 여자는 없는 것처럼 설명을 추가하지 않습니다. 이에 대하여 두 가지 가능성을 제기할 수 있습니다. 첫째, 정식 왕비로 맞아들인 여자는 이집트 공주뿐이었고 많은 나라에서 온 다른 후궁은 별로 중요하지 않아서 언급을 안 했을지 모릅니다. 둘째, 이 글을 쓰는 시점에는 오직 이집트 공주와 통혼했기 때문에 그것만 적은 것일 수 있습니다. 셋째, 의식적으로 솔로몬을 긍정적으로 묘사하기 위해서 많은 여자와의 통혼을 언급하지 않은 것입니다. 그런데 바로 다음 절인 3절은 산당(빠마)에서의 제사를 "다윗의 법도를 행한 것"과 상반된 개념으로 평가하고 있습니다. '야웨를 사랑했다', '다윗의 법도를 행했다'라는 표현은 '산당에서 제사하고 분향했다'는 표현과 정반대 의미입니다. 전자는 솔로몬을 바른 신앙인으로, 후자는 우상숭배자로 평가합니다. "산당에서 제사하며 분향했다"는 부정적 평가는 후대에 추가한 것입니다. 왕상 3장에서 부정적 평가를 하는 이 구절만 제외하면 솔로몬이 올바르게 행했다는 서술과 감동적인 보상이 따라오는 단락(왕상 3:5~)이 서로 자연스럽게 연결됩니다.

일반적으로, 열왕기의 내용이 각 왕의 본래의 모습에 더 가깝고, 역대기가 열왕을 특정한 관점에서 재평가한 것으로 알려져 있습니다. 물론 역대기의 필사자와 같은 이념을 가진 사람들이 열왕기를 필사하면서 부분적으로 손을 댔을 가능성도 있습니다. 왕상 3:3-4도 열왕기 초기 본문은 아닙니다.

결론적으로 열왕기의 기본층은 솔로몬을 정치와 신앙, 양 측면에서 위대하고 훌륭한 왕으로 묘사합니다. 역대기는 유일신 사상을 중심으로 그를 재평가했습니다. 성전이 없던 시절에 어쩔 수 없이 "산당"에서 제사를 지낸 것까지 트집을 잡습니다. 원래 솔로몬은 아무 거리낌 없이 "산당"에서 제사를 지냈을 것입니다. 솔로몬의 왕국은 우리가 생각하는 것만큼 부유하고 거대한 나라는 아니었습니다. 그러나 이스라엘 역사에 있어서만큼은 최고였습니다. 나중에 유배지에서 돌아온 사람들은 그들 머릿속에 있는 솔로몬 왕국의 영광을 회복하고 싶었을 것입니다. 그동안 그들의 신앙 인식은 많은 변화를 겪었습니다. 그들은 이전과는 달리 오직 야웨만 섬겨야 한다는 유일신 신앙을 소유하고 있었습니다. 재건한 성전을 중심으로 예배의 중앙화를 주장했고 오랜 세월 동안 제사 장소로 쓰인 지방의 "산당"을 일괄적으로 부정했습니다. 그들은 다시 패망하고 싶지 않았습니다. 과거처럼 인간의 힘이나 이방 신을 의존하면 또 망할 것입니다. 그들은 오직 하나님만이 그들을 완벽하게 보호하실 것으로 생각했습니다. 율법을 문서화하고 철저히 그것에 따라 살려고 했습니다.

🐝 저는 가끔 어떤 신자가 '우리 아이를 솔로몬처럼 되게 해 주세요'라고 기도하는 것을 봅니다. 아마 그렇게 기도하는 사람은 솔로몬의 지혜(왕상 4:30)를 구하는 것 같습니다. 하지만 정말 솔로몬처럼 된다고 해도 고려해야 할 사항이 있습니다. 그는 솔로몬처럼 수많은 여자와 복잡한 관계를 맺게 될 수 있고 신앙적으로도 보수주의 입장에서 받아들이기 힘든 다원주의적인 신앙을 추구할 것입니다. 이번 주는 교회에 나왔다가 다음 주에는 이슬람교 사원에 갔다가 할 수도 있습니다. 극보수적인 신앙을 가진 분은 이것을 용인하기 매우 어려울 것입니다. 물론 우리는 다른 종교에 대해서 존중하는 마음과 자세를 가져야 합니다. 하지만 자녀가 솔로몬처럼 되기를 간절히 기도하시는 분들은 대개 자녀가 열린 종교관을 갖기를 원치 않습니다. 사실 그런 분들의 기도는 뭔가 잘 모르고 그냥 하는 기도입니다. 제가 생각할 때 솔로몬은 실제로 그가 살았던 시대에서는 그냥 평범한 왕이었을 것입니다. 이스라엘 역사 가운데서는 번영의 주인공이지만 말입니다. 그는 확실히 여러 종교를 포용했던 사람입니다. 정략적 결혼으로 많은 여자를 부인으로 두었습니다. 이것은 현대인의 삶과는 맞지 않는 모습입니다. 이것을 다 받아들일 수 있다면 자녀가 솔로몬처럼 되게 해달라고 기도하십시오.

모든 사람에게는 긍정적인 부분과 더불어 부정적인 부분이 공존하므로 누구처럼 되게 해달라는 기도는 적절하지 않습니다. 무감각하게 '솔로몬처럼 부자 되게 해 주세요!'; '솔로몬처럼 똑똑하게 해 주세요!'라고 기도하는 것은 아무 의미도 없고 경박스러운 일입니다. 그냥 '저의 아이가 일상에 충실한 사람이 되게 하소서'라고 기도하는 것은 어떨까요? '요행을 바라지 않고 성실하게 살게 하소서'는 어떻습니까? 저는 이런 기도가 하나님을 기쁘시게 하는 기도라고 생각합니다. 솔로몬도 자기 아버지를 성실하고 정의로운 분으로 기억하면서 겸손하게 주어진 임무를 완수할 수 있도록 분별력을 달라고 합니다.

> 기브온에서 밤에 여호와께서 솔로몬의 꿈에 나타나시니라 하나님이 이르시되 내가 네게 무엇을 줄꼬 너는 구하라 솔로몬이 이르되 주의 종 내 아버지 다윗이 성실과 공의와 정직한 마음으로 주와 함께 주 앞에서 행하므로 주께서 그에게 큰 은혜를 베푸셨고 주께서 또 그를 위하여 이 큰 은혜를 항상 주사 오늘과 같이 그의 자리에 앉을 아들을 그에게 주셨나이다 나의 하나님 여호와여 주께서 종으로 종의 아버지 다윗을 대신하여 왕이 되게 하셨사오나 종은 작은 아이라 출입할 줄을 알지 못하고 주께서 택하신 백성 가운데 있나이다 그들은 큰 백성이라 수효가 많아서 셀 수도 없고 기록할 수도 없사오니 누가 주의 이 많은 백성을 재판할 수 있사오리이까 듣는 마음을 종에게 주사 주의 백성을 재판하여 선악을 분별하게 하옵소서 솔로몬이 이것을 구하매 그 말씀이 주의 마음에 든지라(왕상 3:5-10)

솔로몬을 모델로 삼는다면 그의 겸손과 판단력을 배우는 게 좋겠습니다. 솔로몬은 자신에게 주어진 임무에 충실하기 위해서 필요한 것을 구하고 있습니다. 우리가 무턱대고 솔로몬처럼 부자가 되고 똑똑한 사람이 되고 싶다고 한다면 밑도 끝도 없이 제 욕심으로 하나님께 떼를 쓰는 꼴입니다. 힘들고 지칠 때 지름길을 찾기보다는 묵묵히 그리고 끝까지 성실하게 자기 소임을 다하는 태도, 인내하며 성실히 살기 위해 하나님께 도움을 구하는 신앙, 저는 바로 그것이 솔로몬의 이야기를 통해 우리가 배울 수 있는 값진 교훈이며 삶의 자세라고 생각합니다.

역대기하 33: 10-14

여호와께서 므낫세와 그의 백성에게 이르셨으나 그들이 듣지 아니하므로 / 여호와께서 앗수르 왕의 군대 지휘관들이 와서 치게 하시매 그들이 므낫세를 사로잡고 쇠사슬로 결박하여 바벨론으로 끌고 간지라 / 그가 환난을 당하여 그의 하나님 여호와께 간구하고 그의 조상들의 하나님 앞에 크게 겸손하여 / 기도하였으므로 하나님이 그의 기도를 받으시며 그의 간구를 들으시사 그가 예루살렘에 돌아와서 다시 왕위에 앉게 하시매 므낫세가 그제서야 여호와께서 하나님이신 줄을 알았더라

완전히 악마 같은 사람은 그렇게 많지 않습니다.

대하 33:10-13은 므낫세 왕이 대단히 나쁜 왕이라고 주장하고 있습니다. 그는 하나님의 말씀을 전혀 듣지 않았습니다.(대하 33:10) 하나님에 대한 인식조차 없었습니다.(대하 33:13) 열왕기도 므낫세를 악한 왕으로 규정하면서 악행을 구체적으로 열거합니다.(왕하 21:2-7a,9) 왕하 21장은 므낫세의 좋은 점을 조금도 소개하지 않습니다. 그는 그냥 극악한 왕입니다.(왕하 21:9,11)

그런데, 대하 33:13-17에는 놀랍게도 그가 악행을 뉘우치고 선행을 했다는 내용이 나옵니다.

기도하였으므로 하나님이 그의 기도를 받으시며 그의 간구를 들으시사 그가 예루살렘에 돌아와서 다시 왕위에 앉게 하시매 므낫세가 그제서야 여호와께서 하나님이신 줄을 알았더라 이방 신들과 여호와의 전의 우상을 제거하며 여호와의 전을 건축한 산에와 예루살렘에 쌓은 모든 제단들을 다 성 밖에 던지고 여호와의 제단을 보수하고 화목제와 감사제를 그 제단 위에 드리고 유다를 명령하여 이스라엘 하나님 여호와를 섬기라 하매 백성이 그의 하나님 여호와께만 제사를 드렸으나 아직도 산당에서 제사를 드렸더라(대하 33:13, 15-17)

이 본문 가운데, 대하 33:17은 조금 이상한 어휘 조합을 보입니다.

אֲבָל עוֹד הָעָם זֹבְחִים בַּבָּמוֹת רַק לַיהוָה אֱלֹהֵיהֶם

아발 오드 하암 좁힘 빠빠모트 라크 라야웨 엘로헤이헴

그러나 + 여전히 + 그 백성이 + 제사했다 + 산당에서 + 오직 + 그들의 엘로힘에게

"산당"을 이방 신에게 제사를 지내는 부정적인 장소의 개념이라고 볼 때 '오직 그들의 하나님에게'라는 어구는 문장에 걸맞지 않습니다. '체육관에서 식사를 했다'와 같은 느낌을 줍니다. 억지로 '그 백성이 산당에서 제사를 지내기는 했으나 다른 신이 아닌 하나님께 드렸다'라고 이해할 수도 있지만 부적절해 보입니다. 제사 장소는 매우 중요합니다. 위에서는 므낫세의 반성과 돌이킴에 대해 언급하고 있는데 여전히 잘못된 장소에서 제사를 지내고 있어서 그 뉘우침이 불완전해 보입니다. 물론 '오직 … 하나님에게'라는 말로 볼 때 여러 신에게 제사를 지내지는 않은 것 같지만 말입니다.

므낫세가 개과천선(改過遷善)했다고 볼 수 있을까요? 대하 33:22를 보면 므낫세를 악한 왕으로 평가했다가("므낫세 … 여호와 보시기에 악을 행하여…") 대하 33:23에서는 다시 겸손한 왕으로 소개합니다. 오락가락하는 것이지요. 이는 열왕기의 전승, 즉, 선한 행위를 거의 한 적이 없는 왕이나 악한 행위를 일삼던 왕의 이야기(저본 底本)를 최대한 긍정적인 내용으로 각색한 편집자의 손길을 느끼게 합니다. 하지만 각색이 치밀하지 않아서 '좋은 사람이었어'라는 문장들 가운데 '사실은 나쁜 놈이지'라는 글이 삐죽 튀어나옵니다. 므낫세가 개과천선한 이야기는 역대기하의 바로 다음 장에 나오지만 요시야의 개혁(대하 34장)과 내용상으로 연결되지 않습니다. 요시야는 율법 책을 발견한 일화를 통해 자발적으로 개혁을 진행했습니다. 므낫세와 요시야 사이에는 우상숭배자인 "아몬"(대하 33:22-23)과 그를 살해한 "신하"의 이야기(대하 33:24)가 마치 구분선(區分線)처럼 끼어 있습니다.

악한 행실을 일삼던 므낫세가 뉘우치게 된 것은 그가 앗시리아 왕에 의해 바

벨론으로 끌려갔던 때입니다.(대하 33:11) 편집자는 한 사람의 태도가 급격한 변화를 겪은 것에 대해 설명을 추가하였습니다. 므낫세는 바벨론에서 자기 잘못을 뉘우쳤으며 돌아와 우상을 폐기했고 산당까지는 철폐하지 못했지만 백성으로 이방 신 말고 야웨에게만 제사를 지내도록 했다는 것입니다.(대하 33:12-17)

열왕기 전승은 므낫세를 악인으로 평가합니다. 하지만 역대기서의 편집자는 므낫세에 대한 칭찬을 추가했습니다. 최소한 므낫세는 민족 신으로서의 하나님 신앙을 가지고 있었을 것입니다. 그렇게 보면 신앙인으로서 그를 칭찬한 것에 근거가 없는 것은 아닙니다. 조금 더 시간이 지난 후에 다른 편집자는 므낫세에 대한 부정적인 서술과 긍정적인 서술을 매끄럽게 연결하려고 더 자세한 설명을 넣었습니다. 이렇게 역대기에서의 므낫세는 열왕기와는 달리 다채로운 이미지의 사람이 되었습니다.

🐝 어떤 한 사람이 다양한 이해를 가진 집단들에게 차례대로 평가를 받으면 평가 결과만 보고는 그 사람이 원래 어떤 사람인지 불분명하게 됩니다. 삼국지연의(三國志演義)라는 소설 속의 유비(劉備)를 때로는 덕망 높은 사람으로 평가하지만 또 어떤 이들은 처세를 못 하는 바보라고 말합니다. 전자는 인문학이나 철학의 관점에서, 후자는 경제학이나 처세술의 관점에서 나올 수 있는 평가입니다. 후자의 경우, 유비보다는 간웅(奸雄) 조조(曹操)를 높이 평가합니다.

저는 므낫세가 다른 왕들보다 훨씬 더 나쁜 왕이었다고는 생각하지 않습니다. 그렇다고 딱히 좋은 왕도 아니었습니다. 산당에서 이방 신을 섬기는 일이 잘못이라면 사실 거의 모든 북 이스라엘과 남 유다의 왕이 이에 걸릴 것입니다. 다만, 어떤 왕의 경우 마치 하나님만 섬긴 것처럼 각색되었고, 어떤 왕은 보편적인 습속을 따랐는데도 천인공노할 죄인이 되었습니다. 선왕 히스기야와 요시야 사이에서 므낫세는 오히려 평범하므로 악인이 된 케이스일 것입니다. 언젠가 어떤 목사님이 '므낫세는 죽일 놈이다'라고 하는 설교를 하시는 것을 듣고 저는 자신도 모르게 작은 소리로 '그렇게 나빴을까?'라고 말한 적이 있습니다. 성서를 면밀히 살핀다면 경솔한 판단을 내릴 수 없을 것입니다. 객관적으로 보았을 때 인간 같지 않은 사람도 있다고 하지만 그렇더라도 너무 쉽게 사람을 판단해서는 안 됩니다.

므낫세는 악인입니까? 완전한 개혁을 이루지는 못했지만 산당에서 제사 지내는 사람들을 이끌어 하나님을 섬기도록 하지 않았습니까? 이상적인 신앙인의 모습은 아니지만 그렇다고 완전히 악당도 아닙니다. 그렇지 않나요?

사람의 생명과 권리를 하찮게 여기는 진짜 악당들은 법의 심판을 받아야 합니다. 하지만 큰 잘못도 하지 않았는데 대중에 의해 악마가 되어 손가락질받는 사람이 있다는 것을 기억합시다. 만족스럽지는 않지만 상당히 많이 뉘우쳤던 므낫세를 떠올릴 때마다 적당히 좋은 사람도 있다는 생각이 듭니다. 그러니까 함부로 사람에게 마귀니 악마니 죄인이니 그런 말을 하지 마세요! 그런 말을 들을 만한 사람은 생각만큼 그렇게 많지 않습니다. 동시에, 그런 말을 할 자격이 있다고 자부하는 사람치고 진짜로 그런 자격이 있는 경우는 별로 없습니다. 🏠

에스라 9:13-14

> 우리의 악한 행실과 큰 죄로 말미암아 이 모든 일을 당하였사오나 우리 하나님이 우리 죄악보다 형벌을 가볍게 하시고 이만큼 백성을 남겨 주셨사오니 / 우리가 어찌 다시 주의 계명을 거역하고 이 가증한 백성들과 통혼하오리이까 그리하면 주께서 어찌 우리를 멸하시고 남아 피할 자가 없도록 진노하시지 아니하시리이까

편협하고 극단적인 종교는 대단히 폭력적입니다.

에스라서 9장은 페르시아 치세 기간의 상황을 알게 합니다. 스 9:7은 "조상들의 때로부터" 민족이 심각한 "죄"를 저질렀다고 합니다. 글쓴이는 다윗이나 히스기야 요시야와 같은 선왕의 행적조차 언급하지 않습니다. "죄"의 심각성을 강조하려고 일부러 그렇게 한 것 같습니다. 국가 패망에 대한 책임이 위정자에게 있다는 인식은 시간이 흐르면서 민족 전체의 잘못이라는 성찰로 이어졌습니다. 이스라엘 민족이 귀환하는 시기쯤에 이르면 죄의 신학이 나타납니다. 긴 유배 기간을 거치면서 하나님에 대한 "죄" 때문에 나라가 망했다고 성찰한 것입니다.("우리의 죄악으로 말미암아 우리와 우리 왕들과 우리 제사장들을 여러 나라 왕들의 손에 넘기사… 사로잡히며 … 부끄럽게 하심이…") 그리고 바로 여기에서 범 시대적, 시대 초월적인 "죄"의 개념이 나옵니다.("… 오늘날과 같으니이다.")

스 9:8은 하나님이 "잠시 동안 은혜를 베푸사" "종노릇 하는 중에서 조금 소생하게 하셨다"고 말합니다. 이는 바벨론 제국과는 달리 페르시아의 관용 정책에 힘입어 고향 땅으로 귀환하게 된 자들의 고백입니다. 스 9:9은 스 9:8의 서술을 다시 한번 반복하면서 그들이 (귀환하여) "성전을 세우게 하시며 … 무너진 것을 수리하게 하"셨다고 추가적인 정보를 덧붙입니다. 국가 패망으로 무너진 성전과 성벽 등을 재건할 수 있었던 것은 페르시아의 관용과 지원 아래 일어난

일입니다. 이스라엘 사람들은 하나님이 페르시아를 통해 그들에게 자유를 주셨다고 믿었으며 한 발자국 더 나아가 완전한 해방을 획득하고 왕까지 옹립할 수 있다는 기대를 하게 되었습니다.

스 9:10은 "주의 계명"에 관한 언급입니다. 귀환하여 성전과 성벽을 재건한 사람들, 신앙 중심의 삶을 살기 위해 생활 터전을 복구한 백성들은 즉각적으로 하나님의 율법에 대하여 지대한 관심을 기울이기 시작합니다. 율법은 새로운 출발을 하는 시점에 긴요한 사회 규범인 동시에 신앙생활을 위한 종교법입니다. 물론 그들은 여전히 페르시아 법의 지배 아래에 있었지만 귀환을 허락한 제국의 아량에 기대어 일정한 자치법을 소유할 수 있었습니다. 외형적으로 율법은 단순히 민족 신앙을 담고 있는 것으로 보였으나, 내면적으로는 훨씬 웅대한 포부에서 편찬한 제국의 스케일을 표방하다 못해 압도하는 법률이었습니다. 그들이 지향한 것은 페르시아 못지않은 법률을 중심으로 독립을 쟁취하는 것은 물론 세계 중심 국가로 나아가는 것이었습니다.(사 61:4-6; 62:1-2, 7 "여호와께서 예루살렘을 세워 세상에서 찬송을 받게 하시기까지…")

이런 원대한 비전을 품은 가운데 스 9:13-14은 다시 한번 죄를 용서하고 구원하신 하나님의 은혜를 회고하면서 스 9:14에서 "가증한 백성들과의 통혼"을 냉철하게 비판합니다.

우리의 악한 행실과 큰 죄로 말미암아 이 모든 일을 당하였사오나 우리 하나님이 우리 죄악보다 형벌을 가볍게 하시고 이만큼 백성을 남겨 주셨사오니 우리가 어찌 다시 주의 계명을 거역하고 이 가증한 백성들과 통혼하오리이까 그리하면 주께서 어찌 우리를 멸하시고 남아 피할 자가 없도록 진노하시지 아니하시리이까(스 9:13-14)

미래의 청사진을 그리는 한편 종교적으로는 엄격한 잣대를 제기하는 것은 서로 모순처럼 보이지만 우리 현실에서도 가끔 볼 수 있는 상황입니다. 어떤 교회에 가면 세계 복음화라는 허황한 목표를 건물 안팎으로 크게 써 붙여 놓은 동시에 내부적으로는 신자의 생활 면면을 간섭하는 모습을 볼 수 있습니다. 하루 일과 중 몇 시간 이상 기도해야 한다거나 십일조와 주일 헌금은 물론 선교 헌금도 꼭 내라거나 믿지 않는 사람과는 결혼하지 말라는 둥 믿기 어려울 정도로 많이 간섭합니다.

현실적으로, 이스라엘 사람 중에 적지 않은 수가 바벨론 ~ 페르시아 시대를 거치면서 이방인과 결혼했을 것입니다. 그런데 귀환 이후 에스라와 같은 자는 갑작스럽게 순혈주의(純血主義)를 주장하였습니다. 심지어 이방인과 결혼한 사람들에게 이혼을 명령했는데(스 10:10-11 "이방 여인을 끊어 버리라") 사람들 사이에 큰 혼란과 슬픔이 있었던 것 같습니다.(스 10:1, 엎드려 우는 에스라와 "크게 통곡하"는 백성) 그런데도 강제 이혼 요구에 백성이 순응한 것은 그만큼 그들이 국가 재건과 민족중흥을 간절히 바라고 있었기 때문입니다. 하지만 제가 볼 때, 아무리 국가 재건이 중요하고 민족중흥이 대의라고 하더라도 부부에게 생이별을 강제한 것은 심한 일입니다. 엄밀히 따져 보면 국권을 잃은 이스라엘 민족이 단일 민족 국가 운운하는 것은 별로 의미가 없습니다. 제국 치하에서 긴 시간 동안 살면서 순혈 개념도 희박하게 되었습니다. 그들의 시조 격인 아브라함부터 외국인이었으며 다윗도 능력만 있다면 외국인을 주저 없이 등용했기 때문에(왕상 9:20 "이스라엘 자손이 아닌… 헷 사람 … "; 삼하 11:6 "헷 사람 우리아" = 다윗의 37명 용사 중 하나였던 힛타이트 사람 우리아) 그의 신하와 백성 가운데 혼혈이 많았을 것입니다. 도대체 이스라엘 민족은 언제부터 단일 혈족입니까? 그것은 하나의 관념일 뿐입니다. 우리나라 사람들에게도 강한 민족주의적 정서가 존재합니다. 그것이 무조건 나쁘다는 것은 아닙니다. 우리를 하나로 모아 어떤 목적을 이루는데 그리고 우리나라를 외세로부터 방어하는데 단일 민족이라는 이념보다 효과적인 것은 없습니다. 문제는 그런 생각으로 우리와 함께 사는 외국인과 혼혈인들을 차별하는 것입니다. 마치 원시시대부터 단일 민족이었던 것처럼 허세를 부리면서 다문화 가족들을 무시하거나 텃세를 부려서는 안 됩니다. 과도한 민족주의는 오히려 우리나라가 세계 속의 한국으로 발돋움하는 것을 방해합니다. 한국인의 출산율이 낮은 상황에서 외부로부터 너무 많은 외국인이 우리나라에 들어온다고 심리적인 위협을 느끼는 것은 아닙니까? 만약 우리나라에 이른바 순수 혈통이 다 사라지고 외국인이었던 사람들이 주류가 된다면 어떻겠습니까? 그런 상황을 막기 위해서 아기를 더 많이 낳으라고 한국인끼리 강요할 수 있습니까? 이미 우리나라는 다문화 다민족 국가가 되어 가고 있습니다. 이런 실제 상황에서 우리가 취할 수 있는 바른 자세는 무엇입니까? 배타적인 입장보다는 오히려 이방인들을 환영하고 함께 잘살아갈 수 있는 길을 찾는 것입니다.

국제결혼 한 부부들을 생이별하게 만들면서 이루려고 했던 독립과 부흥은 결국 실현되지 않았습니다. 신정 국가가 아닌 세속 민주 국가로서 이스라엘은 1948년 5월 14일 세워졌습니다. 하지만 구약성서에서 이스라엘 백성이 염원하던 왕도 세우지 못했고 솔로몬의 영광도 회복하지 못했습니다. 이왕 이렇게 될 것을 알았다면 그렇게 잔인한 일을 하지 않았을 것입니다. 그 옛날 이스라엘의 황금시대(?)의 왕 솔로몬은 이렇게 기도했습니다.

> 주의 백성 이스라엘에게 속하지 않은 이방인에게 대하여도 그들이 주의 큰 이름과 능한 손과 펴신 팔을 위하여 먼 지방에서 와서 이 성전을 향하여 기도하거든 주는 계신 곳 하늘에서 들으시고 모든 이방인이 주께 부르짖는 대로 이루사 땅의 만민이 주의 이름을 알고 주의 백성 이스라엘처럼 경외하게 하시오며 …(대하 6:32-33)

이 성서 말씀에서 이스라엘과 이방인의 구분은 존재하지 않습니다. 하나님의 집으로서의 성전은 누구나 기도할 수 있는 곳입니다.(사 56:7; 막 1:17 '만민이 기도하는 집')

성서에는 포용적 입장과 극단적인 민족주의가 혼재해 있습니다. 물론 분량으로 보자면 극단적 민족주의가 더 넓게 분포해 있습니다. 따라서 신중히 살피지 않으면 왜곡된 생각이 독자에게 옮아올 수 있습니다.

이스라엘 민족이 바랐던 이상향 중 하나는 "이방의 빛"이 되는 것입니다. 이 주장은 모두의 평화를 목표로 합니다. 이방을 배척하고 그 존재를 무시하는 가운데에 "빛"이 되자는 말은 성립하지 않습니다. 이는 분명히 평화적 공존을 뜻하는 것입니다.

> 나 여호와가 의로 너를 불렀은즉 내가 내 손을 잡아 너를 보호하며 너를 세워 백성의 언약과 이방의 빛이 되게 하리니(사 42:6)

글쓴이는 페르시아 제국의 포용적인 태도가 무척 마음에 들었던 것 같습니다. 모든 나라에 대한 "불"(옵 1:18 "야곱 족속은 불이 될 것이며 요셉 족속은 불꽃이 될 것이요 에서 족속은 지푸라기가 될 것이라 … 그들을 불사를 것인즉 … 남은 자가 없으리니")이나 "몽둥이"(사 10:5-6 "… 그는 내 진노의 막대기요 그 손의 몽둥이는 내 분노라… 나라를 치게 하며 … 노략하게 하며 … 짓밟게 하려 하거니와")가 되지 않고 "빛"이 되자는 것은 고상한 가치입니다. 그리고 이를 실현하려면 스스로 겸비하고 절제해야만 합니다. 이 구절은 신약성서에서도 그대로 인용되었습니다.

> … 이방을 비추는 빛이요 주의 백성 이스라엘의 영광이니이다 …(눅 2:32)

🗡 이제 우리는 "이방인들"의 빛이 되고 그들의 자랑이 됩시다. 우리나라를 그런 의미에서 세계에서 제일가는 나라로 만듭시다. 공존만이 21세기를 살아가는 모두가 함께 행복하고 함께 잘살 수 있는 유일한 길입니다. 과격한 민족주

의를 버리고 지구촌의 시민으로서 세계인들과 어깨를 나란히 하며 서로 존중하면서 살아갑시다! 마음을 자꾸 편협하게 만들지 말고 넓은 마음으로 이해하면서 평화롭게 살아갑시다!

느헤미야 5:15

나보다 먼저 있었던 총독들은 백성에게서 양식과 포도주와 또 은 사십 세겔을 그들에게서 빼앗았고 또한 그들의 종자들도 백성을 압제하였으나 나는 하나님을 경외하므로 이같이 행하지 아니하고

땅장사와 돈놀이를 그만둔 양심적이고 모범적인 지도자

유대인 느헤미야는 페르시아 아케메네스 왕조의 아르타크세르크세스 왕이 신임하는 신하였습니다. 그는 여러 페르시아 총독 중의 한 명으로 임명되어(느 2:9) 팔레스타인 땅에 귀환했고(느 2:11) 예루살렘 성벽을 재건하는 데 주도적인 역할을 했습니다.(느 3장) 그는 과거 남 유다였던 지역에서 성벽 건설 공사를 했는데 사마리아인들이 공사에 동참하고 싶어했습니다.(스 4:2) 하지만 느헤미야는 이 제안을 거절합니다.(스 4:3; 느 2:20) 이는 민족적 순혈주의에 입각한 결정입니다. 사마리아인을 혼혈 족속이라고 깎아내린 것입니다. 제안을 거절하자 사마리아인들은 공사를 방해하기 시작합니다.

에스라가 국제결혼을 한 부부를 강제 이혼시켰다면(스 10:10) 느헤미야는 새로 국제결혼하는 것을 금지했습니다.(느 9:2; 13:27, 30) 물론 기존의 혼혈아까지 배척하지는 않고 그들에게 유대식 교육을 하라고 명했습니다.(느 10:28-29 "이방 사람과 절교하고 하나님의 율법을 준행하는 모든 자와 그들의 아내와 그들의 자녀들 곧 지식과 총명이 있는 자들은 …") 어쨌든 그는 에스라보다는 더 합리적이며 현실적인 사고를 하는 사람이었던 것 같습니다.

외부적으로 사마리아인들의 방해를 받았다면 내부적으로는 관료들이 인부들을 착취하는 문제가 발생했습니다. 느헤미야 5장은 이런 배경에서 서술한 것입니다.

유대인 인부들은 동족에게 착취를 당했습니다.(느 5:1) 설상가상으로 "흉년"(느 5:3)으로 식량난이 발생했습니다.(느 5:2) 그런 상황에서 페르시아 황제

에게 세금까지 바쳐야 했으니(느 5:4) 아주 심각했습니다. 자녀까지 노비로 팔고 있었습니다.(느 5:5) 느헤미야는 이런 상황을 보고 동족에게 이자까지 받아먹느냐며 분노합니다.(느 5:7) 인신매매에 대해서도 비판합니다.(느 5:8) 이방인이 볼 때 창피한 노릇이며 하나님을 두려워한다면 그렇게 이럴 수가 있느냐(느 5:9)고 말합니다. 그런데 사실 느헤미야도 돈과 식량을 빌려주고 이자를 받는 경제 활동을 했었습니다.(느 5:10) 그러나 상황이 심각한 것을 보고 이자 받기를 그만두었습니다. 솔선수범한 것입니다. 그리고 다른 이들도 자기와 똑같이 하라고 지시합니다.

> 그런즉 너희는 그들에게 오늘이라도 그들의 밭과 포도원과 감람원과 집이며 너희가 꾸어 준 돈이나 양식이나 새 포도주나 기름의 백 분의 일을 돌려보내라 하였더니 그들이 말하기를 우리가 당신의 말씀대로 행하여 돌려보내고 그들에게서 아무것도 요구하지 아니하리이다 하기로 내가 제사장들을 불러 그들에게 그 말대로 행하겠다고 맹세하게 하고 내가 옷자락을 떨며 이르기를 이 말대로 행하지 아니하는 자는 모두 하나님이 또한 이와 같이 그 집과 산업에서 털어 버리실지니 그는 곧 이렇게 털려서 빈손이 될 지로다 하매 회중이 다 아멘 하고 여호와를 찬송하고 백성들이 그 말한 대로 행하였느니라(느 5:11-13)

느헤미야의 권위 때문인지 역량 때문인지 그가 지시하자 놀랍게도 백성들이 그대로 따릅니다. 그의 지시는 "포도원"과 올리브밭은 물론 "집"까지 반환하라는 것이었습니다.(느 5:11) 돈, 식량, 음료, 기름을 빌려주고 받았던 이자의 1%(100분의 1)까지 돌려주라고 합니다. 굶어 죽을 위기에 처한 채무자들에게 있어서 이런 조치는 대단한 희소식이었을 것입니다. 하지만 당시 가진 자들이 순순히 경제적 이득을 포기했을 것 같지는 않습니다. 물론 당시는 지금과 같은 민주 사회가 아니었기 때문에 제국 치하에 있었던 백성들이 지시에 반대하는 분위기는 아니었겠지만 그래도 한 마디 불평이나 반론을 제기하는 사람이 없고(스

10:15과 비교) 모두 마치 한 사람처럼 실천하는데 제가 볼 때 상당히 부자연스럽습니다.

만약 모든 내용이 실제 상황이라면, 제가 볼 때, 비밀은 느헤미야의 모범에 있다고 생각합니다. 그는 솔선수범했습니다. 부동산에 대한 관심을 끊었습니다. 자발적으로 자신의 봉급을 반납했습니다.(느 5:16-18) 저는 모범적인 정치 지도자의 진실한 모습이 대중의 동참을 끌어냈다고 생각합니다. 우리는 이런 예를 본 적이 없기 때문에 이야기를 믿는 것이 상당히 어렵지만, 실제로 지도자가 이처럼 파격적인 모범을 보인다면 상황이 달라집니다. 우리 사회의 누구도 그렇게 행동할 만한 양심과 용기가 없습니다. 국회의원직을 내려놓더라도 부당하게 모은 재산은 움켜쥐는 것이 우리의 상황입니다.

헐벗은 채무자들에게 뜯어 간 것과 이자까지 돌려주라는 지시가 내려진 후, 돌려주지 않을 시에 하나님의 저주가 있을 것이라고 공포하니 대중은 "아멘"으로 화답하고 찬송했습니다.(느 5:12-13) 이를 어떻게 보면 하나의 종교의식처럼 보일 수가 있습니다. 하지만 당시의 이율인 100분의 1은 제물의 일반적인 분배 비율도 아니고 "맹세하게 했다"는 표현도, 느 5:12과 같은 시대 문헌인 스 10:6만 제외하면 구약성서에서 같은 의미로 사용된 예를 찾아볼 수 없기 때문에 종교의식을 한 것은 아닙니다. 평등한 분배를 위한 정치적 결단으로 보는 것이 좋겠습니다. 본문에서 "제사장"은 단순히 정책을 확인하는 역할을 하며 정치지도자(느헤미야)가 모든 면에서 주도적인 역할을 합니다. 사회적 약자에 대한 적절한 보호와 불평등 계약에 대한 제재를 명하는 문서는 아직 존재하지 않는 것 같습니다. 만약 그것이 존재했다면 정치 지도자가 땅장사를 하고 돈놀이를 하다가 뉘우치는 에피소드는 나올 수 없습니다.

느헤미야가 펼친 정책은 페르시아 법의 영향을 받았을 것입니다. 페르시아 법은 인권과 노동권을 보호하는 법으로 알려져 있습니다.(키루스의 원통, 노동자의 적정한 임금 보장) 우수한 법 제도의 영향 아래, 귀환자들은 바른 결정을 했습니다. 그들은 제국에 바치는 세금을 걷는 것도 잊지 않습니다.(느 5:4 왕에게 낼 세금) 준법정신이 살아있습니다.

법률을 온전히 시행해도 법망을 교묘하게 피해 자신의 이익을 채우는 사람은 동서고금을 막론하고 존재하는 법입니다. 많이 개선되었으나 이런 혼란은 그들의 삶을 규제하는 하나님의 법을 문서화할 때까지 지속되었을 것입니다. 그때까지는 문제가 발생할 때마다 지도자가 나서서 본문에 서술된 것과 같은 방식으로 해결해야 했을 것입니다.(느 13:15 안식일을 어기는 사람에게 경고하는 느헤미야)

제국의 용인 가운데 귀환한 백성들은 여러 측면에서 혼란을 경험했습니다. 그들에게는 이 혼란을 잠재울 사회적 규범, 신앙적 규범의 문서화가 절실했습니다. 페르시아의 법은 견본(見本)이 될 뿐 그 법만으로는 충족할 수 없는 독특한 신앙과 삶의 양상이 있었습니다. 에스라와 같은 사람은 이처럼 제국에 복속된 민족을 위해서 법률을 연구하던 사람 중의 하나였습니다. 성서는 그를 "율법학자"라고 칭합니다.(스 7:6,11,12,21; 느 8:1,4,5,9,13; 12:26) 결국 적지 않은 사람의 노력으로 하나님의 율법을 집대성하고 문서로 만들었습니다. 이런 역사적 사실을 무시하고 성서가 하늘에서 뚝 떨어진 것처럼 생각하는 경우가 있는데 실소를 자아내게 합니다. 하나님 말씀은 역사적 과정을 통해 점진적으로 형성된 것입니다.

느헤미야는 율법의 문서화가 이루어지기 전부터 그가 할 수 있는 최선을 다해 사회에 선한 영향력을 끼치려고 노력했습니다. 인간적 도리를 생각했고 스스로 모범을 보이는 것을 통해 혼란한 환경에 살고 있던 사람들의 공감과 동참을 끌어냈습니다. 본받을 만합니다.

우리 사회는 자주 혼란스러운 상황에 빠집니다. 특히 분배 문제는 늘 큰 골칫거리입니다. 해법은 보이지 않고 오로지 해법을 찾기 위한 시간만 허비하고 있는 판국입니다. 어떤 때 보면 해법에 관심 자체가 없는 것도 같습니다. 하지만 방법은 있습니다. 바로 **많이 가진 사람, 높은 지위에 있는 사람, 지도자라고 칭하는 사람들이 솔선수범하여 자발적으로 욕망을 절제하는 것이 그것입니다.** 양심에 걸려 땅장사와 돈놀이를 멈춘 지도자를 보십시오. 지도자가 먼저 모범을 보여야 일반 백성도 따라 할 것 아닙니까? 정치인들은 갈수록 부자가 됩니다. 그들 중에 얼마나 많은 이가 백성의 궁핍함에 관심을 기울입니까? 백성은 굶어 죽든 말든 자기만 부자가 되면 그만이라고 생각하는 사람은 지도자의 자격이 없습니다. 느헤미야 같은 모범적인 지도자가 있었으면 정말 좋겠습니다! 하지만 아직 우리는 그렇게 성서적인 지도자를 현실 세계에서 만나지 못하고 있습니다. 안타깝게도!

에스더 4: 14-16

이 때에 네가 만일 잠잠하여 말이 없으면 유다인은 다른 데로 말미암아 놓임과 구원을 얻으려니와 너와 네 아버지 집은 멸망하리라 네가 왕후의 자리를 얻은 것이 이 때를 위함이 아닌지 누가 알겠느냐 하니 / 에스더가 모르드개에게 회답하여 이르되 / 당신은 가서 수산에 있는 유다인을 다 모으고 나를 위하여 금식하되 밤낮 삼 일을 먹지도 말고 마시지도 마소서 나도 나의 시녀와 더불어 이렇게 금식한 후에 규례를 어기고 왕에게 나아가리니 죽으면 죽으리이다 하니라

하나님을 말하지 말고 느끼게 하세요.

페르시아의 최전성기였던 크세르크세스(Xšayāršā) 치세(기원전 486-465) 3년(기원전 482?) 큰 잔치가 열렸습니다. 같은 시기에 내려진 미녀 수집령(에 2:3)에 의해 에스더(페르시아어 "별", 히브리어 본명 "하닷사"= 도금양 桃金孃, 상록관목의 일종; 에 2:7) 역시 페르시아 왕궁에 들어가 후궁이 되었습니다.

에스더서 1장 1-2절에 언급된 "아하수에로"는 "크세르크세스"를 히브리어로 음차(音借)한 것입니다. 일부 성서 번역자는 "아하수에로"를 크세르크세스의 아들인 아닥사스다(아르타크세르크세스, 기원전 465-423년)와 혼동합니다. 메데 왕 다리오의 아버지(단 9:1) 아하수에로와도 혼동합니다. 할아버지, 아버지, 아들 왕의 이름이 똑같기 때문에 혼동하는 것 같습니다. 왕들의 간단한 계보는 아래와 같습니다.

키루스(고레스, 550-529, 스 1:1; 4:5) - 캄비세스(아하수에로, 529-522, 스 4:6) - 코마타(아닥사스다, 522, 스 4:7-23) - 다리우스(다리오, 스 4:5,24; 6:1-15) - 크세르크세스(아하수에로) - 아르타크세르크세스(아닥사스다, 스 6:14; 7:1-26; 느 2:1-18)

크세르크세스는 선왕 다리우스(기원전 550-486년)와는 달리 제국에 복속한

종족을 엄하게 다스렸습니다. 그는 선왕이 마라톤 전투(기원전 490년)에서 패한 것 때문에 그리스를 응징하려고 했는데(기원전 480-478) 오히려 이쪽이 또 패하여 철수합니다. 이 과정에서 복속 민족에 대한 포용정책은 약화하였고 적대 세력이 늘었습니다. 크세르크세스는 자신의 실정을 반성하기보다는 더 강한 압제를 가했습니다. 결국 그 오판이 제국을 깊은 나락으로 이끌었습니다.

에스더서는 상대적으로 엄격했던 크세르크세스 왕 치하에 이스라엘 민족의 자치권이 몰수되거나 민족이 말살될 수 있었던 위기를 어떻게 극복했는지 설명합니다. 위에서 언급한 것과 같이 크세르크세스는 복속 민족들에게 충분한 자유를 주는 것에 대해 회의적이어서 이스라엘 민족으로서는 이전과는 다른 대책을 강구해야 했습니다.

하만은 제국과 왕에게 비협조적인 민족을 말살하자고 왕에게 제의했고 허락을 얻었는데(에 3:8-10) 성서는 그 목적이 유대인 말살에 있었다고 증언합니다.(에 3:13; 4:3) 유대인으로서 에스더의 사촌인 모르드개는 왕에게 각별한 총애를 받고 있던 후궁 에스더에게 왕에게 가서 간언하라고 합니다.(에 4:8) 왕이 호출하지 않았는데 임의로 왕에게 나가는 것은 사형에 해당하는 범법 행위였습니다.(에 4:11) 하지만 민족 전체가 사라질 위기였기 때문에 에스더는 계속 주저할 수 없었습니다. 마침내 '죽더라도 왕에게 나가겠습니다'라면서 결의를 다집니다.(에 4:16) 왕궁의 정원에서 왕과 조우한 에스더(에 5:2)는 왕에게 하만과 함께 자신의 파티에 오라고 청합니다.(에 5:8)

여기까지 읽으면 문제의 해결이 사람의 용기와 정치적 활약으로 이루어지는 것 같은 느낌을 받습니다. 그러나 에스더서의 저자는 문제가 해결되는 결정적인 실마리를 특별한 방식으로 풀어냅니다. 글쓴이에 따르면, 잠이 오지 않았던 왕은 궁중 기록을 읽다가 모르드개가 모반자를 적발하는 공을 세웠었음을 인지합니다.(에 2:21-23; 6:1-2) 이는 유대인 모르드개를 죽일 수 없는 이유가 됩니다. 또한 에스더 4장의 편집자는 에스더가 왕에게 나가기 전에 "3일 동안" 집단적 금식을 요청했다고 씁니다.(에 4:16) **글쓴이는 문제 해결이 오로지 에스더에 의해서 이루어지는 것이 싫었습니다.** 그래서 에스더가 왕 앞에 나갈 때 두려워서 떨었다는 내용 같은 것을 추가합니다. 그리고 당면한 문제가 개인의 문제가 아니라 유대인 공동체 전체의 문제라는 것을 재차 강조하면서 모든 일이 하나님의 섭리 가운데 이루어졌음을 알립니다. 독자는 에스더서 1장에서부터 유대인 여자가 페르시아 제국의 후궁이 된 것 자체가 보이지 않는 손길에 의한 것임을 깨닫게 됩니다. 그뿐만이 아닙니다. 글을 읽다가 모르드개를 처형하기 위해 만들었던 "장대"에 원수가 달리는 절정에 이르면 모든 것이 우연이 아닌 필연이었다고 감탄하게 됩니다.(에 7:10)

"하나님"이나 "야웨"에 대한 언급이 전혀 없기 때문에 에스더서를 구약성서의 한 권으로 넣은 사람들은 아마도 적잖게 고민했을 것입니다. 에스더서를 에스라나 느헤미야와 같은 사람이 쓰지는 않았습니다. 그들이 썼다면 노골적으로 하나님의 존재와 일하심을 언급하는데 바빴을 것입니다.(스 7:28; 느 6:16) 에스더서의 저자는 놀랍게도 페르시아 왕이 섬기는 신과 유대인의 신의 이름을 하나도 언급하지 않으면서 신앙적 이야기를 구성했습니다. 또한, 등장인물의 역할을 최대한 균등하게 배분하였습니다.(에 9:25 "에스더가 … 왕이… 나무에 달게 하였으므로") 에스더는 누가 봐도 이야기의 주인공이지만 이야기에 중요한 조연들을 추가하고 있습니다. 보기에 따라 페르시아 왕이 주인공인지 모르드개가 주인공인지 혼동할 정도로 신경 써서 서술하였습니다. 등장인물들 하나하나에 적절한 역할을 부여하여 독자에게 한 편의 잘 짜인 스토리를 선사합니다. 독자는 이러한 드라마에 감탄하면서 동시에 연출자가 누구인지에 관심을 기울이게 됩니다. "하나님"을 한 번도 언급하지 않으면서 이처럼 흥미진진한 신앙 이야기를 만들어 내다니! 이 정도로 재미와 완성도가 있는 이야기는 쉽게 만나기 어렵습니다.

지금 우리가 사는 사회는 신앙의 자유를 보장하고 있습니다. 그러나 입만 열면 '하나님'이며 '할렐루야'를 외치는 사람들이 다른 이에게 거부감을 주는 것도 사실입니다. 자동차 유리창에 십자가나 예수그리스도를 상징하는 물고기 스티커를 붙이고 다니면서 과속하고 끼어들기를 하면 "차라리 저런 스티커를 붙이고 다니지나 말지"라는 말이 저절로 나옵니다.

이제 우리는 격조 있게 그리고 예술적으로(!) 신앙생활을 해야 합니다. 왜냐하면 우리 사회 사람들은 노골적이며 촌스러운 종교 강요에 대하여 거부감과 지겨움을 느끼기 때문입니다. 교회 나오라고 예수님 믿으라고 강요하면서 비신자들도 하지 않는 비윤리적이고 반도덕적인 일들을 저지르니 어디 가서 개신교인이라고 말하는 것이 부끄러울 정도입니다. 말로 떠들지 말고 사람들로 호감을 느끼게 합시다. 우리가 사랑으로 서로 나누고 사회를 위해 과감히 희생하는 삶, 정의를 위해 결단하는 삶을 살면 사람들은 비로소 그런 삶을 사는 이들이 믿는 하나님이 누군지 알고 싶을 것입니다. 일상으로 써 내려가는 드라마같이 멋진 삶을 보고 사람들이 자발적으로 하나님에 관해 물어보게 만듭시다. 에스더서처럼 꼭 하나님을 언급하지 않아도 좋습니다. 중요한 것은 실천입니다. 에스더와 같이 공동체를 위해 일정한 안락을 포기하는 실천이 없다면 우리를 통해서는 아무도 하나님과 예수님을 느끼지 못할 것입니다.

이르되 내가 모태에서 알몸으로 나왔사온즉 또한 알몸이 그리로 돌아가올지라 주신
이도 여호와시요 거두신 이도 여호와시오니 여호와의 이름이 찬송을 받으실지니이다
하고 / 이 모든 일에 욥이 범죄하지 아니하고 하나님을 향하여 원망하지 아니하니라
(욥 1:21-22)
나에게는 평온도 없고 안일도 없고 휴식도 없고 다만 불안만이 있구나(욥 3:26)

고통을 받으면 아파하는 것이 인간입니다.

아직도 많은 사람은 오직 한 명의 저자가 성서 한 권을 썼다고 생각합니다.
하지만 성서는 긴 시간에 걸쳐 많은 저자와 편집자에 의하여 점진적으로 쓰인
것이라고 보는 편이 더 합리적입니다. 욥기 역시 그렇습니다.

욥기 1장과 2장에 나타나는 욥은 불굴의 신앙인입니다. 어떤 상황에서도 하
나님의 일하심에 대해서 불평하거나 원망하지 않습니다. 욥 1:13-15에 따르면
폭도(暴徒)들이 욥의 가축들을 노략질하고 그의 종을 거의 다 죽였습니다. 그뿐
아니라 하늘에서 불이 떨어져 양 떼와 목동들을 살라 버렸습니다.(욥 1:16) 그런
데 욥 1:15b과 욥 1:16b에서 "나만 홀로 피하였으므로 주인께 아뢰러 왔나이다"
라는 말이 반복되는 것이 다소 이상합니다. 욥 1:17를 보면 종들이 갈대아 사람
무리에게 낙타 떼를 도둑맞고 죽었으며 다시 "나만 홀로 피하였으므로 주인께
아뢰러 왔나이다"라는 **생존자 진술**이 나옵니다. 욥 1:18-19도 같은 형식의 반
복입니다. 내용만 다릅니다. 이번에는 욥의 아들들과 딸들이 강풍에 의해 무너
진 집채에 깔려 몰살을 당했다는 이야기입니다. 욥 1:19b에도 **생존자 진술**이 붙
어 있습니다. 형식이 반복된 것은 의도적인 문학적 장치처럼 보입니다만 이 이
야기를 읽는 독자는 문학적 형식보다는 그 참혹한 내용에 집중할 것입니다. 욥
이 모든 것을 잃었다는 것입니다.

놀랍게도 욥은 위와 같이 엄청난 재앙에도 굳센 신앙을 유지합니다.

> 이르되 내가 모태에서 알몸으로 나왔사온즉 또한 알몸이 그리로 돌아가올지라
> 주신 이도 여호와시요 거두신 이도 여호와시오니 여호와의 이름이 찬송을 받으
> 실지니이다 하고 이 모든 일에 욥이 범죄하지 아니하고 하나님을 향하여 원망하
> 지 아니하니라(욥 1:21-22)

욥은 "하나님을 경외하"는 자입니다.(욥 1:1) "온전하고 정직하여 … 악에서 떠난 자"(욥 1:1)라는 평가는 고대 지혜 전승이 말하는 모범적 인간에 대한 일반적인 찬사입니다. 하지만 거기에 "하나님 … 경외"라는 신앙적인 어구를 추가한 것은 주목해야 합니다. 욥 1장의 글쓴이가 볼 때, 욥은 사회 통념상 올바른 사람일 뿐 아니라 훌륭한 신앙인이라는 것입니다. 글쓴이에 따르면 욥은 어떤 역경에도 굴하지 않고 하나님을 원망하지 않는 사람입니다.(욥 1:22)

욥 2장은 하나님과 사탄의 위계(位階)를 정리합니다. 혹시 독자가 오해할 수 있을지도 모를 위계질서 말입니다. 욥 2:1-6은 사탄이 행하는 악행일지라도 하나님의 용인 아래서 이루어지는 일이라고 주장합니다. 이 부분을 읽으면서 어떤 이는 '그럼 하나님은 사탄이 우리를 괴롭히는데도 왜 막지 않지?' 또는 '사탄도 하나님이 부리는 거니까 하나님도 악한 거 아냐?'라는 질문을 할지 모릅니다. 그러나 글쓴이는 '모든 것을, 심지어 사탄까지도 하나님이 다스리신다'는 주제를 전달하는 데 모든 정신을 집중하고 있습니다. 결국 사탄이 악한 일을 하는 것을 하나님이 허락한 게 될 수도 있다는 것은 생각하지 못합니다. 첫째, 하나님이 사탄보다 높다. 둘째, 모든 것은 하나님의 허락 없이 이루어지지 않는다. 이 두 가지 메시지를 전하는 것만 신경 쓰고 있습니다. 신정론이고 예정론이고 다 좋은데 거기에 너무 몰입하다 보면 당연히 나올 수 있는 상식적인 질문에 대하여 대답할 수 없는 경우가 생깁니다. 욥기 2장의 저자는 머릿속에 유일신 사상과 신

정론이 가득 차 있고 그것을 전달하려고 온 힘을 다하고 있습니다. 그래서 글에 논리적인 허점이 보입니다.

시대적으로 보았을 때, 유일신 사상은 많은 이가 추정하는 것과는 달리 고대의 사상이 아닙니다. 고대에는 이스라엘 사람들조차도 다신을 숭배하고 있었으며 나중에 하나님만 숭배한 것으로 각색된 왕들조차도 원래는 솔로몬처럼 관습이나 정책적 이유로 엘로힘, 바알 등 다양한 신을 섬겼을 것입니다. 이스라엘 민족이 강력한 유일신 사상을 중심으로 뭉친 것은 바벨론에 의해서 국가가 패망하고 난 후에 일입니다. 물론 신정론의 초기적 형태는 고대에도 존재했습니다. 하지만 당시 누구나 가지고 있었던 민족 신 정도의 개념이었습니다. 사람들은 딱히 종교가 없어도 '하늘 무서운 줄 알아라'와 같은 말을 합니다. 이런 초보적인 신 개념에서 모든 나라를 다스리며 나아가 온 우주의 통치자 개념인 신 개념으로 발전하기까지는 상당한 시간이 흘러야 했습니다. 무엇보다 모든 나라를 아우르는 제국의 스케일을 목도한 후에야 이스라엘의 신론이 크게 확장했습니다.

이렇게 보았을 때 아마도 3장 이하의 전승 앞에 욥기 1-2장을 추가했을 것입니다.

욥기 3장을 보면 욥 1-2장이 묘사한 완벽한 신앙인 욥의 모습은 온데간데없고 신에게 항변하는 욥의 모습이 나타납니다.

> 하나님에게 둘러 싸여 길이 아득한 사람에게 어찌하여 빛을 주셨는고?(욥 3:23)

이 구절은 번역을 썩 잘한 문장이 아닙니다. 그 뜻은 '하나님이 왜 길을 잃어버린 사람을 훼방하시고 그 길을 막느냐'는 것입니다. 공동번역은 이 구절을 "빠져나갈 길은 앞뒤로 막히고 하느님께 영락없이 갇힌 몸"(욥 3:23, 공동번역)이라고 번역했습니다. 여기서 언급한 "하나님"이 욥 1-2장의 그 하나님과 같은 하나님인지는 알 길이 없습니다.(쓰인 단어가 같은지 다른지를 논하는 게 아닙니다.)

욥기 3장의 신은 보편적인 신 개념인 것 같습니다. 왜냐하면 욥기 3장에서는 욥 1:21-22에서 나타난 의연한 신앙인으로서의 욥은 전혀 찾아볼 수 없기 때문입니다. 욥의 입술에는 "저주"(욥 3:1 등)가 가득하고 원망과 후회(욥 3:11 "어찌하여 내가 태에서 죽어 나오지 아니하였던가 어찌하여 내 어머니가 해산할 때에 내가 숨지지 아니하였던가")가 있으며 죽고 싶은 심정(욥 3:22 "무덤을 찾아 얻으면 심히 기뻐하고 즐거워하나니")입니다. 한마디로 그에게는 믿음이 없고 "불안"(욥 3:26)이 가득합니다. 신앙이 충만했던 욥이 왜 갑자기 이렇게 변(?)했습니까?

멋진 신앙 고백을 했지만 실제로 자신의 몸에 병이 오니까(욥 2:7 "발바닥에서 정수리까지 종기") 참다 참다 결국 원망했습니까? 그런 것 같지는 않습니다. 왜냐하면 자기 몸에 병이 생긴 뒤에 심지어 아내가 "하나님을 욕하고 죽으라"(욥 2:9)라고 했음에도 욥은 "입술로 범죄하지" 않았기 때문입니다.(욥 2:10) 제가 볼 때, 원망하는 3장의 욥이 욥의 원형(原型)에 가까우며 욥 1-2장이 묘사하는 욥은 글쓴이가 바라는 신앙적 모델로서 가공(加工)한 욥입니다.

욥을 신앙적 모델로 만든 욥 1-2장의 편집자는 욥 38장 이후의 글도 쓴 것 같습니다. 바로 이 사람이 최종 편집자입니다. 욥 3-37장을 보면서 앞뒤로 1-2장과 38장 이하를 덧붙였을 것입니다. 또한 3-37장 사이에 몇몇 구절을 추가했습니다. 욥기 38장 이하는 욥 1-2장과 같은 맥락에서 하나님의 창조와 절대적인 권위를 주장합니다. 그에 비해 인간은 말할 수 없이 낮고 천한 존재입니다. 하나님의 위엄 앞에서 욥은 어쩔 수 없이 굴복하고 회개합니다. 욥 42장은 욥의 회개와 그 이후에 회복한 이야기입니다. 엄밀히 말하자면 이 회개는 욥의 회개라기보다는 욥 3-37장에서 언급한 무지한 인간의 투덜거림과 헛소리에 대한 회개입니다. 맨 뒤에 묘사한 욥이 그 앞서 나온 욥을 위해 반성하는 꼴이라고 하겠습니다. 어쨌든, 욥 42장에서 욥은 "말"에 대해서 회개하면서(욥 42:1-3) 말할 권리가 하나님께만 있다고 고백합니다.(욥 42:4) '눈으로 주를 본다'는 욥 42:5

의 표현을 비유로 보지 않는다면 이 구절은 하나님과 대면했던(정확히는 대면할 수 있다고 생각했던) 고대적 상황이 잔류한 것입니다. 엄격한 신론을 정립하기 전인 먼 옛날이야기에는 인간이 신과 대면할 뿐 아니라 심지어 씨름도 합니다.(창 32:24 인간적 형태의 고대 신) 욥 42:5의 형성과 삽입 연대를 가장 늦게 잡아도 포로기 이후까지는 내려갈 수 없습니다. 왜냐하면 포로기 이후 귀환기에 이르면 그 누구도 엄위로우신 하나님을 대면했다고 말할 수 없게 됩니다. 오직 대제사장만이 지성소에서 하나님(정확히는 하나님의 임재)과 독대할 수 있습니다. 욥 42:6에 "회개"하는 욥이 나오고 욥 42:8에는 욥의 친구들을 위한 "번제"의 절차를 소개합니다. 이는 완숙한 제사 양식입니다.("수소 일곱과 숫양 일곱" 민 23:1,29; 고전 15:26 "수송아지 일곱 마리와 수양 일곱 마리") 이것은 제사장이 손을 댄 부분이며 욥의 원형이 존재하던 시대와는 맞지 않는 내용입니다. 욥이 하나님과 대면하는 스토리를 제사장이 바꾸어 놓은 것인데, 욥을 마치 제사장처럼 만들어 놓았습니다. 그들의 상식으로는 (대)제사장이 아니고는 하나님을 대면할 수 없기 때문입니다.

종합해 볼 때, 욥의 원형은 3장부터 38장에 나오는 모습에 가깝다고 하겠습니다. 그리고 욥 1–2장과 욥 42장이 묘사하는 욥은 신앙인으로서 하나의 모델이 된 욥의 모습입니다.

🐝 **대단한 신앙의 소유자처럼 행동하지 마십시오.** 아프면 아파하고 고통을 받으면 소리치는 것이 자연스럽습니다. 욥의 모습은 후기 편집자가 각색하기 전의 모습이 더 사람답습니다. 때로 좋은 신앙인으로 보이기 위해 슬픈데도 슬픔을 표현하지 못하고 가슴에 담아두는 경우가 있습니다. 어떤 교회 공동체는 신자들에게 늘 성공적이며 밝은 모습만을 기대합니다. 신자들뿐 아니라 그들을 가르치는 목사도 그렇습니다. 그래서 목사가 병들면 숨기고 쉬쉬합니다. 그들의 신앙 관념에 따르면 믿음 안에는 늘 성공, 승리와 기쁨만 있어야 합니다. 하지만 늘 밝은 일만 일어나는 게 아닙니다. 때로는 왜 어려움이 나에게 닥쳐왔는

지 해석할 겨를도 없이 모든 것이 짜부라집니다. 악마가 그렇게 한 것 같은데 또 한편으로 생각하면 하나님이 뒤에서 용인한 것도 같아서 원망이 생깁니다. 하지만 누구도 삶에 갑자기 닥쳐오는 고통의 이유를 모른다는 것이 정답입니다. 설부르게 신앙적으로 해석하지 마십시오. 해석은 우리가 할 최선의 대응이 아닙니다. 고통을 당한 사람과 말없이 같이 울어주고 최대한 고통을 분담하는 것이 최선입니다. 욥의 친구들은 인간이 당하는 고통에 관한 신앙적이며 신학적인 해석을 늘어놓았지만 인간 실존에 있어서 아무 도움도 주지 못했습니다. 하나님은 경솔히 해석하는 짓을 멈추라고 하십니다. 우리가 고통을 받으면 하나님조차 조용히 함께하시는데 거기에 얕은 해석을 덧붙일 자격은 누구에게도 없습니다. 신앙인이 되기 전에 아픈 사람과 같이 아파할 수 있는 온정이 넘치는 사람이 됩시다. 신앙의 힘으로 성공하는 것만을 미덕으로 여기지 말고 때로는 실패하고 때로는 이유 없이 고통받는 인생끼리 서로 보듬어가면서 일상을 살아갑시다! 家

욥기 42:10-11

욥이 그의 친구들을 위하여 기도할 때 여호와께서 욥의 곤경을 돌이키시고 여호와께서 욥에게 이전 모든 소유보다 갑절이나 주신지라 / 이에 그의 모든 형제와 자매와 이전에 알던 이들이 다 와서 그의 집에서 그와 함께 음식을 먹고 여호와께서 그에게 내리신 모든 재앙에 관하여 그를 위하여 슬퍼하며 위로하고 각각 케쉬타 하나씩과 금고리 하나씩을 주었더라

욥이 다시 일어난 것은 이웃의 도움 때문입니다.

가족(욥 1:13-22)과 모든 "소유물"(욥 1:10)을 다 잃었는데도 불구하고 욥은 "하나님을 원망하지" 않았습니다.(욥 1:22; 2:3) 이에 대하여 "사탄"은 욥의 몸에 문제가 생기면 하나님을 "욕"할 것이라고 참소합니다.(욥 2:4-5)

사탄이 여호와께 대답하여 이르되 가죽으로 가죽을 바꾸오니 사람이 그의 모든 소유물로 자기의 생명을 바꿀지라 이제 주의 손을 펴서 그의 뼈와 살을 치소서 그리하시면 틀림없이 주를 향하여 욕하지 않겠나이까?(욥 2:4-5)

구약성서에 27회 쓰인 "사탄"은 원래 '대적하다'나 '인간 대적자'라는 의미로 쓰였는데(민 22:22,32; 삼상 29:4; 삼하 19:22; 왕상 5:4; 11:14,23,25; 시 109:6, 총 9회) 초월적 인격체로서의 "사탄"은 욥기서에만 집중적으로 14회(욥 1:6,7(2회),8,9,12; 2:1,2(2회),3,4,6,7)나 쓰였습니다. 그 밖에 스가랴서에 3회(슥 3:1,2(2회)), 역대기상에 1회(대상 21:1) 쓰였습니다.

대상 21:1은 사탄을 이스라엘 민족의 '대적자'로 소개합니다. 그는 왕(다윗)을 충동질하여 잘못된 결정을 하게 합니다. 이 본문은 국가 패망 이후에 일어난 성찰을 반영하는 것으로 왕의 잘못된 판단이 국가에 불행을 가져온다는 교훈입니다. 시대가 지나면서 왕을 향했던 비난의 화살이 백성 자신을 향하거나 "사탄"과 같은 영적 존재에 대한 비난으로 옮아가기도 했을 것입니다. 이는 포로기

를 지나면서 나타난 변화입니다. 물론 영적인 존재 탓을 하기까지는 훨씬 긴 시간이 필요했을 것입니다. 사탄의 개념 자체가 페르시아 종교의 영향으로 생성된 것으로 보입니다. 이스라엘 민족은 가지지 못했던 개념입니다. 그들은 지금 우리가 생각하는 지옥을 주관하는 존재로서의 사탄을 알지 못했습니다. 관심이 없었다고 보는 것이 옳습니다. 나라가 패망하고 바벨론 시대를 거쳐 페르시아 시대에 이르러 제국적 일신교의 영향으로 하나님 개념에 큰 변화가 일어나게 되었으며 동시에 제국의 종교에 있는 악신 앙그라 마이뉴(Angra Mainiu)와 그의 졸개 데바(Deava)와 같은 개념이 영향을 미친 것 같습니다. 페르시아 종교는 (창조된 것이 아니라) 스스로 존재하는 신 아후라 마즈다(Ahura Mazda)가 다스리는 질서 안에서 악신들이 각 역할을 감당한다고 생각합니다. 따라서 욥기를 완성한 시점은 최소한 포로후기 이후일 것입니다. 현대인이 생각하는 것과 똑같은 악마나 사탄의 개념은 그보다 시간이 더 지난 후에 알려진 그리스 로마 신화의 하데스('Aδης)와 비슷합니다.

신정론이 발전하면서 하나님은 악도 적절히 사용하신다(잠 16:4)라는 주장이 나타났습니다. 신적 존재를 인간보다 조금 나은 존재(사람과 만나는 가시(可視)적인 존재인 천사: 창 16:7; 왕하 1:3 등 / 천사와 인간의 능력 비교: 벧후 2:11 "그들보다 더 큰 힘과 능력을 가진 천사들")로 인식하던 고대와는 달리 완전히 초월적이며 월등한 존재로 인식하게 된 것입니다. 인간에게 고통을 줄 수 있는 능력이 "사탄"에게 있다는 점, 그런데도 최종 권력자인 하나님의 지배를 받는다는 것을 고려할 때 욥기의 일부 초기 개념이 긴 세월을 지나 페르시아 시대에 와서야 유일신론과 신정론을 추가하여 특색있는 이야기가 되었다고 하겠습니다.

욥기는 만유를 통치하시고 모든 사건의 원인이 되시는 하나님께 종속된 인격체로서 사탄을 묘사하며 사탄은 하나님의 뜻을 실현하는데 일정한 역할을 감당합니다.

이에 대해서 어떤 분은 '그럼 왜 선한 하나님이 사탄이 악한 일을 하게 허락하는가?'라고 질문할 것입니다. 아쉽게도 욥기에는 이 질문에 대한 답이 없습니다. 욥기는 특정한 시대에 존재했던 종교적 통념을 기초로 쓴 글입니다. 욥기의 하나님 이미지 중에 어떤 것은 악을 방임하고 심지어 조장하고, 또 다른 하나님 이미지는 악으로 재앙을 만난 사람을 구원합니다. 따라서 욥기를 읽을 때 우리는 글쓴이가 하는 주장이 무엇인지를 파악하면 됩니다. 글 자체에 집착하기보다는 그 글을 왜 썼는지 살펴야 합니다.

저는 제가 직면한 불행을 신이 사주(使嗾)한 것으로 생각하지 않습니다. 동시에 사탄이 저를 걸고넘어진 것도 아니라고 생각합니다. 우리의 삶에는 **아무 이유 없이 어려움이 찾아옵니다.** 인간의 인지 능력으로는 그 어려움이 왜 찾아왔는지 알 수 없습니다. 어느 누가 그 이유를 설명하려고 해도 그 설명은 정확하지 않습니다. 욥이 당면한 고통에 대해서 그의 친구라는 사람들이 나름대로 여러 가지 해석을 늘어놓았음에도 전혀 맞지 않았던 이유가 거기에 있습니다.

욥의 고통에 대해서 '사탄이 준 것이다', '하나님이 뒤에서 허락한 것이다'라고 열심히 설명하는 성서 구절들이 있습니다. 이런 설명에도 불구하고 고통이 전혀 줄어들지 않고 아무런 해답도 얻지 못했으며 도리어 주인공의 괴로움이 가중되었습니다. 그래서 어떤 성서 구절은 '어차피 알 수 없으니 잠자코 하나님을 믿어라'라고 합니다. 열심히 설명하는 사람과 그냥 믿으라고 하는 사람은 분명히 다른 사람입니다. 그런데 이들이 한 말이 욥기 안에 함께 존재합니다. 현실에서도 인간의 불행과 고통에 대하여 열심히 해석하는 사람이 있습니다. 또 어떤 이는 그래서 하나님을 믿어야 한다고 소리칩니다. 하지만 어떤 이는 묵묵히 인내하며 일상의 자리에 머물러 있습니다. 저는 경솔한 해석이나 믿으라고 하는 것보다 침묵과 인내가 더 낫다고 생각합니다. 왜냐하면 설명하거나 믿으라고 하거나 모두 금방 속 시원한 해답을 주지 못하기 때문입니다. 설명하는 사람은 왜 자기 말을 이해하지 못하냐고 흥분하며 믿으라고 하는 사람은 왜 안 믿어지냐고 다그치는데 둘 다 별로입니다.

　　잠시 **"사탄"이라는 개념이 성서 문헌에 언제 나타났고 어떻게 변화했는지 살펴보겠습니다.**

　　스가랴서를 보면 '흩어지는 민족'(슥 2:6)을 보우하시는 하나님(슥 2:8 "너희를 범하는 자는 그의 눈동자를 범하는 것이라")을 언급하면서 지배자와 피지배자의 입장이 서로 바뀔 것을 예고합니다.(슥 2:9-11) 스가랴서 2장 말미의 '세계 만민이 드리는 제사의 중심이 되는 예루살렘'(슥 2:12-13)의 언급이 있고 바로 '대제사장 여호수아', '여호와의 천사' 그리고 "사탄"이 함께 등장합니다.(슥 3:1) 이는 국가 패망 이후부터 포로기, 귀환 시기, 포로후기를 아우르면서 "사탄"의 개념이 점진적으로 발전했다는 것을 엿보게 합니다. "사탄"은 민족의 대적자라는 개념에서 출발하여 만유를 주관하시는 하나님의 지배 아래 있으면서 더러운 역할을 감당하는 존재가 되었습니다. "사탄"은 하나님의 책망을 듣습니다.(슥 3:2 "사탄아 … 너를 책망하노라") 그 존재는 더럽습니다.(슥 3:3-4) 더러움은 슥 3:4에서 실질적으로 "죄악"을 의미하며 슥 3:5의 "정결"과 반대되는 개념입니다. 사탄과 더러움, 죄악은 일련의 부정적 의미입니다. 이와는 반대로 여호와의 도(슥 3:6)를 지킬 때 소망("싹" 슥 3:8)이 있다는 말씀이 있습니다. 이는 악한 역할을 하는 "사탄"의 방해에도 불구하고 여호와의 도를 청종함으로 소망으로 나아가야 한다는 뜻입니다. 이스라엘 민족이 무엇을 지향해야 하는지 교훈하는 것입니다. 스가랴 본문에서 "사탄"은 하나님이 이스라엘 민족을 회복하는 드라마에 잠시 등장하는 조연(助演)입니다. **누가 누구를 시켜 어떤 일을 하는지가 중요한 것이 아니라 누가 제일 높으냐가 본문의 중심 화제(話題)입니다.**

　　물론 표면적으로 욥기는 인간 개인이 주인공인 책입니다. 욥기가 최종적으로 완성된 시기는 아무리 빨리 잡아도 포로기 이전이 될 수 없습니다. 국가 패망이라는 "고통"은 집단적인 차원이었는데 백성 개개인은 그것을 이유 없는 고통으로 느꼈습니다. 개인은 점차 국가 패망이라는 (하나님의) 집단적 처벌이 불공정하다는 의문을 품게 되었습니다. 그리고 집단적인 불행과 의로운 개인은 무관하다는 성찰에 이르게 됩니다.(창 18:23 "아브라함이 가까이 나아가 이르되 주께서 의인을 악인과 함께 멸하려 하시나이까"; 렘 31:29 "다시는 아버지가 신 포도를 먹었으므로 아들들의 이가 시다 하지 아니하겠고"; 겔 18:2 "아버지가 신 포도를 먹었으므로 그의 아들의 이가 시다고 함은 어찌 됨이냐") 욥기는 이러한 포로기적 성찰을 전제합니다. 국가 민족에 대한 관심이 개인에 대한 관심으로 바뀌었습니다. 국가 패망 이전에는 볼 수 없던 상황입니다. 욥기의 주인공이 이유 없이 고통받는 개인인 이유입니다.

욥 1:12에 나오는 하나님과 사탄의 대화에서 하나님은 일찍이 욥의 몸을 언급합니다. 욥의 몸만은 건드리지 말라는 것입니다. 사탄은 하나님의 명령에 순종하여 그의 몸을 제외한 모든 소유물을 소멸합니다. 모든 것을 잃었음에도 욥은 이렇게 고백합니다.

> 이르되 내가 모태에서 알몸으로 나왔사온즉 또한 알몸이 그리로 돌아가올지라 주신 이도 여호와시요 거두신 이도 여호와시오니 여호와의 이름이 찬송을 받으실지니이다 하고 이 모든 일에 욥이 범죄하지 아니하고 하나님을 향하여 원망하지 아니하니라(욥 1:21-22)

욥도 자신의 "몸"을 언급합니다. 그의 주장에 따르면 인간의 몸은 하나님의 창조물입니다. 욥 10:11은 인간에게 "피부와 살", "뼈와 힘줄"을 주신 것이 하나님이라고 합니다. 욥 2:4-5에서 (가족을 포함한) 모든 소유물을 다 잃은 욥의 "뼈와 살"에 문제가 생겼습니다. 욥 2:7에서 욥의 "발바닥에서 정수리까지 종기"가 납니다. 욥기의 이하 본문에서도 몸, "피부", "뼈"에 대한 언급이 일관적으로 등장합니다. 아래를 보십시오.

욥 7:5은 (진물이) 말랐다가 터지는 욥의 피부를 묘사합니다.

욥 16:15은 "굵은 베를 꿰매 내 피부에 덮"었다고 합니다.

욥 18:13은 "피부병"에 관하여 언급하면서 증세가 치명적이라는 것을 비유적으로 묘사합니다.

욥 19:20에서 욥은 "피부와 살이 뼈에 붙"었고 잇몸이 겨우 남았다고 신세를 한탄합니다.

욥 30:28, 30은 (열기에 쪼여서, 혹은 쪼이기도 전에 벌써) 검은 피부를 언급합니다.

종합적으로 볼 때, 욥기는 신체의 부분을 언급하면서 사람이 당하는 고통과 창조를 언급하는 것입니다. 욥의 이야기에서 욥은 소유물을 다 잃고 난 후 피부병으로 고생했습니다. 무고한 고통을 받으면서 투덜대기는 했지만 적당한 선에서 투덜댔다고 성서는 평가합니다.(욥 31:30) 짜증을 내긴 냈지만 뉘우쳤다고도 합니다.(욥 42:3) 그래서 그런지 잃어버린 소유물의 "갑절"을 얻었다고 합니다.(욥 42:10) 그런데 자세히 보면, 기적으로 욥의 회복이 이루어진 것이 아니라 욥과 함께 "슬퍼"한 "모든 형제와 자매"와 지인들이 방문하여 그에게 십시일반으로 "돈(케쉬타)"과 "금(고리)"을 주어서 재기의 발판으로 삼은 것 같습니다.(욥 42:11) 욥은 그것을 종잣돈으로 삼아 "양 14,000과 낙타 6,000과 소 1,000 겨리와 암나귀 1,000"을 가진 대부호가 된 것 같습니다.(욥 42:12) 그리고 그는 "아들 일곱과 딸 셋"을 두었습니다.(욥 42:13) 재앙을 당하기 전의 욥에게는 원래 "양이 7,000 마리, 낙타가 3,000 마리, 소가 500 겨리, 암나귀가 500 마리"(욥 1:3)가 있었습니다. 수치상으로 보면 정확히 두 배입니다. 하지만 **정말로 두 배가 되었다고 할 수 있을지는 모르겠습니다.** 왜냐하면 원래 아들 7명과 딸 3명(욥 1:2)이 있었는데 모두 죽었으므로(욥 1:19) 계산대로라면 아들 14명, 딸이 6명이 되어야 갑절입니다. 양, 소, 암나귀 등 가축은 두 배가 되었는데 자녀를 셈하는 것은 왜 다를까요? 셈법이 다른 것일까요? 이를 통하여 우리가 알 수 있는 것은 자녀들의 사망을 언급하는 욥 1:18-19이 극적 묘사를 위해 추가한 단락이라는 것입니다. 욥기에 손을 댄 사람이 많다 보니까 앞뒤가 맞지 않는 일이 벌어졌습니다. 이런 추정을 방증하는 근거로 욥의 피부병 이야기를 봅시다. 욥이 피부병을 얻었다는 서술은 있지만(욥 2:7) 그것이 나았다는 말은 욥기에 어디에도 없습니다. 욥 42:10의 곤경을 돌이키셨다는 말은 뒤 구절과의 연관성을 고려할 때 재산의 회복을 의미합니다. 이로 볼 때 피부병 이야기도 욥의 고난을 극대화하기 위하여 추가된 문학적 장치일 것입니다. 자녀의 죽음 역시 그렇게 보아야 합니다. 하나님은 욥의 생명뿐 아니라 자녀의 생명도 중시하시는 분입니다. 어떤 사람을 시험하기 위해 그의 자녀를 몰살시킨다? 있을 수 없는 일입니다.

🐝 우리에게 이유 없는 고통이 올 때, 그 고통이 하나님이 주신 것인지 아니면 사탄이 준 것인지를 따지는 것은 소모적인 행동입니다. 우리가 신경 쓸 일은 어떻게 잘 견디느냐는 것입니다. 욥기의 저자는 말로만 떠드는 친구는 아무 소용이 없다는 것과 주인공이 형제와 자매와 지인들의 도움으로 고통을 극복했음을 은연중에 밝힙니다.(욥 42:11) 어떤 편집자는 '하나님이 불행까지도 주관하신다'라는 신학적 해석을 추가했지만(욥 42:10) 실질적으로 사람들이 가만히 있는데 하나님이 벌주거나 돕거나 하는 것은 없습니다.

주인공이 **주변의 도움에 힘입어** 전보다 부자로 장수하며 행복하게 살았던 것을 보십시오!(욥 42:12-17)

욥기를 읽으면서 하나님을 향한 경외나 정절만을 언급하는 것은 아쉬운 일입니다. 욥이 평상시에 올바른 삶을 살던 사람이었기에(욥 1:1) 그를 향한 많은 도움의 손길이 있었습니다. 어려움을 겪기 전의 욥은 남을 돕는 사람이었습니다. 그래서 어려울 때 도움을 받은 것입니다.

내가 언제 가난한 자의 소원을 막았 … 던가 나만 혼자 내 떡 덩이를 먹고 고아에게 그 조각을 먹이지 아니하였던가 … 내가 젊었을 때부터 고아 기르기를 그의 아비처럼 하였으며 … 만일 내가 사람이 의복이 없이 죽어가는 것이나 가난한 자가 덮을 것이 없는 것을 못 본 체 했다면 만일 나의 양털로 그의 몸을 따뜻하게 입(히) … 지 아니하였다면 … 내 팔이 어깨뼈에서 떨어지고 내 팔뼈가 그 자리에서 부스러지기를 바라노라(욥 31:16-22)

욥이 평상시에 실천했던 나눔은 그 자신이 곤경에 빠지자 도움이 되어 돌아왔습니다.

욥 31:16-22은 인간 생존의 목적이 나눔에 있음을 말하고 있습니다. 나눌 수 있는 여력이 있다면 적든 많든 나눠야 합니다. 성서의 교훈을 따른다면서 나누지 않는 것은 우리에게 몸을 주시고 힘을 주신 하나님을 업신여기는 행위입니다. 하나님을 경외하는 사람이라면, 정직하게 살고 열심히 살았는데도 어렵게 사는 사람을 도와야 합니다. **고통의 이유도 잘 모르면서 그것을 어설프게 신앙적으로 해설하지 마십시오.** 심지어 어떤 이는 '지은 죄가 있으니까 벌을 받겠지'라는 말까지 내뱉습니다. 고통 앞에서는 그 어떤 말도 소용이 없습니다. 잘 나가고 돈도 많은 사람이 남의 어려움에 대해서 눈과 귀를 감았다고 합시다. 정작 그가 똑같은 어려움을 당하면 누가 그에게 도움의 손길을 내밀겠습니까? 그나마 보험이라도 있다면 다행이지만 그마저 없다면 당신을 기다리는 것은 쓸쓸한 죽음밖에 더 있겠습니까? 우리가 손을 내밀어 서로 돕지 않으면 아무 이유 없이 고통을 받은 사람들은 하나님과 세상을 원망하며 쓰러진다는 것을 기억하십시오. 하나님을 경외하는 사람은 입으로만 떠드는 것이 아니라 도움이 필요한 사람을 실제로 돕습니다. 좀 강하게 말씀드리겠습니다. 결정하십시오! 신앙을 말로만 할 것인가? 아니면 열린 지갑으로 할 것인가!

모든 땅에서 욥의 딸들처럼 아리따운 여자가 없었더라 그들의 아버지가 그들에게 그들의 오라비들처럼 기업을 주었더라

성서는 자식을 차별하지 말라고 교훈합니다.

많은 사람이 상상하는 것과는 달리 고대 사회의 면면을 보면 현대보다 훨씬 합리적입니다. 재산을 물려주는 일(상속)에 있어서 수명이 비교적 짧았던 고대인들은 질병이나 전쟁으로 가족이 죽는 상황에서 남는 사람 중에 가장 어린 사람에게 상속했습니다.(우가릿 케렛 서사시, 기원전 1800~1375년 "가장 어린 막내에게 내가 장자의 권리를 주노라"; 고대의 말자상속 전통에 대해서는 프레이져 J.G. Frazer, Folk-lore in the Old Testament, NY, the Macmillan Co.,1919를 참조) 맏이가 아니라 막내가 상속자였다는 사실은 어떻게 보면 이해하기 어렵지만 당시로는 매우 합리적인 일이었습니다. 고대 사회에서는 남성, 남편이나 첫째 아들을 먼저 위험한 사냥터나 전쟁터에 내보내는 경우가 많았습니다. 집에 남은 여성, 어머니가 주도권을 잡고 있던 모계사회였던 것입니다. 그러나 시간이 흐르면서 여러 지역을 떠돌던 사람들이 정착 생활을 하면서 남성의 위상이 높아졌습니다. 남성은 여성이나 종, 또는 노예에게 궂은일을 시켰습니다. 그 전에는 남성이 먼저 나서서 위기에 대응했습니다. 종족 번식을 위해 자손을 생산할 수 없는 남자가 먼저 위험을 맞서는 것은 당연한 일이었습니다. 정착 생활과 농업 기술의 발달로 야생에 나가 사냥하지 않아도 식량을 생산할 수 있게 되면서 남성의 사망률이 낮아졌습니다. 사회는 모계사회에서 부계사회로 변했고 장자 상속제도와 남아선호 사상이 자리를 잡았습니다. 창 25:31-34에는 장자의 명분을 죽 한 그릇을 먹고 동생에게 파는 형의 이야기가 나옵니다. 이것도 쉽게 이해하기 어려운 이야기 중 하나입니다. 상속권을 죽 한 그릇에 판 행위도 그렇지만 분명히 속였는데 그대로 막내에게 상속했다니! 다시 한번 기억합시다! 고대

사회에서 아버지의 재산은 원래 말째에게 돌아갔던 것입니다. 시대가 바뀌면서 장자가 상속을 받게 되자 그동안 상속을 받았던 말째들이 반발했을 것입니다. 하지만 사회는 이미 변화하여 돌이킬 수 없었고 위 창세기 이야기와 같이 어떤 막내는 꾀를 내어 상속을 받으려고 시도했을 것입니다. 창세기 27장은 이렇게 말자상속에서 장자상속으로 변화하는 전환기에 쓰이기 시작한 이야기입니다.

욥기로 돌아와 보면, 욥 42장 13-15에서 딸들이 오빠들과 똑같이 상속을 받는 장면은 말자상속 전통을 모르는 사람이 보면 아주 어색한 장면입니다.

> 또 아들 일곱과 딸 셋을 두었으며 그가 첫째 딸은 여미마라 이름하였고 둘째 딸은 굿시아라 이름하였고 셋째 딸은 게렌합북이라 이름하였으니 모든 땅에서 욥의 딸들처럼 아리따운 여자가 없었더라 그들의 아버지가 그들에게 그들의 오라비들처럼 기업을 주었더라(욥 42:13-15)

그런데 그 아래 글을 보면 아들들과 딸들이 "함께 먹고 마시"며 놀았는데 아버지 욥은 "내 아들들이 죄를 범"할까 봐 "성결하게 하"였다면서 아들들만 언급합니다.

> 그의 아들들이 자기 생일에 각각 자기의 집에서 잔치를 베풀고 그의 누이 세 명도 청하여 함께 먹고 마시더라 그들이 차례대로 잔치를 끝내면 욥이 그들을 불러다가 성결하게 하되 아침에 일어나서 그들의 명수대로 번제를 드렸으니 이는 욥이 말하기를 혹시 내 아들들이 죄를 범하여 마음으로 하나님을 욕되게 하였을까 함이라 욥의 행위가 항상 이러하였더라(욥 1:4-5)

욥은 오직 아들들의 죄를 걱정합니다. "명수대로" 번제를 드렸다고 했는데 문맥상으로 볼 때 이는 아들들의 "명수"로 보입니다. 욥 1:4-5에서 성별에 대한 욥의 인식은 **차별적**입니다. 이 본문에서 딸의 자리는 아들들의 자리보다 불확정적입니다. 욥 1:18-19을 봐도 똑같은 느낌을 받게 됩니다.

> 그가 아직 말하는 동안에 또 한 사람이 와서 아뢰되 주인의 자녀들이 그들의 맏
> 아들의 집에서 음식을 먹으며 포도주를 마시는데 거친 들에서 큰바람이 와서 집
> 네 모퉁이를 치매 그 청년들 위에 무너지므로 그들이 죽었나이다 나만 홀로 피
> 하였으므로 주인께 아뢰러 왔나이다 한지라(욥 1:18-19)

욥 1:18에서 "주인의 자녀들"은 분명히 아들과 딸을 모두 포함합니다. 그러나 19절에서 죽은 "청년들"은 원어로 네아림이라는 남성 복수 명사입니다. "음식을 먹으며 포도주를 마"신 것은 아들과 딸들이었으나 죽었다는 표현과 연결한 것은 오직 남성들입니다. 이것은 이 문단을 쓴 사람이 남성 우월적 인식을 가지고 있음을 암시합니다. 여성은 그의 안중에 없습니다. 그런데도 본문의 초기층은 오히려 남성과 여성을 모든 면에서 구분하지 않았을 것입니다. 욥의 자녀를 위한 제사를 조금 더 살펴봅시다. 죄를 대속하는 번제의 필요성을 언급하지만 그것의 효응에 관해서는 침묵합니다. 번제를 드렸는데도 "(집의) 청년들"이 저주받은 듯이 죽어버렸습니다. 제사의 효능에 대해서 반신반의하는 것은 아주 후대에 쓰인 글에서는 나타날 수 없는 것입니다. 죄를 짓지 않았는데 죽었다는 것은 국가 패망에 따른 연대책임 개념으로부터 온 것입니다. 한편, 여성에게도 (똑같은 분량의) 기업을 주었다는 전승은 국가 패망 이전은 물론이요 그보다 훨씬 전에 존재하던 습속입니다. 심지어 이 전승은 족장 시대 이전의 것으로 보입니다. 물론 모든 습속이 그렇듯이 말자상속도 어느 시점에 갑자기 사라진 것은 아니고 지역과 상황에 따라 상당히 오래 유지된 경우도 있었을 것입니다. 참고로 여호수아서 15장은 아버지에게 당당히 부동산 지분을 요구하는 '갈렙의 딸'을 소개합니다.

> 악사가 친정을 떠나는 날 자기 아버지께 밭을 요구하라고 남편에게 조르며 나귀에서 내리자 갈렙이 딸에게 '네가 무엇을 원하느냐?' 하고 물었다 그때 악사는

'아버지, 한 가지 부탁이 있습니다. 아버지께서 건조한 네겝 지방의 땅을 나에게 주셨으니 샘물도 나에게 주세요.' 하고 대답하였다. 그래서 갈렙은 윗샘과 아랫샘을 딸에게 주었다(수 15:18-19, 새번역)

먼 옛날에는 딸들이나 아들이나 구분 없이 오래 살아남는 자에게 상속했습니다. 욥 42:15과 비슷한 상황을 민수기 27장에서도 볼 수 있습니다. 슬로브핫의 딸들(민 27:1)은 자신들의 운명과 조상의 죄가 아무 관련이 없다고 주장합니다.(민 27:3) 이는 포로기 이후의 성찰입니다만 "딸들"이 당당히 상속 지분을 요구(민 27:4)하는 것은 그보다 훨씬 오래된 전통입니다. 민수기 본문의 편집자는 딸들에게 상속하는 것(민 27:7)이 하나님의 명령이라고 말합니다. 누구나 동일한 상속 권리를 소유하고 있었던 고대 전승을 반영하면서 이제는 약자가 된 여성을 보호라고 명령하는 것입니다. 민 27:8은 이렇게 말합니다.

너는 이스라엘 자손에게 말하여 이르기를 사람이 죽고 아들이 없으면 그의 기업을 그의 딸에게 돌릴 것이요(민 27:8)

이는 매우 합리적인 규범으로서 누구나 오래 생존한 자에게 상속이 이루어진다는 원칙입니다.(민 27:9) 하지만, 시대가 흐르고 유랑 민족이 정착민이 되고 남자와 아들이 장수하면서 맏아들에게 상속하는 원칙이 자리를 잡았습니다.(룻 4:12; 겔 46:16; 대상 5:1)

아래는 위의 모든 고찰 결과를 종합하여 욥 이야기의 원래 모습을 재구성해 본 것입니다.

옛날 옛날 아주 먼 옛날, 부유하지만 올바르고 성실하며 어려운 사람을 보면 그냥 지나치지 못하는 착한 사람인 욥이 살고 있었습니다. 그에게는 모두 10명의 자녀가 있었는데 그들은 자주 파티를 열어 먹고 마셨습니다. 아버지는 그들이 방탕에 빠지지는 않을까 염려하여 파티 후에는 꼭 모아놓고 타일렀습니다. 어느 날 그에게 경제적인 위기가 닥쳤습니다. 그 때문에 그는 일순간에 거의 모든 소유물을 잃었습니다. 욥의 아내가 차라리 죽으라고 남편을 저주할 정도였습니다.(욥 2:9) 그러나 욥은 열악한 환경에서도 여전히 올바르고 성실하게 살아갔습니다. 알거지가 된 그에게 몇몇 말쟁이 친구들이 찾아왔지만 아무런 도움을 주지 못했습니다. 도움이 되기는커녕 마음에 상처만 남겼습니다. 그때! 부유했던 시절 그가 베풀었던 은혜를 입은 수혜자들이 부랴부랴 몰려오기 시작했습니다. 그들은 적지만 십시일반으로 가진 것을 욥에게 나누어 주었습니다 어떤 이는 양 한 마리 값을, 어떤 이는 금가락지를 욥에게 건네주면서 위로하고 다시 일어나라고 응원했습니다. 욥은 그 돈을 종잣돈으로 삼아 다시 일어났습니다. 그의 재산은 이전에 그가 가지고 있었던 재산의 딱 2배가 되었습니다. 어려운 시기를 함께 견뎠던 아내와 자녀들은 욥과 함께 다시 평온한 생활을 할 수 있었습니다. 장수하면서 자녀를 10명이나 더 낳았습니다. 이는 부유할 때 올바르게 살면서 어려운 사람을 돕는데 망설이지 않았던 욥에게 내린 하나님의 복입니다. 욥은 죽기 전에 조상의 전통을 따라 **아들과 딸을 구별하지 않고 재산을 공평하게 상속했습니다.**

욥 42:15의 상속은 족장 시대 이전의 풍습을 엿보게 합니다. 딸에게 상속하는 것은 장자상속제를 고정하기 이전 양상입니다. 남존여비(男尊女卑) 사상이 보편적인 사회에 사는 사람이 보면 이런 풍습이 아주 이상할 것입니다.

위에서 살펴본 것과 같이, 욥기 안에는 다양한 시대와 인물들의 다양한 주장이 뒤얽혀 있습니다. 어떤 내용은 시대착오적이라서 이해하는 것 자체가 어렵습니다. 하지만 어떤 내용은 합리적이며 타당성이 있어서 현대 사회에 적용해도 무리가 없습니다. 성서를 읽으면서 구시대적 영향 아래 있는 내용까지 따를 수는 없습니다. 과거를 배경으로 하지만 범 시대적인 가치를 가진 내용을 찾아서 일상의 지침으로 삼아야 합니다. **이것은 하나님의 말씀 중 일부만 취하겠다는 태도가 아닙니다. 오히려 하나님 말씀만 수용하겠다는 선한 의지입니다.** 성서에는 특정 시대에나 맞는 내용이 적지 않기 때문입니다.

🐝 어떤 풍습이나 사회적 규범, 법 제도에 이르기까지, 그것이 이성적이며 합리적이라면, 우리는 그것을 모범으로 삼아 따를 수 있습니다. 과거와 비교해 보았을 때 우리나라의 성차별적인 풍습, 규범, 제도가 많이 개선되었습니다만 아직도 불합리하고 불평등한 요소들이 산재해있습니다. 심지어 어떤 개신교 교단에서는 아직도 여성에게 안수를 주지 않아서 남자만 목사가 될 수 있습니다. 누가복음 8장을 언급하면서 예수님이 남자들만 제자로 삼았다거나, 고전 11:3-16의 남자가 여자의 머리라는 전통(고전 11:1)과 관례(고전 11:16)를 언급하면서 여성을 차별합니다. 성서에 그렇게 적혀있다면서 말입니다. 바로 이것이 성서를 문자 그대로 숭상하며 사이비 뺨치는 자칭 보수주의자들이 자행하는 차별입니다. 성서를 따른다면 그 안에 내포된 정신과 가치를 숭상해야 하는데 글자를 우상 섬기듯 하는 것입니다.

성서를 따른다면서 욥 42:15의 딸들에게도 동등한 상속권을 준다는 말씀은 왜 무시합니까? 여성이 대다수를 이루는 교회에서 여자가 성경 교사까지는 할 수 있는데 목사로 안수는 받을 수는 없다는 것은 좀처럼 이해하기 어렵습니다. 솔직히 개신교 교회는 아직도 성차별적입니다. 물론 특정 교단만의 이야기일 수도 있지만 웃지 못할 일이 자주 벌어집니다. 이런 교회를 출석하는 교인들은 은연중에 영향을 받아 성차별을 하게 됩니다. 좀 더 상식적으로, 좀 더 이성적이고 합리적으로 생각할 여지가 있다면 자의반 타의반 저지르고 있는 성차별적 행동을 멈출 수 있습니다.

욥은 사회적으로 사람들이 볼 때나 신앙적인 측면에서 온전한 사람("의인")이었습니다. 그런 그가 "아들"과 "딸"을 차별했을 것으로 생각할 수 없습니다. 실제 본문도 욥이 성차별을 하지 않았음을 증거하고 있습니다. 신약성서에서 바울이, 유대주의적인 입장에서 남성우월적 발언을 한 것을 진리인 양 따라 하지 마십시오. 여호수아서나 민수기에 울려 퍼지는 "딸들"의 상속 요구에 주목해 보십시오. 본문을 좀 더 심도 있게 연구하십시오. 그리고 성서의 내면, 가장 아래층(層)으로부터 여성도 똑같은 사람이라는 외침이 울려 나오고 있음을 감지하십시오. 비록 어떤 시대에 특정한 사람들에 의해 남성만 대단하고 우월한 존재인 것처럼 호도되기도 했지만 우리는 특정 시대에 한정한 것을 진리로 믿지 않습니다. 성서를 제대로 연구하면 연구할수록 그 안에 보편적이며 합리적인 주장과 가치가 있음을 알게 됩니다. 성서가 교훈하는 성 평등, 모든 사람을 공평하게 대하라는 교훈은 초-시대적 교훈입니다. 이제 우리 모두 욥처럼 여성과 남성을 동등하게 대합시다! 아직 그렇게 못하겠다면 일단 그냥 조용히 계십시오. "그래도 내가 남잔데!"라는 우월주의적 발언을 하는 것보다는 오늘의 세상이 어제보다 조금 더 평등한 세상이 되는 것을 보면서 조용히 앉아 있는 편이 낫습니다. 家

복 있는 사람은 악인들의 꾀를 따르지 아니하며 죄인들의 길에 서지 아니하며 오만한
자들의 자리에 앉지 아니하고 / 오직 여호와의 율법을 즐거워하여 그의 율법을 주야
로 묵상하는도다

온종일 성서 공부만 하는 분에게 드리는 질문

어떤 이는 "성서는 윤리 도덕 교과서가 아니다"라고 합니다. 하지만 그리스도
인이 바른 삶을 살지 않으면 아무도 복음이나 성령의 능력이나 선교와 같은 주
제에 관심을 두지 않을 것입니다. 우리는 바르게 살기 위해 성서를 읽고 배워야
합니다.

시편 1편을 적은 사람은 "율법"을 "주야로 묵상"한다고 말하면서 그것을 일
상적인 삶과 연결하고 있습니다. 성서를 읽고 배우는 것이 일상에서 멀리 떨어
져 있으면 안 됩니다.

시편 1편은 전체 150편 시편의 맨 앞에 놓여 있습니다. 마치 시편이라는 책
한 권의 서론과 같다고 하겠습니다. 그런데 정작 시편 1편에는 다른 시편들에는
있는 '다윗이 썼다'라거나 '고라 자손의 시'라든가 하는 제목이 붙어있지 않습니
다. 많은 연구자는 전체 시편을 다 정돈한 후에 마지막에 시편 1편과 2편을 묶어
맨 앞에 놓았을 것으로 생각합니다. 그런데 제가 볼 때 시편 1편과 2편의 성향이
아주 달라서 도저히 같은 사람이 두 편을 썼다는 생각이 들지 않습니다. 시편 1
편과 2편을 한데 묶어 놓은 사람이 있었던 것 같지만(시 2:12의 "복이 있도다"가
시 1:1의 '복이 있도다'와 상호 호응함) 세부적인 내용까지 살피지는 않았습니
다. 두 시편을 작성한 역사 배경과 그 안에 들어 있는 이념이 너무 다르기 때문
입니다. 그래서 손을 더 많이 대지 못했을 것입니다.

제가 볼 때는, 시편 1편이 아직 없었을 때 시편 2편이 3편 앞에 놓였고(시편 2

편도 제목이 없음) 나중에 시편 1편을 제일 앞에 추가한 것 같습니다. 시편 1편을 맨 앞에 놓은 사람은 시편이라는 책을 읽는 사람이 1편의 느낌으로 전체 시편을 읽기를 원했을 것입니다.

> 복 있는 사람은 악인들의 꾀를 따르지 아니하며 죄인들의 길에 서지 아니하며
> 오만한 자들의 자리에 앉지 아니하고(시 1:1)

시 1:1은 "악인들의 꾀"와 "죄인들의 길", 그리고 "오만한 자들의 자리"를 비판합니다. 인간의 "꾀(혹은 모략)"와 "죄", 그리고 "오만"은 인간보다 월등한 지략, 의로움과 권위를 가진 하나님 앞에서 비판을 받습니다.

민족 국가가 패망할 위기에 봉착했을 때, 이스라엘 민족의 왕을 위시한 위정자들은 주변 나라의 군사적 힘에 의존하려고 했습니다. 그러나 패망은 막지 못했습니다. 바벨론에 의해서 패망한 나라의 백성은 포로가 되어 유배 생활을 할 수밖에 없었습니다. 이 시기를 포로기라고 하는데, 포로기 동안 이스라엘 민족이 성찰한 것은 인간의 어떤 역량도 의존해서는 안 된다는 것이었습니다. 오직 하나님만이 민족을 패망에서 건져낼 수 있다는 생각은 영원할 줄 알았던 바벨론 제국이 페르시아에 의해 망하자 확고한 신앙이 되었습니다. 시편 1편의 글쓴이는 이미 국가 패망을 경험한 사람입니다. 그러면서 그는 "율법"의 중요성을 거론하는 것을 잊지 않고 있습니다. 인간의 방식(꾀, 죄, 오만)을 따라 사는 것은 악한 것이고 하나님의 율법(시 1:2)을 의존하는 것만이 복을 가져온다는 것입니다. 이 글에서 하나님을 따른다는 것은 바로 하나님의 율법을 따라 산다는 것입니다. 이런 삶이 시 1:1이 말하는 "복"의 실질적인 의미입니다. 시 1:1 본문에서 "악인들의 꾀"와 "죄인들의 길(방식)"과 "오만"을 비판하는 것은 비록 어휘 자체는 고대 지혜전통으로부터 전래한 것이지만, 모두 포로기적 성찰을 전제로 하며, 글쓴이는 이런 성찰을 기초로, 참된 "복"은 학습한 율법대로 저급한 가치를 거절("따르지 아니하며"; "서지 아니하며"; "앉지 아니하고")하는 자에게 주어진

다고 주장합니다.

오직 여호와의 율법을 즐거워하여 그의 율법을 주야로 묵상하는도다(시 1:2)

시 1:2은 "여호와의 율법"을 중심으로 한 경건한 일상("주야")을 말합니다. 이를 시 1:1과 연결해서 보면 아침과 저녁으로 율법을 읊조리는 사람에게 복이 있다는 것입니다. 읊조리는 것은 신음하듯이 웅얼거리거나 문서를 읽는 것을 뜻합니다. 읽는 것은 아주 오래된 학습 방식입니다. 따라서 시 1:2은 성서를 학습하라는 것입니다.

"율법"(토라)이라는 단어는 긴 발전사를 가지고 있습니다. 이 어휘는 원래 보편적인 의미로서의 사회 규범을 뜻하다가(잠 13:14; 28:4,7,9; 출 18:16,20; 신 17:11) 국가 패망 이후에는 점진적으로 하나님 계시의 총체적 표현을 뜻하게 되었습니다.(사 1:10; 5:24; 30:9; 42:21,24; 렘 6:19; 9:13; 16:11; 26:4; 32:23; 44:10,23; 호 4:6; 8:1; 암 2:4; 합 1:4; 습 3:4; 슥 7:12) 귀환기 이후 토라는 국가 재건을 위해 필요한 가치 기준으로서 문서(잠 29:18 비문자적 묵시와 문자적 율법을 구분)가 됩니다. 그리고 원래는 집단적 영역에서 쓰던 토라를 나중에는 개인 경건의 제재로 활용하였습니다. 최종적으로 토라는 구약 역사의 후기, 어떤 박해가 주어진 시점(아마도 안티오쿠스 4세 시기?)에 박해에 대응하는 방법론으로서 개인적 경건 행위에 긴요한 텍스트가 되었습니다.(시 119:(1),51,53,153)

시 1:2의 "여호와의 율법"은 의미상으로 볼 때, 토라 발전의 마지막 단계입니다. 문서로 만든 율법은 박해 대응 기제로서의 경건에 있어서 핵심적인 요소입니다. 특히 시 1:3-5의 "시냇가에 심은 나무", "바람에 나는 겨"의 비유 활용, 궁극적으로 "악인들이 견디지 못하는 심판"과 그와 상반된 개념으로서의 "의인들의 모임"이 함께 의미하는 것은: 첫째, 심각한 실제적인 위기 상황; 둘째, 그 위기 상황에 대한 대응 기제로서의 토라; 셋째, 악인들의 개념이 단순히 지혜 문학적인 의미가 아니라는 것, 그리고 시편 화자가 고대하는 것이 실존하는 악인들의 멸망이라는 것입니다. 시 1:6의 "의인들의 길"과 "악인들의 길" 역시 추상적이며 문학적인 비유가 아니라 **실제적인 위기 상황과 그에 대한 미래의 심판 결과로서 구원과 처벌의 "길"이 서로 나뉜다는 주장입니다.**

다시 시 1:1-2로 돌아가 정리해보면, 인간의 모든 알량한 행위가 과거 국가를 패망에서 구원하지 못했듯이 당면한 극한 박해에서 개인을 구할 수 없고, 하나님의 능력으로 이스라엘이 바벨론의 지배에서 거저 구원받았듯이, 어려움에 부닥친 개인들도 제힘으로 대항하려는 무모한 행위를 하지 말고, 주야로 여호와의 율법을 읊조림으로써 – 그런 태도가 매우 소극적으로 보인다고 하더라도 – 하나님의 은혜와 구원의 대상이 되라는 것입니다. 그러므로 개인은 구원의 시점을 기다리며 성서의 음성에 귀와 마음을 기울여야 합니다.

시편 1편의 최종 편집자에 따르면 힘의 논리는 부정적입니다. 힘에 대하여 힘으로 저항하는 것이 구원을 가져올 수 없다는 사실은 이미 국가 패망과 형벌(긴 유배 기간)을 통해 명확히 드러났습니다. 같은 원리에서 개인적 차원에서 외부로부터의 박해에 대하여 힘을 추구하는 사람들은 어서 마음을 돌이켜 여호와의 율법을 줄기차게 읊으면서 인내해야 합니다. 바른 "길"을 선택하는 이에게만 하나님의 구원이 임할 것입니다.

아무 대책도 강구하지 않고 가만히 앉아서 성서만 보라는 교훈은 일반적인 것은 아닙니다. 난리가 났는데도 가만히 있으라는 말씀으로 이해하면 안 됩니다. 시편 1편의 역사 배경과 같이 **심한 위기 상황**이라면 또 다릅니다. 정말로 기도만 하고 성서만 읽고 있어야 하는 때가 있습니다. 시편 1편을 현재 우리의 삶에 적용한다면, 무리하여 빨리 부자가 되려고 인정을 저버리거나 바르지 않은데도 힘의 논리에 편승하지 말라는 뜻으로 이해할 수 있습니다. 나쁜 짓을 할 바에야 하나님의 말씀을 깊이 생각하며 가만히 앉아 있는 게 훨씬 낫습니다.

🐝 자신이 잘못한 것도 아닌데 고통을 직면하는 경우가 있습니다. 감당할 수 없을 고통이 지속해서 주어질 때, 인간은 그것을 피해 숨는 것밖에는 별다른 대책을 찾지 못합니다. 시편 1편 1-2절에서 종일 율법을 읊으면서 기다린다는 것은 어떻게 보면 아주 소극적인 정신승리법처럼 보입니다. 하지만, 시편 1편의 저자는 실제로 민족이 모든 수단("모략")을 썼는데도 불구하고 국가 패망을 막아내지 못했음을 기억합니다. 어떻게 볼 때 소극적이며 비겁해 보이는 방법만이 유일한 구원의 방법이라고 믿고 있는 것입니다. 최소한 글쓴이에게 있어서 여호와의 율법을 아침과 저녁으로 묵상하며 때를 기다리는 것은 최선입니다. 최선의 신앙적 태도입니다. 그리고 동시에 그것은 비폭력적 가치를 담고 있습니다. 힘의 논리를 포기하고 성서의 가치를 받아들이는 것입니다.

심한 고통을 당한 사람이 성경책만 읽으며 종일 기도하는 것을 가볍게 나무라지 마십시오. 사람이 감당하지 못할 시험은 없다.(고전 10:13)는 말씀을 아무에게나 경솔하게 적용해서는 안 됩니다. 우리가 볼 때는 큰 어려움이 아닐지 모르지만, 그 자신에게는 세상이 무너지는 것 같은 환난일지 모릅니다. 섣불리 '성경책 그만 보고 기도 그만하고 좀 움직여!'라고 하지 마십시오. 우리는 성서의 가치를 따라 일상을 열심히 살아가야 합니다만 때로는 정말 아무것도 할 수 없어서 오직 하나님의 도움만 기다려야 할 때가 있습니다.

물론 **시편 1편은 날마다 성경 공부만 열심히 하라는 뜻은 아닙니다.** 저항할 수 없는 심각한 위기 상황이 아니라면 우리는 일상을 열심히 살아가는 데 대부분의 시간을 써야 합니다. 시편 1편이 우리에게 질문하는 것은 '성경 공부를 언제 할 것인가?'라는 것보다는 '감당할 수 없는 고통에 어떻게 대응할 것인가?', '힘의 논리로 대응할 것인가? 아니면 고상한 가치를 마음에 새기는 시간을 가지면서 인내할 것인가?'를 묻고 있는 것입니다. 아쉽게도 적지 않은 이는 시편 1편을 그저 성경 구절을 암송하고 매일 성경을 묵상하면 자동으로 악인이 되지 않고 의인이 된다는 식으로 이해합니다. 사실은 그렇게 간단한 이야기가 아닙니다. 시편 1편의 화자는 악인이 되지 않으려고, 고상한 가치를 마음에 새기기 위해 이를 악물고 울면서 성서를 묵상하고 있습니다. 어떤 이는 세상에서 성공하려고 성경 묵상을 도구로 활용합니다. 하지만 **우리는 시편 1편을 통하여 힘의 논리와 성공주의를 경계하는 고귀한 가치를 배워야 합니다.**

성경 공부를 자신의 (다양한 종류의) 성공과 여가 활용을 위해 이용하지 마십시오! 당신이 커피숍에 편안하게 앉아 가볍게 흥얼대는 시간이 성경 묵상의 시간이라면 다소 문제가 있습니다. 너무 가볍게 이해하지 마십시오! 성서의 가치는 우리가 힘의 논리와의 싸움에서 승리하는 데 긴요한 무기(武器)입니다! 우리가 부패한 세속적 가치와 싸움에서 지지 않고 결국 승리하려고 붙잡는 것이 성서의 가치입니다. 저의 성서 연구와 여러분의 성서 묵상이 모두가 가치 있고 바른 삶을 위한 것이기를 바랍니다! 家

시편 89: 31-45

내 율례를 깨뜨리며 내 계명을 지키지 아니하면 / 내가 회초리로 그들의 죄를 다스리 며 채찍으로 그들의 죄악을 벌하리로다 / 그러나 나의 인자함을 그에게서 다 거두지 는 아니하며 나의 성실함도 폐하지 아니하며 / 내 언약을 깨뜨리지 아니하고 내 입술 에서 낸 것은 변하지 아니하리로다 / 내가 나의 거룩함으로 한 번 맹세하였은즉 다윗 에게 거짓말을 하지 아니할 것이라 / 그의 후손이 장구하고 그의 왕위는 해 같이 내 앞에 항상 있으며 / 또 궁창의 확실한 증인인 달 같이 영원히 견고하게 되리라 하셨 도다(셀라)/ 그러나 주께서 주의 기름 부음 받은 자에게 노하사 물리치셔서 버리셨 으며 / 주의 종의 언약을 미워하사 그의 관을 땅에 던져 욕되게 하셨으며 / 그의 모든 울타리를 파괴하시며 그 요새를 무너뜨리셨으므로 / 길로 지나가는 자들에게 다 탈 취를 당하며 그의 이웃에게 욕을 당하나이다 / 주께서 그의 대적들의 오른손을 높이 시고 그들의 모든 원수들은 기쁘게 하셨으나 / 그의 칼날은 둔하게 하사 그가 전장에 서 더 이상 버티지 못하게 하셨으며 / 그의 영광을 그치게 하시고 그의 왕위를 땅에 엎으셨으며 / 그의 젊은 날들을 짧게 하시고 그를 수치로 덮으셨나이다 (셀라)

아무렇게 살아도 구원 받는 것 따위는 없습니다

시편 89편은 그 뒤에 더 많은 시편이 붙어, 최종적으로 150편으로 책을 마무 리하기 전에는 책의 마지막 시편이었을 것입니다. 지금은 시편을 다섯 권으로 나누는데, 제1~3권 중 맨 마지막 시편이 89편입니다. 이 시편은 처음부터 일관 되게 다윗의 왕조가 영원할 것이라고 주장합니다.(시 89:4 "영원히 견고히 하며 네 왕위를 대대에 세우리라"; 시 89:20 "내 종 다윗을 … 거룩한 기름을 … "; 21 "견고하게 하고; 22 "원수가 … 강탈하지 못하며 … "; 28 "영원히 지키고 … 언 약을 굳게 세우며") 이 글의 주장에 따르면, 그것은 성실하신 하나님이 다윗 왕 조를 견고케 하시기 때문입니다.(시 89:9,10,13 등 '주의 능력, 주의 성실하심') 그는 능력의 창조주입니다.(시 89:11 "주께서 건설") 하지만 시 89:30-32을 보 면 다윗 왕조가 영원하다는 것이 무조건적인 것은 아니고, 하나의 전제조건이 있는 것 같습니다.

> 만일 그의 자손이 내 법을 버리며 내 규례대로 행하지 아니하며 내 율례를 깨뜨
> 리며 내 계명을 지키지 아니하면 내가 회초리로 그들의 죄를 다스리며 채찍으로
> 그들의 죄악을 벌하리로다(시 89:30-32)

그것은 하나님의 "법", "규례", "율례", "계명"으로 표현하는 하나님의 말씀 (가치 기준)을 따라야 한다는 것입니다. 그런데, 이어지는 시 89:33-37을 읽으면 이런 전제조건을 충족하지 않아도 큰 문제는 없는 것 같습니다. 혼란스럽습니다.

> 그러나 나의 인자함을 그에게서 다 거두지는 아니하며 나의 성실함도 폐하지 아
> 니하며 내 언약을 깨뜨리지 아니하고 내 입술에서 낸 것은 변하지 아니하리로다
> 내가 나의 거룩함으로 한 번 맹세하였은즉 다윗에게 거짓말을 하지 아니할 것이
> 라 그의 후손이 장구하고 그의 왕위는 해 같이 내 앞에 항상 있으며 또 궁창의
> 확실한 증인인 달 같이 영원히 견고하게 되리라 하셨도다(셀라)(시 89:33-37)

이 내용을 과격하게 해석하면, 하나님의 말씀을 안 지켜도 다윗의 왕위가 영원하리라고 하나님이 약속하셨으니 어떻게든 그렇게 되리라는 것 같습니다. 시 89:30-32이 조건적이라면 시 89:33-37은 무조건적입니다.

우리 주변에 칼빈주의를 과신하는 분들은 한번 믿으면 지옥에 가려야 갈 수가 없다고 말을 합니다. 마음속으로 한번 예수님을 구주로 받아들이면 그 사람이 거짓말을 하든지, 살인하든지 결국 천국에 간다는 것입니다. 그래서 그런지 이신칭의(以信稱義)를 말하는 사람들 가운데 흉악한 범법자들이 적지 않습니다. 이들을 바라보는 사회 사람들은 당혹감을 감출 수 없습니다. 신앙을 가진 사람들이 신앙이 없는 사람보다 더 부도덕하고 비윤리적이라니 기가 막힙니다. 시편 89편 1절부터 37절까지의 내용만 이어서 쭉 읽으면 (물론 시 89:30-32도 다른

이야기를 하고 있지만) 바른 삶을 살든 그른 삶을 살든 결국 다윗의 왕권이 영원할 것이라고 말하는 것이 확실합니다. 그러나 시 89:38절부터 또 한 번의 놀라운 반전이 있습니다!

> 그러나 주께서 주의 기름 부음 받은 자에게 노하사 물리치셔서 버리셨으며 주의 종의 언약을 미워하사 그의 관을 땅에 던져 욕되게 하셨으며 그의 모든 울타리를 파괴하시며 그 요새를 무너뜨리셨으므로 길로 지나가는 자들에게 다 탈취를 당하며 그의 이웃에게 욕을 당하나이다 주께서 그의 대적들의 오른손을 높이시고 그들의 모든 원수들은 기쁘게 하셨으나 그의 칼날은 둔하게 하사 그가 전장에서 더 이상 버티지 못하게 하셨으며 그의 영광을 그치게 하시고 그의 왕위를 땅에 엎으셨으며 그의 젊은 날들을 짧게 하시고 그를 수치로 덮으셨나이다(셀라)(시 89:38-45)

이 단락에서 다윗의 계보로 영원하게 하겠다는 약속은 어떻게 되었습니까? 주께서 "주의 기름 부음 받은 자"에게 분노하시고 "버리셨으며" 그 왕관을 "땅에 던져"버렸고 "탈취를 당"하게 하시고 "이웃에게 (모)욕을 당하"게 하셨습니다. 영원할 것이라고 약속했던 "영광을 그치게 하시고" "왕위를 땅에 엎으셨으며" 젊은 나이에 죽게 하셨다고 합니다. 이 단락의 편집자는 아마도 바벨론에 의한 국가 패망으로 다윗의 왕위가 이어질 수없다는 절망감을 느낀 것 같습니다. 젊은 나이에 죽은 사람은 아마도 여호야긴 왕(기원전 609-598년)을 가리키는 것 같습니다. 그는 8세에 왕이 되었으며(대하 36:9; 왕하 24:8에는 "18세") 얼마 지나지 않아 느부갓네살왕에 의해 포로로 끌려갔습니다.(왕하 24:15) 확실히, 시 89:38절 이하는 국가 패망, 포로기를 배경으로 하는 본문입니다.

시편 89편의 형성 과정을 추정해 보면, 38절부터의 본문이 가장 먼저 있었고, 훗날, 바벨론이 멸망한 후에 고향 땅으로 돌아온 사람들이 절망적인 내용인 38

절 이하의 본문 앞에 다윗의 왕위 존속에 관한 언약을 추가한 것 같습니다. 왜냐하면 국가가 멸망했을 때와는 달리 그들에게는 이제 재건과 부흥이라는 소망이 있기 때문입니다. 다윗 후손 중에 유력한 자를 왕으로 세우고 싶었으며 그를 통하여 다윗의 왕위가 영원할 것이라고 약속하셨던 하나님의 말씀이 실현되리라고 생각했습니다. 그러나 아무리 포용적인 페르시아 제국이라고 해도 이스라엘 사람들이 왕을 세우고 독립하는 것마저 용인할 수는 없었습니다. 왕 후보가 사라진 이후 다윗의 영원한 왕권 논의는 다윗의 후손이며 이스라엘의 왕이라고 일컫는 예수님이 등장하기 전까지는 성서 본문 표면에 나타나지 않습니다.

시편 89편 1절부터 38절까지 단숨에 읽으면 영원할 것 같던 다윗의 왕권이 삽시간에 절망에 빠지는 것을 보게 됩니다. 왕권이 무조건 영원하리라고 하다가 갑자기 망한다는 것입니다. 이상하지 않습니까? 솔직히 하나님의 말씀을 따라 살지 않는 사람들의 권력이 무조건 유지된다는 것이 더 이상합니다. 교회 안 다니는 사람 이야기를 하는 것입니까? 아닙니다. **올바른 가치 기준을 따라 정치하지 않는 엉터리와 그의 나라가 망하는 것이 당연하다는 말입니다.** 엉망진창으로 나라 살림을 꾸려가는데 망하지 않는다니 말이 안 됩니다.

개인의 구원도 마찬가지입니다. 제대로 살지 않는데 천국에 가다니요? 갈 것 같다는 것은 마음속의 착각입니다. 엉망진창으로 사는데 영생 복락을 누린다니 말이 안 됩니다. 이것이 바로 성서의 원리입니다.

🐝 하나님의 말씀을 따라 살지 않는 사람이 무조건 천국에 간다는 것은 **궤변입니다.** 아무리 죄를 지어도 무조건 천국에 간다는 말은 이상한 말입니다. 영원할 것으로 여겨졌던 다윗의 왕위는 무너졌습니다! 물론 영적으로 그것이 예수님에게 연결되었을지 모르지만, 실제로 다윗 왕조는 다시 회복되지 않았습니다. 엉망진창으로 살면서 천국 갈 줄로 알지 마십시오! 천국은 양심과 염치가 없는 사람들이 가는 곳이 아닙니다. 어떤 이는 '그래서 예수님의 무조건적인 은혜

가 필요하다'라고 그럴듯하게 반박할 것입니다. 그럼 제가 다시 묻겠습니다. 은 혜를 진짜 아는 사람이 사기 치고 살인을 한다고요? 정말 아는 겁니까? 아니면 단순한 착각일까요? 선한 삶이 없는 믿음은 시끄러운 헛소리에 불과합니다.(고 전 13:1) 그런 종류의 믿음은 범죄자를 천국에 보내주는 구원 열차가 아닙니다. 그냥 구원이라는 이름만 붙은 폭주 자동차입니다. 사람을 살게 하는 게 아니라 죽이는 것입니다. 어디로 가긴 갑니다. 엉뚱한 곳으로 가서 그렇지. 이것은 겉만 번지르르한 무덤입니다.(마 23:27 '죽은 사람의 뼈와 모든 더러운 것이 가득한 회칠한 무덤'; 욥 3:22 '무덤을 보고 기뻐하고 즐거워하는 자') 돌아보세요! 믿음 으로 구원받았다고 떠드는 당신이 정말 천국 가겠는지 말입니다. 살아있다고 떠 벌리는 당신의 영혼이 벌써 죽은 것은 아닌지 말입니다.(약 2:17) 죽었으니까 뭐 가 옳고 뭐가 바른지 도통 모르는 것 아닐까요? 🏠

시편 90:13-16

여호와여 돌아오소서 언제까지니이까 주의 종들을 불쌍히 여기소서 / 아침에 주의
인자하심이 우리를 만족하게 하사 우리를 일생 동안 즐겁고 기쁘게 하소서 / 우리를
괴롭게 하신 날수대로와 우리가 화를 당한 연수대로 우리를 기쁘게 하소서 / 주께서
행하신 일을 주의 종들에게 나타내시며 주의 영광을 그들의 자손에게 나타내소서

어른들이 들려주는 실패담(失敗談)의 가치

시편 90편에 「하나님의 사람 모세의 기도」라는 제목이 붙어있어서 많은 사람
은 이것을 모세가 쓴 글로 생각합니다. 그러면서 출애굽기 15장의 모세의 노래
와 신명기 32-33장의 모세의 축복이 시편 90편과 비슷하다고 합니다.(어휘적
으로 시 90:15의 '날', '년'과 신 32:7 '(옛)날', '연(대)'; 시 90:16 '행하신 일'; 신
32:4 '하신 일'; 신 33:11 '일(?)' 등을 비교해 볼 것) 실제로 비교해 보면 왜 그런
말이 나왔는지 알 수 있습니다.(시 90:5 주께서 그들을 (홍수처럼) 쓸어가시나이
다 그들은 잠깐 자는 것 같으며 아침에 돋는 풀 같으니이다; 출 15:4-5 "바로의
… 군대를 … 홍해에 잠겼고 깊은 물이 그들을 덮으니 … 깊음 속에 가라앉았도
다"; 출 15:10 "주께서 바람을 일으키시니 … 그들이 거센 물에 납 같이 잠겼나
이다" / 시 90:9 "우리의 모든 날이 주의 분노 중에 지나가며 우리의 평생이 순
식간에 다하였나이다"; 출 15:7 "주께서 … 진노를 발하시니 … 그들을 지푸라
기 같이 사르니이다") 시편 내용 중 일부가 모세의 저작이라고 알려진 글들과 비
슷해서 모세가 쓴 시라는 제목을 붙인 것 같습니다. 하지만 비슷하다는 것이 똑
같은 것은 아닙니다. 모세의 저작설을 방증하지 않습니다.특히 시 90:13-17절
은 앞의 내용과 전혀 연결되지 않는데, 이는 한 명의 저자가 일관된 생각을 가지
고 시편 90편을 쓴 것이 아니기 때문입니다.

시 90:3-4은 인생의 유한함을 말하고 있으며, 시 90:5-6은 "홍수"(원문상으

로는 '그들을 휩쓸어간(갔)다.' 사 4:6; 25:4; 30:30; 32:2 "풍우(風雨)" "폭우(暴雨)"; 사 28:2; 합 3:10 "큰 물이 넘침"; 시 77:17 '구름이 쏟는 물'; 욥 24:8 '산 중에서 만난 소나기')와 "심판" ("잠겼나이다")을 말하고 있습니다. 얼핏 읽으면 큰 홍수의 한 장면을 묘사하는 것 같습니다. 그런데 시 90:7-12은 죄인에게 분노하시고 죄인을 소멸하는 "주"의 심판(시 90:7-8+9a)과 인생의 유한함을(시 90:3-4에 이어서) 다시 거론하고 있습니다.(시 90:9b-12 "우리의 연수가 칠십이요… 팔십이라도 … 신속히 가니 … 날아가나이다") 시 90:5-6, 7-9a을 제외하면, 시 90편 4절과 9절(정확하게는 9b절)이 자연스럽게 연결됩니다.

> 주께서 사람을 티끌로 돌아가게 하시고 말씀하시기를 너희 인생들은 돌아가라 하셨사오니 주의 목전에는 천 년이 지나간 어제 같으며 밤의 한순간 같을 뿐임이니이다(시 90:3-4)

> 우리의 모든 날이 주의 분노 중에 지나가며 우리의 평생이 순식간에 다하였나이다 우리의 연수가 칠십이요 강건하면 팔십이라도 그 연수의 자랑은 수고와 슬픔뿐이요 신속히 가니 우리가 날아가나이다 누가 주의 노여움의 능력을 알며 누가 주의 진노의 두려움을 알리이까 우리에게 우리 날 계수함을 가르치사 지혜로운 마음을 얻게 하소서(시 90:9-12)

이렇게 볼 때 모세(노아?)의 글과 비슷하게 보이는 구절들(시 90:5-6)과 주의 심판(시 90:7,8,9a), 그리고, 인생의 유한함을 언급하는 내용(시 90:1-2(?), 3-4, 9-12)등이 한데 섞여 있는데, 이것들은 각각 다른 화자에 의해 편집된 본문 같으며, 이것들을 시편 90편의 최종 편집자가 정리한 것 같습니다.

시 90편 13절부터는 또 다른 상황을 배경으로 하는 문장들이 보이는데 이 내용에 따르면 고통이 지속되고 있는 것 같습니다. 화자는 신속한 구원을 요청합니다.

> 여호와여 돌아오소서 언제까지니이까 주의 종들을 불쌍히 여기소서 아침에 주
> 의 인자하심이 우리를 만족하게 하사 우리를 일생 동안 즐겁고 기쁘게 하소서
> 우리를 괴롭게 하신 날수대로와 우리가 화를 당한 연수대로 우리를 기쁘게 하소
> 서(시 90:13-15)

시 90:13-15 까지 나타나는 상황의 변화로 볼 때, 화자는 괴로움의 시기를
보내고 있고(혹은 보냈고) 괴로움을 당한 시간 이상으로 기쁘고 행복한 삶을 영
위하기를 바라고 있는 것 같습니다. 그런데 화자가 걱정하는 것은 자신뿐 아니
라 자신의 후손, 즉, 차세대입니다. 구세대는 고통(국가 패망?)을 경험했지만 자
녀들만은 행복하게 살기를 기도합니다.

> 주께서 행하신 일을 주의 종들에게 나타내시며 주의 영광을 그들의 자손에게 나
> 타내소서(시 90:16)

마지막 절인 시 90:17은 하는 일마다 잘 되게 해달라고 합니다.(현대인의 성
경, 시 90:17 "… 우리에게 주의 은혜를 베푸셔서 … 모든 일이 성공하게 하소
서")

시편 90편의 단락 중에서 시 90:13-17이 제일 먼저 쓰인 것 같습니다. 인생
의 유한함을 언급하는 고대의 수집물(시 90:3-4, 9-12)을 앞에 추가했고 그 수
집물 중간에 홍수라는 추가 내용을 넣었으며(시 90:5a+5b-6) 그 뒤에 주의 심판
경고(시 90:7,8,9a) 내용을 덧붙였습니다. 이 글은 신앙 교육을 위한 텍스트입니
다. 얼핏 보면 그런 것 같지 않지만 "대대"손손을 언급하는 1절과 "자손"을 언급
하는 16절을 볼 때 기성세대가 차세대를 의식하면서 이 글을 썼음을 알 수 있습
니다.

시편 90편은 이스라엘의 자손을 위해 쓴 글이라고 할 수 있습니다. 그런데 최종 구성자가 문서에 이스라엘 조상의 처절한 실패, 고통의 이야기를 추가한 것이 놀랍습니다. 일반적으로는 고생하던 시절이 지나면 성공담이나 무용담을 들려주려고 하기 마련입니다. 교육적 이야기라는 것을 염두에 두고 시편 90편을 쉬운 말로 다시 적어 보았습니다.

인생은 유한하다.
하나님 앞에서 인생은 극히 짧고 보잘것없다.
우리는 우리의 잘못 때문에 하나님의 분노를 샀으며
긴 시간 동안 고통을 받았다.
그것이 개인이든 집단이든
주의 심판은 모든 것을 소멸한다.
너희는 과거 우리와 같은 전철을 밟지 말고
영광스러운(시 90:16) 미래를 영위하기 위해
하나님 두려운 줄 알고 살아라.
그게 기쁘고 행복한 삶이다.

시편 90편에는 (문서화 한) 율법을 준수하라는 말이 없습니다. 대신 인생의 유한함과 하나님 심판의 무서움을 언급합니다. 이는 시편 90편을 포로기 말기를 배경으로 한 글로 추정하게 합니다. 편집자는 길었던 유배 생활에 대한 회한과 새로운 세대에 대한 소망을 한 편의 시에 담았습니다. 고대로부터 전래한 것으로 알려진 홍수 이야기 그리고 출애굽 이야기를 교육적 목적에서 이야기에 추가한 것 같습니다. 그것을 과장한 이야기로 무시할 수 없는 것은 이스라엘 백성이 피부로 체험한 생생한 사건이 이야기의 근간이기 때문입니다. 성서비평학을 하는 분 중에 몇몇 분을 보면서 아쉬울 때가 있는데, 그것은 역사 이야기 저변에 깔린 역사적 사실까지 픽션(fiction)으로 여기는 것입니다. 역사 이야기는 실제 역사와는 다르지만 분명히 사실을 담고 있습니다. 성서 전체를 가치 없는 거짓이나 따분한 소설과 같은 것으로 여기고 신앙 자체를 포기하거나 거절하는 것은 아주 아쉽습니다. **비평적으로 성서를 읽는 것은 성서 저변에 자리 잡은 실제 사건과 사건을 겪은 사람들이 다양한 관점에서 적은 이야기들의 연관성을 파악하면서, 그 고찰 과정에 실낱같이 드러나는 신앙적 가치를 확보하여 우리가 사는 사회에 대한 긍정적인 적용점을 얻기 위해 하는 것입니다.** 저는 성서를 비평적으로 연구하는 신앙인입니다. 성서의 신앙적 가치와 사회적 가치를 부정하고 비난하기 위해서 비평을 하는 것은 대단히 애석한 일입니다.

시편 90편의 편집자들은 차세대를 의식하며 인생무상을 교훈하는 옛이야기, 홍수 이야기, 모세의 글처럼 보이는 내용을 추가했습니다. 편집자의 최종 목적은 자녀들이 유한한 인생을 살면서 경거망동하지 않고 하나님을 경외하는 마음으로 밝은 미래를 향해 전진하는 것입니다. 물론 교육을 목적으로 하나님의 심판을 거론하며 공포심을 조장하는 것은 좋은 방법이 아닙니다. 하지만 당시 편집자가 볼 때는 그 방법이 썩 괜찮은 방법이었던 것 같습니다.

우리는 어떤 이야기를 어떤 방식으로 자녀들에게 들려주어야 할까 늘 고민합니다. 배부르게 먹지 못하던 시기를 지나 풍족하게 먹고 누리는 시대로 발전했다는 이야기도 좋습니다만, 동시에, 우리의 실패담, 우리의 의식 수준과 가치관의 한계 때문에 겪었던 고통, 오랜 시간 동안 공동체가 어려움을 당한 이유 등을 솔직하게 알리고 자녀들이 어른들이 밟은 전철을 밟지 않도록 교훈하는 것도 좋겠습니다. 때로는 성공담보다 실패담에 더 큰 교육적 효과가 있습니다.

우리에게는 어떤 실패담이 있습니까? 우리 한국 교회는 어떤 부분에서 잘못된 전철을 밟아왔으며 그 때문에 지금도 고통받고 있습니까? 우리 스스로 시간을 내어 하나님 앞에서 결산합시다. 아픈 이야기지만 우리 자녀들이 똑같은 잘못을 저지르지 않게 하려면 성공의 이야기뿐 아니라 실패담도 들려줄 필요가 있습니다. 그들이 우리가 실패한 이야기를 듣고 깨닫는다면 같은 실패를 반복하지 않을 것입니다. 그것이 시편 90편이 우리에게 조언하는 교육의 한 방식입니다.

어른으로서 다음 세대에게 들려줄 변변한 성공담이 없다고 창피한 마음을 가질 필요는 없습니다. 오히려 성공담을 잘못 활용하면 듣기 지겨운 제 자랑이 됩니다. 오히려 진실한 마음에서 들려주는 실패담이 더 크고 긍정적인 영향력을 가질 수 있습니다. 물론 잘못된 판단으로 어그러진 길을 걸었던 경험을 자녀들에게 이야기한다는 것이 좀 창피합니다. 그저 넋두리하는 것은 아닐까 하는 생각도 듭니다. 하지만, 여러분! 우리가 바라는 것이 달리 뭐가 있겠습니까? 그저 우리의 자녀들이 더 올바르게 살며, 사회에 긍정적인 영향을 끼치는 빛과 소금이 되어 살아가는 것 아닙니까? 자녀들의 성장에 도움이 된다면 조금 부끄러워도 뭐 어떻습니까? 바른 자녀들이라면 분명히 아빠 엄마의 진실한 이야기를 통해 뭔가 중요한 것을 깨달을 것입니다. 자녀들이 우리를 실패자라고 무시할까요? 그런 자녀들이라면 이야기를 들어도 아무것도 깨닫지 못할 것입니다. 감사하게도 이야기를 잘 들어준다면 우리는 할 일을 감당한 셈이 되고 자녀들은 더 밝은 미래를 열 수 있는 중요한 열쇠 하나를 얻은 것입니다. 宗

광야에서 욕심을 크게 내며 사막에서 하나님을 시험하였도다 / 그러므로 여호와께서
는 그들이 요구한 것을 그들에게 주셨을지라도 그들의 영혼은 쇠약하게 하셨도다

끝없이 욕심 부리는 부자는 지옥 갑니다.

시편 전체 150편의 시편을 총 다섯으로 묶을 때, 4번째, 즉, 제4권의 마지막 시편이 106편입니다. 제4권의 첫째 시편은 90편인데 106편과 비슷한 느낌을 줍니다. 아마도 제4권을 하나로 묶은 사람이 제4권 첫째 시편과 맨 마지막 시편을 비슷하게 하여 제4권 전체가 한 덩어리로 보이도록 했을 것입니다.

제목(표제)이 없는 106편은 아마 처음에는 큰 관심을 받지 못했을 테지만 시편을 한 덩어리로 묶을 때 모세를 언급했다는(시 106:16,23,33 "모세") 이유로 제4권의 끝에 놓였을 것입니다. 제4권의 첫 시편인 90편에는 '하나님의 사람 모세의 기도'라는 제목이 붙어있어서 90편과 106편을 함께 놓고 보면 둘 다 모세의 글 혹은 모세가 쓴 것 같은 글로 보입니다. 하지만 이 마지막 시편 106편에는 제목이 없습니다.

시편 106편을 읽을 때 주목할 점은 이 시편 역시 시편 90편과 마찬가지로 민족의 처절한 실패를 언급하고 있다는 점입니다.

우리가 우리의 조상들처럼 범죄하여 사악을 행하며 악을 지었나이다(시 106:6)

그들을 이방 나라의 손에 넘기시매 그들을 미워하는 자들이 그들을 다스렸도다
(시 106:41)

시편 90편에서 포로 유배를 회고(시 90:15 "우리를 괴롭게 하신 날수 … 화를

당한 연수 … ”; 시 90:8 “우리의 죄악”, “은밀한 죄”)하고 있는 것처럼 시편 106
편도 국가 패망 후에 바벨론으로 끌려가 유배 생활을 했음을(하지만 지금은 새
국면을 맞이했음을) 알게 합니다. 하나님의 능력을 의존하지 않고 주변 나라의
군사력에 의존한 것을 집단적 죄악으로 인식한 것은 국가 패망과 유배 생활의
이유를 찾는 과정에서 일어난 일입니다.

　시편 106편에도 독자의 눈을 끄는 구절이 많지만 그중에 이런 구절이 있습니
다.

> 그러므로 여호와께서는 그들이 요구한 것을 그들에게 주셨을지라도 그들의 영
> 혼은 쇠약하게 하셨도다(시 106:15)

　‘쇠약하게 하셨다’는 말은 “라존”인데 이는 명사로서 몸이 야윈 상태나 왜소
함을 뜻합니다. 야웨가 “그들이 요구한 것을” “주셨”으니 기뻐야 하는데 오히려
영혼의 쇠약함이라니 금방 이해가 가지 않습니다. 이 구절을 공동번역 성서는
“주께서 그들의 청을 들어주시었으나 속이 뒤틀리는 아픔을 함께 주셨다”(공동
번역, 시 106:15)라고 번역하고 있습니다. **우리는 성서를 이해할 때 낱구절만 분
석하려는 태도에서 벗어나서 그 구절이 어떤 문맥들 사이에 있는지를 살펴야 합
니다. 그것이 단어 고찰로는 풀리지 않는 문제를 해결할 수 있는 길이 됩니다.**

　시 106:15 바로 위 단락은 “조상들”의 “범죄”(시 106:6)와 “거역”(시 106:7)에
도 불구하고 하나님의 “구원”(시 106:8,10-11)이 주어졌다는 이야기입니다. 하
지만 잠깐 “찬양하는 노래”를 불렀던 “조상들”은(시 106:12) 곧 하나님이 “행하
신 일”을 망각하고 그의 가르침을 기다리지 않고(시 106:13) “욕심”을 부리며
“하나님을 시험”했습니다.(시 106:14) 이 “욕심”이란 출애굽 여정에서 백성들이
하나님에게 먹을 것을 달라고 투정했던 것과 같은 욕심을 뜻하는 것 같습니다.

시 106:14에 쓰인 "욕심(아와; 타아와)"은 민수기 11장에서 백성이 고기를 달라고 요구하는 장면에 쓰인 단어입니다.(민 11:4 "탐욕을 품으매 … 누가 우리에게 고기를 주어 먹게 하랴"; 민 11:34 "욕심을 낸 백성") 신명기 12:20에도 고기를 먹는 이야기가 나오는데 신명기는 이 어휘를 부정적으로 사용하지는 않습니다.(신 14:26 "소나 양이나 포도주나 독주 … 원하는 모든 것을 구하고 … 함께 먹고 즐거워할 것이며") 어휘 활용을 보면 민수기 11장과 시 106:14의 "욕심"은 아주 비슷합니다. 시 106:15에서 요구한 것을 받았는데도 영혼이 쇠약하게 된 이유는 바로 이 "욕심" 때문입니다. 이것이 구체적으로 어떤 개념인지 자세히 알려면 민수기 11장을 고찰해야 합니다.

민수기 11장 1절은 하나님의 분노 때문에 이스라엘 백성의 "진영(陣營)"에 화재가 발생했다는 이야기입니다. 민 11:2에서 모세가 중보 기도를 한 덕으로 "불"이 사그라들었습니다. 민 11:4에서 "고기"를 못 먹어 슬픈("울며") "이스라엘 자손"들이 "탐욕을 품"은 "인종들"처럼 욕심을 부렸습니다. 그들은 이집트에서 노예 생활을 하면서 생선, 오이, 참외, 부추, 파, 마늘을 먹었던 것을 그리워합니다.(민 11:5) 이스라엘 백성은 다양한 재료와 감미료로 만든 음식이 그리웠던 것 같습니다. 그러나 광야에서 그들이 먹을 수 있는 것이라고는 "기름 섞은 과자 맛"이 나는 "만나" 밖에 없었습니다.(민 11:6-9) 먹을 것이 한 종류밖에 없는데 없는 것을 달라고 보채는 것은 주변 사람을 괴롭히는 행동입니다.(민 11:11 "어찌하여 … 괴롭게 하시나이까") 도대체 허허벌판 어디서 "고기"를 구한다는 말입니까?(민 11:13) 본문은 "여호와의 진노가 심히 크고 모세도 기뻐하지 아니하여"(민 11:10)라고 말하고 있지만 이 정도의 욕심에 대해서는 징벌이 주어지지 않습니다. 짜증이 나지만 원하는 대로 주려는 듯합니다. 하나님이 "고기"를 먹여 주겠다고 합니다.(민 11:18) 아주 실컷 먹여주실 것이라고 합니다.(민 11:19-20 "하루 이틀이나 닷새나 열흘이나 스무날만 먹을 뿐 아니라 냄새도 싫어하기까지 한 달 동안 먹게 하시리니…") 마침내 하나님께서 "메추라기를 몰아"(민

11:31) 백성 모두 충분히 먹게 하셨습니다. "고기"가 충분하니 서두르지 않아도 됩니다. 편안히 먹어도 될 정도의 양입니다. 그런데 백성은 온종일 그리고 그다음 날까지(민 11:32 "종일 종야와 그 이튿날 종일토록") "메추라기를 모"으는데 혈안이 되어 있습니다. 먹지는 않고 계속 모아들입니다. 하나님은 분노하셨습니다. 고기를 엄청나게 많이 모아놓고 좋아하는 찰나에 욕심꾸러기들을 다 죽여버렸습니다.(민 11:33) 민수기 11장이 말하는 **"욕심"이라는 것은 고기를 먹고 싶은 욕구 자체가 아니라 고기를 끝없이 축적하는 행동**을 의미하는 것입니다.

욕심은 먹고 싶은 것을 먹으려고 하는 것이 아닙니다. 그것은 끝없이 축적(蓄積)하려는 심보입니다. 잘못입니다. 당장 구할 수 없는 것을 찾으면서 보채는 것까지는(이것도 굉장히 짜증이 나는 행동이지만) 나름 괜찮습니다. 하지만 자신이 먹을 것 이상으로 모아들이고 또 모아들이고 끝없이 쌓으려는 태도는 안 됩니다. 이것이 바로 성서가 말하는 "욕심"이며 민 11:34에서 사람들이 죽은 원인입니다. 시 106:14의 욕심도 같은 뜻이며 시 106:15에서 모든 것을 얻었는데도 영혼이 메말라가는 사람이 나타난 것도 이런 욕심 때문입니다.

자본가는 대개 스스로 일하지 않습니다. 그리고 단지 머리를 굴려 자본을 축적하고 활용합니다. 이것을 비판할 수는 없습니다. 자본주의 사회에서 살아가는 우리는 모두 자본의 축적과 노동에서의 해방을 목표로 살아가고 있습니다. 자본을 더 축적하려면 더 많은 노동을 해야 할 것입니다. 여기서 문제가 발생합니다. 더 많이 쉬는 것이 목적인데 그러려면 더 많은 돈을 벌어야 하고 그것을 위해서 더 많이 일해야 한다. 이게 모순입니다. 사람들은 돈을 많이 벌고 일은 적게 하기를 바랍니다. 그래서 적은 노동으로 최대 이윤을 창출할 수 있는 직업을 선호합니다. 하지만 누구나 그런 직업을 가질 수 없습니다. 소수만 최저 노동의 최대 이윤을 누립니다. 그리고 그들이 대부분의 부를 차지하는 부의 편중 현상이 일어납니다. 이것이 자본주의의 맹점입니다. 대부분의 부를 독점하고 있는 사람들을 향해 사회는 일정한 부를 재분배하도록 요청합니다. 이것은 사회 유지를 위해 꼭 필요한 조치입니다. 대부분의 국민이 가난하고 극소수만 부유한 나라는 정상이 아닙니다. 똑같을 수는 없지만 어느 정도 비슷비슷한 수준에서 살아가는 것이 맞습니다. 부자도 많은 이의 땀에 힘입어 재화를 모은 것이라는 것을 알아야 합니다. 그런 의미에서 부자는 사회에 대한 책무를 가집니다. 이것을 망각하고 오직 재화의 획득과 축적에만 열을 낸다면 그런 사람들은 전체 사회의 안정에 별로 도움이 되지 않습니다. **성서는 일부 사람만 무한정 자본을 독식하는 상황에 대하여 부정적인 견해를 제기합니다.** 소수가 제한 없이 자본을 축적하는 것이 전체 사회에 치명적인 해악(害惡)이 될 수 있음을 경고하고 있습니다. 누가복음 12장에는 이런 말씀이 있습니다.

> 또 비유로 그들에게 말하여 이르시되 한 부자가 그 밭에 소출이 풍성하매 심중에 생각하여 이르되 내가 곡식 쌓아 둘 곳이 없으니 어찌할까 하고 또 이르되 내가 이렇게 하리라 내 곳간을 헐고 더 크게 짓고 내 모든 곡식과 물건을 거기 쌓아 두리라 또 내가 내 영혼에게 이르되 영혼아 여러 해 쓸 물건을 많이 쌓아 두었으니 평안히 쉬고 먹고 마시고 즐거워하자 하리라 하되 하나님은 이르시되 어리석은 자여 오늘 밤에 네 영혼을 도로 찾으리니 그러면 네 준비한 것이 누구의 것이 되겠느냐 하셨으니(눅 12:16-20)

이 글은 재산을 끊임없이 모으고 또 모으다가 "이제 누려 볼까?"하는 찰나에 삶이 끝날 수 있다는 경고입니다. 민수기 11장과 실질적으로 같은 주제입니다. 가지고 있는 "곳간"을 "곡식"으로 가득 채웠으면 만족해야 하는데 "부자"는 "곳간을 … 더 크게 짓고 … 쌓아 두리라"라고 합니다. 창고를 늘리는 것 자체가 잘못입니까? 아닙니다. 이 이야기는 무한정 재산을 축적하려는 욕심을 지적하는 것입니다. 이런 사람이 많은 사회, 나눌 생각은 없고 모으는 데 혈안이 된 사람이 많으면 많을수록 그런 사회는 암울한 사회입니다.

🐝 부자에다가 신앙도 좋은 크리스천이 돈을 한 푼도 나누지 않고 모으기만 좋아하는 것을 상상할 수 있습니까? 성서는 그런 형태의 좋은 신앙인은 존재할 수 없다고 단언합니다. 신앙이 좋은 사람이라면 결코 돈을 쌓는 데만 혈안일 수는 없습니다. 부자가 천국 가기는 낙타가 바늘구멍을 통과하는 것보다 어렵다.(막 10:25; 마 19:24; 눅 18:25)고 하는데 그 말이 맞습니다! 그렇다면 부자는 다 천국에 못 갑니까? 그것도 아닙니다. 자신의 욕심을 절제할 수 있는 부자는 천국에 갑니다. 어떤 사람은 "깨끗한 부자" 운운하는데 어쨌든 끝없이 모으기만 하는 부자는 천국에 못 갑니다. 천국에 가도 재미가 하나도 없을 것입니다. 천국에서는 돈을 모으는 낙도 없고 모은 것을 자랑할 (상대적으로 가난한) 사람도 없기에 그렇습니다. 천국에 거지가 어디 있습니까? 죽어서도 돈 모아 자랑하고픈 분은 심심할 테니 차라리 흥미진진한 지옥에 가보세요(눅 16:19-31) 지옥에서는 여기저기서 "좀 더, 좀 더, 조금만 더"라는 말이 랩처럼 반복적으로 울려 퍼집니다. **만족이 없는 곳, 그곳이 지옥입니다.**

성서는 도움이 필요한 사람들과 나누지 않고 자본 축적에만 평생을 바친 사람이 "이제 좀 써 볼까?" 하는 날이 제삿날이 될 수 있다고 경고합니다. 그가 아무리 좋은 신앙인이라고 자칭하더라도 성서의 관점에서 볼 때 그는 비실비실 쇠약한 영혼일 뿐입니다.(시 106:15) 당신의 소원대로 모두 이루셨습니까? 아직 부족합니까? 충분히 부자입니까? 아닙니까? 끝없이 욕심부리는 당신을 노려보고 계시는 하나님은 화가 머리끝까지 나서 벼르고 계십니다. 하나님이 나누라고 주신 것을 왜 혼자 쌓아놓고 썩히냐고 말입니다. 🔖

시편 107: 23 -30

배들을 바다에 띄우며 큰 물에서 일을 하는 자는 / 여호와께서 행하신 일들과 그의
기이한 일들을 깊은 바다에서 보나니 / 여호와께서 명령하신즉 광풍이 일어나 바다
물결을 일으키는도다 / 그들이 하늘로 솟구쳤다가 깊은 곳으로 내려가나니 그 위험
때문에 그들의 영혼이 녹는도다 / 그들이 이리저리 구르며 취한 자 같이 비틀거리니
그들의 모든 지각이 혼돈 속에 빠지는도다 / 이에 그들이 그들의 고통 때문에 여호
와께 부르짖으매 그가 그들의 고통에서 그들을 인도하여 내시고 / 광풍을 고요하게 하
사 물결도 잔잔하게 하시는도다 / 그들이 평온함으로 말미암아 기뻐하는 중에 여호
와께서 그들이 바라는 항구로 인도하시는도다

별로 도움이 안 될지 모르지만 작은 디딤돌 하나 소개합니다.

시편 제5권의 첫 번째 시인 시편 107편에는 몇 개의 단편 이야기들이 들어있
어 관심을 두게 합니다.

우선, 시 107:10-15은 '쇠사슬에 매인 사람'이라는 제목을 붙여도 근사할 한
편의 드라마입니다. 한 "사람"이 사형 선고를 받고 "쇠사슬"에 묶여있습니다.(시
107:10) 그는 한 때 잘 나가던 사람이었습니다. 오만한 사람이었죠. 그런 그가
어려움에 부닥치자 아무도 그를 돕지 않습니다.(시 107:12b) 이제 그는 "겸손"합
니다.(시 107:12a) 오만한 사람은 결코 할 수 없는 행동을 합니다. 하나님께 부
르짖습니다.(시 107:13) 하나님은 그 부르짖음을 들으시고 그를 환난과 고통에
서 구원하셨고(시 107:13) 흑암과 사망의 그늘에서 인도하셨으며(시 107:14a) 쇠
사슬을 끊으셨습니다.(시 107:14b)

이야기가 끝난 줄 알았는데 시 107:16에 다시 한번 놋문을 깨뜨리시며 쇠빗
장을 꺾으신 하나님을 언급합니다.(시 107:16) 이는 위의 단락과는 다른 단락입
니다. 이 단락에서는 시 107:10부터 언급한 쇠사슬에 매여있던 사람이 왜 그같
은 상황에 처하게 되었는지 보충 설명을 합니다. 이 설명을 추가했다는 것은 시
107:10-15의 '드라마'가 상당한 인기를 끌었다는 증거입니다. 인기가 있었기 때

문에 이 드라마의 프리퀄(Prequel)을 써 붙인 것입니다.

시 107:17-18은 "미련한 자"가 (혹은 미련한 자들이) "죄악의 길"을 따르고 "악을 범하기 때문에 고난을 받"는다고 부연(敷衍)합니다. 이는 시 1:1에서도 확인할 수 있는 초기 지혜 전승입니다. 초기 지혜 전승은 모든 것을 주관하는 하나님을 언급하지 않고 악인이 어려움을 겪는 것에 대해서 그것이 그 자신의 잘못 때문에 야기된 것이라고 평가합니다. 시 107:17-18 도 악인이 자신의 잘못 때문에 고난을 받고 사망의 문에 이르렀다고 평가합니다.

시 107:19-20은 시 107:13-14을 거의 그대로 반복하는데, 인기 드라마의 명장면을 재방송하는 것과 같습니다.

시 107:10-20의 '쇠사슬에 묶였던 사람'이라는 '단편 드라마' 외에도 시 107:33-42에는 '강과 샘이 광야로 변한 이야기'라는 제목을 붙이면 좋을 '사회 고발 드라마'가 '방영'됩니다. 이 이야기에서는 "강"이 "광야"가 되고(시 107:33a) "샘"이 "마른 땅"이 됩니다.(시 107:33b) "옥토"는 소금기가 많아 농사를 지을 수 없는 땅("염전")이 됩니다.(시 107:34) 그런데 시 107:35부터 반전이 일어납니다. 이번에는 "광야"가 "못"이 되고 "마른 땅(에서)"에 "샘물"이 나옵니다.(시 107:35) 그리고 배고팠던 사람들이 "풍성한 소출"(시 107:37)로 배부른 사람들이 됩니다. 거슬러 올라가 "강"이 "광야"가 된 이유를 살펴보니 "주민의 악"(시 107:34a) 때문이었습니다. "주민" 중에 누가 제일 문제인가 헤집어보니 "고관들"이었습니다.(시 107:40) **이는 정치인들의 잘못된 정치로 백성이 가난하게 사는 것을 고발하는 이야기입니다.** 이른바 '사회 고발 드라마'라고 할 수 있습니다. 이 이야기는 궁극적으로 광야에서 옥토로 옥토가 다시 광야가 된 것이 하나님의 역사라는 신정론적 관점을 드러냅니다.(시 107:40 "여호와께서") 비록 궁핍한 자가 하나님께 부르짖었다는 말은 없지만 쇠사슬에 묶였던 사람 이야기를 기반으로 유추해보면 그들도 하나님께 부르짖었을 가능성이 큽니다. 하나님은 부르짖음을 들으시고 구원하십니다.(출 22:23; 느 9:9; 시 40:1; 61:1; 102:1; 142:6;

145:19; 106:44)

이 두 편의 '드라마' 외에도 시 107:23-30 에는 '광풍을 만난 선원(船員)'이라는 제목을 붙이면 좋을 '드라마' 한 편이 더 있습니다. 이 이야기는 묘사에 있어서 위의 두 편보다 훨씬 생동감이 있습니다. 짜임새가 탁월하고 극적이기 때문에 이것을 모방해서 비슷한 이야기를 써보고 싶을 정도입니다. 줄거리는 대략 아래와 같습니다.

한 선원이 항해를 합니다.(시 107:23) 갑자기 "광풍"과 (높은) 파도가 일었습니다.(시 107:24) 그래서 배와 사람이 함께 하늘로 솟구쳤다가 떨어지기를 반복했습니다. 사람들의 심장은 철렁 내려앉았습니다.(시 107:26) 배 위에 있는 사람들은 이리저리 굴러다니며 비틀거립니다. 정신이 혼미합니다.(시 107:27) 어떤 대책도 찾을 수 없는 위기 상황입니다. 그들은 '쇠사슬에 묶였던 사람 이야기'의 주인공처럼 "고통 때문에 여호와께 부르짖"습니다. 그러자 하나님이 그들을 "고통에서" 구원하셨습니다'(시 107:28) 즉, "광풍을 고요하게" 하셨으며 "물결도 잔잔하게 하"셨습니다.(시 107:29) 결국 배와 선원(들)은 평안히 그들이 바라던 "항구"에 도착했습니다.(시 107:30)

이 이야기 역시 하나님의 주도적인 구원을 말합니다. 그런데 '쇠사슬에 묶였던 사람 이야기'에서 주인공의 잘못을 언급했고 '강과 샘이 광야가 된 이야기'가 "고관들"의 잘못을 지적한 것과는 달리 '광풍을 만난 선원 이야기'에는 선원이 잘못했다는 말이 없습니다. 이 이야기는 앞의 두 이야기보다 나중에 편집하여 삽입한 것 같습니다. 위에서 살펴본 두 편의 이야기에는 어느 정도 초기 지혜 전승의 잔재가 남아있습니다. 즉, 악인의 고통은 하나님이 주신 것이 아니라 그 자신의 탓이라는 것입니다.

이런 초기 지혜 전승의 악인관(惡人觀)은 포로기 이후에 나타난 신정론적 악

인론으로 변화합니다. 즉, 악인의 악행조차도 하나님께서 계획하신 것이라는 것
이죠. 이는 인간의 행위가 선한 것이냐 아니면 악한 것이냐에 상관없이 국가 패
망에 따라 무고한 백성 개인들이 포로로 끌려갔던 것처럼 전적으로 하나님의 의
지가 어디에 있느냐에 따라 사람의 운명이 결정된다는 생각입니다. 이는 지금
의 우리에게 적용하기에는 부적절한 사고입니다. 극단적인 신정론 개념을 무리
하게 교리로 만들어 적용하게 되면 하나님은 병 주고 약 주는 고약한 성격의 하
나님으로 나타납니다. 고통을 주신 것도 하나님이고 낫게 하는 분도 하나님입
니다. 인간이 할 일은 아무것도 없습니다. 다 하나님이 합니다. 시 107:23-30에
서도 광풍을 불게 하고 바다 물결을 일으킨 존재가 하나님이고 고통에서 구원한
존재도 하나님입니다. 하지만 재앙을 일으킨 자가 하나님이며 그 재앙에서 생존
하게 하신 분도 하나님이라고 말하는 것은 우리로 상당히 혼란스럽게 합니다.
현대인 중에 이성을 가진 사람이라면 누구도 그것을 쉽게 받아들일 수 없습니
다. 모든 사건의 원인으로서의 하나님을 언급하는 신정론은 글로는 성서에 나와
있는 글이지만 아무 해석 없이 그대로 수용할 수 없는 것입니다. 음식 중에 복어
탕을 생각하면 됩니다. 복어는 원 재료 그대로 먹을 수 없습니다. 그냥 먹으면
맹독이 있어서 죽습니다. 먹을 것만 세심하게 구분해야 합니다. 복어 살만 먹으
면서 우리는 복어를 먹는다고 합니다. 성서의 내용도 잘 구별하여 '섭취'해야 합
니다. 그렇게 우리는 성서를 수용합니다.

고대 근동의 사상에 따르면 광풍을 불게 하고 바다 물결을 일으킨 존재는 야
웨 하나님이 아니라 얌(Yam)입니다. 그는 강과 바다, 즉, 모든 물을 지배하는
것으로 알려져 있습니다. 주신(主神) 바알은 얌과 전쟁을 벌였고 결국 승리했습
니다. 얌을 제압한 것입니다. 성서의 편집자는 이 이야기를 끌어온 후에 주신(主
神) 바알 대신 하나님의 승리 이야기로 바꾸었습니다. 게다가 신정론이라는 사
상이 자리를 잡고 하나님 외의 다른 신을 원천적으로 부정하는 유일신 사상을
고정하면서 과거 얌이 담당했던 악행마저도 하나님이 하는 것이 되었습니다. 때

로 하나님이 악마를 부리기도 하지만 궁극적으로 하나님이 다 하시는 것으로 인식합니다.

저는 하나님 외의 신이 있고 없는지 논할 필요를 느끼지 못합니다. 또한 그 신이 하나님과 같은 성향의 신인지 아니면 하나님보다 하급 신인지, 또는, 하나님과 다른 신이 싸움을 하는지, 결국 누가 더 센지에 대해서도 마찬가지입니다. 누가 뭐래도 저의 신앙 영역 안에서 하나님은 내가 신앙하는 사랑과 구원의 하나님입니다. 제가 신앙하는 그 하나님은 나를 위해서 스스로 비하(卑下)하시고 구원의 손을 내미셨습니다. 저에게 있어서 유일한 신은 힘 자랑을 하는 신이 아닙니다. **저는 힘 자랑을 하고 싸우는 신에 대해서는 전혀 관심이 없습니다. 오직 자신의 지위에서 내려와 낮은 자를 섬기시는 그분이 저의 참 신인 것입니다.** 저의 유일신입니다. 따라서 **저는 모든 종류의 겸손한 섬김이 신적인 행위라고 생각합니다.** 근본적으로 이기적이고 욕망이 가득한 존재인 인간은 신적인 행위를 할 수 없습니다. 누군가 자신을 비우고 겸손하게 어떤 목적도 없이 다른 이를 섬긴다고 할 때 저는 그 사람 자체에서 그런 능력이 나올 수 없다고 생각합니다. 그가 종교를 가지고 있든 없든 하나님의 능력이 그와 함께하고 있기에 비로소 그런 선한 행위를 할 수 있다고 생각합니다.

먼저 저의 신앙 이야기를 하겠습니다. 제가 마음으로 믿는 것입니다. 저의 신앙 안에서 하나님은 저의 삶을 예정하시고 저에게 살 힘을 주시고 제가 걸어갈 길을 펼쳐주십니다. 하나님을 유일신으로 신앙하는 것, 참 좋습니다. 하나님이 우리의 삶을 주관하신다는 신앙도 좋습니다.

이제 현실적인 이야기를 좀 하겠습니다. **이웃에게 생긴 불행에 대하여 하나님이 하신 것이라고 말하지 마십시오!** 당신이 마음속으로 믿는 것은 자유지만 그것을 다른 이에게 적용하면 큰 문제가 발생할 수 있습니다. 신앙의 영역과 삶의 영역을 혼동하면 안 됩니다. 극단적인 신정론을 삶의 영역까지 확장하면 잘 알지도 못하면서 모든 것을 다 아는 양 헛소리를 하게 됩니다. 불행이 왜 생기는지 우리는 모릅니다. 어떤 불행은 아마 우리가 인생길을 다 걷고 나서 하나님 앞에 섰을 때 비로소 그게 왜 그렇게 된 건지 이해할 수 있을 것입니다. 우리의 인생에 도저히 설명할 수 없는 나쁜 일들이 생긴다는 것을 인정하십시오. 그리고 고통을 당하는 이웃이 구원을 얻을 수 있도록 기도하십시오. 이 정도가 알맞은 신앙입니다.

다시 언급하지만 시 107:23-30의 '광풍을 만난 선원(船員) 이야기'는 참 매력적입니다. 그래서 그런지 신약성서에서도 이와 비슷한 내용의 이야기를 볼 수 있습니다.

> 그 날 저물 때에 제자들에게 이르시되 우리가 저편으로 건너가자 하시니 그들이 무리를 떠나 예수를 배에 계신 그대로 모시고 가매 다른 배들도 함께 하더니 큰 광풍이 일어나며 물결이 배에 부딪쳐 들어와 배에 가득하게 되었더라 예수께서는 고물에서 베개를 베고 주무시더니 제자들이 깨우며 이르되 선생님이여 우리가 죽게 된 것을 돌보지 아니하시나이까 하니 예수께서 깨어 바람을 꾸짖으시며 바다더러 이르시되 잠잠하라 고요하라 하시니 바람이 그치고 아주 잔잔하여지더라 이에 제자들에게 이르시되 어찌하여 이렇게 무서워하느냐 너희가 어찌 믿음이 없느냐 하시니 그들이 심히 두려워하여 서로 말하되 그가 누구이기에 바람과 바다도 순종하는가 하였더라(막 4:35-41; 눅 8:22-25)

복음서의 이 이야기에서 "큰 광풍"을 일으킨 분은 하나님도 예수님도 아닙니다. 이 글은 광풍이 왜 일어났는지 설명하지 않습니다. 또한 하나님이나 예수님이 어려움을 일으켰다고 말하지 않습니다. 오히려 예수님은 "베개를 베고 주무시"고 있을 뿐입니다.(막 4:38) 제자들이 두려워 예수님을 깨우자 예수님은 "잠잠하라 고요하라" 꾸짖으셨고 "바다"는 잔잔해졌습니다.(막 4:39) 구원이 이루어진 것입니다. 성서는 고통의 원인을 설명하지 않고 오직 하나님의 구원을 말합니다.

물론 사회 공동체에 어떤 문제가 생겼을 때 원인을 규명하는 것은 중요합니다. 책임자를 찾아 문책하거나 벌을 내리는 것도 필요합니다. 그런데 인생에는 도무지 원인을 알 수 없는 고통이 존재합니다. 그럴 때는 고통의 이유를 묻지 말고 담담히 고통을 해소할 방법을 찾으십시오. 대처하십시오. 예수님이 주무시고 계실 때 제자들은 문제에 대하여 최대한 대처했습니다. 주무시고 계시던 주님은 주동적으로 문제를 해결하려는 의지가 있는 사람들에 의해서 깨어나셨습니다. 이처럼 하나님은 스스로 돕는 자를 도우십니다.

제가 시 107:23-30의 '광풍을 만난 선원(船員) 이야기'가 매력적이라고 했지요? 복음서 말고 사도행전에도 비슷한 이야기가 적혀 있습니다. 인기 폭발입니다! 하지만 사도행전의 이야기에는 위에서 언급한 이야기들과는 다른 점이 있습니다.

얼마 안 되어 섬 가운데로부터 유라굴로라는 광풍이 크게 일어나니(행 27:14)

여러 날 동안 해도 별도 보이지 아니하고 큰 풍랑이 그대로 있으매 구원의 여망마저 없어졌더라(행 27:20)

내(바울)가 너희를 권하노니 이제는 안심하라 너희 중 아무도 생명에는 아무런 손상이 없겠고 오직 배뿐이리라 내가 속한 바 곧 내가 섬기는 하나님의 사자가 어제 밤에 내 곁에 서서 말하되 바울아 두려워하지 말라 네가 가이사 앞에 서야 하겠고 또 하나님께서 너와 함께 항해하는 자를 다 네게 주셨다 하였으니 그러므로 여러분이여 안심하라 나는 내게 말씀하신 그대로 되리라고 하나님을 믿노라(행 27:22-25)

그 남은 사람들은 널조각 혹은 배 물건에 의지하여 나가게 하니 마침내 사람들이 다 상륙하여 구조되니라(행 27:44)

놀랍게도 사도행전 27장에 소개된 "광풍" 이야기는 하나님의 적극적인 개입을 말하지 않습니다. 해당 본문은 "광풍"이 불어닥친 이유가 사람들의 잘못된 선택 때문이라고 말합니다. 이 내용은 바울의 말에 권위를 실어주기 위해서 한 말 같습니다.(행 27:21 "여러분이여 … 내 말을 듣고 … 하였더라면 좋을 뻔하였느니라") "광풍"을 하나님이 일으키셨다거나 얌이 일으켰다는 언급은 전혀 없습니다.

"광풍"으로부터 구원을 받기까지의 과정을 본문에서 잘 살펴보십시오. 하나님 사자의 환상을 언급합니다.(행 27:22-25) 이는 환난을 겪은 사람들에게 미래를 고지하면서 위로하는 역할을 합니다. 유사한 이야기에서도 볼 수 있는 전형적인 부분입니다. 이 이야기에서 이 신비한 고지는 상당히 보조적인 역할을 합니다. 신앙은 미래를 바라보게 합니다. 하지만 주체는 인간 자신입니다. 인간이 가만히 있는데 하나님이 어떻게 해주지 않습니다. 고통을 당하는 인생은 염려하는 일에서 눈을 옮겨 평안을 바라봅니다. 신앙의 작용입니다. 아주 작은 일입니다만 이것이 신앙의 기능이며 역량입니다. 걱정하던 사람들이 식사하기 시작한 것을 보십시오(행 27:35-36) 그들이 결국 어떤 방식으로 구원을 받았습니까? 하나님이 기적으로 사람들을 구원하셨습니까? 아닙니다. 믿음이라는 어떻게 보면 아주 작은 디딤돌을 믿고 일어난 사람들 스스로 "상륙하여 구조"되었습니다.(행 27:44)

🐝 이유를 알 수 없는 고통을 당한 사람에게 '항구'는 희미하게만 보입니다.(행 27:39) 소망의 항구는 아득히 멀어서 애써 보고 또 봐야 시야에 겨우 들어올까 말까입니다. 설상가상으로 회복하는 과정에도 크고 작은 난관이 나타납니다.(행 27:39-41) 이때, 성서는 좋은 결과가 있을 것을 미리 말합니다.(행 27:44

"구조") 그리고 성서의 말씀을 믿는 사람들이 움직이기 시작합니다. 주변의 사람이 이런저런 도움과 조언을 줄지언정 결국 항구에 닿는 것은 그 자신입니다.

몇 날인지 헤아릴 수 없이 많은 밤을 뜬눈으로 새우며 불안한 마음에 가슴이 갈라지는 듯한 아픔을 느낄 때가 있습니다. 하나님을 불러도 아무 응답이 없어 야속합니다. 하지만 하나님은 처음부터 끝까지 인생을 조종하는 조종사가 아닙니다. **다만 작은 디딤돌을 주셔서 그것을 밟고 올라서게 하십니다.** 때로는 별것 아닌 것 같지만 **하나님의 말씀을 믿는 작은 믿음이 큰 역할을 합니다.**

혹시 여러분에게 이해할 수 없는 어려움이 있습니까? 그 어려움이 해소되기를 바랍니까? 스스로 이겨내려고 노력하지만 쉽지 않습니다. 이때 작은 디딤돌 하나 있다면 훨씬 수월할 것입니다. 신앙은 우리에게 용기를 줍니다. 응원합니다. 일어나 밝은 미래를 바라보게 합니다. 결국 우리 스스로 해내야 하지만 디딤돌이 있는 것과 없는 것은 큰 차이입니다.

주변에 이해할 수 없는 고통을 당하고 있는 사람이 있습니까? 그에게 모든 고통은 하나님이 주신 것이라고 함부로 말하지 마십시오. 그런 말을 한다고 당신이 신정론 교리를 잘 알고 있는 멋진 사람처럼 보이지 않습니다. 그런 말을 하는 것은 그냥 **무례한 것**입니다. 그런 말을 해놓고 또 하나님이 도와주신다고 하다니 듣는 사람은 도저히 이해할 수 없습니다. 병 주도 약 주는 하나님을 신뢰할 수 없습니다. 그럴 바에야 그냥 침묵하십시오. 인생의 광풍을 만난 사람에게 작은 도움을 주지 못할 바에야 그냥 가만히 계십시오. 위기에 빠진 사람을 발견한 우리에게 하나님의 마음이 깃든다면 우리는 광풍 가운데 헤매고 있는 사람이 "항구"에 도달할 수 있도록 '작은 등대'나 '나침반' 정도는 소개할 수 있을 것입니다. 그런 사람이 되십시오. 사람을 구하려고 하지 말고 스스로 이겨낼 방법을 알려 주십시오. 도우려면 아예 적극적으로 돕든지 힘에 부친다면 디딤돌을 소개하세요. 그것도 여의치 않다면 어설픈 분석이나 교리적 판단을 하지 말고 속으로 기도하면서 침묵하십시오.

성서의 화자와 우리가 바라는 것은 오직 한 가지입니다. 고통 속에 방황하는 모든 사람이 길을 찾고 '망망대해' 가운데 헤매는 사람들이 저마다 바라는 '항구'를 발견하는 것입니다. 길을 찾아 헤메는 것도 결국 길을 찾는 것도 모두 각자의 몫입니다. 하지만 방향 제시는 중요합니다. 성서가 우리에게 제공하는 것이 바로 그 방향 제시입니다. 주님의 가르침입니다.

저희가 하늘에 올랐다가 깊은 곳에 내리니 그 위험을 인하여 그 영혼이 녹는도다 저희가 이리 저리 구르며 취한 자 같이 비틀거리니 지각이 혼돈하도다 이에 저희가 그 근심 중에서 여호와께 부르짖으매 그 고통에서 인도하여 내시고 광풍을 평정히 하사 물결로 잔잔케 하시는도다 저희가 평온함을 인하여 기뻐하는 중에 여호와께서 저희를 소원의 항구로 인도하시는도다(시 107:26-30) 家

시편 150:1-6

할렐루야 그 성소에서 하나님을 찬양하며 그 권능의 궁창에서 그를 찬양할찌어다 /
그의 능하신 행동을 인하여 찬양하며 그의 지극히 광대하심을 좇아 찬양할찌어다 /
나팔 소리로 찬양하며 비파와 수금으로 찬양할찌어다 / 소고 치며 춤 추어 찬양하며
현악과 통소로 찬양할찌어다 / 큰 소리 나는 제금으로 찬양하며 높은 소리 나는 제금
으로 찬양할찌어다 /호흡이 있는 자마다 여호와를 찬양할찌어다 할렐루야

힘든 삶이지만 잠시 노래 한 곡 불러 봅시다.

시편 150편은 『시편』이라는 책의 맨 마지막에 있습니다. 수집하는 과정에
서 모은 시들은 원래 150편이 넘었습니다. 70인역(septuaginta, 기원전 300년)에
는 시편 150편 이외에도 1편이 더 실려 있습니다. 잘 알려지지 않은 이 시편은
사해 두루마리(사해 사본, 기원전 2세기~기원후 1세기 제작 추정, 1947~1956년
발견)에도 실려있습니다. 시편 150편의 경우 사해 사본에 1절부터 6절까지의 본
문이 다 실려있지만(11QPsa) 시편 1편은 아예 존재하지도 않고 시편 2편은 9절
부터 12절까지가 없습니다. 이런 차이는 시편이 상당히 오랫동안 복잡한 편집과
배열의 과정을 거쳤다는 것을 알게 합니다.

다만 시편 150편만 말한다면 성서의 다른 글들과 비교했을 때 훨씬 더 많은
편집 과정을 거친 것 같지는 않습니다. 기악 연주(器樂演奏)가 많은 분량을 차지
하고 있어서 어떤 이는 이를 성전에서 사용한 악보(樂譜)로 여깁니다. 이 시편의
내용은 1절부터 마지막 절까지 짜임새 있고 논리적인 구성을 보이기 때문에 처
음 쓴 그대로 전래한 것이 아닌가 하는 생각이 듭니다.

하나님을 찬양하는 장소에 대한 언급 뒤에(시 150:1) 찬양의 이유와 내용(시
150:2 "그의 능하신 행동"; "그의 지극히 광대하심")을 소개하며 여러가지 다양
한 악기들을 동원한 찬양(시 150:3-5)이 이어집니다. 이는 삼하 6:5이나 대상
13:8의 악기 목록을 떠올리게 합니다. 이런 악기 목록은 결코 흔한 것이 아닙니
다.

다윗과 이스라엘 온 족속은 잣나무로 만든 여러 가지 악기와 수금과 비파와 소고와 양금과 제금으로 여호와 앞에서 연주하더라(삼하 6:5)

다윗과 이스라엘 온 무리는 하나님 앞에서 힘을 다하여 뛰놀며 노래하며 수금과 비파와 소고와 제금과 나팔로 연주하니라(대상 13:8)

이 악기 목록은 하나님의 궤, 즉, 법궤와 밀접한 연관성을 가지고 있습니다. 법궤는 성소나 성전의 핵심적인 물건이며 하나님의 임재를 의미합니다. 따라서 이 법궤를 다룰 때 많은 악기를 동원하여 연주했던 것 같습니다. 이를 볼 때, 시편 150편의 악기 목록도 법궤와 관련한 의식을 거행할 때 쓴 것으로 추정할 수 있습니다.

어떻게 보면, 시편 150편은 하나의 연주 프로그램이며, 마지막 구절인 시 150:6의 "호흡이 있는 자마다 … 찬양하라"는 말은 목소리로 노래하는 성악을 지시하는 것 같습니다. 얼핏 보면, 악기 연주가 있고(시 150:3-5절) 악기 연주를 마친 후에 목소리로 찬양하며 마무리하는 것처럼 보입니다. 하지만, 목소리로 하는 찬양은 이미 시 150:1-2에서 시작했을 가능성이 있고 심지어 시 150:3-5도 악기 소리와 목소리가 함께 어우러지는 것 같습니다. 이렇게 보면 시편 150편 전체가 대단히 정교한 성악곡같습니다. 결론적으로, 처음부터 끝까지 부르는 가사가 있고 거기에 각종 악기가 차례대로 합류하며 연주하는 형태인 것 같습니다. 헨델의 메시아 2부 오라토리오인 "할렐루야"도 목소리와 악기들이 잘 어우러집니다.

"호흡"은 초기 지혜 문헌에서는 단순히 인간의 생명 혹은 생기를 뜻했습니다.(왕상 17:17 "숨이 끊어진지라"; 단 10:17 "호흡이 남지 아니하였사오니 … 어찌 … 있으리까) 일반적인 뜻이었던 것이죠. 인간의 생명을 의미했던 "호흡"은 전쟁이라는 이슈와 함께 '모든 호흡이 있는 자를 죽여라' 혹은 '모든 호흡이 있는 자가 죽는다'는 표현에 쓰였습니다. 이것은 실제로, 족속이나 국가의 패망을 전제하는 것입니다. "호흡"을 진멸(盡滅, 완전히 죽여 없애는 것)의 의미와 연결한 경우를 보면(창 7:22 "숨이 있는 것은 다 죽었더라"; 신 20:16 "호흡 있는 자를 하나도 살리지 말지니"; 수 10:40 "호흡이 있는 모든 자는 다 진멸하여"; 수 11:11 "호흡이 있는 자는 하나도 남기지 아니하였고 … 불로 살랐고"; 수 11:14 "칼날로 쳐서 … 호흡이 있는 자는 하나도 남기지 아니하였으니"; 왕상 15:29 "생명 있는 자를 한 사람도 남기지 아니하고) 호흡이 끊어지면 사람이 죽는다는 전통적 개념을 정치 사회적인 영역에서 활용했음을 알 수 있습니다. 종족을 몰살하고 더 나아가 한 민족, 한 국가를 멸망시킨다는 의미를 표현하는 데 있어서 "(인간의) 호흡"을 사용한 것입니다.

사 2:22은 "호흡"을 인간의 한계를 대표하는 상징으로 보면서 "인생을 의지하지 말라"라는 신앙적 교훈을 제시하고 있습니다. 이 구절은 "호흡"이라는 단어를 둘러싸고 하나님의 만유를 다스리심, 즉, 신정론을 형성하는 과정을 드러냅니다. 삶에 있어서 인간의 한계를 강조하면서 하나님의 능력을 부각합니다. 사 2:22은 "호흡"을 최초로 부정적으로 사용한 예입니다. 포로기 이후의 편집자들은 전쟁으로 사람이 죽는 상황을 신정론에 의거하여 하나님의 심판이라고 인식하기 시작했습니다. 인간 호흡의 가치 절하와 동시에 하나님의 권위를 제고(提高)합니다. 아래 구절들을 보면 국가 패망과 포로기를 배경으로 하나님의 심판과 "호흡"을 비유적으로 매끄럽게 연결하고 있음을 볼 수 있습니다.

삼하 22:16	야웨는 (그의) 호흡으로 세상을 심판한다.
사 30:33	불태우는 "여호와의 호흡"
시 18:15	삼하 22:16의 인용
	야웨의 호흡과 세상 심판의 의미적 연결
욥 4:9	하나님의 입 기운에 멸망하고 그의 콧김에 사라진다.

이 과정 중에 점진적으로 "호흡"과 그 호흡을 "창조"하신 하나님의 개념을 연결합니다. 포로기를 지나고 귀환기에 이르면서 "심판"에 대한 관심과 그에 관한 해석보다는 새 창조를 소망하는 편집자의 입장이 두드러집니다.

> 나의 호흡이 아직 내 속에 완전히 있고 하나님의 숨결이 아직도 내 코에 있느니라(욥 27:3)

욥 27:3은 창세기 2:7을 연상하게 합니다.("하나님이 … 생기를 그 코에 불어넣으시니 사람이 생령이 된지라") 하나님의 호흡은 인간을 창조할 뿐 아니라 만물을 주관합니다.(욥 37:10 "얼음을 얼게 하고 물의 너비를 줄어들게 하느니라") 창세기는 만물을 창조하시는 하나님에 대한 이야기를 자세히 들려줍니다. 창세기 이야기의 초기 아이디어는 고대 근동의 이야기에서 온 것이지만 이스라엘은 유배 경험을 통하여 인구 증가와 국가 재건이라는 새 창조를 이루실 하나님의 창조적 "호흡"(잠 20:27)을 말하는 데 그 아이디어를 활용했습니다. 그들은 만물을 만드신 하나님의 창조를 바라는 마음에서 그 이야기를 성서의 맨 앞에 놓았습니다. 중요성을 한층 부각했습니다.

이렇게 "호흡"이라는 어휘를 둘러싸고, 죽음이라는 주제에서 (새)창조라는 주제로 그 활용 상황에 변화가 일어났습니다. 인간의 호흡은 부질없는 인간의 호흡이라는 의미에서 하나님이 호흡을 불어넣으셔서 (재)창조된 인간의 호흡이라는 의미로 나아간 것입니다.

시 150:6의 "호흡이 있는 자"는 위의 전승사와 발전 과정을 고려할 때 하나님의 호흡이 깃든 자(들)이며 하나님의 호흡으로 창조된 자(들)입니다. 그는 (혹은 그들은) 과거 국가 패망으로 많은 이가 죽어 "호흡"이 끊어질 때 살아남은 구원받은 자(들)이며 새 창조를 목도할 자(들)입니다. 그런데 이 구원을 모든 이가 인지하고 있는 것 같지는 않습니다. "호흡"이 있는 모든 사람이 (새) 창조의 기대를 품고 있는 것 같지 않습니다. 그들에 대하여 시 150:6의 화자는 살아남은 자들은 마땅히 살려주신 창조주 하나님께 감사하는 마음으로 노래(찬양)해야 한다고 호소합니다.

🐝 아침에 잠에서 깨어 감사를 느낀 적이 있습니까? 몸이 심하게 아팠거나 죽음의 문턱에 가 본 사람은 날마다 살아있다는 것을 감사하게 됩니다. 하루하루 사는 것이 너무 고통스러워서 내일을 기약할 수 없는 그런 상황을 만나 본 사람이라면 하루 24시간, 평온한 일상이 얼마나 소중한 것이라는 것을 알 것입니다. 시한부 선고를 받는다면 '내일이 있다면 얼마나 좋을까?'라고 하며 아쉬워할 것입니다. 그러다가 극적으로 병이 낫거나 위기 상황이 해결되면 감사의 눈물을 흘릴 것입니다. 하지만 시간이 지나면 삶에 대한 감사가 금세 사라집니다.

'여전히 내가 숨을 쉴 수 있구나!'라며 감격할 수 있는 사람은 결코 삶을 포기하지 않습니다. 우리 생명의 가치를 생각할 때 우리가 우리 앞서 사신 수 많은 분에게 빚을 지고 있다는 생각이 듭니다. 그들에 대하여 조금이라도 감사의 마음을 갖고 있다면 스스로 생명을 포기하는 일은 할 수 없습니다. 이런 이유로 저는 자살하는 사람들이 아주 이기적인 사람들이라고 생각합니다. 물론 그런 결정을 하기까지 얼마나 많은 고통과 괴로움이 있었겠습니까! 그 마음을 누가 알겠으며 누가 함부로 판단할 수 있겠습니까? 하지만 자살을 감행하는 것은 부모님, 형제자매, 한 사람이 생존할 수 있는 터전을 마련해 준 사회와 역사를 모독하는 행동입니다. 정말로 저 하나밖에 모르는 행동입니다.

누군가 당신을 괴롭히고 있습니까? 감당할 수 없는 부채로 죽고 싶나요? 그래도 자살 말고 다른 방법을 생각해 봅시다. 죽기 살기로 헤쳐나가 봅시다. 저는 개신교인들의 자살도 같은 맥락에서 이기심의 발현이라고 봅니다. 개신교인은 창조주 하나님을 믿습니다. 창조주가 자신을 만들었고 자신의 몸이 하나님의 것이라고 고백합니다. 그렇게 고백하면서 생명의 불꽃을 마음대로 꺼버린다니 이해가 안 됩니다. 여러분은 예수님이 그 생명을 바쳐 자신을 구원했다고 신앙하는 것이 아닙니까? 그런데 어떻게 자살합니까? 예수님의 희생을 무가치한 것으로 만드는 행위입니다!

이제는 자리를 털고 일어나서 가볍게 몸을 흔들며 좋아하는 노래라도 한 곡 불러봅시다. 물론 어려울 것입니다. 노래하고 싶은 마음이 들지 않을지도 모릅니다. 그래도 흉내라도 내봅시다. 아침부터 점심까지 우울한 마음이 있었다면 저녁에는 흥겨운 악기 연주와 가수의 음성이 조화롭게 어우러지는 곡을 하나 틀어보세요! **꼭 찬송이 아니더라도 괜찮습니다.** 창문을 열고 쌓인 먼지도 털어보세요! 함께 마음의 짐을 날리세요! 항상 밝은 삶을 유지하기가 힘들지라도 밝게 살려고 애써야 합니다. 악기가 없다면 냄비라도 두드리면서 노래를 불러 봅시다! 참 힘든 삶이죠? 저도 조금은 압니다. 저도 개인적으로 부모의 도움 없이 살아오느라 꽤 힘들었습니다. 하지만 뭐 어쩌겠어요? 찡그리고 슬퍼하면 점점 더 그런 것을 말입니다. 그래도 아직 숨은 쉬고 있잖습니까! 살아있다는 것은 기회입니다! 혹시 압니까? 내일 새로운 창조의 빛이 우리를 비출지! 🏠

여호와를 경외하는 것이 지식의 근본이거늘 미련한 자는 지혜와 훈계를 멸시하느니라

세상 공부를 할 필요 없고 성경만 보면 된다는 헛소리

잠언 1장은 일관되게 "지혜"(잠 1:2,3,6,7,20)를 언급하고 있습니다. 초기 지혜 사상에 있어서 "지혜"란 삶을 살아가는 올바른 방식이며 동시에 학문(學問)의 의미와 맞닿아 있습니다.(잠 11:2; 13:10; 14:6,8,33; 16:16; 17:16,24; 18:4; 24:3, 14; 29:3,15; 31:26) 고대 사회에서 지도자는 그의 수족이 될 관료들을 양성해야 했고 그것을 위해 일찍부터 "지혜"를 수집했던 것 같습니다. 함무라비왕(기원전 1810-1750년)이 바벨로니아 보르시파에 세웠던 도서관, 이집트 람세스 2세(기원전 1303~1213년)가 테베에 세운 도서관, 앗시리아의 아슈르바니팔(기원전 685~627년(?))이 니네베에 세운 도서관 등, 고대 제국의 도서관들은 대개 이와 같은 특정한 목적에서 건립했다고 합니다.

한편, 잠언 1장에는 초기적 "지혜"가 아니라 다양한 "지혜"의 개념이 혼재하고 있습니다. 특히 잠 1:20의 "지혜"는 하크마(잠 1:2,6,7)의 여성 격인 하크모트라는 단어를 쓰고 있습니다. 이 "지혜"는 삶을 사는 방식이나 학문이 아니라 인격(人格)을 가진 존재로서 의식적으로 행동합니다.

지혜가 길거리에서 부르며 광장에서 소리를 높이며 시끄러운 길목에서 소리를 지르며 성문 어귀와 성중에서 그 소리를 발하여 이르되 너희 어리석은 자들은 어리석음을 좋아하며 거만한 자들은 거만을 기뻐하며 미련한 자들은 지식을 미워하니 어느 때까지 하겠느냐 나의 책망을 듣고 돌이키라 보라 내가 나의 영을 너희에게 부어 주며 내 말을 너희에게 보이리라 내가 불렀으나 너희가 듣기 싫어하였고 내가 손을 폈으나 돌아보는 자가 없었고 도리어 나의 모든 교훈을 멸

시하며 나의 책망을 받지 아니하였은즉 너희가 재앙을 만날 때에 내가 웃을 것이며 너희에게 두려움이 임할 때에 내가 비웃으리라(잠 1:20-26)

잠 1:20-26의 "지혜"는 하나의 독립적이며 주체적인 인격체처럼 보입니다. 고대인들이 "지혜"를 여성으로 인식한 것은 잘 알려져 있습니다. 이집트 여신 마트(Ma'at)는 지식의 신인 토트의 아내이며 정의와 지혜의 여신입니다. 바벨론의 대표 여신 이슈타르(Ishtar)도 지혜의 여신으로 알려져 있습니다. 기원전 6세기에 아람어로 기록된 아히카르 이야기에도 지혜의 여신이 등장합니다.(12:187-189) 그리스 신화의 티탄 여신 중 하나인 메티스(Matis)도 지혜로운 여자라는 뜻이며 아테나(Athena)도 로마 신화의 미네르바(Minerva)처럼 지혜의 여신으로 알려졌습니다. 잠언이 언급한 인격체로서의 지혜는 기존에 있던 지혜 여신의 이미지의 영향을 받은 것 같습니다.

잠언 1장을 "솔로몬"이 직접 썼다고 말하기보다는(잠 1:1) 수집했다거나 수집하도록 명령했다고 말하는 것이 낫습니다. 그런데 인격을 가진 지혜 이야기가 솔로몬 시대에 쓰였을 것 같지 않습니다. 물론 전체 잠언 중에는 왕정 시대 전후에 수집한 것도 있는 것 같습니다. 하지만 최소한 수집물들 모두를 솔로몬이 썼는지는 알 수 없습니다. 잠언에 "솔로몬"의 이름이 붙은 것(잠 1:1)은 책을 엮은 사람이 한 일입니다. 긴 시간 동안 다양한 글을 모은 잠언이 한 사람의 글일 수는 없습니다. "솔로몬"의 이름을 붙인 것으로 책의 권위와 신뢰도를 올린 것입니다.

잠 1:2-6은 글의 목적을 밝히고 있는데 말 그대로 초기 지혜 문헌의 전형을 보여줍니다.

이는 지혜와 훈계를 알게 하며 명철의 말씀을 깨닫게 하며 지혜롭게, 공의롭게, 정의롭게, 정직하게 행할 일에 대하여 훈계를 받게 하며 어리석은 자를 슬기롭

게 하며 젊은 자에게 지식과 근신함을 주기 위한 것이니 지혜 있는 자는 듣고 학
식이 더할 것이요 명철한 자는 지략을 얻을 것이라 잠언과 비유와 지혜 있는 자
의 말과 그 오묘한 말을 깨달으리라(잠 1:2-6)

잠 1:2-6의 내용에 따르면 잠언의 목적은 세상을 살아가면서 필요한 "학식"
을 얻고 지적(혹은 판단) 능력을 증진하는 것입니다. 여기의 "지혜"는 잠 1:20-
26과는 달리 인격체도 아니고 하나님께 종속된 개념도 아닙니다. 그런데 잠 1:7
에서 갑자기 "여호와"를 거론합니다.

여호와를 경외하는 것이 지식의 근본이거늘 미련한 자는 지혜와 훈계를 멸시하
느니라(잠 1:7)

잠 1:7의 상반 절(1:7a)은 후대에 추가된 것이 분명합니다. 그러나 잠 1:7b은
다시 초기 지혜 문헌과 같은 느낌을 줍니다. 그리고 이어지는 잠 1:8-19도 독자
를 "아들"로 설정하고 "악한 자"(잠 1:10)와 "함께 다니지 말라"(잠 1:15)라고 경
고하는 내용이므로 보편적인 초기 지혜 사상에 뿌리를 둔 것으로 이해할 수 있
습니다. 여호와를 경외하라는 말의 '여호와'를 우리가 흔히 하는 말처럼 '하늘이
무섭지도 않냐?'고 할 때의 하늘과 비슷한 의미로 쓴 것 같지는 않습니다. 편집
자는 이 구절을 삽입함으로 잠언 1장 전체를 (유일신) 여호와 경외를 교훈하는
글로 보이고 싶었을 것입니다. 그만큼 잠 1:7a은 위아래의 내용과 비교할 때 이
질적입니다. 신앙적 강령으로서의 여호와 경외 요구는 포로기 이후에야 등장할
수 있는 것입니다.

잠 1:20부터는 의인화한 지혜, 즉, 인격을 가진 여신이 경고하는 것 같은 이
야기입니다. 여기서 "지혜"는 "(길거리에서) 부르며 (광장에서) 소리를 높"입니
다.(잠 1:20) "(시끄러운 길목에서) 소리를 지"릅니다.(잠 1:21)

나의 책망을 듣고 돌이키라 보라 내가 나의 영을 너희에게 부어 주며 내 말을 너
희에게 보이리라(잠 1:23)

이 구절을 얼핏 읽으면 마치 하나님이 인간에게 자기 뜻을 알려주시는 계시
장면으로 이해할 것입니다. 하나님의 계시는 원래 "예언자들"에게 주어졌지만
(슥 7:12 (예언자들에게) "그의 영으로" (알려주셨다.)) 어떤 이유로 그런 계시 체
계에 문제가 생겼습니다. 다시 말해 그런 방식으로 계시하는 것에 한계가 드러
나면서 모든 사람(콜 빠샤르 "모든 육체")에게 "영을 부어" 주신다는 본문이 등
장하게 되었습니다.(욜 2:28-29 예쉬포크 에트 루히 ;행 2:17) 하나님이 영을 부
어주신다는 표현은 이스라엘 백성의 절박한 처지와 밀접한 연관성을 갖고 있습
니다. 이스라엘 백성이 유배 생활을 마칠 때쯤 하나님께서 회복을 약속하셨는
데, 그 회복의 약속에 이 표현이 등장합니다.

사 44:3 "내가 … 네 자손에게 내 영을 부어 주고 네 후손에게 나의 복을 내리겠
다"

겔 39:29 "내가 이스라엘 족속에게 내 영을 부어 주었으니 내가 다시는 외면하
지 않겠다"

이를 고려할 때 "내 영을 부어 주며 내 말을 너희에게 보이리라"(잠 1:23)는
것은 포로기 전환기, 늦게 잡아 귀환기 이후의 글로 보입니다. 영을 부어주는 주
체를 하나님으로 적지는 않았지만 이 글을 읽는 사람은 이것을 하나님의 일로
생각할 것입니다. 그리고 이 표현은 개인이 아니라 다수를 대상으로 합니다. 귀
환기 이후에 인격체로서의 여신 모델을 표방하여 잠 1:20 이하의 본문을 썼다면
이는 아히카르 이야기의 지혜의 여신이나 그리스-로마 신화의 지혜의 여신을
참고했을 법합니다. 모방한 것에서 그치지 않고 글을 잘 구성하여 결과적으로

하나님을 떠올리게 한다면 성서 저자가 바라는 대로 이룬 것입니다. 잠언 1장의 편집자가 여신 전승들을 종합한 것인지도 모릅니다. 어쨌든 고대로부터 전래한 내용이 삭제되지 않고 그대로 남아있어서 전체 문헌이 초기 지혜 문헌의 틀을 유지하고 있습니다. 그러면서 신앙적인 텍스트를 이룹니다.

유배 생활이 끝나고 고향 땅으로 돌아온 사람들은 강력한 신정론과 유일신 사상을 정리하고 유일신을 신봉하였습니다. 유일신을 신봉하는 사람이 잠언에 여신 모델을 유입했을 리는 없습니다. 잠언 1장을 마지막으로 정리한 사람이 볼 때 본문에 버젓이 이방 여신 개념이 존재하는 것이 상당히 거슬렸을 것 같습니다. 그런데도 그는 기록물을 삭제하지 않았습니다. 글의 사이사이에 신앙 이념을 추가하는 방식으로 전승을 보존했습니다. 이것이 편집입니다. 또한 개작이라고 할 만합니다.

> 여호와를 경외하는 것이 지식의 근본이거늘 미련한 자는 지혜와 훈계를 멸시하느니라(잠 1:7)

잠 1:7은 우선 위에서 설명한 것과 같이 초기 지혜 사상을 담고 있는 잠 1:7b 앞에 "여호와를 경외하는 것이 지식의 근본"이라고 주장하는 잠 1:7a을 덧붙였습니다. 그리고 전체 잠언 1장의 내용을 감싸 안듯이 뒤에 잠 1:29 을 추가한 것 같습니다.

> 대저 너희가 지식을 미워하며 여호와 경외하기를 즐거워하지 아니하며 나의 교훈을 받지 아니하고 나의 모든 책망을 업신여겼음이니라(잠 1:29-30)

잠 1:7 상반 절(잠 1:7a)을 추가한 편십자가 잠 1:29까지 삽입하면서 기존에 있었던 잠 1:30과 내용상의 충돌이 일어났습니다. 29절이 없다면 30절에서 "교훈"을 주고 그것을 '받아들이지 않'을 경우 "책망"하는 자는 "지혜"가 됩니다. 하지만 잠 1:29를 추가하면서 (정확히는 잠 1:29b를 추가하면서) "여호와 경외"를 강조하자 독자의 눈에 "여호와"가 "지혜(의 여신)"보다 월등한 존재로 나타나게 되었습니다. 편집자는 잠언 1장의 위계(位階, Hierarchy)를 재편한 것입니다. 문맥상으로 보면 잠 1:29a이 잠 1:30과 자연스럽게 연결됩니다.("… 너희가 지식을 미워하며 + 나의 교훈을 받지 아니하고 나의 모든 책망을 …") 이것이 잠 1:29b가 추가되기 전의 문장의 모습입니다.

잠언 1장에서 잠 1:7a와 잠 1:29b을 앞뒤로 추가한 편집자는 당시 보편적으로 회자되던 인격적 "지혜"의 형태를 완전히 부정하지는 않습니다. 유지합니다. 그는 원래 있던 문헌을 삭제하여 글을 완전히 새로 쓰지는 않았습니다. 몇 부분을 추가함으로 전통적 담론을 신앙적 담론으로 만들었습니다. 기존 문헌의 문장 간 연결이 조밀했기 때문에 "여호와 경외" 개념을 추가한 것이 티가 나고 어색해 보이기는 하지만 기존의 담론이나 학문을 존중하면서 신앙의 방점을 찍은 최종 편집자는 최대한의 균형을 추구했습니다.

🐝 극단적 신앙을 추구하는 사람들은 교회가 아닌 학교에서 배우는 지식을 하찮다고 깎아내립니다. 고전을 배울 필요가 없고 수학도 쓸데없으며 성서를 제외한 모든 책은 인본주의적이라 폐기해야 하고 심지어 학교도 다닐 필요가 없다고 주장하는 이단도 있습니다. 그렇게 사람들에게서 보편적 상식과 분별력을 차단하면서 주입하려고 하는 것은 오로지 특정 신조와 교리에 대한 맹종(盲從)입니다.

성서의 저자들은 여러 시대를 거치면서 각 시대의 지적 표현 방식을 수용하여 그것을 따라 성서를 저술하거나 편집했습니다. 따라서 성서를 최대한 온전히 이해하려면 문자, 언어, 수사(修辭), 역사, 철학, 논리학, 때로는 수리(數理)적인 고려가 필요합니다. 물론 대부분의 독자는 이렇게 다양한 지식이 없습니다. 그래서 번역이 필요하고 해설이 필요합니다.

우리가 한국어로 "하나님은 사랑입니다"라고 할 때의 "하나님"은 히브리어 엘로힘이나 야웨를 한국 정서를 고려하여 창의적으로 조어(造語)한 것입니다. 가톨릭은 이를 "하느님"으로 한 것이고요. 우리말의 "사랑"은 원래 "그리워하다"라는 뜻을 가지고 있던 단어입니다.(『두시언해』 초간본(1481)) 그런데 이 단어를 사용하여 "하나님은 사랑이다"라고 했을 때 원래 히브리어 성서의 뜻을 얼마나 정확히 전달할 수 있을까요? 번역 전후에 아무런 변조(變調)가 발생하지 않을 것이라고 누구도 장담할 수 없습니다. 그런데도 한국인이 이해할 수 있는 언어로 바꾸지 않으면 성서의 내용을 조금도 알 수 없습니다. "하나님은 사랑입니다"라는 한국어로 쓴 문장이 바로 성서의 언어라고 말할 수 없을지라도 대부분의 사람은 이를 통해 최대한 성서의 의미에 최대한 가깝게 접근합니다. 우리말의 지식과 이해를 통해 성서를 보는 것입니다.

학교에서의 배움과 성서 이외의 다양한 책을 통해 습득하는 지식 없이는 성서를 최대한 바르게 이해할 수 없다고 저는 단언합니다. 단순히 문자만 알면 되는 것이 아니라 이해를 위해서 더 많은 사전(事前)학습이 필요합니다. 물론 성서는 상대적으로 평이한 문체로 적혀있어서 지식이 부족하거나 학문적 소양이 적은 사람도 얼마든지 읽고 이해할 수 있으며 진리라고 하는 것이 무엇인지 살필 수 있습니다. 물론 더 깊이 더 정확히 아는 것에는 늘 한계가 있습니다. 그러나 **보편 학문의 기초 없이는 성서를 조금도 이해할 수 없습니다.**

어떤 목사는 설교 시간에 성서 구절 하나를 읽고 나서 시답지 않은 농담으로 시간을 때우면서 말로는 인문학적인 설교를 한다고 합니다. 그러면서 성서의 진정한 의미를 말하지 않고 정말로 누군가의 책에 나오는 내용만 주야장천 소개합니다. 이 역시 지양해야 할 모습입니다. 이는 인문학도 뭐도 아니고 성서조차 제대로 설명하지 않는 것입니다.

인문학적 설교 운운하는 사람이나 보편적인 지식을 무시하면서 간단한 교리를 앵무새처럼 반복하고 있는 것이나 모두 바른 자세가 아닙니다. 아무리 현란한 말재주를 동원한다고 해도 신앙적 가치를 제대로 전달할 수 없습니다.

신앙과 지성의 균형을 유지한다는 것은 쉬운 일이 아닙니다. 그냥 다 무시하고 찬송 부르고 기도하는 게 쉽습니다. 무아지경에 빠지는 것이 은혜로울 것입니다. 하지만 누군가는 성서를 제대로 해설해야 합니다. 성서가 수천 년 동안 전래하면서 지속적으로 인류에게 영향을 미치는 이유가 있습니다. 그 안에 아주 중요한 가치를 담고 있습니다. 적당히 공부하고 적당히 인문학 타령을 해서는 안 됩니다.

인류의 지적 유산 중에 성서만 있는 것은 아닙니다. 그러므로 성서를 깊이 이해하기 위해서 고전을 함께 읽으십시오. 유가와 도가, 동양 철학 사상이 무슨 내용인지 배우십시오. 잘 모르면서 무시하지 마십시오. 당신이 이 세상에서 사라져도 고전은 남을 것입니다. 맨날 적당히 거짓말이 섞인 간증 거리를 말하지 마십시오. 시답지 않은 내용이 적힌 신앙 서적에 감동하지 마십시오. 교회 밖 사회로 고개를 내밀어 둘러보십시오. 사회는 지식을 생산하고 공유하는 삶의 터전입니다. 한국 신문과 영어 신문을 비교하면서 읽어 보십시오. 개신교에 대해서 비신자들이 쓴 평가도 읽고 그에 대한 자기 생각과 느낌을 적어 보십시오.

21세기를 사는 우리 중에는 여전히 말도 안 되는 논리와 주장이 성경적이라고 외치면서 사회의 소수자와 소외 계층에 대해 언어폭력과 물리적 폭력을 가하는 개신교인이 적지 않습니다. 한마디로 그들이 자신과 다른 이들에 대해서 존중하고 공부하려는 마음이 조금만 있어도 그렇게 무지몽매한 폭도들이 되지는 않을 것입니다. 사회 대중에 비친 그들은 무지하고 무모하며 과격합니다. 세상을 도매금으로 무시하고 부정하지만 정작 사회에서 도태되고 있는 자들은 그들입니다. 사회 공유적 지식으로부터의 도태와 소외를 경험합니다! 성서도 열심히 읽으시고 성서를 더 잘 이해하기 위해서라도 오랫동안 사람들이 애독하는 책들과 그 안에 담긴 주장들에 관심을 기울입시다! 잠언 1장의 최종 편집자처럼 많은 학문을 인정하는 가운데 자신의 신앙이 우수한 가치를 가졌다는 것을 합당하게 제시하십시오! **신앙을 전한다는 것은 결국 논리의 싸움이고 설득의 미학이며 지성적 활동입니다.** 물론 당신의 말에 합당한 행동이 따르지 않으면 그 말을 아무도 들으려 하지 않겠지만 말이죠!

잠언 16 :1,9

마음의 경영은 사람에게 있어도 말의 응답은 여호와께로부터 나오느니라 / 사람이
마음으로 자기의 길을 계획할지라도 그의 걸음을 인도하시는 이는 여호와시니라

하나님을 믿으니 계획을 세울 필요가 없다는 사람에게

잠언 16장 1절에 쓴 "(인간) 마음의 경영"이라는 어구는 16장 9절의 "사람이 마음으로" "계획"하는 (자기의) "길"과 실질적으로 같은 의미입니다. 이는 모든 사람이 스스로 어떤 일들을 결정하고 그 결정에 따라 행동하는 것을 뜻합니다. **사람이 자주적으로 일을 계획하고 그 계획에 따라 행동하는 것은 지극히 자연스러운 일입니다.** 어떤 이의 오해와는 달리 잠언 16장 본문은 이런 계획과 행동 자체에 대해서 비판하지 않습니다!

잠 16장 1절과 9절, 이 두 구절은 모두 "여호와"를 언급하는데, 각각 "말의 응답은 여호와께로부터 나오느니라"(잠 16:1); "그의 걸음을 인도하시는 이는 여호와시니라"(잠 16:9)와 같이 인간이 계획을 세우고 실천하지만 결국 하나님이 매듭짓는다고 말합니다. 최종 성패(勝敗)를 결정하는 것이 하나님이라는 뜻입니다. 하지만 이것도 인간의 계획과 행동이 무가치한 것이라고 말하는 것은 아닙니다. 만약 그랬다면 인간의 경영과 계획을 더 신랄하게 비판하거나 아예 그런 말을 적지 않았을 것입니다. 이 표현들은 인간의 계획과 행동을 근본적으로 부정하는 것이라기보다는 그에 대해 어떤 우려를 표명하는 것입니다.(잠 16:3)

사람은 쉽게 자만합니다. 어떤 사회도 거만한 사람을 좋게 평가하지는 않기 때문에 거만함이 인생의 실패를 가져올 수 있습니다. 잠 16:18-19은 경고합니다.

교만은 패망의 선봉이요 거만한 마음은 넘어짐의 앞잡이니라 겸손한 자와 함께

하여 마음을 낮추는 것이 교만한 자와 함께 하여 탈취물을 나누는 것보다 나으니라(잠 16:18-19)

이는 초기 지혜 사상입니다. 이 구절들에는 신앙적 측면에서 추가하거나 각색한 부분이 없습니다. 잠 16:20("… 여호와를 의지하는 자는 복이 있느니라")을 추가하지 않았다면 이는 그냥 다른 고전(古典)에서도 찾아볼 수 있는 보편적 교훈으로 읽힐 것입니다. 사람은 판단력이 흐려질 때가 있습니다.(잠 16:25)

어떤 길은 사람이 보기에 바르나 필경은 사망의 길이니라(잠 16:25)

언제나 완벽한 결정을 하는 사람은 아무도 없습니다. 시간에 따라, 장소에 따라, 어떤 때는 바른 판단을 하지만 때로는 실수합니다. 실수하는 사람이 더 인간답기는 합니다. 하지만 잠언 16장은 의도적으로 인간의 이런 점을 비판합니다. 편집자는 인간의 한계를 거론하면 할수록 하나님("여호와")의 권위가 부각된다고 생각하는 것 같습니다.

사람은 선(善)을 따르기보다는 악(惡)에 빠지기 쉽습니다.(잠 16:29) 스스로 옳다고 여기는 것도 시간이 지나서 돌아보면 악행(惡行)인 경우가 있습니다.(잠 16:2)

사람의 행위가 자기 보기에는 모두 깨끗하여도 여호와는 심령을 감찰하시느니라(잠 16:2)

강포한 사람은 그 이웃을 꾀어 좋지 아니한 길로 인도하느니라(잠 16:29)

이런 이유로 잠언 16장의 화자는 "행사"를 "여호와께 맡기라"라고 권고(勸告)합니다. 그래야 사람이 계획한 일을 궁극적으로 성취할 수 있다고 선전(宣傳)합

니다.(잠 16:3)

> 너의 행사를 여호와께 맡기라 그리하면 네가 경영하는 것이 이루어지리라(잠
> 16:3)

하나님께 맡기라는 말은 아무것도 하지 말고 손을 놓고 있으라는 뜻이 아닙니다. 그런 오해를 차단하려는 듯이 성서 본문은 더 구체적인 내용으로 들어갑니다. 즉, 성취를 위해서 사람이 유념해야 할 사항들을 열거합니다.(잠 16:17, 25, 29) 사람은 "길"에 주의해야 합니다. "악을 떠나" "정직한 사람의 대로"로 걸어야 하고 "자기의 길을 지"켜야 합니다.(잠 16:17) 겉으로 보기에는 좋은 길이지만 사실은 "사망의 길"인 경우도 있음을 유념해야 합니다.(잠 16:25) 그리고 "이웃을 꾀어 좋지 아니한 길로 인도"하는 악행을 저지르지 말아야 합니다.(잠 16:29) 무엇보다 성취라는 목적에 이르기 위해서는 "걸음을 인도하시는 … 여호와"를 의존해야 합니다.(잠 16:9,20b)

글의 짜임새가 상당히 조밀한데 인생길에서 하나님을 의존하라는 말만 다소 모호합니다. "말씀에 주의"하는 것(잠 16:20a)을 말하는 것 같은데 이 "말씀(다바르)"이라는 단어 자체만 보면 하나님의 말씀(율법)을 의미하는지 사회의 보편 가치를 의미하는지 알 수 없습니다. 초기 지혜 사상에 기초한 사회 공유적 보편 가치를 뜻하는 것 같다가도 구절 말미에 "여호와를 의지하"라는 신앙적 표현을 보면 "말씀"이 하나님의 말씀인 것 같습니다. 이는 편집자의 의도를 드러냅니다. **사회의 보편 가치를 따르라는 말을 하나님의 말씀을 따르라는 말로 읽게 각색한 것입니다.**

노파심에서 재차 말씀드리자면 성서가 말하고 있는 것은 결코 아무것도 계획하지 말고 하지 말고 앉아만 있으라는 말이 아닙니다. 이것은 **신앙적 가치에 따라 행동하라**는 권고에 가깝습니다.

이 모든 고찰 내용을 토대로 잠언 16장의 주장에 관해 정리해 보았습니다.

- 인간은 계획을 세우고 그를 따라 성취에 이르기 위해서 행동합니다. 이것이 자연스럽습니다.
- 완벽한 인간은 없습니다. 판단력이 흐려져서 그른 길을 선택하기도 합니다.
- 겸손하게 선을 추구하면 성취를 이룰 것입니다. 하지만 때로 그것으로 부족합니다. 성서적 가치를 따르십시오.

전체적으로 볼 때 잠언 16장은 인간이 하는 모든 행동이 무가치한 것이라고 극단적인 주장을 하지 않습니다. 이것은 극단적인 어떤 교리의 노선과는 판이합니다. 인간의 계획과 행위 자체를 부정하는 것이 아니라 그것을 긍정하면서도 행위 주체인 인간이 더 바른 가치에 유념하도록 계몽합니다.

저는 이런 방식이 아주 좋다고 생각합니다. 성스러운 것과 속된 것을 엄격하게 구분하는 극단적이고 이분법적인 주장을 하면서 인간의 행동과 사고를 통제하려는 사람들이 있습니다. 속된 것이라면서 자유로운 사고를 미연에 차단하고 인간의 작위(作爲)에 부정적인 이미지를 덧씌움으로써 신자가 스스로 결정을 내리거나 실천하는 것에 죄책감을 느끼게 만듭니다. 모두 하나님이 하시니 인간은 손끝 하나 움직이면 안 된다고 주장하는 자도 있습니다. 그런데 이렇게 신자의 손과 발을 묶어 놓는 자들은 머리를 더 빨리 굴리고 손발을 잽싸게 움직이며 제 욕심을 채우기 마련입니다. 어떤 개신교 교회는 자율적 선택을 비판합니다. 인간과 신본(神本)의 개념을 서로 싸우게 합니다. 하지만 이 둘은 반대 개념이 아니라 서로 호응할 수 있는 개념입니다.

우리는 열심히 땀 흘려 열심히 일하면서 모든 것이 하나님의 은혜라는 신앙 고백을 할 수 있습니다. 그것은 겸손(잠 16:5,18-19)한 자세입니다. 문제는 가만히 앉아서 아무것도 하지 않으면서 돈이 생기고 생계를 유지하기를 바라는 것입니다. 그렇습니다! 우리 각자는 최선을 다해 열심히 일상을 살아야 합니다. 일상을 열심히 살아갈 때 하나님의 은혜를 언급하는 신앙고백도 가치를 갖습니다. 하나님의 은혜라고 하면서 아무것도 안 하고 가만히 있는 자는 게으른 바보입니다.(잠 6:6,9; 10:18,26; 12:24,27; 13:4; 15:19; 19:24; 20:4; 21:25; 22:13; 24:14,30; 26:13,15,16)

게으른 자의 길은 가시 울타리 같으나 정직한 자의 길은 대로니라(잠 15:19)

열심히 계획을 세우십시오. 최선을 다해 살아갑시다! 누구보다 성실하고 바르게 행동하십시오. 사람은 누구나 실수할 수 있음을 솔직하게 인정합시다! 그것이 인간답습니다. 그리고, 거기서 더 나아가 고상한 가치를 지향합시다. 범 시대적이며 존중할 만한 가치 말입니다. 그 가치를 거울삼아 당신의 사고와 행위를 비추어 보십시오. 저에게 있어 날마다 스스로 비추어보는 거울 같은 그것은 성서의 가치입니다. 제 생각에는 열심히 사는 것도 중요하지만 자주 실수하는 우리에게 어떤 거울이 필요합니다. 저는 신앙인입니다. 성서의 가치를 따라 열심히 일상을 살아갑니다. 성취에 대해서는 모든 것이 하나님의 은혜라고 겸손하게 고백합니다. 여러분에게는 성서적 가치가 필요하지 않을 수도 있습니다. 그냥 성실하고 정직하게 살아가는 것도 좋은 선택입니다. 다만 저는 자주 교만하고 자주 실수하는 편이라 '거울'이 절실한 것 같습니다.

잠언 30: 5-9

하나님의 말씀은 다 순전하며 하나님은 그를 의지하는 자의 방패시니라 / 너는 그의 말씀에 더하지 말라 그가 너를 책망하시겠고 너는 거짓말하는 자가 될까 두려우니라 / 내가 두 가지 일을 주께 구하였사오니 내가 죽기 전에 내게 거절하지 마시옵소서 / 곧 헛된 것과 거짓말을 내게서 멀리 하옵시며 나를 가난하게도 마옵시고 부하게도 마옵시고 오직 필요한 양식으로 나를 먹이시옵소서 / 혹 내가 배불러서 하나님을 모른다 여호와가 누구냐 할까 하오며 혹 내가 가난하여 도둑질하고 내 하나님의 이름을 욕되게 할까 두려워함이니이다

적당한 선에서 만족하는 것이 경건입니다.

잠언 30장은 복잡하게 편집한 글이라서 각 문장을 세심하게 살피고 구분하지 않으면 전체 내용을 파악하는 것이 좀 어렵습니다. 본문을 대강 훑어본다면 그냥 차례대로 단락을 나누는 것 정도에서 만족해야 합니다.

잠 30:2-4에서 저자는 '나는 아무것도 모른다 그리고 너도 마찬가지야'라고 합니다. 그러다가 잠 30:5부터는 갑자기 "하나님"과 하나님의 (문서화한) "말씀"을 거론합니다.

하늘에 올라갔다가 내려온 자가 누구인지, 바람을 그 장중에 모은 자가 누구인지, 물을 옷에 싼 자가 누구인지, 땅의 모든 끝을 정한 자가 누구인지, 그의 이름이 무엇인지, 그의 아들의 이름이 무엇인지 너는 아느냐 하나님의 말씀은 다 순전하며 하나님은 그를 의지하는 자의 방패시니라(잠 30:4-5)

잠 30:2-4의 흐름은 5절 때문에 단절됩니다. '깨닫지 못한다'는 표현이 등장하는 잠 30장 18~23절에 와서야 흐름이 이어집니다.

내가 심히 기이히 여기고도 깨닫지 못하는 것 서넛이 있나니(잠 30:18)

잠 30:2-4은 원래 잠 30:18과 연결되어 있었을 것입니다. 잠 30:5-17에는 추가된 문장들이 들어 있는데 이 역시 하나의 맥락이 아니라 다양한 수집물들이 뒤엉켜있는 양상입니다.

> 하나님의 말씀은 다 순전하며 하나님은 그를 의지하는 자의 방패시니라 너는 그의 말씀에 더하지 말라 그가 너를 책망하시겠고 너는 거짓말하는 자가 될까 두려우니라(잠 30:5-6)

잠 30:5-6은 포로 후기를 배경으로 합니다. 기록된 "말씀"을 전제하면서 다른 내용을 더 추가해서는 안 된다고 합니다. 말씀을 기록하여 고정한 것이 아니라면 이런 말을 할 리가 없습니다.

> 내가 두 가지 일을 주께 구하였사오니 내가 죽기 전에 내게 거절하지 마시옵소서 곧 헛된 것과 거짓말을 내게서 멀리 하옵시며 나를 가난하게도 마옵시고 부하게도 마옵시고 오직 필요한 양식으로 나를 먹이시옵소서 혹 내가 배불러서 하나님을 모른다 여호와가 누구냐 할까 하오며 혹 내가 가난하여 도둑질하고 내 하나님의 이름을 욕되게 할까 두려워함이니이다(잠 30:7-9)

잠 30:7-9은 잠 30:5-6과는 다른 이야기를 하는데 경건한 삶에 대한 이야기입니다. 화자는 "헛된 것"과 "거짓말을 … 멀리 하옵시며"라고 기도하면서 "가난"과 '부유'에 치우치지 말게 해달라고 하면서 "필요한 양식"만을 구하고 있습니다.(잠 30:7-8) 잠 30:9 에서 이렇게 기도하는 이유를 밝히고 있는데 "배불러서" 하나님을 부인하거나 "가난하여 도둑질"을 함으로 "내 하나님의 이름을 욕되게 할까 두"렵다고 말합니다. 하나님에 대한 인식을 의무적인 것으로 이해하기보다는 개인적 영역에서의 선택적 사항으로 이해하고 있다는 점에서 상당히 후대에 완성한 내용 같습니다.

잠언 30장에는 고대 문헌의 수집물들이 혼재(混在)되어 있는데 신하의 도리(잠 30:10,32-33), 자녀의 도리(잠 30:11,17), 악한 "무리"에 대한 비판(잠 30:12-14), 만족을 모르는 것의 예(잠 30:15-16), 그리고, 원래는 잠언 30:2-4 뒤에 붙어있었을 잠 30:18-20 에는 이해할 수 없는 것의 예를 소개합니다. 잠 30:21-23 은 수용할 수 없는 것들을 거론합니다. 이어지는 잠 30:24-31은 지혜롭고 강한 동물의 도감(圖鑑)입니다. 잠 30:18~23은 원래 고대에 수집한 단락이었을 것이며 이 단락이 제일 먼저 존재했을 것인데 나중에 잠 30:18-20 과 비슷한 느낌인 잠 30:2-4 을 앞에 붙여서 하나의 일관적인 흐름을 만들었습니다. 물론 그런 일관적 흐름은 잠 30:5-17에 수집물들을 삽입함으로 모호해졌습니다. 또한 맨 마지막 내용(잠 30:32-33)은 잠 30:10과 비슷한 관점에서 쓴 것 같은데 잠언 30장의 최종 구성자는 다양한 유래의 글을 비슷한 내용끼리 재배치하려고 했으나 결과적으로 내용이 뒤얽히게 된 것 같습니다.

완전히 명확하게 구분할 수는 없지만 잠언 30장을 작성 내용과 시기에 따라 아래와 같이 다시 정리할 수 있습니다.

① 표제 : 잠 30:1 (저자)

② 불가지론(不可知論): 잠 30:2-4 + 18-20

③ 고대 수집물(고대 ~ 왕정 시대(?)) :

　신하의 도리+고발/분란 조장 금지(잠 30:10,32,33)

　자녀의 도리(잠 30:11,17)

　악한 무리 비판(잠 30:12-14)

　족함을 모르는 것들의 예(잠 30:15-16)

　동물도감(圖鑑)(잠 30:24-31)

④ 국가 패망 이후의 편집물 :

　왕 비판+계급의 혼란(잠 30:21-23)

⑤ 포로기전환기 ~ 포로후기의 편집물 :

야웨의 말씀 보전 요구 (잠 30:5-6 (토라의 문서화))

⑥ 포로후기 이후 ~ 헬레니즘 초·중기의 편집물 :

과유불급(過猶不及)의 기도 (잠 30:7-9 (개인적 경건))

고대 수집물은 말 그대로 그 작성 시점이 가장 오래된 것으로 추정되는 것입니다. '모르겠다', '이해할 수 없다'고 말하는 불가지론의 단락을 먼저 따로 떼어놓은 것은 시기적으로 서로 다소의 차이가 있을 수 있다는 판단에서입니다. 불가지론과 야웨의 말씀을 중심으로 한 신앙적 주제는 쉽게 연결할 수 없습니다. 다만 후대의 어떤 편집자는 이 두 종류의 내용을 질문과 대답으로 연결하려고 합니다.(잠언 30:4,5) 이는 포로기부터 길게는 포로기 전환기, 포로 후기까지의 긴 형성 역사에 걸친 편집으로 보입니다. 특히 하나님의 말씀에 아무것도 덧붙이지 말고 보전하라는 것은 포로 후기적인 권고입니다.

그렇다면 과유불급의 기도(잠 30:7-9)는 언제 추가한 내용일까요? 일단 잠 30:7-9에서 포로 후기적인 느낌은 감지할 수 없습니다. 고대 사회는 부유함에 대해서 기본적으로 긍정적이었고(잠 10:15; 18:11 "부자의 재물은 견고한 성"; 잠 22:7 "부자는 가난한 자를 주관하고 … "; 왕상 10:23; 대하 9:22 '솔로몬 왕의 부유') 재물을 모으는 것은 어떻게 보면 인간의 본성이기 때문에 유배 생활을 마치고 귀환한 자들이 작성한 본문에도 일관적으로 회복과 번영, 인구증대, 재화의 추구 등이 나타나고 있습니다.(대상 18:11 은금을 받으시는 하나님; 대하 1:12 부와 재물과 영광을 주시는 하나님; 대하 1:15 "은금을 돌 같이 흔하게 하고"; 대하 32:27 "부와 영광"; 사 66:12 온 세계 재물이 홍수처럼 쏟아져 들어옴) 부유를 극단적으로 부정하는 것(잠 23:4 "부자 되기에 애쓰지 말고… "; 욥 27:19 "부자로 누우려니와 다시는 그렇지 못할 것이요 눈을 뜬즉 아무것도 없으리라")은 국가 패망 이후 ~ 포로 후기까지는 나타날 수 없는 내용입니다. 한편, 경건은 포로후기에 율법을 문서화한 후에 그 문서화한 율법을 중심으로 백성을 교육하는 상황에서 점진적으로 두드러진 개념 같습니다. 현대의 학교나 교회의 초기 형태로 볼 수 있는 회당(會堂)도 귀환 이후에 조성되고 활성화한 것 같습니다. 따라서 잠 30:7-9의 개인적 경건과 부유하지도 가난하지도 않기를 구하는 경건한 기도는 최소한 포로 후기적 본문이며 최대한 헬레니즘 시대를 배경으로 하는 본문이라고 추정할 수 있습니다. 안티오쿠스 4세 에피파네스(기원전 175~163년)가 저지른 유대교 말살 정책 이전까지 이스라엘 사람들은 헬레니즘적 교육에 강하게 매료되어 그것을 모방하려고 했습니다. 고대 근동의 학교(?)가 왕의 신하 양성소였다면 나중의 학교는 말씀 중심의 경건 교육 장소로 존재했습니다. 제도권 교육이 제 기능을 못 하게 되면서 문서화한 토라를 중심으로 개인이 경건을 추구하는 상황이 심화하였습니다. 그리고 최종적으로 경건은 개인적 차원에서 박해에 대응하는 방법이 됩니다.

헬레니즘이 추구하는 인간상은 지혜, 용기, 그리고 절제를 아는 인간입니다. 플라톤(기원전 428~347년)이 말하는 철인(哲人)이란 현실을 불완전한 것으로 볼 때 그 현실을 초월하는 덕을 갖춘 인간을 의미합니다. 아리스토텔레스(기원전 384~322년)도 지성뿐 아니라 훌륭한 품성을 갖추고 절제미 있고 조화로운 삶을 영위하는 자를 높이 평가했습니다. 물론 잠 30:7-9 이 헬레니즘적 인간상을 의식한 것이라고 해도 글이 최종적으로 지향하는 것은 신앙적으로 경건한 사람입니다. 글쓴이는 절제미가 있으며 동시에 신앙이 출중한 인물을 등장시키고 기도문을 첨가하여 당시 그가 속했던 공동체가 지향하는 모범적 인간상이 어떤 것인지를 보여줍니다. 그것은 (기록한) 하나님의 말씀을 존중하고 배우고 그것을 따라 실천하는 경건한 사람입니다.

잠언 30장을 읽을 때 제기할 수 있는 마지막 질문은 이렇습니다. 잠언 30장의 최종 편집자가 수집록과 선승들을 종합하면서 왜 하필 잠 30:7-9과 같이 개인적 경건을 권고하는 내용을 추가했느냐는 것입니다. 게다가 그 위치가 다른 곳도 아니고 왜 야웨의 말씀 보전 요구를 제기하는 잠 30:5-6의 뒤여야 했냐는 것입니다. 아마도 신앙적 기준을 먼저 세웠고 그 기준을 중심으로 생활하라는 요구를 그다음에 제시했을 것입니다. 이를 통해 우리는 글쓴이가 신앙 기준을 단순한 지식으로 여겨 박제화하지 않고 그것을 실천(實踐)으로 이끌어가고 있음을 알 수 있습니다. 다시 말해 기록한 말씀, 율법, 교리와 같은 것을 단순히 관념적인 것이 아니라 실제적이며 실천적인 내용으로 인식했다는 것입니다. 이에 따르면 **신앙 기준은 학습을 위한 것만이 아니라 삶을 위한 것입니다.**

🐝 현대의 교리주의자들, 교조주의자들을 보면 다른 사람들과의 조화로운 삶이나 절제미 있는 삶을 살기 위해서 성서를 배우는 것이 아니라 그냥 성서를 배우는 자체를 목적으로 합니다. 그리고 신앙 원칙을 누구보다도 잘 알고 있다는 것 혹은 남들이 미처 깨닫지 못한 부분을 자신만 알고 있다는 것을 자랑합니다. 도대체 인간이 하나님과 진리에 대해서 알면 뭘 얼마나 깊이 알겠습니까(잠 30:2-4, 18-20)? 완전 잘못 알지만 않으면 됩니다. 가끔 부득이하게 그들이 여는 성경 세미나에 참석하여 앉아 있으면 지루하기 짝이 없습니다. 신앙 위인이라는 사람들과 그들의 성서관을 긴 시간 동안 소개하면서 성서에 대해서는 거의 말하지 않거나 단순히 교리를 반복하거나 성경 구절만 나열하는 수준에 그치는 경우가 많습니다. 시간을 낭비했다는 느낌이 듭니다. 우스운 것은 그들이 숭상하는 신앙 위인들이나 신학자나 목사들에게는 하나같이 추한 면이 있는데 그것은 언급하지 않는다는 것입니다. 놀랍게도 한번 자리 잡은 맹신은 사그라지지 않습니다. 아마도 철이 지나 저작권이 없는 책을 계속 팔려고 그러는 것 같기도 합니다. 돈을 벌고 명성을 얻으려는 욕망을 숨기고 날마다 똑같은 교리와 똑같은 인물 이야기를 반복합니다. 그러면서 대단히 경건한 사람처럼 굽니다. 경건이 무엇입니까? 지식입니까? 삶을 사는 신앙 가치 아닙니까? 바른 신앙 가치로 사는 것 아닙니까?

잠언 30장의 기도를 읽어 보십시오! 자본화한 한국 교회의 어느 누가 부자도 말고 빈자(貧者)도 되게 말라는 균형을 기도할 수 있습니까? 목에 핏대를 세워 가면서 신앙적 원칙을 읊으며 '하나님 저는 부자가 되면 오만할 것이고 가난하면 비굴할 것이니 생활을 영위할 수 있을 정도의 돈만 주세요'라고 기도하는 사람은 없습니다. 하지만 삶에 만족이 없다면 경건한 삶을 사는 것이 아닙니다! 적당한 선에서 욕심을 그치지 않는다면 경건이든 신앙이든 다 헛소리로 들립니다. 날마다 교리 타령을 하면서 남에게 엄격한 원칙을 들이대면서도 절제라는 게 무엇인지 모르는 사람은 꽝입니다! 불경건이 따로 있는 것이 아니라 이런 이중적인 삶이 바로 불경건이며 하나님을 욕되게 하는 것입니다. 기준과 원칙은 왜 배웁니까? 스스로 바르게 살기 위해서 아닙니까? 지적 만족을 위해서라면 그만두세요. 몇 세기 전에 만든 교리나 계속 반복하면서 거기에만 심오한 진리가 있는 것처럼 굴지 마세요. 그게 무슨 의미입니까? 삶이 따르지 않는 지식은 무가치하고 그것을 반복하는 것은 시간 낭비입니다. 宗

전도서 2: 24-26

사람이 먹고 마시며 수고하는 것보다 그의 마음을 더 기쁘게 하는 것은 없나니 내가 이것도 본즉 하나님의 손에서 나오는 것이로다 / 아! 먹고 즐기는 일을 누가 나보다 더 해 보았으랴 / 하나님은 그가 기뻐하시는 자에게는 지혜와 지식과 희락을 주시나 죄인에게는 노고를 주시고 그가 모아 쌓게 하사 하나님을 기뻐하는 자에게 그가 주게 하시지만 이것도 헛되어 바람을 잡는 것이로다

교회 개척하느라 놀러도 못 가는 목사님과 사모님에게

전도서라고 하면 일단 허무주의, 다시 말해 '헛되다'라는 말이 많이 나오는 책으로 알려져 있습니다. 실제로 전도서에는 '헛되다'(헤벨)라는 표현이 연거푸 등장합니다.(전 1:2, 14; 2:1, 11, 15, 17, 19, 21, 23, 26; 3:19; 4:4, 7-8, 16; 5:6, 9; 6:2, 4, 9, 11-12; 7:6, 15; 8:10, 14; 9:9; 11:8, 10; 12:8) 전도서에 이 단어를 모두 38회 사용했는데 구약성서 전체에 쓴 것이 73회인 것을 볼 때 그 절반을 넘습니다. 그런데 73-38=35회 중에서 전도서처럼 인생무상(人生無常, 인생이 덧없다)의 뜻으로 쓴 것은 겨우 7회 입니다.(시 39:5; 시 62:9; 시 78:33; 시 94:11; 시 144:4; 욥 7:16; 잠 31:30) 이 예들은 모두 시편(5회), 욥기(1회), 잠언(1회)들로 지혜문서에 있습니다.(시 39:5 "나의 일생이 … 진실로 모두 허사 뿐"; 시 62:9 "슬프도다 사람은 입김(헤벨)이며"; 시 78:33 "그들의 날들을 헛되이"; 시 94:11 "사람의 생각이 허무"; 시 144:4 "사람은 헛것 같고"; 욥 7:16 "내 날은 헛것이니이다"; 잠 31:30 "아름다운 것도 헛되나")

전도서와 비슷한 뜻을 가진 예를 제외하면, 쓸데없는 행동·수고(신 32:21; 사 49:4; 욥 9:29; 잠 13:11 "망령되이 얻은 재물"); 무익한 사람(욥 27:12); 우상숭배(왕상 16:13,26; 사 57:13 (비유적으로); 렘 2:5; 8:19; 10:3,8,15; 14:22; 16:19; 51:18; 욘 2:8); 이방 사람의 도움(왕하 17:15 "허무한 것을 … 이방 사람을 따라"; 사 30:7; 애가 4:17); 거짓말(슥 10:2; 시 31:6; 욥 21:34; 35:16 "헛

되이 입을 열어 … 지식 없는 말"; 잠 21:6)등의 뜻으로 쓰였습니다. 이 중에 우상숭배를 비판하면서 헤벨이라는 단어를 사용한 것에 주목하게 되는데 11회나 됩니다. 이를 볼 때 지혜 문헌 외 본문에 헤벨을 쓰게 되면 대개 **우상숭배가 쓸데없는 행동**이라는 것을 말한다는 것을 알 수 있습니다. (지혜 문헌 일부와) **전도서에서는 '허무'를 우상숭배를 비판하는 데 사용하지 않습니다.** 인생이 허무한 것이라는 것을 말합니다. 그리고 이 중 일부에서는 허무한 삶에 대한 대안으로 하나님을 경외하라고 조언합니다.

전도서는 내용상 그리스 철학자인 데모크리토스(Democritus, 기원전 460? ~ 370?년)나 그의 제자 에피쿠로스(Epikouros, 기원전 341 ~ 271년)의 주장과 비슷합니다. 전도서의 문헌 형성 시기를 기원전 3세기로 본다면, 이 철학자들의 활동 시기와 전도서의 형성 시기가 겹칩니다. 데모크리토스는 물질과 정신(영혼)을 엄밀하게 구분하지 않은 상태에서 모든 것이 원자(原子)로 이루어졌고 생성과 소멸은 이 원자의 회집(匯集)과 분산(分散)때문에 일어난다는 원자론을 주장했습니다. 이런 논리에서는 사람이 살고 죽는 것에 대한 슬픔이나 아쉬움이 없습니다. 데모크리투스를 웃음의 철학자라고 부르는데 어차피 아무것도 아닌 인생 웃으며 살자는 것 같습니다. 그의 제자 에피쿠로스는 스승의 사상을 기초로 행복하고 평안하게 사는 인생을 중시했습니다. 스승이 상황에 상관없이 웃으며 살자고 주장을 했다면 제자는 행복하게 살자고 주장한 셈입니다. 전도서는 "웃음"에 대해서 비판하고 있는 것 같지만(전 2:2; 7:3,6) 전도서를 전반적으로 살펴보면 에피쿠로스의 사상과 비슷한 느낌이 듭니다.

> 어떤 사람은 아들도 없고 형제도 없이 홀로 있으나 그의 모든 수고에는 끝이 없도다 또 비록 그의 눈은 부요를 족하게 여기지 아니하면서 이르기를 내가 누구를 위하여는 이같이 수고하고 나를 위하여는 행복을 누리지 못하게 하는가 하여도 이것도 헛되어 불행한 노고로다(전 4:8)

사람이 비록 백 명의 자녀를 낳고 또 장수하여 사는 날이 많을지라도 그의 영혼은 그러한 행복으로 만족하지 못하고 또 그가 안장되지 못하면 나는 이르기를 낙태된 자가 그보다는 낫다 하나니(전 6:3)

그가 비록 천 년의 갑절을 산다 할지라도 행복을 보지 못하면 마침내 다 한 곳으로 돌아가는 것뿐이 아니냐(전 6:6)

경박(輕薄)하고 의미 없는 삶만을 허무한 삶으로 보는 것인지, 아니면 삶이 원래 허무한 것이라고 말하는 것인지 구분이 필요합니다. 전자의 경우라면 전도서는 어떠한 교훈을 주기 위해서 허무라는 주제를 꺼낸 것이고, 후자의 경우라면 삶의 허무함 자체를 말한 것이기 때문에 허무주의 철학과 별로 차이가 없습니다. 아래 구절을 봅시다.

무엇이든지 내 눈이 원하는 것을 내가 금하지 아니하며 무엇이든지 내 마음이 즐거워하는 것을 내가 막지 아니하였으니 이는 나의 모든 수고를 내 마음이 기뻐하였음이라 이것이 나의 모든 수고로 말미암아 얻은 몫이로다(전 2:10)

전도서가 원자론의 영향을 받지 않았다고 하기 어려운 이유는 인간과 동물을 구분하지 않고 있어서(전 9:3 "모든 사람의 결국은 일반이라"; 전 9:4 "산 개가 죽은 사람보다 낫다"; 전 3:19 "짐승이 죽음 같이 사람도 죽으니") 모든 존재를 똑같이 물리적인 대상으로 인식하기 때문입니다. 이런 일관된 흐름은 편집자가 하나님을 경외하라고 충고할 때(전 3:14; 5:17; 7:18; 8:12,13; 12:13) 끊어집니다.

일의 결국을 다 들었으니 하나님을 경외하고 그의 명령들을 지킬지어다 이것이 모든 사람의 본분이니라(전 12:13)

흐름이 끊겼지만 에피쿠로스 학파의 영향을 받은 것 같은 구절들이 더 많아서 전도서 전체의 분위기는 허무주의+현실주의입니다. 그것은 위에서 살펴본 것 같이, 인생은 헛되지만 사는 동안 행복하자는 것입니다. 그런데도 전도서가 독창적인 글로 인정받는 것은 그런 허무주의나 행복지상주의에 (뜬금없이 삽입한 느낌을 주지만) 하나님 이야기를 결합하기 때문입니다.

> 사람이 먹고 마시며 수고하는 것보다 그의 마음을 더 기쁘게 하는 것은 없나니 내가 이것도 본즉 하나님의 손에서 나오는 것이로다 아, 먹고 즐기는 일을 누가 나보다 더 해 보았으랴 하나님은 그가 기뻐하시는 자에게는 지혜와 지식과 희락을 주시나 죄인에게는 노고를 주시고 그가 모아 쌓게 하사 하나님을 기뻐하는 자에게 그가 주게 하시지만 이것도 헛되어 바람을 잡는 것이로다(전 2:24-26)

세 구절로 이루어진 이 단락은 전도서의 전체 편집 과정이 어떻게 이루어졌는지 추정하는 데 도움을 줍니다.

전 2:25은 "솔로몬 왕"이라는 이름으로 글의 권위와 신빙성을 재고하려던 (전 1:1 "다윗의 아들") 편집자와 같은 사람이 추가한 것 같습니다. "먹고 즐기는 일"을 가장 많이 해보았을 것 같은 사람으로 솔로몬을 떠올린 편집자는 주저 없이 그를 전도서의 저자로 설정했을 것입니다. 그리고 과감히 1인칭 화자 시점의 "누가 나보다 더 해 보았으랴"라는 말을 붙였을 것입니다. 부자 왕이 쓴 것 같은 글들을 모아 한 권으로 묶고 저자를 "솔로몬"으로 설정했으나 자세히 살펴보면 문장마다 시대와 배경이 따로 노는 것을 확인할 수 있습니다.

에피쿠로스적인 행복지상주의는 전 2:24 상반 절이 잘 드러내고 있는데 신정론을 신봉하는 편집자는 24절 하반 절에 "이것도 … 하나님의 손에서 나오는 것이로다"라는 부분을 추가했습니다. "하나님은 그가 기뻐하시는 자에게 … 희락을 주"신다는 전 2:26 상반 절을 같은 사람이 추가했는데 바로 하반 절에 "이것(희락?)도 헛되어 바람을 잡는 것이"라는 말이 붙어서 상반 절의 내용과 충돌합니다. 전 2:26b은 전 2:1과 같이 '행복도 헛되다'는 이야기입니다.(전 2:1 "나는 내 마음에 이르기를 자, 내가 시험삼아 너를 즐겁게 하리니 너는 낙을 누리라 하였으나 보라 이것도 헛되도다") 편집자는 같은 말을 앞뒤에 붙여서 문단 전체가 하나의 흐름처럼 보이게 했습니다. 웃음을 비판하는 구절들(전 2:2; 7:3,6)을 추가한 사람도 이와 같은 사람일 것입니다. 그는 전도서의 초기 문헌에 에피쿠로스적인 사상을 도입하여 허무함을 말한 사람이 아니라 허무하다고 말하는 것까지 헛되다고 비판하는 사람입니다. 이 사람은 제일 적은 구절을 편집한 것 같습니다.(2장, 7장의 일부) 그리고 노골적으로 하나님을 경외하라는 주장(전 3:14; 5:17; 7:18; 8:12,13; 12:13)을 한 사람도 있습니다.

전도서에 이처럼 다양한 부류의 사람들이 긴장 관계를 형성하면서 각자의 주장을 하므로 글이 난해하고 복잡합니다.

초기 편집자는 비판 없이 허무주의와 행복지상주의를 수용했지만 후대 편집자들은 '그럼 허무주의도 허무하다'라고 공격하며 하나님을 경외하라고 조언합니다. 어떻게 보면, 이들은 행복이라는 동일한 주제에 대하여 각자의 생각을 말한 것입니다. '행복도 허무하다'라고 하지만 일단 먼저 행복해야 허무가 뭔지 알 수 있습니다.

전도서를 쓴 시기는 유대인 말살 정책 같은 박해가 있던 시기가 아니라 상대적으로 평화롭던 때였을 것입니다. 당시 유행하던 그리스 사상에 호의적이라서 그것을 적극적으로 수용했습니다. 하지만 시간이 흐를수록 외부 사상을 수용하고 모방하는 데 그치지 않고 이스라엘 민족의 고유한 사상을 제기해야 한다는 생각에 이릅니다. 그것은 다른 것이 아니라 하나님을 신앙하는 것입니다. 원래 있었던 본문을 삭제하지 않고 계속 쌓아 올렸기 때문에 전도서는 보기에 따라 혼란스럽고 복잡한 모습 그대로입니다.

🥬 행복은 인간에게 있어 매우 소중한 가치입니다. 어떤 어리석은 이들은 이 세상에서 행복하게 사는 것이 (내세적) 신앙과 정반대 개념이라고 생각합니다. 영적인 사람일수록 세속적 행복을 추구하지 않는다고 말합니다. 그렇다고 딱히 경건한 것도 아니고 완전히 염세적인 것도 아닌 어정쩡한 자세로 살면서 애꿎게 다른 이들을 괴롭힙니다. 그래서 얻는 것이 무엇입니까? 가족의 불행? 좋은 관계의 단절? 그게 뭐가 좋습니까?

전도서는 우리에게 '행복하지 말아라'라고 하지 않습니다. 물론 나중에 편집되면서 '행복한 것도 부질없어! 하나님을 경외하는 것이 제일이야'라는 말을 추가했지만 행복해 보지도 않고 '하나님 경외'를 논하는 삶은 공허합니다. 대단히 아쉽습니다.

여러분! 우선 행복하십시오! 먹고 싶은 것도 다 드시고 보고 싶은 곳도 다 가 보세요. 인생을 누려 보지도 않고 (대개 어둡고 음습한) 교회당 안에서 헌신이라는 이름이 붙은 노동 착취를 당하면 나중에 아주 많이 후회할 것입니다. 하고 싶은 것 어느 정도 해 보고 나서야 '그래 다 부질없어 하나님 잘 섬겨야지'라고 말할 수 있지 않겠습니까? 잘 알지도 못하면서 행복 자체를 부정하면 누가 그 사람의 말을 경청하겠습니까?

다시 말합니다. 교회 활동을 너무 열심히 하지 마세요! 하고 싶은 것 있으면 다 하십시오! 제가 쾌락주의자 같습니까? 아닙니다. 저는 행복주의자입니다. 이 땅에서의 삶도 아주 중요하다고 말하는 것입니다. 당장 내일 죽어 천국 갈 것처럼 생각하고 행동하는 안타까운 사람들이 너무 많습니다. 그러지 마세요! 오늘부터 행복하십시오! 절대로 행복하셔야 합니다! 그것이 이 땅에서의 최고의 가치입니다. 땅에서의 최고의 가치를 만끽해보지 않은 사람이 하늘에서의 최고 가치를 안다고요? 저는 그게 될까 싶습니다! 오늘을 누리세요. 무엇보다 먼저 행복하십시오! 행복이 아무것도 아니라고 말하는 목사가 있습니다. 행복을 누릴 시간에 전도하고 예배에 참석하라고 말하면서 속으로는 누구보다 행복하기를 원합니다. 가식적입니다. 그렇게 살지 마세요!

사서 고생하는 개척교회 목사님들과 사모님들에게 특별히 말씀 올립니다. 하나님의 사역도 좋지만 먼저 실컷 행복하세요! 여러분은 제가 아무리 즐기라고 해도 어느 정도 이상 마음 놓고 즐기지도 못합니다. 매일 같이 읍습한 지하실 예배당에서 기도하는 것도 좋지만 햇빛과 물이 필요한 것은 식물만이 아닙니다! 불필요한 고통을 자초하는 것도 좋지만 놀러 가고픈 자녀를 생각하세요. 이게 다 한국 개신교가 여러분에게 심어 준 일종의 강박이라는 것을 아셔야 합니다. 조선 시대 선비들도 계절 따라 유람을 다녔습니다. 宗

전도서 11:9

청년이여 네 어린 때를 즐거워하며 네 청년의 날들을 마음에 기뻐하여 마음에 원하는 길들과 네 눈이 보는 대로 행하라 그러나 하나님이 이 모든 일로 말미암아 너를 심판하실 줄 알라

성서적 가치를 선택하는 것은 당신의 자유입니다.

너는 청년의 때에 너의 창조주를 기억하라 곧 곤고한 날이 이르기 전에 나는 아무 낙이 없다고 할 해들이 가깝기 전에 해와 빛과 달과 별들이 어둡기 전에, 비 뒤에 구름이 다시 일어나기 전에 그리하라(전 12:1,2)

전도서 12장 1절은 "창조주를 기억하라"고 말합니다. 전 12: 7도 영(靈)이 그것을 부여한 존재에게 돌아간다면서 역시 창조주를 언급합니다. 전 12:11에서 "한 목자"라고 비유적으로 표현하고 있는데 그것이 가리키는 것도 하나님이 분명합니다. "목자"는 "지혜자들" 다시 말해 "회중의 스승들"에게 말씀을 준 자입니다. 전 12:13은 하나님을 경외하고 그의 명령을 지키라고 말하고 있으며, 전 12:14에서 "모든 행위와 모든 은밀한 일을 선악 간에 심판"하시는 분으로서의 "하나님"을 언급하고 있습니다.

전 12:1의 "창조주를 기억"하라는 교훈은 "청년(청년들)"을 대상으로 합니다. 이 단어는 앞에 있는 전 11:9에도 나옵니다.

청년이여 네 어린 때를 즐거워하며 네 청년의 날들을 마음에 기뻐하여 마음에 원하는 길들과 네 눈이 보는 대로 행하라 그러나 하나님이 이 모든 일로 말미암아 너를 심판하실 줄 알라(전 11:9)

이 구절은 **타협적**입니다. "청년"에게 마음대로 "행하라"고 하면서 인생의 행

복과 쾌락을 지향해도 된다는 식으로 말합니다. 물론 하반 절에서는 삶에 대하여 하나님의 심판이 있다고 말합니다. 그런데 어떤 사람은 이 글을 읽고 늙어 죽을 때까지 교회 안 가고 성경도 안 보고 오로지 자신의 행복만 추구하다가 마지막 죽기 전에 헌금 많이 하고 하나님께 열심히 기도하겠다고 합니다.(물론 하나님을 섬기는 것에서 행복을 찾는 사람은 그렇지 않겠지만) 저는 이런 사람에게도 신앙이 있다고 생각합니다. 죽을 때까지 즐기기만 하자는 것은 아니잖아요? 최소한 마지막 순간에는 그동안 모은 재산이라도 바치겠다는 것 아닙니까? 교회에 바치든 사회에 환원하든 … 저는 좋게 봅니다.

종교나 신앙에 대해서 거리를 느끼지만, 인생의 마지막 때 혹시 신의 심판이 있을지도 모른다고 생각하는 젊은이가 있다면, 전 11:9은 그들에게 아주 유용한 대처 방법을 알려줍니다. 전 11:9 의 하반 절은 행복이 인생의 모든 것이라고 주장하는 상반 절에 대한 하나의 제동 장치입니다. 그렇게 보면 전 11:9의 상반 절과 하반 절은 서로 다른 사람이 쓴 것 같습니다. 왜냐하면 전 11:9의 하반 절이 오히려 전 12:1의 상반 절과 자연스럽게 연결되기 때문입니다. 전 12:1a의 "창조주를 기억하라"라는 말은 전11:9b의 "하나님이 … 심판하실 줄 알라"와 같은 어조입니다. 그는 "나는 아무 낙이 없다고 할 해들이 가깝기 전에" "창조주를 기억하라"라고 말합니다. 글쓴이는 '인생 뭐 있어 행복하면 돼'라는 주장에 대해서 극단적으로 반대하지는 않지만 **무한으로 질주하는 자동차 같은 인생을 사는 젊은이들에게 일정한 제어 장치가 필요하다고 느낀 것 같습니다.**

한편으로, 글쓴이는 시간을 재촉하고 있습니다. 반복적으로 "… 전(前)에 … 하라"(전 12:1,2,7)라고 말합니다. 또한 "날"(1,3)과 같은 시간 표현을 활용합니다. 그리고 전 12:1-7의 다양한 시청각적 소재("해와 빛과 달과 별들"; "비 뒤에 구름"; "집을 지키는 자들"; "힘 있는 자들"; "맷돌질 하는 자들"; "창으로 내다보는 자"; "길거리 문들"; "맷돌 소리"; "새의 소리"; "음악하는 여자들"; "높은 곳"; "길"; "살구나무 … 꽃"; "메뚜기"; "집"; "조문객")를 사용하면서 독자가 최대한 빨리 하나님을 인식하고 그를 경외하기를 바랍니다.

전 12장 9절부터 11절 상반 절까지는 전도서 내용의 대부분을 차지하는 그리스 철학, 특히, 에피쿠로스 학파 사상의 경향을 따르고 있는 것 같습니다. 글쓴이는 여기서 그리스 철학에서 위대한 스승을 예찬할 때 쓰는 어조와 비슷한 어조를 사용합니다.

스승은 "지혜자"이며 학생에게 "지식을 가르"치고 "깊이 생각하고 연구하여" 글을 많이 짓습니다.(전 12:9) 그의 글은 그가 노력해서 선별한 지식(행복론)의 정수(精粹)입니다.(전 12:10) 그는 더하지도 빼지도 않고 정직하게 적어 책을 만들었습니다. (책에 담긴) 그의 말들은 "찌르는 채찍"같고 "잘 박힌 못 같"습니다.(전 12:11)

전 12:10절의 "아름다운 말들"은 기쁨의 말 혹은 기쁨을 주는 말, 행복의 비법을 담은 말이라고 이해할 수 있습니다. 간단하게 말해 행복론입니다. 인생에 있어 행복을 제외하면 모두 무의미하고 헛되다는 생각을 한 고대 철학자는 데모크리토스(Democritus, 기원전 460 ~ 370?년)와 그 제자 에피쿠로스(Epikouros, 기원전 341 ~ 271년)입니다. 그런데 이러한 글의 흐름은 전도서 12장 11절 하반 절 때문에 갑자기 중단됩니다.

　　… 다 한 목자가 주신 바이니라(전 12:11b)

이 문장을 추가한 편집자는 바로, 전도서 11장 9절 하반 절("그러나 하나님이 이 모든 일로 말미암아 너를 심판하실 줄 알라")과 전도서 12장 1-7절을 작성한 사람과 같은 사람 같습니다. 위대한 스승을 예찬하는 것 같은 분위기에 제동을 걸면서 아무리 위대해도 결국 다 하나님이 가르쳐주신 거라고 말합니다. 추가한 이 문장 때문에 전 12:9-11 내용 전체가 마치 하나님으로부터 지혜를 받아 학생을 가르치는 선생님의 이야기처럼 보입니다. 이 정도만 하면 적당할 텐데 또 다른 편집자가 전도서 12장에 문장 하나를 더 추가합니다.

내 아들아 또 이것들로부터 경계를 받으라 많은 책들을 짓는 것은 끝이 없고 많이 공부하는 것은 몸을 피곤하게 하느니라(전 12:12)

전체 문맥을 고려할 때 이 구절은 아주 뜬금없이 보입니다. 위에서 스승의 가르침과 그의 저술 행위에 대해서 예찬을 하지 않았습니까? 그런데 갑자기 그것을 부정하는 듯한 말을 합니다. 이 구절은 공부에 스트레스를 받아서 좀 쉬며 놀기를 바라는 학생이 보면 기뻐할 내용입니다. 어떤 학생은 이것을 읽고 아빠 엄마에게 이렇게 말할지도 모릅니다. "성경에도 공부하는 게 피곤한 일이라고 했어!"라고 말입니다. 하지만 미안하게도 **이것은 공부 자체를 부정하는 말이 아닙니다. 특정한 공부를 하지 말라는 것입니다.** 전 12:12을 추가한 편집자의 눈에, 자칭 스승이라는 사람들이 부산을 떨고 제자를 모집하여 여기저기에서 웅성거리는 것이 못마땅했던 것 같습니다. 히포크라테스(기원전 460–370년)는 의사였습니다. 그가 남긴 유명한 말 중에 "예술은 길고 인생은 짧다.(Ars Lunga Vita Brevis)"라는 말이 있는데 "예술"을 "의술"로 이해하는 것이 옳습니다. 의학을 공부하는 것은 어렵다는 뜻입니다. 전 12:12이 학문의 노고(勞苦)를 말한 것 같지는 않습니다. 이것은 하나님의 말씀 공부 외에 다른 공부가 쓸데없다고 이야기하는 것입니다. 하지만 제가 생각할 때 성서 이외의 지식을 배우는 것은 오히려 성서를 바르게 이해하는 데 꼭 필요합니다. 한 분야의 지식만 알면 독단에 빠질 수 있습니다. 다양한 지식을 비교하면서 성서를 읽어야 합니다.

완벽한 결론("결국")으로 보이는 전 12:13을 볼 때 전 12:14은 매듭지은 말을 연거푸 하는 느낌을 줍니다. 전 12:14은 하나님의 "심판"을 경고하는데 이런 분위기는 전 12장의 처음과 같은 분위기입니다. 명령을 지키라는 말로 전도서를 마무리하는 전 12:13이 실질적인 마지막 구절 같습니다. 전 12:13은 실제로 "결론은 이것이다"(『새번역 성경』)라고 못을 박습니다.

"심판"이나 박해의 상황에서 "명령"을 지킬 정신이 있을 리 없습니다. 따라서 사람의 본분 운운하는 전 12:13은 상대적으로 안정된 시기에 작성한 것입니다. 위기가 닥치면서 "심판" 이야기를 추가한 것입니다.

> 일의 결국을 다 들었으니 하나님을 경외하고 그의 명령들을 지킬지어다 이것이 모든 사람의 본분이니라 하나님은 모든 행위와 모든 은밀한 일을 선악 간에 심판하시리라(전 12:13-14)

하나님을 경외하고 그의 명령을 지키라는 표현을 여기서 처음 거론한 것은 아닙니다. 그것은 이미 전도서 3:14; 5:7; 7:18; 8:12,13에서 누누이 말했던 것입니다. 하지만 "일의 결국을 다 들었으니", 즉, "들을 말은 다 들었다"라는 매듭이 중요합니다. "일의 결국"이라는 말을 글의 마침 표시처럼 썼습니다. 그 뒤에 이야기를 덧붙인 것은 다른 편집자의 작업입니다. 전 12:13의 저자는 자신이 걱정하는 것이 무엇인지 전도서 사이사이에 삽입했습니다. 그가 우려한 것은 젊은이들이 과도한 허무주의와 쾌락 지상주의에 치우치는 것입니다.

전 12:1, 7에서 창조주 하나님을 언급한 사람과 전 12:9,14의 심판자 하나님을 제시한 사람은 같은 사람입니까? 얼핏 보면 같은 사람 같지만 글의 형성 시점에는 차이가 있습니다. 창조주 하나님의 개념은 포로 후기를 배경으로 나타나 자리 잡은 개념이며 심판자 하나님의 개념은 국가 패망 시기나 바벨론 패망 시기, 혹은 훨씬 이후 시대인 헬레니즘 후기 상황을 반영하고 있을 가능성이 있습니다. 큰 환난이 있을 때 심판자 하나님을 요청하게 됩니다. 다만, 전도서의 심판은 국가적인 심판을 뜻하지 않고 개인적 종말을 말하고 있으며 그리스 철학적인 허무주의나 행복론 등과 얽혀있으므로 헬레니즘 후기를 배경으로 하는 것이 타당합니다. 전도서에 심판자 하나님 개념이 추가된 것은 그처럼 아주 후대입니다.

🐝 전도서는 인생의 허무를 말하는 책입니까? 아니면 차세대를 책임질 청년들을 위한 교훈이 주요 내용입니까? 적어도 전도서 12장만을 놓고 본다면 후자일 것입니다. 글쓴이는 청년들을 각별히 걱정하면서 참다운 가치를 따르기를 바랐습니다.

우리 시대에도 기성세대들은 젊은이를 걱정스럽게 바라봅니다. 젊은이들이 구속에서 벗어나 자유를 추구하는 것이 위험하다고 생각하는 사람이 있습니다. 그런데 놀라운 것은 그런 기성세대들도 젊었을 때는 지금의 젊은이들과 똑같이, 아니 더 간절히, 무한한 자유를 바랐다는 것입니다. 많은 경우에, 자유와 행복은 비슷한 범주에 속하거나 아예 같은 것입니다. 저는 '구속(拘束)받는 행복(happiness under control)'과 같은 말이 피학적(被虐的, masochism)이라고 생각합니다. 예전에 저는 어떤 목사가 설교 중에 이런 내용의 말을 했던 것을 기억합니다. 그대로 옮깁니다.

"우리는 예수님께 묶인 자여야 합니다. 구속된 자여야 합니다. 우리에게는 자유가 없습니다. 노예입니다. 할렐루야!"

저는 이 말이 무슨 뜻으로 한 말인지 잘 압니다.(엡 6:20 "쇠사슬에 매인 사신") 듣기에 따라서 이 말은 아주 은혜로운 말일 수도 있습니다. 그러나 자신에게 이런 말을 할 때만 그렇습니다. **절대로 다른 사람에게 어떤 형태로든 속박을 강요해서는 안 됩니다.** 찬송이나 설교로 몽롱한 분위기를 만들고 신도들이 이성과 판단의 끈을 늦춘 상태에서 자유를 빼앗으려고 해서는 안 됩니다. 그런 메시지를 전하는 사람도 막상 죄수가 되어 감옥에 갇히면 최대한 빨리 벗어나고 싶을 것입니다. 인간은 모두 마찬가지입니다. 사람이 자유의 일부 혹은 전부를 포기하는 것은 오직 사랑에 이끌릴 때뿐입니다. 값싼 콘서트장 같은 예배에서 소중한 자유를 저버리겠노라고 약속하는 것은 어리석은 일입니다. 자유는 그렇게 함부로 포기할만한 것이 아닙니다. 심사숙고하고 이성적으로 따져보고 헌신이라는 것을 하십시오. 저는 목사가 된 사람 중에 얼마나 많은 사람이 충분히 고려하고 목사가 되었는지 모르겠습니다. 대개 대형 집회를 통해 감정적인 동요를 느끼고 (우리가 자주 성령의 강권적인 역사나 불을 받았다고 하는) 일시적인 충동에 이끌려 인생을 내버리고 종교를 위해 삶을 낭비하는 것은 아닌지 묻고 싶습니다.

　전도서는 성서의 다른 글보다 신앙적 강제가 약하다는 측면에서 훨씬 낫습니다. 전도서는 이성적 학문을 장려하면서 인생의 목적이 행복이어도 좋다고 암암리에 용인하면서 신앙적인 조언을 덧붙입니다. 명확히 구분할 수는 없겠지만 우리의 일상적인 삶, 행복 추구, 신앙적 헌신이 각각 40:40:20 정도라면 어떨까 합니다. 심지어 45:45:10이라고 해도 좋겠습니다. 0이면 또 어떻습니까? 누구는 삶 자체가 신앙이라고 하지 않나요? 신앙은 이벤트가 아닙니다. 일상적인 삶에 필요한 가치입니다. 성서의 가치를 따라서 사는 삶이 신앙입니다. 따라서 신앙적 헌신을 강요해서는 안 됩니다. 아무도 신앙적 목적으로 자유와 행복을 추구하는 것을 제어해서는 안 됩니다. 사람들의 일거수일투족을 간섭하지 마세요. 다시 말합니다. 신앙은 가치입니다. 신앙은 인생이라는 배가 항해하는데 나침반 역할을 하면 족합니다. 제가 신앙의 가치를 깎아내린다고 오해하지 마세요. 나침반은 작지만 항해하는 데 아주 중요합니다. **신앙은 일상이라는 배 자체가 될 수 없고 되어서도 안 됩니다.** 사람은 종교적 인간이기보다는 일상적 인간으로 살아야 합니다. 너무 평범해서 종교를 가진 사람과 구분할 수 없을지도 모르지만 그 사람 안에 들어 있는 가치관이 다르다면 행동으로 드러날 테고 결국 다른 사람이 알아볼 것입니다. 여러분은 신앙적 색채가 없다면서 경솔히 사람을 평가하고 교정하려고 해서는 안 됩니다.

　우리는 누구나 모두 끝없이 자유로워야 합니다! 무한한 행복을 추구하는 사람이 되어야 합니다! 성서적 가치를 선택할 것인지 아닌지는 각자의 선택입니다. 남에게 특정한 선택을 하라고 말만 할 것이 아니라 신앙인인 당신의 삶을 바라보는 사람이 매력을 느껴 같은 선택을 하게 해야 합니다. 삶이 없으니까 말로만 어떤 지식을 가르치려고 하는 겁니다. 한 사람의 신앙은 실천을 통해서 다른 사람에게 전해집니다. 시끄럽게 떠드는 입을 닫아야 합니다. 그리고 당신 자신부터 자유롭고 행복한 사람이 되십시오. 편안한 당신의 얼굴을 보고 먼저 다가와 그 이유를 묻는 사람이 있을 것입니다. 宗

너는 나를 도장같이 마음에 품고 도장같이 팔에 두라 사랑은 죽음 같이 강하고 질투
는 스올 같이 잔인하며 불길 같이 일어나니 그 기세가 여호와의 불과 같으니라

왕과 천한 여자가 미친 듯이 사랑하는 드라마 같은 이야기

아가서는 말 그대로 아름다운 사랑의 노래입니다.(노래 중에 노래) 아가서의
최종 구성자(構成者)의 주장에 따르면 그것은 솔로몬 왕(아 1:1)과 술람미(Shu-
lammite) 여인(아 6:13) 사이에 오간 사랑의 노래입니다. 거의 모든 해석자는 술
람미 여인을 외국 여자로 이해합니다. 혹은 그녀가 미인이 많은 지역(왕상 1:3-
4)이었던 수넴(Shunem, 이스라엘 북쪽 4km) 여자라고 생각합니다.

솔로몬은 이름난 작사가였다는데(왕상 4:32 "그의 노래는 1,005편") 그렇게
많은 노래가 다 어디 갔는지 아쉽습니다. 오직 아가서와 시편(72편?) 등 몇 개만
남아있으니 말입니다. 「솔로몬의 시편(The Psalms of Solomon)」이라는 책이 있
는데 이것은 위작으로 알려져있습니다.

아가서의 장절과 단락을 자세히 살펴보면 솔로몬 왕의 재위 기간에는 도저히
쓸 수 없는 내용이 보입니다. 예를 들어 아 8:11-12은 왕에 대한 (백성의) 노골
적인 비판입니다.

> 솔로몬이 바알하몬에 포도원이 있어 지키는 자들에게 맡겨 두고 그들로 각기 그
> 열매로 말미암아 은 천을 바치게 하였구나 솔로몬 너는 천을 얻겠고 열매를 지
> 키는 자도 이백을 얻으려니와 내게 속한 내 포도원은 내 앞에 있구나(아 8:11-
> 12)

이 글의 뜻은 이렇습니다. 왕("솔로몬")이 소작농들에게 각각 은화 1,000
개씩 바치게 합니다. 은화 1,000개(세겔)는 약 11.4g(1세겔)X1,000개 = 약

1,140g(11.4Kg)의 무게입니다. 1세겔이 노동자의 4일 노동에 해당되는 임금이라고 했을 때 현재의 가치로 환산하면 40만원(10만원 X 4일)X1000개 = 4,000만원 정도가 됩니다. 노동을 전혀 하지 않는 왕이 가져가는 돈이 이렇게 많다는 이야기입니다.

물론 이 글에서 솔로몬에 대한 적대감을 찾아볼 수 없다는 의견도 있습니다. 오히려 왕이 다스리는 시대의 평범한 일상(왕이 소작농들에게 일을 시키고 일정한 세를 받는 상황)을 묘사한 것으로 볼 수 있다는 것이지요. 더욱이 이 책은 정치 이야기를 하는 것이 아니라 사랑의 노래니까요. 하지만 저는 왕이 과한 세금을 착취한다는 느낌을 완전히 불식(拂拭)할 수가 없습니다.

이 책을 엮은 사람이 글에 솔로몬이라는 이름을 적어 놓은 것(아 1:1,5; 3:7,9,11; 8:11,12)도 미심쩍습니다. 솔로몬 왕이 자신의 이야기를 썼다면 왜 자꾸 '솔로몬 왕이' '솔로몬이'라고 합니까? 그냥 '내가'라고 하면 되지요.

아 1:5을 보면 비둘기같이 어여쁜 눈을 가진(아 1:15) 여주인공이 외국 여자인지 아니면 그냥 예루살렘에 사는 이스라엘 여자 중의 피부가 검은 여자 한 명인지 혼란스럽습니다.

> 예루살렘 딸들아 내가 비록 검으나 아름다우니 게달의 장막 같을지라도 솔로몬의 휘장과도 같구나(아 1:5; 아 5:16)

피부가 곱게 탄 이 여자는 예루살렘 여자들 사이에 둘러싸여 있는데 이 여자가 왕비 중 한 명이라면 (그녀는 왕궁에 살고 있음, 아 1:4 "왕이 나를 그의 방으로 이끌어 들이시니") 이스라엘 여자는 물론 외국인 후궁들과 첩들 사이에 있어야 맞지 않을까요? 예루살렘 여자라는 말이 예루살렘에 사는 이스라엘 + 외국인 후궁을 뜻하는 것 같지는 않습니다.("예루살렘 딸들아") 왕상 11:3a은 (외국인 포함)"후궁이 700명, 첩이 300명"이라고 합니다. 아가서도 "후궁"의 수를 언급합니다.

왕비가 육십 명이요 후궁이 팔십 명이요 시녀가 무수하되(아 6:8)

이것을 보면, 후궁이 700명은 고사하고 100명도 안 됩니다. 성서 본문 사이의 모순을 어느 정도 만회하기 위해 아 6:8b에 "무수하되"라는 말을 추가한 것 같습니다. 초기 본문이 있을 때 그것을 삭제하지 않고 새로운 내용을 덧붙이는 편집자들의 습관을 여기서도 확인할 수 있습니다.

술람미(Shulammite) 여인(아 6:13)은 과연 후궁 중의 하나였을까요? 만약 그랬다면 왜 열왕기상 11장 1절에 그의 출신지나 이름이 없을까요?

솔로몬 왕이 바로의 딸 외에 이방의 많은 여인을 사랑하였으니 곧 모압과 암몬과 에돔과 시돈과 헷 여인이라(왕상 11:1)

솔로몬은 천 명이나 되는 후궁들과 첩들을 사랑했다고 하는데(왕상 11:3b "마음을 돌아서게 하였더라") 그가 뜨겁게 사랑했던(아 8:6 "너는 나를 도장같이 마음에 품고 도장같이 팔에 두라 사랑은 죽음 같이 강하고 … 불길같이 일어나니 그 기세가 여호와의 불과 같으니라") 술람미(Shulammite) 여인에 대한 언급은 아가서 말고 다른 곳에는 없습니다. 술람미 여인은 솔로몬 왕에게 스쳐 가는 여자 중의 하나였을까요?(아 3:1 "침상에서 … 찾아도 찾아내지 못하였노라") 결혼식은 한 것 같은데 말입니다.(아 3:11 "혼인날") 뜨겁던 사랑이 식어버린 걸까요?(아 5:3) 갈등은 있었지만 재결합한 것 같은데 말입니다.(아 6:13 "돌아오라")

종합적으로 볼 때, 아가서는 솔로몬에 의해서 쓰인 것이 아니라 솔로몬이 쓴 것으로 각색된 책입니다. 신분을 뛰어넘은 위대한 사랑 이야기 하나가 전해 내려왔으며 성서 본문이 이 이야기를 수용했을 가능성이 상당히 큽니다. 이 정도로 감동적인 이야기라면 범 시대적인 사랑을 받을 만합니다.

힙폴리투스(Hippolytus)가 처음으로 아가서를 예수그리스도와 회중의 관계로 해석한 이래로, 거의 모든 문자주의적이며 교조주의적인 해석자는 아가서를 예수 그리스도라는 관점에서 풀어내야 한다는 생각에 사로잡혔습니다. 물론 그들은 아가서뿐 아니라 성경 전체를 그렇게 풀어야 한다고 생각했습니다. 사실 이야기에 남녀 간의 사랑과 노골적인 묘사가 나와서 읽다 보면 낯뜨거워집니다. 그러니까 그것을 예수님으로 풀지 않으면 안 된다는 것 같습니다. 아가서가 일단 성서의 한 권이 된 이상, 대부분의 개신교인이 성경을 통해서 확인하려고 하는 것이 예수그리스도의 구원과 영생의 도리이기 때문에 이런 해석은 어떻게 보면 지극히 당연한 일일 수 있습니다. 기독론적 해석만이 왜 이런 애정 이야기가 성서에 포함되었는지에 대한 설득력 있는 답변일 것입니다. 하지만 지금처럼 한국 교회에 문제가 많은 상황에서는 예수님과 교회와의 관계를 이야기할 때 아가서보다는 호세아서가 적합하지 않을까 합니다. 적어도 아가서에서 묘사된 여주인공은 정결하고 아름답습니다. 현재 상황에서 아가서의 왕과 후궁의 관계를 자꾸 예수님과 교회와의 관계로 설명하면 예수님 때문이 아니라 구겨진 개신교의 이미지 때문에 쉽게 이미지 연결이 안 됩니다. 호세아는 부인이 창녀처럼 뭇 남자들과 놀아났음에도 불구하고 하나님의 명령에 따라 그 여자를 용서하고 데려와 자식 낳고 살았습니다. 오히려 이런 이야기가 현대 개신교 교회에 감동을 주지 않을까요? 게다가 호세아서는 아가서와는 달리 호세아와 그의 바람난 아내의 관계가 하나님과 백성의 관계임을 명확히 드러냅니다.(호 2:16 "여호와께서 … 네가 나를 내 남편이라 일컫고 …") 호세아서 정도로 본의(本意)가 명확하게 드러나야 적용을 제대로 할 수 있습니다. 그와는 달리 아가서는 적용점이 모호합니다.

아가서가 성경 정경 안에 들어온 것은 위에서 언급한 대로, 일찍이 남녀 간의 이야기를 하나님과 백성 간의 관계로 이해하고 해석한 사람이 있었기 때문입니다. 그런 해석 방법이 상당히 매력적이어서 많은 이가 그렇게 해석한 것입니다. 그러나 저는 이 이야기를 그냥 평범한 남녀의 사랑 이야기로 보면 어떨까 합니다. 그대로 성경 중의 한 권으로 놔두고 말입니다. 그게 이상한가요? 오히려 **모든 것을 예수님으로 해석하려고 하는 것이 더 이상하지 않습니까?** 일상적인 이야기가 성서 해석의 영역에 들어올 수 없다고 생각한다면 그것은 일종의 강박입니다.

예를 들어 어떤 신앙인이 가게에 갑니다. 목이 말라 돈을 지불하고 물을 사마십니다. 그리고 가게를 나가서 가던 길을 갑니다. 여기에서 어떤 신앙적 코드(code)를 발견할 수 있습니까? 무리하게, 목이 마른 것은 진리에 목마른 것이고, 돈을 지불한 것은 예수님이 우리의 죗값을 지불하신 것이며, 물을 마시고 가게를 나간 것은 진리에 대한 갈증에서 구원받고 해방된 것이라고 해석해야 합니까? 그냥 목이 말라서 물을 사 먹은 것 아닙니까? 이 행동에서 아무런 신앙적 해석을 만들어내지 못한다고 어떤 문제가 있습니까? 저는 아무 문제도 없다는 생각입니다. **일상적 신앙이라는 것은 교회 안에서 예배를 드리는 것뿐 아니라 우리가 평범하게 할 일을 하며 사는 것을 의미합니다.** 일상 전체가 신앙적 행동이라면 그것에는 어떤 해석도 필요하지 않습니다. 일상적인 삶의 면면을 모두 예수님으로 해석할 필요는 없습니다. 평범하고 일상적인 삶은 딱히 훌륭해 보이지는 않을지 모르지만 그렇다고 나쁜 것도 아닙니다. 먹고, 자고, 용변을 보고, 공부하고, 사랑하고, 결혼하고, 부부끼리 사랑을 나누고, 생명을 낳습니다. 고귀한 생명을 낳은 부부의 행위가 더럽습니까? 아닙니다. 이처럼 **평범한 일상은 그 자체가 신앙적이며 하나님이 기뻐하시는 것입니다.** 아가서를 그냥 남녀의 사랑으로 읽으라는 저의 주장, 그 이유가 바로 여기에 있습니다. **일상성(日常性)이라는 토양(土壤)에서 비로소 신앙적 가치가 꽃을 피웁니다.** 일상을 평범하게 살고 싶지 않은 사람에게 신앙은 욕망을 이루어주는 도구일 뿐 다른 긍정적인 가치를 제공하지 않습니다.

신앙인이 되기 전에 평범한 하나의 사람이 되어야 합니다. 억지로 신앙인처럼 보이기 위해서 특별한 어휘를 쓰는 것은 거북스럽습니다. 오히려 가장 평범한 행동으로 당신이 신앙인이라는 것을 알게 해 보십시오. 두 손을 모으고 기도하거나 입을 열어 찬송하라는 이야기가 아닙니다. 저는 당신이 스스로 '저는 크리스천입니다'라고 하지 않아도 그리고 종교인이 늘 하는 식사 기도를 하지 않아도 남들이 당신을 편안하게 받아들이면서 신앙의 가치를 감지하게 해야 한다는 것입니다. 그러기 위해서 당신은 우선 아주 평범한 사람이 되어야 합니다. 부유해도 평범한 사람, 가난해도 평범한 사람, 많이 배웠어도 평범한 사람, 배운 것이 없어도 평범한 사람, 웃고 슬퍼하고 분노하고 기뻐할 줄 아는 그냥 사람말입니다. 그게 어떻게 가능합니까? 제 말을 잘 이해하십시오. 자신이 그냥 사람이라고 생각하는 사람에게는 부유와 가난과 학식과 무식이 있으나 없으나 똑같습니다. 스스로 '나는 돈이 많은 사람이야'라고 하는 인식하는 순간 그는 그냥 사람이 아니라 '돈이 많은 사람'이 됩니다. 평범하지 않습니다. 그냥 사람이 아니기 때문입니다. 저는 인간의 기본적 존재 양식을 말합니다. 아가서의 왕과 비천한 여자의 신분이 무시되고 둘의 사랑만 부각되는 것도 같은 원리입니다. 둘 다 그냥 사람 대 사람으로 만났습니다. 아가서는 평범한 두 사람의 사랑 이야기입니다. 표면적으로 그들의 신분에는 차이가 있고 그것은 유지됩니다. 그러나 사람과 사람이 사랑하는 것이 핵심이기 때문에 그들에게 붙은 지위와 조건은 전면에 드러나지 않습니다. 아가서의 둘은 진실로 사랑하므로 마치 모든 면에서 동일한 조건의 사람들처럼 독자에게 감동을 줍니다. 둘의 관계는 결혼으로 꽃을 피웠습니다. 평범한 일상에서 꽃이 피어납니다. 왕처럼 높은 지위의 남자, 노동으로 검어진 피부의 여자, 어떤 사회에서 둘이 맺어질 수 있습니까? 여자가 돈이 없고 집안이 못살고 명문 대학의 학벌이 없다면 대기업 회장 아들과 맺어지겠습니까? 일반적으로 신분의 벽을 깨는 것은 불가능합니다. 드라마 속 이야기입니다. 신분의 벽을 허물 수 있다면 그것이야말로 하나님의 기적입니다. 그런데 이런 기적은 참신한 가치를 배경으로 합니다. 우리는 성서에서 세상의 풍조를 따르지 않는 이 가치를 학습해야 합니다. 그래서 우리에게 아가서는 일반적인 책 이상의 가치를 갖습니다. 아가서는 분명 성서입니다!

아무리 겉으로 신앙인 척해도 결혼할 때는 조건을 따릅니다. 그런 사람들에게는 어떤 특별함을 발견할 수 없습니다. 부자 남자와 부자 여자가 서로 사랑해서 결혼하는 것은 시시합니다. 아가서는 그런 시시한 스토리가 아닙니다. 아가서는 허물기 힘든 신분의 벽을 처음부터 무시하고 있습니다. 마치 그런 벽 따위는 존재하지 않는 것 같습니다. 도대체 어떤 사상과 가치가 이런 사랑을 꽃피우게 합니까? 왕과 비천한 여자는 사랑의 가치 안에서 평범한 사람들로 존재합니다. 왕의 지위는 무가치하고, 여자는 이제 비천한 여자로 서 있지 않습니다. 이처럼 고상한 가치는 모든 이로 훌륭한 사람이게 합니다. 진실한 사랑이 벽을 없앤다고 성서는 교훈합니다.

당신에게는 신앙이 있습니까? 그렇다면 당신은 한 명의 보통 사람인가요? 말로는 신앙이 있다고 하면서 속으로는 자신이 다른 사람보다 모든 면에서 월등하다고 생각합니까? 남을 깔보는 당신에게 신앙은 아무 가치도 없습니다. 아가서 안에서 예수님과 교회의 사랑을 읽어내는 것이 당신의 삶에 무슨 유익을 줍니까? 오히려 누군가를 진실로 사랑하느냐고 묻고 싶습니다. 월등하다는 의식을 없애야 사람을 사랑할 수 있습니다. 보통 사람이 되는 만큼 신앙생활을 잘 할 수 있습니다.

이사야 1: 11-17

여호와께서 말씀하시되 너희의 무수한 제물이 내게 무엇이 유익하뇨 나는 숫양의 번제와 살진 짐승의 기름에 배불렀고 나는 수송아지나 어린 양이나 숫염소의 피를 기뻐하지 아니하노라 / 너희가 내 앞에 보이러 오니 이것을 누가 너희에게 요구하였느냐 내 마당만 밟을 뿐이니라 / 헛된 제물을 다시 가져오지 말라 분향은 내가 가증히 여기는 바요 월삭과 안식일과 대회로 모이는 것도 그러하니 성회와 아울러 악을 행하는 것을 내가 견디지 못하겠노라 / 내 마음이 너희의 월삭과 정한 절기를 싫어하나니 그것이 내게 무거운 짐이라 내가 지기에 곤비하였느니라 / 너희가 손을 펼 때에 내가 내 눈을 너희에게서 가리고 너희가 많이 기도할지라도 내가 듣지 아니하리니 이는 너희의 손에 피가 가득함이라 / 너희는 스스로 씻으며 스스로 깨끗하게 하여 내 목전에서 너희 악한 행실을 버리며 행악을 그치고 / 선행을 배우며 정의를 구하며 학대받는 자를 도와주며 고아를 위하여 신원하며 과부를 위하여 변호하라 하셨느니라

세련된 예배가 쓸데없고 가증하고 잔인하게 되는 순간

이사야서 1:11-15은 제사(祭祀)를 부정적으로 봅니다. 사 1:11은 "제물"이 "유익"하지 않다', (하나님이) 제물의 "피"를 기뻐하지 않는다고 합니다. 사 1:12은 (제단으로) 나오는 사람들이 쓸데없다고 하며, 사 1:13은 "제물"이 "헛"되고 "분향"이 "가증"하다고 합니다. 사 1:14은 (하나님이) "월삭"과 "절기"를 싫어한다고 하며 사 1:15은 "피"가 가득한 "손"을 비판합니다. 이 표현은 중의적인 표현입니다. 인간의 살육을 의미하기도 하고 소나 양과 같은 제물의 피를 연상하게도 합니다. 그런데 이 모든 표현은 **제사에 대한 모독**입니다. 제사를 지내는 것을 살인과 결부하고 있고, 궁극적으로 하나님의 이름으로 비판합니다.

사 1:11-15에서 제사를 부정적인 시각으로 보는 것은 아마도 사회적인 문제가 생겼기 때문인 것 같습니다. 사 1:15의 "피"가 가득한 "손"은 사람에 대한 악행을 암시하며 사 1:16에서는 이에 대하여 노골적으로 "악한 행실"과 "행악"이라는 단어를 사용합니다. 사 1:17을 읽으면 문제가 어디서 발생했는지 알 수 있습니다. 이 악행의 대상이 누군지 확인해야 합니다.

> 선행을 배우며 정의를 구하며 학대받는 자를 도와주며 고아를 위하여 신원하며
> 과부를 위하여 변호하라 하셨느니라(사 1:17)

사 1:17은 사 1:15-16의 '악한 행위'의 반대 개념으로 "선행"을 말합니다. 이는 사 1:17이 사 1:15-16의 잘못을 개선하는 방안임을 뜻합니다. 사 1:17은 선행을 배우고, (사회적인) 정의를 구하며(실현하며), 구체적으로 학대받는 계층을 도와주고, "고아"와 "과부" 같이 도움이 필요한 사람의 편에 서서 그들을 위해 소리를 내라("변호하라")는 권고입니다.

사회적 약자들이 어떤 처지에 있는지는 사회의 건강과 안정을 가늠하는 척도입니다. 그런 의미에서 사회 복지의 질은 사회의 수준을 나타냅니다. 우리는 "고아"나 "과부"에 대해서 감정적인 연민을 느껴 돕는 수준에 머물지 말고 수준 높은 사회를 만들기 위해서 건실한 복지 제도를 구축해야 합니다. 경제적 입장에서 사람을 오직 숫자로 여기는 원시 자본주의 사회에서는 일부 기득권층만 잘살 수 있지만 대다수 사람의 삶이 불안정하므로 종국적으로는 모두 불행한 상황에 치달을 것입니다. 그래서 지혜로운 사람들은 사회적 분배 문제와 형평성을 논합니다. 이것은 획일적으로 모든 사람이 똑같은 경제적 상황이 되도록 인위적으로 만들자는 것이 아니라 기본적으로 자유로운 경제 활동을 보장하면서 사회 전체가 안정을 유지할 수 있도록 부를 적절히 나누자는 것입니다. 혼자만 잘살려고 하면 결국 그 혼자도 잘살 수 없게 됩니다.

이 성서 본문을 볼 때 전반적으로 사회가 아주 불안정한 상태인 것 같습니다. 핵심 문제는 가진 것이 별로 없는 자들에 대한 가진 자의 배려가 없는 것입니다. 심지어 그들을 방치하고 더 나아가 해치기까지 합니다. 그런데도 법은 오직 가진 자의 편에 서 있습니다. 하나님은 화를 내며 없는 자의 편에 서라고 명령합니다. 동시에 제사 행위를 비판합니다.

이사야서의 이 본문은 제사 제도(현대로 말하자면 예배)를 폐지하라고 말하는 것입니까? 그럴 수도 있고 아닐 수도 있습니다. 만약 사회적 분배 문제와 형평성의 문제가 제대로 해결되지 않는다면 종교적 의식은 아무런 필요가 없다는 뜻입니다. 폐지를 주장한다고 볼 수 있습니다. 하지만 사회가 안정을 확보한다면 종교 제도를 굳이 폐기하지 않아도 될 것입니다. 이런 의미에서 종교의식은 사회의 안정 여부에 따라 그 존폐를 결정합니다. 사회 안정 없는 종교의식은 쓸데없습니다. 그래서 그런지 사회가 어떤 심각한 문제에 봉착했을 때 종교적 의식을 아예 폐기하자는 사람들이 등장합니다. 코로나 상황이 그렇습니다. 적지 않은 확진자가 교회 모임에서 발생했으므로 예배 자체를 금지하자는 것입니다. 하지만 사회에 물의를 일으키지 않는다면 제사든 예배든 굳이 없앨 필요는 없습니다. 방역을 잘해서 사회에 도움이 된다면 누가 예배를 없애라고 하겠습니까?

이 본문이 제사 제도를 다른 형식으로 개선하라고 말하고 있는 것 같지도 않습니다. 유익하지 않은 숫양의 번제(사 1:11) 또는 헛된 제물과 가증한 분향(사 1:13)이라는 표현을 보고 더 완벽한 제사를 지내면 된다고 생각할 수 없습니다. 이것은 사회적 문제를 해결하지 않은 한, 제사는 근본적으로 쓸데없다는 말씀입니다. 문제의 핵심이 전체 사회에 있어서 종교적 의식(儀式)을 조금 바꾸는 것으로는 아무것도 해결할 수 없습니다. 예배학적 연구로는 사회 문제를 해결할 수 없습니다. 이 본문이 바른 제사란 무엇인가라는 제목으로 어떤 교육을 하기 위한 텍스트처럼 보이지도 않습니다. 이 글의 주제는 '우리는 어떻게 바르게 살 것인가?'에 가깝습니다. 예배보다 중요한 일에 관하여 말하고 있습니다.

이 모든 고찰을 종합하면 **사 1:11-17의 주제는 제사의 정상화나 개선이 아니라 사회의 분배 문제를 해결**하라는 것입니다. 이것은 종교에 찌들어 있는 개신교인들에게 경종을 울리는 말씀입니다. 어떤 이들은 우리 주변의 누군가 굶고 있고 누군가 피해를 보는 것을 보고도 교회에 모여 기도회를 여는 것에 치중합니다. 그리고 그들에 관한 학술회를 엽니다. 물론 제가 볼 때는 그런 것도 필요합니다. 그러나 사회 문제의 해결에 대해서 아무 실천도 없이 기도회나 학술회를 여는 것은 쓸모없는 짓입니다. 차라리 그렇게 모여 마실 커피 값을 아껴 성장지상주의의 그늘에 가려 고통받는 사람들에게 쌀 한 포대라도 전달하십시오. 한국의 복지가 나아졌지만 사각지대는 언제나 존재합니다. 우리는 사회에 자리 잡고 있는 분배의 문제와 불공정, 불평등의 문제, 그리고 그 문제들 때문에 상처받은 사람들, 누구에게도 도움을 받을 수 없는 이웃을 위해 행동해야 합니다. 하다못해 피켓이라도 들고 시위라도 해야 합니다. 궁극적인 목적은 굶는 이가 없고 공부하고 싶어도 학비가 없어 못 하는 사람이 없고 몸이 아파도 병원비가 없어서 병원에 못 가는 사람이 없는 사회를 건설하는 것입니다.

사 1장 본문을 얼핏 보면 사회 문제를 제사라는 종교의식의 정반대 쪽에 놓고 있습니다. 본문을 얼핏 읽으면 종교적 행위를 완전히 폐지하고 오로지 사회적 문제 해결을 위해 투신해야 할 것 같은 느낌을 받을 수 있습니다. 하지만 의식(儀式)은 (자주 인간 욕망의 도구가 되기도 하지만) 종교심을 가진 인간의 삶에 있어서 필요합니다. 만약 불필요하다면 벌써 오래전에 소멸했을 것입니다. 종교의식이나 실천이나 겹치는 면이 있습니다. 머리로만 하는 것이 아니라는 것입니다. 조금이라도 행동해야 무엇인가 이루게 됩니다. 그렇게 보면 사 1장 본문은 종교적 행위를 폐기하자고 하는 것이 아닙니다. 그것보다 중요하고 더 먼저 해결해야 할 것이 있다고 말합니다. 신약성서에는 이것과 비슷한 본문이 있습니다.

> 그러므로 예물을 제단에 드리려다가 거기서 네 형제에게 원망들을 만한 일이 있는 것이 생각나거든 예물을 제단 앞에 두고 먼저 가서 형제와 화목하고 그 후에 와서 예물을 드리라(마 5:23-24)

단순히 개인과 개인 사이의 갈등 문제를 말하는 것으로 이 글을 이해하는 것은 아쉽습니다. 사회적 관점에서 접근해 봅시다. 이른바 산상보훈(마 5:1-12) 으로 시작하는 마태복음 5장 전체가 사회 공동체의 여러 가지 문제에 대해서 논하고 있습니다. 신앙인의 세상에 대한 기여(마 5:16)와 타인 위해(危害 살인) 금지(마 5:21)에 이어 타인(형제)에게 분노 금지(마 5:22)가 이어지고 있습니다. 분노 금지는 마태복음 5장이 제시하는 사회적 규범이 상당히 치밀하다는 것을 알게 합니다. 살인죄는 형법에 의해 금지하는 범죄입니다. 하지만 꼭 물리적인 가해가 있어야 범죄인 게 아닙니다. 언어폭력도 심각한 범죄입니다. 분노를 금지한 것을 그런 차원에서 이해하면 좋을 것입니다. 마 5:23-24을 읽고 단순히 '예배드리다가 지인과의 사이에 앙금이 있었다는 것이 떠오르면 예배를 멈추고 그를 찾아가서 화해하고 와서 계속 예배하라'는 교훈으로만 볼 수 없는 것은 바로 다음 구절에 공적 분쟁을 언급하기 때문입니다.

> 너를 고발하는 자와 함께 길에 있을 때에 급히 사화하라 그 고발하는 자가 너를 재판관에게 내어 주고 재판관이 옥리에게 내어 주어 옥에 가둘까 염려하라(마 5:25)

마 5:25은 분명히 재판 이야기입니다. 따라서 이에 비추어 마 5:24을 다시 읽으면 "예물을 제단에 드리다가" 일어나 돌아갈 만큼 법적 사안이 시급하다는 식으로 이해할 수 있습니다. 마 5:25에 따르면, 적절한 시기를 놓치면 감옥에 갇힐 수 있습니다.

아무리 신앙이 좋은 사람이라고 해도 지금 집에 불이 나서 모든 가구와 패물이 불타고 있으면 예배드리다 말고 바로 뛰어갈 것입니다. 집이 전소할 때까지 교회에 앉아있다면 그는 제정신이 아닙니다. 저는 교회의 일을 모든 일보다 우선하는 신자를 볼 때마다 그가 교회 일을 중시한 나머지 먼저 시급하게 처리해야 할 일상의 일을 등한시할까 봐 걱정입니다. 기도회에 참석하려고 아이의 졸업식에 못 가고, 선교사로 떠나려고 부모의 임종을 못 보고, 교회를 더 크게 짓는데 바빠서 생계의 고통으로 생명을 끊는 교인이 있다는 것을 모릅니다. 물론 우리는 한계를 가지고 있어서 우리나라에 있는 모든 "고아"와 "과부"를 다 도울 수 없습니다. 하지만 그렇다고 '어차피 다 도울 수 없어'라는 말만 하고 앉아 있을 수는 없습니다. 말만 하면서 뻔히 보이는 사람을 돕지 않거나 도우려는 사람까지 막아서는 안 됩니다. **도움 필요한 이에게 손을 내미는 모든 사람은 하나님이 기뻐하시는 "제사"를 드리는 것입니다.**(사 1:16-17 "씻으며(정결 의식) … 도와주며 … 변호하라") 제가 아는 한, 그것이 하나님이 가장 기뻐하시는 참 예배입니다.

🐝 여러분이 너무나 좋아하는 예배에 계속 참석하십시오! 근사한 CCM 반주가 흐르는 큰 예배당에서 은혜(?) 받으십시오. 하지만, **우리 사회가 어제보다 조금도 더 나은 사회가 되지 않고 생활 환경이 열악해지고 각박해진다면 당신이 습관적으로 드리는 예배에 무슨 의미가 있을지 한 번쯤은 돌아보십시오.** 근사한 예배와 찬양팀의 세련된 찬양이 일주일 동안 욕심을 부리느라 지친 당신의 마음을 달래주는 것은 아닙니까? 예배드리고 욕심부리고 헌금 내고 약자를 억누르고 … 사회가 어떻게 돌아가든지는 상관없이 통장에 돈을 채우는데 정력을 다 쓰는 것은 아닙니까? 악행을 하느라 소진한 심신을 예배를 통해 충전하려는 것은 아닙니까?

사회적인 불평등과 분배의 문제가 조금이라도 개선되도록 우리는 어떤 방식과 형태로든 움직여야 합니다. 그늘에 가려 굶고 신음하는 사람들을 적극적으로 도와야 합니다. 물론 진짜로 도움이 필요한 사람인지는 살펴야겠지요. 이제 우리나라에는 그런 사람들이 없다고요? 무슨 소리 하십니까? 소년 가장도 죽고, 대학 강사도 생활고를 비관하다가 죽고, 이름난 소설가도 밥 좀 달라고 애원을 하는 쪽지를 남기고 굶어 죽는 것이 지금 우리의 현실입니다. 믿는 사람이 예배에 소비하는 시간의 반의반만 줄여 주변을 자세히 돌아본다면 사회는 분명히 달라질 것입니다. 기억하십시오! 고통받는 이웃의 문제를 해결하지 않고 개선하지 않는다면 세련된 예배는 아무 쓸데 없고(사 1:11) 가증하고(사 1:13) 심지어 잔인한 일(사 1:15 "손에 피가 가득함이라")이라는 것을 말입니다! 예배 시간을 줄입시다. 그 시간에 어려움을 만난 이웃을 찾아 나섭시다!

이사야 9:1-7

전에 고통받던자들에게는 흑암이 없으리로다 옛적에는 여호와께서 스불론 땅과 납달리 땅이 멸시를 당하게 하셨더니 후에는 해변 길과 요단 저쪽 이방의 갈릴리를 영화롭게 하셨느니라 / 흑암에 행하던 백성이 큰 빛을 보고 사망의 그늘진 땅에 거주하던 자에게 빛이 비치도다 / 주께서 이 나라를 창성하게 하시며 그 즐거움을 더하게 하셨으므로 추수하는 즐거움과 탈취물을 나눌 때의 즐거움 같이 그들이 주 앞에서 즐거워하오니 / 이는 그들이 무겁게 멘 멍에와 그들의 어깨의 채찍과 그 압제자의 막대기를 주께서 꺾으시되 미디안의 날과 같이 하셨음이니이다 / 어지러이 싸우는 군인들의 신과 피 묻은 겉옷이 불에 섶 같이 살라지리니 /
이는 한 아기가 우리에게 났고 한 아들을 우리에게 주신 바 되었는데 그의 어깨에는 정사를 메었고 그의 이름은 기묘자라, 모사라, 전능하신 하나님이라, 영존하시는 아버지라, 평강의 왕이라 할 것임이라 / 그 정사와 평강의 더함이 무궁하며 또 다윗의 왕좌와 그의 나라에 군림하여 그 나라를 굳게 세우고 지금 이후로 영원히 정의와 공의로 그것을 보존하실 것이라 만군의 여호와의 열심이 이루시리라

권력을 가진 자의 자발적 희생

사 9:1-7은 바벨론이 멸망한 후 해방의 기쁨을 느낀 이스라엘의 희열을 묘사하는 것 같습니다. 완전한 독립은 아니었지만 포용정책을 쓰는 페르시아가 새로운 지배자로 등장하면서 바벨론 때의 강압적인 분위기가 많이 해소된 것이 사실입니다.

전에 고통받던자들에게는 흑암이 없으리로다 옛적에는 여호와께서 스불론 땅과 납달리 땅이 멸시를 당하게 하셨더니 후에는 해변 길과 요단 저쪽 이방의 갈릴리를 영화롭게 하셨느니라 흑암에 행하던 백성이 큰 빛을 보고 사망의 그늘진 땅에 거주하던 자에게 빛이 비치도다 주께서 이 나라를 창성하게 하시며 그 즐거움을 더하게 하셨으므로 추수하는 즐거움과 탈취물을 나눌 때의 즐거움 같이 그들이 주 앞에서 즐거워하오니(사9:1-3)

"전에 고통받던사람들"(사 9:1)과 "흑암에 행하던 백성들"(사 9:2) 그리고 "주께서" "창성하게 하"신 "이 나라"(사 9:3)라는 언급에서 이 모든 것이 이스라엘 민족의 이야기라는 것을 알게 됩니다. 하지만 많은 해석자는 이 이야기를 특정 민족에게 국한하지 않습니다. 세계적이며 범우주적인 사건으로 이해합니다. 사 9:1-7, 특히 9:6-7은 예수그리스도를 예언한 것으로 해석되곤 합니다. 이스라엘 민족사에서부터 시작한 구원 이야기가 신약성서의 전 인류적 구원 이야기로 발전한 것은 보편화라는 메커니즘을 토대로 한 것입니다. 예수님이 전 인류의 구주이기 때문에 유대인뿐 아니라 세계 모든 이가 그를 신앙할 수 있다는 것입니다. 이것은 나쁘지 않습니다. 어떤 사건이든 그 가운데 보편적 요소를 추가하여 확장하는 것 말입니다.

> 이는 그들이 무겁게 멘 멍에와 그들의 어깨의 채찍과 그 압제자의 막대기를 주께서 꺾으시되 미디안의 날과 같이 하셨음이니이다 어지러이 싸우는 군인들의 신과 피 묻은 겉옷이 불에 섶 같이 살라지리니(사 9:4-5)

사 9:4-5는 사 9:1-2,3과 마찬가지로 해방의 기쁨을 느낀 사람이 "무겁게 맨 멍에"(사 9:4), "채찍"(사 9:4)과 "압제자의 막대기" (사 9:4)를 없앤 하나님에 관해 말하는 장면입니다. 특히 사 9:4에서 언급한 "미디안의 날"은 기드온이 미디안을 물리친 사사기 7장의 이야기를 떠올리게 합니다. 기드온은 힘이 세서 미디안을 이긴 것이 아니라 소수의 오합지졸이었음에도 하나님의 계획하심과 인도로(삿 7:7,9) 승리한 것이라고 사사기 7장은 말합니다. 사 9:4-5의 글쓴이도 전쟁을 경험했습니다.("싸우는 군인들의 신"; "피 묻은 겉옷"(사 9:5)) 그는 신의 능력으로 압제자들이 소멸한 것에 대해 감탄합니다. 이는 영원히 멸망하지 않을 것 같았던 바벨론이 페르시아에 의해서 멸망한 역사적 시점(기원전 539년)을 전제하는 것이 틀림없습니다. 바벨론을 굴복시킨 페르시아를 보며 이스라엘 백성은 그 배후에 하나님이 역사했다고 생각했습니다.(스 1:1; 대하 36:22 "하나님께서 바사의 고레스 왕의 마음을 감동시키시매") 하지만 사 9:6-7이 정말 예수그리스도를 예언한 것일까요?

> 이는 한 아기가 우리에게 났고 한 아들을 우리에게 주신 바 되었는데 그의 어깨에는 정사를 메었고 그의 이름은 기묘자라, 모사라, 전능하신 하나님이라, 영존하시는 아버지라, 평강의 왕이라 할 것임이라 그 정사와 평강의 더함이 무궁하며 또 다윗의 왕좌와 그의 나라에 군림하여 그 나라를 굳게 세우고 지금 이후로 영원히 정의와 공의로 그것을 보존하실 것이라 만군의 여호와의 열심이 이루시리라(사 9:6-7)

사 9:1 하반 절에 쓰인 "요단 저쪽 이방의 갈릴리"라는 어휘는 예수님과 관계가 있는 것 같습니다. 구약성서에서 5회 쓰인(수 20:7; 21:32; 왕상 9:11; 왕하 15:29; 사 9:1; 대상 6:76) "갈릴리"는 이스라엘 사람이 아닌 외국인들이 많이 살던 곳이었습니다. 구약 시대에는 이 지역의 범위가 명확하지 않았기 때문에 지리적으로 볼 때 로마 시대의 갈릴리의 개념과 완전히 같은 곳을 가리키는 것은 아닙니다. 구약성서를 기록할 때 신약의 그 갈릴리를 미리 내다 보고 적었을 가능성은 없습니다. 따라서 이 "갈릴리"가 예수님의 갈릴리(마 2:23; 눅 2:51)와 똑같은 지명이라고 하기 어렵습니다.

사 9:6의 "한 아기"는 예수 그리스도를 의미하는 것입니까? 어떤 아기를 감히 "전능하신 하나님"이라고 칭할 수 있겠습니까? 그렇게 보면 이것이 예수님을 의미하는 것 같기도 합니다.(막 14:62 "내가 그니라"; 막 14:54 "신성 모독") 그런데 시편 2편 7절에도 하나님 아들에 대한 언급이 있습니다.

> 내가 여호와의 명령을 전하노라 여호와께서 내게 이르시되 너는 내 아들이라 오늘 내가 너를 낳았도다(시 2:7)

시편 2편 역시 "맨 것" "결박"에 대해 언급하고 있으며(사 9:4 "무겁게 맨 멍에"; "채찍"; "압제자의 막대기") 심판도 언급합니다.(시 2:9 "철장으로 그들을 깨뜨림이여 질그릇 같이 부수리라 하시도다") 물론 시편 2편에서 일방적으로 당하는 편은 우리 편이 아니라 남이지만 이사야서 9장과 비교할 때 어휘 활용과 전체 분위기가 아주 유사합니다. 시편 2편이(아마도 바벨론의 패망과 페르시아의 집권 시점을 바탕으로) 이방 나라와 타협할 수 없다는 극단적 서술로 나가는 것을 볼 때 이사야서 9장보다 시편 2편의 최종 형성이 더 늦은 시기에 이루어진 것 같습니다. 시편 2편에는 다윗 후손을 왕으로 세움으로 국가 재건과 민족중흥을 도모하려는 기대가 보이지 않습니다. 오히려 전 지구적 종말을 주도하는 하나님의 아들로서 심판자 메시아를 제시하고 있어서 이사야 9장보다는 훨씬 후대에 완성한 문헌이라고 볼 수 있겠습니다. 시편 2편이 헬레니즘 중~후기에 최종 완성되었다면 이사야서 9장은 포로기 전환기~포로 후기의 본문입니다.

종합적으로 볼 때, 이사야서 9:6의 "한 아기"는 다윗의 후손 중의 한 명으로 실제 인물입니다. 하지만 예수님이라고 보기는 어렵고 아마도 훨씬 이전 시대의 사람일 것입니다. 이스라엘의 왕으로 등극하여 나라를 재건할 재목으로 추천한 사람 말입니다. 사 9:6a에서 느낄 수 있는 숭배에 가까운 인기는 바벨론 멸망 후 이스라엘 백성의 기대가 얼마나 팽배했는지를 느끼게 합니다. 스룹바벨은 막중한 정치적 임무를 띠고 있었습니다.("그의 어깨에는 정사를 메었고") 다만 사 9:6b에 추가한 전능하신 하나님, 영존하신 아버지와 같은 표현은 시기적으로 더 후대에 덧붙인 것 같습니다. 이런 신적인 칭호는 그가 아무리 스룹바벨이라고 하더라도 인간을 묘사하는데 붙일 만한 것은 아닙니다. 이런 추정은 사 9:6a에 쓰인 "정사"라는 어휘가 사 9:7a에서 반복되는 것을 볼 때 명확해집니다. 사 9:6-7은 원래 인간 왕 후보에 대한 찬사였을 것입니다. 하지만 인간 왕 후보가 실종된 후에(페르시아에 의해 숙청된 이후에?) 우주적인 메시아를 고대하는 내용으로 발전한 것입니다. 메시아 대망(大望) 사상으로 발전하여 신약 시대까지 전승되었고 예수 그리스도에 대한 민중의 기대에 불을 지폈을 것입니다. 이처럼 예수 그리스도의 메시아 사상도 역사적인 발전 과정을 거친 것입니다.

🐝 성서의 우주적인 메시아 사상은 대중이 현실에 대한 기대나 소망을 완전히 잃어버리면서 발전한 개념입니다. 적어도 이스라엘 백성이 다윗의 후손인 인간 왕을 기대하고 있을 때만 해도 그런 본문은 나타날 수 없습니다.

메시아 사상이 점진적으로 발전한 것이라고 말씀드리면 어떤 분은 저에게 "그래서 당신은 예수님이 메시아인 것을 믿는 거예요? 안 믿는 거예요?"라고 묻습니다. 예수님이 메시아가 아니면 누가 메시아입니까? 인간의 신분으로 인간의 일상 가운데 찾아오신 예수님이지만 스스로 하나님의 아들이라는 자의식을 가지고 계셨습니다. 그런데 놀라운 일은 여기부터입니다. 예수님은 사람을 지배하려고 하지 않으시고 오히려 섬기셨습니다. 스스로 신이며 신의 아들로 생각하시는 분이 섬김을 실천하셨다는 것입니다. 저는 이런 일이 인간에게는 완전히 불가능한 일이라고 생각합니다. 신이라는 자의식을 가지고 인간을 섬기다니! 자칭 하나님이나 하나님의 동생이라는 사람들은 대개 사람들을 부리려고 합니다. **힘이 있는데 그것을 남용하지 않는 것은 기적에 가깝습니다.** 따라서 인간으로서는 힘이 없거나 적은 것이 복입니다.

제가 믿기로 예수님은 분명히 메시아입니다. **신의 능력이 아니라면 어떻게 대단한 능력을 갖추고도 그것을 무시하고 사람을 존중하고 섬기겠습니까?** 예수님의 생애(生涯)와 가르침을 잘 살피면 그분이 하나님의 아들이라는 확신이 들 수밖에 없습니다. 하나님의 능력이 아니라면, 다른 이들을 위해서 자발적으로 생명을 버리는 일은 할 수 없습니다. 예수님 안에 하나님의 전능(사 9:6)이 있는 것입니다. 예수님은 참된 삶의 가치를 말이 아닌 삶으로 살아내셨고 바로 그것이 세상의 수많은 사람으로 2,000년이 지난 지금까지도 그를 메시아로 믿게 하는 원동력입니다.

이스라엘이라는 이기적인 민족의 사상적 발전 과정을 통해 이처럼 범세계적이고 고귀한 사상이 가지를 뻗고 열매를 맺었다는 것은 정말로 신적인 기적입니다. 어떻게 욕망덩어리인 인간의 세상에 하나님 아들이 거하실 수 있었을까요! 자기만 아는 사람들 가운데 절대적 힘을 가진 메시아가 섬김의 도를 어떻게 실천하실 수 있었을까요?

저는 저의 이 글을 읽는 당신도 이 고귀한 가치 앞에 무릎을 꿇기를 바랍니다. 단순히 어떤 종교를 가지라고 부추기는 것이 아닙니다. 이기적인 인간의 나라와 왕위는 사라져도 자발적 희생의 가치를 실천하신 하나님 아들의 나라와 왕위는 영원할 것입니다.(사 9:7) **그 가치를 배우고 조금이나마 실천하십시오. 인간을 최소한 동물보다 낮게 만드는 가치를 선택해야 합니다.** 잠시 있다가 사라질 것이 아니라 영속적인 그것을 받아들이는 것이 지혜롭습니다. 만약 당신의 삶 가운데 메시아의 섬김이 열매 맺는다면 당신도 하나님의 아들이라는 말을 듣게 될 것입니다.(마 5:9; 롬 9:26) 당신의 삶도 기적의 삶이 되는 것입니다!

외치는 자의 소리여 이르되 너희는 광야에서 여호와의 길을 예비하라 사막에서 우리 하나님의 대로를 평탄하게 하라 / 골짜기마다 돋우어지며 산마다, 언덕마다 낮아지며 고르지 아니한 곳이 평탄하게 되며 험한 곳이 평지가 될 것이요

사회적 약자의 소리가 바로 하나님의 소리입니다.

이사야서 40장은 "위로하라"는 말로 시작합니다. "위로"는 "백성"에 대한 위로입니다.(사 40:1) 사 40:2은 "노역의 때가 끝났"다라고 하는데 이는 (이스라엘) 백성이 오랜 시간 동안 핍박을 받으면서 노역했음을 뜻하는 것입니다. 이스라엘 백성은 국가 패망 후 바벨론의 통치를 받으며 오랫동안 노예처럼 살았습니다.

사 40:2은 "노역의 때가 끝났"음만 알리는 것이 아니라 그것이 어떻게 끝났는지도 설명합니다. 글쓴이의 인식 속에서 백성이 포로 생활을 했었던 것은 하나님께서 주도하신 일이므로 징벌의 원인이 된 "죄악"을 용서받아야만 노역이 종결될 수 있었습니다. 그리고 마침내 백성의 "죄악이 사함을 받았"습니다.

이스라엘 백성이 볼 때, 그들이 바벨론에 의해서 패망한 것은 다름 아닌 하나님께 지은 죄 때문이었습니다. 압제자였던 바벨론이 페르시아에 의해서 망하자 이스라엘은 하나님이 모든 죄를 사면했다고 생각했습니다. 벌을 충분히("배나") 받았기 때문에 "죄악이 사함을 받았"다는 것입니다.(사 40:2)

사 40:6-8에 갑자기 시(詩) 한 편이 나옵니다. "모든 육체는 풀이요 그의 모든 아름다움은 들의 꽃과 같"으며(사 40:6) 풀은 마르고 꽃은 시든다.(사 40:7-8) 이 내용은 인생무상과 그 유한함에 대해서 말합니다. 그리고 사 40:8 하반 절에는 그 반대 입장에서 영원한 하나님의 말씀을 제시합니다. 마른 풀과 시든 꽃이라는 표현을 과하게 반복하고 있는 이 편집 단락에서 "여호와"는 풀을 말

리고 꽃을 시들게 하는 주체이며(사 40:7) 영원한 하나님입니다.(사 40:8) 이 글은 여호와의 말씀을 따르지 않는 자들이 "풀"과 "꽃"이 마르고 시드는 것처럼 절망적이며 오직 (기록한) 여호와의 말씀을 따르는 자만이 그러한 한계 상황을 극복할 것이라는 뜻입니다. 사 40:1-5 보다 사 40:6-8 이 시기적으로 더 나중에 삽입된 것으로 보입니다. 하나님의 말씀을 집대성하여 문서화할 때 최종적으로 추가한 것 같습니다. 원래 사 40:9 이하의 내용이 사 40:5 바로 아래 붙어 있었을 것입니다. 물론, 사 40:6의 초두에 "말하는 자의 소리여"라는 표현이 있고 사 40:2의 "외치라"와 사 40:3의 "외치는 자의 소리여" 그리고 사 40:9의 "아름다운 소식을 … 전하는 자여"와 "소리를 높이라 … 소리를 높여 …"이 의도적으로 비슷하게 구성했기 때문에, 문헌을 표면적으로만 보면 사 40:6-8을 원래부터 그 자리에 있었던 것처럼 생각할 것입니다. 사 40:9의 "힘써 소리를 높이라"는 실질적으로 사 40:2의 "외치라"에 이어진 것인데 바벨론의 패망과 제한적으로나마 페르시아에 의하여 주어진 해방감과 기쁨을 전제하고 있습니다. 반면 사 40:10-11은 포로후기적인 상황과는 연결되지 않습니다. 친히 … 다스리시는 야웨(사 40:10)라는 표현은 다윗 왕의 후손 중 하나를 왕으로 세우려는 시점의 상황과는 다릅니다. 사 40:11에서 야웨는 스스로 "목자"처럼 "양 떼를 먹이시며" "어린 양을 .. 모아 … 안으시며" "암컷들을 … 인도하"십니다. 인간 왕은 필요 없습니다.

이처럼 사 40장의 "소리"는 이스라엘 백성이 유배의 땅에서 귀환하는 상황을 기초로 합니다. 그것은 해방과 사면의 소리(사 40:2)이며, 망국의 민족을 일깨우는 개척의 소리(사 40:3)이며, 동시에, 인생의 유한함과 무상함을 알리는 교훈의 소리(사 40:6)입니다. 또한, 인생의 목자이신 하나님이 부르시는 소리(사 40:9)입니다. 내용이 이렇게 흘러가는 가운데 아래 구절이 독자의 시선을 사로잡습니다.

골짜기마다 돋우어지며 산마다, 언덕마다 낮아지며 고르지 아니한 곳이 평탄하

게 되며 험한 곳이 평지가 될 것이요(사 40:4)

이 구절은 "소리"의 궁극적인 지향점이 어디에 있는지 알게 합니다. 다시 말해서 '왜 소리를 지르느냐?', '왜 소리 질러야 하느냐?'를 알려주는 것입니다. 문헌의 형성 시점을 생각한다면, 이는 분명히 바벨론 유배 생활이 끝난 후에 이스라엘이 어떤 방향으로 나가야 할지를 말하는 것입니다. 얼핏 보면 이것은 유배 생활의 종결을 알리는 것에 불과하지만, 제가 볼 때, 이것은 분명히 미래 지향적인 메시지입니다. 그것은 모두가 평등한 사회의 구현입니다. "골짜기가 돋우어지"고 모든 "산"과 "언덕"이 "낮아지"고 "고르지 아니한 곳이 평탄하게 되"고 "험한 곳이 평지가" 될 것이라는 말은 분명히 평등의 가치입니다. 다만 그것은 자동으로 이루어지는 것이 아니라 노력으로 성취합니다. 거저 주는 것이 아닙니다.

일차적으로, 글쓴이는 평등의 가치를 국가 재건과 민족중흥에 있어서 가장 중요한 개념으로 여기고 있습니다. 민족이 하나가 되어 새로운 국가 비전을 성취하는 데 있어서 오만한 자는 낮아져야 하고 비천한 자는 대우를 받아야 한다는 것을 웅변합니다. 포용과 평등의 가치는 당시 최강 제국인 페르시아의 통치 철학 가운데도 들어 있었습니다. 이스라엘 역시 페르시아에 준하는 아니 그보다 월등한 나라를 세우기 위해서 비슷한 수준의 가치를 수용하려고 했을 것입니다.

평등의 가치는 사 40:6의 인생의 유한함과 무상함을 알리는 교훈과도 잘 어우러집니다. 날 때가 있으면 갈 때도 있다는 것을 깨닫는다면 사람은 가까스로 오만함을 떨칠 수 있습니다. 죽음 앞에서는 모든 이가 똑같습니다! 잘난 사람 못난 사람이 없습니다.

평등의 가치는 (기록한) 하나님 말씀 안에 담긴 핵심적 가치로 자리매김을 합니다.(사 40:5 "모든 육체가 … 함께 … 여호와의 입이 말씀하셨느니라") 이 영속적인 가치(사 40:8 "영원히 서리라")는 해방의 "아름다운 소식"(사 40:9)이라는 표현과도 잘 어울리며, 이를 하나님의 통치(사 40:9 "그의 팔로 다스리실 것") 개념으로 이해해도 문제가 없습니다. 높은 곳은 낮추고 낮은 곳은 높게 하라(사 40:4)라는 명령을 따른다면 "평지"(사 40:4b)가 나타날 것입니다. 이 "(평평한) 길"을 사 40:3은 "여호와의 길"이라고 명명합니다. 평평한 하나님의 대로라고 부릅니다.

요한복음 1장의 세례 요한이 그의 메시지에 이사야서 40장의 개념을 차용했습니다.

> 이르되 나는 선지자 이사야의 말과 같이 주의 길을 곧게 하라고 광야에서 외치는 자의 소리로라 하니라(요 1:23)

이 구절에서 세례 요한은 자신이 "소리"라고 합니다. 이것이 무슨 의미입니까? 세례 요한이 "해방"과 "사면(赦免)"(사 40:2)을 예고한다는 뜻입니다. 그의 "소리"는 새 시대를 여는 개척(開拓)의 소리(사 40:3)입니다. 동시에, 인생의 유한함과 무상함을 알리는 지혜의 소리(사 40:6)입니다. 인생의 목자이신 하나님을 만나 보라고 부르는 소리(사 40:9)이기도 합니다. 요한복음 1:23은 구약성서의 전승을 수용하면서 그것을 로마 통치하에 있는 사람들을 향한 메시지로 활용합니다. 그리고 그 메시지에 장래 닥칠 심판의 개념을 추가하였습니다.(눅 3:9 '나무가 찍혀 불에 던져지는 비유') 그것은 세례 요한의 시대가 유배 생활의 종결로 다소 밝은 분위기를 연출하는 사 40장의 상황과는 달리, 로마라는 억압자들의 통치 아래 있으면서 동족끼리 해코지하는 위기의 상황이기 때문입니다. 이처럼 후대의 본문이 전승을 수용하지만 적용하는 삶의 자리는 서로 다릅니다.

세례 요한은 '주의 길을 곧게 하는(εὐθύνατε) 소리'라고 자신을 소개하는데 같은 단어가 신약성서에 오직 1회 더 쓰였습니다. 배의 운항, 즉, 항해(航海)의 의미로 말입니다.(약 3:4 "운행하나니") 세례 요한이 행한 일은 그의 말대로 사람들이 아직 알지 못하는 어떤 위대한 분(메시아, 요 1:26,28)을 위한 사전 작업입니다. 그는 예수 그리스도 시대를 연 개척자로 평가받습니다. 한편, 세례 요한은 세례를 받으러 나오는 지도자급 유대인들에게 폭언을 했습니다.(눅 3:7 "독사의 자식들아 누가 너희에게 … 진노를 피하라 하더냐") 그러면서 좋은 열매 맺지 않는 나무가 불에 던져질 것이라는 심판의 메시지를 전합니다.(눅 3:9) 세례 요한이 그들을 배척한 이유는 눅 3:11-14을 잘 살피면 알 수 있습니다.

당시 사회에 부의 분배 문제가 심각한 수준이었습니다. 성서는 이에 대하여 적극적인 개선과 실천을 요구합니다.(눅 3:11 "옷 두 벌 있는 자는 옷 없는 자에게 나눠 줄 것이요 먹을 것이 있는 자도 그렇게 할 것이니라") 세금이 정당히 걷히지 않고 있었으며(눅 3:13 "부과된 것 외에는 거두지 말라") 국방과 안전을 책임지고 있는 사람들("군인들")이 "강탈"을 저지르고 무고한 사람으로 거짓 소송에 휘말리게 했습니다. 그러면서도 자신의 봉급 인상에는 혈안이 되어 있었습니다.(눅 3:14) 세례 요한은 사회 혼란의 책임을 지도자들에게 묻고 있습니다. 고통 속에 신음하는 백성은 세례 요한 앞으로 몰려들었습니다. 그리고 그의 메시지에 강하게 반응했습니다.(눅 3:15)

이 모든 상황으로 미루어 볼 때 "모든 골짜기가 메워지고 모든 산과 작은 산이 낮아지고 굽은 것이 곧아지고 험한 길이 평탄하여질 것"이라는 메시지는 사회 문제 척결이라는 민중의 요구를 반영하는 것이 확실합니다. 그리고 그 요구의 중심에는 만민 평등사상이 자리 잡고 있습니다.

모든 육체가 하나님의 구원하심을 보리라(눅 3:6)

제가 단언합니다만 하나님이 여러분 가운데 임하시기를 원한다면 '주여 임재하소서~♪'와 같은 복음성가만 부를 것이 아니라 땀을 흘려 사회를 평등한 공동체로 만들어야 합니다. 누구도 이유 없이 피해를 보지 않는 그런 공동체 말입니다. 질시(嫉視)와 성적 차별, 인종 차별이 있는 곳에 주님은 임재하지 않습니다! 만약 여러분이 열심히 찬송하고 땀 흘리며 예배하는 곳에만 예수의 영이 임한다고 믿는다면 그것은 그냥 감정적 착각에 불과한 것입니다. 이사야서 40장 2,3,6,9절의 "소리"는 40장 4절의 평등과 따로 떼어 해석할 수 없습니다. 해방과 사면(赦免)의 소리(사40:2)이든, 새 시대를 여는 개척(開拓)의 소리(사40:3)이든 인생의 유한함과 무상함을 깨닫게 하는 지혜의 소리(사40:6)이든 다 마찬가지입니다. 가진 자들이 헐벗은 자들에게 조금도 나누지 않으면서 오히려 차별하고 배척한다면 예배를 아무리 그럴듯하게 드린다고 하더라도 꽝입니다! 인생의 목자이신 하나님이 부르시는 소리(사40:9)를 듣지 않으려고 귀를 막고 있는 셈입니다. 높은 곳을 낮추고 낮은 곳을 높이지 않는 이상, 평지를 만들지 않는 이상, 누구도 하나님의 소리를 들을 수 없고 하나님의 구원하심을 볼 수 없을 것입니다.(눅 3:6) 비밀입니다만, **우리 주변에 있는 사회적 약자의 소리가 하나님의 소리입니다.** 그것을 무시하고 엉뚱한 데서 하나님의 소리를 들으려 한다면 하나님이 구원하러 오시기는커녕 심판하러 달려오시는 소리를 듣게 될 것입니다. 하나님의 소리, 사회적 약자의 소리를 무시한 대가는 심판입니다. 🏮

이사야 56: 6-7

또 여호와와 연합하여 그를 섬기며 여호와의 이름을 사랑하며 그의 종이 되며 안식일을 지켜 더럽히지 아니하며 나의 언약을 굳게 지키는 이방인마다 / 내가 곧 그들을 나의 성산으로 인도하여 기도하는 내 집에서 그들을 기쁘게 할 것이며 그들의 번제와 희생을 나의 제단에서 기꺼이 받게 되리니 이는 내 집은 만민이 기도하는 집이라 일컬음이 될 것임이라

다문화 가족을 가족으로 대하지 못하는 것은 잘못입니다

이사야서 56장의 글쓴이는 편협한 민족주의 전통에서 벗어나 다문화적 국가를 이루기를 소망합니다. 사 56:3은 민족주의적 관점에서 배척받는 "이방인"을 옹호합니다. "이방인"과 야웨의 연합을 말하며(사 56:3,6) 심지어 사 56:7는 "이방인"(사 56:6)을 거룩한 산으로 인도하여 "기도하는 내 집에서 그들을 기쁘게 할 것이며 그들의 번제와 희생을 … 기꺼이 받"겠다는 파격적인 포용론(包容論)을 제시합니다.

사 56:7에 쓰인 "만민이 기도하는 집"이라는 표현은 개신교인들이 애용(愛用)하는 말입니다. 하지만 그 뜻을 정확히 알고 쓰는 경우는 별로 없는 것 같습니다. 놀랍게도 이 어구는 **다문화적인 포용론**을 말합니다. "기도하는 집"은 이스라엘 민족만 모여 기도하는 장소를 말하는 것이 아닙니다. 선민주의로는 하나님의 애정 대상이 아닌 "이방인들"도 하나님의 성전에 와서 하나님을 섬겨도 된다는 관대함이 본문에 들어있습니다. 사 56:3a,6-7은 사 56:1-2,3b-5,8과 엉켜있는데 문헌의 기본층(사 56:1-2,3b-5,8)에 다문화적 포용 사상을 가진 편집자가 몇 구절(사 56:3a,6-7)을 추가한 것 같습니다. 원래 사 56:1-8은 이스라엘 민족만을 대상으로 한 "정의"(사 56:1), "안식일" 준수 요구(사 56:2), 성불구사("고사")에 대한 사회적 배려(사 56:3b), 그리고 성불구자에 대한 사회적 배려를 안식일 준수 요구와 결합한 구

절(사 56:4-5), 그리고 이스라엘 백성 이외의 사람들을 수용할 수도 있다는 의지 표명(사 56:8, 인구 부족으로 인한 궁여지책?)등의 내용으로 이루어져 있었을 것입니다. 그런데 시간이 더 흐르면서 야웨와 연합한 이방인(사 56:3a)의 개념과 그들을 향한 율법 준수 요구(사 56:6-7)를 명확하게 부각한 것 같습니다.

페르시아는 바벨론과 달리 3만 명에 육박하는 이스라엘 사람의 귀환을 허락했고 노예제 폐지, 강제 노역 금지와 더불어 신앙의 자유를 인정했습니다. 귀환 길에 오른 이스라엘은 페르시아 제국 못지않은 나라를 세우고 싶었을 것입니다. 포용력 있는 제국 말입니다. 하지만 유대인들은 현재까지도 이방인에 대해 배타적인 심리를 가지고 있습니다. 사 56장 본문이 편협한 민족주의를 극복하는 다문화적인 포용론을 말하고 있음에도 그것이 이스라엘 사람들에게 미친 영향은 크지 않았던 것 같습니다. 신약 시대에도 이스라엘 민족은 배타적인 입장을 고수하고 있습니다.(요 4:9 "유대인이 … 상종하지 아니함이러라"; 행 10:45) 하지만 제가 생각할 때 단일 민족으로서의 유대인은 이미 존재하지 않습니다. 국가 패망 이후부터 혼혈이 이루어졌고 근현대에 와서는 아주 다양한 부류(!)의 유대인이 등장했습니다. 현재 유대인들은 아쉬케나짐(유럽, 독일계), 스파라딤(스페인계), 미즈라힘(중동계), 팔라샤(에티오피아, 아프리카계)등의 갈래로 나뉩니다. 이는 유대인들이 세계 각 지역에 흩어져 살면서 다민족 집단이 되었다는 뜻입니다. 사실 로마 시대와 그보다 훨씬 이전인 국가 패망 시기부터 유대인들에게 있어서 순수 혈통이나 단일 민족이라는 개념은 모호한 것이었습니다. 따라서 유대인들이 스스로 하나의 민족이라고 여긴다고 해도 그것은 단지 관념일 뿐 실제로 그런 것은 아닙니다. 유대인들이 아무리 타민족을 배척하며 성서의 포용주의를 거절한다고 해도 실제 역사에 있어서 그들은 벌써 다민족 집단이 되었다는 것입니다. 성서를 읽는 우리는 성서에 들어 있는 배타주의의 실제적 근거를 찾을 수 없다는 것을 알아야 합니다. 괜히 미워하고 배척하는 것입니다. 실제로 세계는 다민족이 어우러져 사는 촌락입니다. 지구촌입니다. 따라서 그 안에 사는 우리는 다른 나라 사람에 대한 포용력을 키워야 합니다.

🐝 성서를 문자 그대로 믿어야 한다고 주장하는 과격한 근본주의자들은 배타주의를 노골적으로 나타내는 본문까지 하나님의 말씀으로 생각합니다. 그리고 타인에 대하여 포용하는 길(사 56장)이 아닌 근거 없는 우월감을 가지고 배척하는 길(신 7:6; 14:2,21; 26:19 '하나님의 성민'; 스 10:11 '이방인을 끊어버리라')을 택합니다.

통계에 따르면 2020년 한국 체류 외국인은 약 204만 명이라고 합니다. 우리나라에는 골목마다 교회가 있고 개신교인도 많습니다. 불행하게도 외국인의 인권 문제나 난민 문제에 대하여 무관심하고 몰인정한 태도를 보이는 사람 중에도 개신교인이 많습니다. 저는 부끄러움을 금할 수 없습니다. 우리나라에 중국인, 몽골인, 방글라데시 사람, 태국인, 우즈벡 사람들, 파키스탄인들이 궂은일을 도맡아 하고 있다는 것을 알 때 감사한 마음이 듭니다. 하지만 어떤 이들은 그들을 멸시하고 천대합니다. 저는 교회 안수집사라는 사람이 자신의 공장에서 일하는 외국인 직원들에게 '쓰레기', '거지 X끼들'이라고 하는 것을 여러 번 들은 적이 있습니다. 제가 왜 그런 심한 말을 하느냐고 물어봤더니 '게네들은 하나님을 안 믿는 나라 사람이에요'라고 했습니다. 기가 막힌 일입니다! 성서가 외국인을 포용하라고 교훈한다는 것을 아는 이가 적고 그것을 설교하는 사람도 적습니다. 교회를 다니면서 쓸데없는 일에 신경 쓸 뿐, 사람의 문제에는 무관심합니다.

이제 과거와는 달리 우리나라에는 거리마다 골목마다 외국인들을 쉽게 볼 수 있습니다. 그들이 이른바 선진국 사람이든, 개발도상국 사람이든, 그들을 향해 따뜻한 손을 내밀라는 이사야서 56장 말씀을 기억하십시오. 그들이 종교를 가지고 있든지 없든지, 개신교가 아닌 다른 어떤 종교를 가지고 있다 하더라도, 그들을 향해 우리는 포용의 마음을 활짝 열어야 합니다. 그들이 다른 신에게 기도하는 것이 보기 싫다고 해도 그들에게 따뜻한 차 한 잔이나 밥 한 끼는 대접할 수 있어야 합니다. 그런 실천이 있어야 당신이 다니는 교회가 비로소 만민이 기도

하는 집 비슷하게 되는 것입니다. 일주일 중 6일을 다문화 사람을 깔보고 무시하다가 주일에 예배당에 나와 이방인과 연합하는 하나님을 말하는 성서 본문을 읽으면 기분이 어떻겠습니까? 앞으로 모든 사람을 공평하게 대하십시오! 당신이 출석하는 담임목사만 주의 종이라 부르지 마시고 하나님의 종들(사 56:6)이 바로 우리 주변에 사는 그들이라는 것을 기억하십시오. 그들을 존대하십시오. 인정하지 않는다고 해도 그들은 이미 우리의 가족입니다! 宗

그들이 말하기를 가령 사람이 그의 아내를 버리므로 그가 그에게서 떠나 타인의 아내가 된다 하자 남편이 그를 다시 받겠느냐 그리하면 그 땅이 크게 더러워지지 아니하겠느냐 하느니라 네가 많은 무리와 행음하고서도 내게로 돌아오려느냐 여호와의 말씀이니라 (렘 3:1)
여호와께서 내게 이르시되 이스라엘 자손이 다른 신을 섬기고 건포도 과자를 즐길지라도 여호와가 그들을 사랑하나니 너는 또 가서 타인의 사랑을 받아 음녀가 된 그 여자를 사랑하라 하시기로(호 3:1)

강요와 협박은 쉽지만 설득이 어렵습니다.

잘 알려지지 않았지만, 예레미야서에는 크게 두 가지 개념이 섞여 있습니다.

첫째, 그것은 **나라의 패망과 유배를 받아들이라는 주장**(렘 29:4-7 "바벨론… 거기에 살며 … 사로잡혀 가게 한 그 성읍의 평안을 구하고 …")이며 둘째, **이방인 배척**입니다.(렘 30:11 "모든 이방을 … 멸망시키리라 …") 이 두 내용은 서로 충돌합니다. 위에서는 바벨론에 의한 패망과 유배를 받아들이라고 했으니 이는 이방인을 수용하라는 것입니다. 그러나 아래에서는 이방인 배척을 말합니다. 예레미야서에 이 두 가지 내용이 함께 있어서 아주 혼란스럽습니다. 한 사람이 동일한 시대에 예레미야서를 전부 적었다고 보기 힘듭니다.

렘 3:1-5은 하나의 단락으로서 하나님을 "아버지"로 소개하면서(렘 3:4) "남편"과 "아내"라는 단어를 사용하고 있습니다.(렘 3:1) 가족의 이미지를 활용하고 있습니다. 글은 "남편" 하나님을 떠나 "타인의 아내"가 되어 더러워진 "아내"같은 이스라엘 민족을 힐난(詰難)합니다.(렘 3:1) 심지어 이스라엘 민족을 "창녀"에 빗대는 데 주저하지 않습니다.(렘 3:3) 렘 3:4의 "청년 시절의 보호자"라는 표현도 가족의 이미지와 연결할 수 있는데, 가족의 보호막을 떠나서 온갖 "악"을 저지르면서도(렘 3:2) "수치를 알지 못"하는(렘 3:3) 미성숙한 자의 어리석음을 비판하고 있습니다.

한편으로는 하나님의 "노여움"이 영원하지 않다는 것을 암시합니다.(렘 3:5) 하지만 단락의 처음을 보면 떠난 "아내"를 다시 받아들이기 어렵다(렘 3:1)는 말도 합니다. 이를 억지로 연결하면 하나님이 분노하다가 생각을 바꾼 것으로 해석하게 됩니다. 하나님의 뜻이 이랬다저랬다 하는 것은 신적 위상과 이미지에 타격을 줄 것입니다.

배신한 이스라엘 백성을 부정(不淨)한 아내에 비유하는 경향은 포로기 이후에야 나타난 것 같습니다. 구체적으로, 유배 시기가 끝난 뒤 고향 땅으로 귀환하여 율법을 문서로 만든 시점에 과거의 불신앙을 반성하며 다시는 탈선이 없기를 바라는 마음을 표현한 것입니다. 그렇게 보면, 렘 3:1-5의 글쓴이는 하나님이 이미 이스라엘을 용서했음을 확신하고 있는 것 같습니다. 이는 다시 말해 바벨론이 패망했다는 이야기입니다. 바벨론의 패망은 이스라엘의 과거에 지은 죄에 대한 용서를 의미합니다. 글쓴이는 앞으로 다시는 같은 잘못을 저지르지 않겠다고 다짐하며 글을 썼을 것입니다. '창녀' 같은 여자가 용서를 받았으면 행실을 고쳐야지 다시 '음란'한 행위를 한다면 처벌이 있을 것이라는 경고가 글의 주된 논조입니다.

예레미야의 이 본문보다 조금 이른 시점에 기록된 것으로 보이는 호세아 본문은 좀 다른 이야기를 합니다.

> 여호와께서 내게 이르시되 이스라엘 자손이 다른 신을 섬기고 건포도 과자를 즐길지라도 여호와가 그들을 사랑하나니 너는 또 가서 타인의 사랑을 받아 음녀가 된 그 여자를 사랑하라 하시기로(호 3:1)

이 본문은 "음녀"처럼 "다른 신을 섬기고 건포도 과자를 즐길지라도 여호와가 … 사랑하"신다고 말합니다. 이는 포로기 전환기의 본문입니다.(호 3:5 "그 후에 이스라엘 자손이 돌아와서 그들의 하나님 여호와와 그들의 왕 다윗을 찾고 …") 포로기 이래로 불신앙 때문에 국가가 패망했다는 성찰이 있었습니다. 그리고 하나님만 섬겨야 한다는 유일신 사상이 점진적으로 명확하게 나타났습니다. 포로기전환기를 지나 포로후기에 이르면 다른 신을 숭배하는 행위는 절대 용서받을 수 없다는 사고가 자리를 잡습니다. 따라서 배도자에 대한 수용을 말하고 있는 이 본문은 그 시대 이전에 작성한 것으로 볼 수 있습니다. 그러면서 본문은 뒤로 갈수록 오직 하나님만을 섬겨야 한다고 주장하는 데 대부분의 지면을 할애합니다.

이처럼 이스라엘이 바벨론 제국의 영향 아래 있을 때는 타 종교에 대한 관용의 마음이 강하다가 (무서워서 그럴 수밖에 없었겠지만) 페르시아가 다소간 종교적 자유를 허락하면서 자민족중심주의, 배타적이고 특수주의적인 경향이 나타났습니다. 이는 어떻게 보면 상당히 아이러니한 상황입니다. 고레스 왕을 중심으로 한 페르시아는 누군가를 배척하라고 자유를 허락한 것이 아닙니다. 오히려 넓은 마음에서 그렇게 한 것입니다. 하지만 이스라엘 민족의 국권 회복과 국가 재건을 향한 소망과 기대는 너무나 컸습니다. 그들은 페르시아가 준 자유가 하나님이 그들에게 허락하신 용서와 재건의 기회라고 여겼습니다.

시간을 거슬러 올라가 국가가 패망하기 전, 기원전 7세기 신명기 개혁 운동 (렘 3:1 "요시야 왕 때에") 시기에 민족적 응집력과 일치(렘 3:18 그때 유다 족속이 이스라엘 족속과 동행하여 북에서부터 나와서 내가 너희 조상들에게 기업으로 준 땅에 그들이 함께 이르리라)를 위해서 제사의 중앙통일화를 실시했습니다. 그로부터 2세기가 지나 이스라엘 백성은 국가 패망의 쓰라린 경험을 뒤로하고 같은 불행이 반복되지 않기를 바라는 마음에서 철저하게 신앙을 중심으로 공동체를 쇄신하려고 했습니다. 유일신 사상은 이와 같은 배경에서 공고한 위상을 얻습니다. 이스라엘에게 있어 **유일신 사상은 역사적으로 민중의 정체성 확립과 정신적 단결을 위해서 고정된 종교 이념으로 기능했습니다.**

물론 하나의 큰 흐름을 조성했다고 해도 모든 이가 그 흐름을 따라갈 수 있는 것은 아닙니다. 특정한 정치적 목적을 위해서 종교적 이념을 활용했지만 필연적으로 거기에 적응하지 못하는 소수자가 생겼고 피해를 보았을 것입니다.

　어떤 이들은 호세아서의 용서를 무한한 사랑의 결과로 보지 않고 다시는 '음
란한 행위'를 하지 않을 것을 약속하는 조건적 용서로 이해합니다. 그렇게 보면,
표현과 정도에 차이가 있을 뿐이지 호 3:1이나 렘 3:1이나 궁극적으로 지향하
는 것은 사람들이 종교적 이념에 동조하고 그것을 수용하는 것입니다. 하지만,
제가 볼 때, 양쪽 표현 사이에는 무시하지 못할 차이가 있습니다. 일단 **예레미
야 본문에서는 억세고 강한 어투의 문장들이 두드러지지만**(렘 3:1 "받겠느냐?"
"더러워지지 아니하겠느냐?" "돌아오려느냐?"; 렘 3:2 "이 땅을 더럽혔도다"; 렘
3:3 "수치를 알지 못하느니라"; 렘 3:5 "네 욕심을 이루었느니라") **호세아 본문
은 상대적으로 타협적입니다.**(호 3:1 "…지라도 … 사랑하나니"; 호 3:3 "… 지
말라 나도 네게 그리하리라") 뭔가 으르고 협박하는 분위기인 예레미야와는 달
리 호세아서는 차분하게 상호 간의 신의를 어긴 것은 잘못이라고 낮은 음성으
로 호소합니다. 호세아 본문의 이런 느낌 때문인지 본문에 들어 있는 종교적 배
도조차 그냥 보편적인 차원에서 도리를 저버린 잘못으로 이해하게 됩니다. 호세
아서 역시 이스라엘 백성이 하나님을 저버린 것을 아내가 남편을 저버린 것으로
비유하고 지적했지만 독자들은 호세아서의 민족 담론에 대해서만큼은 정서적으
로 더 깊이 공감할 것입니다. 이것은 탁월한 문학적 기교이며 짜임새입니다. **친
(親)일상적인 예증을 사용하여 무거운 담론을 논합니다. 공감을 끌어냅니다.**

　렘 3:1보다 호 3:1이 더 큰 공감을 불러일으키는 이유는 문헌의 형성 시대와
도 밀접한 연관성을 갖습니다. 포로 후기적 본문(렘 3:1)에는 용서의 여지가 있
다는 것을 겨우 감지할 수 있습니다. 특히, 문서로 만든 후 율법은 명실상부한
헌법으로서 백성의 생사를 좌우할 정도의 강제성을 띠게 되었습니다. 연거푸 배
도한 자들에게는 기회가 주어지지 않을 것입니다. 그러나 그보다 조금 앞선 시
기인, 포로기 전환기 본문(호 3:1)은 율법 준수를 강제하기보다는 설득하는 편을
택합니다. 사랑과 용서가 무제한으로 주어집니다. 이번에 돌이키지 않아도 다음

기회에, 다음에도 돌이키지 않아도 또 다음 기회가 있을 것입니다.(마 18:22 "일곱 번뿐 아니라 일곱 번을 일흔 번까지라도") 이는 악독한 바벨론 제국의 패망 이후 이스라엘 백성 가운데 낙관론이 움텄음을 대변합니다.

🐝 만약 여러분이 다른 사람을 설득하고 싶다면 상대방의 허점을 지적하고 잘못을 언급하며 압박하려고 하지 말고 친근하게 다가가서 부드럽게 말씀하십시오! 상대가 반복해서 잘못을 저지르더라도 영원히 너그러운 마음으로 대할 것 같은 태도를 보이십시오. 아무도 상대방에게 "당신은 죄인입니다"라고 소리칠 권리는 없습니다. 왜냐하면 그런 말을 하는 사람도 죄인이기 때문입니다. 당신의 죄 문제는 이미 교리적 논리에 힘입어 말끔하게 해결되었을지 모르지만 툭하면 남에게 윽박지르는 당신이라면 누구도 당신이 용서받았다는 사실을 감지할 수 없습니다. 그러니까 예레미야 3장의 화자처럼 "네가 이것과 저것과 그것을 잘못했어!"라고 따지지 마시고 호세아 3장과 같은 말투로 "네가 앞으로 똑같은 잘못을 저지르더라도 나는 다시 너를 기다릴 거야! 그 잘못된 행동을 멈춘다면 좋겠지만"이라고 말해보십시오. 인간에게 영원한 용서와 온전한 사랑이라는 것이 존재하지 않는다고 하지만 영원히 용서하고 영원히 사랑할 것처럼 사람을 대해보십시오! 아무 효과가 없을 수도 있지만 그래도 큰 소리로 윽박지르듯이 남을 압도하려고 있는 말 없는 말 다 끄집어내면서 시끄럽게 하는 것보다는 설득하는 것이 훨씬 낫습니다.

설교하는 사람 중에서도 괜히 괴성을 지르며 청중을 휘어잡으려고 애를 쓰는 사람이 있습니다. 하지만 저의 경우에는 조용한 소리로 진솔하게 말씀하는 목사님의 설교가 더 듣기 좋습니다. 적지 않은 청중은 그 내용이 이성적이고 합리적이기 때문이 아니라 그 말이 부드럽고 그럴듯하게 들려서 고개를 끄덕입니다. 설교 내용은 얼토당토않은 내용인데 교회 분위기가 좋아서 출석을 결정하는 사람도 많습니다. 물론 그럴듯한 음성과 분위기로 자신의 부덕을 감추는 목사도 있습니다. 사람은 대개 감미로운 목소리로 호소하더라도 말 가운데 논리적 허점이 있으면 웬만해서 속아 넘어가지 않지만 여전히 많은 이가 감화력 있게 말하는 사람에게 간도 빼주고 쓸개도 빼줍니다. 이렇게 악용만 하지 않으면 부드러운 설득이 좋습니다. 다만 그것을 자신이 신봉하고 있는 해묵고 편협한 교리를 주입하는 데 쓰지 말고 사람들로 약자를 돕게 하는 데 그것을 활용하십시오. 그래야만 당신의 부드럽고 친절한 말투가 속이는 것도 아니고 힘을 가진 사람을 향한 아부도 아니라는 것을 모든 이가 알게 될 것입니다.

우리가 강한 어조로 질책해야 할 사람이 있다면 그들은 소수자나 약자가 아닙니다. 오히려 사람을 존중하지 않고 녹슨 귀걸이 한 짝이나 낡은 신발 한 짝 정도로 여기는 거만한 사람들입니다. 거만한 사람에게는 큰 소리로 "사람을 무시하고 얕본다면 당신에게 꺼지지 않는 불처럼 하나님의 심판이 임할 것입니다"라고 호통치듯 말해 보십시오! 반대로 하나님 빼고는 의지할 사람이 없어서 지쳐 쓰러진 사람들에게는 최대한 음량을 줄여서 감미로운 목소리로 따뜻하게 말을 건네보세요. 물론 그분들에게는 말만 건네는 것이 아니라 따뜻한 차 한 잔이라도 같이 드려야 합니다. 땀 냄새에 찌든 작업복을 입고 어렵게 교회 예배에 온 사람들을 환영하고 또 환영하십시오! 마치 그를 당신의 영원한 VIP로 모실 것처럼 말입니다. 제일 별 볼 일 없는 사람을 최고로 좋은 자리에 모시고 가장 좋은 반찬을 그 앞에 두어 먹게 하십시오. 어떤 목사는 툭하면 힘과 돈이 없어 보이는 사람에게만 "죄인들아! 회개하라!"라고 소리 지릅니다. 그렇게 소리치다가도 예배에 지각한 돈 많은 장로와 권사를 보면 순식간에 부드러운 목소리로 하나님의 복이 어쩌고저쩌고합니다. 정말 우스운 광경이 아닐 수 없습니다. 나에게 이익이 되지 않을 듯한 사람들에게 더욱더 부드러운 말을 건네고 존중하는 것은 성서의 가치를 아는 사람이라면 누구나 가져야 할 태도입니다. 솔직히 나에게 이익을 줄 것 같은 사람에게만 잘하면 그게 뭡니까?(마 5:47)

네? 그래서 당신은 부자나 가난한 자에게 똑같이 "회개하라!"고 소리를 지른다고요? 그것도 딱히 좋지 않습니다. 시끄러워서 어디 그런 교회 다니겠습니까? 성서가 무엇을 말하는지 실제로는 잘 알지 못하면서 설교할 때 음성과 표정에만 신경을 쓰는 분들은 정말 꼴불견입니다.

 남이 모르는 대단한 진리를 당신이 깨달았다면, 해묵은 교리 책을 읽다가 어느 날 대단히 새로운 관점을 발견했다면, 당신이 놀랍게 생각하는 진리나 새로운 관점에 대하여 어떻게 하면 다른 사람이 그것을 잘 이해하게 할지 고민하십시오. 뭘 아는 것만 중요한 게 아니라 내가 아는 것을 어떻게 하면 남에게 잘 전달할지도 중요합니다. 고래고래 소리 지르면서 "믿으라!"고 강요하면 얼마나 많은 이가 믿겠습니까? 물론 당신이 최대한 쉽게 전달해도 못 알아듣는 사람은 끝까지 못 알아듣습니다. 그래도 최선을 다해 노력하십시오. 생전 처음으로 엄청 맛있는 음식을 먹어보고 다른 이도 그것을 먹게 하려면 어떻게 해야 합니까? 입을 벌려 음식을 쑤셔 넣으면 됩니까? 음식이 얼마나 맛있는지 설명하는 것도 필요하지만 때로는 당신이 음식의 맛을 만끽하며 식사를 즐기고 있는 것을 보여주는 것만으로 그것을 보는 사람은 식욕이 당깁니다. 설득은 어려운 것입니다. 하지만 강요와 압박으로는 얻을 수 없는 마음을 얻기 위해서는 부드러운 태도를 곁들인 설득 외에는 별달리 뾰족한 수가 없습니다.

예레미야 30:21-22

그 영도자는 그들 중에서 나올 것이요 그 통치자도 그들 중에서 나오리라 내가 그를 가까이 오게 하리니 그가 내게 가까이 오리라 참으로 담대한 마음으로 내게 가까이 올 자가 누구냐 여호와의 말씀이니라 / 너희는 내 백성이 되겠고 나는 너희들의 하나님이 되리라 (렘 30:21-22)

안정만 보장한다면 지도자가 누구든 무슨 상관입니까?

예레미야서 30장은 전반적인 내용으로 볼 때 포로후기에 완성된 본문 같습니다. 바벨론의 압제로부터의 구원(렘 30:7,8,10,11)과 회복을 말하고 있으며(렘 30:17,20 "고쳐 주리라"; "예전과 같겠고") 고향 땅으로의 귀환(렘 30:3,18 "돌아오게 할 날")과 귀환 이후에 이루어진 율법의 문서화(렘 30:2 "책에 기록")를 언급하기 때문입니다.

포로후기의 이스라엘 백성은 여전히 페르시아의 통치 아래에 살고 있었지만 상대적인 자유로움 속에서 다윗 후손을 왕으로 세우려는 소망을 갖게 되었습니다.(렘 30:9 "그들의 왕 다윗") 궁극적인 리더의 부재는 그들의 근심거리였습니다.(렘 30:13 "네 송사를 처리할 재판관이 없고")

그런데 렘 30:22을 보면 왕을 세울 의지가 없는 것도 같습니다.

너희는 내 백성이 되겠고 나는 너희들의 하나님이 되리라(렘 30:22)

이 구절은 하나님 = 이스라엘의 왕이라고 말하고 있어서 왕이 불필요하다는 뜻입니다. 인간 왕에 대한 의존도가 낮아지고 대신 하나님만을 왕으로 인정하는 경향은 국가 패망 이후에 나타난 것입니다. 인간 왕은 국가 패망을 야기한 책임자로서 비난의 대상이 되기 시작했습니다. 이스라엘의 잘못을 응징하려고 바벨론을 들어 쓰신 하나님은 백성이 의존할 유일한 존재가 되었습니다. 국가가 패망하고 통치 체계가 소멸했으나 하나님만은 여전히 그들을 지켜주시며 때가 이르러 그들이 충분한 벌을 받으면 모든 것을 회복하게 하실 것이라는 소망을 갖게 되었습니다.

바벨론이 망하고 페르시아가 집권하자 귀환자들은 하나님이 그들을 완전히 용서하셨다고 생각했습니다. 지금까지는 인간 왕의 필요를 느끼지 못했고 왕을 세울 수도 없었지만 비로소 이스라엘이 최고의 왕으로 평가하는 다윗의 후손 중 한 사람을 왕으로 세우려 합니다.

> 그들은 그들의 하나님 여호와를 섬기며 내가 그들을 위하여 세울 그들의 왕 다윗을 섬기리라(렘 30:9)

결론적으로 렘 30:9과 렘 30:22은 같은 사람이 쓴 것이라고 보기 어렵습니다. 전자는 다윗 왕(후손)의 옹립을, 후자는 왕의 무용론을 주장합니다. 렘 30장이 다윗 왕(후손)의 옹립을 지지하는 포로 후기의 본문이라면 왜 이곳에 왕의 무용(無用)을 말하는 구절(렘 30:22)이 들어있느냐는 것입니다. 아래 구절을 보면 사고를 명확하게 하는 데 조금 더 도움을 받을 수 있습니다.

> 그 영도자는 그들 중에서 나올 것이요 그 통치자도 그들 중에서 나오리라 내가 그를 가까이 오게 하리니 그가 내게 가까이 오리라 참으로 담대한 마음으로 내게 가까이 올 자가 누구냐 여호와의 말씀이니라(렘 30:21)

렘 30:21은 또 색다른 주장입니다. "영도자", 즉, "통치자"가 일반 백성 중에서 나올 것이라고 합니다. **누가 왕이 되어야 할지 모르는 것 같습니다.** 이는 다윗(후손)의 옹립을 주장하는 것도 아니고 왕의 무용론도 아닙니다. 왕을 세우되

민중 가운데서 뽑자는 주장입니다. 이 구절을 추가한 자는 다윗 왕도 한 가족의 평범한 막내였다는 사실(삼상 16:11 막내)에 주목한 사람입니다. 최소한 그 사람과 같은 생각을 하는 사람입니다.

종합해 보자면 렘 30:5-7a, 12-15, 23-24a이 최초로 작성된 내용 같습니다. 이는 국가 패망 시점 전후를 배경으로 나타난 것입니다. 왕의 무용론(렘 30:22)이 이 시기에 나타났을 것입니다. 민주적 절차를 통한 왕의 선출(렘 30:21)도 바벨론 패망 이후에 나온 주장인데 일단 포로후기에 진입하면 다윗 왕(후손)의 옹립 주장(렘 30:9)이 전면에 드러납니다.

이처럼 예레미야 30장은 3가지 다른 지도자론을 제기하고 있습니다. 이는 단지 이스라엘 역사뿐 아니라 세계 각국의 역사에도 유사하게 나타나는 지도자에 대한 다양한 생각입니다: 첫째, **인간 왕이 필요 없다**; 둘째, **지도자는 필요하지만 민중의 뜻에 따라 선출해야 한다**; 셋째, (다윗 같은) **이상적인 왕을 세워야 한다.**

서로 다른 시대에 각기 다른 주장을 제기한 사람들에게서 똑같이 느낄 수 있는 것은 이들 모두가 공동체가 발전하고 번영하기를 원한다는 것입니다. 이를 위해 어떤 이들은 무능한 리더를 제거하는데 열을 올리고, 어떤 이는 리더를 선출하는 방식에 집중하며, 또 다른 이는 리더의 자질에 대해 논합니다.

🐝 저는 나라의 모든 것이 국민 개개인의 안정과 발전을 위한 것이어야 한다고 생각합니다. 국민 각자가 잘살고 행복하게 살게끔 법률을 제정하고 시행해야 합니다. 어떤 법은 사람을 위한 것이라기보다는 사람이 없으면 허상에 불과한 사회 자체를 위한 법입니다. 그것은 정말 옳지 않습니다. 성서적 가치에 부합하지 않습니다. 다시 말하지만 모든 법률은 사람이 잘살고 행복해지자고 제정하고 시행하는 것입니다.

교리는 또 어떻습니까? 교회의 구성원들을 자유롭고 행복하게 합니까? 아니면 그들을 옥죄고 불편하게 만듭니까? 교리 자체를 위한 교리는 필요 없습니다!

목사는 어떻습니까? 우리 모두에게 꼭 필요한 존재입니까? 아니면 쓸모없는 존재입니까? 목사는 어떤 사람이어야 합니까? 목사는 성경적인 직분입니까? 성서가 목사의 직분을 지지하고 있습니까? 신임이 두터운 목사의 자식만이 목사가 될 수 있습니까? 유명한 학교의 졸업장을 가진 사람이어야 할까요? 아예 목사 제도를 없애버리고 신도들만의 신앙 공동체를 이루는 것은 어떻습니까? 여러 가지 주장이 있겠지만 우리가 잊지 말아야 할 것은 모든 규범, 제도, 직임이 사람을 편안하게 하고 행복하게 하려고 존재한다는 것입니다. 어떤 어리석은 사람은 인간이 편안함을 추구하는 것이 인본주의적인 불신앙이라고 합니다. 자신도 무슨 말을 하는지 모르고 하는 소리입니다. 그런 말을 하는 사람도 인간이기 때문에 심적으로 육체적으로 불편함을 느끼면서 살기는 어려울 것입니다.

이런 의미에서 신앙 공동체는 철저히 사람들의 행복을 위해 봉사해야 합니다. 어떤 종교 지도자의 야심을 충족하려고 구성원의 노동력, 금전, 시간 등을 남용해서는 안 됩니다.

당신이 매주 출석하는 교회 공동체는 당신을 자유롭게 합니까? 편안함을 느끼게 하나요? 아니면 큰 부담을 주고 많은 일을 강요하므로 교회만 떠올리면 힘들고 짜증이 납니까? 그런 교회는 왜 다닙니까? 성서를 보십시오. 왕을 세우는 것, 세우지 않는 것, 어떤 기준에 따라 세우는 것, 그것 자체가 중요한 게 아닙니다. 중요한 것은 사람들 사이에 왜 이렇게 다양한 의견이 나왔느냐는 것이죠. 다른 이유는 없습니다! 누구나 더 나은 미래를 원하고 있습니다. 당신도 그렇고 저도 그렇습니다. 아니라고요? 거짓말!

여호와의 성전과 왕궁을 불사르고 예루살렘의 모든 집과 고관들의 집까지 불살랐으며(렘 52:13)

솔로몬 왕이 여호와의 성전을 위하여 만든 두 기둥과 한 바다와 그 받침 아래에 있는 열두 놋 소 곧 이 모든 기구의 놋 무게는 헤아릴 수 없었더라 / 그 기둥은 한 기둥의 높이가 십팔 규빗이요 그 둘레는 십이 규빗이며 그 속이 비었고 그 두께는 네 손가락 두께이며 / 기둥 위에 놋머리가 있어 그 높이가 다섯 규빗이요 머리 사면으로 돌아가며 꾸민 망사와 석류가 다 놋이며 또 다른 기둥에도 이런 모든 것과 석류가 있었더라 / 그 사면에 있는 석류는 아흔여섯 개요 그 기둥에 둘린 그물 위에 있는 석류는 도합이 백 개이었더라(렘 52:20-23)

돌판과 궤짝은 잊혀지고 글만 남았습니다

예레미야서 52장은 바벨론에 의한 이스라엘 패망이라는 참혹한 역사를 서술합니다. 신앙의 눈으로 보면, "여호와 보시기에" 행한 "악"과 그에 대한 하나님의 "진노" 때문에 국가가 망했습니다.(렘 52:2-3) 하지만 실제로는 "바벨론 왕"이 "군대를 거느리고 예루살렘을" 향하여 진격한 사건에서 원인을 찾을 수 있습니다.(렘 52:4-5) 포위된 "성"안에는 심한 "기근"(렘 52:6)이 있었습니다. "성벽이 파괴되"자(렘 52:7) 도망치던 "시드기야 왕"이 이방 군대의 손에 잡혀(렘 52:8-9) "눈"이 뽑혔으며(렘 52:11) 왕자들도 고관들과 함께 살해당했습니다.(렘 52:10) 많은 백성이 포로로 끌려갔지만(렘 52:15) 일부는 남았습니다.(렘 52:16) 그런데 이상한 점은 렘 52장 15절과 16절의 내용이 서로 충돌한다는 것입니다.

사령관 느부사라단이 백성 중 가난한 자와 성중에 남아 있는 백성과 바벨론 왕에게 항복한 자와 무리의 남은 자를 사로잡아 갔고(렘 52:15)

가난한 백성은 남겨 두어 포도원을 관리하는 자와 농부가 되게 하였더라(렘

52:16)

렘 52:15는 "남아 있는 백성"까지 모두 "사로잡아" 간 것처럼 묘사하고 있지만(왕하 25:11 "모두 사로잡아 가고"; 렘 39:9) 렘 52:16은 "가난한 백성" 일부를 남겨 두어 "포도원을 관리하는 자와 농부가 되게"했다고 말합니다.

아마도 렘 52:15의 편집자는 그것이 역사적 사실이 아닌데도 극구 모든 백성이 잡혀갔다고 말하고 싶었던 것 같습니다. 그는 이스라엘 백성을 공동 운명체로 생각했고 일부 남아있는 사람을 고려하지 않았습니다. 하지만 실제로는 끌려가지 않고 남은 사람들이 있었습니다.

렘 39:10은 "아무 소유가 없는 빈민을 유다 땅에 남겨 두고 그날에 포도원과 밭을 그들에게 주었더라"라고 합니다. 이는 남겨진 사람들에 대한 더 자세한 설명입니다. 이 구절만 읽으면 잔혹한 바벨론 제국이 "빈민"들에게 어떤 배려를 한 것 같은 생각이 듭니다. 하지만 효용 가치가 없는 사람들을 버리고 간 것으로 보는 것이 더 정확합니다. 바벨론은 왕족과 귀족은 죽이고 쓸모가 있는 인재만 데려가서 써먹고 '떨거지들'은 버린 것입니다. 주인을 잃은 과수원과 논밭은 자연스럽게 버려진 사람들이 경작했을 것입니다. 제국은 남은 자들에게 토지를 주어 경작하게 했습니다.(렘 40:7) 어떻게 보면 공산주의 사회의 상황과 비슷하게 보입니다. 공산주의 사회는 지주에게서 땅을 빼앗아 집단농장을 만들어 사람들이 함께 경작하게 했습니다. 지주의 입장에서는 청천벽력과 같은 상황이지만 낮은 계급의 사람에게는 희소식이었습니다. 그래서 남겨진 가난한 자들의 눈에는 바벨론이 단순히 폭도들로 보이지만은 않았을 것입니다.

국가가 패망하기 전부터 바벨론에 항복하라고 외치다가 매국노(?)의 오명을 뒤집어쓰고 감옥에 갇혔던 예레미야는 마침내 풀려났고(렘 40:1,4) 바벨론에 가거나 고향 땅에 남을 수 있는 선택권이 주어졌습니다.(렘 40:4-5) 제국은 그에게 곡식과 선물을 주었습니다.(렘 40:5) 예레미야는 남은 백성과 함께 하는 편을 선택했습니다.(렘 40:6) 남겨진 자들이 끌려간 사람들보다는 우수하지 않았다는 점에서 예레미야도 역시 실제로는 평범한 사람이었을 가능성이 있습니다. 만약 대단한 사람이었다면 제국이 끌고 갔을 것입니다. 하지만 문헌상으로 예레미야는 대단한 활약을 했습니다. 후대 편집자들이 그를 중시하여 양식과 선물을 받은 이야기(렘 40:5)를 기록했을 것입니다. 그러나 나라가 망한 마당에 끌려간 사람이나 남은 사람이나 누가 더 대단한지를 비교하는 것은 큰 의미가 없습니다. 국가 패망했고 예언자의 말로(末路) 역시 초라합니다. 예레미야는 평민의 한 사람으로 돌아가 무리 속에 묻혀 살았던 것입니다. 이야기는 그가 잔류자들(렘 44:1,12,24,26,28 "유다의 남은 자들"; "애굽 땅에 사는 모든 유다 사람")과 함께 이집트에 가서 마지막 예언 활동하는 장면으로 끝납니다.(렘 44장)

이제 바벨론이 무너뜨린 예루살렘의 건물에 눈을 돌려 봅시다. 예루살렘 "성전"과 "왕궁" 그리고 "고관들의 집"이 모두 불탔습니다.

여호와의 성전과 왕궁을 불사르고 예루살렘의 모든 집과 고관들의 집까지 불살랐으며(렘 52:13)

성서는 성전 파괴를 아주 자세하게 설명합니다. 성전의 "놋기둥", "받침", "놋대야"가 박살 났고(렘 52:17) "가마들과 부삽들과 부집게들과 주발들과 숟가락들과 섬길 때에 쓰는 모든 놋그릇"이 도난당했으며(렘 52:18) "잔들과 화로들과 주발들과 솥들과 촛대들과 숟가락들과 바리들 곧 금으로 만든 물건의 금과 은으로 만든 물건의 은"을 빼앗겼습니다.(렘 52:19) 제국이 탈취한 물건의 양은 실로 엄청난 것이었습니다.(렘 52:20-23 "헤아릴 수 없었더라"; "사면에 있는 석류는 아흔여섯 개"; "기둥에 둘린 그물 위에 있는 석류는 도합 … 백 개") 그런데 이 글을 읽고 있으면 한 가지 질문이 생깁니다.

법궤는 어떻게 되었을까?

예레미야서 52장 어디에도 법궤에 대한 언급이 없습니다. 왜일까요? 법궤는 실제로 언제 성전 안에 놓인 것입니까? 그것이 단지 상상 속의 물건이 아니라면 성전 약탈 상황을 설명하면서 그처럼 중요한 물건을 언급하지 않는다니 이해하기 어렵습니다. 혹시 원래 없었던 것은 아닐까요? 최소한 성전에 있었던 것이 우리가 아는 그 법궤라면 왜 언급하지 않았을까요?

그럼 이번에는 바벨론 제국이 쇠락하고 페르시아가 집권한 뒤 옛 땅으로 귀환한 이스라엘 사람이 무너졌던 성전을 재건축했던 시기 (기원전 537년)로 가 봅시다.

> 스룹바벨의 손이 이 성전의 기초를 놓았은즉 그의 손이 또한 그 일을 마치리라 하셨나니 만군의 여호와께서 나를 너희에게 보내신 줄을 네가 알리라 하셨느니라(슥 4:9)

이 구절은 스룹바벨이 성전 재건을 주도했다고 합니다.(스 5:2) 그러나 스가랴서가 비유적인 묘사를 하는 데다가 "성전"이라는 단어 사용도 제한적이어서 (슥 4:9; 8:9, 2회) 역시 법궤의 행방에 관하여 명확한 정보를 제공하지는 않습니다.

그렇다면 이제 에스라서를 봅시다. 에스라서 5장에는 조금 더 자세한 설명이 나옵니다.

> 바벨론 왕 고레스 원년에 고레스 왕이 조서를 내려 하나님의 이 성전을 다시 건축하게 하고 또 느부갓네살이 예루살렘 하나님의 성전 안에서 금, 은 그릇을 옮겨다가 바벨론 신당에 두었던 것을 고레스 왕이 그 신당에서 꺼내어 그가 세운 총독 세스바살이라고 부르는 자에게 내주고 일러 말하되 너는 이 그릇들을 가지고 가서 예루살렘 성전에 두고 하나님의 전을 제자리에 건축하라 하매(스 5:13-15)

이 본문에서도 "성전 안에서 금, 은그릇을 옮겨다가 바벨론 신당에 두었"다고 할 뿐 법궤를 언급하지는 않습니다. "그릇들"을 제 자리에 놓았지만 훨씬 더 중요한 하나님 임재의 상징이며 임재 자체인 법궤에 관하여는 관심이 없습니다. 간단히 말씀드려서 **귀환 직후의 문헌에는 법궤가 안 나오는 것입니다.**

이른바 옛날 모세 시대부터 대단히 중시하던 법궤가 왜 귀환 직후 문헌에는 없을까요? 바벨론 사람들이 법궤를 부수었거나 다윗 시대의 블레셋 사람들처럼 신전(神殿)으로 옮겨 놓았다면(삼상 5:2) 그들도 죽거나 그들이 섬기는 신상의 "머리와 두 손목"이 잘라져 나동그라지는 저주라도 내려서(삼상 5:4) 두려움에 사로잡힌 이방인들이 법궤를 되돌려 놓았을 텐데(삼상 5:11; 6:1-21) 왜 바벨론의 경우에는 그런 일이 일어나지 않았을까요?

혹시 법궤라는 것이 이스라엘 사람들의 생각에만 존재했던 것은 아니었을까요? 물론 그렇게 보기에는 법궤의 제작 방법을 소개한 본문의 내용이 너무도 자세합니다.(출 25:10-22) 모세 시대는 아니겠지만 분명히 어떤 시대에 법궤를 제작하기는 한 것 같습니다. 제 생각에는, 그 설계도를 작성한 것은 아마 왕정 시대 전후였을 것입니다. 그러나 실제로 그것을 언제 만들었는지는 불명확합니다. 법궤의 의미와 중요성은 시대마다 다른데, 일단, 귀환기 이후 ~ 포로 후기에는 하나님의 율법을 문서화하면서 법궤와 같은 어떤 물체를 하나님의 임재 자체로 인식하는 경향이 퇴색하였습니다. 바로, 이런 변화가 핵심 물건이었던 법궤로 문헌에서 자취를 감추게 한 가장 중요한 요인이었을 것입니다. 그러나 시대를 무론 하고 제사를 주관하는 제사장들에게 하나님 임재의 상징물인 법궤는 여전히 중요한 의미가 있었을 것입니다. 고정된 장소와 제사 형식을 중시하는 제사장 문헌은 여지없이 법궤의 중요성을 부각합니다. 대단히 신비로운 물건처럼 묘사합니다. 하지만 기록한 문헌의 중요성이 더 컸기 때문에 상징물로서의 법궤를 언급하는 경우(출 25:16; 21; 40:20 "증거판")가 뒤로 밀려났고 대신 기록의 돌판(신 9:9-10)과 같이 기록물을 중시하는 이야기를 부각한 것입니다.

이는 법궤 안에 물건들을 언급하는 문헌을 통해서도 알 수 있는데 기적의 상징물로서의 돌판(증거판), 아론의 싹난 지팡이, 만나 항아리가 법궤 안에 함께 들어있었다는 전설이 오래전부터 있었고 그것은 신약 시대까지 전래했습니다.(히 9:4) 하지만 원래 "증거의 장막 안"에 있었던 아론의 싹난 지팡이(민 17:7,10)와 "증거판 앞에 두"었다는 만나 항아리(출 16:34)는 기록물인 돌판에 비해서 그 중요도가 현격히 낮습니다. 기록물보다 기적을 중시했던 시대에는 싹난 지팡이와 만나 항아리가 대단히 중요했습니다. 하지만 시간이 흐르면서 판도가 바뀌었습니다. **법궤는 그 법궤 안에 기록물이 들어 있어서 중요한 것입니다.(왕상 6:19)** 원래는 지팡이, 항아리 모두 신적 임재의 상징물로 여겨서 수집했을 것입니다. 예루살렘 성전을 건축한 후 이 모든 것을 (지)성소에 모아 놓았지만 국가가 패망하고 성전이 파괴되면서 자연히 모두 없어졌을 것입니다. 사람들은 성전을 재건하면서 이 물건들이 있었음을 떠올렸으나 그 중요성에 큰 변화가 생기면서 종국적으로는 기록물을 담은 궤짝으로서의 법궤라는 의미만 남은 것입니다. 제가 볼 때, 법궤의 자세한 규격 설명도 후대에 추가했을 것입니다. 고대에 손만 대면 사람이 죽는 궤짝의 전설이 있었는데 나중에 하나님의 (기록된) 말씀 이야기와 만나면서 우리가 아는 이야기가 되었을 것입니다. 최종적으로 법궤는 신성한 기록물이 담겨있어서 중요한 물건이라고 생각한 것입니다. 이처럼, 법궤의 중요도가 급상승한 것은 토라의 기록과 그 궤를 같이합니다. 궤짝을 긴 세월 동안 중시한 것은 그 안에 신성한 기록물이 담겨있다는 믿음 때문입니다. 싹난 지팡이와 만나 항아리에 대한 언급이 자취를 감추고 십계명을 기록한 두 돌판만 법궤에 들어있다고 설명하는 본문은 에스라와 스룹바벨의 시대, 즉, 기록의 시대에 최종 완성한 것입니다.(출 37:21; 왕상 8:9; 대하 5:10)

궤 안에는 두 돌판 외에 아무것도 없으니 이것은 이스라엘 자손이 애굽에서 나온 후 여호와께서 그들과 언약을 세우실 때에 모세가 호렙에서 그 안에 넣은 것이더라(대하 5:10)

이 문장은 원래 궤짝 안에 여러 가지 물건이 들어있었다는 것을 암시합니다.(히 9:4 " … 언약궤가 있고 그 안에 만나를 담은 금 항아리와 아론의 싹난 지팡이와 언약의 돌판들이 있고") 궤짝은 원래 민간 신앙의 중요한 상징물을 모아두던 상자였을 것입니다. **그래서 후대 사람들이 몇몇 물건이 없어졌는데도 크게 문제로 삼지 않았던 것입니다.** 재차 말하지만 말씀을 기록하는 시대에 와서 기록물이 들어 있는 궤짝으로서 법궤를 중시한 것입니다. 귀환 이후 사람들은 그 안에 있었던 물건에 큰 의미를 부여하지 않았고 사람들의 기억 속에서 희미해졌습니다. 그것이 존재했는지 존재하지 않았는지도 개의치 않게 되었습니다. 이제 기록한 말씀이 있으니까 말입니다.

🐝 어떤 분은 성경책을 하나님처럼 애지중지합니다. 그 내용이 아니라 종이 묶음을 그렇게 대합니다. 이는 일종의 주술 행위와 비슷하다고 하겠습니다. **성서는 기록물로만 의미가 있습니다. 기록한 내용이 중요하다는 것입니다.** 누가 낡은 성경책을 폐기하거나 심지어 불태운다고 해도 저주받을 일 따위는 없습니다. 어린아이가 모르고 성경책에 볼펜으로 아빠 엄마 얼굴을 그린다고 해도 말이죠. 성서의 가치만 중요합니다. 성경책 자체를 너무 아껴서 주일에 교회 갈 때 빼고는 읽지도 않는 사람이 있습니다. 닳을까 봐 그런다고 합니다. 무속을 하시는 분들도 열심히 공부합니다. 책을 봅니다. 무턱대고 굿만 하는 것이 아닙니다. 성경을 많이 읽는다는 사람들이 요즘은 무속인도 잘 하지 않는 초월적이며 주술적인 행동을 하는 것을 봅니다. 어떤 이는 무슨 뜻인지 곱씹지 않고 그냥 줄줄 많이 읽으면 좋은 일이 생긴다고 믿습니다. 그러면서 100독 했네, 1,000독 했네 자랑합니다. 건성으로 많이 읽으면 뭐 합니까? 그 안에 깊이 담긴 가치는 전혀 배우지 못했는데 무슨 소용이 있겠습니까? 성서가 우리 삶에 대하여 교훈하는 것을 성찰하지 못하고 나아가 그것을 작게나마 실천하지 않으면 아무 소용이 없습니다. 저는 이런 생각을 합니다. 하나님이 혹시 궤짝이 두려워 벌벌 떠는 자들 꼴 보기 싫어서 나라가 멸망할 때 궤짝을 함께 박살 내신 것은 아닐까?

만일 이 세상의 모든 성경책이 없어진다면 당신의 머릿속에 남는 것은 무엇입니까? 당신이 그동안 성서로부터 배운 것은 무엇입니까? 그것만 남을 것입니다. 우리가 성서의 가치대로 살아본 것이 단 한 구절이라도 있다면 그것은 책이 없어져도 우리의 머리뿐 아니라 가슴, 몸 전체에 남을 것입니다. 그래서 저는 성서를 체득(體得)할 것을 조언합니다.

아마 저의 이 글을 읽고 당신은 '법궤가 아직도 어딘가에 있다' 혹은 '법궤는 원래 없었다' 또는 '법궤를 왜 없다고 하느냐?'와 같이 다양한 반응을 보일 것입니다. 그런데 궤짝은 중요한 게 아닙니다. 말씀을 담은 궤짝이 중요했다면 그게 언제 없어졌는지 어디로 없어졌는지 관심을 두는 사람이 왜 없었겠습니까? 중요한 것은 껍질이 아니라 알맹이입니다. 돌판이 아니라 그 돌판 위에 쓰인 글입니다. **문자주의자들이여! 잘 들으십시오! 중요한 것은 문자 자체가 아니라 그 안에 담긴 의미입니다.** 쓰인 글보다 중요한 것은 그 글에 담긴 정신이며 가치입니다.(롬 7:6 " … 우리는 문자에 얽매인 낡은 정신으로 하나님을 섬기지 않고, 성령이 주시는 새 정신으로 하나님을 섬깁니다."(새번역)) 성서의 가치를 따라 행동하는 실천이 중요합니다. 아무쪼록 성서의 가치를 배우고 작게나마 실천하는 여러분이 되기를 바랍니다. 宗

예레미야 애가 1: 10 -14

대적이 손을 펴서 그의 모든 보물들을 빼앗았나이다 주께서 이미 이방인들을 막아 주의 성회에 들어오지 못하도록 명령하신 그 성소에 그들이 들어간 것을 예루살렘이 보았나이다 / 그 모든 백성이 생명을 이으려고 보물로 먹을 것들을 바꾸었더니 지금도 탄식하며 양식을 구하나이다 나는 비천하오니 여호와여 나를 돌보시옵소서 / 지나가는 모든 사람들이여 너희에게는 관계가 없는가 나의 고통과 같은 고통이 있는가 볼지어다 여호와께서 그의 진노하신 날에 나를 괴롭게 하신 것이로다 / 높은 곳에서 나의 골수에 불을 보내어 이기게 하시고 내 발 앞에 그물을 치사 나로 물러가게 하셨음이여 종일토록 나를 피곤하게 하여 황폐하게 하셨도다 / 내 죄악의 멍에를 그의 손으로 묶고 얽어 내 목에 올리사 내 힘을 피곤하게 하셨음이여 내가 감당할 수 없는 자의 손에 주께서 나를 넘기셨도다

어려움에 닥치면 해석을 합니다만 아무 소용 없습니다

전통적으로 예레미야가 예레미야애가를 쓴 것으로 생각합니다. 예레미야의 70인역의 서론을 보면 "예레미야가 앉아 슬피 울며 애가를 불렀다.(ἐκάθισεν Ιερεμιας κλαίων καὶ ἐθρήνησεν τὸν θρῆνον 에카띠센 예레미야스 클라이온 카이 에뜨레네센 톤 뜨레논)"라고 적고 있습니다. 하지만 기원전 300년경 쓰인 70인역은 유대인의 전통적 해석이 들어간 것이기 때문에 예레미야애가가 한 명의 작품인지 아니면 수집물인지는 따져보아야 할 것입니다.

예레미야애가는 명확하게 민족 국가 이스라엘의 패망을 말하고 있어서 포로기적 본문으로 이해할 수 있습니다.(애 1:3 "… 유다는 환난과 많은 고난 가운데에 사로잡혀 갔도다 … ") 포로기 때부터, 집단적 서술이 아닌 개인적 서술, 특히 개인의 탄원이 많이 나왔다는 것을 고려할 때 무명씨의 작품이 예레미야애가에 많이 들어있을 것 같습니다. 이런 상황은 시편에 다수의 개인 탄원시가 들어간 것과 비슷합니다.

애 1:10은 '대적이 … 모든 보물을 빼앗았고 … 이방인들이 … 성소에 … 들어갔다'고 하는데 이는 예루살렘 성전이 약탈당했음을 알려줍니다.(렘 52:20-23) 애 1:11은 백성이 기근으로 "보물"을 (팔아) "양식"을 얻어 연명하는 참혹한 상황을 묘사합니다. "양식"의 양이 아주 적어 허기를 면하지도 못한 것 같습니다.("지금도 … 양식을 구하나이다") 이런 내용 바로 다음에 탄식의 기도가 나옵니다.

> 나는 비천하오니 여호와여 나를 돌보시옵소서!(애 1:11b)

"나는 비천하오니(하이티 조렐라흐)" 라는 말은 '나는 무가치합니다', '나는 별 볼 일이 없습니다'라는 뜻으로 이해할 수 있습니다. 이것은 시편의 어떤 구절을 연상케 합니다.

> 나의 부르짖음을 들으소서 나는 심히 비천하니이다 나를 핍박하는 자들에게서 나를 건지소서 그들은 나보다 강하니이다(시 142:6)

같은 단어 구성은 아니지만 시편 142편도 생명의 위협을 뿌리친(시 142:5 "살아있는 사람들의 땅") 어떤 사람의 탄원시(시 142:1 "내가 소리 내어 여호와께 부르짖으며 … 간구하는도다")라는 점에서 포로기의 상황을 드러냅니다. 물론 최종 편집자가 "다윗이 굴에 있을 때 지은 기도"라는 제목을 붙였지만 말입니다. '이 시는 다윗이 쓴 것 같다'라는 뜻으로 이런 제목을 붙였다고 이해하면 좋겠습니다. 다윗은 왕정 시대에 살던 사람으로 국가 패망 훨씬 이전의 사람입니다.

애 1:12의 "나를 괴롭게 하신 것이로다"라는 표현도 포로기를 배경으로 합니다. 개인적 탄원문에 쓰는 표현인데 국가 패망이 하나님의 징벌이라는 성찰에서 나온 개인적 언설(言說)입니다.(참고: 시 88:7 "주의 노가 나를 심히 누르시고 …

나를 괴롭게 하셨나이다”; 시 119:75 “주의 심판은 의로우시고 주께서 나를 괴
롭게 하심은 …”)

애 1:13은 발 앞에 그물을 치신 자가 하나님이라고 말하는데 이러한 인식도
포로기 이후 나타난 신정론적 서술이라고 하겠습니다. 시편 66편에 비슷한 구절
이 있는데 같은 시기에 한 말 같습니다.

> 하나님이여 주께서 우리를 시험하시되 우리를 단련하시기를 은을 단련함 같이
> 하셨으며 우리를 끌어 그물에 걸리게 하시며 어려운 짐을 우리 허리에 매어 두
> 셨으며(시 66:10-11)

시 66:10-11은 바벨론 유배 생활이 막바지에 접어든 시점을 전제합니다. 화
자는 구원자 하나님(시 66:9)이 그들로 고생하게 하신 것은 하나님의 “시험”이
며 “단련”이라고 성찰하고 있습니다. 마치 “은”을 정제함 같이 이스라엘 백성
을 새롭게 하시기 위해 하나님이 의도적으로 국가의 패망이라는 고통을 주셨다
는 것입니다. 하지만 시편 66편은 개인의 차원에서 말하는 것은 아닙니다. 이스
라엘 백성들은 포로기의 종결과 함께 민족 공동체를 재건하자는 주장을 하게 되
었습니다. 시 66편 끝부분에 “내가 … 부르짖으며”(시 66:17), “내 기도 소리”(시
66:19), “내 기도”(시 66:20)처럼 일인칭 주어로 된 문장들이 잔존하고 있는 것은
개인적 입장에서 쓴 글을 다시 집단의 이야기로 만들었을 때 남은 것입니다. 본
문은 포로 생활의 종결에 대하여 우선 개인적 차원에서 기뻐하며(시 66:29 “하
나님이 … 들으셨음이여 내 기도 소리에 귀를 기울이셨도다”) 점진적으로 “우
리”(시 66:9 “우리 영혼을 살려두시고”)의 차원에서 말합니다. 이는 외형적으로
포로기 전에 존재했던 집단적 기도 양식으로 회귀한 모양입니다. 바로 이런 점
이 독자의 판단에 혼란을 가져옵니다.

애 1:14의 “(하나님이) 내 죄악의 멍에를 그의 손으로 묶고 얽어 내 목에 올리

사 내 힘을 피곤하게 하셨(고) … 내가 감당할 수 없는 자의 손에 주께서 나를 넘기셨도다"라는 표현은 국가 패망 직후의 개인적 토로이며 동시에 초보적인 신정론적 인식입니다.

이 모든 것을 미루어 보았을 때, **예레미야애가는 국가 패망을 전제로 하며, 포로기에 진입한 시점 이래 점진적으로 생성, 변화한 문헌**임을 알 수 있습니다. 형성 시점이 예레미야의 활동 시기와 겹치는 부분이 있고 예레미야도 개인적 차원에서 애가를 지어 읊었을 가능성이 있습니다. 다만 본문을 확장하면서 국가 패망을 경험한 무명의 편집자들이 많은 문장을 추가했습니다. 공적 입장의 설명(애 1:1,3-11) 가운데 존재하는 개인적 탄원 문구(애 1:2 "밤에는 슬피 우니 … 친구들이 다 배반하여… "; 애 1:9c "… 나의 환난을 감찰 하소서"; 애 1:11b "나는 비천하오니 여호와여 나를 돌보시옵소서")는 순수한 개인 탄원 구절들(애 1:12-14, 16a, 20-22)과 엮인 문맥이 최대한 자연스럽게 보이는 데 도움이 됩니다. 공적 입장의 설명과 개인 탄원이 뒤섞여 있는 부자연스러운 구성을 볼 때 최소한 애가 전체를 한 사람이 작성했을 것이라고는 할 수 없습니다.

국가적 위기 가운데 죽음의 위험은 가까스로 면했지만 큰 충격과 슬픔에 사로잡혔던 개인들이 토로한 감정 표현의 집합으로서, 예레미야 애가는 사회적인 문제가 발생했을 때 개인이 어떤 반응을 보이는지에 대해 중요한 정보를 제공합니다. 어떤 이는 어려움에 봉착했는데 믿었던 지인이 도움을 주기는커녕 자신을 배신했다는 것에 슬퍼 웁니다.(애 1:2) 또한, 가족과 이웃의 기아와 죽음을 두고 괴로워하며(애 1:11,19,20) 끌려간 처녀와 청년들을 애처롭게 여기며(애 1:18) 이해할 수 없는 환난에 대하여 신앙적인 이유를 찾으려고 합니다.(애 1:14 "죄악"; 애 1:18 "(주의) 명령을 거역") 혹자는 자신에게 해를 끼친 자들이 똑같은 해를 당하기를 기도합니다.(애 1:21-22 "나와 같이 되게 하소서"; "내게 행하신 것 같이 그들에게 행하옵소서") 이런 경향은 심판주로서의 하나님의 개념을 점진적으로 뚜렷하게 만들고 확장합니다.

🐝 이해하기 어렵고 감당하기 힘든 시련이 왔을 때 우리는 예레미야애가를 읊은 무명씨들처럼 슬퍼하거나 울거나 분노하거나 괴로워할 것입니다. 개중에는 시련의 이유를 해석하고 논리적으로 이해하려고 애쓰는 사람도 있을 것입니다. 해석이 한계에 부딪힐 때 초월적인 존재가 어떤 계획에 따라 의도적으로 시련을 준 것이라고 추측하는 사람도 나타납니다. 마치, 예레미야애가의 화자가 자신에게 닥친 시련이 하나님께서 자신과 민족을 더 값진 존재로 만들기 위한 훈련이라고 이해한 것처럼 말입니다. 하지만, 그런 해석은 그냥 하나의 해석일 뿐입니다. 어떤 해석은 하나님을 성격이 고약한 영감님처럼 보이게 합니다. 함정을 만들어 놓고 숨어서 누가 거기 빠지면 좋아하는 나쁜 영감님 말입니다. 저는 이것이 큰 오해라고 생각합니다. 하나님이 다 예정하셨다고 하는 것이 예정론입니다. 극단적 예정론을 믿는 사람은 좋은 일뿐 아니라 나쁜 일까지 하나님이 다 예정하셨다고 쉽게 말합니다. 하지만 그런 소리를 일반적인 사람들이 들으면 '좋은 하나님이 왜 나쁜 일을 조장하셨지?' 또는 '다 아시면서 왜 적당한 선에서 멈추지 않으셨지?'라고 묻게 될 것입니다. 하나님에 대한 이해는 역사와 시대에 따라 점진적으로 형성한 것이며 특정 시대에 걸맞은 교조를 생성하기도 했습니다. 그것을 모든 시대에 끼워 맞추려고 하면 이런저런 오해를 불러옵니다.

대담하게도, 우리 각자는 예상하지 못한 고통에 대해서 나름의 해석을 내리기 마련입니다. 그것이 조상의 잘못이라거나 하나님의 뜻이라고 너무 쉽게 말합니다. 하지만 사실은 우리가 모든 것을 다 알 수 없고 해석할 수도 없습니다. 경솔하게 하나님의 계획이요 하나님의 예정이라고 하다가 괜히 오해를 불러옵니다. 예정론이라는 것도 우리가 쉽게 주무를 수 있는 개념이 아닙니다. 말을 할 수는 있지만 이해시킬 수 없는 것은 아예 말을 하지 않는 편이 낫습니다. 그냥 믿으라는 것도 대단히 무책임합니다.

마치 **하나님과 동일한 수준의 지적 능력을 소유한 것처럼 고통 중에 있는 사람에게 경솔한 해석을 제시하지 마십시오.** 고통 앞에서는 침묵과 눈물이 최선입니다. 그저 서로 안타까워하는 것이 제일 잘하는 일입니다. 도와줄 수 있는 부분은 도와야 합니다만 대개는 어떤 말도 어떤 행동도 부담이 됩니다. 따라서 해석보다는 인내를 가지고 가만히 지켜보는 것이 낫다는 것입니다. 언젠가 고통과 슬픔이 지나가면 추억 삼아 지난 고통을 가볍게 이야기할 날이 올 것이라는 말 정도는 조심스럽게 건넬 수 있을 것 같습니다. 하지만 그 어떤 말을 건네는 것보다 조용히 함께 눈물 흘리는 것이 제일입니다. **많은 시련은 사실 아무 이유도 없이 주어지는 것입니다.** 하나님조차 시련을 겪는 사람과 함께 울어주신다고 하지 않습니까? 하나님은 모르는 것이 없기 때문에 미래의 회복을 바라보며 함께 우는 일 따위는 하지 않는다고 냉정하게 말하지 마십시오. 하나님이 다 아시는지는 몰라도 우리는 바로 지금 땅에 발을 딛고 살며 많은 시련에 대해서 그 이유를 몰라 속을 태웁니다.

이스라엘 사람은 최선을 다해 그들이 직면한 고난에 대하여 여러 해석을 내놓았고 그것은 각각 신학적 흐름을 형성했습니다. 하지만 그 모두가 현대를 사는 우리의 실존에 딱 맞으리라고 생각하는 것은 착각입니다. 예레미야애가와 같은 성서 본문을 통해 우리가 얻을 수 있는 가장 큰 교훈은 얼마나 많은 이가 시련에 대하여 얼마나 다양한 대응과 해석을 제시했느냐는 것입니다. 물론, 그중에 어떤 것은 썩 괜찮아서 두고두고 회자가 되고 어떤 것은 잘 알려지지 않았지만, 제가 볼 때는 이 모두가 고통에 대한 인간의 중요한 반응입니다. 혼란과 슬픔과 분노, 모두 우리가 삶을 사는데 자주 만나게 되는 익숙한 감정입니다.

고통을 당한 당신에게 제가 조심스럽게 드리고 싶은 말이 있습니다. 충분히 울고 충분히 분노한 다음에 그래도 삶을 끝까지 살아야겠다는 마음이 남아있다면 훌훌 털고 일어나 내일을 위해 작은 씨앗이라도 심으십시오. 지금은 아주 죽을 것 같지만 인간의 생명이란 게 모질디모진 것이라 생명의 불을 일부러 끄지 말고 어떻게 되나 기다려 보는 것도 나쁘지 않습니다. 이스라엘 사람들은 영원히 멸망할 것 같지 않던 바벨론 제국이 갑자기 패망하자 깜짝 놀랐습니다. **좋은 날은 때로 놀랍도록 갑자기 찾아옵니다.** 조금만 더 견뎌 봅시다! 사는 동안 우리의 막힌 속을 뻥 뚫어주는 반전(反轉)이 갑자기 선물처럼 주어질지도 모릅니다!

예레미야 애가 5: 20 -22

주께서 어찌하여 우리를 영원히 잊으시오며 우리를 이같이 오래 버리시나이까 / 여호와여 우리를 주께로 돌이키소서 그리하시면 우리가 주께로 돌아가겠사오니 우리의 날들을 다시 새롭게 하사 옛적 같게 하옵소서 / 주께서 우리를 아주 버리셨사오며 우리에게 진노하심이 참으로 크시니이다

모든 어려움에는 유효 기간이 있습니다.
하나님의 심판이라는 것조차 한시(限時)적입니다.

놀랍게도! 한 명의 저자가 한 권의 성서를 장(章)절(節)에 맞추어 차례대로 썼다고 사람이 적지 않습니다. 어떤 분은 성경의 장절이 뒤죽박죽 편집되었다고 말하는 것은 불신앙이라고 소리치며 화를 냅니다. 자신의 생각과 다르지만 한번 들어보려는 태도가 있다면 좋을 텐데 안타깝습니다.

예레미야애가 5장 마지막 몇 구절만 보아도 여러 문헌을 이어 붙인 편집의 흔적을 발견할 수 있습니다.

애 5:21에서 화자(話者)는 회복을 간절히 기도합니다. 이것은 아직 회복의 가능성이 조금은 남아있음을 알게 합니다. 가능성이 전혀 없어 절망했다면 기도하지 않을 것입니다. 하지만 애 5:22은 애 5:21과는 달리 아주 절망적입니다. 하나님이 사람들을 완전히 버리셨다고 하면서 그의 큰 분노가 풀리지 않았다는 취지의 말을 합니다.

여호와여 우리를 주께로 돌이키소서 그리하시면 우리가 주께로 돌아가겠사오니 우리의 날들을 다시 새롭게 하사 옛적 같게 하옵소서(애 5:21)

주께서 우리를 아주 버리셨사오며 우리에게 진노하심이 참으로 크시니이다(애

5:22)

이 두 구절의 상황 전환이 매우 급작스럽습니다. 이것이 시간의 순서에 따라 차례대로 쓰인 것이라면 회복을 기도하던 사람이 갑자기 극단적인 절망에 빠진 것이 됩니다. 심한 조울증을 앓고 있지 않은 이상 이런 태도를 보일 리가 없습니다. 어떤 해석자는 우격다짐으로 '하나님께 회복을 구하다가 갑자기 참혹한 현실을 보고 다시 절망에 빠졌다'라고 설명합니다. 또 어떤 사람은 책의 마지막 구절인 애 5:22이 글의 전체 분위기를 대변하는 것이며 바로 앞에 있는 애 5:21과 이어지도록 쓴 것은 아니라고 합니다. 나름 문학적인 분석입니다. 하지만 제가 볼 때는, 원래 애 5:20,22만 있었던 것 같습니다. 하나님이 백성을 완전히 버리셨다는 표현은 최소한 국가 멸망 이후에나 등장할 수 있습니다. 실제로 예레미야애가의 초기층은 포로기 직후 시점을 전제로 합니다. 하지만 '왜 우리를 이처럼 오래 버려두십니까?'라고 묻는 애 5:20을 볼 때 이 구절의 생성 시점은 최소한 포로기 중반으로 늦춰질 것입니다. 포로 생활이 점차 길어지면서 절망의 감정이 심화하였을 것입니다.

> 주께서 어찌하여 우리를 영원히 잊으시오며 우리를 이같이 오래 버리시나이까?(애 5:20)

> 주께서 우리를 아주 버리셨사오며 우리에게 진노하심이 참으로 크시니이다(애 5:22)

이 두 구절 사이에 삽입한 '우리를 돌이키소서. 우리에게 새날을 주셔서 옛날과 같은 시절을 회복시켜주소서'라는 애 5:21의 기도문은 포로기 막바지에 삽입한 것 같습니다. 왜냐하면, "주께서"로 시작하는 애 5장 20절과 22절은 똑같이 극한 절망을 말하고 있지만 애 5:21은 새로운 날들을 소망하며 기대하고 있기 때문입니다.

결론적으로 애 5:20-22은 비록 세 구절밖에 안 되지만, 각각 포로기 중기(20절, 22절), 포로기 후기(21절)에 작성한 것으로 평가됩니다.

애 5:20-22절을 고찰하면서 [절망 - 희망 - 절망]과 같이 볼 수는 없습니다. 만약 그런 순서대로 본문을 쓴 것이라면 회복의 소망이 언급되었음에도 결국은 절망으로 끝나는 글이 됩니다. 하지만 극단적인 절망을 비집고 그사이에 희망의 메시지를 삽입한 것이라면 이야기는 완전히 달라집니다. '우리는 끝났어'라는 우울한 이야기가 먼저 있었고 나중에 새날과 회복의 서광을 말하는 것이라고 보는 것이 낫습니다.

🐝 때로 우리의 기도는 온통 절망적인 분위기로 가득합니다. 무엇이 없고 어떤 것이 안 되고 하나님이 우리를 잊으신 것 같고 안 되는 것도 많고 누가 못됐고 엄청 나쁘고 누구 때문에 망했고… 와 같이 말입니다. 하지만 애 5:21을 삽입한 편집자처럼 암울한 기도에 희망의 문장을 살짝 추가할 수 있을 것입니다. 암울한 삶이지만 작은 소망을 품을 수 있습니다. 성서 원래 본문에 어떤 내용을 추가할 때 원래 있던 글을 삭제하는 일은 없습니다. 최대한 있는 그대로 유지하면서 위치를 잘 선정하여 새로운 내용을 추가합니다. 하지만 굉장히 암울한 분위기의 기도문에 내용이 다른 문장을 추가하면서 티가 나지 않을 줄 알았다면 오산입니다. 누구나 조금만 자세히 살피면 성질이 다른 문장이 끼어들었다는 것을 파악할 수 있습니다.

상당히 오래 암울한 상황이 이어졌습니다. 그러다가 마침내 작은 빛이 비칩니다. 상황이 완전히 좋아진 것 같지는 않습니다만 그래도 이제는 조금 살만합니다. 하지만 완전히 좋아질 날을 고대합니다.

아무 때나 하나님의 절대 주권과 예정을 말하는 교조주의자들은 긍정의 힘에 대해서 무조건 비판합니다. 그들은 인간 스스로 긍정적인 정신을 가지는 것을 부정적으로 보면서 인간의 노력이 아니라 하나님이 주시는 능력으로 상황을 극복할 수 있다고 주장합니다. 인간의 모든 행위에 앞서 하나님을 말하는 그 열정은 가상하지만 하나님이 인간에게 좋은 것을 주실 때 하늘에서 뚝 떨구지 않습니다. 모든 일은 사람의 마음과 손길을 통해 일어납니다. 신앙적으로 말하자면 하나님이 그렇게 하게끔 하셨다는 것이죠. 신앙인이 아닌 사람이 긍정적으로 새로운 내일을 열어가는 것을 저는 아주 좋게 봅니다. 신자든 아니든 인생의 배후에 하나님의 돌보심이 있다고 저는 믿습니다. 예배당 출석을 하지 않는 분들이 바르게 성공을 이루는 것을 보며 저는 하나님께 찬미를 올려 드립니다. **우거지 상을 하고 예배당 구석에서 투덜거리듯 기도하는 사람보다는 교회를 안 다니지 만 늘 밝고 긍정적으로 살아가는 사람에게서 하나님의 돌보심을 느낍니다.** 어떤 긍정이든 너무 비현실적이지만 않다면 그 소박한 긍정에 저는 늘 박수를 보냅니다.

영원히 버림받은 것 같던 이스라엘 민족에게 해방의 서광이 비쳐옵니다. 이제는 회복과 새날을 이야기할 때입니다. 인간은 약해서 나쁜 상황에 아무 변화가 일어나지 않으면 '신도 우리를 버렸다'라고 말하면서 비관에 빠집니다. 그러나 **인간의 역사를 보면 알 수 있습니다. 때로는 빨리, 때로는 조금 늦게 새날은 반 드시 옵니다.**

여러분! 힘을 냅시다. 하나님께 영원한 심판 같은 것은 없습니다.(출 32:14; 삿 2:18; 렘 18:10; 26:3,13,19; 욜 2:14;욘 3:10) 하나님이 내리시는 어려움은 모두 한시(限時)적입니다. 이유 없이 고통이 주어졌지만 만기(滿期)가 있습니다. 만약 정말로 하나님이 잘못한 자녀에게 벌을 내렸다고 해도 **자녀에게 영원히 화 를 내는 것은 정상적인 부모가 아닙니다.**

영원한 어려움이라는 것은 없어요! 어려움에는 유효기간이라는 게 있습니다. 조금만 참아봅시다. 웃음이 잘 나오지 않지만 조금만 긍정적으로 밝게 살아봅시

다. 바로 내일이 회복의 새날은 아닐지 몰라도 우리는 살아있음으로 하루 더 그 날에 다가가고 있습니다. 🏠

에스겔 3:18 −21

가령 내가 악인에게 말하기를 너는 꼭 죽으리라 할 때에 네가 깨우치지 아니하거나 말로 악인에게 일러서 그의 악한 길을 떠나 생명을 구원하게 하지 아니하면 그 악인은 그의 죄악 중에서 죽으려니와 내가 그의 피 값을 네 손에서 찾을 것이고 / 네가 악인을 깨우치되 그가 그의 악한 마음과 악한 행위에서 돌이키지 아니하면 그는 그의 죄악 중에서 죽으려니와 너는 네 생명을 보존하리라 / 또 의인이 그의 공의에서 돌이켜 악을 행할 때에는 이미 행한 그의 공의는 기억할 바 아니라 내가 그 앞에 거치는 것을 두면 그가 죽을지니 이는 네가 그를 깨우치지 않음이니라 그는 그의 죄 중에서 죽으려니와 그의 피 값은 내가 네 손에서 찾으리라 / 그러나 네가 그 의인을 깨우쳐 범죄하지 아니하게 함으로 그가 범죄하지 아니하면 정녕 살리니 이는 깨우침을 받음이며 너도 네 영혼을 보존하리라

영원한 악인은 없습니다.
바른 교육을 받으면 새사람이 됩니다.

에스겔서를 크게 몇 부분으로 나누어 보면 유다의 멸망(겔 1−24장), 세상의 멸망(25−32장) 그리고 회복(33−48장)으로 나눌 수 있습니다. 겔 3:24−26절도 유다의 멸망에 대해 언급하는 내용의 일부인데 이 단락 앞에 있는 겔 3:18−21은 의인과 악인의 구원과 죽음(구체적으로는 "영혼의 보존"(겔 3:21))에 대하여 열띤 고찰을 하고 있습니다. 그 대략적인 내용은 아래와 같습니다.

겔 3:18 − 악인에게 적절한 가르침을 주지 않아 악인인 채로 죽게 했다면 마땅히 **가르침을 주었어야 했던 그 사람에게 책임**이 있다.

겔 3:19 − 악인에게 적절한 가르침을 주었다면 악인인 채로 죽어도 **가르침을 준 사람에게 아무런 책임**이 없다.

겔 3:20 − 의인이 타락하여 악행을 할 때 가르침을 주지 않아 악인인 채로 죽

었다면 **그에게 가르침을 주지 않은 자에게 책임**이 있다.

겔 3:21 – 의인이 타락하여 악행을 하려고 할 때 가르침을 주어 악행을 저지르지 않았다면 **그들 모두 "영혼을 보존"할 것**이다.

간단하게 말해서, 이 분석은, 첫째, 악인이 사망했을 때 그가 반성할 기회를 얻지 못한 채로 죽은 책임이 누구에게 있느냐를 추적하고 있습니다. 둘째, 악인이 돌이킬 수 있다는 여지를 두고 있습니다. 셋째, 악인이 반성하는 데 조언자(교사?)와 그의 조언이 절대적인 역할을 한다고 주장합니다.

전통적인 지혜 문헌에 있어서, 악인은 자신의 악행 때문에 죽는 것이며 그에 대해 이러쿵저러쿵 논의할 여지는 없습니다.(잠 14:32 '악인은 그의 환난에 엎드러진다…'; 잠 17:11 "악한 자는 반역만 힘쓰나니 … 그에게 잔인한 사자가 보냄을 받으리라.") 그러나 겔 3:18은 악인의 죽음에 관한 다각적인 분석을 하고 있습니다. 이는 초기 지혜 문헌에서 더 발전한 양상입니다.

이 발전한 이해에 따르면, 악인은 얼마든지 의인이 될 수 있으며, 의인도 악한 행위를 저지르고 악인으로 죽을 수 있습니다. 이것은 전통적인 가치관에 대한 대대적인 수정입니다. 이러한 변화는 기본적으로 국가 멸망 시점으로부터 일어난 것입니다. 국가의 패망은 위정자의 잘못이며 국민은 그에 대해 아무 잘못이 없으며 착하고 바르게 살아왔을 뿐이라는 반론을 제기한 것입니다.(렘 31:29 "다시는 아버지가 신 포도를 먹었으므로 그의 아들의 이가 시다고 하지 아니하겠고"; 겔 18:2 "아버지가 신 포도를 먹었으므로 그의 아들의 이가 시다고 함은 어찌 됨이냐?") 한 사람이 저주받아 죽는 것은 다른 사람의 죄 때문이 아니라 오직 그 자신의 악행과 죄악 때문이라는 주장입니다. 이것이 바로 죄론(罪論)의 시작입니다. 그런데 이런 생각에 문제가 있다는 것이 곧 밝혀집니다.

분명히 악인이라고 생각한 사람들이 전쟁통에 살아남았고 오히려 사회적인 인정을 받던 의인(착한 사람)들이 사망한 것입니다. 초보적인 죄론으로는 이런 상황을 제대로 설명할 수 없었습니다. 그제야 이론은 보완되기 시작합니다: 영원한 악인은 없다; 영원한 의인도 없다는 개념이 나타난 것입니다.

그다음 단계로 '그렇다면 악인이 의인이 되고 의인이 악인이 되게 만드는 요소는 무엇인가?'라는 질문을 제기합니다. 그에 대한 대답으로 (지혜적/토라적) 교육을 제시합니다. 악인은 적절한 교육을 통하여 착한 사람으로 거듭날 수 있고 적절한 교육이 제공되지 않았을 때 그냥 악인으로 죽을 것입니다.(겔 33:10-16) 또한 의인(올바른 사람)이 평생 의인으로 살 수 있게 하는 것도 교육입니다.

마지막으로, 겔 3:18-21에서 조언자(교사)의 책임을 강조하는 것을 볼 수 있습니다. 조언자(교사)의 임무는 악인으로 더는 악행을 저지르지 않도록 권고하는 것입니다. 이를 어떤 측면에서 보면 정식 교육 체계를 의미하는 것 같기도 합니다. 체계적 교육은 국가 패망 이후 백성이 모두 포로로 끌려가 있던 기간에는 꿈꿀 수조차 없던 것입니다. 적어도 바벨론 멸망 이후가 되어야 교육이 가능합니다. 교사들은 의무적으로 백성을 교육해야 하며 그 교육 효과에 따라 백성은 바른 사람(바른 백성)이 될 것입니다.

겔 3:22과 23절 일부에는 고대 예언자의 신적 소환(召喚)형식이 보이는데 제사장 편집자가 그것을 다소 수정한 것 같습니다. 하나님이 현현하는 장소가 고정적이냐 이동하느냐는 시대를 구분하는 데 매우 중요한 근거입니다.(겔 3:22 "거기서(?) 내게 임하시고"와 "일어나 들로 나아가라 내가 거기서(!) 너와 말하리라"의 어휘적 중복 및 충돌; 겔 3:23 "여호와의 영광이 거기에 머물렀는데")

겔 3:24-25에는 예언자에게 주어진 경고가 나오고 겔 3:26-27은 "패역한 족속"의 "반역"에 대하여 비판하고 있습니다.

겔 3:24는 예언자에게 집으로의 은신(隱身)을 명령합니다.("… 너는 가서 네 집에 들어가 문을 닫으라") 겔 3:25은 "(악한) 무리"가 예언자를 포박하여 못 움직이게 했다고 합니다. 아마 이와 같은 강압적인 분위기 때문에 예언자는 더는 발언을 못 하게 되었을 테지만, 겔 3:26은 그런 상황에 대하여 하나님이 혀를 입천장에 붙게 하여 말을 못 하게 한다고 해석합니다. 그런데 이상하게도 겔 3:27에서 예언자는 여전히 발언하고 있습니다. 이 구절들을 마지막에 구성한 편집자에 따르면, 예언자가 말을 했는지 안 했는지가 중요한 것이 아니라 하나님의 메시지가 주어졌다는 것만 중요합니다.

예언자의 입을 빌어 말한다는 것은 율법을 문서화하기 이전의 전통적인 계시 전달 방식입니다. 문서로 계시를 고정하면 상대적으로 예언자를 통한 구전(口傳) 예언은 덜 중요한 것이 되어 뒤로 밀리게 됩니다. 시대가 바뀌면서 예언자보다는 조언자나 교육자가 필요한 시대가 되었습니다.

겔 3:17은 예언자를 겔 3:18–21의 교사로 이해합니다.("파수꾼"… "그들을 깨우치라") 그런데 이 예언자는 속박당하면서(겔 3:24–25) 더는 입을 열 수도 교육할 수도 없게 되었습니다. 겔 3:26–27의 "패역한 족속"과 "반역하는 족속"에 대한 비난은 그들이 교육을 받기 어렵거나 받을 수 없는 상황을 기초로 합니다. 이런 상황 가운데 배우지 않는 자는 악인이며 악행을 저지른 과거가 있다고 해도 배운다면 올바른 사람(의인)이 된다는 이해가 성립합니다. 배움이란 배우기 어려운 상황에서 더욱 그 가치를 드러내는 법입니다. 오직 배움을 통해 사람이 변합니다.

🐝 우리가 성서를 끊임없이 연구하고 배우는 이유는 무엇입니까? 그것은 성서의 가치를 삶에 새기고 그것을 따라 살기 위해서입니다. 물론 우리 다음 세대까지 좋은 가치를 전수하려는 목적도 있습니다.

겔 3:16–27절은 **누가 악인이고 의인인지 혼란스러운 상황에서 가치 판단의 기준으로서의 율법을 교육해야 한다는 주장입니다.** 원론적으로 예언자를 통해 메시지가 주어진다는 점에서 이 본문의 시점에 율법의 문서화를 마무리한 것 같지는 않습니다. 그런데도 글은 가치 기준을 집요하게 추구하며 교육에 따라 악인도 의인이 될 수 있다고 주장합니다. 이것은 바벨론의 포로 기간을 지나 상대적으로 자유로운 페르시아 시대에 진입한 후 성서의 화자와 편집자들이 갖게 된 일종의 낭만적 기대입니다. 글에서 시간의 흐름과 변하는 사고를 느낄 수 있습니다.

교육으로 사람을 바꿀 수 있습니다. 우리가 날마다 성서의 가치를 연구하고 가르치고 배운다고 순식간에 사람이 바뀌지는 않을 것입니다. 하지만, 수천 년을 지나며 다양한 사상의 틈바구니에서 살아남은 성서의 생명력을 생각할 때 그 안에 있는 좋은 가치를 되새기고 차세대에 교육함으로 어제보다는 조금은 나은 사람들이 될 수 있습니다. 더 나은 사회를 빚어낼 수 있습니다. 이것이 인문의 힘이고, 가치 교육의 능력입니다. 오래 걸리는 일이지만 보람 있는 일입니다.

21세기는 포스트모더니즘의 시대입니다. 탈구축(脫構築)의 시대를 사는 우리는 일원적 사고를 배척하고 다원적 사고를 수용합니다. 영원한 악인도 없고 영원한 의인도 없다는 것을 본능적으로 감지하는 시대입니다. 이런 시대에는 자기 생각만 옳은 것이라고 주장하는 것이 촌스럽습니다. 위에서 살펴본 에스겔서 본문에서도 이러한 사상적 흐름과 같은 흐름을 포착할 수 있습니다. 혹자는 에스겔서가 텍스트 중심의 교육을 제시한다면서 그것이 구조주의적이라고 비판할지도 모릅니다. 또한 우리는 포스트모더니즘도 하나의 사상 기류라는 것을 부정할 수가 없습니다. 고정되어 영원불변하는 것은 없다는 것을 다른 사람에게 교육하고 인성 억압적 구조주의를 극복하도록 계몽한다는 측면에서 포스트모더니티 자체가 다분히 교육적입니다. 포스트모더니즘적 교육은 현대인에게 있어 그들을 힘들게 하는, 판에 박힌 것들(스테레오 타입)을 타파하기 위해 기능합니다. 이것이 우리가 가지고 있는 성경 교육관에 위배됩니까? 적어도 위에서 살펴본 에스겔서 내용에 비추어 본다면 그런 것 같지 않습니다. 가치 기준은 일원적이지만 이해의 궤적은 다분히 넓고 그 접촉도 다면적입니다. 포스트모더니즘의 관점에서 종교가 다층적인 교육을 논한다니 어리둥절할 수도 있습니다. 하지만 에스겔의 가르침은 실제로 우리가 생각하는 것보다 훨씬 다층적입니다.

우리는 끊임없이 배워야 합니다. 이 세상의 적지 않은 구조주의적 지식과 습속이 인성을 억압한다는 것도 학습을 통해 알게 됩니다. 교육이 방해를 받거나 차단된 환경에 놓인 사람이 배울 수 있는 것은 매우 적습니다. 교육 환경과 조건이 개선되지 않는다면 사람은 끝까지 잠재 능력을 충분히 계발하지 못할 것입니다.

많은 이는 성서만큼 고리타분한 책이 없다면서 시대착오적인 내용으로 가득하다고 하지만, 제가 볼 때는 훌륭한 범 시대적 가치가 성서 본문 곳곳에 숨어 있습니다. 숨어 있다는 말은 성서를 세심하게 살피지 않으면 중요한 가치를 찾아내기 힘들다는 이야기입니다. 지금까지도 **적지 않은 사람은 성서의 깊은 의미를 찾기보다는 드러난 문자만을 봅니다.** 표면에는 각 시대에 얽매인 이념이 덮고 있어서 우리 시대에 필요한 보화 같은 가치를 찾기 힘듭니다. **성서 문자 자체를 신성하게 여겨 비평하지 못했던 과거와는 달리 다원화의 시대인 현대에는 표층적인 시대 이념을 해체하고 제거한 뒤에 그 내부로부터 중요한 가치를 캐낼 수 있습니다.** 생각보다 성서 안에는 정말 다양한 사고방식이 들어있으며 때로는 그것들끼리 서로 맹렬하게 싸우면서 때로는 타협합니다. 그 형성 역사가 길다 보니 다양한 저자의 생각을 담게 된 것입니다. 그런데도 성서만큼 그 체적(體積)을 파악하고 질량(質量)을 측정하는데 용이한 책은 많지 않습니다. 특정한 고정 형태와 그에 비견하는 다양한 형태가 함께 붙어있어서 비평적 분석을 통하면 생각보다 명확한 윤곽을 그려낼 수 있습니다. 물론 각기 다른 역사 시점에서 생겨난 다양한 내용이 한데 붙어 있어서 그것을 한 번에 묶어서 처리하는 것은 많은 문제를 야기합니다. 이것은 요리할 때 재료를 제대로 손질하지 않고 그냥 음식을 만드는 것보다 훨씬 심각한 상황입니다. 석유를 정제하지 않고는 쓸 수 없습니다. 석유는 탄화수소의 혼합물인데 이것을 정제해야 휘발유, 경유, 등유와 같은 것을 만들어 쓸 수 있습니다. 석유는 정말 귀한 자원이지만 정제를 거치지 않으면 아무짝에도 쓸 수 없다는 것입니다. 성서를 비평하는 것도 이와 마찬가지입니다. **비평을 거치지 않은 성서 이해는 우리 삶에 도움을 주기는커녕 혐오와 분란을 조장하는 등 혼란을 가져옵니다.** 우리는 성서라는 '원유'에서 선택적으로 '휘발유'와 '경유' 등을 추출할 수 있을 뿐입니다. 휘발유와 경유를 섞어 쓰지 않는 것처럼 선택적인 활용이 최선입니다. 저는 지금 에스겔서 본문을 비평하여 악인이 갱생할 수 있고 거기에 가치 교육이 중요한 역할을 한다는 사실을 설명해 드렸습니다. 성서에 들어 있는 중요한 가르침입니다.

악한 사람 중에는 자신이 그래도 괜찮은 사람이라고 생각하는 사람이 있습니다. 반대로 착한 사람 중에 죽는 순간까지 자신의 부족함과 과오에 대해서 자책하는 사람이 있습니다. 양심이 무딘 사람은 자신의 잘못을 잘 모르고 예민한 사람은 작은 잘못도 크게 생각할 것입니다. 사회에는 일정한 기준이 있습니다. 최소한 다른 이에게 피해를 주지 말고 살아야 합니다. 최선을 다해 바르게 살아야 합니다. 지금까지 욕을 먹으며 살았다면 개과천선해야 합니다. 바로 지금부터 악한 일을 멈추고 착한 일을 하십시오! 죽을 때까지 변하지 않을 것 같은 사람도 있습니다만 사람의 머리와 가슴에 새로운 가치가 심기면 순식간에 다른 사람처럼 변하는 경우도 있습니다. 완전 새사람이 될 수 있습니다. 宗

내가 랍바를 낙타의 우리로 만들며 암몬 족속의 땅을 양 떼가 눕는 곳으로 삼은즉 내가 주 여호와인 줄을 너희가 알리라 / 주 여호와께서 이같이 말씀하셨느니라 네가 이스라엘 땅에 대하여 손뼉을 치며 발을 구르며 마음을 다하여 멸시하며 즐거워하였나니 / 그런즉 내가 손을 네 위에 펴서 너를 다른 민족에게 넘겨 주어 노략을 당하게 하며 너를 만민 중에서 끊어 버리며 너를 여러 나라 가운데에서 패망하게 하여 멸하리니 내가 주 여호와인 줄을 너희가 알리라 하셨다 하라

이웃에 대한 적개심이 없고
함께 살 방법을 찾는 사람이 거듭난 사람입니다.

에스겔서 25장부터 32장까지의 내용은 이스라엘 주변 세력들에 대한 심판입니다. 25장에서 여러 족속의 이름을 볼 수 있습니다 : 암몬(겔 25:2-7), 모압(겔 25:8-11), 에돔(겔 25:12-14), 블레셋(겔 25:15-17) 본문의 저자가 왜 이렇게 많은 족속에 대해 분노하는 것인지 궁금하지 않을 수 없습니다.

주 여호와께서 이같이 말씀하셨느니라 네가 이스라엘 땅에 대하여 손뼉을 치며 발을 구르며 마음을 다하여 멸시하며 즐거워하였나니(겔 25:6; 겔 36:5)

이 본문은 주변 족속이 이스라엘의 멸망을 슬퍼하지 않고 가해자들과 함께 즐거워했다면서 심판받아야 한다.(겔 25:7 "너를 만민 중에서 끊어버리며 … 패망하게 … 멸하리니 …")고 주장합니다. 인간관계의 측면에서 볼 때 인간의 도리(道理)를 저버린 것에 대한 비판입니다. 또한, 국가적으로 보면 이웃 나라가 망하는데 몰라라 한 것을 비난한 것입니다. 신학적으로 각색되기 전에 위기에 빠진 이스라엘은 적극적으로 원조하기는커녕 비웃었던 주변 나라를 원망했습니다. 그러나, 하나님만을 의존해야 한다는 신앙적 성찰이 일어난 뒤에는 오히려 남에게 군사 원조를 요청하는 것을 비판합니다. 안 도와주는 세력을 원망하는

것보다는 도와달라는 요청과 도와주는 일 모두를 비판합니다.

> 그들(애굽)이 다시는 이스라엘 족속의 의지가 되지 못할 것이요 이스라엘 족속
> 은 돌이켜 그들을 바라보지 아니하므로 그 죄악이 기억되지 아니하리니 내가 여
> 호와인 줄을 그들이 알리라 하셨다 하라(겔 29:16)

이 구절은 이스라엘이 군사적 원조를 요청했던 애굽(이집트)에 대한 비판입
니다. 이스라엘 민족뿐 아니라 이방 족속도 하나님 앞에서 힘자랑하면서 교만을
떨면 심판받는다고 합니다.(겔 28:2-10 "네 마음이 교만하여 말하기를 나는 신
이라 … 할지라도 너는 사람이요 신이 아니거늘 … 죽게 할지라 …")

에스겔서 25-32장은 바벨론의 침공을 전제하는데(겔 30:24-26 "내가 바벨론
왕의 팔을 견고하게 하고 … 들어주고 …") 역사적으로는 이스라엘뿐 아니라 주
변 세력들 모두 바벨론에게 피해를 봤습니다. 따라서 무조건 주변 나라들을 비
판하는 것은 다소 부당합니다.

하나님을 모든 사건의 원인으로 여기는 신정론의 입장에서 패망한 모든 세력
은 하나님의 심판을 받은 것입니다. 이는 **초보적이며 단편적인 신정론 모델**입니
다. 하나님을 모든 상황의 원인으로 삼으면 성서를 해석할 때 억지로 꿰어 맞추
게 될 위험이 있습니다. 그냥 담담히 팩트만 서술한다면 이스라엘과 주변 세력
들 모두 바벨론에 의해 막대한 피해를 보고 그러다가 패망한 나라도 있다는 정
도일 텐데 정치 역학 관계를 신정론이라는 신앙적 개념으로 해석하다 보니까 피
해를 본 모든 족속을 무차별적으로 비판하게 되었습니다. 각 나라에 대하여 안
좋은 과거 기억까지 끄집어내면서 '그래서 너희가 벌 받는거야'라고 말하는 것은
과한 일입니다. 그만큼 **이스라엘은 안팎으로 국가 패망의 원인을 찾는데 굶주
렸습니다.** 정치를 못 해서 패망한 이스라엘이 주변국의 불행을 신의 심판이라고
쉽사리 말할 자격이 있는지 묻고 싶습니다. 제일 큰 심판은 그들이 받았습니다.

"랍바"(겔 25:5)는 "암몬"의 수도(삼하 12:26)이며 현재 요르단의 수도 암만과 같은 지역인 것 같습니다. 글쓴이의 관점에서 보자면 "암몬"은 위에서 언급한 것처럼 이스라엘의 패망을 즐거워했기 때문에(겔 25:6) 심판의 대상이 되었습니다. "모압"(겔 25:11)은 원래 이스라엘 민족과 사이가 좋았다가 나빠진 케이스입니다.(신 2:9 "모압을 괴롭히지 말라") 이스라엘과 혈연관계가 있는 "에돔"(겔 25:12)은 완전한 적대 세력이 되어 유다의 성읍을 공격하고 점령한 적이 있습니다.(애 4:21; 겔 36:5) "데만"(겔 25:13, 렘 49:20)은 에돔 북부의 성읍 이름으로 알려져 있고, "드단"(겔 25:13)은 아마 에돔의 경계 지역이었을 것입니다. "그렛 사람들"(겔 25:16)은 "블레셋"(겔 25:16)과 같은 민족이거나 인접 족속이었을 텐데(습 2:5) 그들에 관해서는 이스라엘에 대한 집요한 보복심(겔 25:15 "원수를 갚아 진멸하고자 하였도다")이 도마 위에 올랐습니다.

에스겔 25장은 "패망"(겔25:7), "벌"(겔25:11), 황폐화(겔25:13), 복수(겔 25:14,17), 진멸(겔 25:15) 등과 같이 살벌한 어휘와 함께 모든 족속에 대한 심판을 선포하고 있습니다. 사실, 어떻게 보면, 그들은 각자의 이익을 위해 싸웠을 뿐이고, 주변 세력 간의 밀고 당기는 정치적 역학 관계에 따라 행동했을 뿐입니다. 하지만, 이스라엘 민족의 관점에서 볼 때 그들은 하나같이 부정적인 존재들일 수밖에 없습니다. 이는 이스라엘의 자기중심적이며 편협한 시각을 그대로 드러냅니다.

이스라엘 민족은 주변 세력이 하나도 도와주지 않아서 대단히 야속하고 서러웠던 것 같습니다. 하지만 이스라엘이 멸망한 주원인은 자신의 실정(失政)과 바벨론 제국의 침략에 있습니다. 그런데도 바벨론에 대해서는 오히려 '하나님이 바벨론을 지지하신다'(겔 30:24-25)라고 말합니다. 힘센 편 내 편 … 사대주의적 발언으로 보입니다. 주먹을 휘두르는 강자를 칭찬하고 약자들에게 분풀이합니다. 하지만 바벨론보다는 가까이서 오래 살을 맞대고 살아온 이웃들이 더 친숙하고 중요한 관계임을 이스라엘은 알아야 합니다.

한편, 이웃 세력에 대해 원래부터 배타적이고 부정적인 심판의 메시지가 주어진 것은 아닙니다. 애굽(이집트)만 하더라도 그 "아름다움"에 대한 찬사가 잔존하고 있습니다.(겔 31:9 "하나님의 동산 에덴에 있는 모든 나무가 다 시기하였느니라.") 겔 32:2은 이집트에 대한 인식이 긍정적인 것에서 부정적인 것으로 변화했음을 알게 합니다.

> 너를 여러 나라에서 사자로 생각하였더니 실상은 바다 가운데의 큰 악어라(겔
> 32:2)

두로에 대해서는 그들의 지혜로움(겔 28:3)과 부유함(겔 28:5)을 언급합니다. 하지만, 이스라엘이 패망한 후에 타민족에 대한 찬사는 모두 사라집니다. 내 나라가 망한 마당에 다른 나라를 위해 좋은 말을 할 여유가 없었나 봅니다. 그들 생각에, 선택받은 민족을 망하게 하신 하나님께서 그들보다 훨씬 못한 아니 훨씬 못해야만 하는 민족들을 좋게 생각하실 리 없으니까 말입니다.

우리 주변의 어떤 이는 3차 세계대전이 일어나 모두 불바다가 되었으면 좋겠다고 합니다. 조금 자세히 들여다보면 이런 말을 하는 사람들은 불행한 삶을 살거나 감당할 수 없는 위기에 봉착한 사람인 경우가 많습니다. 한 사람의 죽음은 그 사람에게 있어서 온 세상이 멸망하는 것과 같습니다. 자기 회사가 부도나 알거지가 되면 세계 평화는 강 건너 먼 세상의 일처럼 느껴집니다. 사랑하는 사람이 불치병을 얻어 시한부 생명을 살고 있다면 사람이 죽어도 무심하게 돌아가는 시곗바늘까지 원망스럽습니다. 바로 이것이 이스라엘이 패망하고 나서 모든 족속에게 투정을 부리는 이유입니다. 물론 그런 자기중심적이고 편협한 사고도 시간의 흐름에 따라 조금씩 변합니다. 이스라엘 백성이 다소의 여유를 찾게 되면서 미래에 대한 소망을 갖게 되었습니다. 동시에, 타인에 대한 넉넉한 포용력이 생겼습니다.

너는 그들에게 말하라 주 여호와의 말씀이니라 나의 삶을 두고 맹세하노니 나는 악인이 죽는 것을 기뻐하지 아니하고 악인이 그의 길에서 돌이켜 떠나 사는 것을 기뻐하노라 이스라엘 족속아 돌이키고 돌이키라 너희 악한 길에서 떠나라 어찌 죽고자 하느냐 하셨다 하라(겔 33:11)

이 구절은 이스라엘 주변 세력이 하나도 빠짐없이 멸절되어야 한다고 주장했던 겔 25장부터 32장의 내용과는 달리 악인(들)의 죽음을 기뻐하지 않는 하나님을 소개합니다. 여기서 언급하는 "악인"을 이스라엘 백성 가운데 있는 악인으로 볼 수는 없습니다. 화자는 분명히 민족("족속")을 대상으로 이 메시지를 전하고 있으며 몇몇 개인의 반성을 요구하는 것이 아니라 집단 전체의 각성을 촉구하고 있습니다. 그렇게 본다면 여기에서 악인의 회개는 집단에 소속한 일부 개인의 회개가 아니라 집단 전체의 돌이킴을 말하는 것입니다. 화자는 공동체 전체가 새로워지기를 요구하고 있습니다. 동시에 **하나님이 이스라엘 민족과 주변 이방 민족을 똑같이 대우하신다**는 것을 알게 합니다.

이처럼, 겔 33장 이후의 내용은 32장 이전의 내용과 판이합니다. 이는 현격한 관점 상의 변화입니다. 이러한 변화는 국가 패망 직후의 혼란스러운 상황에서 포로기를 거쳐 일정한 수준의 안정기에 접어든 민족 공동체의 상황을 배경으로 합니다. 하나님의 구원은 "만민 가운데에서 끌어내"는 것이며 "여러 백성 가운데에서 모아"들이는 것입니다.(겔 34:13; 36:24; 39:27) 가치의 확장이 일어나면서 세계 멸망(겔 38:15-23)을 바라는 내용을 뒤로하고 범세계적 구원 사상이 나타납니다. 이스라엘에게 이방인의 수용은 적잖게 힘든 일이었지만(겔 44:9 "이방인 중에 마음과 몸에 할례를 받지 아니한 이방인은 … 성소에 들어오지 못하리라.") 결국 그들을 수용하는 단계까지 도약하고 발전해야 했습니다.

너희는 이 땅을 나누되 제비 뽑아 너희와 너희 가운데 머물러 사는 타국인 곧 너희 가운데에서 자녀를 낳은 자의 기업이 되게 할지니 너희는 그 타국인을 본토에서 난 이스라엘 족속같이 여기고 그들도 이스라엘 지파 중에서 너희와 함께 기업을 얻게 하되 타국인이 머물러 사는 그 지파에서 그 기업을 줄지니라 주 여호와의 말씀이니라(겔 47:22-23)

불행을 겪을 때 우리는 결정을 내려야 합니다. 불행과 함께 딸려온 피해 의식에 사로잡혀 세상 모든 존재가 같은 불행을 겪고 결국에는 소멸하기를 기도하거나 아니면, 암울한 과거의 기억을 딛고 일어나 자신뿐 아니라 세상 모든 이가 함께 행복하게 살아갈 미래를 소망하든지 말입니다. 원래는 주변 족속 모두가 심판받는다고 했던 이스라엘이 어떻게 이방인들과 토지를 나누고 함께 살아갈 생각을 하게 되었습니까? 어떻게 그들에게 대대적인 가치의 전환이 이루어지게 되었나요? 물론 폭압적인 바벨론 제국이 물러가고 상대적으로 포용적인 페르시아 제국이 이스라엘의 새로운 주인으로 등장한 시대적 영향이 있었을 것입니다. 그러나 동시에 저는, 이러한 가치의 전환이야말로 하나님의 놀라우신 역사하심이라고 신앙하는 바입니다. **하나님의 역사는** 부자가 더 큰 부자가 되는 것이 아니라 **편협한 사고에 갇힌 사람이 포용적 가치의 사람으로 변화하는 것**이라고 저는 믿습니다. 거듭남이 무엇입니까? 아무리 많은 죄를 지어도 천국 갈 것이라는 것을 믿는 사람이 되는 것입니까? 아닙니다. **거듭남이란 구시대적 가치를 가진 사람이 완전히 새로운 미래지향적 가치를 소유한 사람으로 바뀌는 것입니다. 새로 태어나는 것입니다. 그야말로 새로운 사람의 탄생이죠.**

당신에게는 세상이 멸망해야 할 이유가 있습니까? 저는 반대로 세상이 멸망해서는 안 될 이유를 가지고 있습니다. 저는 인류가 가진 생각이 더디지만 조금씩 발전하고 있다고 생각합니다. 서로를 향한 적개심이 결국 공생을 위한 배려로 화할 수 있다고 믿습니다. 우리가 좁은 마음으로 우리와 조금 다른 사람들을 미워하고 배척하면 할수록 세상은 지옥이 되어 멸망하기 딱 좋은 환경이 될 것

입니다. 개신교인들이 약자들과 소수자들을 몰아세우고 분노에 사로잡혀 저주
하는 경우가 있습니다. 저는 그들이 한시바삐 회개하고 거듭나기를 기도합니다.
이미 거듭났다는 그들의 말은 거짓입니다. 거듭났다면 그런 배타적인 행위를 할
리가 없습니다. 함께 살아갈 궁리를 할 것입니다. 내일 당장 세계가 끝장날 것처
럼 소리를 지르고 난리를 피우지 않을 것입니다. 🏠

이 땅 모든 백성은 이 예물을 이스라엘의 군주에게 드리고 / 군주의 본분은 번제와 소제와 전제를 명절과 초하루와 안식일과 이스라엘 족속의 모든 정한 명절에 갖추는 것이니 이스라엘 족속을 속죄하기 위하여 이 속죄제와 소제와 번제와 감사 제물을 갖출지니라 (겔 45:16-17)

신앙 좋다는 정치인은 대개 정치를 못합니다.

에스겔 45장 16-17절에 나오는 "군주"의 모습은 마치 제사장 같습니다. 17절은 아예 "군주의 본분"이 "번제와 소제와 전제를 명절과 초하루와 안식일과 이스라엘 족속의 모든 정한 명절에 갖추는 것"이라고 말합니다. "명절"을 위해 다양한 제사를 준비하는 것은 "군주"보다는 확실히 제사장이나 레위인의 이미지에 걸맞습니다. 이는 왕이 제사에 필요한 것을 준비하고 제사장이 실제로 시행한다고 말하는 게 아닙니다. 여기에서 제사는 확실히 "군주"의 일입니다.

이스라엘 역사에 있어서 정치적인 리더로서의 왕의 처절한 실패는 그 대안으로서 종교 지도자를 추구하게 했습니다. 아무리 탁월한 정치 역량을 발휘한다고 해도 국가 패망과 같은 위기를 극복할 수 없으며 오직 하나님을 잘 섬기는 리더여야 민족을 안정으로 이끌 수 있다고 생각한 것입니다.

어떻게 보면 이것은 정치와 종교를 구분하지 못하는 사회 병리적인 상황 같습니다. 정치 지도자는 정치만 잘하면 되지 종교 편향적이어서는 안 된다는 우리의 사고에 비추어 보면 말입니다. 하지만, 고대 사회에서는 정치와 종교가 밀접한 관계를 맺고 있어서 그 분리가 쉽지 않았습니다. 이른바, 정교분리(政教分離)라는 것은 근대적 개념으로서 미국 헌법의 성립과 행보를 같이 하는 원칙입니다. 따라서, 본문에서 왕과 제사장의 구분이 모호하게 보이는 것이 그렇게 이상한 일이 아닐 수 있습니다.

제사장 역할을 하는 사무엘의 제사 집례 권리를 사울 왕이 침해(侵害)한 이야기(삼상 13장)를 봅시다. 사울 왕은 "백성이 … 흩어지는" 것(삼상 13:8)을 보고 얼른 직접 제사("번제")를 집행했습니다.(삼상 13:9) 이 전승은 고대에 왕의 역할과 제사장의 역할이 구분되지 않고 모호했음을 알게 합니다.

먼 과거에는 왕도 얼마든지 제사를 주도할 수 있었을 것입니다. 고대의 제사가 근본적으로 민족 축제의 개념이 강했다면 더욱더 그랬을 것입니다. 하지만, 세월이 흐르면서 제사는 오직 제사장만 행할 수 있는 고유한 권리로 자리매김하게 되었습니다. 삼상 13:13-14에서 (제사장 역할을 하고 있던) 사무엘이 사울왕에게 극한 분노와 저주를 쏟아놓는 것은 이미 제사 행위가 제사장들만 행할 수 있는 고유 권한이 된 시점을 전제합니다.

일반적인 왕정 국가에서 신하의 위치에 있는 사람이 왕에게 폐위와 국가의 패망 따위를 거론한다는 것(삼상 13:13-14)은 대단히 비현실적입니다. 편집하고 각색한 이 부분은 제사장의 권위가 최고조에 이른 포로 후기 이후의 시점을 전제합니다.

에스겔 45장 본문으로 돌아가 생각해 보면 "군주"가 제사장과 같은 행동을 요구받는다는 이야기는 굉장히 오래된 전승에 뿌리를 두고 있습니다. 아마도 본문의 기본층(基本層)은 제사장 계급이 명확하게 자리를 잡기 전에 형성되었을 것입니다.

에스겔 46장은 "군주"가 드릴 제사와 제물에 대해 언급합니다.

> 안식일에 군주가 여호와께 드릴 번제는 흠 없는 어린 양 여섯 마리와 흠 없는 숫
> 양 한 마리라(에스겔 46:4)

물론 에스겔 46장에는 에스겔 45장처럼 "예물을 이스라엘 군주에게 드리고"(겔 45:16)라는 어구가 존재하지 않습니다. 겔 45장에서는 백성들이 "예물(욕롯, 제물들, 겔 45:15-16)"을 "군주"에게 바치고 그 "군주"가 "제물을 갖추"지만

(겔 45:17), 에스겔 46장에서 "군주"는 가만히 있고 "제사장"이 그 "군주"를 위하여 "번제와 감사제를 드"립니다.(겔 46:2) 그런데 겔 46:4은 다시 "군주가 여호와께 (직접?) 드릴 번제"에 관하여 언급합니다. 이 혼란스러운 내용은 왕이 제사장을 통해 제사를 지내는 것인지 왕이 직접 하나님께 나가는 것인지 독자로 궁금하게 만듭니다. 이것을 고대의 왕이 직접 제사를 지내던 전승의 흔적이 본문 개정 이후에도 잔존하고 있는 것으로 볼 수 있습니다.

종합적으로 볼 때, 정치 지도자가 종교 지도자와 같은 행위를 할 수 있느냐 없느냐가 과거 사람들의 관심 주제였다고 하겠습니다. 근현대에 와서는 각 사람의 임무를 세부적으로 나누어 힘이 한 사람에게 편중되는 상황을 개선합니다.

참고로 왕의 권한에 대한 다른 내용을 하나 살펴봅시다. 겔 46장 16-18절은 "군주"의 "기업(상속 재산)"에 대한 내용입니다.

> 주 여호와께서 이같이 말씀하셨느니라 군주가 만일 한 아들에게 선물을 준즉 그의 기업이 되어 그 자손에게 속하나니 이는 그 기업을 이어 받음이어니와 군주가 만일 그 기업을 한 종에게 선물로 준즉 그 종에게 속하여 희년까지 이르고 그 후에는 군주에게로 돌아갈 것이니 군주의 기업은 그 아들이 이어 받을 것임이라 군주는 백성의 기업을 빼앗아 그 산업에서 쫓아내지 못할지니 군주가 자기 아들에게 기업으로 줄 것은 자기 산업으로만 할 것임이라 백성이 각각 그 산업을 떠나 흩어지지 않게 할 것이니라(겔 46:16-18)

이 본문은 두 가지 내용을 포함하는데, 왕이 자신의 유산을 아들에게 물려주는 것은 아무 문제가 없다. 하지만, "백성의 기업을 빼앗"을 수 없다는 내용입니다. 첫째는 왕의 (일반적인) 상속권을 설명하고, 둘째는 백성의 재산권을 보호하는 규범이라고 하겠습니다. 그런데 놀랍게도 **이 글은 "군주"의 권한을 다소 제한합니다.** 성서에 지도자의 위상이 다양하게 나타나는 것은 각기 다른 시대를 전제합니다. 어떤 때는 "군주"가 마치 제사장처럼 보이며 다른 때는 제사장과 왕의 역할을 명확하게 구분합니다. 백성의 재산을 왕에게 속한 것으로 여겨 마음대로 빼앗는 폭정의 시대가 있는가 하면(왕상 21:7 "… 왕이 지금 이스라엘 나라를 다스리시나이까 … 나봇의 포도원을 왕께 드리리이다… ") 재산권에 관하여 왕에게도 일정한 제한을 두는 시대도 있는 것입니다.

중요한 것은 우리가 사는 현대에 있어서 어떤 형태의 리더십이 적절하냐는 것입니다. 인권과 민주를 최고의 가치로 삼는 우리 사회에서 제왕적 리더십은 적절하지 않습니다. 성서 본문들이 이에 대해 시사하는 바가 적지 않습니다. 위에서 살펴본 성서 본문들을 고려하면서, 특히, 민주적인 절차에 의하여 대통령과 국회의원을 직접 선출하는 나라에 사는 우리는 위정자들에 관한 몇 가지 중요한 사실을 기억해야 합니다.

첫째, 대통령이나 국회의원은 종교인이나 신앙인으로 국민 앞에 서 있는 것이 아닙니다.

어떤 대통령들은 국민 앞에서 목사와 장로 같은 행동을 합니다. 고대 사회에 제사장 같은 왕이 존재했다고 하더라도 현대 우리 사회에서는 안 됩니다! 청와대 조찬 기도회 참석은 모르겠으나 공개적으로 나라를 하나님께 바친다거나 하여 국민이 보는 앞에서 개인적 종교 편향을 드러내서는 안 됩니다. 대통령은 개신교인만의 대통령이 아니기 때문입니다. 정교분리의 원칙을 지킵시다.

둘째, 정치인은 종교 행사에 치중할 것이 아니라 정치에 힘써야 합니다.

고대 사회에서 제사는 민족 절기를 따라 행하는 민족적 축제와 같았습니다. 정치 지도자는 이 축제에 앞장섬으로 백성의 연대감을 고취하고 자신을 향한 지지도를 제고할 수 있었을 것입니다. 현대 사회는 그렇지 않습니다. 일반적인 나라에서는 종교 행사=민족 행사라는 등식이 성립하지 않습니다. 따라서 현대 사회의 대통령은 종교 행사보다는 국가 발전을 위해 정치, 행정, 국방, 외교에 힘써야 합니다. 제의나 행사에 집착하고 특정 종교인 집단과 친밀하게 지내는 지도자치고 정치를 제대로 하는 사람은 거의 없습니다. 오히려 이것은 지도자의 정치 역량이 낮음을 대변합니다. 국가가 위기에 봉착했는데 하나님만 찾는 지도자를 국민은 신뢰할 수 없습니다. 이스라엘 역사에서 적지 않은 왕이 그렇게 하나님께 열심히 제사를 지냈는데 국가는 왜 망했습니까? 국가 위기에도 행사나 파티를 여는 데 치중하는 사람은 믿을 수 없습니다. 나라와 국민을 위한 것이 아니라 자신의 권력 유지를 위한 것이라면 제사나 예배나 파티나 다 똑같은 것입니다.

셋째, 정치 지도자라고 해서 무소불위의 권력을 휘둘러서는 안 됩니다. 일정한 제한이 있어야 합니다.

성서는 왕에게 백성의 권리를 존중하라고 교훈합니다. 에스겔서는 백성의 재산권을 무시하지 말라고 가르칩니다. 정치 지도자의 권력에는 반드시 제동장치가 있어야 합니다. 그들 자신은 자기가 불필요하다고 생각하는 법안은 발의하지 않을 것입니다. 정치인이 위법 행위를 하면서도 면책특권(免責特權)을 내세우는 경우가 적지 않습니다. 권력을 쥔 사람에게 적절한 제약을 두는 사회가 선진 사회입니다.

🐝 우리나라 역사에서 개신교 신앙을 가졌던 대통령은 이승만, 김영삼 대통령과 이명박 대통령입니다. 그러나 이분들은 하나같이 일국의 대통령으로 가져서는 안 될 종교적 편향성을 보였고 개신교 예배 행사에 적극적으로 참여했습니다. 아마도 이를 통해 자신을 향한 지지층을 공고히 하려 했던 것 같습니다. 이들의 또 다른 공통점은 자신이나 측근이 권력을 이용하여 사적 이익을 취했다는 것입니다. 대한민국의 대통령은 어떤 종교의 신자로서가 아니라 국민의 대표로 세운 것입니다. 무조건 같은 종교인이라고 표를 주는 일은 없어야 합니

다. 성서의 가치를 바로 안다면, 신앙인이기 이전에 냉철한 정치적 판단력과 능력을 갖춘 국민의 대리자를 세워야 합니다. 국민을 섬기고 성실히 일할 사람을 뽑아야 합니다. 인기에 편승하려는 위정자나 국민이 허락한 힘을 자신을 위해 남용하는 사람이 당선되는 일이 없도록 주의해야 합니다. 예수님의 제자라고 자칭했지만 결국 예수님을 판 가롯 유다와 같은 사람은 어느 시대에나 있습니다. 국민을 위한다고 하지만 결국 제 잇속에 치중했던 사람을 우리는 자주 보아 왔습니다.

다니엘은 뜻을 정하여 왕의 음식과 그가 마시는 포도주로 자기를 더럽히지 아니하리라 하고 자기를 더럽히지 아니하도록 환관장에게 구하니 / 하나님이 다니엘로 하여금 환관장에게 은혜와 긍휼을 얻게 하신지라 (단 1:8-9)

제국의 황제라도 백성이 하기 싫은 일을 시킬 수는 없습니다.

다니엘서 1장은 "바벨론"이 "예루살렘" "성"을 함락하고 성전("하나님의 전")까지 약탈했던 시기를 언급합니다.(단 1:1-2) 그런데 이 본문은 침략자에 대하여 별다른 비판 없이 어떤 사건이 있었는지만 담담히 진술합니다. 아마도 침략자에 대하여 감히 비판할 수 없었던 포로기 초기에 문헌의 기본층을 형성했을 것입니다. "바벨론 왕 느부갓네살"(단 1:1)은 "이스라엘 자손 중에서 왕족과 귀족 몇 사람 곧 흠이 없고 용모가 아름다우며 모든 지혜를 통찰하며 지식에 통달하며 학문에 익숙하여 왕궁에 설 만한 소년을 데려오게"했습니다.(단 1:3-4) 선발한 귀인들은 처음에는 바벨론의 언어("갈대아 사람의 언어")를 구사하지 못했습니다. 그래서 "왕"은 그들에게 바벨론 언어와 학문을 교육합니다.(단 1:4)

단 1:3은 선발한 사람들이 이미 완벽한 조건을 가진 것처럼 묘사하지만("통찰", "통달") 단 1:4의 하반 절에서는 그들의 부족한 점을 노출하면서 몇 가지 측면에서 보완하고 있습니다. 이런 미세한 차이는 유대인들로서가 아닌 제국에 속한 자들로서 살아가게 된 신분의 변화와 함께 나타난 것입니다. 이스라엘 사람으로서는 우수한 사람들이지만 제국에 끌려가 살기에는 여러모로 부족합니다. 제국은 나중에 이들을 써먹기 위해 최고의 서비스를 제공합니다. 선발된 귀인들에게 3년간 최고급 식단을 제공했습니다.(단 1:5 "왕의 음식과 그가 마시는 포도주") 이와 같은 언어 교육, 학문 교육, 최고의 식단은 제국이 (일부) 포로민들에게 베풀 수 있는 최대한의 배려입니다.

단 1:1-7절까지는 침략자인 제국과 이스라엘 백성 사이에 별다른 갈등이 나타나지 않습니다. 도시 침략(단 1:1)과 약탈(단 1:2) 및 인물 차출(단 1:4-5), 그리고 개명(改名, 단 1:6-7) 마저도 비판 없이 담담히 서술하고 있습니다. 따라서 얼핏 읽으면 무슨 갈등이 있었는지 쉽게 감지하지 못할 것입니다. 피지배자는 새로운 지배자에게 순종하는 것 같습니다. 하지만, 단 1:8에 이르면 비로소 갈등 요소가 명확히 드러납니다.

> 다니엘은 뜻을 정하여 왕의 음식과 그가 마시는 포도주로 자기를 더럽히지 아니하리라 하고 자기를 더럽히지 아니하도록 환관장에게 구하니 하나님이 다니엘로 하여금 환관장에게 은혜와 긍휼을 얻게 하신지라(단 1:8-9)

이 구절의 내용은 사실 매우 **비현실적**입니다. 왕이 호의적으로 하사한 식단을 물리치는 사람은 목숨이 위태롭습니다. 왕의 명령을 전달하는 사람까지 위험합니다.(단 1:10b) 그런데도 왕과 "다니엘"의 중간자 입장인 "환관장"이 단 1:8-9에서 그것을 무리 없이 수용합니다. "다니엘"과 "환관장"의 관계가 아주 좋아보이는데 "환관장"이 "다니엘"의 어떤 부탁도 서슴지 않고 들어줄 것 같습니다.(단 1:9절 "은혜와 긍휼을 얻게 하신지라") 한편, 단 1:10에서 "환관장"은 "다니엘"과 선발된 사람들의 얼굴이 초췌하면 자신의 생명이 위태롭다는 이유를 들어 항변합니다. 이로 볼 때, 단 1:9은 삽입 구절이며, 단 1:10은 원래 단 1:8과 연결되어 있었을 것입니다. 아래를 보시고 자연스러운 연결을 확인하십시오.

> 다니엘은 뜻을 정하여 왕의 음식과 그가 마시는 포도주로 자기를 더럽히지 아니하리라 하고 자기를 더럽히지 아니하도록 환관장에게 구하니(단 1:8)

> 환관장이 다니엘에게 이르되 내가 내 주 왕을 두려워하노라 그가 너희 먹을 것과 너희 마실 것을 지정하셨거늘 너희의 얼굴이 초췌하여 같은 또래의 소년들만

못한 것을 그가 보게 할 것이 무엇이냐 그렇게 되면 너희 때문에 내 머리가 왕 앞에서 위태롭게 되리라 하니라(단 1:10)

다니엘과 "하나냐", "미사엘", "아사랴" 4명의 이스라엘 사람은 유예 기간을 요구하며(단 1:12-13) 왕의 음식을 거절했습니다. 하지만, "채식"과 "물"(단 1:12)만 섭취한 그들의 "살이 윤택"했고 "더 좋아 보"였습니다.(단 1:15)

무감각하게 읽으면 신앙인의 신앙적 요구와 그것을 수용한 제국의 관리 이야기로 보이지만, 실질적으로 이것은 제국의 요구를 거절한 자들이 생존했을 뿐 아니라 번영하게 되었다는 주제를 담고 있습니다. 아주 도전적(挑戰的)인 본문입니다. 이 이야기의 기본 얼개는 다니엘서 3장에서 금 신상 숭배(단 3:1-7)를 거절하고(단 3:8-18) 풀무불에 들어간 세 친구(단 3:19-23)가 높임을 받는다는(단 3:24-30) 이야기의 그것과 똑같습니다. 차이점이라면, 단 1장보다 단 3장의 상황이 더 위급하고 극적이라는 점입니다. 두 본문에는 상대적으로 평화로운 시기와 박해의 시기라는 시점의 차이가 있습니다.

단 1:17은 "네 소년"이 가진 "학문"과 "모든 서적"을 깨달을 정도의 지혜를 "하나님"이 주셨다고 주장합니다. 이는 단 1:4에서 선발한 자들이 원래 "지혜를 통찰하며 지식에 통달"했다는 주장과는 조금 다른 느낌을 줍니다. 전자는 평범한 소년들에게 하나님이 지혜를 주신 것이고 후자는 특별한 영재들을 제국이 차출한 것입니다. **후자가 더 현실적입니다.** 그런데도 단 1:17에 의하면 단 1:4b이 언급한 갈대아 사람의 학문과 언어 교육은 "네 소년"에게 아무런 영향을 끼치지 못했습니다.

우리가 볼 때 큰 개연성이 없는 것 같지만, 본문의 구성자는 최고급 식단을 신앙적인 이유에서 거절한 것을 걸출한 지식 및 지혜와 연결합니다. 신앙적 결단이라는 주제에 따라 본문을 각색하는 구성자에게 있어서 제국이 제공한 식사의 거절은 이 세상 모든 지식과 지혜를 소유한 것보다 훨씬 중요한 사안이었을 것입니다. 종교화한 지혜 문헌이 말하는 월등한 지식과 지혜란 야웨를 바로 인식하고 그를 잘 섬기는 것입니다.(잠 1:7; 9:10; 욥 28:28; 시 111:10) 이런 관점에서 식사를 거절한 사람들에 대한 극찬이 나옵니다.

> 왕이 그들과 말하여 보매 무리 중에 다니엘과 하나냐와 미사엘과 아사랴와 같은 자가 없으므로 그들을 왕 앞에 서게 하고 왕이 그들에게 모든 일을 묻는 중에 그 지혜와 총명이 온 나라 박수와 술객보다 십 배나 나은 줄을 아니라(단 1:19-20)

"네 소년"은 제국의 지배 아래임에도 식사 거절을 했고 나중에는 신상에 절하는 것을 거절(단 3장)했는데, 사형을 당하기는커녕 기적적으로 신앙적 영웅이 됩니다. 신상에 절하는 것은 그렇다고 하더라도 식사를 거절한 것은 어떤 의미입니까? 신앙적으로 조금도 타협할 수 없다고 해석할 수도 있겠습니다만 저는 아무리 맛있는 음식이라고 해도 본인이 싫으면 강요할 수 없다고 해석합니다. 인권이란 그런 것입니다. 작은 것도 싫으면 안 하는 것이며 누구도 강요할 수 없습니다. 저는 다니엘서를 극단적인 신앙보다는 인권과 자유로운 선택이라는 키워드로 읽습니다. 제국이 큰 힘으로 위협할지라도 먹고 싶지 않은 것까지 먹지는 않겠다!

🐝 초기에 이스라엘 백성은 바벨론의 통치에 적응하려고 노력했던 것 같습니다. 그러나 폭압적 정치를 오래 견딜 사람은 없습니다. 결국 제국에 대해 적개심을 품는 사람이 생겨났고 신앙적 차원에서 항변하거나 생명을 건 물리적 저항으로 나아갔습니다. 억압에 대한 저항은 지극히 당연합니다. 저항의 방법이 평화적인지 아니면 폭력적인지를 차치하고, 저항은 인간이 살아있다는 증거입니다. 한국 개신교는 일본 제국주의에 대하여, 군사 정권에 대해서 저항하기보다는 순응했습니다. 생명을 다해 저항한 분들을 생각할 때 참으로 부끄러운 일

입니다. 물론 성서의 가치는 되도록 평화로운 해결을 지향하도록 지도합니다. 하지만 더 물러설 수 없는 선(線)이 있습니다. 그것은 신앙적 차원이라기보다는 인권과 생명의 차원에서의 마지노선입니다.

우리 시대는 먹는 것에 대해서 역대 가장 큰 관심을 보이는 시대입니다. 텔레비전을 틀기만 하면 맛있는 요리와 맛집 소개가 나옵니다. 사람들의 미각이 그 어느 때보다 발달한 요즘, 그가 누구라고 해도 먹기 싫은 것을 강요할 수는 없습니다. 만약 누군가 자신의 힘과 지위를 내세워 강요한다면 인권 침해나 권리 침해로 비판받을 것입니다. 존엄성을 가진 존재라면 억압과 강요에 대해서 꿈틀 댈 것입니다. 죽어 있기에 움직이지 않는 것입니다. 한국 개신교는 죽어 있었고 많은 부분에서 아직도 움직일 생각이 없어 보입니다. 교단은 불의와 부패에 대해서 멍하니 보고만 있습니다. 신자들은 다니엘서에서 극단적 종말론만 배울 뿐 범 시대적인 저항의 가치는 외면하고 있습니다. 그래서 힘든 싸움을 싸우고 자유를 지켜낸 사람들이 개신교를 외면합니다. 살아있다면 일어나 불의에 맞서 싸워야 합니다. 구시대적 교리 수호를 위해서만 흥분할 것이 아니라 불공정하고 불평등한 사회가 나아지기 위해서 하다못해 피켓을 들고 1인 시위라도 합시다. 다니엘과 세 명의 친구는 "이것은 우리가 먹을 것이 아니다'라고 확실한 의사를 표명했습니다. 사회적, 육체적 생명이 끝날 수도 있었는데도 말입니다! **개신교 안에 있는 세습과 부패, 학위 위조와 논문 표절, 성폭력에 대해서 "그것은 틀렸다"라고 당신의 의사를 표시하십시오. 어떤 방식으로든! 당신이 살아있다면 말입니다.** 🏠

곧 내가 기도할 때에 이전에 환상 중에 본 그 사람 가브리엘이 빨리 날아서 저녁 제사를 드릴 때 즈음에 내게 이르더니 / 내게 가르치며 내게 말하여 이르되 다니엘아 내가 이제 네게 지혜와 총명을 주려고 왔느니라 / 곧 네가 기도를 시작할 즈음에 명령이 내렸으므로 이제 네게 알리러 왔느니라 너는 크게 은총을 입은 자라 그런즉 너는 이 일을 생각하고 그 환상을 깨달을지니라 / 네 백성과 네 거룩한 성을 위하여 일흔 이레를 기한으로 정하였나니 허물이 그치며 죄가 끝나며 죄악이 용서되며 영원한 의가 드러나며 환상과 예언이 응하며 또 지극히 거룩한 이가 기름 부음을 받으리라 / 그러므로 너는 깨달아 알지니라 예루살렘을 중건하라는 영이 날 때부터 기름 부음을 받은 자 곧 왕이 일어나기까지 일곱 이레와 예순두 이레가 지날 것이요 그 곤란한 동안에 성이 중건되어 광장과 거리가 세워질 것이며 / 예순두 이레 후에 기름 부음을 받은 자가 끊어져 없어질 것이며 장차 한 왕의 백성이 와서 그 성읍과 성소를 무너뜨리려니와 그의 마지막은 홍수에 휩쓸림 같을 것이며 또 끝까지 전쟁이 있으리니 황폐할 것이 작정되었느니라 / 그가 장차 많은 사람들과 더불어 한 이레 동안의 언약을 굳게 맺고 그가 그 이레의 절반에 제사와 예물을 금지할 것이며 또 포악하여 가증한 것이 날개를 의지하여 설 것이며 또 이미 정한 종말까지 진노가 황폐하게 하는 자에게 쏟아지리라 하였느니라 하니라 (단 9:21-27; 단 11:31; 12:11)

사회 불안과 극단적 절망감 때문에 시한부 종말론이 판을 칩니다.

단 9:21-27절은 하나의 일관적인 내용으로서 일정한 시점(단 9:24)에 이르면 대붕괴(단 9:26, 무너짐)와 "전쟁"(단 9:26)과 초토화(단 9:26, 황폐)가 있을 것이라며 광-지역적(廣地域的) 종말을 언급합니다.

단 9:22은 "다니엘"에게 "가브리엘"(단 9:21)이 "지혜와 총명을" 준다고 합니다. 그런데 이 "지혜와 총명"은 종말을 위한 것입니다. 단 1:4 에 사용한 표현은 전통적인 초기 지혜적 표현입니다.("… 흠이 없고 용모가 아름다우며 모든 지혜를 통달하며 …") 그리고 생활하는 데 필요한 삶의 지혜 = 전통적 지혜 개념에 송말론적 개념을 추가하면서 은밀한 일에 대하여 알아맞히거나 미래를 내다보는 것이 지혜가 되었습니다.(단 2:18,27,30) 이는 "지혜"에 관한 특이하고 편중된 이해입니다.(단 1:17; 1:20 "박수와 술객"; 단 2:23-24; 4:6,18; 5:7,11,15 "술객 … 술사 … 점쟁이 … 바벨론의 지혜자") 단 9:22도 예견적 지각(預見的知覺)으로서의 "지혜"를 말합니다. 동시에, 세부 사건 묘사를 통해 상황의 급박성을 알립니다.

단 9:22에서는 이미 충분한 "지혜"가 있는(단 1:4,20) 다니엘에게 하나님의 메신저가 또 특별한 지혜를 부여합니다. 이는 본질적으로 예견적 지각의 의미를 벗어나지 않으면서 추가로 시한부 종말에 관한 정보를 제공하기 위한 중복적 기술(記述)입니다.

단 9:24-25이 회복 예견이라면 단 9:26-27은 초토화 예견입니다. 먼저 단 9:23과 단 9:24-25이 있었을 것이고 나중에 26절 이하를 덧붙였을 것입니다. 단 9:23에는 "은총"이라는 긍정적 의미의 단어가 등장합니다. 물론 이 역시 다니엘서에서만큼은 초월적 메시지와 결부되어 특별하게 쓰였습니다.(단 10:11,19) 상대적으로 먼저 작성한 단 9:23, 24-25의 "허물이 그치며 죄가 끝나며 죄악이 용서되며 영원한 의가 드러"난다는 말은 포로기의 종결을 뜻합니다. 시간이 흐르면서 페르시아에 의하여 바벨론이 패망하자 이스라엘 사람들은 국가 재건과 새 왕의 옹립을 기대하게 되었습니다.(단 9:25 "기름 부음을 받은 자 곧 왕이 일어나기까지") 여기까지는 포로기가 끝난 이후인 포로후기적 상황입니다. 다시 여기에 "지극히 거룩한 이"(단 9:24b)라는 새로운 개념, 초월적 메시아 사상을 추가합니다. 이는 단 9:25의 인간 왕을 세울 소망이 꺾인 후에 주어진 박해 때문에 나타난 것입니다. 다소 복잡하게 보이지만, **국권을 되찾고 인간 왕을 세워 민족중흥을 도모하려는 기대가 꺾인 후에 비로소 초월적 메시아를 고대하게 된 것입니다.**

단 9:25까지 인간 리더를 기대했다면 단 9:26-27 부터는 "기름 부음을 받은 자가 끊어져 없어"져 다시는 인간 왕이 세워질 가능성이 없음을 명확히 합니다. 문헌의 초기층에서는 단 9:26의 '한 왕의 백성'이 성전을 파괴한 바벨론 세력을 의미했을 테지만 글쓴이는 의미의 폭을 확장합니다. 그는 고대 홍수 이야기까지 끌어들여("그의 마지막은 홍수에 휩쓸림 같을 것이며") 엄청난 규모의 전 지구적 재앙을 말합니다. 재차 대대적인 "전쟁"이 있을 것을 말합니다. 이는 안티오쿠스 4세 때 유대교 말살 정책을 펼쳤던 상황을 떠올리게 합니다. 포용 정책을 펼쳤던 페르시아가 왕이 바뀌면서 이스라엘 백성을 박해하기 시작했습니다. 글쓴이는 이 땅에서의 모든 소망이 사라지는 상황에서 종말론적 심판을 기대하고 있습니다. 증거로 단 9:27은 "제사와 예물 … 금지"와 "가증한 것이 … 설 것"을 언급하는데 이는 성전 안에 우상을 가져다 놓은 안티오쿠스 4세의 행위를 연상하게 합니다.

(바벨론으로부터의) 회복의 기쁨(단 9:24-25)은 잠시, 단 9:26-27은 (세계적) 멸망에 대한 묘사로 치닫습니다. 반복적인 박해와 고통을 받으니 모두 함께 죽는 것이 낫다는 것입니다. 자포자기입니다.

원래 민족 신앙적인 입장에서 저항 사상을 고취했던 다니엘서 본문은 점진적으로 범 시대적인 메시아의 구원 사상, 그리고 극히 소수만 구원받는 범세계적 종말 사상으로 나아갔습니다.(겔 14:14,20 "다니엘 … 이 거기에 있을지라도 … 자기의 생명만 건지리라 …")

제국의 폭정에 고통을 받던 사람들 앞에 페르시아가 등장했습니다. 페르시아는 강력한 바벨론을 굴복시키고 이스라엘 사람들에게 해방을 주는 듯했습니다. 나라를 다시 세울 수 있을지 모른다는 소망의 싹이 움텄습니다. 성전을 재건하고 새 왕을 세우고 싶었습니다. 하지만 페르시아 역시 그들의 구원자가 될 수 없었습니다. 폭군이 등장하여 그들의 기대를 짓밟았습니다. 절망감을 극복하는 차원에서, 박해를 받는 사람들은 초월적이고 범 시대적인 종말을 생각했습니다. 이처럼, 시대를 막론하고 **세계 종말 사상은 대중의 절망감에 기인합니다.** 신약성서의 극단적인 종말론 모델도 다니엘서의 그것과 비슷합니다.(마 24:15,33)

다니엘서의 초기 형성에 있어서 억압에 대한 자연스러운 저항(단 1장)을 표명한 글쓴이는 자신의 글이 극단적 종말론의 밑그림이 될 것이라고는 예상하지 못했을 것입니다. 따라서 **현대를 사는 우리가 사사로운 목적을 위해 사람들의 불안감을 극대화하려고 다니엘서를 이용해서는 안 됩니다.** 어떤 세대주의적 종말론자들은 다니엘서에 나오는 숫자를 세는 숫자 놀음을 하며 몇 월 며칠에 지구가 멸망한다고 떠듭니다. 어느 시대나 목숨이 오락가락하는 상황에서 대중은 숫자에 민감하게 반응합니다. 어느 날 고통이 끝날지 세는 것입니다. 하지만, 건전한 해석에 있어서 다니엘서의 숫자들(단 9:24-27 "이레")은 크게 중요하지 않습니다. 이 숫자를 적은 사람들도 언제가 종말의 때인지 몰랐을 것입니다. 언제를 말하는지 모호하기 짝이 없는 다니엘서의 구절들을 확인하십시오.(단 11:8 "몇 해"; 단 11:24 "얼마 동안"; 단 11:33 "여러 날") 이런 시간사(時間詞)들은 성서 저자들의 불타듯 조급한 심정을 반영한 것일 뿐입니다.

🐝 상황이 극히 절망적이면 세상이 끝났으면 좋겠다고 생각할 수 있습니다. 그런 생각을 하는 사람 중의 일부는 시한부 종말론에 강한 매력을 느낍니다. 그런데 대개 시한부 종말론으로 사람들을 현혹하는 자들은 오히려 자신이 주장하는 바를 믿지 않습니다. 사람들은 곧 세상이 멸망할 줄 알고 전 재산을 바쳤는데 그걸 모아서 도피한 뒤 잘 먹고 잘삽니다. 이런 기이한 상황이 발생하지 않도록 사회는 구성원들이 극한 절망에 빠지지 않도록 도와야 합니다. 그리고 교회는 성서를 극단적 종말론으로 해석하는 것에 대해 경계하고 바르고 건전한 해석을 내놓아야 합니다. 그런데 이상하게도 개신교 교회가 시한부 종말론을 암암리에 장려하고 그런 주장을 하는 사람을 칭찬하고 추종자를 부추기는 경우가 있습니다. 너무 쉽게 "예수님이 내일 오실지도 모른다"라고 설교합니다. 우리는 오히려 "내일 예수님이 오시더라도 우리 사회가 안전하고 밝은 곳이 되게 노력합시다"라고 말해야 합니다. 사람들을 불안하게 하는 사람은 대개 그들을 속여서 이익을 취합니다. 다니엘서 9장에서 미래에 대한 소망이 극단적 종말 사상으

로 나아간 것을 볼 때마다 저는 매우 안타깝습니다. 박해로 사람들의 이성과 판단력이 마비되고 미래가 불안한 나머지 극단적인 성서 해석에 자신을 내던진 것입니다. 언제부터 끝난다고 하던 세상인데 아직 지구는 두 쪽 나지도 않았고 세계인의 일상은 어제와 똑같이 돌아가고 있습니다. 코로나가 퍼져 많은 감염자가 나왔지만 그렇다고 예수님이 당장 공중에 재림하실 것 같지 않습니다. 이전에 어떤 이들이 1996년에, 1999년에 예수님이 재림하신다고 했지만 예수님은 오시지 않았습니다. 어떤 망상가는 예수님이 빨리 재림하도록 20XX년까지 전 세계 모든 나라에 선교하자고 외치며 돌아다닙니다. 그들에게 차분하게 그리고 성실하게 살아가는 일상은 보이지 않습니다.

삶이 괴로우신가요? 모든 것이 다 끝장났으면 좋겠습니까? 세상이 멸망하지 않으면 자살이라도 하겠다고요? 우리 사회의 부조리와 잘못된 환경이 당신으로 그런 극단적인 생각을 하게 했을지 모릅니다. 그렇다고 해도 어그러진 세상을 조금이라도 바꾸려고 해야지 그냥 죽어버리면 어떻게 합니까? 그럼 제2, 제3의 당신과 같은 사람이 생길 것 아니겠어요? 그래도 너무 괴로워서 안 되겠다고요? 그건 또 얼마나 이기적입니까!

내일 우리의 세상은 오늘과 **같을 것**입니다. 아쉬우십니까? 내일 세상이 불바다가 되지 않아서 말입니다. 3차 세계대전이라도 일어나면 얼마나 많은 무고한 생명이 죽겠습니까? 세상의 끝을 바라는 것은 이성과 개념이 있는 사람이라면 품어서는 안 될 생각입니다. 예수님이 언제 오시나 날짜를 세고 있을 시간에 오늘보다 조금은 더 나은 내일이 되도록 조금 더 수고하고 세상에 조금 더 기여하십시오. 그것이 옳습니다!

여호와께서 이르시되 그의 이름을 로암미라 하라 너희는 내 백성이 아니요 나는 너희 하나님이 되지 아니할 것임이니라. 그러나 이스라엘 자손의 수가 바닷가의 모래 같이 되어서 헤아릴 수도 없고 셀 수도 없을 것이며 전에 그들에게 이르기를 너희는 내 백성이 아니라 한 그곳에서 그들에게 이르기를 너희는 살아 계신 하나님의 아들들이라 할 것이라

언제는 용서하지 않겠다더니 이제는 용서한다는 하나님

호세아서는 하나님의 무한한 사랑을 이야기하는 글로 알려져 있습니다. "여호와를 떠나 음란"한 삶을 사는(호 1:2) "이스라엘 족속"(호 1:2 "이 나라"; 호 1:6)을 용서하시는 하나님(호 1:7 "긍휼히 여겨 … 구원하겠고")을 소개하고 있기 때문입니다. 어느날 하나님은 예언자 호세아에게 무리한 명령을 내립니다. 그것은 "가서 음란한 여자를 맞이하여 음란한 자식들을 낳으라"(호 1:2)는 명령이었습니다. 아마도 하나님은 이 예언자의 삶을 어떤 본보기로 삼은 것 같습니다.

> 여호와께서 처음 호세아에게 말씀하실 때 여호와께서 호세아에게 이르시되 너는 가서 음란한 여자를 맞이하여 음란한 자식들을 낳으라 이 나라가 여호와를 떠나 크게 음란함이니라 하시니(호 1:2)

불쌍한(!) 예언자는 하나님의 명령을 고분고분 따랐습니다. "고멜"이라는 깨끗하지 못한 여자와 관계를 맺고 "아들" 둘(호 1:3; 1:8) "딸"(호 1:6) 하나를 낳았습니다. 그리고 그들에게 부정적인 뜻을 가진 이름을 짓습니다.(호 1:4 "나를 폐할 것"; 호 1:6 "용서하지 않을 것"; 호 1:9 '너희는 내 백성이 아니다') 명령은 따랐지만 결혼 생활이 순탄치는 않았던 모양입니다.

호 1장 전체가 거의 부정적인 문장 일색입니다. 다만 몇 개의 문장은 놀랍게도 긍정적입니다.

… 내가 유다 족속을 긍휼히 여겨 그들의 하나님 여호와로 구원하겠고 …(호 1:7)

… 이스라엘 자손의 수가 바닷가의 모래 같이 되어서 헤아릴 수도 없고 셀 수도 없을 것이며 전에 그들에게 이르기를 너희는 내 백성이 아니라 한 그곳에서 그들에게 이르기를 너희는 살아 계신 하나님의 아들들이라 할 것이라 이에 유다 자손과 이스라엘 자손이 함께 모여 한 우두머리를 세우고 그 땅에서부터 올라오리니 이스르엘의 날이 클 것임이로다(호 1:10-11)

이 세 구절은 전체 내용과 조화를 이루지 못하고 모순됩니다. 호 1:6에서는 분명히 "용서하지 않을 것"이라고 해놓고 바로 그다음 구절인 호 1:7에서 "긍휼히 여겨 … 구원하겠고"라고 합니다. 호 1:9에서는 "너희는 내 백성이 아니요 나는 너희 하나님이 되지 아니할 것"이라고 해놓고 바로 그다음 구절인 호 1:10에서는 "전에 … 너희는 내 백성이 아니라 한 그곳에서 … 살아계신 하나님의 아들들이라 할 것"이라고 합니다.

성서 본문을 긴 시간 동안 점진적으로 형성된 것으로 보지 않는 이상, 이렇게 의미가 충돌하는 구절들은 해석할 수 없습니다.

호세아서 1장이 전반적으로 국가 패망 시기를 배경으로 한다는 것은 가벼운 읽기를 통해서도 알 수 있습니다. 이스라엘 백성은 국가 패망의 원인을 찾으려고 했습니다. 그들은 백성이 하나님만 섬기지 않고 이방 신을 같이 섬겼기 때문에 멸망했다고 생각했습니다. 사실 이스라엘 백성은 전통적으로 민족 신(하나님)과 지역 신 바알을 함께 숭배했으며 그에 대하여 죄의식을 느끼지 못했습니다. 하지만, 포로기를 거치면서 점진적으로 유일신 사상이 고착화하였습니다. 이 유일신 사상에 비추어 볼 때 과거 조상의 행위는 나라를 파국으로 몰고 가기에 충분한 우상숭배였습니다. 호세아서 1장에서 국가 패망을 안타까워하는 표현(호 1:4b-5 북 이스라엘의 멸망)을 제외하면 대부분의 설명과 비유가 모두 유일하신 하나님(남편)을 떠나 (이방신들과) 음란한 행위(우상숭배)를 한 이스라엘 백성(아내)을 손가락질하는 내용입니다.(호 1:2,6,9) 우상숭배 = 음란한 행위라는 공식은 유일신 사상을 전제하지 않고는 나타날 수 없는 것입니다.

그렇다면, 위에서 언급한 이질적인 본문들(호 1:7,10-11)은 구체적으로 어느 시점에, 무슨 의도에서 추가한 것일까요?

> 그러나 내가 유다 족속을 긍휼히 여겨 그들의 하나님 여호와로 구원하겠고 활과 칼이나 전쟁이나 말과 마병으로 구원하지 아니하리라 하시니라(호 1:7)

일단, 호 1:7절은 포로기가 거의 끝난 무렵, 즉, 바벨론이 페르시아에 의해 멸망한 시점을 배경으로 하는 것 같습니다. 이스라엘 민족을 영원히 통치할 것 같았던 바벨론이 페르시아(대하 36:22; 스 1:1 하나님의 도구)에 의해 패망하자 이스라엘 사람은 활과 칼과 말과 마병(무력)으로는 (나라를) 구원할 수 없다는 사상을 재확인합니다. 과거에 바벨론에 대해 아무 저항을 하지 못했던 그들을 압제로부터 구원한 것은 페르시아의 무력이었습니다. 이스라엘은 그에 대해 아무것도 하지 않았습니다. 예나 지금이나 한 일이 아무것도 없습니다. 그래서 바벨론의 멸망과 페르시아에 의한 구원을 이스라엘 사람들은 하나님의 "긍휼"로 인한 "구원"이라고 해석했습니다. 따라서, 호 1:7은 포로기전환기에 형성된 본문이 확실합니다.

> … 이스라엘 자손의 수가 바닷가의 모래 같이 되어서 헤아릴 수도 없고 셀 수도 없을 것이며 전에 그들에게 이르기를 너희는 내 백성이 아니라 한 그곳에서 그들에게 이르기를 너희는 살아 계신 하나님의 아들들이라 할 것이라 이에 유다 자손과 이스라엘 자손이 함께 모여 한 우두머리를 세우고 그 땅에서부터 올라오리니 이스르엘의 날이 클 것임이로다(호 1:10-11)

호 1:10-11의 형성 시점은 호 1:7 보다 더 늦습니다. 국가 패망 시점에는 이런 본문이 나올 수 없으며 바벨론의 패망 이후 ~ 귀환기에 이르러야 비로소 동족의 인구 감소에 대해 염려하게 되고 새 왕 옹립을 소망하게 됩니다. 바벨론과 비교했을 때 상당한 자유를 제공한 페르시아의 통치 기간 동안 이스라엘은 재건한 성전을 중심으로 민족 정체성 회복과 연합을 도모했습니다. 궁극적으로 그들은 혼혈자들을 배제하고 순수한 혈통만으로 국가를 재건하기 바랐습니다. 그들이 이상적인 왕의 모델로 여겼던 다윗의 후손 중에 하나를 왕으로 세울 꿈을 꾼 것도 그때입니다.

호세아 본문의 몇 구절이 모순인 것은 각 문장을 완전히 다른 시대에 추가했기 때문에 그런 것입니다. 시대적 차이를 고려하면 이해가 잘 됩니다. 그렇게 하지 않고 잘 연결되지 않는 구절을 그냥 차례대로 해설하면 처음에는 '용서하지 않을 거야'라고 (마음에도 없는 소리를?) 하셨던 하나님이 나중에는 용서하겠다고 마음을 바꾸신 것으로 해설할 수밖에 없습니다. 듣는 이도 겨우겨우 이렇게 이해할 수밖에 없습니다. 이런 해설을 듣고 어떤 이들은 '하나님이 변덕스럽다'라고 느낄 것입니다. 따라서 각 구절을 시대에 따라 다른 배경과 의도에서 추가하고 결합한 것이라고 솔직하게 말하는 것이 대부분의 독자를 위한 더 좋은 선택입니다.

하나님이 이랬다저랬다 변덕스럽다는 것은 성서적 신론에서는 받아들이지 않는 것입니다. 오히려, 하나님에 대한 사람들의 이해가 시간의 흐름에 따라 변한다는 설명이 정확합니다. 70년대 신자가 인식하는 하나님은 21세기 신자가 인식하는 하나님과 완전히 같을 수 없습니다. 미국인이 인식하는 하나님과 한국인이 인식하는 하나님도 차이가 있을 것입니다. **하나님 쪽에 문제가 있는 게 아닙니다. 인간의 문제입니다.** 성서에 논리적 모순이 나타나는 것도 하나님의 한계와 부족함을 드러냅니까? 아닙니다. 인간의 언어 자체의 한계와 부족함입니다. 따라서 하나님을 변덕쟁이라고 하기보다는 시대적 상황과 처지에 따라 하나님에 대한 인식 차이가 발생했다고 하는 것이 낫습니다. 그것이 더 논리적이고 설득력이 있으며 안전하며 진실에 가까운 말입니다.

🐝 호세아서 1장의 하나님은 용서하지 않으려고 하셨다가 마음이 바뀌어 용서하신 것입니까? 아닙니다. 암울한 시대에 용서가 없는 하나님을 떠올리다가, 희망적인 환경이 나타나면서 하나님의 용서를 말한 것입니다. 인간이 느끼는 하나님의 이미지가 다양해서 문제가 있습니까? 저는 그것이 자연스러운 현상이라는 생각입니다. 감각적 한계를 가진 인간들이 무형의 하나님에 관해 그려낸 다양한 이미지라고 생각합니다. 이것은 인간의 인식적 한계 때문에 일어나는 일입니다. 만약 인간이 하나님을 완전히 인식할 수 있다면 그게 무슨 하나님입니까? 어떤 한 사람을 인식하는 것에도 한계를 보이는 우리가 하나님을 안다는 것은 역시 부분적인 앎입니다. 그러므로 하나님이 변덕스럽다고 오해하면서 구시렁거릴 것이 아니라 우리가 하나님에 대해서 완벽하게 알 수 없다는 것을 솔직히 인정합시다. 인식적 다양성, 바로 그것이 다양한 본문을 형성한 배경입니다.

하나님에 관해서 어차피 다 모르니 알려고 하지 말자는 태도를 취하는 것은 어떻습니까? 그것도 별로 좋지 않습니다. 왜냐하면 하나님에 관한 이야기에는 순수하게 하나님만 등장하는 것이 아니기 때문입니다. **하나님에 관한 이야기는 동시에 인간에 관한 이야기입니다. 하나님을 (부분적으로나마) 안다는 것은 우리 인간 자신에 대한 최대한의 앎이기도 합니다.** 만약 어떤 사람이 자신에 관한 정보를 얻으려고 한다면 어떤 대상이 필요합니다. 일반적으로 가족이나 친구가 그에게 절대적으로 많은 정보를 제공합니다. 인류를 하나의 사람으로 볼 때 이 사람이 자신에 관한 정보를 얻을 수 있는 또 다른 대상이 필요합니다. 이런 의미에서 신의 존재는 인간의 존재를 더 명확하게 합니다. 동시에 인간의 존재 역시 신 존재의 의미를 최대한 뚜렷하게 만듭니다. 신이 인간을 창조했지만 인간만 신이 필요한 것이 아니라 신도 자신에 관한 인식을 확보하고 확장하기 위해서 인간이 필요합니다. **인간이 역사적으로 끊임없이 신을 탐구해 온 것은 자기의 인식을 확충할 수 있는 타자적 정보로서의 신지식이 필요했기 때문입니다.** 그렇습니다! 신(에 관한 인식)은 인간을 비추는 거울입니다! 인간은 자신을 더 잘 알기 위해 신을 탐구합니다. 성서를 연구합니다.

하나님에 관한 특정한 인식은 특정 시대와 사회의 인식을 반영합니다. 그 인식 주체로서 인간은 자신의 특정한 처지에 놓여있습니다. 그 처지가 하나님에 관한 인식에 영향을 미치듯이 때로는 하나님에 관한 하나의 고정된 인식이 우리의 삶에 영향을 미칠 수 있습니다. 그리고 특정한 인식은 결국 행동으로 나타납니다. 신 인식을 가진 사람의 행위를 통해 하나님이 어떤 분인지 나타나는 것입니다.

힘을 남용하는 그리스도인은 하나님이 힘자랑을 하는 분이라고 생각하는 그 생각을 몸으로 나타냅니다. 약하고 낮은 사람을 섬기는 신자는 하나님을 긍휼의 하나님으로 이해하고 있는 것입니다. 예언자 호세아의 경우 부정한 여자를 용서하고 받아들인 행위를 통해 끝없이 용서하시는 용서의 하나님이 나타났습니다. **하나님을 안다고 하는 사람들의 행위에 따라 하나님이 어떤 분인지 나타납니다.** 이런 관점에서 호세아가 상당히 무리한 명령인데도 그것을 수용한 것을 겨우 이해할 수 있습니다. 만약 그가 "고멜"을 용서하고 아내로 받아들이지 않았다면 최소한 그의 삶을 통해서는 하나님의 무한한 용서와 사랑을 알 수 없을 것입니다. 물론, 우리는 호세아가 했던 것처럼 할 수 없습니다. 하지만 우리의 행동에 따라 하나님의 다른 모습으로 드러난다는 것을 깨닫고 어떤 삶과 실천이 하나님을 가장 명확하고 긍정적으로 드러낼 수 있을지를 고민해야 합니다. 그것이 제가 아는바, 하나님께 영광을 돌리는 삶의 시작입니다. 하나님을 바로 알고 실천을 통해 모든 이가 좋은 하나님을 인식하게 만드는 삶을 살아야 합니다.

이스라엘 자손들아 여호와의 말씀을 들으라 여호와께서 이 땅 주민과 논쟁하시나니 이 땅에는 진실도 없고 인애도 없고 하나님을 아는 지식도 없고 / 오직 저주와 속임과 살인과 도둑질과 간음뿐이요 포악하여 피가 피를 뒤이음이라 (호 4:1-2)

하나님을 안다면서 법을 무시하고 다른 사람에게 해코지하는 사람은
아무것도 모르는 사람입니다.

호세아서에는 이스라엘이라는 집단에 대한 비판이 가득합니다. 호 4:1은 "이스라엘 자손들"에게 "하나님을 아는 지식"이 없음을 비판하고 있습니다. 이것이 무슨 뜻입니까? 다양한 어휘 정보를 고려하면 이 "지식"이 단순한 지식이 아님을 쉽게 알 수 있습니다.

이스라엘 자손들아 여호와의 말씀을 들으라 여호와께서 이 땅 주민과 논쟁하시나니 이 땅에는 진실도 없고 인애도 없고 하나님을 아는 지식도 없고(호 4:1)

이 구절은 진실과 인애가 존재하지 않는 땅(지역)을 비판하고 있습니다. 그리고, 같은 관점에서 "하나님을 아는 지식이 없"음을 비판합니다. 따라서 이 구절은 백성이 **하나님을 잘 알지 못하는 것을 지적하는 것이 아니라 사회 정의적 측면에서 공적 질서가 붕괴된 것을 비판하는 것**이라고 할 수 있습니다. 다음 구절인 호 4:2을 보면 이런 고찰이 맞는다는 것을 더 확실히 알 수 있습니다.

오직 저주와 속임과 살인과 도둑질과 간음뿐이요 포악하여 피가 피를 뒤이음이라(호 4:2)

글쓴이는 "속임", "살인", "도둑질", "간음(성폭행)"이 만연했는데도 사회적

규범이 기능을 발휘하지 못하고 있음에 주목합니다. "포악하여 피가 피를 뒤이음이라"라고 말하는 하반 절은 상황이 매우 심각하여 사회 구성원 특히 약자들이 육체적으로 상해(傷害)를 입는 상황이 발생했음을 알게 합니다. 호 4:1–2절이 공적 질서의 부재와 혼란에 대하여 고발하고 있다면 호 4:3절은 이런 상황의 심각성을 강조하기 위한 문학적 비유입니다.

> 그러므로 이 땅이 슬퍼하며 거기 사는 자와 들짐승과 공중에 나는 새가 다 쇠잔할 것이요 바다의 고기도 없어지리라(호 4:3)

일반 상식선에서 볼 때 인간 사회 질서의 부재와 혼란이 "들짐승과 공중에 나는 새"를 "쇠잔"하게 할 수는 없습니다. "바다의 고기"가 "없어"진 것도 그와 하등 관계가 없습니다. 사회 혼란이 온 세상에 부정적 영향을 미친다는 비유는 "들짐승과 … 새 … (물)고기"에 대한 관심을 표명한 것이 아니라 사회 질서 부재의 심각성을 힘주어 말하는 것입니다. 질서의 부재가 인간뿐 아니라 자연 만물에까지 재앙을 안겨준다는 것입니다. 호세아서 4장 3절의 표현은 이사야서의 몇 구절과 그 어휘와 의미를 공유하고 있습니다.

이사야서 24장 2절은 "땅이 슬퍼하고 세계가 쇠약하고 쇠잔하며"라고 하며 이사야서 33장 9절은 "땅이 슬퍼하고 쇠잔하"다라고 합니다. 34장 4절도 만상의 쇠잔함에 대해서 언급합니다. 더 구체적으로 살펴봅시다.

사 24장은 "백성"이 "율례를 어기며 영원한 언약을 깨뜨렸"기 때문에(사 24:5) "땅이 슬퍼하고 쇠잔하며 세계가 쇠약하"다(사 24:4)라고 합니다.

사 33장은 "땅이 슬퍼하고 쇠잔하"다는 문장과 더불어 "율법을 세우신 여호와"(사 33:22)를 언급합니다.

사 34장의 경우, "만상의 쇠잔함"(사 34:4)과 더불어 "여호와의 책"(사 34:16)을 거론합니다. "책"을 "찾아 읽어보라"고 명령하는 것은 이 "책"이 하나의 기준으로 작용하고 있는 것입니다. 사 34장의 내용을 사 24:5; 33:22 등과 함께 볼 때 쇠잔함을 해결할 수 있는 해답으로서 (기록된) 율법책이 선명하게 드러납니다. 이것은 문서화한 율법이 사회적 기준으로 자리 잡을 때 인간은 물론 모든 세상(만상)이 안정을 누린다는 주장입니다.

(기록한) 율법을 사회 혼란을 불식시킬 수 있는 해답으로 인식하는 경향은 포로기 전환기~포로 후기를 배경으로 합니다. 귀환 길에 오른 이스라엘 민족은 페르시아 못지않은 법치 국가를 세울 것을 소망했습니다. 아직 그들에게 완전한 자유가 주어진 것은 아니었지만 하나님이 페르시아를 들어 바벨론을 패망시켰기 때문에 국가의 독립까지 이루게 하실 것이며 세계 제일의 나라를 세우게 하실 것이라 전망했습니다. 그들은 하나님의 역사를 기대하며, 다른 한편으로는 국가 패망 때 처절하게 무너진 공적 질서를 바로 세워야 했습니다. 이를 위하여 문서화한 "법"이 필요했던 것입니다. 호 4:6은 이 같은 해석이 바르다는 것을 증거합니다.

> 내 백성이 지식이 없으므로 망하는도다 네가 지식을 버렸으니 나도 너를 버려 내 제사장이 되지 못하게 할 것이요 네가 네 하나님의 율법을 잊었으니 나도 네 자녀들을 잊어버리리라(호 4:6)

이 구절은 (법적 기준으로서의 기록된) "하나님의 율법"의 중요성을 주목하면서 이"법"을 잊으면 미래가 없다.('자녀를 망각')는 점을 명확히 합니다. 호세아서의 초기층은 국가 패망 시점을 바탕으로 형성되었지만 후대(포로후기)에 문헌이 보완되고 각색되었는데 나중에 글을 읽는 독자들은 포로기 초기 참상에 관한 기록으로서 호세아서를 일종의 회고문(回顧文)으로 보았을 것입니다. 글을 읽으며 미래 공동체 건설을 위해 "율법", 즉, 공적 규범이 얼마나 중요한지 재차 확인했을 것입니다.

간단히 말해 **지식이 없다는 표현은 사회 규범적 기준을 망각하지 말라는 경고**이며("율법을 잊었으니") 기준의 부재가 필연적으로 공동체의 궤멸("망하는도다")을 가져온다는 논리입니다. 그들은 미래를 위해 율법을 후대에 교육하려고 했습니다.

어떤 이들은 법적 기준이며 가치 기준인 율법의 중요성에 대해서 반론을 제기했던 것 같습니다. 그들은 법보다 "번영"을 중시합니다. 아마도 율법 역시 궁극적으로는 번영을 지향하고 있다는 것을 간과한 것 같습니다. 마치 현대의 신자유주의자들과 비슷합니다. 이들에게 중요한 것은 법체계 수립이나 교육이 아니라 경제적 번영입니다. 경제가 번영하면 자연히 모든 것이 이루어진다는 것입니다. 이 주장에도 일리가 있습니다만 호 4:7은 이에 대하여 짧은 한 문장으로 찬물을 끼얹습니다.

> 그들은 번성할수록 내게 범죄하니 내가 그들의 영화를 변하여 욕이 되게 하리라
> (호 4:7)

이것은 사회가 진정한 안정을 얻는 것이 단순히 무역수지가 흑자가 되고 국민총생산과 경제 성장률을 나타내는 그래프가 상승하는 것과는 완전히 다른 이야기일 수 있다는 교훈입니다. 나라는 부유한데 사회의 많은 사람은 가난을 극복하지 못하는 경우가 있음을 우리는 잘 알고 있습니다. 양극화, 즉, 부유층과 빈곤층의 격차가 극단적으로 벌어지는데도 부유층은 빈곤층의 게으름을 지적하고 정부도 빈곤층이 어려움을 딛고 일어서는 데 필요한 환경을 마련하지도 충분히 지원하지도 않습니다. 극소수의 사람만 잘 먹고 잘사는 사회는 좋은 사회가 아닙니다.

호 4:8-9은 불안정한 사회에서 종교인들도 제 기능을 하지 못하고 있음을 지

적합니다.

> 그들(종교 지도자들)이 내 백성의 속죄 제물을 먹고 그 마음을 그들의 죄악에 두
> 는도다 장차는 백성이나 제사장이나 동일함이라 내가 그들의 행실대로 벌하며
> 그들의 행위대로 갚으리라(호 4:8-9)

글쓴이의 주장에 따르면, 가치 기준이 바르게 서지 않은 사회는 결코 궁극적
인 번영에 이를 수 없습니다.

> 그들이 먹어도 배부르지 아니하며 음행하여도 수효가 늘지 못하니 이는 여호와
> 를 버리고 따르지 아니하였음이니라(호 4:10)

우리가 이 본문을 읽으면서 주의할 점이 있습니다. 사회가 엉망진창이 된 이
유에 대해서 본문이 "여호와를 버리고 따르지 아니하였음이니라"라고 한다고 해
서 우리가 열심히 기도하고 예배만 드리면 되리라 생각해서는 안 된다는 것입니
다! 하나님을 안다는 것, 그리고 하나님에 관한 지식이 있다는 것을 많은 성경
지식이나 교리적 지식과 동일시해서는 안 됩니다. 이렇게 오해하는 개신교인들
은 사회적 혼란과 불안정에 대해서 대응하는 방법으로 성경 공부나 교리 공부,
경배와 찬양 집회 혹은 은사 집회를 제시할 것입니다. 말로는 "삶 가운데 예배"
라고 하지만 **삶을 어떻게 살아야 할지 잘 모르고 사회적 문제들을 해결하는데
어떤 방식이 좋을지 제대로 고려하지 않는 집단은 사회 안에서 그 존재 가치가
현저히 낮습니다.** 호세아 본문이 언급하는 하나님을 안다는 것, 하나님에 대한
지식이라는 것은 "율법", 즉, 법적 기준 혹은 가치 기준이며 그것의 대사회적 영
향까지를 뜻하는 것입니다. 성서가 말하는 율법뿐 아니라 어떤 종류의 법이라고

하더라도 기준을 무시하거나 기준을 망각한 것 자체가 사회적 재앙입니다. 항로를 잃어버린 선박처럼 자멸할 때까지 헤매게 될 것입니다. 종국적으로 사회가 붕괴합니다. 성서 시대의 사람들이 하나님의 율법을 실제로 국법으로 인식했다는 점을 기억하십시오. 그러니까 나라는 성서를 몰라서가 아니라 법을 바로 세우지 못하고 그것을 불합리하게 남용하면서 무너지는 것입니다. 이런 의미에서 성서는 신정론적 국가(이스라엘)의 법을 말하는 동시에 일반 국가에 있어서 헌법의 기능에 대하여 말하고 있습니다.

여러분에게는 하나님을 아는 지식이 있습니까? 그것은 여러분의 삶에 가치 기준이 있느냐는 질문입니다. 사회에 법적 기준이 없을 때, 사회가 붕괴하듯이, 우리에게 건전한 기준이 없을 때, 바라든 바라지 않든 상관없이 다른 이에게 손해를 끼치게 될 것입니다. 저는 하나의 고정된 기준을 여러분에게 제공하기보다는 오히려 여러분 스스로 '이 정도는 지켜야지'라는 윤리적 기준을 찾기 바랍니다. 저는 그냥 수천 년에 걸쳐 점진적으로 형성된 성서 안에 들어 있는 가치 기준에 대해서 해설할 뿐입니다. 여러분은 일단 여러분이 속한 사회가 정한 법적 규범을 존중하고 그것을 준수하십시오! 그리고 개인적으로 삶의 기준을 세우되 그 기준이 어떤 기준이든지 자신과 남에게 손해를 끼치는 것이 아니게 하십시오. 혼자 사는 것이 아니라 함께 산다는 것을 깨닫는 것으로부터 시작하십시오. **망할 세상이 함께 살만한 세상이 되는 것, 바로 그것이 호세아서 4장 1절과 6절이 의미하는 하나님을 아는 지식을 소유한 것이며 그 지식에 따라 사는 것입니다.**

하나님을 진정으로 아는 사람 중에는 사회법을 무시하는 사람이 없습니다. 말로는 안다고 하지만 사실은 아무것도 모르는 사람이 있습니다. 하나님을 안다고 하면서 남에게 해를 끼치는 것을 아무렇지 않게 여기는 사람이 있습니다. 그들은 하나님의 참되심과 사랑("진실"과 인애", 호 4:1)이 무엇인지 손톱만큼도 모르는 사람입니다.

다시 한번 당신에게 묻습니다. 당신은 하나님을 아는 지식을 소유하고 있습니까? 그렇다면 당신에게 주어진 중요한 기준들을 존중하고 그 기준을 따라 사십시오. 도저히 따를 수 없을 정도로 불합리한 기준이 아니라면 그렇게 해야 합니다. 도저히 기준을 못 따르겠다고 해도 최소한 남에게 해를 끼치는 삶을 살아서는 안 됩니다. 🏠

이스라엘이 어렸을 때에 내가 사랑하여 내 아들을 애굽에서 불러냈거늘 /선지자들이 그들을 부를수록 그들은 점점 멀리하고 바알들에게 제사하며 아로새긴 우상 앞에서 분향하였느니라 /그러나 내가 에브라임에게 걸음을 가르치고 내 팔로 안았음에도 내가 그들을 고치는 줄을 그들은 알지 못하였도다 / 내가 사람의 줄 곧 사랑의 줄로 그들을 이끌었고 그들에게 대하여 그 목에서 멍에를 벗기는 자 같이 되었으며 그들 앞에 먹을 것을 두었노라 / 그들은 애굽 땅으로 되돌아 가지 못하겠거늘 내게 돌아 오기를 싫어하니 앗수르 사람이 그 임금이 될 것이라 / 칼이 그들의 성읍들을 치며 빗장을 깨뜨려 없이하리니 이는 그들의 계책으로 말미암음이니라 / 내 백성이 끝끝내 내게서 물러가나니 비록 그들을 불러 위에 계신 이에게로 돌아오라 할지라도 일어나는 자가 하나도 없도다

이제는 '애굽 사람들'과 함께 살아야 할 때입니다.

호세아서는 하나님-이스라엘의 관계를 남편-아내 관계로 비유하고 있으며 그 사랑의 열매인 자녀도 언급합니다.

이스라엘이 어렸을 때에 내가 사랑하여 내 아들을 애굽에서 불러냈거늘(호 11:1)

호 11:1은 "이스라엘"을 어린 아들에 비유합니다. 이것은 출애굽기 4장 22절에도 나오는 표현입니다.("이스라엘은 내 아들 내 장자") 애굽에서 불러냈다는 표현은 출애굽 이야기를 전제합니다. 이는 사무엘상 10:18, 역대하 20:10과 함께 이스라엘 민족 외의 이방인으로부터의 분리, 그들에 대한 배타적 심리를 나타냅니다.

이스라엘 자손에게 이르되 이스라엘 하나님 여호와께서 이같이 말씀하시기를 내가 이스라엘을 애굽에서 인도하여 내고 너희를 애굽인의 손과 너희를 압제하

는 모든 나라의 손에서 건져내었느니라 하셨거늘(삼상 10:18)

삼상 10:18은 "하나님 여호와"가 "이스라엘을 애굽에서 인도하"신 것을 "애굽" 뿐 아니라 "너희를 압제하는 모든 나라의 손에서"의 구원이라고 해설합니다. 이것은 이스라엘과 애굽이 대표하는 기타 모든 나라를 대립 관계로 보는 작가의 발상입니다. 출애굽 이야기는 하나님이 이스라엘 민족을 애굽에서 구원했다는 이야기에서 하나님이 이스라엘 민족을 모든 압제 세력의 손에서 건져냈다는 (신학적) 주장으로 확장합니다. 이런 관점에서 출애굽을 언급하는 것은 모든 이방 세력으로부터의 해방을 언급하는 것과 같습니다. 호세아서 11장 1절 역시 사랑하는 어린 아들의 비유를 통해서 하나님이 다른 민족과 엄격히 구별하는 이스라엘을 처음부터 지금까지 각별히 사랑하고 돌보신다고 말하고 있습니다. 같은 관점에서, **이스라엘 민족 이외의 민족들**은 수틀리면 하나님의 분노 대상이 됩니다.

> 옛적에 이스라엘이 애굽 땅에서 나올 때에 암몬 자손과 모압 자손과 세일 산 사람들을 침노하기를 주께서 용납하지 아니하시므로 이에 돌이켜 그들을 떠나고 멸하지 아니하였거늘(대하 20:10)

대하 20:10은 "옛적" "이스라엘이 애굽 땅에서 나올 때" 어떤 족속들이 길을 비켜주지 않았다고 말합니다. 이스라엘은 어쩔 수 없이 그들이 사는 지역을 피해서 이동했습니다. 그런데 어떤 편집자는 이 사건을 '주께서 허락하지 않으셨다'라고 해석합니다.

역대하 20장 전체를 읽어 보면 아브라함부터(대하 20:7) 솔로몬의 성전 건축 시점까지(대하 20:8 "주를 위해 건축하고") 언급한 후에 성전 중심 사상을 끄집어냅니다.(대하 20:9 "이 성전 앞에 모여 … 부르짖겠고 … 주님께서 … 구원하여 주실 것이다") 이는 신명기 개혁 운동(기원전 7세기)을 배경으로 하는 성전 중심 사상이 아니라 그로부터 많은 세월이 흐른 후 바벨론 땅으로부터 귀환하여 성전을 재건하고 그것을 중심으로 민족중흥을 꾀하던 사람들의 사상적 경향입니다.(기원전 6세기) 성전을 중심으로 응집력을 도모하는 이들은 과거 주변 세력들이 호의를 무시하고 배신했다고 투정합니다.(대하 20:11 "우리에게 갚는 것을 보옵소서") 이스라엘은 평화를 사랑하는데 외부 세력이 계속 적대적이라는 비판입니다.

위에서 살펴본 사무엘상과 역대하의 내용을 종합해 보면 애굽에서 불러냈다는 의미는 단지 애굽만이 아니라 모든 이방 세력들을 싸잡아 비판하며 배척하는 주장입니다. 그것은 이스라엘 민족이 이방 세력과 결코 함께 살 수 없다는 인식입니다. 이스라엘 민족은 페르시아 제국의 허락으로 고향 땅에 돌아왔고 성전과 성벽을 재건할 수 있었습니다. 그런데도 일정한 자유가 주어지자 이방 민족을 모두 배척하고 민족적 정체 의식을 회복하는데 몰두했습니다. 그 과정에서 우리가 아는 것과 같이 배타주의적인 출애굽 이야기가 나타난 것입니다. 사실 국가 패망 전까지 이스라엘 민족은 주변 이방 나라와 나름 평화롭게 교류하며 더불어 잘살았습니다. 하지만 바벨론 제국이 패망한 이후 고향 땅에 돌아온 이스라엘 사람들은 순혈주의와 민족주의를 외치면서 '애굽'과의 완전한 분리를 추구하게 되었습니다.

호 11:1은 연약한 어린 아들 같은 이스라엘을 이방 세력으로부터 구별하신 하나님을 아버지로 여깁니다. 이 구절은 귀환한 이스라엘 민족 안에 속한 차세대를 의식하고 있습니다. 어른들은 자녀를 하나님의 율법으로 교육해야 했는데 이미 오랫동안 이방 문화 가운데 살아왔기 때문에 쉽지 않았습니다. **민족 정체성을 잃은 자녀들로 이스라엘인으로서의 자부심을 고취하고 의식적으로 이방 문화로부터 자신을 구분 짓도록 하기 위해서 몇몇 인상 깊은 이야기를 동원하였습니다.** 하지만 그 이야기들은 상당히 극단적인 면을 보입니다. 이방인이 절대로 그들과 함께 살 수 없는 사람들이라고 가르칩니다. 둘 중 하나가 멀리 떠나든지 없어져야 한다고 교육합니다. 한때 평화롭게 더불어 살던 이방인들을 배척하게 된 배경에는 국가 재건과 민족중흥의 열망이 자리 잡고 있었습니다. 그들은 자민족의 소멸을 막아야 한다는 심리로부터 제국 못지않은 민족 국가를 세우겠다는 욕심으로 나아갔습니다. **욕심이 커지면 커질수록 평화는 깨집니다.**

> 헤롯이 죽기까지 거기 있었으니 이는 주께서 선지자를 통하여 말씀하신바 애굽으로부터 내 아들을 불렀다 함을 이루려 하심이라(마 2:15)

신약성서 마태복음의 이 구절도 호세아 11:1과 같이 "애굽으로부터 내 아들을 불렀다"라고 합니다. 이것은 예수님의 생애에 구약적 의미를 부여하면서(예수님이 구약이 약속한 메시아라는 것을 증명하면서) 유대인의 의식을 고취하려는 의도를 갖습니다. 따라서 이스라엘 사람들은 이 구절을 읽으며 예수님을 민족의 구세주로 인식했을 뿐 이방인의 구세주로는 결코 생각하지 못했을 것입니다. 왜냐하면 애굽으로부터의 인도란 구약성서의 전승에 있어서 이방인과의 명확한 구분과 결별을 뜻하기 때문입니다.

이방 세력과의 분리는 이방 종교로부터의 구분을 의미하기도 합니다. 국가 패망의 원인을 우상숭배에서 찾고 있는(호 11:5b) 포로기 이후에 쓰인 본문은 바알 (전통적으로는 하나님과 함께 섬겼던)신앙을 신랄하게 비판합니다.

> 선지자들이 그들을 부를수록 그들은 점점 멀리하고 바알들에게 제사하며 아로새긴 우상 앞에서 분향하였느니라(호 11:2)

원래 이스라엘 사람들은 주변 민족이 섬기는 신들을 함께 섬겼을 것입니다.

그러나 바로 그것이 국가 패망의 원인이라고 규정한 이상 다시 똑같은 행위를 할 수는 없었습니다.

호세아 11:1-7 단락은 유일신 사상을 완전히 수용하지 못하고 있는 백성을 걱정합니다. 호 11:3은 "그들은 알지 못하였도다"라고 하고, 호 11:5은 "내게 돌아오기를 싫어"한다고 말합니다. 호 11:7도 "돌아오라 할지라도 일어나는 자가 하나도 없도다"라면서 포로기적 성찰이 아직 많은 이에게 영향을 끼치지 못했음을 알게 합니다.

교육의 골자는 다시는 이방인과 함께 일을 도모하지 말고 그들이 섬기는 신도 숭배하지 말고 오직 유일하신 하나님만 섬겨야 한다는 것입니다. 그렇게 하지 않으면 이방인이 다시(영원히) 그들의 지배자가 될 것이며(호 11:5b "앗수르 사람이 그 임금이 될 것이라") 전쟁과 불안이 계속될 것(호 11:6 "성읍들을 치며 빗장을 깨뜨려 없이하리니")이라고 걱정합니다.

어린 자녀에 대한 사랑 어린 양육을 모티프로 하는 호 11:1-7은 남녀노소 오직 하나님만 섬기며 이방과 종교, 문화에 대한 마음을 완전히 접어야 한다고 교육합니다. 이런 내용은 이스라엘과 하나님의 관계를 부부로 표현한 내용(호 2:2,7,16)과 거의 같은 시기에 형성한 것으로 보입니다. 글쓴이는 부부와 자녀의 개념을 이용하여 하나님을 향한 정절(淨潔)을 교훈하고 있습니다.

여기서 우리는 하나의 질문을 하게 됩니다. **정말 하나님은 이스라엘만 사랑하실까요? 애굽과 이방 나라는 하나님 눈 밖에 있을까요?**
놀랍게도 이사야서의 몇몇 구절들은 "애굽"을 축복하고 있습니다. 읽어보십시오!

그날에 애굽 땅 중앙에는 여호와를 위하여 제단이 있겠고 그 변경에는 여호와를 위하여 기둥이 있을 것이요 이것이 애굽 땅에서 만군의 여호와를 위하여 징조와 증거가 되리니 이는 그들이 그 압박하는 자들로 말미암아 여호와께 부르짖겠고 여호와께서는 그들에게 한 구원자이자 보호자를 보내사 그들을 건지실 것임이라 여호와께서 자기를 애굽에 알게 하시리니 그날에 애굽이 여호와를 알고 제물과 예물을 그에게 드리고 경배할 것이요 여호와께 서원하고 그대로 행하리라 여호와께서 애굽을 치실지라도 치시고는 고치실 것이므로 그들이 여호와께로 돌아올 것이라 여호와께서 그들의 간구함을 들으시고 그들을 고쳐 주시리라 그날에 애굽에서 앗수르로 통하는 대로가 있어 앗수르 사람은 애굽으로 가겠고 애굽 사람은 앗수르로 갈 것이며 애굽 사람이 앗수르 사람과 함께 경배하리라 그날에 이스라엘이 애굽 및 앗수르와 더불어 셋이 세계 중에 복이 되리니 이는 만군의 여호와께서 복 주시며 이르시되 내 백성 애굽이여, 내 손으로 지은 앗수르여, 나의 기업 이스라엘이여, 복이 있을지어다 하실 것임이라(사 19:19-25)

이 단락 내용은 놀랍게도 "애굽"에 여호와를 위한 "제단"이 있고(사 19:19) 여호와께 부르짖음이 있으며(사 19:20) "구원자"가 오며 구원이 이루어진다.(사 19:20)고 말합니다. "여호와"가 "자기를 애굽에 알게 하"시고(사 19:21) 심지어 애굽인들이 "제물과 예물을 … 드리고 경배"하며(사 19:21) "여호와께 서원하고 … 행하리라"라고 합니다.(사 19:21) 여기서는 이스라엘 백성이나 애굽 사람의 구분이 존재하지 않습니다. "애굽"은 "앗수르로 통"하며 "앗수르 사람은 애굽으로 가"고 모두 "함께 경배"합니다.(사 19:23) "이스라엘이 애굽과 앗수르와 더불어 … 세계 중에 복이" 됩니다.(사 19:24) 사 19:25절은 정말로 감동적입니다. 만군의 여호와께서 "내 백성 애굽이여" "내 손으로 지은 앗수르여" "나의 기업 이스라엘이여"라고 부르면서 복을 주신다고 합니다.

이처럼, 성서는 이방인에 대한 배척만 말하고 있는 것 아닙니다. 호세아서에서 특정 목적을 위해 배타적 교육을 했던 것을 우리가 그대로 답습할 필요가 없습니다. **외국인에 대한 배척 심리는 불변의 진리가 아니라 이스라엘의 특별한 상황에서 나온 것입니다. 따라서 우리가 그것을 그대로 답습하여 우리 주변에 사는 외국인을 배척해서는 안 됩니다.** 이스라엘 민족이 모종의 이유로 애굽과의 분리를 추구했다고 해도 우리는 오히려 "애굽"에서 "애굽인"과 더불어 평화롭게 살아야 할 것입니다. 전자가 아니라 후자가 하나님의 진정한 뜻입니다. 평화는 어느 시대 어느 나라를 막론하고 좋은 것입니다. 하나님은 싸움을 붙이는 분이 아닙니다. 과거 이스라엘 사람들이 그렇게 생각했다면 그것은 대단한 오해입니다.

🐝 어떤 교회에서는 항상 "애굽에서 나오라"고 설교합니다. 세상과 교회를, 세속과 신앙을 엄격하게 구분합니다. 하지만, 21세기의 다양성을 고려할 때, 우리가 언제까지 남과 나를 구별하면서, 다시 말해 남을 배척하면서 살 수 있을까요? 어떤 이는 거룩 = 구별이라고 하면서 일상생활 자체를 부정하고 오로지 교회 생활에 몰두하라고 합니다. 아예 인적이 드문 산속에 들어가 신자들만 모여 살기도 합니다. 이런 행위는 모두 잘못된 것입니다. 사 19:19-25에서 하나님이 왜 이방 민족들을 이스라엘 백성과 똑같이 대우하시고 있습니까? 이방 민족들이 그들의 언어, 문화, 종교를 버리기라도 했나요? 개신교로 개종이라도 했습니까? 제가 볼 때는 호세아서의 하나님과 이사야서의 하나님 이미지에는 큰 차이가 있습니다. 제 말뜻은 하나님이 이랬다저랬다 하신다는 말이 아닙니다. 호세아서의 글쓴이가 인식한 하나님과 이사야서의 글쓴이가 이해하는 하나님 사이에 차이가 생겼다는 것입니다. 처음에는 이스라엘 민족만을 위하는 하나님의 개념이 나중에는 온 세계 모든 나라를 보우하시는 하나님의 개념으로 발전한 것입니다. 과거에는 이스라엘 민족만의 하나님이었다면 이제는 중국과 일본과 한국과 말레이시아와 파키스탄 사람의 하나님이 되신 것입니다. 다시 말해, 작았던 하나님이 거진 것이 아니라 하나님에 대한 좁은 개념을 가지고 있던 성서 화자들의 시야가 넓어진 것입니다. 하나님은 언제나 넓은 가슴을 가진 분이었지

만 인간의 좁은 마음이 문제였던 것입니다.

언제까지 다른 모습과 다른 피부색을 가진 이웃을 좁아터진 마음으로 배척할 것입니까? 시야를 넓히십시오! "애굽"에서 떠날 때는 지났습니다. 이제는 "애굽" 사람들과 함께 살아야 합니다. 불교를 믿는 분과 이슬람교도와 원불교를 믿는 분과 피부색이 다른 분들과 어떻게 하면 평화롭게 공존할 수 있을지 고민해야 합니다! 성경 말씀은 하나님이 모두에게 똑같이 복을 내리신다고 말합니다. 그만큼 마음이 넓은 분입니다. 宗

요엘 2:28-32

그 후에 내가 내 영을 만민에게 부어 주리니 너희 자녀들이 장래 일을 말할 것이며 너희 늙은이는 꿈을 꾸며 너희 젊은이는 이상을 볼 것이며 / 그 때에 내가 또 내 영을 남종과 여종에게 부어 줄 것이며 / 내가 이적을 하늘과 땅에 베풀리니 곧 피와 불과 연기 기둥이라 / 여호와의 크고 두려운 날이 이르기 전에 해가 어두워지고 달이 핏빛 같이 변하려니와 / 누구든지 여호와의 이름을 부르는 자는 구원을 얻으리니 이는 나 여호와의 말대로 시온 산과 예루살렘에서 피할 자가 있을 것임이요 남은 자 중에 나 여호와의 부름을 받을 자가 있을 것임이니라

일상을 등지고 신비한 것을 추구하는 것은 비정상입니다.

연구자 대부분은 요엘서의 저자와 저술 배경을 알 수 없다고 합니다. 요엘의 아버지 브두엘(욜 1:1)이 누군지 알 수 없고 이 예언자가 어디 살았었는지도 추정할 뿐 명확하지 않다고 합니다. 우리는 오직 요엘서 본문을 살필 수 있을 뿐입니다.

요엘서는 표제(標題)를 추가하지 않은 문헌입니다. 그것은 이 글이 큰 인기를 끌지 못했다는 뜻일 수 있습니다. 무명씨의 예언 활동을 적은 것으로 누구나 알 만한 사람이 쓴 글로 각색하지 않았습니다. '주는 나의 신'이라는 뜻인 "요엘"이라는 이름도 그가 누군지 밝히는 단서가 되지 못합니다. 과거에는 이처럼 저자에 관한 정보가 불확실하거나 제목을 추가하지 않은 문헌이 많았을 것입니다.

욜 2:28을 보면 하나님의 영, 즉, 성령을 언급하는 듯합니다. 이 구절은 성령이 임하면 자녀들에게 예지력이 있어 미래에 관해서 말하고 노인들이 꿈을 꾸고 청년들은 비전을 본다고 합니다. '내 영을 … 두겠다'라는 표현은 하나님의 영 개념을 최초로 고안한 에스겔서의 전승을 활용한 것입니다.

> 또 내 영을 너희 속에 두어 너희로 내 율례를 행하게 하리니 너희가 내 규례를 지켜 행할지라(겔 36:27)

내가 또 내 영을 너희 속에 두어 너희가 살아나게 하고 내가 또 너희를 너희 고
국 땅에 두리니 나 여호와가 이 일을 말하고 이룬 줄을 너희가 알리라 여호와의
말씀이니라(겔 37:14)

내가 다시는 내 얼굴을 그들에게 가리지 아니하리니 이는 내가 내 영을 이스라
엘 족속에게 쏟았음이라 주 여호와의 말씀이니라(겔 39:29)

에스겔의 이 구절들에서 언급한 "내 영"은 하나님의 영입니다. 국가 패망과
솔로몬 성전의 파괴로 이스라엘 사람들은 신앙적 구심점을 잃고 낯선 땅에 끌
려가 살게 되었습니다. 겔 11:16 ("… 주 여호와의 말씀에 내가 비록 그들을 멀
리 이방인 가운데로 쫓아내어 여러 나라에 흩었으나 그들이 도달한 나라들에서
내가 잠깐 그들에게 성소가 되리라 …")에서 처음 '이동하는 하나님', '하나님의
영'(겔 36:27; 37:14; 39:29 등)이라는 개념이 나타났습니다. 끌려간 이스라엘
백성과 함께 하나님도 그 땅으로 이동했다는 것입니다.

겔 36:27은 지켜야 할 율례를 말하는데 이것은 조상 땅(겔 36:28)으로의 귀환
과 연관이 있습니다. 귀환 이후 새로운 가치 기준을 정립하고 그것을 따라 질서
있는 국가를 재건하려고 했던 이스라엘 사람들이 이 글을 작성한 것 같습니다.

겔 37:14도 "고국 땅"을 언급합니다. 겔 39:29 역시 바로 앞 구절인 28절에서
" … 그들이 사로잡혀 여러 나라에 이르게 하였거니와 후에는 내가 그들을 모아
고국 땅으로 돌아오게 하고 그 한 사람도 이방에 남기지 아니하리니 …" 라고 말
하고 있어서, 이것이 귀환기를 배경으로 하는 본문이라는 것을 쉽게 알 수 있습
니다.

종합하면, 하나님의 영이라는 개념은 겔 11:16의 '이동하는 하나님'의 개념으
로부터 시작하여 백성 안으로 침투하는 영(겔 36:28;37:14; 39:29)의 개념으로
발전했는데 욜 2:28의 "내 영"은 이런 전승을 활용한 것입니다.

요엘서 2장은 백성 안으로 침투하는 하나님의 영이라는 개념과 "여호와의 크고 두려운 날"(욜 2:31)을 연결하고 있습니다. 포로 생활이 끝나고 국가 재건과 민족중흥을 소망하는 이스라엘 백성 내면의 동력(動力)으로서 하나님의 영을 제시한 에스겔서와는 달리, 요엘서 본문은 종말론적 상황을 전제하면서, 그에 대한 대응 기제(對應機制)로서의 하나님 영의 개념을 제시했습니다. 간단히 말해서, 에스겔서의 영이 밝은 미래를 지향한다면 요엘서의 그것은 참혹한 현실을 방증합니다.

욜 2:28은 남녀노소 모두 신비로운 체험을 하게 된다고 합니다.

그 후에 내가 내 영을 만민에게 부어 주리니 너희 자녀들이 장래 일을 말할 것이며 너희 늙은이는 꿈을 꾸며 너희 젊은이는 이상을 볼 것이며(겔 2:28)

욜 2:30은 전 지구적 심판이 있을 것을 경고합니다.

내가 이적을 하늘과 땅에 베풀리니 곧 피와 불과 연기 기둥이라(욜 2:30)

욜 2:31은 이 심판을 "여호와의 크고 두려운 날"이라고 칭하면서 이것이 "해"와 "달", 즉, 온 우주가 흔들리는 대 심판이라고 말합니다. 요엘서 2장의 이 내용은 종말론적 대환난에 대응하는 기제로서 하나님의 영을 거론합니다. 그 영으로 말미암아 모든 사람이 신비로운 체험을 하게 된다고 하면서 불가항력적인 위기를 신비로운 방법으로 모면할 수 있다고 주장합니다. 모든 이가 황홀경에 빠져 신비로운 체험을 하게 되는 상황은 평온한 상황이 아니라 세계가 멸망하는 종말적 상황이며 하나님의 영을 받은 사람만 위기를 모면할 것입니다.

이어지는 욜 2:32에서 "누구든지 여호와의 이름을 부르는 자는 구원을 얻으리니"라고 말한 것도 바로 이런 전 지구적, 전 우주적 멸망으로부터의 "구원"

방법을 소개한 것입니다. 여기서 여호와의 이름을 부르는 것은 다른 신을 의지하는 것을 금하고 오직 "주만 의지하고 주의 이름(만)을 부르"는 것을 뜻합니다.(사 26:13) 이것은 또한 주님만 구원을 줄 수 있다는 찬미(시 116:13)입니다. 욜 2:32 하반 절에는 주의 구원의 결과인 "남은 자"들에 관한 언급이 붙어있습니다.

'주의 이름을 부르는 자는 구원을 얻는다'는 말은 신약성서 행 2:21; 롬 10:13에서 활용했는데 사도행전은 요엘서와 동일하게 종말론을 전제로 이 구절을 직접 인용하지만, 로마서는 유대인이나 헬라인이나 (차별 없이) 누구든지 주의 이름을 부르는 자는 구원을 받는다면서 탈-상황적이며 범-시대적인 평등을 논하는 데 그것을 활용합니다.

하나님의 영을 남녀노소 모두에게 부어주어 신비한 체험을 하게 한다는 요엘 2:28의 표현은 신약성서의 행 2:17; 엡 1:17에서 비슷한 형태를 찾아볼 수 있습니다. 사도행전 2:17은 종말론을 전제로 하는 요엘서를 직접 인용하고 있으며, 에베소서 1:17은 "교회"(엡 1:22-23)와 그 구성원들에 대한 생활 교육을 위해서 지혜의 영을 언급하고 있어서 요엘서와의 차이를 보입니다.

요엘서 2장 28-32절 단락은 포로후기에 편집한 에스겔서 일부를 수용하고 있으며 전 우주적 종말론을 논하고 있다는 점에서 헬레니즘 시대 말기에 편집을 마무리한 본문으로 보입니다. 헬레니즘 시대 초~중기까지는 이스라엘 민족이 헬레니즘 문화에 호의를 갖고 그것을 모방하려는 경향을 보였지만, 말기에 이르면, 이스라엘 백성이 박해를 받으면서 기적이 일어나 억압자들이 한 번에 소멸하는 대 심판을 바라게 됩니다. 정치적으로 맛다디아의 의거(기원전 167-166년)나 마카비 혁명(기원전 166-143년)과 같은 군사 혁명은 극심한 박해에 대한 반동으로 일어난 것입니다. **사람들이 세계 멸망과 같은 극단적 상황이 일어나기를**

기대하는 것은 인간이 손쓸 수 없는 고통스러운 상황을 기초로 합니다.

요엘서 2:28-32은 에스겔서 전승을 수용하면서 그것을 응용하여 핏빛 종말에 대한 대책으로서 하나님 영을 제시합니다. 그것은 폭동이 일어나도 전혀 이상하지 않을 정도의 정치적, 환경적 긴장을 기초로 합니다. 이런 위기 상황에서 사람들은 신비로운 체험을 추구하기도 합니다. 미쳐버릴 것 같은 상황에 부닥친 남녀노소는 지푸라기라도 잡으려는 심정으로 황홀경에 빠집니다. 사람들은 너도나도 예언자라도 된 것처럼 미래가 이렇게 될 것이다 저렇게 될 것이다라고 떠듭니다. 모두 불안해서 하는 행동입니다. 전쟁의 위험이 팽배하면 많은 예언자가 나타납니다. 알아들을 수 없는 주문을 외우며 황홀경에 빠져 미래에 벌어질 일을 말합니다. 희망이 없고 고통뿐인 세속을 등지고 삼삼오오 집단생활을 하기도 합니다. 정식 교육이라곤 전혀 받지 않은 사람도 자칭 신의 대리자가 되어 신흥 종교를 창설하고 스스로 교주가 됩니다.

요엘서의 이런 종말론적 경향을 사도행전 2장이 그대로 수용했다는 것은 비록 서로 시대는 다르지만 역사적 상황이 매우 유사하다는 것을 뜻합니다. 사도행전 2장 1-13절은 사람들이 한 곳에 모여 "성령의 충만함을 받고 성령이 말하게 하심을 따라 다른 언어들로 말하"는 이야기입니다. 성령의 부으심을 말하는 행 2:17-21은 요엘서 2:28-31a을 그대로 옮겨 쓴 것이며 남녀노소 모두 신비한 체험을 한다는 내용입니다. 이로 볼 때, 사도행전의 사람들이 직면한 상황 역시 큰 위기 상황이라는 것을 알게 됩니다. 그렇습니다. 로마 황제의 박해가 주어진 것입니다. 그런데 놀라운 일이 일어났습니다. 하루에 "신도의 수가 3,000명"이나 늘어났습니다.(행 2:41) 사람들은 일상생활은 저버린 채로 모여 교제하고 떡을 나눠 먹으며 기도에 힘썼습니다.(행 2:42) 기적이 줄기차게 많이 일어나고(행 2:43) "믿는 사람이 다 함께 있어 모든 물건을 … 통용하고"(행 2:43) "재산과 소유를 팔아 각 사람의 필요를 따라 나눠주"며(행 2:45) "날마다 … 모이기를 힘쓰고 …"(행 2:46) 그 가운데 구원받는 사람이 폭증했습니다.(행 2:47) 위기는 어떤 이에게 기회가 됩니다. 개신교는 위기를 타고 크게 부흥했습니다. 하지만 가능한 한 정상적인 일상을 유지하는 것이 좋습니다. 지금 우리는 성서를 따라 산다면서 재산을 다 팔아 나누며 집단생활을 할 수는 없습니다. 천지가 개벽하는 위기 상황이 일어나지 않는 한 그렇게 사는 것은 비정상입니다!

어떤 사람은 사도행전 2장에서 신자들이 일상생활을 포기하고 모여 재산을 나눠 쓰면서 신자의 수가 폭발적으로 증가했다는 것을 읽으면서 지금 교회도 그들처럼 해야 한다고 말합니다. 하지만 그들은 비정상적 상황에 직면하여 어쩔 수 없이 탈-일상적으로 살았던 것입니다. 지금 우리는 마치 내일 지구가 멸망할 것처럼 아무것도 하지 않고 오로지 교회 안에 모여 물건을 나눠 쓰며 예배만 드릴 수는 없습니다. 지금 상황은 사도행전 2장과 같은 상황이 아닙니다! 시한부 종말론에 현혹된 가엾은 사람들이나 비정상적인 생활을 합니다. 우리가 알아야 할 것은 요엘서 2장이나 사도행전 2장의 상황이 극단적이며 비정상적인 상황이라는 것입니다. 따라서, 평온한 상황에 있는 우리가 성서의 문자를 그대로 따라 행동해서는 안 됩니다. 내 것 네 것 없이 나눠 쓰는 것이 좋아 보이기도 하지만 일반적인 상황에서 사람들이 그렇게 할 리는 없습니다.

사이비 종교는 극단적 종말론을 현실에 그대로 적용합니다. 성령의 역사라는 이름을 덧씌운 신비주의에 사람들이 빠지게 합니다. 하지만 **하나님의 영은 밝고 건설적인 미래를 지향하는 일상생활에 필요한 지혜와 분별력을 주십니다.** 내일이라도 당장 세상이 멸망하고 악마 같은 인간들이 다 죽었으면 하는 고통스러운 상황을 배경으로 하는 성령 이야기와는 완전히 다른 국면입니다. 지금으로서는 우리에게 필요 없는 이야기입니다.

물론, 사람마다 신앙적 기호(嗜好)가 있어서 어떤 이들은 신비로운 체험에 대하여 과한 관심을 보입니다. 그리고, 차분히 성서를 강론하는 목사의 설교에는 시큰둥하고 요란한 찬송 소리를 반주 삼아 마이크를 입 가까이 대고 "성령 받아라!"라고 외치며 "쉬익 쉬익!" 바람을 불어대는 목사, 손만 대면 신자가 뒤로 넘어져 천국 체험을 하게 만든다는 목사는 한마디만 하면 모두 크게 "아멘! 할렐루야!"를 외칩니다. 그리고 그런 목사가 돈을 바치라고 하면 빚까지 내서 헌금합니다. 물론 자신의 취향대로 고른(!) 목사를 따라다니는 것은 전적으로 개인의 자유입니다. 하지만, 그렇다고 요엘서 2장의 성령 이야기를 아무 데서나 함부로 써먹지는 마십시오! 그것은 바로 내일 세상이 멸망해도 좋겠다는 생각으로 자신을 내던질 수밖에 없는 절박한 사람들에게나 필요한 것입니다. 일상을 지속할 수 없어서 교회를 피신한 사람들이 온종일 예배하면서 고통에 울부짖을 때 빠져드는 황홀경의 또 다른 이름이 성령의 부으심입니다. 거기에 소중한 일상의 평온함은 존재하지 않습니다. 따라서 그런 성령의 부으심을 추구하다 보면 어느새 당신에게 일상은 무가치한 것이 되고, 신비한 체험이 주는 짜릿함에 매료된 당신은 결국 불건전한 영향권에서 벗어나지 못하는 사람이 될 것입니다. 어떤 이는 1년 내내 기도원에서 삽니다. 세상에 나가 사회 안에서 성서적 가치를 실천하는 것에 관해서는 아무 관심도 없습니다. 저는 성령의 기름 부으심과 같은 제목이 붙은 찬양 집회나 예배를 좋아하지 않습니다. 세상의 종말을 예비하는 사람들의 위험한 모임으로 보입니다. 진짜 종말이 온다면 아마도 그 사람들 때문에 올 것 같습니다. 하지만 **약 2000년 전에 금방 오신다던 예수님은 아직도 오지 않으셨습니다.** 우리가 일상에 관심을 두지 않고 매일같이 기도 받으러 돌아다니고 방언 배우러 뛰어다니고 입신(入神)하는 것에 재미를 붙인다면 도대체 누가 세상 가운데 살며 빛과 소금이 될 수 있겠습니까? 모든 신자가 그렇게 긴 시간을 교회 안에서 보낸다면 말입니다.

당신은 아직도 기도할 때마다 뭔가 신비한 것을 보고, 짜릿한 느낌이 와야 후련합니까? 혀가 꼬이고, 방언하고, 눈이 뒤집히고, 다리에 힘이 빠져 넘어져 뭔가 볼 수 있어야 당신의 신앙이 바른 신앙이라고 오해합니까? 생활을 팽개치고 거리에 나가 종일 회개하라고 마이크로 떠들어야 진짜 신자가 된 것 같고 인정받는 것 같습니까? 아닙니다! 당신은 완전히 틀렸습니다! 당신은 어떤 것이 참다운 신앙생활인지 완전히 오해하고 있습니다. 처음부터 다시 시작하십시오. 당신은 아직 시작도 안 한 것입니다! 일상 속에서 어떻게 신앙적 가치를 구현할 것인가 전혀 모르는 당신, 일상을 살아가는 것보다 교회에 머무는 시간이 훨씬 더 많은 당신, 오직 교회 안에서 신앙 가치를 찾는 당신, 교회 밖으로 나가면 모든 사람에게 죄인이라고 손가락질하는 당신, 화끈하게(?) 기도하지 않으면 성에 차지 않고 기도할 때마다 환상을 보고 예언을 해야 후련한 당신은 신비주의에 홀린 것입니다. 정상이 아닙니다. 판단력을 잃은 것입니다.

이제는 정신을 차리고 일상으로 돌아가세요! 당신이 돌보아야 할 사람이 기다리고 있습니다. **당신이 선한 영향력을 미쳐야 할 삶의 터전이 있습니다.** 이제 돌아가십시오! 정신이 온전한 사람은 집 밖에서 그렇게 오래 머물지 않습니다. 집으로 돌아가세요! 일상으로 돌아가야 합니다! 세계 종말은 당신이 예상하는 것처럼 그렇게 금방 오지 않습니다. 종말 이야기로 사람들을 현혹하는 자들이 있을 뿐! 우리에게 소중한 것은 평온한 일상입니다. 🏠

아모스 6:1-6

화 있을진저 시온에서 교만한 자와 사마리아 산에서 마음이 든든한 자 곧 백성들의 머리인 지도자들이여 이스라엘 집이 그들을 따르는도다 / 너희는 갈레로 건너가 보고 거기에서 큰 하맛으로 가고 또 블레셋 사람의 가드로 내려가라 너희가 이 나라들보다 나으냐 그 영토가 너희 영토보다 넓으냐 / 너희는 흉한 날이 멀다 하여 포악한 자리로 가까워지게 하고 / 상아 상에 누우며 침상에서 기지개 켜며 양 떼에서 어린 양과 우리에서 송아지를 잡아서 먹고 / 비파 소리에 맞추어 노래를 지절거리며 다윗처럼 자기를 위하여 악기를 제조하며 / 대접으로 포도주를 마시며 귀한 기름을 몸에 바르면서 요셉의 환난에 대하여는 근심하지 아니하는 자로다

부자를 칭찬하는 사회, 부자가 칭찬받는 사회

아모스서는 북쪽 이스라엘과 남쪽 유다로 나라가 분열한 시대를 배경으로 쓴 글 같습니다. 대부분의 연구자는 아모스가 예언자 호세아와 같은 시기에 활동했으며 주로 북 이스라엘 백성을 향한 메시지를 전했다고 생각합니다.(암 7:17 "창녀"가 된 "아내" 모티프) 그는 원래 "뽕나무를 재배하는 자"(암 7:14b)로서 "나는 선지자가 아니며 선지자의 아들도 아니"다(암 7:14a)라고 했습니다. 그리고 하나님의 강한 역사(암 7:15 "나를 데려다가")로 예언자 활동을 하게 되었음을 밝힙니다.

그가 본 북쪽 이스라엘은 전례 없는 번영을 누리고 있었습니다. 그들의 마음이 편안한 것(암 6:1 "교만"; "마음이 든든한")은 전쟁이 일어날 가능성이 없기 때문이었습니다.(암 6:3 "흉한 날이 멀다 하여") 그들은 안일한 마음으로 사치(암 6:4 "상아 상에 누우며 침상에서 기지개 켜며…")와 오락(암 6:5 "비파 소리에 맞추어 노래를 지절거리며…")을 즐기며 잘 먹고 잘살았습니다.(암 6:6 "대접으로 포도주를 마시며 귀한 기름을 몸에 바르면서… ")

아모스의 활동 시기는 아마도 여로보암 2세가 정치하던 시기(기원전 790-750년)였던 것 같습니다. 여로보암 2세는 다윗-솔로몬 시대와 비슷한 크기의 국토

를 가지고 있었고(왕하 14:25) 41년 동안이나 통치했습니다.(왕하 14:23) 북 이스라엘 역사를 통틀어 최고로 잘 나가던 시기였습니다.

그런데 암 6:5은 "다윗"을 언급하며 부정적인 소리를 합니다.

> … 노래를 지절거리며 다윗처럼 자기를 위하여 악기를 제조하며 …(암 6:5b)

다윗을 띄워주는 글(예를 들어 삼상 16:1-삼하 5:12의 다윗 즉위 서사 David's Enthronement Narrative)만 보다가 이런 문장을 보면 어떻게 이렇게 비아냥거릴 수 있는지 의아합니다. 다윗이 누구입니까? 그는 나라가 분열되기 전, 통일 왕국의 왕이었습니다. 만약 그가 남쪽 유다만의 왕이었다면 북쪽 이스라엘의 관점에서 부정적으로 말할 수 있겠지만, 통일 왕국의 임금이며 전설적이며 이상적인 왕으로 추앙받는 다윗인데 그에 대하여 이런 문장을 쓸 수 있다니 이상합니다. 자연스럽게 이 문장을 작성한 시기를 추정하게 됩니다. **이런 글은 왕정 시대나 분열 왕국 시대에는 작성할 수 없는 것입니다.** 또한, 바벨론에서 돌아와 성전을 재건한 시기에도 불가능합니다. 왜냐하면 귀환한 사람들은 그들이 추앙하는 다윗 후손 중 하나를 왕으로 세워 국가를 재건하고 민족을 중흥하고 싶었기 때문에 나쁜 소리를 전혀 하지 않았습니다. 귀환기 이후에는 다윗에 대한 찬양만 나타납니다. 암 5:6b을 작성할 수 있는 시기는 국가 패망의 시기 밖에는 없습니다. 바로 그때 국가가 망한 이유를 찾는 과정에서 다윗을 포함한 모든 왕에 대한 부정적 평론이 등장했습니다. 암 6:5b은 미화(美化)되고 영웅으로 각색하지 않은 평범한 다윗을 말합니다. 어쩌면 다윗은 우리가 상상하는 것과 달리 훨씬 평범한 사람이었을지도 모릅니다. 물론 음악에 재능이 있고 악기를 잘 연주했지만 말입니다.(삼하 6:5)

암 6:6은 또 다른 각도에서의 부정적인 언설(言說)입니다.

> 대접으로 포도주를 마시며 귀한 기름을 몸에 바르면서 요셉의 환난에 대하여는 근심하지 아니하는 자로다(암 6:6)

이 문장의 상반 절은 번영 가도(街道)를 달리고 있는 북쪽 이스라엘 사람 중어떤 이들이 향락에 빠져있다고 비판합니다. 자기는 잘 먹고 잘살지만 어려운 동포에게는 관심이 없습니다. 암 6:6 하반 절에서는 "요셉의 환난에 대하여 … 근심하지" 않는다고 하는데 동족의 어려움에 대한 무관심을 질책하는 말입니다. 아래 창세기의 내용을 보십시오.

> 르우벤이 돌아와 구덩이에 이르러 본즉 거기 요셉이 없는지라 옷을 찢고 아우들에게로 되돌아와서 이르되 아이가 없도다 나는 어디로 갈까?(창 37:29-30)

요셉은 그를 미워하는 형들에 의해서 "구덩이"에 빠졌다가(창 37:20,21) "미디안 상인들"에게 팔렸습니다.(창 37:28) 그때 형제 중 하나인 "르우벤이 돌아와 구덩이"를 보고 "요셉이 없"자 괴로워합니다.(창 37:29-30) 형제인데도 그들은 "요셉"을 죽이려 했고(창 37:20) 결국 남에게 팔았습니다.(창 37:28)

이 이야기를 읽으면, 요셉의 환난에 대하여 근심한다는 것이 무슨 의미인지 명확해집니다. 그것은 동족(형제)의 어려움에 대해서 걱정한다는 뜻입니다. 동족끼리 배반하고 죽게 하는 일은 심각한 위기 상황에나 일어납니다. 암 6:6은 요셉을 팔았던 형제처럼 동족으로서는 차마 할 수 없는 짓을 하는 자들이 있다고 말합니다. 사람 같지 않은 자들이 잘 먹고 잘살며 형제자매가 고통을 받는 것에 관해서는 관심이 없고 오락거리나 찾는다고 고발합니다.

분노한 아모스서 6장의 저자는 저만 잘 먹고 잘사는 자들이 포로가 되고 그들의 "떠드는 소리가 그치"며(암 6:7) 일가족이 몰살당할 것이고(암 6:9 "열 사람 … 다 죽을 것이라") 시체가 즐비할 것이며(암 6:10) 가옥이 모두 무너져내릴 것이다(암 6:11)라고 악담을 합니다. 그리고 부유하고 편안히 사는 자들에게 닥칠 이런 불행을 여호와의 명령으로 해석합니다. 이 모든 재앙이 하나님의 징벌이라는 해석입니다. 이런 글은 실제로 이런 일이 일어나고서야 적어낼 수 있는 것입니다. 글이 적힌 시기를 추정할 수 있습니다.

소수만 잘 먹고 잘사는 사회는 결국 망합니다. 가진 자는 공동체 의식을 가지고 헐벗은 친족과 이웃을 돌보아야 합니다. 나눠야 합니다. 그래야 번영과 평안함이 오래 갑니다.

잘 먹고 편안하게 잘사는 사람이 언제 비판을 받습니까? 사회의 양극화가 심화할 때입니다. 잘사는 사람은 너무 잘사는데 못사는 사람은 찢어지게 가난합니다. 부조리한 사회는 빈자에게 무관심할 뿐 아니라 가난의 탓을 그들 자신에게 돌립니다. 모든 정책을 부유한 자만을 위해 세웁니다. 빈자에게는 기회가 주어지지 않거나 아주 적게 주어집니다. 정부와 부자들은 아주 짝짜꿍이 맞습니다. 이것을 부자를 향한 질투나 부러움의 표현이라고만 생각해서는 안 됩니다. 사회 복지가 제 기능을 하지 못해 의식주도 해결하지 못하는 사람이 늘어나는 것에 대해서 전체 사회는 부끄러워할 줄 알아야 합니다.

어떤 노동자가 있습니다. 고용주가 그에게 임금을 제대로 지불하지 않습니다. 영양이 충분한 식사를 할 수 없고 자녀를 제대로 가르칠 수 없습니다. 그러다가 불행하게도 자녀가 큰 병에 걸렸습니다. 병원에서는 막대한 치료비를 요구합니다. 정부에서는 그의 아버지가 직업을 가지고 있다는 점을 언급하며 복지 대상에서 그를 제외합니다. 회사에서는 아이의 병간호 때문에 자주 결근하는 직원에게 경고합니다. 그에게 어떤 일이 있는지에 대해서는 관심이 없습니다. 결국 아이가 죽었습니다. 세상이 무너진 것과 같습니다. 결국 이성을 잃은 그 노동자는 회사로 가서 작업장에 불을 지르고 이번에는 사장 집으로 갑니다. 그리고 그 집 앞에서 분신을 시도합니다. 정부가 적절한 지원을 하지 않는다고 해도 직장에서 그를 돌보았어야 했습니다. 노동자가 없이는 회사와 사장은 아무 이윤도 창출할 수 없습니다. 노동자는 죽었고 작업장까지 불탔지만 아이러니하게도 비싼 보험을 들어놓은 사장은 타낸 보험금으로 더 많은 공장을 짓고 많은 돈을 법니다. 시간이 지나면 과거에 분신했던 노동자가 있었다는 것조차 잊을 것입니다. 이런 부자, 그리고 이런 사회에 대하여 아모스서 6장은 굉장히 과격한 발언을 합니다. 너희도 다 죽어야 한다고 말합니다. 이것은 아무 데서도 도움을 얻을 수 없는 가난한 노동자의 목소리입니다. 다른 것을 다 떠나서 바로 옆 사람이 아파하고 죽어가면 돌아보는 것이 인지상정인데 죽든지 말든지 관심이 없는 사회는 냉혹한 사회, 천박한 사회입니다.

우리 사회의 부자들은 어떤 사람입니까? 존경의 대상입니까? 아니면, 단순히 그들처럼 부자가 되고 싶은 사람들만 우러러보는 선망의 대상입니까? 모두가 똑같이 잘 먹고 잘살 수는 없지만 부자들이 욕먹지 않고 지탄을 받지 않는 사회를 만드는 것은 아주 중요합니다. **어떤 이는 깨끗한 부자 운운하지만 부자 자체만 놓고 깨끗한지 아닌지를 평가하는 것은 아무 의미가 없습니다.** 사회에 눈을 돌려야 합니다. 사회가 정상적이라면 사회가 그 부자를 어떻게 보고 있는지, 그 부자가 어떤 평가를 받고 있는지, 특히 사회의 빈자들이 그들을 어떻게 생각하는지 살펴야 합니다. 저는 자본주의를 부정하는 것이 아닙니다. 다만, 진정으로 부자들이 칭찬받는 사회가 되었으면 합니다. 건강한 사회 말입니다. 적어도 배고파 굶어 죽는 사람이 없고, 교육의 기회가 균등하게 제공되고, 아플 때 병원비 걱정을 하지 않는 사회면 좋겠습니다. 한국의 복지 수준이 많이 개선되었다고 합니다. 그러나 누구나 만족할만한 수준입니까?

저는 당신이 부자가 되기를 원합니다. 동시에 이 사회가 당신을 기본적으로 진심 어린 마음으로 좋게 평가하는 사회가 되기를 바랍니다. 그런 사회를 만들기 위해서 능력과 힘을 가진 당신은 가만히 있을 수 없을 것입니다. 고가의 자동차, 정원과 수영장이 있는 화려한 집, 고액 과외를 통해 명문대를 보낸 자녀들

… 다 좋습니다. 그러나 자신만을 위해 돈을 쓴다면 부자를 칭찬하는 사회를 만들 수 없습니다. 당신이 누리고 있는 것의 10분의 1, 아니 100분의 1만이라도 나누면 좋겠습니다. 어렵겠지요? 나눌 마음이 없다면 당신이 사는 집의 담벼락을 더 높게 쌓으세요. 비싼 셰퍼드를 여러 마리 사서 정원에 풀어놓아야 합니다. 도적 떼가 당신에게 몰려올지 모릅니다. 하지만, 담벼락을 높이고 CCTV 설비를 늘리고 경찰견을 사 올 돈을 도적 떼가 될지도 모를 사람들을 위해 소비하는 것은 어떻겠습니까? 싫다고요? 그렇다면 아모스서에 적힌 말과 비슷한 말을 듣게 될 것입니다. 시기심 때문에 괜히 흠을 잡는다고만 생각하지 마십시오. 사회는 당신 혼자만 사는 곳이 아닙니다. 적게라도 나누며 서로 응원하며 삽시다.

졸부들아! 너희가 언제까지 부자로 떵떵거리면서 살 줄 아느냐?
다 망해라~!
솔직히 정직하게 돈 벌어 부자 된 놈 있으면 나와 봐!
내가 너희 망하라고 날마다 기도한다. 빨리 망해라!
스테이크 먹다가 목에 걸려라!
수천만 원짜리 침대에 불이 붙어라!
찬송가 흥얼거리며 교회로 갈 때 자동차야! 뒤집혀라!
사람의 목숨을 제 몸에 뿌리는 향수보다
값어치 없게 여기는 쓰레기들아!
빨리 죽어라!

오바댜 1:11-15

네가 멀리 섰던 날 곧 이방인이 그의 재물을 빼앗아 가며 외국인이 그의 성문에 들어가서 예루살렘을 얻기 위하여 제비 뽑던 날에 너도 그들 중 한 사람 같았느니라 / 네가 형제의 날 곧 그 재앙의 날에 방관할 것이 아니며 유다 자손이 패망하는 날에 기뻐할 것이 아니며 그 고난의 날에 네가 입을 크게 벌릴 것이 아니며 /내 백성이 환난을 당하는 날에 네가 그 성문에 들어가지 않을 것이며 환난을 당하는 날에 네가 그 고난을 방관하지 않을 것이며 환난을 당하는 날에 네가 그 재물에 손을 대지 않을 것이며 / 네거리에 서서 그 도망하는 자를 막지 않을 것이며 고난의 날에 그 남은 자를 원수에게 넘기지 않을 것이니라 / 여호와께서 만국을 벌할 날이 가까웠나니 네가 행한 대로 너도 받을 것인즉 네가 행한 것이 네 머리로 돌아갈 것이라

불난 집에 부채질하다가 부채질하는 사람 몸에 불이 옮겨붙습니다.

에돔은 야곱(이스라엘)의 형, 에서의 별칭입니다.(신 23:7) 에돔과 이스라엘은 형제 민족이라고 할 수 있습니다.(신 23:7) 바벨론이 유다를 침공했을 때(옵 1:11) "형제" 민족은 "아우" 이스라엘이 당하는 것을 "방관"하였으며 더 나아가 "기뻐"했습니다.(옵 1:12) 그래서 본문의 화자(話者)는 형제의 도리를 저버린 에돔에게 분노하고 있습니다.(옵 1:15 "네가 행한 대로 너도 받을 것인즉 네가 행한 것이 네 머리로 돌아갈 것이라") 그런데 우리는 이 형제가 갈등을 극복하고 화해한 적이 있었음을 알고 있습니다.(창 33장)

에서가 이르되 내 동생아 내게 있는 것이 족하니 네 소유는 네게 두라 야곱이 이르되 그렇지 아니하니이다 내가 형님의 눈앞에서 은혜를 입었사오면 청하건대 내 손에서 이 예물을 받으소서 내가 형님의 얼굴을 뵈온즉 하나님의 얼굴을 본 것 같사오며 형님도 나를 기뻐하심이니이다(창 33:9-10)

좋은 관계를 영원히 지속하기는 여간 힘든 일이 아닙니다. 형제끼리는 화해했지만 시간이 흐르면서 형의 족속과 아우의 족속 간의 갈등이 깊어졌습니

다.(민 20:14-21; 삼상 14:47-48 등) 많은 세월이 흘렀음에도 불구하고 이스라엘 사람들은 서로 원래 한 가족이었다는 것을 잊지 않았습니다. 그러나 유다가 바벨론에게 멸망할 때 에서의 후손인 에돔이 도와주지 않았고 오히려 제국의 편에 유다를 "넘"긴 것 같습니다.(옵 1:14) 에돔에 대한 원망은 여호와께서 만국을 벌할 날(옵 1:15)의 개념과 이어집니다. "여호와"에 대한 언급이 없다면 이 단락은 평범하게 '아우의 어려움을 돌보지 않은 무정한 형님 이야기'로 보일 것입니다. 그런데 오바댜 1장 15a절을 추가하면서 독특한 글이 되었습니다. 형제 이야기가 아니라 나라와 나라의 이야기로 확장하면서 하나님이 에돔만 심판하는 것이 아니라 "만국(고임 םיוג)"을 심판하신다고 말합니다. 에돔 이야기를 하다가 갑자기 나라들을 거론하는 것은 왜입니까? 처음에는 관심이 에돔에게 있었는데 나중에는 전 세계 나라로 눈길이 이동했습니다. 심지어 해당 본문에 따르면 에돔은 만국을 심판하는 난리 통에 그냥 함께 심판받는 것입니다.

옵 1:15b의 "네가 행한 것이 네 머리로 돌아갈 것이라"는 내용은 상반 절과 어울리지 않습니다. 왜냐하면, 15a절은 하나님이 행하시는 심판을 말하지만 15b절은 악인이 저지른 잘못이 그 자신에게 심판을 가져온다면서 초기 지혜 문헌에서나 볼 수 있는 인과응보(因果應報)를 말하기 때문입니다. 하나님이 심판하는 것이 아니라 뿌린 대로 거둔다는 것입니다.

이런 모든 내용을 살펴볼 때, 옵 1:15a는 옵1:15b 앞에 추가된 것이 확실합니다. 특정한 일개 나라를 심판의 대상으로 삼지 않고 모든 나라를 그 대상으로 삼고 있는 것을 볼 때, 포로후기 이후, 늦으면, 헬레니즘 시대에 이 부분을 추가했을 것입니다. 그에 비하여 옵 1:15b은 더 오래된 문장입니다. 전반적으로 오바댜서는 국가 패망 시기 전후에 그 초기 내용을 작성한 것이지만, 몇몇 부분은 포로후기~헬레니즘 시대에 걸쳐 추가한 것 같습니다. 형제 족속이라고 생각했던 에돔이 위기를 만난 유다를 돕기는커녕 방관하고 침략자에게 팔아넘기는 행동을 했기 때문에 벌 받아야 한다는 주장이 먼저 있었습니다. 문헌의 내용이 확장하면서 세상 모든 족속과 나라가 심판을 받는다는 이야기로 나아간 것입니다. 처음에는 단순한 형제 이야기, 두 족속 이야기였는데, 나중에는 무섭게 세계를 심판하시는 하나님의 이야기가 되었습니다. 이것이 바로 **신적 심판론의 발전 과정입니다.**

🐝 개인과 집단의 원한이 신적 심판을 낳는 경우는 어떤 경우입니까? 개인이나 집단이 받은 상처와 고통이 크고 그 대상의 폭이 넓으면 심판 역시 강하고 그 범위가 넓습니다. 글쓴이의 관심은 에돔에 머물러 있지 않습니다. 에돔을 심판하는 이야기를 지속하지 않고 금방 만국 심판 이야기가 되는 것을 볼 때, 에돔에 대한 원망은 오래전 일이고 지금 글쓴이가 보고 싶은 것은 세상 모두가 벌을 받는 장면인 것 같습니다. 글을 최종적으로 마무리한 시점은 예상보다 더 후대일 가능성이 있습니다. 과연 어느 시점과 어떤 상황에서 이런 주장이 나올 수 있습니까? 온 세상에 대해 절망하며 오직 신적 심판만을 바라는 사람들은 누구입니까? 우리 시대에도 그와 비슷한 사람들이 있습니까? 그 사람들은 어떻게 하다가 그것을 바라게 되었습니까?

우리가 오바댜서 본문을 통해 얻을 수 있는 교훈은 명확합니다. 불난 집 사람을 돕지는 못해도 집에 기름을 붓지는 말라는 것입니다. 정상적인 사람은 이웃집에 불이 나면 신고하거나 함께 불을 끄려고 할 것입니다. 그런데 돕기는커녕 기름을 붓는다면 아무도 그런 행위를 하는 사람을 이해하지 못할 것입니다. 불난 집 사람은 절규할 것입니다. 이런 망할 놈의 세상이라면 불이 번지고 번져 다 태워버렸으면 좋겠다고 말입니다. 그런데 세상이 불바다가 되면 죄 없는 사람들까지 한데 얽혀 같이 피해를 보게 됩니다. 어떻게 하면 함께 망합니까? 다른 사람의 불행에 대해 수수방관하거나 오히려 잘됐다고 손뼉을 치면 그렇게 됩니다. 남의 불행에 기뻐하는 사회는 공멸합니다. 불행을 당한 사람뿐 아니라 그것을 보고 웃는 사람까지 일정한 영향을 받습니다. 불난 집에 부채질하지 마세요. 그러다가 당신 몸에 불이 옮겨붙을 겁니다! 家

요나 1:1-7

여호와의 말씀이 아밋대의 아들 요나에게 임하니라 이르시되 / 너는 일어나 저 큰 성읍 니느웨로 가서 그것을 향하여 외치라 그 악독이 내 앞에 상달되었음이니라 하시니라 / 그러나 요나가 여호와의 얼굴을 피하려고 일어나 다시스로 도망하려 하여 욥바로 내려갔더니 마침 다시스로 가는 배를 만난지라 여호와의 얼굴을 피하여 그들과 함께 다시스로 가려고 배삯을 주고 배에 올랐더라 / 여호와께서 큰 바람을 바다 위에 내리시매 바다 가운데에 큰 폭풍이 일어나 배가 거의 깨지게 된지라 / 사공들이 두려워하여 각각 자기의 신을 부르고 또 배를 가볍게 하려고 그 가운데 물건들을 바다에 던지니라 그러나 요나는 배 밑층에 내려가서 누워 깊이 잠이 든지라 / 선장이 그에게 가서 이르되 자는 자여 어찌함이냐 일어나서 네 하나님께 구하라 혹시 하나님이 우리를 생각하사 망하지 아니하게 하시리라 하니라 / 그들이 서로 이르되, 자 우리가 제비를 뽑아 이 재앙이 누구로 말미암아 우리에게 임하였나 알아 보자 하고 곧 제비를 뽑으니 제비가 요나에게 뽑힌지라

전도할 때 웃던 사람이 교회 안 간다고 하니 화를 냅니다.

하나님은 "요나"라는 예언자에게 "니느웨"라는 외국 도시("성읍")에 가서 메시지를 전달하라고 명령했습니다.(욘 1:1) 누구보다 민족을 사랑한다고 자부하는 예언자는 신의 명령을 거절합니다. "니느웨"는 이스라엘 민족의 철천지원수인 앗시리아의 수도이며(왕하 19:36) 번영한 상업 지역이었습니다. 그런 곳에 가서 "악독이" 상당하니 "외치라"라고 한 것은 하나님께서 반성하고 돌이킬 여지를 주겠다는 뜻입니다. 그냥 아무 예고 없이 심판하면 되는데 경고를 한다는 것은 애정 표현입니다. 전혀 애정이 없는 대상에게는 아무 경고도 하지 않습니다. 물론 더 사랑한다면 심판 이야기도 꺼내지 않겠지만.

하나님을 이해할 수 없는 예언자는 니느웨(내륙지역, 팔레스타인 지역의 동북방향)와는 정반대 길("다시스" 연안 지역, 지금의 스페인(?) 시 48:7)로 가버렸습니다. 배가 지중해를 지나는데 "폭풍"을 만나 침몰 직전까지 갔습니다.(욘 1:4 "거의 깨지게 된지라") 위기에 처한 "사공들"은 "각각 자기의 신을" 불렀습니

다.(욘 1:5) 여호와 하나님을 부른 것이 아닙니다. 욘 1:7은 놀랍게도 폭풍이 일어난 원인이 이방 신에게 기도한 사공들에게 있는 것이 아니라 폭풍이 치는데도 무심히 잠자고 있던 요나에게 있다고 설명합니다.(욘 1:7) **글쓴이에게 강한 유일신 사상이 있는 것 같지는 않습니다.** 어떻게 보면 다원주의자 같습니다. 강력한 유일신 사상을 가진 사람은 이방 신을 찾는 행위가 불행(폭풍)을 가져왔다고 생각할 것입니다. 이 문헌의 기본층은 유일신 사상이 완전히 정립되기 이전에 쓰인 것 같습니다. 이웃의 신앙도 인정하면서 더불어 평화롭게 살던 때 말입니다.

어떤 해석자들은 요나서가 형성된 연대를 기원전 760년쯤으로 잡습니다. 일반적으로 앗시리아가 기원전 606년에 멸망했다고 본다면 요나의 등장과 니느웨의 회개 사건이 그보다 먼저 일어났어야 합니다. 고대 사회는 각 민족과 나라가 종교 관념을 공유했습니다. 각 민족의 종교는 서로 영향을 주고 받으면서 발전했습니다. 그렇게 보면 요나서 이야기의 초기 형태는 상당히 오래전에 쓰였을 것입니다. 보수주의자들의 주장과는 달리, 적어도 왕정 시대까지는 유일신 개념이 희박하거나 존재하지 않았습니다. 이스라엘 백성은 민족 신과 주변 나라의 신들을 함께 섬겼습니다. 욘 1:5에서 사공들이 "각각 자기의 신을 부"르는 것에 대하여 아무런 비판이 없는 것을 볼 때 요나서는 최소한 국가 패망 이전에 작성하기 시작한 게 맞습니다.

하나님이 주도적으로 구원의 메시지를 이방인에게 전달하라고 예언자에게 명령을 내리고(욘 1:1-2a) 그 명령을 따르지 않고 도망치는 예언자가 탄 배를 향해 "폭풍"(욘 1:4)을 일으키셨다는 이야기도 그 뿌리는 고대 근동에 두고 있을 것이나 이렇게 구성한 때는 포로기 이후일 것입니다. 고대 근동의 원형을 유지하고 있는 글이라면 어떤 명령을 내리는 주신(主神, 예: 마르둑 Marduk)과 폭풍을 일으킨 부하 신(예: 폭풍신 엔릴 Enlil)을 구분해야 하는데, 성서 본문에서는 그 모든 것을 하나님이 합니다. 유일신론 + 신정론적 서술입니다.

더불어, 이방 민속의 "악독"에 대한 관심(욘 1:2b)과 이방인에 대하여 예언자가 노골적으로 배타적인 행동을 취한 점(욘 1:3)을 볼 때 요나서 본문은 포로후기에 이르러 여러 내용을 추가했을 것입니다. 원래는 어떤 주신이 부하 신을 시켜 옆 나라에 대하여 평화(화친)의 메시지를 전하는 이야기였을 것이고 후대에 평화의 메시지 전달을 거절하는 배타주의 요소를 넣은 것 같습니다. 그런데도 이야기가 이방 민족이 구원받는 해피엔딩으로 끝난 것을 볼 때, 이야기를 최종 마무리한 사람의 의도는 서로 배척하지 말고 사이좋게 살자는 것입니다.

다시 말해, 요나서의 최초 본문은 이스라엘 민족 중의 예언자 하나가 앗시리아 제국의 수도에 가서 어떤 중요한 메시지를 전달하는 내용이었을 것입니다. 당시 신 개념은 공유적 개념이었으며 이쪽 나라에서 저쪽 나라로 가서 신의 호의적인 메시지를 전하는 것에 문제가 없었습니다. **요나는 이방 사람들이 여호와 하나님의 메시지를 수용할 가능성이 있음을 미리 알고 있습니다. 이는 과거에 이스라엘 민족만 하나님과 하나님의 메시지를 독점하고 있지 않았다는 점을 알게 합니다.**

마치 왕이 신하에게 명령하는 듯한 하나님의 이미지(욘 1-2a,4)가 먼저 있었고 그다음에 만국을 다스리고 심판하는 신의 개념으로 확장했습니다.(욘 1:2b) 마지막으로 이방인에 대한 배타적 입장(욘 1:3)이 덧붙여졌으며 글쓴이는 이 배타적 입장을 부정적으로 논설합니다. 이렇게 본문은 풍성해졌습니다. 어떻게 보면, 헬레니즘 시대에 이르러 이방인에게 하나님이 반성의 기회를 제공한다.(욘 1:2)는 개념이 명확히 드러나고 심지어 하나님이 이방인을 아낀다는 개념(욘 4:11 "어찌 아끼지 아니하겠느냐")까지 한층 발전한 것 같습니다. 고대에 단순히 신의 메시지를 공유하는 개념만 있었던 것과는 달리 후대에는 유일신론 + 이방인 사랑의 개념이 새롭게 나타난 것입니다. 이는 유일신 사상을 거쳐서 신약성서에서 말하는 신론과 거의 유사한 신론으로 발전한 것입니다. 헬레니즘 시대 초~중기까지는 성서 저자가 외부 사상에 대하여 호의적인 관점을 가졌으며 다소의 영향을 받았습니다. 잔혹하다못해 심지어 유대교 말살 정책까지 시행했던 셀레우코스 제국(기원전 312–63년)이 등장하기 전까지, 아케메네스 왕국(기원전 550–330년)의 포용 정책 아래 쓰인 글들이 고스란히 성서에 남았습니다.

이방인도 하나님이 아끼는 사랑의 대상입니다. 잘못했더라도 유대인과 똑같은 기회가 주어진다는 생각이 옳습니다. 성서적입니다. 교회 다니는 사람만 하나님이 사랑하고 교회에 다니지 않는 사람은 하나님이 미워하신다는 생각은 대단히 편협한 생각입니다. 특정한 사람만 하나님의 사랑을 받을 수 있다는 생각을 하는 요나 같은 사람이 존재합니다. 교회를 안 다니는 사람도 하나님께 얼마든지 기도할 수 있다고 하면 다원주의, 혼합주의 운운하면서 전혀 이해하지 못합니다. 물론 요나서 본문에서 "사공들"이 각자 자신이 섬기는 신에게 기도할 때 요나가 적극적으로 그들의 종교 행위에 동참했다는 내용은 없습니다. 요나서는 어떤 형식으로 기도해야 옳은지에 대해서는 관심이 없습니다. 다만 배타주의를 내려놓으라고 교훈합니다. 모든 사람에게 동일한 기회가 있으며 모두가 하나님의 사랑 안에서 동일한 존재로 대접받을 수 있다고 가르칩니다. 그러나 속 좁은 "요나"는 그것을 이해하기가 너무나 어려웠습니다. 그래서 뱃삯도 만만치 않았을 텐데 바다를 건너 완전 반대쪽으로 도망치려고 했던 것입니다. 쓸데없는 투자입니다. 낭비입니다. 요나서는 하나님의 명령에 불순종한 요나를 말합니다. 좀 다른 이를 마음에 받아들이라는 명령 말입니다. 요나서는 교회와 목사의 명령에 불순종한 사람을 꾸짖는 말씀이 아닙니다. 평화로운 공존은 하나님의 엄중한 명령입니다.

🐝 **종교인의 옹졸한 마음이 문제입니다.** 저는 젊은 시절 거의 매일 전도했습니다. 신앙적 열정에 사로잡혀서 하루에 꼭 한 사람에게 복음을 전하겠노라 마음먹었습니다. 한가해 보이는 사람이 눈에 띄면 조심스럽게 다가가 밝게 인사한 후 제가 어느 학교에 다니는 학생이며 어느 동네에 사는 사람인지 밝힌 후에 (이상한 사이비가 아니라고 안심을 시킨 후에) 전도 책자를 건네고 설명하는 방식으로 전도했습니다. 상대방이 듣기 싫다고 하면 밝게 인사하고 얼른 일어났습

니다. 하지만 제가 예의 바른 태도로 대하면 대부분 모든 분이 잘 받아주셨습니다. 제가 전도한 분 중에 어떤 분은 나중에 목사가 되었고, 어떤 분은 선교사가 되기도 하였습니다. 제가 당시 다니던 교회는 금방 사람으로 꽉꽉 찼습니다. 그 교회에 저와 친한 어떤 청년이 있었는데 그 사람도 저처럼 자주 전도를 하러 거리로 나갔습니다. 그런데 이상한 점은 저와는 달리 그는 꼭 행색이 초라해 보이는 사람에게만 전도 책자를 건넸습니다. 거리에 사람이 없으면 집 문을 두드리기도 했는데, 꼭 다 쓰러져가는 집만 찾았습니다. 전도하는 대상을 보니 대개 몹시 가난한 사람이었습니다. 밝은 얼굴로 전도하는 모습은 좋았지만 사람을 가려 전도하는 이유가 궁금했습니다.

어느 날, 교회에 그 사람의 동창 하나가 새 신자로 등록했습니다. 그는 지금 말로 하자면 금수저였습니다. 대학생이 되기 전에는 단 한 번도 교회에 나온 적이 없을 뿐만 아니라 교회 다니는 사람을 비웃고 욕하던 친구였습니다. 그런 사람이 교회에 나와 세례까지 받자 매일 전도하러 다니던 그 청년이 아주 험악한 얼굴로 이렇게 말했습니다. "부자가 뭐가 부족해서 교회에 나와? 하나님을 욕하더니 뻔뻔하구먼! 하나님이 좋아하실 것 같아?" 저는 그제서야 그가 왜 가난한 사람들에게만 전도했는지 알 것 같았습니다. 그 사람은 특정 부류의 사람만 하나님의 사랑을 받을 자격이 있다고 생각했던 것입니다. 하지만 하나님은 우리 모두의 하나님입니다.

누가복음 15장을 보면 허랑방탕한 작은아들(눅 15:13)이 물려받은 재산을 탕진하고 빈털터리가 되어 집에 돌아왔을 때(눅 15:13-20) 아버지가 그를 반갑게 맞아주고 극진히 대접했다(눅 15:20-24)는 이야기가 나옵니다. 작은아들의 귀가를 기뻐한 아버지와는 달리 묵묵히 아버지 곁에 남아있었던 큰아들은 화가 났습니다.(눅 15:28-30) 오랫동안 방탕한 삶을 살았던 작은아들이 아버지의 사랑을 누릴 자격이 없다고 생각했던 것 같습니다. 하지만 일반적으로 부모 눈에는 큰 자식 작은 자식의 차이가 없습니다. 누구를 특별히 더 사랑하는 게 아닙니다. 그게 정상입니다. 이 이야기에서 돌아온 아들을 배척하는 사람은 큰아들뿐입니다. 문제는 그에게 있습니다. 큰아들의 불만에 차 구겨진 얼굴이 둘째를 다시 쫓아버릴 가능성이 있습니다. 이 이야기는 어떻게 보면 불합리한 이야기입니다. 큰아들에게는 특별한 대우가 주어져야 하고 배신자인 작은아들에게 아버지의 호의는 과분합니다. 작은아들이 어떤 자입니까? 유산을 미리 받아가 탕진하고 돌아온 자입니다. 그런데 이야기의 글쓴이는 자본주의적 합리성에 따라 글을 풀어내고 있지 않습니다. 성서의 이야기를 읽을 때 주의해야 할 점은 저자가 전달하려고 하는 것이 어떤 주제냐는 것입니다. **저자의 의도를 무시하고 마음대로 읽으면 엉뚱한 결론이 나옵니다.** 이 이야기는 무한한 기회를 주시는 아버지의 사랑 이야기입니다. 유대인과 이방인의 이야기입니다. 하나님이 유대인과 이방인을 동일하게 대하신다는 이야기입니다. 동일하게 사랑하신다는 이야기 말입니다. 그런 면에서 요나서와 비슷합니다. 이것을 읽고 하나님이 무제한으로 잘못을 용서하신다는 교리를 뽑아내지 마십시오. 이 이야기는 얼마나 반복해서 똑같은 잘못을 저지르느냐에 대해서 관심이 없습니다. 정상적인 사람이라면 계속 똑같은 잘못을 저지르고 하나님이 용서한다고 좋아하지는 않습니다. 그런 사람이 정말로 용서받을지는 아무도 모릅니다. 이 이야기는 오직 종교 안에 있는 사람이나 밖에 있는 사람이나 하나님이 똑같이 대하신다는 것을 말할 뿐입니다. 누가복음 3장 38절은 "주의 … 빛"이 모든 이(만민)에게 비춘다고 말합니다.

> 내 눈이 주의 구원을 보았사오니 이는 만민 앞에 예비하신 것이요 이방을 비추는 빛이요 주의 백성 이스라엘의 영광이니이다 …(눅 2:30-32)

빛은 교회 다니는 사람과 안 다니는 사람을 구별하지 않습니다. 교회를 열심히 다니는 사람과 어쩌다 나가는 사람을 차별하지 않습니다. 교회 밖 '이방인'을 하나님이 똑같이 아끼신다는 것을 인정하는 것에 문제가 있습니까? 요나는 이것이 불합리하다고 생각했습니다. 조금 다른 생각을 하는 사람을 돕는 것이 나쁩니까? 다른 종교를 가진 가족을 존중하는 것은 비성경적입니까? 그것이 다원주의입니까? 도저히 수용할 수 없는 것입니까? 당신이 믿고 있는 것을 포기하라는 것이 아니라 다른 이를 사랑받을만한 존재로 여기라는 것입니다. 넓은 포용력을 가진 하나님에게 문제가 있는 것이 아니라 바로 옹졸한 내 마음에 문제가 있습니다. 이제는 조금 마음을 넓혀 일단 함께 행복하면 안 됩니까? 꼭 다른 이가 나와 똑같은 방식으로 종교 생활을 해야 마음이 후련합니까? 당신의 마음이 갇힌 어두운 골방에서 나와 모든 이를 공평하게 비추시는 하나님의 빛을 느껴보십시오! 웃으며 전도하다가 교회 안 나온다고 하면 화내는 모습은 너무 무서워요!

미가 3:9-12

야곱 족속의 우두머리들과 이스라엘 족속의 통치자들 곧 정의를 미워하고 정직한 것
을 굽게 하는 자들아 원하노니 이 말을 들을지어다 시온을 피로, 예루살렘을 죄악으
로 건축하는도다 그들의 우두머리들은 뇌물을 위하여 재판하며 그들의 제사장은 삯
을 위하여 교훈하며 그들의 선지자는 돈을 위하여 점을 치면서도 여호와를 의뢰하여
이르기를 여호와께서 우리 중에 계시지 아니하냐 재앙이 우리에게 임하지 아니하리
라 하는도다 이러므로 너희로 말미암아 시온은 갈아엎은 밭이 되고 예루살렘은 무더
기가 되고 성전의 산은 수풀의 높은 곳이 되리라

돈 밝히는 목사들 때문에 교회와 개신교가 망합니다.

미가서는 순식간에 완성한 글이 아닙니다. 크게 볼 때 미 1-3장은 대략 국가
패망 이후 시점을 전제하고 있고(미 3:12 "예루살렘은 무더기가 되고") 4-5장은
귀환 이후 포로후기에 형성한 문헌 같습니다. 미 6-7장은 포로후기나 그보다 좀
더 이후 시대에 수집한 문집으로 보이는데 간략하지만 명확하게 신학적 주장을
주제별로 정리하고 있습니다.

미 3:9-12은 예루살렘의 함락과 파괴(미 3:12) 시점을 전제하면서 정치계와
종교계가 한심한 작태를 보이는 것을 비판합니다.

미 3:9은 "족속의 우두머리들과 … 통치자들"이 "정의를 미워하고 정직한 것
을 굽게" 하고 있다고 지적합니다. 이는 정치인의 타락이 국가 몰락의 원인이 되
었다고 분석하는 것입니다. 정치인이 공정한 정치를 포기한 사회는 암담할 수밖
에 없습니다.

미 3:10은 "시온"이 (사람들의) "피"로 이루어졌고 "예루살렘"이 죄악으로 지
어졌다고 하는데 이것은 미 3:9의 시점보다 약간 뒤에 적은 것입니다. 죄악으로
물든 도시였기 때문에 멸망할 수밖에 없었다는 회고와 성찰입니다. 이처럼, 죄

와 속죄에 관한 신학적 이론은 국가 패망과 수도 예루살렘 함락의 이유를 찾는 과정에서 발생한 것입니다.

미 3:11은 원래 미 3:9에 바로 이어져 있었을 것입니다. 나중에 미 3:10을 삽입하면서 구절과 구절 사이가 벌어졌습니다. 미 3:11은 9절에 이어 뇌물을 받고 틀어진 재판을 하는 정치 지도자와 한통속인 종교 지도자를 비판합니다.

> … 그들의 제사장은 삯을 위하여 교훈하며 그들의 선지자는 돈을 위하여 점을 치면서도 여호와를 의뢰하여 이르기를 여호와께서 우리 중에 계시지 아니하냐 재앙이 우리에게 임하지 아니하리라 하는도다(미 3:11)

"제사장"은 "돈(삯)"을 받고 율법을 교육하고("교훈하며") "선지자"도 "돈"을 받고 예언을 합니다.("점"을 친다) 하나님이 자신들과 함께 있다고 떠들면서 "재앙이 우리에게 임하지 아니하리라"라고 합니다.

이들은 신앙적 자기기만에 빠져있습니다. 돈을 받고 종교 서비스를 제공하면서 말입니다. 지금으로 말하자면 "제사장"은 신학교 교수님 같고 "선지자"는 목사와 비슷합니다. 이들에게 신앙이란 비즈니스 수단입니다. 돈이 생기지 않으면 아무것도 하지 않을 것입니다. 생각하기에 따라 민 3:11의 일부 어구는 훨씬 나중에 추가된 것으로도 보입니다. 경제적 이익을 위해서 종교 서비스를 제공하는 지도자들은 시대를 막론하고 존재합니다.(막 12:38-40) 그게 뭐가 나쁘냐고 묻는다면 나쁘다고 할 수 없습니다만 돈을 너무 많이 요구하니까 문제입니다. 기도 한 번 해주고(?) 수백만 원을 챙기니까 덕이 되겠습니까? 심방 한 번 하고 식사비를 달라는데 그게 수백이에요. 그것을 누가 쉽게 이해하겠습니까? 어떤 목사는 흔히 사례비라고 하는 목사 월급을 중소기업 부장급 정도로 책정하라고 합니다. 하지만 제가 생각할 때 금액이 너무 커요. 목사는 그냥 일반 사원 월급보다 조금 적은 수준으로 받는 것이 덕스럽습니다. 자동차도 깨끗한 중고차면 족합니다. 그래야 없는 사람 마음도 알고 설교도 은혜로울 거 아닙니까! 대다수 청중이 공감할 거 아니에요!

🐝 저마다 자기만 올바른 목사요 신학자라고 주장합니다만 모든 말을 다 믿을 수 있는 것은 아닙니다. 성서는 신빙성이 있는지를 가름하는 기준을 제공하고 있습니다. 성서적 시금석은 이것입니다.

돈을 받지 말고 해보라.

이 말은 받을 만큼 다 받다가 은퇴한 후에 무료해서 소일거리로 개척교회나 작은 신학교에서 돈 안 받고 일하는 분에게는 해당하지 않습니다. 받을 수 있는데도 받지 않는 분이라야 대단하다는 말이 나옵니다. 물론 먹고 살 것도 없는데 가식적으로 받지 말라는 이야기도 아닙니다.

부자가 되기 위해 하나님을 팔지 않는다는 것을 어떤 방식으로든 증명해라.

제가 잠시 출석했던 중형 교회가 있습니다. 유난히 돈을 밝히는 담임목사는 자신의 자리를 아들에게 물려주고 싶었습니다. 엉뚱한 사람이 좋은 자리를 차지하는 것보다는 아들이 물려받는 것이 좋다고 생각했습니다. 그런데 아들이 아빠의 말을 듣지 않습니다. 담임목사 자리를 물려받는 것을 거부합니다. 그래서 그 목사는 아주 짜증이 났습니다. 그러다가 그냥 교회에 후임 목사가 아들임을 공포했습니다. 본인의 승낙도 없이 말입니다. 목사가 처음 그 교회에 간 것도 중형 교회치고는 많은 사례비를 보고 혹해서 간 것이었습니다. 은퇴할 때는 교회에서 비싼 아파트 한 채는 물론이고 은퇴비로 수억을 주었습니다. 아주 후하게 대접한 것입니다. 교회 교인들의 성격은 하나같이 온순했습니다. 나중에 들은 얘기지만 고액의 은퇴비는 은퇴하는 목사가 요구한 것이었습니다. 목사가 은퇴하자

순한 교인들의 입에서 이런 말이 나옵니다.

"호호호! 원로 목사님 돈 좋아하셨잖아!"

목사님은 설교를 잘하셨습니다. 귀에 쏙쏙 들어오게 말을 잘하셨습니다. 하지만 교인들이 보기에 그 목사는 그냥 "돈 좋아하는 목사"일 뿐입니다. 나중에 안 사실이지만, 목사님의 아들이 목사를 안 하겠다고 마음을 먹은 것은 목사를 하나 장사를 하나 똑같다는 것을 깨달았기 때문이라고 합니다.

제가 아는 어떤 선교사는 20년 동안 선교비를 차곡차곡 모아 서울 어떤 지역 노른자위 땅에 있는 아파트를 샀습니다. 우연한 기회에 그 집을 방문했는데 참 잘해놓고 살고 있었습니다. 그런데 그 집에도 걱정이 있었습니다. 자녀들이 모두 하나님을 부인하는 것이었습니다. 그들 입에서 아빠는 하나님보다 돈과 명예를 더 좋아한다는 말이 나옵니다. 문득 자녀들이 목사인 아빠보다 더 솔직하다는 생각이 들었습니다. 성직자들이 돈을 밝히면 제대로 대접을 받기 어렵습니다. 겉으로는 존중하는 척하지만 내심 장사꾼이라고 깔보기 마련입니다. 겉으로 청렴한 척하면서 은근히 돈을 밝히는 사람도 있습니다.

솔직히 돈이 싫은 사람이 어디 있겠습니까? 하지만 하나님 이름을 걸고 돈을 밝히면 교회와 개신교 전체가 욕을 먹습니다. 점점 망합니다. **돈이 좋으면 차라리 장사하세요.** 목사가 되었다면 일반적인 수준 아래에서 만족하며 살아야지 그게 뭡니까? 교회 망치기 전에 빨리 그만두세요. 제 말이 아닙니다. 성서의 경고입니다.

이러므로 너희로 말미암아 시온은 갈아엎은 밭이 되고 예루살렘은 무더기가 되고 성전의 산은 수풀의 높은 곳이 되리라(미 3:12) 家

미가 6:8-9

내가 무엇을 가지고 여호와 앞에 나아가며 높으신 하나님께 경배할까 내가 번제물로
일 년 된 송아지를 가지고 그 앞에 나아갈까 여호와께서 천천의 숫양이나 만만의 강
물 같은 기름을 기뻐하실까 내 허물을 위하여 내 맏아들을, 내 영혼의 죄로 말미암아
내 몸의 열매를 드릴까 사람아 주께서 선한 것이 무엇임을 네게 보이셨나니 여호와께
서 네게 구하시는 것은 오직 정의를 행하며 인자를 사랑하며 겸손하게 네 하나님과
함께 행하는 것이 아니냐

종교의식(儀式)보다 가치 실천입니다.

미가서는 미가가 쓴 것으로 알려졌는데 그는 남 유다 사람이었던 것 같습니
다.(미 1:1) 예언자인데도 소개는 거창하지 않습니다. 예언자가 되기 전의 그는
비천한 신분의 사람이었던 것 같습니다.

문헌은 단도직입적으로 우상숭배를 비판합니다.(미 1:5 "산당") 따라서 유일
신 사상이 명확히 드러나는 포로후기(기원전 6세기 말) 이후에 글을 완성했을 것
입니다. 이것이 왕정 시대 말엽이나 국가 패망 전후의 글이라면, 산당 제사보다
는 국가 혼란을 야기한 정치인의 실정(失政)에 비판의 초점을 맞추고 있어야 합
니다.

미가서 6장 1-3절은 하나님과 백성 간의 변론입니다.(2절 "변론") 4-5절은
일종의 판례(判例)로서 과거 하나님이 하신 일을 언급하면서 주장에 힘을 실으
려고 합니다. 이렇게 볼 때, 미가서 6장은 법정 기록물 형식에 따라 적은 것입니
다. 미 6:9은 피고가 재판에서 유죄를 언도받으면 벌("매")을 받는 원칙을 밝힙
니다. 미 6:10-12에서 피고의 죄목을 언급하고 형벌(미 6:13-15)도 구체적으로
거론합니다.

그런데 미 6:10-12 이 말하는 죄는 종교적인 죄가 아니라 사회적인 범죄, 즉,
사람에게 손해를 끼친 것을 지적하는 것입니다.

> 악인의 집에 아직도 불의한 재물이 있느냐 축소시킨 가증한 에바가 있느냐 내가
> 만일 부정한 저울을 썼거나 주머니에 거짓 저울추를 두었으면 깨끗하겠느냐 그
> 부자들은 강포가 가득하였고 그 주민들은 거짓을 말하니 그 혀가 입에서 거짓되
> 도다(미 6:10-12)

미 6장 10절과 11절은 도량(度量)을 속이는 부정한 방법으로 축재(蓄財)한 악
인을 강하게 비판합니다. "에바"는 부피 단위로 10분의 1 호멜이고 현재 단위로
환산하면 약 22ℓ입니다. 그들은 "부정한 저울"과 "거짓 저울추"를 썼습니다. 예
를 들어, 고기 2근 값을 받고 1근만 주면서 2근으로 보이도록 저울 눈금을 고쳐
놓았습니다. 지금으로 말하자면, 주유소의 계량기 눈금을 조작하여 20ℓ 값을 받
고 18ℓ만 주유했다는 이야기가 되겠습니다.

화자(話者)는 경제적으로 타인에게 손해를 끼치는 사기 행위에 대해서 분노하
고 있습니다. 이는 기본적으로 미가서의 초기 문헌으로서 사회적인 범죄에 대한
강한 비판입니다. 그런데, 미가서 6장의 흐름대로 하면 미 6장 13-15절에서 강
한 형벌을 줘야 하는데 이상한 내용이 나옵니다.

> 그러므로 나도 너를 쳐서 병들게 하였으며 네 죄로 말미암아 너를 황폐하게 하
> 였나니 네가 먹어도 배부르지 못하고 항상 속이 빌 것이며 네가 감추어도 보존
> 되지 못하겠고 보존된 것은 내가 칼에 붙일 것이며 네가 씨를 뿌려도 추수하지
> 못할 것이며 감람 열매를 밟아도 기름을 네 몸에 바르지 못할 것이며 포도를 밟
> 아도 술을 마시지 못하리라(미 6:13-15)

미 6:13은 그러한 부정한 행위를 하는 자들이 '병들고 망할 것이다'라고 합니
다. 이것은 그냥 저주성 발언이며 법적 처벌이라고 할 수 없습니다.

미 6:14은 "먹어도 배부르지 못하고 항상 속이 빌 것 … 감추어도 보존되지
못"할 것이라고 합니다. "보존된 것은 … 칼에 붙"일 것이라는 말도 하는데 이

말은 당장은 아니지만 조만간에 악인이 위험에 처할 것이고 결국 죽으리라는 저주입니다. 졸부가 된 사람을 향한 소시민의 일갈(一喝) 같기도 하지만 그보다는 좀 더 심한 내용입니다.

미 6:15도 마찬가지로 "씨를 뿌"리지만 "추수하지 못"할 것이고 "감람 열매를 밟"지만 "기름을 … 몸에 바르지 못"하며 "포도를 밟"지만 "술은 마시지 못"할 것이라고 합니다. 이 말 역시 당장 어떤 응징이 주어지지는 않겠지만 결국 모든 노력이 수포가 될 것이라는 말입니다. 열심히 농사를 지어도 수확의 기쁨을 누리지 못한다는 것입니다.

처음 이런 글을 형성한 시점은 국가 패망이나 대대적인 전쟁과 같은 상황을 전제하지 않습니다. 하지만 시간이 흐르면서 본문에 여러 내용을 추가했습니다. 결과적으로 시대 측정이 다소 어렵게 되었습니다.

미가서는 집권자의 잘못된 정치와 부정축재자 문제를 지적하고 있습니다. 왕정 시대와 같은 안정기에는 이런 본문이 나오지 않습니다. 시대적 상황이 심각해지면 본문의 내용도 심각해집니다. 미 6:14b의 '칼에 붙인다'는 표현이나 미 6:16의 "… 오므리의 율례와 아합 집의 모든 예법을 지키고 … 전통을 따르니 너희를 황폐하게 하며 그의 주민을 조소 거리로 만들리라 … 수욕을 담당하리라"라는 구절은 국가가 망한 이후에 추가했을 것입니다. 미 6:13-15을 형성한 시점에 관해서 '어느 시대나 비슷한 상황이 벌어질 수 있지 않을까?'라고 생각하는 분이 있습니다. 그렇게 보면 성서를 최대한 정확하게 해석할 수 없습니다. 그냥 문장의 의미만 훑는 정도에서 끝납니다. 성서의 배경, 역사적 상황을 추정하기 힘들다고 포기할 수는 없습니다. 실제 역사에 관한 고려 없이는 어떤 해석도 수박 겉핥기에 불과합니다. **100% 정확하지는 않지만 최대한 하는 것입니다.** 성서 문헌에 편집의 흔적이 분명히 나타나 있는데 그것을 무시할 수는 없습니다. 제가 볼 때, 미 6:13-15은 포로기 초기 문헌입니다. 미 6:13-15이 악행에 관하여 구체적인 법적 형벌을 내리지 않았다는 점, 그래서 글쓴이가 저주성 발언만 남발했다는 것은 국가의 통제 체계에 문제가 생겼음을 방증합니다. 부정 축재자에 대하여 원래 응당한 벌이 내려져야 했음에도 그렇게 하지 못한다면 체계가 와해하였든지 최소한 와해하는 과정이라고 볼 수 있습니다.

마지막으로 살펴볼 미 6:6-8은 뜬금없는 시구입니다. 이런 양식의 글이 호소문이나 법정 기록문 형식과 함께 섞여 있는 것은 조화롭지 않습니다.

> 내가 무엇을 가지고 여호와 앞에 나아가며 높으신 하나님께 경배할까 내가 번제물로 일 년 된 송아지를 가지고 그 앞에 나아갈까 여호와께서 천천의 숫양이나 만만의 강물 같은 기름을 기뻐하실까 내 허물을 위하여 내 맏아들을, 내 영혼의 죄로 말미암아 내 몸의 열매를 드릴까 사람아 주께서 선한 것이 무엇임을 네게 보이셨나니 여호와께서 네게 구하시는 것은 오직 정의를 행하며 인자를 사랑하며 겸손하게 네 하나님과 함께 행하는 것이 아니냐(미 6:6-8)

이 글은 고대 근동에서 유래한 인신 공양(人身供養 미 6:7b절 "맏아들을 …드릴까")을 비판합니다. 또한 제사 행위 자체의 효용 가치를 부정하면서 "정의를 행하며 인자를 사랑"하라는 사회 정의적 가치를 대안으로 제시합니다. 동시에 하나님과의 동행이라는 경건 생활의 중요성을 교훈하는 내용은 아주 오랜 세월을 흐르면서 얻은 성찰을 담고 있습니다.

아마도 이 단락은 원래 미가서 6장과는 상관없이 따로 존재했을 것입니다. 최종 편집자가 사회 정의를 논하는 미가서 내용에 걸맞다는 이유로 추가했을 것입니다. 그래서 글의 전체적 흐름과 비교할 때 다소 이질적이고 뜬금없다는 생각마저 듭니다.

번제물로 1년 된 송아지를 드린다.(레 9:3 "번제를 위하여 1년 되고 흠 없는 송아지 … ")는 것은 완숙한 제사 양식입니다.(미 6:6) 후대에 작성한 문장입니다. 그런데 이 문장 바로 뒤에 하나님이 제사를 기뻐하지 않으신다는 부정적 문장이 뒤따릅니다.(미 6:7) 고대 인신 공양의 예를 들어 제사 자체를 부정합니다. 그러면서 "죄"에 대해서는 상당히 발전한 인식을 가지고 있는데(미 6:7 "내 영혼의 죄") 이를 종합해 볼 때 아무리 문헌의 완성 시기를 빨리 잡아도 포로기 이전으로 잡을 수는 없습니다. 글이 온전한 제사 양식을 잘 알고 있으면서도 그것을 부정하므로 미 6:6-8은 포로 후기 말기나 헬레니즘 시대 초~중기까지 글의 완성 시기가 늦춰질 것입니다. 헬레니즘 시대 초~중기의 유대인들은 그리스의 교육 방식에 매료되었으며 그것을 모방하려고 했습니다. 미 6:8도 무엇인가를 교육하려고 하는 의지를 드러냅니다. 경건의 중요성을 강조하면서 그것을 (학생들에게) 교육하려고 합니다. 이에 따르면, 바른 교육을 받은 사람은 종교적 의식에 치중하지 않고 특정한 가치 기준에 따라 삽니다. 사람을 존중하고 사랑("인자")하는 겸손한 사람입니다. 그리스적인 교육 방식의 영향을 받아서 교육의 필요성을 느꼈을 글쓴이는 교육의 내용으로 그리스 철학이 아닌 신앙적 경건을 제시합니다. 이는 이스라엘 교육의 진일보입니다. 결론적으로 이 글을 읽는 독자는 한 사회의 구성원으로서 남에게 해를 끼치지 않고 생명과 권리를 존중하고 사는 것을 경건한 삶 즉, 하나님과 겸손히 동행하는 삶이라고 생각하게 됩니다. 또한 그런 삶을 살려고 노력할 것입니다. 교육의 효과입니다.

미가서 6장은 외부적 위협과 내부적 부패로 무너지는 국가 상황을 전제로 작성하기 시작한 글입니다. 제구실을 못 하는 왕과 정치인들 때문에 부정 축재자의 배만 불렀고 서민들은 말할 수 없는 고통을 받았습니다. 결국 나라는 바벨론에 의해 망했습니다. 시간이 흘러, 바벨론이 페르시아에 의해 패망한 후 고향으로 귀환한 이스라엘 사람들은 성전을 재건하고 제사 규정을 명문화했습니다. 그들은 율법과 종교적 의식을 중심으로 민족적 응집력을 회복하려 했습니다. 그러나 조금 더 세월이 흐르자 그들 중 어떤 이들은 종교적 의식보다 더 중요한 것이 있다는 것을 깨닫습니다. 마침내 **가치 교육의 필요성**을 깨닫게 되었습니다. 틀과 형식만으로는 사람을 완전히 새 사람으로 바꿀 수 없습니다. 사람이 새로운 사람으로 바뀌는 것은 그의 가치관에 변화가 일어날 때입니다. 국가가 망하는 것은 사람들에게 올바른 가치관이 없기 때문입니다. 언제나 그렇지만, 정치인이나 백성이나 이기적으로 혼자만 잘살겠다고 난리를 치는 나라는 망할 수밖에 없습니다. 함께 잘살 때 의미가 있다는 것을 모르는 사람들의 공동체는 반드시 쇠락합니다. 미가서 6장은 각 사회의 구성원이 건강하게 생활하며 남에게 해를 끼치지 않고 서로 존중하고 사랑하며 살 때 소망이 있다고 교훈합니다. 바른 가치관도 없이 맹목적으로 행하는 종교의식은 아무짝에도 소용없다는 것입니다.

유대인들은 포로후기를 거치면서 토라(율법)를 문서로 만들었습니다. 미가서 본문의 '하나님과 행한다'라는 말에 율법이라는 단어는 쓰지 않았지만 이것은 분명히 (문서로서의) 율법을 따라 경건하게 산다는 뜻입니다. 토라적 경건을 교육하고 싶었던 교사들은 하나님과 동행했다고 알려진 사람들을 모델로 내세웠습니다. 하지만 그들은 율법이 책으로 편찬되기 이전에 있던 사람들이었기 때문에 논리적으로 율법(책)을 따라 하나님과 동행했다고는 말할 수 없었습니다. 그냥 하나님과 동행했다고 말할 뿐입니다.(창 5:22 "300년을 하나님과 동행하며" 창 5:24 "에녹이 하나님과 동행하더니" 창 6:9 "노아는 … 하나님과 동행하였으며")

* 여기서 잠시 **'하나님과 동행한다' 혹은 '하나님과 함께 걷는다'**는 어구의 발전 과정을 살펴보겠습니다.

원래 이 어구는 이스라엘이라는 집단을 대상으로 한 것이었습니다. 하나님이 사람들을 안전하게 보호한다는 뜻으로 쓰였습니다.(신 2:7; 20:4; 31:6; 수 24:17) 이 단계에서는 아직 '인간 개인이 하나님과 동행한다'가 아니라 '하나님이 사람들과 동행하신다'는 뜻입니다.

너희 하나님 여호와는 너희와 함께 행하시며 너희를 위하여 너희 적군과 싸우시
고 구원하실 것이라 할 것이며(신 20:4)

너희는 강하고 담대하라 두려워하지 말라 그들 앞에서 떨지 말라 이는 네 하나
님 여호와 그가 너(희)와 함께 가시며 결코 너(희)를 떠나지 아니하시며 버리지
아니하실 것임이라 하라(신 31:6)

그러다가 나중에는 제한적으로나마 하나님이 인간 개인과 동행한다는 표현
이 등장하기 시작했습니다.(신 3:18; 삼상 17:37; 20:13; 삼하 5:10; 삼하 7:3;
대상 11:9)

그러나 만일 내 아버지께서 너를 해치려 하는데도 내가 이 일을 네게 알려 주어
너를 보내어 평안히 가게 하지 아니하면 여호와께서 나 요나단에게 벌을 내리시
고 또 내리시기를 원하노라 여호와께서 내 아버지와 함께하신 것 같이 너와 함
께 하시기를 원하노니(삼상 20:13)

이 시점까지는 아직 권력자만 글의 주인공으로 등장합니다. 포로기에 진입하
기 전까지 평범한 개인이 글의 주체로 등장하는 경우는 없습니다.
한편, 시간이 흐르면서 '하나님과 함께 행한다'는 어구에 '우상을 섬기지 않고
오직 하나님만 숭배한다'는 의미를 추가하게 되었습니다.(신 6:14; 수 2:12; 왕
상 18:21) 이는 모두 포로 후기적 문장입니다. 이 시점 이후에 나타난 문장들은
모두 특정한 권고를 담고 있는 교육적인 글입니다.

엘리야가 모든 백성에게 가까이 나아가 이르되 너희가 어느 때까지 둘 사이에
서 머뭇머뭇 하려느냐 여호와가 만일 하나님이면 그를 따르고 바알이 만일 하나

님이면 그를 따를지니라 하니 백성이 말 한마디도 대답하지 아니하는지라(왕상 18:21)

'하나님과 함께 행한다' 혹은 '동행한다'는 어구가 구체적으로 개인 경건의 의미를 갖게 된 것에 관하여는 스가랴서 8장 23절이 중요한 실마리를 제공합니다.

만군의 여호와가 이와 같이 말하노라 그날에는 말이 다른 이방 백성 열 명이 유다 사람 하나의 옷자락을 잡을 것이라 곧 잡고 말하기를 하나님이 너희와 함께 하심을 들었나니 우리가 너희와 함께 가려 하노라 하리라 하시니라(슥 8:23)

이 글은 놀랍게도 구도자(求道者)로서의 이방인을 언급합니다. 당연히 이는 포로 후기 이후의 문헌입니다. 율법은 거론하지 않지만 많은 이방인이 호기심을 갖고 유대인에게서 무엇인가 배우려는 상황을 나타냅니다. "여러 백성과 많은 성읍의 주민"(슥 8:20) 그리고 "많은 백성과 강대한 나라들"(슥 8:22)은 "진리와 화평"(슥 8:19)에 관심이 있으며 "만국의 여호와를 찾고 여호와께 은혜를 구"합니다.(슥 8:21) 그들은 서로 "나도 가겠노라"라고 말합니다.(슥 8:21) 포로 후기의 이스라엘은 망한 나라를 재건하되 페르시아 못지않은 나라를 세우고 싶었습니다. 모든 이가 우러러보고 배우고 싶어 하는 그런 나라말입니다.

이사야서 2장 3절에서 '하나님과 함께 행한다' 또는 '하나님과 동행한다'는 어구를 구체적으로 "율법"과 연결하는 것을 볼 수 있습니다. 이 구절은 스가랴 8장 23절의 분위기를 그대로 수용하고 있는데 여기서 "많은 백성"은 이방인 구도자를 포함합니다. 그들은 하나님의 길을 가르쳐 달라면서 그 길대로 행할 것을 소망합니다. 이사야서 2장 3절이 스가랴 본문과 다른 점은 "율법", "하나님의 말씀"을 추가하고 있는 것입니다.

많은 백성이 가며 이르기를 오라 우리가 여호와의 산에 오르며 야곱의 하나님의 전에 이르자 그가 그의 길을 우리에게 가르치실 것이라 우리가 그 길로 행하리라 하리니 이는 율법이 시온에서부터 나올 것이요 여호와의 말씀이 예루살렘에서부터 나올 것임이니라(사 2:3)

미가서 6:8의 '하나님과의 동행'은 위와 같은 흐름 속에서 쓰인 것입니다. 글들 사이의 약간의 차이가 보이지만 미가서 역시 포로후기 이후에 문서로 만든 율법 중심의 경건을 지향하고 있습니다. 미가서 6장의 편집자는 (민족 응집력 제고를 위한) 제사 행위보다는 (기록된) 하나님 말씀을 중심으로 한 가치 교육이 더 낫다고 주장하는 것입니다.

🐝 모든 종교에는 일정한 의식(儀式)이 있습니다. 특정한 의식은 종교로 종교답게 합니다. 하지만, 의식 자체에 치중하는 것은 좋지 않습니다. 의식은 본질이 아니기 때문입니다.

만약 교회도 없고, 예배드릴 환경도 주어지지 않는다면, 우리는 어떻게 예배를 드릴 수 있습니까? 무인도에 갇힌다면 거기서 혼자 성가대를 어떻게 구성하며, 악보와 악기도 없는데 어떻게 연주를 하겠습니까? **이처럼 환경의 영향을 받는 것은 본질이 아닙니다.** 신앙에 있어 절대적인 것이 못 됩니다. 하지만 우리 머리와 마음속에 뿌리내린 것들은 환경의 지배를 덜 받습니다. 사고와 가치관 말입니다. 의식을 준수하는 것이 가치관의 연장선에 있다면 또 모르겠지만 아무 생각 없이 타성에 젖어 종교의식에 참여하는 경우가 훨씬 많습니다. 어떤 미신적인 생각으로 종교의식에 참여하는 사람도 많습니다. 그러나 맹목적으로 반복한다고 뭐가 어떻게 되는 것은 없습니다. 반복된 의식으로 기적이 일어난다고 하는 것은 미신이요 주술 행위입니다. 주술이나 점을 보시는 분들을 무시하는 게 아니라 성서와 개신교 신앙이 지향하는 것이 아니라는 것입니다.

　　우리가 성서를 배우는 것은 성서의 가치를 배우는 것입니다. 우리 모두 낡은 생각을 쇄신하고 그 가치의 힘으로 척박한 환경을 극복하며 밝은 미래를 창조해야 합니다. 이것이야말로 하나님이 우리에게 보이신 길이요 우리와 하나님의 동행입니다. 가톨릭은 늘 엄숙하고 조용한 미사를 드립니다. 매력적입니다. 하지만 과거 가톨릭이 의식에 과도하게 치중하면서 성서적 가치를 잃어버린 시대가 있었습니다. 그리고 종교개혁이 일어났습니다. 지금 가톨릭은 과거를 뉘우치고 성서적 가치 교육에 힘을 기울이고 있다고 합니다. 바른 가치 교육이 있다면 사회적으로 선한 영향을 미치는 사람들을 양성할 수 있습니다. 개신교도 외형적인 것, 즉, 휘황찬란하게 큰 예배당에서 웅장하고 세련된 예배를 드리는 것에 치중한다면 애석한 일입니다. 미가서 6장 6-8절은 종교 형식만 신경 쓰면서 신앙 가치에 무관심한 사람들이 되어서는 안 된다고 경고합니다. 아래는 미가서 6:6-8을 읽고 현대에 맞게 제가 다시 적어 본 것입니다.

　　예배 때 우리가 하나님께 무엇을 바쳐야 훌륭한 예배가 되겠습니까? 10억을 특별 헌금으로 내거나 매월 천만 원씩 선교헌금을 내겠다고 작정하거나 수억의 건축헌금을 내면 될까요? 아들을 바쳐 목사를 만들거나 아예 자신이 선교사로 나간다면 대단한 신앙인이 된 듯 마음이 뿌듯하겠지요? 그런데 그런다고 하나님이 진짜 좋아하실까요?

　　올바른 행동을 하며 사람을 존중하면서 겸손하게 살아가는 것, 하나님의 말씀이 교훈하는 가치 기준을 따라 일상을 살아가는 것이 훨씬 중요합니다. 하나님이 원하는 것이 바로 그런 일상적 삶이에요. 그게 바로 진정한 삶의 예배입니다. 그런 인생이라야 하나님과 함께 살아가는 인생이라고 할 수 있습니다. 家

니느웨는 예로부터 물이 모인 못 같더니 이제 모두 도망하니 서라 서라 하나 돌아보는 자가 없도다 / 은을 노략하라 금을 노략하라 그 저축한 것이 무한하고 아름다운 기구가 풍부함이니라 / 니느웨가 공허하였고 황폐하였도다 주민이 낙담하여 그 무릎이 서로 부딪히며 모든 허리가 아프게 되며 모든 낯이 빛을 잃도다

특정한 상황에서 특정한 성서 해석이 나옵니다.
해석은 상황 종속적입니다.

우리는 요나서에서 일찍이 하나님이 예언자 요나를 시켜 니느웨를 향해 심판을 예고(預告)했고 니느웨가 심판을 피했다는 것을 알고 있습니다. 그런데 나훔서에서 다시 니느웨를 향한 심판 예고가 나옵니다. 우리는 크게 두 가지 방식으로 이 글을 이해할 수 있습니다.

첫째, 요나 때 니느웨는 회개해서 심판을 면했지만 **나훔 때 다시 심판을 받게 되었다.**

둘째, 실제 니느웨는 내·외부적인 문제 때문에 황폐해졌고 이에 대한 실제 설명이 나훔서의 기본 내용이다. 이와는 달리, 요나서는 니느웨라는 이방 나라에 대해 호의적인 입장을 가진 저자에 의한 신학적 설명이다.

첫째와 같은 방식으로 이해할 때, 큰 문제가 발생하는데, 하나님이 이랬다저랬다 하는 변덕쟁이처럼 보이게 합니다. 그것을 피하려면 어쩔 수 없이 회개했던 니느웨가 또 죄를 지어 벌을 받았다고 할 수밖에 없습니다. **하나님이 아닌, 니느웨에게 모든 책임을 전가하는 것이 이런 해석 방식의 한계입니다.**

둘째와 같은 방식으로 해석할 때는 심판을 피한 니느웨와 심판을 받은 니느웨의 이미지가 서로 충돌합니다. 두 개의 다른 족속 이야기로 보입니다. 신학적인 입장을 먼저 고려하지 말고 '원래 무슨 일이 일어났을까?'를 생각해야 합니다. 신학이라는 것도 실제 상황에 대한 해석입니다. 이런 의미에서 신학은 상황에 종속됩니다. 먼저 실제 상황이 있고 그것에 대해서 다양한, 때로는 서로 반대되는 신학적 해석이 나오는 것입니다. '니느웨가 하나님께 구원을 받았다'는 주장과 '니느웨가 하나님의 심판을 받았다'는 주장이 있을 때 그것들이 각각 어떤 상황에서 나온 주장인지를 생각하는 것이 바로 해석의 기초입니다. 열쇠입니다.

상식적으로 추론해 보면, 국가는 자주 위기에 휩싸이며 절체절명의 위기에 직면할 수도 있습니다. 그것을 극복할 수도 있고 극복하지 못하고 멸망할 수도 있습니다. 따라서 니느웨라는 나라를 구원받은 나라 혹은 멸망한 악한 나라로 정형화하는 것부터가 해석에 있어서 걸림돌이 됩니다.

니느웨 역시 다른 나라들처럼 많은 위기를 경험했을 것입니다. 정치적인 역량을 발휘하거나 종교적으로 그들의 신을 찾으면서 마음을 추스르고 위기를 모면했을 것입니다. 위기 탈출이라는 실제 상황에 대하여 신학적 해석을 내린 것이 요나서라면 나훔서는 위기에서 탈출하지 못한 니느웨에 관한 해석입니다. 잘 견뎌오던 니느웨는 모종의 이유로 패망했습니다. 그 실제 상황을 나훔서가 받아서 거기에 신학적인 해석을 덧붙인 것입니다. 이렇게 보면, 서로 반대 내용을 담고 있는 요나서와 나훔서가 성서 안에 공존하는 것을 충분히 이해할 수 있습니다.

성서의 주장과 해석들 사이에 모순과 충돌이 발생하는 경우가 있습니다. 저는 하나님의 말씀으로서 성경에 잘못이 있다고 말하는 것이 아닙니다. **하나님은 언제나 옳으십니다. 하지만 문자로서의 성서에는 적지 않은 문제가 존재합니다.** 원본이 존재하지 않고 서로 다른 사본들만 있기에 더욱더 그렇습니다. 특정한 상황에 대해서 입장이 서로 다른 사람들이 글을 쓰다 보니까 상반된 진술이 나옵니다. 다행하게도 이런 충돌 본문이 모두 함께 한 권의 성서 안에 들어 있어서 비교할 수 있습니다. 이것은 성서 연구자에게 있어서 큰 행운입니다. 본문을 서로 비교하면서 각 내용의 차이를 짚어내는 것은 현대를 사는 독자와 해석자인 우리가 할 일입니다.

나훔서는 니느웨성의 궤멸을 말하고 있습니다. 이 본문이 하나님의 변덕을 뜻할 수는 없습니다. 그저 시대에 따라 여러 상황이 니느웨에 벌어졌고 서로 다른 관찰자의 각기 다른 이해에 따라 요나서와 나훔서가 따로 쓰인 것입니다.

🐝 고정된 교리 지식보다는 성서의 다양한 상황을 추정하고 파악할 수 있는 눈이 우리에게 필요합니다. 교리 역시 특정한 시대에 특수한 상황에 따라 쓰인 신학적 해석입니다. 따라서 교리 자체가 현대의 다양한 상황에 대응할 수는 없습니다. 단지 어떤 교리를 배우며 당시 해석자들의 입장을 참고할 수는 있습니다. 그런데도 교리를 절대불변한 것으로 여기는 어리석은 사람들이 있습니다. 교리를 일종의 성서 해석이라고 할 때, 한 시대의 해석은 그 시대의 해석일 뿐 진리가 아닙니다!

니느웨가 위기를 모면한 시점의 상황과 패망한 시점의 상황은 분명히 다릅니다. 그렇다면 요나서와 나훔서처럼 마땅히 각기 다른 해석이 나오기 마련인데 '하나님은 무조건 니느웨를 사랑하신다'라거나 '하나님은 이방 니느웨를 심판하신다'라는 식의 이해를 고정하니 혼란이 일어나는 것입니다. 한 주는 요나서를 설교한 설교자가 바로 그다음 주에 나훔서를 설교했는데 청중이 혼란스러워했다고 합니다. **비슷한 내용인데 다른 해석이 들어 있는 성서를 설교할 때는 세심한 비평적 설명이 따라야 합니다.**

성서 해석은 상황에 지대한 영향을 받습니다. 우리 안에 나눔이 있고 사랑이 있을 때는 하나님을 용서와 사랑의 하나님으로 이해할 수 있을 것입니다. 하나님을 심판의 하나님으로 해석할 때는 대개 우리가 서로 미워하고 속이고 해를 끼칠 때입니다. 문제는 하나님 편에 있는 것이 아니라 우리 쪽에 있는 것입니다. 니느웨가 멸망한 것은 그들 내·외부적인 문제 때문입니다. 나훔은 그에 관해 하나님의 심판이라고 설명했습니다. 남의 불행에 대해 하나님의 심판이라고 하는 것은 옳지 않습니다. 나훔의 해석 방식과 태도에서 우리가 배울 것은 **없습니다.** 경솔하게 심판의 하나님을 설교하는 설교자에게서 하나님이 어떤 분인지 배우기는 힘듭니다. 오히려 이런 설교자의 설교는 하나님에 관한 오해를 불러옵니다.

하나님을 어떤 하나님으로 나타나게 하느냐는 일차적으로 우리의 성서 해석에 달려있습니다. 우리가 사랑의 하나님으로 설명하면 사람들은 사랑의 하나님으로 이해할 것입니다. 반대로 우리가 심판의 하나님을 설교하면 하나님을 나쁜 의미에서 무서워하거나 오해하는 사람들이 늘어날 것입니다. 그리고 해석은 말로만 하는 것이 아닙니다. 우리의 삶으로도 합니다. 우리가 악을 행하면 우리가 믿는 하나님은 악한 신으로 드러나고 우리가 선행하면 하나님은 좋으신 하나님으로 나타납니다. 우리가 바로 요나이며 나훔입니다. 아무쪼록 우리의 성서 해석을 듣거나 우리의 삶을 보는 사람들이 하나님을 심판의 하나님이 아니라 사랑의 하나님, 평화의 하나님으로 알게 합시다!

하박국 1:12-17

선지자가 이르되 여호와 나의 하나님, 나의 거룩한 이시여 주께서는 만세 전부터 계시지 아니하시니이까 우리가 사망에 이르지 아니하리이다 여호와여 주께서 심판하기 위하여 그들을 두셨나이다 반석이시여 주께서 경계하기 위하여 그들을 세우셨나이다 / 주께서는 눈이 정결하시므로 악을 차마 보지 못하시며 패역을 차마 보지 못하시거늘 어찌하여 거짓된 자들을 방관하시며 악인이 자기보다 의로운 사람을 삼키는데도 잠잠하시나이까 / 주께서 어찌하여 사람을 바다의 고기 같게 하시며 다스리는 자 없는 벌레 같게 하시나이까 / 그가 낚시로 모두 낚으며 그물로 잡으며 투망으로 모으고 그리고는 기뻐하고 즐거워하여 / 그물에 제사하며 투망 앞에 분향하오니 이는 그것을 힘입어 소득이 풍부하고 먹을 것이 풍성하게 됨이니이다 / 그가 그물을 떨고는 계속하여 여러 나라를 무자비하게 멸망시키는 것이 옳으니이까

이유 모를 타인의 고통에 대하여 해석하지 말고 침묵하십시오.

하박국 1장은 하나님께 항변합니다.(합 1:2 "… 내가 부르짖어도 주께서 듣지 아니하시니 어느 때까지리이까 …"; 합 1:13 "… 어찌하여 거짓된 자들을 방관하시며 … 잠잠하시나이까"; 합 1:17 "… 여러 나라를 무자비하게 멸망시키는 것이 옳으니이까") 간단하게 말해서 '하나님 왜 이러세요?'라고 하는 것입니다. 이런 항변은 기본적으로 신정론(神政論)을 전제하고 있지만 하나님의 율법이 법전이 되어 고정된 상황에서는 나오기 어려운 것입니다. 사실, 하박국 1장은 여러 다른 시대의 이념을 반영하고 있습니다. 초기층은 국가 패망 시점에 형성된 것으로 추정할 수 있습니다.(합 1:6 "… 갈대아 사람을 일으켰나니 …") 힘의 논리를 우상숭배 개념과 연결하는 수법은 포로기적 성찰을 바탕으로 합니다. 어떤 정치적 수단으로도 국가 패망을 막을 수 없었으며 오직 신앙으로 국가 재건을 이룰 수 있다는 것은 포로기 전환기~포로 후기적 이해입니다.(합 1:11 "그들은 힘으로 자기들의 신으로 삼는 …") 따라서 하박국서의 최종 편집 시점을 가장 늦춰 잡으면 포로 후기에까지 이를 것입니다.

국가가 패망하자 비로소 개인들이 소리를 내기 시작했습니다. 자신은 잘못이 없었는데 어리석은 위정자들 때문에 피해를 봤다고 말입니다. 무고한 사람들의 죽음을 원망하면서 '하나님은 왜 무고한 사람까지 심판받게 하시는가?'라고 항변했을 것입니다. 이러한 포로기적 항변에 대하여 다양한 신학적 답변이 주어졌습니다. 어떤 이는 '한 명이라도 의인이 있었다면 도시가 왜 무너졌겠는가?'(창 18:23-32)라면서 각 개인도 국가 패망에 대한 책임에서 벗어날 수 없다고 주장했습니다. 그러나 어떤 이는 '연대 책임이라는 것은 없다', '각자 자신의 죄로 죽는 것이다'(렘 31:29-30 "…신 포도를 먹는 자마다 그의 이가 신 것 같이 누구나 자기의 죄악으로 말미암아 죽으리라"; 겔 18:2)라고 반론을 제기하기도 했습니다. 이 모든 해석은 실제 벌어진 상황에 대한 각기 다른 해석입니다. 실제 벌어진 상황은 단순합니다. 그냥 강국이 약소국을 침략하여 패망시킨 것이죠.

하박국 1장 역시 국가 패망으로 피해를 본 개인들의 항변입니다.

> 주께서 어찌하여 사람을 바다의 고기 같게 하시며 다스리는 자 없는 벌레 같게 하시나이까?(합 1:14)

이 구절은 국민의 안위를 보호해야 할 체계가 사라진 후 혼란에 빠진 국민 개개인을 묘사하고 있습니다.(합 1:14, "다스리는 자 없는 벌레") "바다의 고기"에 비유한 "사람(들)"을 "낚시"(합 1:15)하듯 "그물"과 "투망으로"(합 1:15) 잡아들이고 있는 자들은 제국의 군대입니다. 이스라엘 백성들은 예루살렘이 절대로 함락되지 않을 것이라는 안일한 믿음을 가지고 있다가 침략자에게 붙잡혀 포로가 되었습니다. 말 그대로 벌레같이 잔뜩 붙잡힌 것입니다. 침략자들은 매우 기뻐합니다.(합 1:16b "소득이 풍부하고 먹을 것이 풍부하게 됨이니이다")

합 1:17은 각 개인의 참상(慘狀)을 거론하는 것을 멈추고 이스라엘을 포함한 "여러 (약소한) 나라"가 제국에 의하여 "무자비하게 멸망"하는 상황을 언급합니다.

> 그가 … 계속하여 여러 나라를 무자비하게 멸망시키는 것이 옳으니이까?(합 1:17)

하박국 1장은 무자비한 제국이 여러 나라를 멸망시키는데도 하나님이 침묵하시는 이유를 묻고 있습니다. 이것은 백성들에게 무슨 죄가 있어서 피해를 보게 하느냐고 항변하는 것입니다.

합 1:12은 상대적으로 훨씬 후대에 추가한 구절 같습니다. 이 구절은 하박국 1장 전체의 항변에 대한 하나의 대응이며 답변인 동시에 최종적 성찰입니다.

> 선지자가 이르되 여호와 나의 하나님, 나의 거룩한 이시여 주께서는 만세 전부터 계시지 아니하시니이까 우리가 사망에 이르지 아니하리이다 여호와여 주께서 심판하기 위하여 그들을 두셨나이다 반석이시여 주께서 경계하기 위하여 그들을 세우셨나이다(합 1:12)

일단 합 1:12 상반 절에서 화자는 "우리가 사망에 이르지 아니하리이다"라고 하면서 국가 패망의 시기로부터 이미 많은 시간이 흘렀음을 알립니다. 상대적으로 안정적인 상황에 이르렀습니다. 많은 이가 죽었지만 생존자들은 남았기 때문에 이런 소리를 할 수 있는 것입니다. 미래가 어떻게 될지 모르지만 화자는 일단 안도의 한숨을 쉽니다. 또한, 이 구절은 포로기를 거치면서 나타나고 고착한 신정론적 인식을 전제합니다.("주께서는 만세 전부터 계시지 아니하시니이까") 하나님을 만유의 원인자로 인식합니다. 합 1:12 하반 절은 두 개의 문장으로 이루어져 있는데 둘 다 전달하려고 하는 의미는 같습니다. 이는 '하나님이 무엇 때문에 제국을 일으키셨는가?'에 대한 답변입니다.

주께서 심판하기 위하여 그들을 두셨나이다 주께서 경계하기 위하여 그들을 세
우셨나이다(합 1:12b)

이는 하나님이 완악한 나라 이스라엘을 "심판"하기 위해 바벨론 제국을 도구
로 사용했다는 이해입니다. "주께서" 그 제국을 "경계"자로 세우셨다'는 표현에
서, '경계하다'(야카흐)는 '책망하다'(잠 9:8; 19:25 "견책"; 대상 16:21 '꾸짖다')
라는 뜻을 가진 단어입니다. 이것을 다른 말로 써보면 '하나님이 제국을 들어 이
스라엘을 혼내신 것이다' 정도가 될 것입니다. 그런데 이런 이해는 하박국 1장의
전반적인 분위기와는 맞지 않습니다. 그리고 이것이 정답이라고 할 수도 없습니
다. 그냥 하나의 이해요 해석일 뿐입니다. 예를 들어 어떤 사람이 일제강점기에
대해서 말하기를 '일본은 어리석은 조선을 벌하기 위해서 세운 하나님의 나라'
라고 주장한다면 얼마나 많은 이가 그 말에 동의하겠습니까? 현대에 이 본문을
읽는 우리는 이런 말을 정답으로 생각할 필요가 없습니다. 이것은 그냥 포로기
전환기를 시점으로 나타난 문장일 뿐입니다. **상황은 고정적이지만 답변은 늘 유
동적입니다.** 항상 변합니다. 범 시대적인 정답을 찾기는 어렵습니다. 오히려 우
리가 우리의 처지에서 성서를 읽으면서 하나님께 항변도 하면서 나름대로 답변
을 찾는 것이 낫습니다.

합 1:12의 편집자는 바벨론을 일으키신 것, 그리고 그 제국을 멸망하게 하신
것 모두 하나님의 계획안에서 일어난 일이라고 생각합니다. 그리고 한시적으로
그들을 사용하신 것은 모두 이스라엘 민족이 잘못을 깨닫고 뉘우쳐서 착한 자들
이 되게 하려고 그렇게 한 것이라고 해석합니다. 당시에는 이것이 하나의 썩 괜
찮은 해석이었을 것입니다. 이 신학적 해석은 이후에 주류(主流)가 됩니다. 이
안에는 하나님이 제국조차 사용하신다는 신정론이 자리 잡고 있습니다. 이 흐름
은 하나님이 미리 어떤 목적을 세우시고 그에 따라 모든 것을 경영하신다는 신
약성서의 예정론으로 나아갔습니다.(에베소서 1:5 "그 기쁘신 뜻대로 우리를 예

정하사") 의인(으로 미리 정해진 사람)은 결국 구원받는다는(합 2:4 "살리라") 사상도 여기에서 발전한 것입니다. 하나의 이해와 해석은 예정론 같은 교리 형성에 토대가 됩니다. 하지만 일단 교리가 되면 다양한 이해와 해석의 여지는 사라지고 그것을 절대화하는 단계로 진입하게 됩니다. 일단 그 단계에 들어가게 되면 반론을 제기하는 사람을 배척하게 됩니다. 이는 교리를 수호하려는 경향이며 변증학의 경향입니다. 하지만 **교리 수호의 가장 큰 맹점은 그것이 변화하는 시대에 적응하기 어렵다는 것입니다.** 가톨릭이 2016년 개신교의 교파 중 하나인 루터교와 499년 만에 화해를 한 것을 보십시오. 이는 가톨릭의 개신교적 칭의론의 수용이며 교리나 전통보다는 하나 됨을 찾으려는 취지에서 이룬 쾌거라고 평가를 받습니다. 물론 가톨릭의 전체 교리는 크게 달라지지 않았습니다. 그렇다면 개신교는 어떻습니까? 개신교 장로교는 1643-1648년 만들어진 웨스트민스터 신앙고백을 여전히 신봉하고 있습니다. 이 신앙고백서의 25조에는 "로마 가톨릭 교황"이 "적그리스도"라고 명시하고 있습니다. 화해의 시대를 사는 우리에게 이런 내용은 매우 부담스럽습니다. 이런 이유로, 청교도가 세운 나라라는 미국의 장로교회(PCUSA)는 이미 1967년에 웨스트민스터 신앙고백서를 포기하고 칼바르트의 화해론을 수용하였습니다. 한국만 아직 과거의 교리를 그대로 따릅니다. 이것은 웨스트민스터 신앙고백서에 문제가 있다는 말이라기보다는 새로운 시대 흐름에 둔감한 교리 수호의 맹점을 말하는 것입니다. **웨스트민스터 신앙고백이 그 시대에 적합한 역할을 했다고 그것이 지금 우리 시대에도 완전히 맞을 것이라고 믿는 것은 착각 아닐까요?**

어떤 이는 특정 교리에 따라 함부로 누가 구원받은 사람이라고 하거나 의로운 사람이라고 확언합니다. 하지만 예정론과 칭의론 같은 교리를 단단히 믿고 간단히 단정하는 것은 무리입니다. 우리는 특정 교리가 생겨난 뿌리를 살펴야 합니다. 교리는 성서 본문에 관한 특정한 이해에서 나온 것입니다. 그리고 성서 본문에 관한 역사 비평적인 이해가 없으면 극히 단편적인 이해에 머물 수밖에 없습니다. 성서 내용을 들어 남을 경솔히 판단하게 됩니다. 이것은 사람을 대하는 아주 좋지 않은 태도입니다.

🐝 저는 최근에 신앙생활을 잘하시는 어떤 여성이 돌아가신 아버지를 그리워하며 고통스러워하는 것을 보았습니다. 믿음 좋고 교회 일에 대해 헌신적인 목사님이었던 아버지가 왜 일찍 돌아가셔야만 했는지, 하나님이 왜 그렇게 좋은 분을 일찍 데려가셨는지 많은 질문이 쏟아졌습니다. 그녀는 매일 하나님을 향해 항변했습니다.

우리는 이것을 불경스럽다고 경솔히 비판해서는 안 됩니다. 누구라도 동일한 상황을 겪어보지 않으면 당사자의 마음을 알 수 없습니다. 절대로 "아버지가 무슨 죄가 있어서겠지" 혹은 "자녀가 말을 너무 안 들어서 하나님이 불쌍한 아버지를 먼저 데려가신 거야" 등과 같이 함부로 입을 놀려서는 안 됩니다.

사실, 상황은 매우 간단합니다. 인간은 아주 연약한 존재이기 때문에 쉽게 아프고 다치고 사망에 이릅니다. 여기에 다른 이유가 있을 수 없습니다. 그러나 우리는 사랑하는 사람의 죽음에 대해 이유를 묻고 설명을 들으려고 하기 마련입니다. 정답을 찾을 수 없지만 그래도 계속 답을 찾는 것이 인간입니다. 신앙인으로서 우리는 하나님께 불행의 이유를 묻게 됩니다. 하지만 쉽게 정답을 찾을 수가 없습니다. 그래서 우리는 묻다가 침묵하게 됩니다. 경솔하게 '하나님이 의인의 죽음을 통해 우리를 교훈하시려고 했다'거나 '하나님이 그를 너무 사랑하셔서 일찍 데려가셨다'와 같이 얕은 해석을 하지 마십시오! 대부분의 상황에서 우리의 이해와 해석이라는 것이 얼마나 제한적인지를 알아야 합니다. 누구나 수긍할 만한 것이 아닌 바에야 차라리 입을 막고 고통을 당한 사람과 같이 울고 하나님에게 하는 원망과 항변을 곁에서 들으며 기다리는 것이 좋습니다. 당신은 극히 고통스러운 상황에 부닥친 분에게 딱 맞는 해답을 찾지 못할 것입니다. '이제는 하나님을 믿고 싶지 않아요'라고 한다고 해도 아무 말도 할 수가 없습니다. 아픈 마음을 조금이라도 공감하려고 노력하고 그 시린 마음을 위로해달라고 조용히 기도할 뿐입니다. 물론 여러 상황에 대하여 해석하는 것 자체가 나쁜 일은 아닙니다. 성서에도 삶의 면면에 대한 많은 해석이 들어있습니다. 하지만! 해석이 안될 때가 훨씬 많습니다! 그러니 그냥 침묵하세요. 우리 중 누구도 모든 해답을 다 알지는 못합니다.

> 너희는 잠잠하고 나를 버려두어 말하게 하라 무슨 일이 닥치든지 내가 당하리라 (욥 13:13) 家

보라 그의 마음은 교만하며 그 속에서 정직하지 못하나 의인은 그의 믿음으로 말미암아 살리라 / 그는 술을 즐기며 거짓되고 교만하여 가만히 있지 아니하고 스올처럼 자기의 욕심을 넓히며 또 그는 사망 같아서 족한 줄을 모르고 자기에게로 여러 나라를 모으며 여러 백성을 모으나니 / 그 무리가 다 속담으로 그를 평론하며 조롱하는 시로 그를 풍자하지 않겠느냐 곧 이르기를 화 있을진저 자기 소유 아닌 것을 모으는 자여 언제까지 이르겠느냐 볼모 잡은 것으로 무겁게 짐 진 자여 / 너를 억누를 자들이 갑자기 일어나지 않겠느냐 너를 괴롭힐 자들이 깨어나지 않겠느냐 네가 그들에게 노략을 당하지 않겠느냐 / 네가 여러 나라를 노략하였으므로 그 모든 민족의 남은 자가 너를 노략하리니 이는 네가 사람의 피를 흘렸음이요 또 땅과 성읍과 그 안의 모든 주민에게 강포를 행하였음이니라 / 재앙을 피하기 위하여 높은 데 깃들이려 하며 자기 집을 위하여 부당한 이익을 취하는 자에게 화 있을진저 / 네가 많은 민족을 멸한 것이 네 집에 욕을 부르며 네 영혼에게 죄를 범하게 하는 것이 되었도다

믿음만 있으면 엉망진창인 삶도 괜찮다고요? 천만에요.
성서는 믿음을 주고 받는 올바른 삶을 살라고 말합니다.

하박국서 2장은 이방 나라, 특히, 약소국을 침략하여 점령하는 제국을 비판하고 있습니다.(5절 "… 여러 나라를 모으며"; 6절 "자기 소유가 아닌 것을 모으는 …"; 7절 "억누를 자들", "노략"; 8절 "여러 나라를 노략", "… 피를 흘렸음이요", "모든 주민에게 강포를 행하였음이니라"; 10절 "많은 민족을 멸한 것"; 12절 "피로 성읍을 건설하며 불의로 성을 건축하는 …"; 13절 "민족들이 불탈 것으로 수고 …") 이것은 힘을 믿고 약한 족속을 공격하고 굴복시키는 강대국에 대한 혐오입니다.

제국에 대한 직설적 비판은 전통적인 격언들과 연결되어 있습니다. 자세히 살펴보면 합 2:4-5 상반 절에서 '교만한 사람은 정직하지 못하지만 올바른 사람(의인)은 (많은 사람의) 신뢰를 받아 번영하리라(믿음으로 말미암아 살리라)'와 '(악인) 술을 즐기고 거짓되며 교만하고 몸이 달아 분주히 다니며(가만히 있지

못하고) 끝없이 욕심을 부린다(스올처럼 자기 욕심을 넓힌다)'라는 초기 지혜 격언이 나오고, 합 2:5 하반 절에 여러 나라와 백성을 모으는 제국주의에 대한 비판이 붙습니다. 합 2:4-5a는 사회적으로 인정을 받으며 살 수 있는 처세(處世)를 교훈하는 격언이었지만 나중에는 "여러 나라를 모으"는 자(제국)를 비판하는 문장(합 2:5b)으로 이어집니다. 따라서 글을 제대로 읽는 독자라면 이를 처세적 격언으로 읽기보다는 제국에 대한 비판으로 읽을 것입니다.

합 2:6-7의 "… 속담으로 … 평론하며 조롱하는 시로 그를 풍자하지 않겠느냐 … 자기 소유 아닌 것을 모으는 자여 언제까지 이르겠느냐 볼모 잡은 것으로 무겁게 짐 진 자여 …"라는 내용도 격언으로만 보이지 않고 제국에 대한 비판으로 읽힙니다. "자기 소유 아닌 것을 모으는 자", "억누를 자", "괴롭힐 자"와 같은 어구 때문입니다.

합 2:9의 "자기 집을 위하여 부당한 이익을 취하는 자"도 얼핏 보면 특정한 개인의 부동산 투기(?)를 비판하는 것 같지만 합 2:10의 "네가 많은 민족을 멸한 것이 네 집에 욕을 부르며…"라는 내용과 연결하면서 역시 제국을 비판하는 문장이 됩니다.

이처럼 하박국 2장을 마지막으로 구성(構成)한 사람은 전통적인 격언을 활용하여 제국의 탐욕을 비유적으로 비판하고 있습니다. 제국을 의인화(擬人化)하여 마치 어떤 사람에 관해서 이야기하는 것처럼 글을 쓰고 있습니다. 제국은 교만하고 정직하지 못하며 자기 것이 아닌 것을 탐내는 욕심꾸러기이며 수치스러운 짓을 하는 사람과 같습니다.

하박국 2장 안에는 아주 유명한 구절인 합 2:4b도 들어있습니다.

> … 의인은 그의 믿음으로 말미암아 살리라(합 2:4b)

이 어구를 그대로 인용한 것은 신약성서의 로마서 1장 17절입니다.

복음에는 하나님의 의가 나타나서 믿음으로 믿음에 이르게 하나니 기록된 바 오직 의인은 믿음으로 말미암아 살리라 함과 같으니라(롬 1:17)

　구약성서 합 2:4b의 원래 의미를 안다면 롬 1:17이 표현 자체만 베꼈다는 것을 쉽게 알 수 있습니다. 이것은 비평적 해석과 인용이 아닙니다. 하박국서의 문헌 형성 과정과 의미는 고려하지 않았습니다. 합 2:4는 사실 초기 지혜 격언이었는데 이스라엘이 패망한 이후에 합 2:4-13절을 구성한 사람이 끌어들인 것입니다. 합 2:4b는 한 사람이 어떻게 사회에서 인정을 받고 살아가는지를 논하고 있습니다. 여기서 "의인"은 원래 사회적 인정을 받는 올바른 사람을 의미합니다. '믿음으로(그의 믿음에 있어서) 말미암아 살리라'라는 표현도 '신임을 얻는 사람은 잘살 수 있다'라고 달리 적어낼 수 있을 것입니다. 또는 '어떤 이가 그의 신념에 따라 (소신 있게) 살 것이다'라고 이해하는 방식도 가능합니다. 하지만 앞선 합 2:4a에서 '정직하지 못한 (교만한) 사람'을 거론했으므로 그와 반대되는 개념으로서 '신뢰할만한 사람'을 이야기한 것으로 보는 것이 가장 정확합니다. 어떤 해석이든지 로마서의 이해와는 상당한 거리를 둡니다. 롬 1:17의 저자는 합 2:4b의 원래 의미를 무시하고 자의적으로 활용하였습니다. 과거의 해석 관행에 비춰 보자면 이를 나쁘게만 볼 수 없습니다. 하지만 **현대의 해석자는 자신이 주장하고 싶은 것을 위해 이처럼 전승을 임의로 활용해서는 안 됩니다.** 지금은 훨씬 많은 정보를 쉽게 찾아볼 수 있습니다. 원래의 뜻이 무엇인지 잘 몰라서 실수했다는 핑계는 안 통합니다.

　의인이 믿음으로 산다는 롬 1:17은 특정 교단 교리의 핵심인 이신칭의(以信稱義)의 중심 구절입니다. 따라서 이 구약성서 문장의 원래 의미가 다르다고 말하는 것은 자칫 특정 교리에 대한 도전으로 보일 수 있습니다. 본문의 형성 상황에 대해서 알지도 못하고 알려고 하지 않는 한국 개신교 교회의 보편적 정서상 롬 1:17이 인용한 하박국 2:4b가 원래 그 의미가 아니라고 한다면 틀림없이 어떤 공격을 당할 것입니다. 저는 하박국 2:4b의 원래 의미를 취할 것인가 아니면 롬

1:17에서 활용된 의미를 취할 것인가 선택하라고 강요하지 않습니다. 성서 해석자로서 담담히 성서의 원래 내용을 제시할 뿐입니다. 선택은 여러분에게 달렸습니다. 오히려 어느 하나만 선택하는 것보다는 이렇게 복합적으로 이해하는 것은 어떨까요?

> 올바르게 살아가는 것, 방종하지 않고 남에게 해를 끼치지 않고 믿음을 주고받으며 함께 살아가는 것이 하나님의 의를 드러내는 믿음의 삶이다.

🌿 **많은 개신교 신자는 '믿음은 순수하게 마음으로 믿는 것이지 어떤 행위가 필요한 것이 아니다'라고 말합니다.** 저는 이것을 하나의 신앙 고백이라고 봅니다. 인간의 행위를 강조할수록 하나님의 일하심이 드러나지 않는 것도 사실입니다. 그것이 확실히 성서가 말하는 하나의 중요한 관점이기도 합니다. 그러나 이 신앙의 고백을 남용하면 큰 문제가 발생합니다. 믿음을 강조하면서 모든 행위를 무시하고 '율법주의'라고 배척한다면 누가 우리의 내면적인 믿음을 보고 예수가 우리 안에 살아계신 것을 알 수 있을까요? 우리가 '행위는 믿음의 결과다'라고 말하기만 해도 행위의 중요성이 함께 드러납니다. 성서는 행위, 즉, 삶과 믿음을 따로 이해하라고 가르치지 않습니다.

'믿음으로 의롭다고 칭한다'는 이신칭의의 참 의미가 무엇입니까? 엉터리로 살아가면서 마음으로만 믿으면 다 된다는 뜻인가요? 교만하고(합 2:4) 부정직하고(합 2:4) 폭주(暴酒)를 즐기고(합 2:5) 끝없이 욕심을 부리고(합 2:5) 조롱을 받으면서도(합 2:6) 자기 소유가 아닌 것을 빼앗으며 저당잡고(합 2:6) 노략질하며(합 2:7,8) 강포를 행하며(합 2:8) 사람을 죽이고(합 2:9, "사람의 피") 부동산 투기(?)를 하기에(합 2:9, "자기 집을 위하여 부당한 이익을 취하는") 온 세상이 분노로 들썩이는데도(합 2:11, "담에서 돌이 부르짖고 집에서 들보가 응답하리라") 부끄러움을 모르고 나체로 돌아다니다가(합 2:15) 결국 붙잡혀 벌을 받는 사람이지만 마음으로 살짝 믿기만 하면 천국에 갑니까? 과연 누가 이런 칭의론과 구원론을 수긍하겠습니까? 콧방귀나 뀌지 않으면 다행이지요.

　마음으로만 믿으면 된다고 주장하면서 해 먹을 것 다 해 먹는 개신교인이 얼마나 많은지요! 개독교인이라는 말이 왜 생겼습니까? 착한 개신교인들을 곡해하는 것입니까? 세상이 욕하는 것도 모르고 세습하고 학위 논문 표절을 하고 교회 돈을 제 돈처럼 쓰는 여러분! 믿음과 행위의 균형을 말하는 저의 제안이 틀렸다고 말할 수 있습니까? 당신이 틀렸습니다! 이해가 틀렸고 해석도 엉터리입니다. **삶이 엉망진창이라도 구원받는다는 말은 성경에 나오지 않습니다.** 믿기만 하면 구원이라는 말은 임종을 직면한 분에게나 가까스로 적용할 수 있는 말입니다. 도대체 당신은 뭘 믿는 것입니까? 적당히 성경 구절을 내세우면서 교리 뒤에 숨어 더러운 삶에 대해 핑계 대고 있는 것은 아닙니까? 宗

하박국 3:14-19

그들이 회오리바람처럼 이르러 나를 흩으려 하며 가만히 가난한 자 삼키기를 즐거워하나 오직 주께서 그들의 전사의 머리를 그들의 창으로 찌르셨나이다 / 주께서 말을 타시고 바다 곧 큰 물의 파도를 밟으셨나이다 / 내가 들었으므로 내 창자가 흔들렸고 그 목소리로 말미암아 내 입술이 떨렸도다 무리가 우리를 치러 올라오는 환난 날을 내가 기다리므로 썩이는 것이 내 뼈에 들어왔으며 내 몸은 내 처소에서 떨리는도다 / 비록 무화과나무가 무성하지 못하며 포도나무에 열매가 없으며 감람나무에 소출이 없으며 밭에 먹을 것이 없으며 우리에 양이 없으며 외양간에 소가 없을지라도 / 나는 여호와로 말미암아 즐거워하며 나의 구원의 하나님으로 말미암아 기뻐하리로다 / 주 여호와는 나의 힘이시라 나의 발을 사슴과 같게 하사 나를 나의 높은 곳으로 다니게 하시리로다 이 노래는 지휘하는 사람을 위하여 내 수금에 맞춘 것이니라

가진 것이 없어도 즐겁다는 것은 미친 것이 아니라
삶에 안정감이 중요하다는 말입니다.

각기 다른 시대를 배경으로 하는 문헌들이 하박국 3장에 모여있지만 내용은 전반적으로 일치하고 있습니다. 최종 구성자의 노력을 엿볼 수 있습니다. 본문은 오랜 고통에서 "백성"을 해방하시는 여호와의 구원(합 3:8 "구원의 병거"; 합 3:13 "주의 백성을 구원하시려고"; 합 3:18 "구원의 하나님") 이야기를 하고 있습니다.

악인에 대한 심판이 임박한 것 같습니다.(합 3:2 "수년 내에 나타내시옵소서") 난리 통에 주의 백성까지 피해 볼까 봐 걱정하고 있습니다.(합 3:2 진노 중에라도 긍휼을 잊지 마옵소서") 아직 해방이 완전히 이루어지지는 않은 것 같습니다. 하지만 "주께서 화살을 … 쏘셨나이다 주께서 … 땅을 쪼개셨나이다"(합 3:9)라는 표현이나 "여러 나라를 밟으셨나이다"(합 3:12) 또는 "악인의 집에 머리를 치시며 그 기초를 바닥까지 드러내셨나이다"(합 3:13), "창으로 찌르셨나이다"(합 3:14)와 같은 표현을 보면 해방이 거의 이루어진 것 같기도 합니다. **하박**

국 3장에 바벨론 패망 사건 직전, 직후, 이후 상황이 한데 모여있기 때문에 해석이 다소 어렵습니다.

합 3:14의 "(전사의) 머리"는 '두목'이나 '우두머리'로 이해해야 할 것입니다. 하나님은 적대 세력의 우두머리를 죽게 하심으로 전세를 꺾으셨습니다.

합 3:15의 "말을 타시고" 심판을 행하는 하나님의 이미지는 일찍이 렘 4:13에서 이스라엘을 패망시킨 세력(바벨론)을 묘사할 때 썼던 것입니다. 그 표현을 같은 세력을 심판하시는 하나님을 묘사하는 데 쓰고 있습니다. 한때 이스라엘을 혼내기 위해 사용하셨던 제국(합 1:12 "주께서 경계하기 위하여 그들을 세우셨나이다")을 이번에 처벌하신다는 것입니다.

"파도를 밟"으신 하나님은 바다의 신을 포함한 모든 신을 압도하시는 하나님의 월등하심을 드러냅니다.(시 89:8-9 "만군의 하나님이여 주와 같이 능력 있는 이가 누구리이까 … 주께서 바다의 파도를 다스리시며 … 잔잔하게 하시나이다.") 명확한 신정론 사상과 유일신 사상이 드러나는 것을 볼 때 이 구절은 포로기를 지나 적어도 포로기 전환기, 늦으면 포로 후기에 이르러 마무리한 것입니다.

합 3:16에서 갑자기 문헌의 형성 시점이 이스라엘의 국가 패망 직전 시기로 거슬러 올라갑니다. 이 구절은 제국의 침공 소식을 듣고("내가 들었으므로 … 우리를 치러 올라오는 …) 공포에 휩싸인 이스라엘 사람(들)의 심정을 묘사하고 있습니다.("내 창자가 흔들렸고 … 입술이 떨렸도다 … 썩이는 것이 내 뼈에 들어왔으며 … 몸은 … 떨리는도다")

가장 늦게는 귀환 이후, 다윗 계열 왕을 세우려는 기대감을 드러내는 구절이 하박국 3장에 들어 있어서(합 3:13 "기름 부음 받은 자를 구원") 단순히 한 구절만 보고 포로기 진입 직전에 하박국서 전체를 한 번에 기록한 것이라고는 말할 수 없습니다.

하박국서에는 이처럼 다양한 시대 배경을 가진 문장들이 혼재되어 있어서 합 3:17-18의 해석도 아주 까다롭습니다.

> 비록 무화과나무가 무성하지 못하며 포도나무에 열매가 없으며 감람나무에 소출이 없으며 밭에 먹을 것이 없으며 우리에 양이 없으며 외양간에 소가 없을지라도 나는 여호와로 말미암아 즐거워하며 나의 구원의 하나님으로 말미암아 기뻐하리로다(합 3:17-18)

이는 간단히 말해서 '아무것도 없어도 구원의 하나님 때문에 기쁘다'라는 뜻인데 과연 어떤 시대 상황에서 이런 글이 나타날 수 있는지 궁금하지 않을 수 없습니다. 재차 말하지만, 하박국 3장에 국가 패망 시점부터 포로기, 포로후기까지 여러 가지 다른 시점을 배경으로 하는 본문이 혼재되어있어서 이 단락의 형성 시대 추정이 어렵습니다. 유사 구절들을 세심하게 비교할 필요가 있습니다.

원래 무화과나무, 포도나무와 같은 '나무에 열매가 없다'는 표현은 국가 패망 시기에 나타났습니다.

> 여호와의 말씀이니라 내가 그들을 진멸하리니 포도나무에 포도가 없을 것이며 무화과나무에 무화과가 없을 것이며 그 잎사귀가 마를 것이라 내가 그들에게 준 것이 없어지리라 하셨나니(렘 8:13)

여기서 열매가 없는 것은 저주입니다. 하박국 3:17-18에서 "열매가 없어도 괜찮다"라고 했다는 것은 국가 패망의 상황(렘 8:1-22)으로부터 일정한 시간이 지난 다음 하박국 3:17-18이 쓰였다는 뜻입니다.

이사야서 61장에서 합 3:18의 "구원의 하나님으로 말미암아 기뻐하리로다"라는 말과 비슷한 표현을 찾아볼 수 있습니다.

> 내가 여호와로 말미암아 크게 기뻐하며 내 영혼이 나의 하나님으로 말미암아 즐
> 거워하리니 이는 그가 구원의 옷을 내게 입히시며 공의의 겉옷을 내게 더하심이
> 신랑이 사모를 쓰며 신부가 자기 보석으로 단장함 같게 하셨음이라(사 61:10)

사 61:10은 "하나님으로 말미암아 즐거워"한다고 하는데 "그가 구원의 옷을
입"히셨기 때문이라고 설명합니다. 이것은 합 3:18의 '구원의 하나님 때문에 기
뻐한다'와 거의 같은 분위기입니다. 하지만 표현이 비슷하다고 각 구절을 작성
한 시기가 무조건 똑같은 것은 아닙니다.

이사야서 61장은 합 3:17-18과는 달리 낙관적인 표현 일색입니다. 사 61:6
에서 이스라엘을 여호와의 제사장이라고 부르는데 이는 이스라엘이 세계의 중
심 국가가 된다는 뜻입니다. 이를 야욕으로 보기는 힘듭니다. 이스라엘과 "이방
나라들"이 평화롭게 공존하는 상황을 말하고 있기 때문입니다. "뭇 나라"와 "만
민"이 이스라엘을 "여호와께 복 받은 자손이라 인정"합니다.(사 61:8) 그들은 모
두 "공의"로운 관계를 유지하며 함께 노래를" 부릅니다.(사 6:11)

바벨론이 멸망하자 이스라엘 사람들은 미래를 낙관했습니다. 상실의 시대(렘
8:13)가 지나고 풍요의 시대가 올 줄 바라며 아주 기뻐했습니다.(사 61:10) 그러
나 풍성한 열매를 맺는 시기는 쉽게 오지 않았습니다. 오히려 귀환자들은 경제
적 위기에 봉착했습니다. 성전을 건축해야 하는데 각자 삶의 터전을 마련하기도
힘에 부쳤습니다. 학 2:18-19 은 실망하고 있는 사람들을 위로합니다.

> 너희는 오늘 이전을 기억하라 아홉째 달 이십사일 곧 여호와의 성전 지대를 쌓
> 던 날부터 기억하여 보라 곡식 종자가 아직도 창고에 있느냐 포도나무, 무화과
> 나무, 석류나무, 감람나무에 열매가 맺지 못하였느니라 그러나 오늘부터는 내가
> 너희에게 복을 주리라(학 2:18-19)

학개서의 이 본문은 시기적으로 "다리오 왕 제2년"(학 2:10)을 배경으로 합니

다.(기원전 520년경) 페르시아는 바벨론을 정복한 기원전 539년부터 타민족을 위한 관용 정책을 시작하였습니다. 539년에서 19년이 더 흐른 뒤에 학개서 2장 본문을 작성했을 것입니다. 학 2:18-19은 "포도나무, 무화과나무, 석류나무, 감람나무"의 "열매"가 맺히지 못했던 과거(렘 8:13 " … 없을 것이며")와는 달리 마침내 풍성한 수확의 기쁨(사 61:10)이 주어질 것을 약속합니다.("그러나 오늘부터는 내가 너희에게 복을 주리라.") 귀환자들이 재건하기 시작한 예루살렘 성전은 고토에 잔류하고 있었던 사마리아인들에 의해 중단되었으며 520년에야 재개되었습니다.(완공은 기원전 516년) 합 2:18-19은 바로 이 시점의 분위기를 반영합니다. 일정한 자유를 얻어 돌아온 고향에서의 생활은 녹록지 않았습니다. 그들은 어떻게든 예루살렘 성전을 재건하면 풍요가 주어질 것이라고 믿었습니다. 하지만 성전 공사가 오래 중단되었습니다. 그리고 마침내 공사를 재개하였습니다. 그동안은 열매를 맺지 못했지만 "오늘부터는 … 복"이 주어진다고 말하는 이유가 거기에 있습니다. 안정과 풍요는 결코 쉽게 주어지지 않았습니다. 본격적으로 귀환자들에게 생존의 문제가 크게 다가왔습니다. 이때 하박국 3:17-18의 저자는 다시 대중을 위로하려고 붓을 듭니다. 여전히 무화과나무는 무성하게 자라지 않고 포도나무에는 열매가 맺히지 않으며 감람나무에는 소출이 없고 밭에는 먹을 것이 없습니다.(합 3:17) 귀환자들이 노력하지 않았다는 것이 아니라 열심히 농사를 지었는데도 불구하고 결과가 보잘것없었습니다. 또한 "외양간"을 만들고 "우리"를 둘렀지만 가축들은 늘지 않았습니다. 하박국 3:17-18의 저자는 "그래도 바벨론은 무너졌다!"라면서 부정적인 여론을 낙관적인 방향으로 돌리려고 노력합니다. "구원의 하나님"으로 인하여 "기뻐"한다는 합 3:18은 바벨론이 패망했던 순간의 기쁨(사 61:10)을 회고합니다. 지친 사람들에게 얼마 전에 주어진 해방의 날을 떠올려 보라는 것입니다. "나는 … 즐거워하며 … 기뻐하리로다"라는 말은 분명히 다수를 의식한 발언입니다.

비록 무화과나무가 무성하지 못하며 포도나무에 열매가 없으며 감람나무에 소출이 없으며 밭에 먹을 것이 없으며 우리에 양이 없으며 외양간에 소가 없을지라도 나는 여호와로 말미암아 즐거워하며 나의 구원의 하나님으로 말미암아 기뻐하리로다(합 3:17-18)

이어지는 합 3:19a도 다수를 의식한 말입니다. 위로의 말입니다.

주 여호와는 나의 힘이시라 나의 발을 사슴과 같게 하사 나를 나의 높은 곳으로 다니게 하시리로다 …(합 3:19a)

이 구절의 '나의 발을 사슴과 같게 한다'는 표현은 시편 18편 33절의 내용과 거의 같습니다.

나의 발을 암사슴 발 같게 하시며 나를 나의 높은 곳에 세우시며(시 18:33)

시편 18편은 "이방인들"(시 18:44), "이방 자손들"(시 18:45), "민족들"(시 18:47), "이방 나라들"(시 18:49)로부터의 "구조"(시 18:48), 건지심(시 18:48), "큰 구원"(시 18:50)에 대해서 논하고 있습니다. 이 역시 바벨론의 패망과 이스라엘의 해방을 떠올리게 합니다. 이 표현을 사무엘하 본문도 공유하고 있습니다.

나의 발로 암사슴 발 같게 하시며 나를 나의 높은 곳에 세우시며(삼하 22:34)

삼하 22장은 "모든 민족 중에서"(삼하 22:50) "왕"이 "큰 구원"을 얻었으며 "기름 부음 받은 자에게" 그 구원이 주어졌다고 말합니다.(삼하 22:51) 사무엘서의 기본층을 왕정 시대에 작성한 것이라고 해도 삼하 22장의 일부는 시 18:33과 마찬가지로 최소한 바벨론이 패망하고 나서 쓴 것입니다. 이처럼 구원의 기쁨은 바벨론의 패망과 밀접한 관계가 있습니다.

다각적으로 살펴보았을 때, 하박국 3:17-19a는 귀환기~포로 후기 사이의 본문으로 확정할 수 있습니다. 다만 바벨론의 패망에 따른 큰 기쁨이 많이 수그러든 시점에 작성했을 것입니다. 안정과 풍요를 기대하지만 그 기대가 쉽게 충족되지 않는 사람들을 격려하려고 이 글을 쓴 것입니다. 일단 고향 땅에 돌아왔으니 좌절하고 낙심하고 앉아 있을 수만은 없었습니다. 불안한 마음을 어떻게든 누그러뜨리고 앞으로 나아가야만 했습니다. 그 시점에 하나님의 말씀이 디딤돌 같은 작용을 했습니다.

🐝 성서에 실패한 사람들의 이야기가 나오는 것은 우리에게 시사하는 바가 큽니다. 우리 사회에도 성공한 사람보다는 실패한 사람이 훨씬 많기 때문입니다. 부자보다는 가난한 사람이 대다수입니다.

신앙이 있는 사람 중에 신앙으로 불행이 행복으로 바뀌고 실패가 성공으로 바뀔 줄 아는 사람이 많습니다. 사실 뭔가 이익이 없는데 귀찮게 일요일마다 교회에 나갈 사람이 어디 있겠습니까? 아이를 갖고 싶은데 안 생긴다든지 연거푸 시험에 낙방했다든지 하다못해 우울증이 심하다든지 어떤 문제를 가지고 교회에 나갑니다. 하박국서는 그런 분들에게 별로 와닿지 않는 내용일 것입니다. 이스라엘 사람들은 고향으로 돌아가기만 하면 행복과 성공과 부유가 뚝 떨어질 줄 알았습니다. 그러나 현실은 차갑습니다. 오히려 살기가 전보다 못합니다. 실망하고 낙심하고 원망하는 사람이 나타납니다. 귀환한 사람들이 성서를 편찬하면서 애굽에서 떠나 불평불만을 일삼았던 조상의 이야기를 적을 때 아마 남다른 감회가 있었을 것입니다. 애굽에서 탈출한 조상이나 바벨론 땅에서 고향 땅으로 귀환한 후손이나 그들이 바라던 복이 생기지 않자 엄청나게 실망한 것은 똑같습니다.

어떤 목사는 믿기만 하면 기적이 일어나고 복이 쏟아질 것처럼 떠벌입니다. 하나님이 그 모습을 보고 걱정하여 복을 내려주셔야만 될 것 같은 분위기입니다. 하지만 **일상의 신앙, 신앙의 일상은 아무것도 이용하지 않습니다.** 신앙을 일상으로 받아들입니다. 일상을 신앙의 터전으로 이해합니다. 이런 의미에서 일상의 신앙은 더 깊습니다. 상황의 영향을 거의 받지 않습니다. 아버지는 나에게 뭘 해주셔야 아버지가 아닙니다. 그냥 아버지입니다. 가난하여 뭘 해주기는커녕 힘들게 해도 아버지는 아버지입니다. 이렇게 일상으로 이해하는 신앙이 진실에 가깝습니다.

믿어주면 복을 준다는 것은 신앙이라기보다는 거래에 가깝습니다. 지금은 믿는다고 하지만 이익이 없으면 언젠가는 훌쩍 떠날 것입니다. 이런 거래 관계는 사랑의 관계가 아닙니다. 우리는 가족이 나에게 이익을 주지 않는다고 가족을 떠나지 않습니다. 교회를 한 번 다녔으면 떠나지 말라고 제가 이런 말을 하는 게 아닙니다. 바른 신앙의 원리를 말하는 것입니다. **사랑의 관계가 비로소 우리 마음에 안정을 줍니다.** 이 안정감이 매우 중요합니다. 성서의 저자가 '아직 아무것도 없지만 괜찮다'라고 말한 것은 이 안정감을 말하는 것입니다. 안정감이 있어야 전진할 수 있습니다.

삶은 노력한다고 언제나 좋은 열매가 주어지는 게 아닙니다. 물끄러미 빈손을 바라볼 때가 많습니다. 우리의 마음은 그래서 늘 가난합니다. 그런데 하나님이 바로 이런 사람들을 돌보신다고 합니다.(사 66:2 "마음이 가난(한) … 그 사람은 내가 돌보려니와; 마 5:3) 빈손의 인생이 마음 둘 곳을 찾지 못할 때 하나님은 그를 위로하시고 다시 일어날 힘을 주십니다. 하나님은 바로 뭔가 보이는 이익을 주지 않지만 건전한 사고와 가치를 주십니다. 우리로 포기하지 않고 일어나 뛰게 합니다. 성서가 제시하는 일상과 신앙에 관한 정보는 삶에서 자주 어려움을 당하고 빈손을 경험하는 우리에게 아주 유용합니다.

어려움이 있지만 신이 이미 자신에게 허락한 것을 감사하며 기뻐할 수 있다면 이미 그 어려움을 딛고 일어선 것이나 마찬가지입니다. 이제 남은 것은 당신의 힘으로 열심히 살아나가는 것입니다! 이미 많은 것을 가지고 있는데도 아직 갖지 못한 것 때문에 괴로워하는 사람보다는 가진 것에 감사하는 사람이 부자입니다. 부자의 특징도 안정감입니다. 안달하지 않습니다. 넉넉한 미소를 지닙니다. 당신에게 이 안정감이 있다면 아마 당신이 낼 수 있는 최고 역량을 발휘하며 전진할 수 있을 것입니다! 자주 넘어질지 모르지만 곧 다시 벌떡 일어나 전진하면 언젠가 당신이 바라는 것과는 좀 다를지라도 썩 괜찮은 미래가 펼쳐질 것입니다.🏠

스바냐 1:1-3

아몬의 아들 유다 왕 요시야의 시대에 스바냐에게 임한 여호와의 말씀이라 스바냐는
히스기야의 현손이요 아마랴의 증손이요 그다랴의 손자요 구시의 아들이었더라 / 여
호와께서 이르시되 내가 땅 위에서 모든 것을 진멸하리라 / 내가 사람과 짐승을 진멸
하고 공중의 새와 바다의 고기와 거치게 하는 것과 악인들을 아울러 진멸할 것이라
내가 사람을 땅 위에서 멸절하리라 나 여호와의 말이니라

당신을 보니 이 세상은 아직 살만한 가치가 있는 곳입니다.

스바냐는 유다 왕 요시야 시대(습 1:1, 기원전 640-609년)에 활동한 예언자
입니다. "히스기야"가 그의 고조할아버지("현손")라고 합니다. 히스기야의 재위
기간을 기원전 745~717년이라고 할 때 스바냐의 활동시기와는 약 100년의 시간
차이가 납니다. 유다 제13대 왕 히스기야부터 16대 요시야 왕 사이에는 므낫세,
아몬 왕이 있습니다. 그런데 **스바냐를 히스기야 왕과 연결한다는 것 자체가 어
떤 의도를 내포하고 있습니다.** 히스기야 왕은 전형적인 선왕(善王)으로 이방 우
상을 타파한 개혁자입니다.(왕하 18:1-12) 요시야 왕의 개혁도 이방 제사 풍속
을 철폐하는 것이었습니다.(왕하 23:1-20, 24-27) 이 모두 이방의 종교를 극히
배척하는 상황에서 쓴 글입니다.

스바냐 1장 1절의 소개가 끝나고 바로 다음 절인 2절부터 세계 종말 이야기
가 나옵니다.

> 여호와께서 이르시되 내가 땅 위에서 모든 것을 진멸하리라 내가 사람과 짐승을
> 진멸하고 공중의 새와 바다의 고기와 거치게 하는 것과 악인들을 아울러 진멸할
> 것이라 내가 사람을 땅 위에서 멸절하리라 나 여호와의 말이니라(습 1:2-3)

이것은 스바냐가 살았던 요시야 시대의 상황을 생각할 때 이해하기 어려운
내용입니다. 앗시리아의 수도인 니느웨의 멸망(나 1:14)을 의미하는 것으로도 볼

수 없습니다. 습 1:2-3은 이스라엘을 제외한 모든 나라의 멸망(특수주의)을 의미하는 것이 아니라 이스라엘을 포함한 모든 존재의 "진멸"(보편주의)을 뜻하고 있습니다. 이런 보편주의적 심판론은 훨씬 더 후대에 작성하고 삽입한 것으로 보입니다. 오히려 습 1:4절 이하의 내용이 요시야 왕의 개혁 내용과 일치합니다.

> 내가 유다와 예루살렘의 모든 주민들 위에 손을 펴서 남아 있는 바알을 그곳에서 멸절하며 그마림이란 이름과 및 그 제사장들을 아울러 멸절하며 또 지붕에서 하늘의 뭇 별에게 경배하는 자들과 경배하며 여호와께 맹세하면서 말감을 가리켜 맹세하는 자들과 여호와를 배반하고 따르지 아니한 자들과 여호와를 찾지도 아니하며 구하지도 아니한 자들을 멸절하리라(습 1:4-6)

이것은 왕하 23장에 언급한 요시야의 개혁과도 일치합니다.

> 옛적에 유다 왕들이 세워서 유다 모든 성읍과 예루살렘 주위의 산당들에서 분향하며 우상을 섬기게 한 제사장들을 폐하며 또 바알과 해와 달과 별 떼와 하늘의 모든 별에게 분향하는 자들을 폐하고(왕하 23:5)

> 또 예루살렘 앞 멸망의 산 오른쪽에 세운 산당들을 왕이 더럽게 하였으니 이는 옛적에 이스라엘 왕 솔로몬이 시돈 사람의 가증한 아스다롯과 모압 사람의 가증한 그모스와 암몬 자손의 가증한 밀곰을 위하여 세웠던 것이며 왕이 또 석상들을 깨뜨리며 아세라 목상들을 찍고 사람의 해골로 그곳에 채웠더라 또한 이스라엘에게 범죄하게 한 느밧의 아들 여로보암이 벧엘에 세운 제단과 산당을 왕이 헐고 또 그 산당을 불사르고 빻아서 가루를 만들며 또 아세라 목상을 불살랐더라(왕하 23:13-15)

> 요시야가 또 유다 땅과 예루살렘에 보이는 신접한 자와 점쟁이와 드라빔과 우상

과 모든 가증한 것을 다 제거하였으니 이는 대제사장 힐기야가 여호와의 성전에서 발견한 책에 기록된 율법의 말씀을 이루려 함이라 요시야와 같이 마음을 다하며 뜻을 다하며 힘을 다하여 모세의 모든 율법을 따라 여호와께로 돌이킨 왕은 요시야 전에도 없었고 후에도 그와 같은 자가 없었더라(왕하 23:24-25)

왕하 23장에 "언약책"(왕하 23:2)에 관한 언급이 있는데 이것은 "기록된"(왕하 23:3) "율법의 말씀"(왕하 23:24)입니다. 실제 역사에서 토라(율법)의 문서화는 이스라엘 백성이 고향으로 귀환한 이후 포로 후기에 이루어진 것으로 봅니다.

스바냐서는 스바냐의 활동 시기와 요시야 왕 시대를 동일한 시대로 설정하고 있으며 두 본문 모두 유일신 사상을 전제하면서 이방 신 철폐를 말하고 있습니다. 이를 볼 때 스바냐서 본문은 상당히 후대에 완성되었을 가능성이 있습니다.

세계 멸망을 언급하는 습 1:3-4로 돌아가 보면 실제 요시야 왕 시대와 같이 상대적으로 안정된 시대에 글을 완성했다고는 볼 수 없습니다.

사람이 땅 위에서 멸절된다(습 1:3)는 예고는 습 1:7의 "여호와의 날"보다 더욱 심한 상황 같습니다. 왜냐하면 "여호와의 날"에는 최소한 구원 받는 자들이 있는 것 같고(습 1:7 "그가 청할 자들(손님들, 제물을 나눠 먹을 사람들)을 구별하였음이니라")) 이스라엘 민족과 이방인을 구별하지 않는 무차별적인 멸망은 아니기 때문입니다. 습 1:3이 "악인들을 … 진멸할 것이라"라고 하기에 의로운 사람은 살아남는 것 같습니다. 하지만 제가 볼 때, 습 1:3의 진멸은 말 그대로 하나도 남지 않는 것이며 모든 사람이 죽는 것입니다. 의인들이 이미 "악인"에 의해 소멸하였기 때문에 언급이 없다고 볼 수 있습니다. 남은 것은 모든 것을 싹쓸어 버리는 일입니다.(습 1:3 "사람과 짐승을 진멸하고 공중의 새와 바다의 고기와 … 악인들을 아울러 진멸 … 사람을 … 멸절하리라") 요엘서 2:31-32도 습

1:7과 같이 "여호와의 (크고 두려운) 날"에 대해서 말하고 있는데 이 본문도 "여호와의 이름을 부르는 자"는 "구원"을 얻는다면서 "피할 자", "남은 자 중에 … 여호와의 부름을 받을 자가 있"다고 말하고 있습니다. 본문과 본문 간의 미묘한 차이를 자세히 살펴봅시다.

> 주 여호와 앞에서 잠잠할지어다 이는 여호와의 날이 가까웠으므로 여호와께서 희생을 준비하고 그가 청할 자들을 구별하셨음이니라(습 1:7)

> 여호와의 크고 두려운 날이 이르기 전에 해가 어두워지고 달이 핏빛 같이 변하려니와 누구든지 여호와의 이름을 부르는 자는 구원을 얻으리니 이는 나 여호와의 말대로 시온 산과 예루살렘에서 피할 자가 있을 것임이요 남은 자 중에 나 여호와의 부름을 받을 자가 있을 것임이니라(욜 2:31-32)

이에 비하여 습 1:3의 세계 멸망은 선한 사람들과 "악인들"을 구분하지 않는 무차별적인 "진멸(燼滅)"입니다.

> 내가 사람과 짐승을 진멸하고 공중의 새와 바다의 고기와 거치게 하는 것과 악인들을 아울러 진멸할 것이라 내가 사람을 땅 위에서 멸절하리라 나 여호와의 말이니라(습 1:3)

습 1:14-18을 보면 대대적인 멸망의 날을 언급하고 있는데 그것은 모든 이("온 땅")가 "여호와께 범죄"했기 때문입니다. 이렇게 무차별적 심판을 말하는 습 1:2-3과 1:14-18, 그리고 차별적 심판과 구원을 말하는 습 1:7과 욜 2:31-32의 '여호와의 날' 전승은 비슷해 보이지만 아주 중요한 차이가 있습니다.

> 여호와의 큰 날이 가깝도다 가깝고도 빠르도다 여호와의 날의 소리로다 용사가

거기서 심히 슬피 우는도다 그날은 분노의 날이요 환난과 고통의 날이요 황폐와 패망의 날이요 캄캄하고 어두운 날이요 구름과 흑암의 날이요 나팔을 불어 경고하며 견고한 성읍들을 치며 높은 망대를 치는 날이로다 내가 사람들에게 고난을 내려 맹인 같이 행하게 하리니 이는 그들이 나 여호와께 범죄하였음이라 또 그들의 피는 쏟아져서 티끌 같이 되며 그들의 살은 분토 같이 될 지라 그들의 은과 금이 여호와의 분노의 날에 능히 그들을 건지지 못할 것이며 이 온 땅이 여호와의 질투의 불에 삼켜지리니 이는 여호와가 이 땅 모든 주민을 멸절하되 놀랍게 멸절할 것임이라(습 1:14-18)

스바냐서 1장은 앗시리아의 멸망 이후 점진적으로 확장한 문헌입니다. 국가 패망의 시기를 지나, 포로기 전환기~포로 후기에 이르러 이방 심판과 우상 숭배 근절이라는 주제를 추가하고 각색하였을 것입니다. 세계 멸망과 같은 보편주의적 세계 종말론이 스바냐서 본문에 나타난 것은 그 이후의 일입니다. 시간이 상당히 많이 흐른 후에 이스라엘이 대대적인 환난에 휩싸인 상황을 전제합니다.

이스라엘 백성과 이방인을 구분하지 않는 무차별적 세계 멸망이라고 하면 노아의 홍수(창 7장) 이야기가 떠오릅니다. 홍수 이야기는 고대 근동 민족들의 이야기 속에서도 찾아볼 수 있습니다. 아트람하시스(Atramhasis)의 대홍수 이야기나 바벨론 왕이었던 길가메시 서사시 11판의 홍수 이야기는 노아의 방주 이야기와 상당히 흡사합니다. 그런데 정확히 말해서 노아의 홍수 이야기는 한 사람도 빼지 않고 모든 인간이 멸절하는 것을 말하지 않습니다. 그 안에는 소수지만 구원을 받는 존재가 있습니다. 그런 의미에서 **스바냐 1:2-3은 생명체를 방주에 태워 목숨을 부지하게 했던 노아 이야기보다 더 비관적입니다.** "사람과 짐승"이 다 죽고 '새와 물고기'도 멸절된다고 합니다. 노아의 방주 이야기에서는 짐승이 살아남습니다.

극단적인 종말론은 이 세상에서의 삶에 미련을 느끼지 못하고 모든 것이 끝장나기를 바라는 사람들이 작성한 것입니다. 말할 수 없이 큰 환난이나 박해를 받는 사람들 말입니다. 이들 때문에 소수 구원론을 말하던 스바냐서가 지구 멸망의 논조를 갖게 되었습니다. 포로 후기 이후의 대대적인 위기라고 한다면, 기원전 175-163년경에 셀류코스 제국 안디오쿠스 4세 에피파네스에 의해 일어난 유대교 대박해를 떠올리게 됩니다. 다니엘서 12장 11절은 "매일 드리는 제사를 폐하며 멸망하게 할 가증한 것을 세"운다고 말합니다. 안디오쿠스 4세는 예루살렘 성전 안에 신상을 세웠습니다. 그의 박해는 마카비 혁명(기원전 167-142년)의 기폭제가 되었습니다. 심한 박해를 받는 사람은 자신이 죽으리라는 것을 직감합니다. 하지만 죽음의 순간에 극적 구원이 이루어지기를 바랍니다.(단 6:22 "나의 하나님이 이미 그의 천사를 보내어 사자들의 입을 봉하셨으므로 사자들이 나를 상해하지 못하였사오니") 스바냐서도 암울하게 모든 이의 멸망을 말하고 있습니다. 스바냐서 1:1-3은 '나만 살아남는다'가 아니라 '모두 다 같이 죽는다'라고 말합니다. 이는 박해를 받으며 일말의 소망도 없이 죽는 사람의 입에서 나올만한 말입니다. 한 사람의 생명이 천하보다 귀하다고 합니다. 한 사람의 생명은 세상 자체입니다. 한 사람을 무고하게 죽게 하는 세상이라면 싹 없어져야 한다는 것입니다. 헬레니즘 시대 후기에 접어들면서 그동안의 포용적 분위기와는 달리 극심한 박해가 주어지자 이스라엘 사람들은 큰 절망에 빠졌습니다. 생명보다 소중한 신앙을 폭압자는 근본적으로 무시했습니다. 예루살렘 성전에 신상을 세우고 유대인이 혐오하는 돼지 피를 사방에 바르고 율법이 금지한 동물을 제물로 바쳤으며 안식일을 지키는 자를 살해했습니다. 신앙을 말살하려고 했던 것입니다.

　　스바냐서는 앗시리아의 멸망 시기에서부터 긴 시간 동안 발전한 본문입니다. 그 안에서는 적어도 두 가지 서로 다른 메시지가 들어있습니다.

　　세상은 싹 멸망해도 좋을 만큼 부패했다(습 1:2-3,18)

세상에는 그래도 소망의 싹이 남아있다(습 1:7; 3:8-20)

만약 군가가 당신에게 '세상이 멸망하지 말아야 하는 이유는 무엇입니까?'라고 묻는다면 어떻게 대답하시겠습니까? 어떤 이는 '세상이 모두 불바다가 되었으면 좋겠다'라고 할 것입니다. 어떤 이는 '세상은 그래도 살만한 곳입니다'라고 하겠지요. 우리가 사는 오늘이 어제보다 더 나은 세상이 되고 있다면 세계 종말을 바라는 사람은 줄어들 것입니다. '다 죽어버려!'라는 말을 하는 사람은 자신이 너무 괴롭기 때문에 그런 소리를 하는 것입니다. 세상이 살기 좋은 곳이라면 왜 그런 소리를 하겠습니까?

당신이 세상이 멸망하지 말아야 하는 이유가 되세요! 세상의 끝을 바라다가 당신의 선행과 미소를 보고 그런 마음이 사라지게 하세요. 당신을 보면 '세상은 그래도 살만한 곳이야'라는 말이 나오게 하세요. 누군가가 나를 보며 '말세야! 말세야!'라고 말하지 않게 하세요. 나는 다른 사람에게 어떤 느낌을 주는 사람입니까? 어떤 사람은 남에게 경제적으로 막대한 손해를 끼치거나 모멸감을 주어 스스로 삶을 끝내게 합니다. 그런 이들이 있어 이 세상은 끝나버려도 좋을 세상이 됩니다. 그 피해자 개인에게 있어서 세계 종말이 이미 온 것입니다. 당신 하기 나름입니다. '여호와의 날'이 좋은 사람들의 세상이 되거나(습 1:7) 모두 함께 싹 망하는 날(습 1:2-3)이 되거나 하는 것이 모두 당신에게 달려 있습니다. 宗

학개 1:8

너희는 산에 올라가서 나무를 가져다가 성전을 건축하라 그리하면 내가 그것으로 말미암아 기뻐하고 또 영광을 얻으리라 여호와가 말하였느니라

빚내서 교회 건물 크게 짓지 마세요!

바벨론에 의해 끌려갔다가 귀환한 이스라엘 백성들은 우선 성전의 재건에 힘썼습니다.(스 3:8-13) 성전을 재건할 수 있도록 새로운 지배자인 페르시아가 지원했습니다. 하지만 사마리아인들의 방해로 성전 건축을 중단합니다.(스 4:4-5) 학개는 중단한 성전을 재건하라고 독려한 사람입니다.(학 1:12-15) 성전을 완공하지도 못했는데 백성들은 자신의 살 곳과 생계만 신경 쓰고 있었습니다.(학 1:4,6) 이런 상황에서 학개서 1장 6절은 산의 나무를 가져다가 성전을 건축하라고 독촉하고 있습니다. 그는 성전 재건을 통해서 하나님이 "영광을 얻"는다고 말합니다.

문헌의 배경 시점은 다르지만 역대하 6장에도 성전 건축에 관한 긍정적인 언급이 나옵니다.

내가 내 백성을 애굽 땅에서 인도하여 낸 날부터 내 이름을 둘 만한 집을 건축하기 위하여 이스라엘 모든 지파 가운데서 아무 성읍도 택하지 아니하였으며 내 백성 이스라엘의 주권자가 될 사람을 아무도 택하지 아니하였더니 예루살렘을 택하여 내 이름을 거기 두고 또 다윗을 택하여 내 백성 이스라엘을 다스리게 하였노라 하신지라(대하 6:5-6)

대하 6:5-6은 성전 건축을 하나님이("내가") 시킨 일이라고 합니다. 교회 건물을 짓고 싶은 목사님들은 이 구절을 좋아합니다. 하지만 아랫글은 완전히 다른 이야기를 합니다.

> 그 밤에 여호와의 말씀이 나단에게 임하여 이르시되 가서 내 종 다윗에게 말하기를 여호와께서 이와 같이 말씀하시되 네가 나를 위하여 내가 살 집을 건축하겠느냐 내가 이스라엘 자손을 애굽에서 인도하여 내던 날부터 오늘까지 집에 살지 아니하고 장막과 성막 안에서 다녔나니 이스라엘 자손과 더불어 다니는 모든 곳에서 내가 내 백성 이스라엘을 먹이라고 명령한 이스라엘 어느 지파들 가운데 하나에게 내가 말하기를 너희가 어찌하여 나를 위하여 백향목 집을 건축하지 아니하였느냐고 말하였느냐(삼하 7:4-7)

사무엘서의 이 내용은 성전 건축을 몹시 부정적으로 봅니다. 하나님은 이스라엘의 어느 "지파"에게도 성전 건축을 요구하지 않았다고 합니다. 이와 비슷한 내용이 역대기서에도 나옵니다.

> 그 밤에 하나님의 말씀이 나단에게 임하여 이르시되 가서 내 종 다윗에게 말하기를 여호와의 말씀이 너는 내가 거할 집을 건축하지 말라 내가 이스라엘을 애굽에서 올라오게 한 날부터 오늘까지 집에 있지 아니하고 오직 이 장막과 저 장막에 있으며 이 성막과 저 성막에 있었나니 이스라엘 무리와 더불어 가는 모든 곳에서 내가 내 백성을 먹이라고 명령한 이스라엘 어느 사사에게 내가 말하기를 너희가 어찌하여 내 백향목 집을 건축하지 아니하였느냐고 말하였느냐 하고(대상 17:3-6)

여기서는 하나님이 그 어떤 "사사"에게도 성전 건축을 명령한 적이 없다고 합니다. 사무엘서가 "지파"를 제시했다면 역대기서는 "사사"를 거론합니다. 이것은 필사하다가 생긴 실수인 것 같습니다. "지파"는 주로 족장 시대~가나안 정복 시대의 개념이고 "사사"시대도 왕정 시대 전입니다. 왕정 시대에 성전을 지었으니까 '내가 언제 지파들이나 사사들에게 성전 지어달라고 했느냐?'라는 말은 과거, 현재 아무 때나 성전을 지을 필요가 없다는 뜻입니다. 시간 초월적 표현입니다.

이처럼 **성전 건축에 대한 긍정적인 내용뿐 아니라 부정적 주장도 있다**는 것을 기억해야 합니다. 다윗이 성전 건축을 시행하려고 하는 것을 금지하면서 특정한 이유를 제시하는 구절도 있습니다.

> 여호와의 말씀이 내게 임하여 이르시되 너는 피를 심히 많이 흘렸고 크게 전쟁하였느니라 네가 내 앞에서 땅에 피를 많이 흘렸은즉 내 이름을 위하여 성전을 건축하지 못하리라(대상 22:8)

이는 사실 억지스러운 트집 잡기입니다. 다윗만 전쟁했고 피를 많이 흘렸겠습니까? 구약성서에서 최고의 성군인 다윗 말고 누가 성전을 지을 수 있겠습니까? 다윗이 준비하고 솔로몬이 지었다고 하는데 그럼 준비한 사람은 성전을 지은 사람에 포함하지 않습니까?

피를 흘리는 것은 신적 심판권을 침해하는 불신앙적 행위로 비판받습니다.(삼상 19:5 "무죄한 피를 흘려 범죄"; 삼상 25:26 "손으로 피를 흘려 친히 보복하시는 일을 여호와께서 막으셨으니"; 삼상 25:31) 심판주는 하나님인데 인간이 나서서 심판하는 것은 불신앙이라는 것입니다. 이것을 현대에 적용할 때는 주의해야 합니다. 사회적 범죄를 저지른 사람까지 가만히 놔두고 하나님이 심판하실 때까지 기다리라는 뜻으로 이해할 수 없습니다. 구약성서의 법은 현대의 헌법과 일맥상통하는 것입니다. 범죄자를 법에 따라 처벌하는 것을 성서에서는 하나님의 법에 따른 심판이라고 이해한다는 것입니다. 범죄자를 개인이 처벌해서는 안 됩니다. 나라에 법이 있는 한 그 법대로 벌을 받게 해야 합니다. 어쨌든 신적(공적)심판을 마다하고 직접 심판하는 것이 틀렸다는 인식은 적어도 포로기 이후에 형성된 신정론적 개념입니다.

이러한 고찰 결과를 종합해 볼 때, 성전 건축에 관한 극히 부정적인 인식, (재)건축이 불가하다는 주장 모두 성전이 허물어져 존재하지 않았던 포로기~귀환기 이전 시기에 걸쳐 나타난 것이라고 볼 수 있겠습니다.

그렇다면 포로기 전환기~포로 후기를 배경으로 하는 학개서는 왜 성전(재)건축을 긍정적으로 봅니까?

그것은 당연한 변화입니다. **이제 성전 재건이 가시화되었기 때문입니다.** 성전이 파괴되어 존재하지 않을 때는 그것이 (원래) 필요없었다고 주장한 것이고, 그것을 재건할 시기가 다가오자 어떤 조건, 목적, 어떤 자세로 그것을 재건해야 하는지를 논의한 것입니다. 그리고, 학개서 내용처럼 성전을 실제로 재건하는 시점에 이르자, 그것을 가급적 빨리 마치자는 주장을 한 것입니다. 이는 성전을 둘러싼 인식이 변화하다가 결국 특정한 개념으로 자리매김했음을 전제하는 것입니다. 이스라엘 백성 내부적으로는 성전 재건에 대한 큰 반대가 없었다는 것을 볼 때, 내부적 합의가 이미 이루어진 것입니다. 외부적인 방해가 없었다면 더 빨리 완공했을 것입니다.

성서에는 성전을 짓자는 이야기만 있는 것이 아니라 짓지 말라는 이야기도 있습니다. 성전 건축이나 재건은 꼭 해야 하는 일이 아닙니다. 때로 그것을 지어야 한다는 주장이 제기되고 때로는 그것이 필요 없다는 주장이 나왔습니다. 성전은 이스라엘 백성의 정신적 연합을 위한 표상으로 기능했습니다. 그러나 그것이 허물어졌다고 해서 이스라엘 백성들에게 부정적인 영향만 있었던 것은 아닙니다. 포로 생활을 하면서 그들은 하나님이 영으로 이동한다는 이동 성전의 개념(에스겔서)을 성찰했습니다. 유배 생활을 마치고 귀환했을 때 성전을 재건하여 민족 정체성과 신앙적 연합을 도모했습니다만 시간이 더 흘러 유대 전쟁(70년)이 일어나자 성전은 로마군에 의해 또 무너집니다.

🐝 '성전 건축으로 하나님께 영광을 돌리자'라는 말은 현대 사회 생활에 맞지 않습니다. 적지 않은 이가 예배당 건축을 성서의 성전 건축과 같은 것으로 여겨 그렇게 말합니다. 하지만 예배당 건축이 성전 건축과 맞닿는 부분이 있다면 그것은 모임 구성원들의 연합을 증진하는 측면이 있다는 것뿐, **건물의 건축을 하나님이 기뻐하신다고 말하는 것은 적절하지 않습니다.** 이는 우리가 초고층 호텔을 짓고 맨 꼭대기에 큰 글자로 하나님께 영광이라고 써놓는 것과 같은 행동입니다. 하나님은 건축물을 짓는 것으로 영광을 받지 않으십니다! 건물은 인간에게 도움이 될 뿐입니다. 따라서 너무 크고 호화로운 예배당을 지으려고 신도들의 돈을 짜내지 마십시오! 부족한 돈을 모으기 위해서 사람들에게 '건축 헌금을 하면 하나님이 기뻐하실 것입니다'라는 말로 유도해서는 안 됩니다. 빚을 내서 예배당을 지어도 안 됩니다. 큰 건물을 지어놓고 그 안에 들어가 내가 목사네 내가 장로네 하면서 자리다툼을 하지 마십시오. 비싼 돈 들여 예배당을 크게 짓는다고 하나님이 와서 그 안에 좌정하실 리가 없습니다. 이스라엘 민족의 역사에 있어서 하나님은 성전이 있든지 없든지 상관없이 그들을 돌보셨습니다. 그러니까 여러분! 제발 무리해서 예배당 크게 짓지 마세요. 성전이 없었던 유배 시절 더 강한 신앙인들로 거듭난 이스라엘 사람들을 보십시오. **하나님이 성전을 허무시고 다시 지으면 또 허무시는 이유가 있지 않겠습니까?** 성지(聖地) 예루살렘 땅에 을씨년스럽게 한쪽 벽만 남아있는 예루살렘 성전을 보십시오. 그 이유가 무엇일까요?

지금은 빚내서 큰 예배당 지을 시대가 아닙니다. 모일 곳이 없다면 일요일에 비어있는 공간을 물색하십시오. 동네 학교 체육관도 좋고 소규모라면 카페도 괜찮습니다. 인터넷 화상 채팅을 통한 모임도 나쁘지 않습니다. 이제는 건물을 지을 때가 아니라 우리 자신을 하나님이 함께하시는 성전으로 삼을 때입니다.(고전 3:16) 일상을 열심히 살아가려면 큰 교회 짓고 거기에 마음을 쏟을 시간이 없습니다. 🏠

스룹바벨의 손이 이 성전의 기초를 놓았은즉 그의 손이 또한 그 일을 마치리라 하셨
나니 만군의 여호와께서 나를 너희에게 보내신 줄을 네가 알리라 하셨느니라

내 기도와 헌신으로 교회를 세웠다는 말은 자기가 왕이라는 뜻입니다.

스가랴서 4장은 성전 재건에 관한 이야기입니다. 성전 기초를 놓은 후 16년
이 지났지만 성전 재건을 마치지 못했기 때문에 예언자 학개와 스가랴는 성전
완공을 독촉했습니다. 그들이 재건을 독촉하기 시작(기원전 520년)한 후 5년쯤
지나서(515년) 마침내 성전을 완공했습니다.

스가랴 4장 9절은 애초에 성전 재건을 시작한 사람이 누구였는지 알려 줍니
다. 그는 "스룹바벨"이었습니다. 페르시아 키루스(고레스)왕은 그에게 첫 총독
(학 2:21 "유다 총독 스룹바벨")의 지위를 주었고 귀환자들 무리를 이끌게 했습
니다.(스 2:2; 느 7:7; 12:1) 페르시아 제국의 지원을 받은 그가 성전의 기초를
놓았다는 것입니다.

왕상 5:16-18을 보면 맨 처음 성전을 지을 때 "솔로몬" 왕이 관리에게 명령
을 내려 "성전의 기초석"을 놓았다고 말합니다. "건축자"가 "돌을 다듬"었다고
도 합니다. 이것이 일반적인 상황입니다. 왕이나 지도자가 직접 건축물의 기초
석을 놓을 수는 없습니다. 전문가에게 시켜야 합니다. 아래 내용을 보십시오.

이 외에 그 사역을 감독하는 관리가 삼천삼백 명이라 그들이 일하는 백성을 거
느렸더라 이에 왕이 명령을 내려 크고 귀한 돌을 떠다가 다듬어서 성전의 기초
석으로 놓게 하매 솔로몬의 건축자와 히람의 건축자와 그발 사람이 그 돌을 다
듬고 성전을 건축하기 위하여 재목과 돌들을 갖추니라(왕상 5:16-18)

역대하 6장의 관련 본문도 읽어봅시다.

내가 내 백성을 애굽 땅에서 인도하여 낸 날부터 내 이름을 둘 만한 집을 건축하기 위하여 이스라엘 모든 지파 가운데서 아무 성읍도 택하지 아니하였으며 내 백성 이스라엘의 주권자가 될 사람을 아무도 택하지 아니하였더니(대하 6:5)

이 구절은 성전 "건축"을 주관한 것이 하나님이라고 말합니다. 성서의 다른 구절들을 보면 하나님은 원래 성전 건축을 달갑게 여기지 않으셨습니다.(삼하 7:4-7; 대상 17:3-6) 그런데 여기에서는 하나님이 성전 건축에 주도적으로 개입하신다고 합니다. 이 구절에서 성전 건축은 "백성"과 "이스라엘의 주권자" 개념과 밀접한 관계가 있습니다.(대하 6:6) 이는 **성전의 정치적인 기능**을 말하는 것입니다. 성전의 존재는 백성의 마음을 모으는 데 효과적입니다. 따라서 이 구절을 하나님이 직접 말씀하셨다고 보기보다는 글쓴이가 하나님의 명의를 빌려 성전 건축이 왜 필요한지 주장했다고 보는 것이 낫습니다. 정치적인 목적을 위해 하나님의 권위를 사용한 것입니다. 이어서 성전 (재)건축을 둘러싸고 그것을 누가 주관했는지를 다시 살펴볼 필요가 있습니다.

고레스에 대하여는 이르기를 내 목자라 그가 나의 모든 기쁨을 성취하리라 하며 예루살렘에 대하여는 이르기를 중건되리라 하며 성전에 대하여는 네 기초가 놓여지리라 하는 자니라(사 44:28)

이사야서의 이 구절은 페르시아 왕 "고레스"가 성전의 기초를 놓는 데 핵심적이며 주동적인 역할을 했다고 말합니다. 고레스 왕은 이스라엘 사람들이 고향에 돌아가 무너진 성전을 재건하게 허락했습니다. 2차 귀환기에는 에스라가 중요한 역할을 했는데 그의 이름이 제목으로 붙어 있는 성서에 이런 구절이 나옵니다.

건축자가 여호와의 성전의 기초를 놓을 때에 제사장들은 예복을 입고 나팔을 들고 아삽 자손 레위 사람들은 제금을 들고 서서 이스라엘 왕 다윗의 규례대로 여호와를 찬송하되 찬양으로 화답하며 여호와께 감사하여 이르되 주는 지극히 선하시므로 그의 인자하심이 이스라엘에게 영원하시도다 하니 모든 백성이 여호와의 성전 기초가 놓임을 보고 여호와를 찬송하며 큰 소리로 즐거이 부르며(스 3:10-11)

스룹바벨이 무리를 인솔했던 1차 귀환(기원전 536년) 이후 많은 세월이 흘렀습니다. 기원전 458년에 2차 귀환이 있었는데 이때를 배경으로 하는 문헌인 스 3:10-11을 보면, 첫째, 왕상 5:16-18의 전승을 수용하여 성전의 기초를 놓는 일을 "건축자"가 한 일이라고 **사실적으로 설명**하고 있습니다.

둘째 "다윗의 규례"를 언급하면서 성전이 "여호와의 성전"이라고 언급합니다. 이는 역대하 6:5-6과 비슷한 느낌을 줍니다. 비록 스룹바벨과 같은 특정 인물을 거론하지는 않았지만 하나님의 성전 건축을 언급하면서 동시에 다윗 왕도 거론합니다.

종합하면, 성전 재건 역시 그 원류(源流)로 거슬러 올라가면 다윗이라는 인물과 연결되고 특정한 신앙적 염원과 방식("규례")대로 성전이 지어졌다는 인식이 드러납니다. 이 과정에 자연스럽게 다윗 혈통의 연속성과 중요성이 두드러집니다.

다시 스가랴서로 돌아와서 맨 처음 살펴보았던 슥 4:9 처럼 '성전 기초를 놓는 일'을 언급하는 또 다른 구절을 살펴봅시다.

만군의 여호와가 이같이 말하노라 만군의 여호와의 집 곧 성전을 건축하려고 그 지대를 쌓던 날에 있었던 선지자들의 입의 말을 이날에 듣는 너희는 손을 견고히 할지어다(슥 8:9)

이 구절은 "성전을 건축하려고 그 지대를 쌓"은 자를 거론하지 않습니다. 대신 바로 위 구절에 어떤 단서가 있습니다.

> … 그들은 내 백성이 되고 나는 진리와 공의로 그들의 하나님이 되리라(슥 8:8)

이 구절은 **인간 왕의 존재 가치를 완전히 배제**합니다. 오직 하나님만이 이스라엘 백성의 왕이라는 인식입니다. 그러면서 처음 성전의 기초를 놓을 때 솔로몬 왕조차 자리에 없었던 것처럼 엉뚱하게 "선지자들의 입의 말"을 거론합니다. 시대가 바뀌면서 어떤 시점에 이르자 다윗, 솔로몬, 스룹바벨 등과 같은 인물을 거론할 필요가 없어진 것입니다. 스룹바벨은 역사의 무대에서 갑자기 사라졌습니다. 그는 원래 다윗 혈통의 왕 후보자였습니다. 페르시아가 왕을 세워 독립하려는 움직임을 포착하고 그를 숙청했다고 보는 것이 맞을 것입니다. 페르시아는 바벨론과 비교할 수 없을 만큼 많은 자유를 이스라엘 백성에게 허락했습니다. 하지만 그들이 아무리 관용을 베푼다고 하더라도 이스라엘의 독립까지 허용할 수는 없었습니다. 스룹바벨이 숙청(?)당한 후 그 누구도 왕을 세우자는 이야기를 꺼낼 수 없었을 것입니다. 누가 성전의 기초를 놓았다는 이야기도 말입니다. 페르시아의 입장에서 성전 재건을 허락한 것은 오직 고레스 왕이기 때문입니다.(사 44:28)

스가랴서 4장의 고조된 분위기와는 달리 스가랴서 8장의 분위기는 가라앉아 있습니다. 제가 볼 때 스가랴 8장의 바탕이 된 것은 고레스로부터 온 추가 칙령입니다. **고레스의 칙령을 하나님의 말씀으로 각색하여 그것이 황제의 말인지 하나님 말씀인지 구별하기 어렵습니다.**

> 만군의 여호와의 말씀이니라 이제는 내가 이 남은 백성을 대하기를 옛날과 같이 아니할 것인즉(슥 8:11)

이스라엘이 눈치도 없이 왕을 세우려고 했기 때문에 페르시아 황제는 분노했습니다. 이 구절은 이스라엘 백성에 대한 대우가 이전과 다를 것이라는 말입니다. 단지 주어만 페르시아 황제에서 야웨로 바꾸었습니다.

> 곧 평강의 씨앗을 얻을 것이라 포도나무가 열매를 맺으며 땅이 산물을 내며 하늘은 이슬을 내리리니 내가 이 남은 백성으로 이 모든 것을 누리게 하리라(슥 8:12)

그런데도 자비로운 왕은 여전히 이스라엘 백성에게 풍요를 약속합니다. 고레스를 괜히 인권의 왕이라고 하는 것이 아닙니다.(대영박물관에 소장 중인 키루스(고레스) 실린더의 내용)

> 만군의 여호와가 이같이 말하노라 너희 조상들이 나를 격노하게 하였을 때에 내가 그들에게 재앙을 내리기로 뜻하고 뉘우치지 아니하였으나 이제 내가 다시 예루살렘과 유다 족속에게 은혜를 베풀기로 뜻하였나니 너희는 두려워하지 말지니라(슥 8:14-15)

원래 제국 황제의 메시지였을 이 구절들을 보면, 스룹바벨 사건 때문에 분노("격노")했지만 다시 "은혜를 베풀기로" 했다는 고레스 왕의 마음을 알 수 있습니다. 그는 말합니다. "두려워하지 말지니라".

> 너희가 행할 일은 이러하니라 너희는 이웃과 더불어 진리를 말하며 너희 성문에서 진실하고 화평한 재판을 베풀고 마음에 서로 해하기를 도모하지 말며 거짓 맹세를 좋아하지 말라 이 모든 일은 내가 미워하는 것이니라 여호와의 말이니라(슥 8:16-17)

이 두 구절도 하나님이 백성들을 위로하고자 하신 말씀이 아니라 제국 황제의 메시지였을 것입니다. 국가 주권을 상실한 피지배자인 이스라엘 백성에게 "화평한 재판을 베"풀라는 요구를 하는 것입니다. 광대한 제국은 식민지마다 일정한 법적 권한을 나누어 주는 분권 정치를 했습니다. "서로 해하기를 도모하지 말"라는 요구는 일정한 자치권을 줄테니 동족끼리 평화롭게 지내라는 황제의 권고입니다.

결론적으로 볼 때, '성전의 기초를 놓는다'는 것은 다윗–솔로몬 시대로부터 페르시아 시대에 이르기까지 긴 전승사를 가지고 있습니다.

원래 성전은 솔로몬의 명령을 받은 "건축자"에 의해서 기초가 놓인 것입니다.(왕상 5:16-18) 허물어졌던 성전을 다시 짓는 시점에 이르자 점진적으로 성전은 "건축가"가 짓기는 하지만 다윗의 후손(대하 6:5-6) 가운데 한 후보자가(슥 4:9) 신적 능력을 힘입어(대하 6:5; 슥 4:6 "스룹바벨에게 하신 말씀이 … 이는 힘으로 되지 아니하며 능력으로 되지 아니하고 …") 기초를 놓고 민족의 응집력을 제고한다(대하 6: 6)는 서술이 나타났습니다. 하지만 실제로 성전 재건은 페르시아 황제의 허락으로 된 것이었으며(사 44:28) 그것을 망각하고 왕을 세우려고 했던 시도는 결국 수포가 되었습니다. 제일 마지막에 형성한 슥 8:8-9은 이스라엘 백성이 인간 왕을 의지했다가 국가 패망에 이른 시점 이후의 성찰, 즉, 포로기적 성찰을 반복하게 됩니다. 왕은 오직 하나님뿐이라는 성찰 말입니다.

구약성서는 **성전 기초 공사라는 주제를 통하여 누가 실질적인 왕이냐는 담론을 전개**합니다. 제국의 황제가 왕이냐? 하나님이 왕이냐? 아니면 다윗? 솔로몬이냐? 그의 후손 스룹바벨이냐? 이처럼 누가 성전의 기초를 놓았는지와 왕이 누구라는 주제는 밀접한 관계가 있습니다.

🐝 제가 어떤 대형교회에 다닐 때의 일입니다. 유년 주일학교 선생님이 한 어린이에게 교회의 주인이 누구냐고 물으니까 그 아이는 대뜸 담임목사님이라고 했습니다. 당황한 선생님이 다시 '아니 그분 말고!'라고 하니까 아이가 이번에는 '장로님이요'라고 대답했습니다. 저는 웃으며 주일 예배를 드리려고 본당에 왔습니다. 설교를 듣는데 담임목사님이 이런 말씀을 하셨습니다. '이 교회 지을 때 제가 얼마나 많이 고생했는지 모릅니다. 여러분들이 수고한 것은 아무것도 아닙니다. 저는 목숨을 바쳐 기도했습니다! 성전(교회) 완공을 위해서! 주춧돌도 제가 쌓았어요. 돌 안에 제 사인이 있습니다!' 그러자 모든 성도가 손뼉을 치며 아멘을 연창했습니다. 하지만 저는 손뼉을 칠 수 없었습니다. 성서적으로 볼 때, **성전의 기초를 놓았다고 하는 사람은 자기가 왕이라고 하는 것입니다.**

예배당은 돈이 있어야 짓습니다. 그리고 건축업자가 짓습니다. 많은 성도의 피땀 어린 헌금이 없으면 큰 교회를 지을 수 없습니다. 그러니 내가 지었다 네가 지었다 하지 말고 차라리 그냥 건설업자가 돈 받고 지었다고 말합시다. '내 덕분에 교회 지었다'라고 하지 마세요. '내가 이 교회의 왕이다!'라고 교만 떨지 맙시다. 평등을 최고의 가치로 여기는 교회에 인간 왕이 어디 있습니까? 담임목사를 '종님'으로 부르는 것은 또 뭡니까? 오로지 하나님만 왕이시고 우리는 그분 앞에서 학력, 재산, 지위, 배경, 나이, 인종을 막론하고 모두 동등한 백성일 뿐입니다. 자꾸 쓸데없는 소리 하지 마세요. 스룹바벨은 왕이 되려다가 쥐도 새도 모르게 사라졌답니다. 아이코! 무서워! 🏠

말라기 1:10

만군의 여호와가 이르노라 너희가 내 제단 위에 헛되이 불사르지 못하게 하기 위하여
너희 중에 성전 문을 닫을 자가 있었으면 좋겠도다 내가 너희를 기뻐하지 아니하며
너희가 손으로 드리는 것을 받지도 아니하리라

돈만 내면 복을 받는다는 종교는 저질입니다.

말라기는 페르시아 시대에 쓰인 것 같습니다.(말 1:8 "총독", 스 5:14; 6:7;
느 5:14-15, 18; 12:26; 학 1:1,14; 2:2, 21) 말라기 1장에는 에스라서나 느헤미
야서와는 달리 예언자에 대한 자세한 소개가 없습니다. 단순하게 "여호와께서
말라기를 통하여 …"라고 말할 뿐입니다.(말 1:1)

말라기 1장은 우선 하나님의 선택에 대해서 말합니다.(말 1:2-3 "야곱을 사
랑하였고 … 에서는 미워하였으며 …") 그리고 "이스라엘 지역 밖에서도 크"신
분이라고 하나님을 소개합니다.(말 1:5) 그러다가 말 1장 6절부터 10절에 갑자기
"제사장들"을 심하게 비판합니다.

"제사장들"(말 1:6)은 하나님의 이름을 "멸시하였고"(말 1:6) "공경"하지 않
았으며(말 1:6) "두려워"하지도 않았습니다.(말 1:6) 그러면서도 문제를 인식하
지 못했습니다.("우리가 어떻게 … 멸시하였나이까 …") "더러운 떡을 … 제단에
드"렸고(말 1:7) "여호와의 식탁"을 "경멸히 여"기고 있습니다.(말 1:7) "제사장
들"은 온전하지 못한 제물을 드렸습니다. 화자는 "눈 먼"것, "병든 것"을 총독에
드려보라고 하면서 그가 그것을 좋게 보겠느냐고 말합니다.(말 1:8)

말 1:9-10도 6절 이하의 내용과 같습니다. 말 1:9은 제물을 제대로 드리지 않
았기 때문에 간절히 "은혜를 구하"고 "불쌍히 여"겨달라고 해도 하나님이 응답하
지 않는다는 내용입니다. 그래서 말 1:10은 "제단 위에 헛"된 제물을 드리지 못하
도록 누군가 "성전 문을 닫았으면 좋겠"다고 합니다. 엉터리 제물을 바치는 것은

쓸데없는 짓이라는 것입니다.("내가 너희를 기뻐하지 아니하며 너희가 손으로 드리는 것을 받지도 아니하리라") 전반적으로 보았을 때 이런 내용적 흐름에서 "성전 문을 닫을 자가 있었으면 좋겠…다"라는 1장 10절을 제사를 지내지 말라는 뜻으로 보기는 어렵습니다. 말라기는 제사를 지내되 제대로 드리라는 뜻입니다.(말 1:11 "깨끗한 제물") **물론 제사의 의미가 무엇인지는 더 살펴봐야 합니다.**

말라기 1장만 보면 "제사장들"이 올바른 제물로 제사하면 문제가 해결될 것 같은 생각이 듭니다. 하지만 말 2:5-6을 보면 종교 지도자들이 단순히 쓰레기 같은 제물을 드린 것만 문제인 것 같지 않습니다. 말라기 2장의 화자는 1장의 화자와는 달리 쓰레기 같은 제물을 드린 **동기**에 주목합니다.

> 레위와 세운 나의 언약은 생명과 평강의 언약이라 내가 이것을 그에게 준 것은 그로 경외하게 하려 함이라 그가 나를 경외하고 내 이름을 두려워하였으며 제사장의 입술은 지식을 지켜야 하겠고 사람들은 그의 입에서 율법을 구하게 되어야 할 것이니 제사장은 만군의 여호와의 사자가 됨이거늘 너희는 옳은 길에서 떠나 많은 사람을 율법에 거스르게 하는도다 나 만군의 여호와가 이르노니 너희가 레위의 언약을 깨뜨렸느니라(말 2:5-8)

이 본문은 종교 지도자들이 중요한 것을 망각하고 있다고 말합니다. 그들은 "지식을 지"키지 않았고 "사람들"이 그들로부터 얻어야 할 "율법"을 제공하지 않았습니다. 자신들만 법을 안 지킨 것이 아니라 다른 사람도 그렇게 만들었습니다. 이른바 "레위의 언약"이란 "생명과 평강의 언약"인데 이것을 언급했다는 것은 "(율)법"이라는 기준을 따르지 않았을 때 문제가 생긴다고 말하는 것입니다. 그런데 이 문제는 근본적으로 공동체적인 문제입니다. 사회의 문제입니다.

남자들은 젊어서 결혼한 아내를 배신했고(말 2:14 "너와 … 아내 사이에 여호와께서 증인이 되시기 때문 … 네가 그에게 거짓을 행하였도다") 그 아내를 "학대"했습니다.(말 2:16) 이 "학대"에 대하여 하나님은 자신을 학대한 것으로 간주하십니다.(말 2:17) 과거 유대 사회에서 여성은 사회적 약자였습니다. 즉, 본문은 "아내"가 대표하는 사회적 약자를 존중하지 않고 해를 입히는 사람들이 득실거리는 사회에 대한 비판입니다. 가해자들은 죄책감도 없이, 아무리 잘못해도 신이 벌하지 않는다는 헛소리를 합니다.(말 2:17 "모든 악을 행하는 자는 여호와의 눈에 좋게 보이며 그에게 기쁨이 된다") 문헌의 내용에 점진적인 확장이 일어납니다. "제사장들"에 대한 비판에서 전체 사회의 정의 문제를 거론하는 자리로 나아갑니다. 물론 종교인의 문제는 종교 중심의 사회에서 아주 중요한 부분입니다.

이런 확장의 관점에서 말라기 1장 10절을 다시 읽어 봅시다.

> 만군의 여호와가 이르노라 너희가 내 제단 위에 헛되이 불사르지 못하게 하기 위하여 너희 중에 성전 문을 닫을 자가 있었으면 좋겠도다 내가 너희를 기뻐하지 아니하며 너희가 손으로 드리는 것을 받지도 아니하리라(말 1:10)

말라기 1장과 2장을 함께 읽으면 말 1:10이 비판하는 사람들이 종교 지도자만이 아니라 사람에게 해를 끼치고도 죄책감을 느끼지 못하는 모든 사람이라는 생각이 듭니다. 이런 자들이 하나님 앞에 복을 받으러 나온다면 차라리 성전의 문을 닫아버리라는 것입니다. 우리는 여기서 이스라엘 민족의 제사에 종교적 의미 말고 법을 수행하는 준법 개념이 있다는 것을 기억해야 합니다. 말라기 1장의 기본층은 오직 제사법을 제대로 이행하지 않는 제사장들을 향한 질책이었을지 모릅니다. 율법을 문서로 만들기 전에는 자기 마음대로 제사를 지내는 레위인들이 있었습니다. 문헌의 초기층은 단순히 그들에 대한 질책이었을 것입니다. 그러다가 전체 사회에 대한 관심으로 시야를 확장합니다. 말라기 2장은 "제사장들"에 대해서만 언급하지 않습니다. 모든 종류의 악행(말 2:17)에 대해서 말합니다. 물론 어떤 분은 "제사장들"을 비판하면서 동시에 모든 이에 대한 비판이 주어졌다고 하겠지만 아래와 같은 구절을 볼 때 종교 행위에 대한 관심이 점진적으로 사회 정의 구현 요구로 확장하는 과정을 엿볼 수 있습니다.

> 그가 은을 연단하여 깨끗하게 하는 자 같이 앉아서 레위 자손을 깨끗하게 하되 금, 은 같이 그들을 연단하리니 그들이 공의로운 제물을 나 여호와께 바칠 것이라 그 때에 유다와 예루살렘의 봉헌물이 옛날과 고대와 같이 나 여호와께 기쁨이 되려니와 내가 심판하러 너희에게 임할 것이라 점치는 자에게와 간음하는 자에게와 거짓 맹세하는 자에게와 품꾼의 삯에 대하여 억울하게 하며 과부와 고아를 압제하며 나그네를 억울하게 하며 나를 경외하지 아니하는 자들에게 속히 증언하리라 만군의 여호와가 말하였느니라(말 3:3-5)

말 3:3-5은 올바른 제물을 바치라고 하며("공의로운 제물을 … 바칠 것이라") "여호와께 기쁨이 되"는 "봉헌물"에 관하여 언급합니다. 그리고 "과부와 고아를 압제"하는 일, "나그네를 억울하게 하"는 일에 대하여 말합니다. 말라기가 단순히 제사를 잘하라는 이야기에 그쳤다면 그 가치는 지금보다 낮았을 것입니다. 그러나 **말라기는 사회 정의에 대한 관심으로 나아감으로 독자가 진정한 제사가 무엇인지 더 넓게 사고하도록 이끕니다.** 확장한 관점에서 아래 구절을 읽어 봅시다.

> 만군의 여호와가 이르노라 너희의 온전한 십일조를 창고에 들여 나의 집에 양식이 있게 하고 그것으로 나를 시험하여 내가 하늘 문을 열고 너희에게 복을 쌓을 곳이 없도록 붓지 아니하나 보라(말 3:10)

개신교 교회 목사들이 신자들에게 십일조를 내라고 강제할 때 자주 언급하는 구절이 바로 이 구절입니다. 이 구절이 종교적 의무를 다하라는 말인지 아니면 그 이상의 의미를 가진 것인지를 알기 위해서는 앞선 다른 구절들을 살펴볼 필요가 있습니다.

> 만군의 여호와가 이르노라 너희 조상들의 날로부터 너희가 나의 규례를 떠나 지
> 키지 아니하였도다 그런즉 내게로 돌아오라 그리하면 나도 너희에게로 돌아가
> 리라 하였더니 너희가 이르기를 우리가 어떻게 하여야 돌아가리이까 하는도다
> (말 3:7)

말 3:7은 "규례"에 대해서 말하고 있습니다. 이것이 단순히 제사법을 말한 것
입니까? 아니면 좀 더 넓은 법의 개념입니까? "조상들의 날부터" 지키지 않았다
고 하는 것이 제사법입니까? 제사법은 언제 생겼습니까? 족장 시대와 왕정 시
대, 그리고 그 이후의 제사법은 모두 완전히 똑같습니까? 아니면 점진적으로 완
성되는 과정을 거쳤습니까? 제사법이 완성된 것을 후대로 볼 때, 도대체 긴 시
간 동안 무엇을 지키지 않았다는 것입니까? 어떤 사회를 막론하고 그 사회를 유
지하는 가장 중요한 요소는 무엇입니까? 그것이 "십일조"라고 한다면 그것은 현
재 개신교 교회의 헌금과 같은 개념입니까? 아니면 사회 유지와 안정을 위해 모
든 국민이 내는 세금의 개념입니까? 단순히 종교적인 규례입니까? 아니면 사회
의 법제도입니까?

이런 질문을 가지고 아래 구절을 읽어 봅시다.

> 사람이 어찌 하나님의 것을 도둑질하겠느냐 그러나 너희는 나의 것을 도둑질하
> 고도 말하기를 우리가 어떻게 주의 것을 도둑질하였나이까 하는도다 이는 곧 십
> 일조와 봉헌물이라(말 3:8)

말 3:8은 하나님의 것을 "도둑질"했다고 비판합니다. 하지만 다른 관점에서
보면 이것은 세금 도둑질을 비판한 것입니다! 하나님은 부자입니다. 돈이 필요
없습니다. 돈이 있다고 해도 그것을 도둑맞게 두지 않을 것입니다. 그렇다면 누
가 누구의 것을 도둑질했다는 것입니까? 결국 이 구절은 사회에 해를 끼치는 도

둑놈들(!)을 비판한 것입니다. 다음 구절을 보면 말 3:10이 무슨 뜻인지 완전히 드러납니다.

> 너희 곧 온 나라가 나의 것을 도둑질하였으므로 너희가 저주를 받았느니라(말 3:9)

말 3:9은 "온 나라"에 대하여 말합니다. 누가 종교 행위를 이행하지 못해서 지적하는 것이 아니고 전체 사회 문제에 대한 언급입니다. 즉, 사회 정의가 실현되지 않는 것을 하나님의 명의를 빌어 지적하는 것입니다. **결론적으로 말 3:10을 단순히 십일조 헌금 잘 내면 큰 복을 받을 거라고 이해할 수도 해석할 수 없습니다.**

종교적 의무를 제대로 하라는 구절도 보이지만 결국 사회 전체의 정의와 안정, 그리고 그를 위한 의무 이행을 요구하는 것이 말라기입니다. 만약 독자인 당신이 아직도 말라기를 '십일조만 잘 내면 복을 받는다'는 식으로 이해한다면 그 의미를 반도 모르는 것입니다. **당신이 지금 개신교 교회에 내고 있는 십일조는 말라기 3장 10절의 십일조가 아닙니다!** 말라기의 십일조가 국가 세금에 준하는 것이었고(말 3:9 "온 나라") 전체 사회 공동체를 위해 쓰이는 것이었다면 지금 개신교가 걷는 십일조는 오로지 교회만을 위해서 쓰입니다. 이웃을 위해 조금 쓴다고 해도 담임목사와 그의 가족, 교회 건물을 세우는 것과 그것의 유지를 위해 대부분의 돈을 쓰는 것이 사실입니다. 교회도 사람이 모인 곳이니까 돈이 필요하겠지만 걷는 방법과 양에 문제가 있습니다. 하나님께 낸다고 말하지만 결국 사람이 받아 쓰는 돈입니다. 따라서 앞으로 십일조 내라고 강요하지 마세요. 오히려 **나라에 세금 잘 내는 것이 하나님의 뜻입니다.** 강요하는 헌금은 내지 마세요. 다만 여러분이 원한다면 적당한 금액을 자유롭게 기부할 수 있을 것입니다. 너무 많은 헌금 때문에 목사가 타락합니다. 넘치는 돈과 자리를 차지하려고 싸웁니다. 그들을 그렇게 만든 사람이 무조건 많이 헌금하는 당신이라는 것을 기억하세요.

말라기의 십일조 본문은 국가에 세금을 잘 내는 사람이라면 전혀 들을 필요가 없는 경고입니다. 십일조 안 내면 저주 받는다는 거짓말을 두려워하지 마세요. 십일조 꼬박꼬박 내면 그 돈을 누가 어떻게 어디에 씁니까? 잘 보십시오. 말라기는 어그러진 사회와 자칭 지도자라는 사람들에 대한 질책입니다.

🐝 돈만 잘 내면 복을 준다는 종교는 저질 종교입니다. 격조 높은 종교는 그런 식으로 돈을 빼앗지 않습니다. 정말 필요한 만큼 기부금을 걷을 수는 있습니다. 개신교 교회도 필요한 정도만 걷고 더 욕심을 부리지 맙시다.

말라기를 십일조만 잘 내면 복 주는 내용으로 이해하는 것은 성서에 대한 모독입니다. **바르고 정의로운 사회를 구현하는 것이 하나님이 기뻐하시는 참 예물입니다.** 십일조 내면서 욕심부리고 십일조 내면서 다른 사람 무시하고 억압하고 해치는 종교인들이 얼마나 많습니까! 교회에는 십일조 십 원 하나 떼먹지 않지만 나라 세금은 내지 않거나 속여 적게 내는 사람이 얼마나 많은지 모릅니다. **십일조 내지 마세요! 나라에 세금 내세요! 떼먹지 말고!**

하나님께서 하늘 문을 열고 당신뿐 아니라 우리 모두에게 쌓을 곳이 없도록 부어주시는 복을 받아야 합니다. 당신부터 세금 속이지 말고 정직하게 다 내면 그런 사회를 만들 수 있습니다. 정의와 안정의 사회가 되려면 교회 다니는 신자부터 나라의 법을 준수하고 의무를 다해야 할 것입니다. 사회의 불안을 조장하는 사람이 되지 말고 사회 안정에 이바지하십시오. 성서는 그런 사람이 되라고 교훈합니다. 🏠

좋은 신앙인은 목사가 되려고 하지 않는다.
목사가 되는 순간
신앙은 의무가 되기 때문이다.
예술은 그 자체로 가치가 있어야 하며
신앙은 평범한 일상 속에서만
가치를 드러낸다.

우리가 좋은 신앙인 되려는 순간부터
예수님이 손가락질하시는
바리새인이 되기 시작하는 것이다.
가식과 외식의
예배를 끊고서야
예수님을 만났다는
어떤 이의 말을 가볍게 듣지 말자.

'신앙이 삶'이라는 말을
24시간 개신교인인 체 하라는 말로
오해하지 말자.

신앙은 그냥 삶
목사가 되겠다는 자가
목수가 되고
선교사로 나가겠다는 자가
나가길 포기하고 가족으로 돌아오며
찬양사역자가 되겠다는 사람이
연로한 노모를 위해
흘러간 옛 노래를 불러드리는 일로
그것을 대신하는 것이
신앙이다.